SDGs 교과서
지속가능발전목표의 이론과 실제

SDGs 교과서

지속가능발전목표의 이론과 실제

초판 1쇄 발행 2022년 3월 15일
2쇄 발행 2023년 11월 1일

지은이 이창언
펴낸이 윤관백
펴낸곳 선인
등 록 제5-77호(1998.11.4)
주 소 서울특별시 양천구 남부순환로 48길 1(신월동 163-1), 1층
전 화 02)718-6252/6257
팩 스 02)718-6253
E-mail suninbook@naver.com

정가 40,000원
ISBN 979-11-6068-699-9 93300

SDGs 교과서

| 지속가능발전목표의 이론과 실제 |

이창언 저

선인

서문

국제사회가 함께하는 SDGs

2015년 9월 유엔 총회는 지속가능발전목표(SDGs)를 회원국 만장일치로 합의·채택했다. 그리고 2020년 1월, 유엔은 SDGs(지속가능발전목표) 선포 5주년이자 유엔 창립 75주년을 맞이하여 2030년까지 SDGs를 달성하기 위한 10년의 야심 찬 행동을 결의한다. 'SDGs 달성을 위한 행동의 10년(Decade of Action)'은 전 세계인의 공동과제인 빈곤, 기아 종식, 성평등, 양질의 교육과 일자리, 기후 위기 대응, 불평등과 빈부(재정)격차 해소에 이르기까지 지속가능한 해결책을 찾는 과정이자 사람, 지구, 번영, 평화 및 파트너십을 위한 로드맵이라고 할 수 있다.

이어 2021년 9월 10일 안토니우 구테흐스(Antonio Guterres) 유엔 사무총장은 지구의 멸망과 우리 사회의 역사적 붕괴를 피하고, 더 친환경적이고 안전하며, 더 나은 미래를 실현하는 방법을 제시한 보고서를 발표했다. 일명 '우리의 공동의제'는 세계 지도자들이 '유엔 창립 75주년'을 맞아 제시한 열두 가지 약속을 진전시키는 조치(행동)를 제안하고 있다.

그것은 1. 누구도 소외되지 않고, 2. 지구를 보호하고, 3. 평화를 증진하며 갈등을 예방하고, 4. 국제법 준수와 공정성을 확보하고, 5. 여성과 소녀들을 중심에 두고, 6. 신뢰 구축에 나서며, 7. 디지털 협력을 강화하고, 8. 유엔을 혁신하고 강화하며, 9. 지속가능한 자금 조달을 보장하는 한편, 10. 지구촌 동반자 관계를 강화하고, 11. 청년에게 듣고 청년과 함께 일하며, 12. 지속가능한 세계를 준비하는 것이다.

오늘도 SDGs를 이행하기 위한 움직임에 국제사회가 자발적으로 동참하고 있다. 독일은 총리가 위원장을 맡고, 내각 구성원 전원이 참여하는 지속가능발전 정부위원회를 구성했다. 일본은 총리가 본부장을 맡고 모든 장관이 참여하는 SDGs 실천본부와 다양한 이해관계자가 참여하는 원탁회의, 시민이 함께 하는 'SDGs 실시지침'을 발표하고 실천하고 있다.

세계인들은 왜 SDGs를 주목하는가?

현재 지구-국가-도시의 지속가능발전이 큰 위기에 직면해 있다. 지구촌의 수십억 명 인구가 빈곤하고 인간의 존엄성이 보장되지 않은 삶을 살고 있다. 국가 내 그리고 국가 간 불평등 또한 고조되고 있다. 기회, 빈부, 권력의 격차가 심각하며, 불평등은 핵심적인 도전과제로 남아 있다. 실업, 글로벌 보건에 대한 위협, 더욱 빈번하고 극심해진 자연재해, 분쟁의 급증, 폭력적 극단주의, 테러리즘, 천연자원의 고갈과 사막화, 가뭄, 토지 황폐화, 담수 부족, 생물다양성 감소, 지구 온도와 해수면의 상승, 해양 산성화 및 기타 기후 위기로 인해 많은 공동체와 지구의 생물학적 지원 체계가 생존의 위협을 받고 있다.

그러나 지금은 이러한 위기를 회복할 커다란 기회의 시기이기도 하다. 지속가능발전목표(Sustainable Development Goals, SDGs)는 2030년을 향한 국제 지속가능발전의 우선순위를 정하고, 공동목표 및 세부목표를 둘러싼 전 세계적인 노력을 결집하는 힘을 가지고 있다. SDGs는 지구에서 빈곤을 종식하고, 존엄성 있는 삶과 모두를 위한 기회를 창출하기 위해, 지속가능발전의 도전과제를 해결하기 위해, 다양한 이해관계자의 창의력과 협동을 분명히 요구하고 있다.

SDGs는 우리 사회의 발전을 위한 글로벌 의제를 형성하고, 선도 기업이 사람과 지구에 미치는 부정적인 영향을 최소화하고 긍정적인 영향을 극대화함으로써, 비즈니스가 어떻게 지속가능발전의 진전에 기여할 수 있는지를 설명한다. 정부, 기업, 대학과 연계된 지속가능발전의 광범위한 주제를 다루는 SDGs는 각 그룹의 전략이 각 그룹의 우선순위와 연결되도록 돕는다. SDGs는 목표 및 활동을 수립하고, 이끌고, 소통하고, 보고하는 중요한 틀로 활용할 수 있으며, 이를 통해 다양한 혜택을 나누어 준다.

지구촌-국가-지역의 SDGs 이행체계 구축은 정부(지방자치단체)의 전략,

도시 파트너십 협의체의 이니셔티브, 네트워크 간 협력, 제도화의 요소들과 결합할 때 성공 가능성이 높아진다.

SDGs를 위한 첫걸음, 그것은 교육!

SDGs의 목표 달성을 제약하는 법적, 제도적, 문화적 제약은 여전히 존재한다. 이를 극복하는 가장 유력한 열쇠는 무엇일까? 그것은 바로 교육이다. SDGs 교육은 직접적 또는 간접적으로 국제-지역-국가-지방의 변화를 이끌어 냈다. 새로운 정책, 규제, 관행, 생활양식과 습관, 사회, 경제, 환경적 조건의 개선, 사회문제의 우선순위 선정과 해법을 제시한다.

시쳇말로 "알아야 면장을 한다"는 말이 있었다. 대한민국의 지속가능발전을 내실 있게 추진하기 위해 가장 중요하고 선결되어야 할 부분이 있다면 그것은 지속가능발전교육(ESD), 지속가능발전목표교육(ESDGs)이라고 할 수 있다. 이것이 졸저 『SDGs 교과서』가 세상에 나오게 된 이유라면 이유라고 할 수 있다.

ESD, ESDGs는 실패나 부정적인 상황을 극복하고 원래의 안정된 심리적 상태를 되찾는 성질이나 능력(resilience)을 높이는 데 기여한다. ESD, ESDGs는 나와 타자(타인, 이웃, 생명종)에 대한 긍정적 태도에서 오는 행복(감)에 초점을 둔다. 그것은 자기 자신과 관계의 회복탄력성(resilience), 자기 자신과 긍정적인 내면적 소통능력을 강화할 수 있다. 그리고 ESDGs는 이 행복감을 외부적 조건이 아닌 스스로의 결단에 근거한 소통과 협동, 문제 해결의 장으로 안내한다. 그리고 이 과정은 SDGs의 현지화, 제도화, 주류화에 밑거름이 된다.

야심찬 SDGs 이행·실천을 위해서는 다양한 이해관계자가 힘을 모아 공동 교육프로그램을 개발하고, 맞춤형 교육 지원 사업을 통해 지역사회 SDGs 접근 방법과 도구(tool)를 제공해야 한다. 이런 과정을 통해 정부(지방자치단체) 리더와 공무원, 기업인, 중간지원 조직의 주요 의사결정자, 도시회복력 및 적응분야 전문가들, 시민사회단체 활동가들을 SDGs 촉진자·의사소통자·실행자로 양성해야 한다. 특히, 여성과 미래사회의 주역인 청소년, 대학생, 청년

세대의 역량 강화에 주력해야 한다.

유네스코(UNESCO)는 미래사회의 변화에 대비하기 위한 고등교육의 혁신을 위해 “ESD 과정 및 교수 역량 강화와, 고등교육 시스템 안에서 다양하고 구체적인 ESD 커리큘럼이 학제 간 협력을 통해 기획, 실행되어야 한다.”고 조언한다. 미래사회의 특성과 그 사회에서 요구하는 고등교육, 평생학습의 전환을 선도하기 위해서는 기초 교양교육, 학부(대학원) 교육, 민주시민교육과 평생학습의 커리큘럼, 교재, 교육 방식의 혁신이 요구된다. 『SDGs 교과서』는 이러한 요구를 실행하기 위한 시도 가운데 일부라고 할 수 있다.

『SDGs 교과서』의 구성과 내용

이 책은 대학(대학원)과 지역사회 ESDGs 교재로 활용할 수 있도록 총 15장으로 구성되어 있다. 키워드로 보면 지속가능발전, 유엔의 지위와 역할, SDGs 시대의 의미, 지속가능발전 2030 의제, SDGs 목표, 세부목표, 지표, SDGs 세계관, SDGs 전략, 각 섹터(정부, 기업, 시민사회, 대학)의 역할과 과제, 국가-도시에서의 SDGs 이행 실천 기법, 일상에서의 SDGs 실천 등으로 크게 나눌 수 있다.

1장에서는 지속가능발전에 대한 기본 개념, 특징, 지속가능발전의 규범이 가진 의미를 알아본다.

2장은 현 시기 대표적인 위기를 들어 지속가능발전이 주목받는 이유를 밝힌다.

3장은 지구촌의 평화와 안녕, 지속가능발전과 지속가능발전목표 확산을 위해 노력해왔던 유엔의 역할과 활동, 비전을 소개한다.

4장은 SDGs가 전면에 부상하는 역사적 과정을 살펴본다. 여기서는 SDGs 시대를 여는 데 밑거름이 되었던 새천년개발목표(MDGs)의 주요 내용, 성과와 과제를 살펴보고 MDGs와 SDGs 비교를 통해 SDGs의 특징과 지향, 의미를 살펴본다.

5장은 SDGs의 최고의 ‘검정 교과서’라고 할 수 있는 UN 70차 총회 공식문서 〈우리 세계의 전환: 지속가능발전을 위한 2030 의제〉를 분석해서 SDGs의 구조와 내용, 지향에 다가선다. 그리고 SDGs 17개 목표, 169개 세부목표, 231개 지표의 개념과 실행 원칙, SDGs 3층 구성 체계, 사회·경제·환경 기둥의 연계성에 대해 살펴본다.

6장에서는 SDGs 17개 목표, 169개 세부 목표의 구성(세부목표와 지표)과 내용을 개괄적으로 검토한다.

7장에서는 SDGs의 세계관과 전략에 대해 분석해 본다. 여기서는 SDGs가 표방하는 주요 키워드, SDGs의 이념과 가치, 세계관, 그리고 SDGs 철학과 전략을 실용주의, 사회혁신과 연결하여 검토한다. 8장은 SDGs의 수용 배경과 확산의 기회구조를 다룬다.

이 책, 전반부가 이론적인 논의를 포함한다면 후반부인 9~15장은 SDGs 실행과 관련된 주제를 다룬다.

9장은 SDGs 달성을 위한 주요 섹터(정부, 시민사회, 기업, 대학)의 역할을 다루고 10장에서는 ESD, ESDGs의 의미와 실행 방안을 검토한다.

11장은 최근 세계적 화두로 떠오른 ESG(환경, 사회적 책임, 지배구조) 경영의 개념, 기업의 ESG 수용 배경, ESG와 SDGs와의 관계, 기업이 ESG·SDGs를 실행했을 때 얻는 효과, ESG 가이드라인과 ESG 워싱, 기업과 지역사회가 연계한 ESG·SDGs 실행 과제 등에 대해 살펴본다.

12장, 13장은 각각 대학과 정부(지자체)의 SDGs 이행 실천 사례와 혁신 과제를 다룬다.

14장은 대한민국 지역 SDGs 이행·실천의 중심인 전국지속가능발전협의회의 활동을 살펴본 후 지역사회 협동의 과정, SDGs 이행·실천을 위한 기법을 소개한다.

마지막 장인 15장에서는 일상에서 누구나 할 수 있는 다양한 SDGs 실천 활동을 제시한다.

감사한 분들, 그리고 과제

이 책은 새롭고 완벽한 SDGs 교재라고 자부할 수 없다. 그 이유는 저자의 능력 부족이 가장 큰 이유일 것이다. 이 책은 대한민국 환경부는 물론이거니와 전국지속가능발전협의회, 이클레이 한국사무소, 지속가능발전지방정부협의회, 한국지속가능발전학회, 한국지속가능캠퍼스협회, 한국 SDSN, 한국지속가능발전센터 등 지속가능발전 주체들의 땀과 노고가 있었기에 세상에 나올 수 있었다.

한국 지속가능발전운동은 염태영 전 수원시장님, 김홍장 전 당진시장님, 유문종 수원부시장님 등 혁신적인 지자체 리더들과 전국지속가능발전협의회 허재영 회장님, 오병용, 양준화 전 사무총장님, 이동준 사무총장님, 이클레이 한국사무소 박연희 소장님, 20년을 넘게 지속가능발전을 위해 한 길을 걸어온 허기용, 제현수 국장님, SDGs 정책 마련을 위해 애쓰시는 사회혁신연구소 권기태 소장님, 국제협력과 시민사회 참여를 이끌어 온 (사)한국지속가능발전센터 윤경효 선생님과 지역 지속가능발전협의회 활동가들의 노고가 반영되어 있다. 기초 지자체 지속가능발전협의체 건설에 매진해 온 박연수, 김대광(충북) 사무처장님, 김주한 사무처장님(경북), 권보성(경북) 국장님, 다양한 이해관계자들의 가교 역할을 수행하시는 정은주(충남), 박주영(전남), 박찬(경남), 김지현(부산), 오용석(대구), 정명섭(강원), 정연옥(제주), 정명섭(강원), 박정민(경기) 사무처장님 그리고 현장 활동을 하면서도 〈지속가능발전을 위한 2030 의제〉를 번역한 박종아 수원지속협 사무국장님과 기초 지속협 활동가들의 노고도 빼 놓을 수 없다.

최근 기쁜 소식도 들려온다. 2021년 겨울 지속가능발전기본법이 통과되었고, SDGs 연구에 기여하는 연구자들도 차츰 늘고 있다. 경기연구원 고재경 박사님, 평택대학교 이흥연 교수님, 안동대학교 반혜정 교수님, 청주대학교 김영배 교수님, 전국지속협 한순금 박사님, 지속가능시스템연구소 박숙현 소장님, 전국지속협 윤희철 정책연구단장님, 신민영, 차영주, 박현수 박사님 등 연구자들의 헌신적인 연구 활동은 한국 SDGs 연구 지평 확장에 크게 기여할 것으로 기대한다.

『SDGs 교과서』 출판은 평택지속가능발전협의회의 물심양면 지원이 있었기에 가능했음을 밝힌다. 이 책은 손의영, 김덕일 회장님, 오민정 국장님과 운영위원님들의 전폭적인 응원과 지원을 받고 만들어졌다.

책의 분량이 많은 만큼 필자가 놓친 부분도 많았다. 이를 보완해 주신 분들이 전국지속가능발전협의회 이동준 사무총장님, 한국지속가능발전센터 윤희철 센터장장님, 숭실대 차영주 박사님, 충북대학교 박현수 박사님, 평택시청 박정인 협치총괄지원관님, 평택시청 이필용 자치지원관님, 음성지속협 오용운 선생님, 중국과 일본 자료를 검토해 주신 난징대학교 신윤철 선생님, 일본자료 번역을 도와 준 니가타 대학 법학과 이승열 군 일본에서 직장생활을 하는 이현민 군, 그리고 출간 마지막까지 꼼꼼하게 교정을 봐주신 협동조합 오픈업 이영하 이사장님과 이종훈 작가님이었다. 극동대학교 이승희 교수님, 음성군 문화예술인촌 안명수 촌장님, 남경 엔지니어링 윤태열 대표님의 조언과 격려는 큰 힘이 되었다. 그리고 기꺼이 개정판을 내주신 선인출판사 윤관백 대표님에게는 죄송함과 동시에 감사의 말씀을 드린다.

고백하면 이 책은 한국 지속가능발전 연구의 선구자이신 김병완, 오창환 한국지속가능발전학회 전 현직 회장님, 청주교대 이선경 교수님, 오수길 교수님(전국지속가능발전협의회 정책위원장)에게 큰 빚을 지고 있다. 세 분의 연구가 없었다면 지속가능발전 이론의 한국적 재구성과 적용은 상당히 먼 길을 우회했을 것이다.

SDGs·ESG 연구를 전폭적으로 지지하고 응원해 주시는 내 아버지(이영권), 어머니(조길자), 영원한 청년의 벗 한청협 이범영 의장님과 김설이 선배님, 내 박사논문 지도교수이신 고려대 조대엽 교수님, 중국 난징대 구하이(顾海) 교수님, 한국지속가능발전학회 오창환 학회장님, 한국지속가능캠퍼스협회 강성종 회장님, 한양대 이원영 교수님께는, 전국지속가능발전협의회 오수길 정책위원장님, 경주대 SDG·ESG 연구소 유성찬 부소장님께는 성실한 연구로 보답하고자 한다.

『SDGs 교과서』, 대한민국 최초의 ESDGs 교재라는 타이틀에 비해 여러모로 채워야할 여백이 많음을 인정한다. 아쉬움과 바람이 있다면 SDGs 공동연구 활성화와 SDGs 아카이브 구축이다. SDGs 17개 목표와 마찬가지로 연구과제도 산적해 있다. 이는 개인 연구로는 한계가 있다는 것을 의미한다. 분과학문의 경계를 넘어서 연구자들의 공동 연구를 지원할 수 있는 제도적인 지원과 모든 이가 SDGs 관련 정보와 자료에 접근하고 이용이 가능한 'SDGs 정보플랫폼'이 조만간 구축되길 희망한다.

고백하면 집필 과정에서 활용한 자료들 중 유사, 중복된 자료, 출처가 부정확한 자료들이 일부 존재했다. 집필 과정에서는 참고했지만 미처 출처를 표시하지 못한 글들도 있다. 이는 후속 작업을 통해 반드시 밝히려고 한다. 후속작업과 별개로 졸저 『SDGs 교과서』를 대체할 양질의 ESDGs 교재가 빠른 시기에 더 많이 세상에 나오기를 간절히 바란다.

끝으로 저자가 "2030 지속가능발전 의제"로 가장 좋아하는 구절을 소개하며 서문을 마칠까 한다.

"우리는 지구를 구할 기회를 가진 마지막 세대이자, 빈곤 퇴치에 성공하는 첫 번째 세대가 될 수 있다(50항). 우리가 성공적으로 목적을 달성한다면 2030년 세계는 보다 나은 곳이 될 것이다. 인류와 지구의 미래는 우리의 손에 달렸다. 또한, 미래는 다음 세대에게 그들의 일을 넘겨주게 될 오늘의 젊은 세대의 손에 달려 있다. 우리는 지속가능발전으로 가는 길을 제시했으며, 이 여정의 성공을 보장하고 다시 퇴보시킬 수 없는 성과를 끌어내는 것은 여러분 모두의 몫이다(53항)."

경주에서 보다 평화롭고
포용적인 사회를 생각하며
이창언

목차

서문 / 5

1장. 지속가능발전이란 무엇인가? 19

1. 지속가능발전 개념의 등장 20
2. 지속가능발전의 특징 37
3. 지속가능발전 규범 41

2장. 지속가능발전이 주목받는 이유 47

1. 지구 한계 48
2. 생물다양성 위기 50
3. 기후 위기 72
4. 불평등과 박탈감 83

3장. 지속가능한 세계와 유엔(국제연합) 89

1. 유엔(국제연합) 출범의 역사적 배경 90
2. 유엔 헌장과 유엔의 임무 93
3. 유엔의 주요 기관과 예산 96
4. 지속가능한 세계를 위한 유엔의 과제 112

4장. SDGs 시대의 개막 129

1. MDGs에서 SDGs 체제로의 이행 130
2. MDGs가 남긴 성과와 과제 134
3. Post-2015 개발 의제 준비과정 140
4. 새로운 시대, SDGs의 의미 144

5장. '지속가능발전을 위한 2030 의제'를 통해서 본 SDGs 149

1. '지속가능발전을 위한 2030 의제' 〈서문〉을 통해서 본 SDGs 150
2. '지속가능발전을 위한 2030 의제' 〈전문〉을 통해서 본 SDGs 153
3. '지속가능발전을 위한 2030 의제' 〈전문〉을 통해서 본 SDGs 구성체계 160
4. SDGs 웨딩 케이크 모델로 본 SDGs 구조 174

6장. SDGs 17개 목표와 세부목표 이해하기 181

1. 인간과 사회발전(목표 1~6) 182
2. 인간과 경제번영(목표 7~12) 209
3. 인간과 지구환경(목표 13~15) 227
4. 인간과 평화협력(목표 16~17) 238

7장. SDGs 세계관, 전략 이해하기 247

1. SDGs의 특징과 3대 키워드 248
2. SDGs의 이념과 세계관 254
3. SDGs의 실용주의적 세계관 255
4. SDGs의 사회혁신 전략 262

8장. SDGs의 수용 배경과 확산요인 273

1. SDGs가 주목받는 이유 274
2. 혁신적 행정, 지방정부의 전략 278
3. 기업의 SDGs-ESG 경영과 사회적 책임 강화 288
4. 대학의 위기 극복을 위한 합리적 선택 290

9장. SDGs 달성을 위한 각 섹터의 역할 295

1. SDGs와 정부의 역할 296
2. SDGs와 시민사회의 역할 306
3. SDGs와 기업의 역할 311
4. SDGs와 대학의 역할 319

10장. 지속가능발전교육(ESD)과 SDGs 323

1. 지속가능성을 위한 8대 핵심 역량과 ESD 324
2. 지속가능한 사회를 창조하는 ESD의 여섯 가지 관점 327
3. ESD(지속가능발전교육)와 SDGs의 관계 329
4. ESD·ESDGs 교육의 의의와 지방 ESD 혁신 과제 333

11장. SDGs·ESG 경영 347

1. ESG 시대의 도래 348
2. ESG와 SDGs의 관계 353
3. ESG 경영의 세계적 확산요인과 주요 동향 357
4. 한국·중국·일본의 ESG 현황과 시사점 366

12장. 대학의 사회적 책임과 SDGs 이행·실천 391

1. 대학의 SDGs 실행 영역 392
2. 대학 SDGs의 현지화 사례: 일본 395
3. 대학 SDGs의 현지화 사례: 중국 대학과 BUP 404
4. 한국 대학 SDGs 이행 실천을 위한 준비 과제 407

13장. 정부와 지자체 SDGs 이행·실천 415

1. 한국 정부의 SDGs 성취도 416
2. K-SDGs와 제4차 지속가능발전 기본계획 수립 420
3. 지속가능발전기본법 제정과 과제 427
4. 지방자치단체 SDGs 이행·실천의 추진력과 시사점 439

14장. 전국지속가능발전협의회와 지방 SDGs 이행·실천방안 457

1. 대한민국 도시 SDGs 추진력, 전국지속협 458
2. 전국지속협과 지방 SDGs 이행체계 구축 470
3. 지방 SDGs 업무체계와 협력 482
4. 지방 SDGs 이행·실천의 전제 ESD-ESDGs 487

15장. 일상에서 실천하는 SDGs 491

1. 집에서, 밖에서, 직장에서 실천하는 SDGs 492
2. 환경인증 제품 사용하기 501
3. 윤리적 소비와 공정무역 508
4. 로컬푸드 이용과 식품 손실 줄이기 509

참고문헌 / 515

색인 / 531

| 1장 |

지속가능발전이란 무엇인가?

지속가능발전 개념은 그동안 진화해 왔다. 새로운 의제인 지속가능발전목표(Sustainable Development Goals, 이하 SDGs)는 "국제법에 대한 완전한 존중을 포함하여 유엔 헌장의 목적과 원칙을 따른다. 이것은 세계인권 선언, 국제인권 조약, 새천년 선언(Millennium Declaration) 및 2005년 세계정상회의 결과(2005 World Summit Outcome)에 기반을 두고 있다. 이는 또한 발전에 관한 권리선언(Declaration on the Right to Development)과 같은 다른 국제 문서의 내용에 입각해 있다.

새로운 의제(SDGs)는 지속가능발전의 견고한 토대를 마련하고 이 새로운 의제를 수립하는데 기여한 모든 주요 유엔 회의와 정상회의 결과를 재확인한다. 여기에는 환경과 발전에 관한 리우선언, 지속가능발전 세계정상회의, 세계사회발전 정상회담, 세계인구발전 회의, 베이징 행동강령 및 유엔 지속가능발전 정상회의가 포함된다. 또한 제4차 유엔 최빈개발도상국 회의, 제3차 군소도서개발도상국 총회, 제2차 유엔 내륙개발도상국 회의 및 제3차 유엔 세계재난위험경감총회 등에 대한 후속 조치(2030지속가능발전의 제11항)를 포함한다. 지속가능발전 개념은 “리우선언은 특히 ‘공통의 그러나 차별화된 원칙’(제7조)을 포함한 환경과 발전에 관한 모든 리우선언의 원칙”에서 재확인된다. 이러한 주요 회의와 정상회의에서 확인된 과제와 약속들은 상호 연계되어 있으며, 통합적인 해결책을 요구하며, 이에 대한 대응은 새로운 접근법이 필요하다. 지속가능발전은 모든 형태와 차원의 빈곤 근절, 국가 내 그리고 국가 간 불평등 해소, 환경보호, 지속적이고 포용적이며 지속가능한 경제성장의 실현, 사회적 포용 증진이 상호 연계적, 상호의존적으로 존재함을 인정(2030 지속가능발전 의제 13항)한다.

1. 지속가능발전 개념의 등장

‘지속가능성(Sustainability)’ 개념은 19세기 후반부터 20세기 초 어업자원 지침으로 지속가능한 최대 허용 어획량(Maximum Sustainable Yield, MSY) 형태로 이미 사용되었다. 여기서 ‘지속가능성’의 의미는 재생 가능 자원에는 일정한 양적 한계가 있어, 그 한계를 넘지 않는 범위 내에서 어획하거나 이용할 수 있다는 것이었다. 즉, 일정량의 자원인 스톡(원금)으로부터 생성되는 재생산량(이자)만이 이용 가능하며, 그 이상의 수확과 이용은 스톡의 감소를 초래한다는 이 개념은 어업자원의 지침으로써 1946년 국제포경협약과 1952년 북태평양어업협정 등에서 사용되었다.

1970년대 초반 로마클럽은 ‘성장의 한계’로 인해 현재의 인구증가와 환경파괴가 계속되면 자원의 고갈과 환경 악화로 이어지고 100년 이내에 인류의 성장이 한계에 도달하리라 예측하였다. 이는 오일쇼크를 거치면서 지구환경과 자원은 무한하지 않다는 것이 밝혀지자 다양한 영역에서 환경보호의 담론으로 수용되었다.

지속가능발전(sustainable development, SD) 개념은 1970년대와 1980년대부터 제시되었으며 1990년대 리우선언에서 확립되었다. 처음 지속가능발전의 개념을 엿볼 수 있는 것은 1969년 유엔 총회가 채택한 '사회의 진보와 발전에 관한 선언'이다. 선언에서는 사회 진보와 발전의 목적을 "인권과 기본적 자유를 존중하고 준수하여 사회구성원 모두의 물질적, 정신적 생활수준을 지속해서 향상하는 것(제2부 전문)"이라고 하였다. 그 후 1986년에 유엔 총회는 '발전의 권리에 관한 선언'을 채택했다. 이 선언에서는 '발전'을 "인민 전체 및 모든 개인의 발전과 그것이 가져다주는 제반 이익의 공정한 분배에 적극적이고 자유롭게, 또한 의미 있게 참여하는 것을 기초로 하여 그들 복지의 끊임없는 증진을 지향하는 포괄적인 경제적, 사회적, 문화적 및 정치적 과정"(전문)으로 정의하였다. 또한 이 선언에서는 '발전의 권리'를 양보할 수 없는 사람과 인민의 권리(제1조)로 규정하여 발전의 중심 주체는 인간이라고(제2조) 선언하였다.

한편 1970년대 말부터 1980년대에 이르러서 환경보호와 경제성장을 대립하는 관계로 볼 수 없다는, 상호관계를 중시한 이론이 확산되었다. 1979년에는 쿠머(Coomer, 1979)가 환경보호를 하면서 경제성장을 지속하는 사회를 모색한 '지속가능한 사회(Sustainable Society)'라는 개념을 제창하였고 1980년에는 세계자연자원보전전략(World Conservation Strategy)이 환경과 경제의 상호 연계적 관점으로 자리 잡게 되었다. 이후 〈브룬트란트 보고서(1987)〉가 지구촌의 정치·사회적 변화의 흐름과 연계하여 지구 차원의 '지속가능발전'을 제기했다(이창언, 2016: 255).

지속가능발전이 공론화된 것은 1983년 유엔 총회에서 노르웨이 노동당 총재인 그로 할렘 브룬트란트(Gro Harlem Brundtland)를 의장으로 하는 '환경과 개발에 관한 세계 위원회(WCED: World Commission on Environment and Development)'가 창설된 것이 계기가 되었다(주용식, 2019: 79). WCED 창설을 앞두고 그 당시와 같은 추세의 개발은 수많은 사람에게 가난과 질병을 안겨줄 뿐이며 이와 함께 환경의 질은 더욱 나빠질 것이라는 문제 제기가 있었다. WCED는 〈우리 공동의 미래(Our Common Future)〉 보고서를 통해 지속가능발전의 개념을 정의하였다. WCED 위원장이었던 브룬트란트는 "만약,

우리를 위해서 인간과 자연 시스템의 일부를 구하려고 한다면, 이 시스템 전체를 구하지 않으면 안 된다. 이것이 지속가능발전의 본질이다."고 말했다.

〈우리 공동의 미래〉에서 '지속가능발전'은 "미래세대가 그들의 필요를 충족시킬 수 있는 가능성을 손상하지 않는 범위에서 현재 세대의 필요를 충족시키는 발전(WCED, 1987)"이라고 정의하였다(정민걸, 2004: 3). WCED는 '환경적으로 건전한 지속가능발전(environmentally sound and sustainable development: ESSD)'의 개념을 확립하였다(이유경·이승호·조영태, 2018: 94).

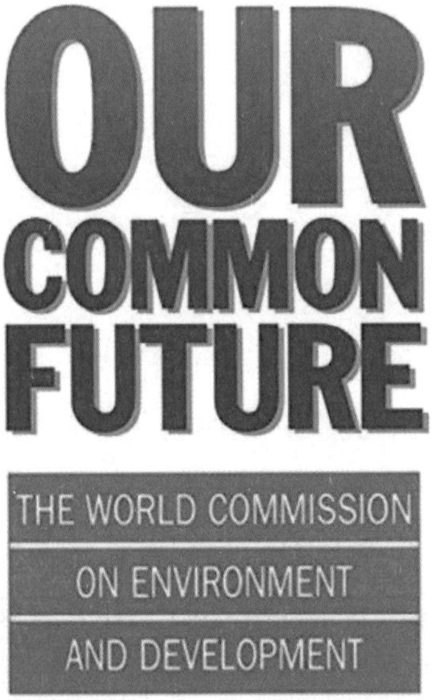

▶ 1970년대 여러 연구자는 '환경 제약 아래서의 성장'이라는 관점에서 지속가능성을 정의했지만 1980년대 세계자연보호전략 또는 브룬트란트(Brundtland) 위원회 보고에서는 발전과 보전의 조화를 '지속가능발전'으로 정의하고 '보전'이란 미래세대와 현세대를 양립시키는 생물권 이용의 관리로 정의했다.

이 보고서는 '필요'와 '환경 용량의 한계'라는 두 가지 핵심 개념을 담고 있는데, 첫째, (특히 세계 빈민들의) 필수적인 필요에 대한 개념이다. 빈곤은 사회적·문화적으로 결정되는 것이며, 모두가 합당하게 원할 수 있는 패턴으로 소비에 대한 가치의 방향을 다시 설정해야 한다고 주장했다. 특히 서구 선진국의 소비수준을 낮추어야 한다고 역설했다(이창언·오수길·유문종·신윤관, 2013: 36).

둘째, 현재와 미래의 필요를 충족시키기 위한 환경 용량에는 한계가 있다는 개념이다. 이는 현 상태의 기술과 사회조직을 유지하는 데는 한계가 있다는 것을 의미한다.

이처럼 〈우리 공동의 미래〉는 ① 전 세계 가난한 사람들에게 있어서 불가결한 요구의 개념, ② 기술·사회적 조직 본연의 자세에 의해서 규정되는, 현재 및 미래세대의 욕구를 만족시킬 만한 '환경적 능력의 한계'에 대한 개념으로 지속가능발전을 설명하고 있다. 그것은 먼저, 불가결한 요구의 개념은 앞에서 서술한 발전 권리가 녹아 있다. 지속가능발전은 인권의 관점에서 '발전'을 재구성하고 불균형 발전을 시정하고 발전에서 얻는 이익의 배분 방식에 대해 부언한 것이라고 할 수 있다. 그리고 '환경적 능력의 한계' 개념에 대해서는 지속가능한 최대허용 어획량(MSY) 등에서 도입된 '환경용량'의 내용을 나타내는 '지속가능성'이 반영되어 있다.

지속가능발전 개념은 '환경 능력의 한계' 속에서 발전을 생각한다는 양자의 통합을 의미하는 것이다. 여기에는 발전에서 얻는 이익에 형평성의 원칙과 공정한 배분이라는 인권의 관점이 녹아들어 있는 것이다. 1991년 국제자연보존연맹(International Union for Conservation of Nature and Natural Resources, IUCN), 유엔환경계획(UN Environment Programme, UNEP), 세계자연기금(World Wildlife Fund, WWF)은 지속가능발전 개념을 "사람들의 삶의 질 개선을 삶의 지지기반이 되는 각 생태계의 허용능력 한도 내에서 생활하고 달성하는 것"으로 재정의했다.

브룬트란트(Brundtland) 위원회(환경과 개발에 관한 세계위원회, WCED) 이후, 지속가능발전은 자연환경 보전과 경제개발 문제만이 아니라 사회와 문화의 발전도 지속가능발전의 문제로 그 위치가 격상된다. 환경이 지탱하는 선에서 사회를 발전시키고, 포용적인 사회 안에서 경제를 발전시켜야 한다는 '동심원 모델(Concentric ring model)'로 정립·발전되었다.

'환경과 발전에 관한 리우선언(The Rio Declaration on Environment and Development, 일명 리우선언)'은 1972년 스웨덴의 스톡홀름에서 인간환경선언이 있은 지 20년 만인 1992년 6월, 브라질 리우데자네이루에서 지구인의 행동강령으로써 전 세계 국가의 대표가 서명하여 채택되었으며 27개 원칙으로 구성되어 있다(박영민, 2018: 75). 리우선언(Rio Declaration)은 '선언'이라는 형태를 취하고 있으므로 법적 구속력이 있는 문서는 아니지만, 환경입법에 큰 영향을 미치고 있는 문서이다.

리우선언이 국제환경법상 중요한 권위와 영향력을 가지고 있는 것은 다음의 이유들 때문이다. 첫째, 리우선언은 일부를 제외하고 국가에 의무를 부과하는 문구로 쓰여 있다. 많은 원칙이 '국가는 …해야 한다(shall)'라는 명령형으로 시작되고 있는 것이다. 둘째, 리우선언은 선진국과 개발도상국의 국제

환경보호에 관한 규범에 대한 공감대를 형성하였다. 사실 리우회의에 참석한 모든 국가가 지구 환경의 회복과 보존이란 대의에는 공감하면서도 세부적 실천 의제 앞에서는 각국의 개별 이해관계에 따른 상호 의견대립과 갈등도 없지 않았다. 이것은 지구촌 내부에서도 성장, 발전의 정도와 수준에 적지 않은 차이가 내재하여 있음을 보여주는 것이다. 즉, 선진국들은 "이미 완성된 국가 발전의 수준과 안정된 경제토대 위에서 환경보호에 보다 큰 적극성을 보일 수 있지만, 아직 발전 수준이 부족한 국가들에게 개발을 포기하고 환경보존에 더 적극성을 가지라고 말하는 것은 비현실적인 면이 없지 않기 때문이다(송채원, 2014: 5)."

이해관계의 차이에도 불구하고 리우선언은 지속가능발전을 위한 '실체적 요소'와 '절차적 요소'를 확보하는 데 기여했다. 리우선언이 지속가능발전을 실현하기 위한 실체적 요소로써 내세운 ① 천연자원의 지속가능한 이용(제8원칙), ② 환경보호와 경제발전의 통합(제4원칙), ③ 발전의 권리(제3원칙), ④ 세대 내 및 세대 간의 형평(제3원칙), ⑤ 오염자 부담의 원칙(제16원칙)들은 인류 역사상 새로운 개념은 아니지만, 리우선언에서는 체계적으로 규정하고 있다.

〈상자 1-1〉 환경과 발전에 관한 리우선언

전문. 유엔 환경개발회의가 1992년 6월 3일부터 14일까지 리우데자네이루에서 개최되어, 1972년 6월 16일에 스톡홀름에서 채택된 '유엔 인간환경 회의선언'을 재확인하고 이를 더욱 확고히 할 것을 추구하여; 모든 국가와 사회의 주요 분야, 그리고 모든 인간 사이의 새로운 차원의 협력을 창조함으로써 새롭고 공평한 범세계적 동반자 관계를 수립할 목적으로; 모두의 이익을 존중하고 또한 지구의 환경 및 개발체제의 통합성을 보호하기 위한 국제협정체결을 위하여 노력하며; 우리 삶의 터전인 지구의 통합적이며 상호의존적인 성격을 인식하면서 다음과 같이 선언한다.

원칙 1. 인간을 중심으로 지속가능발전이 논의되어야 한다. 인간은 자연과 조화를 이룬 건강하고 생산적인 삶을 누려야 한다.

원칙 2. 각 국가는 유엔 헌장과 국제법 원칙에 조화를 이루면서 자국의 환경 및 개발정책에 따라 자국의 자원을 개발할 수 있는 주권적 권리를 갖고 있으며 자국의 관리구역 또한 통제범위 내에서의 활동이 다른 국가나 관할범위 외부지역의 환경에 피해를 주지 않도록 할 책임을 가지고 있다.

원칙 3. 개발의 권리는 개발과 환경에 대한 현세대와 미래세대의 요구를 공평하게 충족할 수 있도록 실현되어야 한다.

원칙 4. 지속가능발전을 성취하기 위하여 환경보호는 개발과정의 중요한 일부를 구성하며 개발과정과 분리해서 고려되어서는 안 된다.

원칙 5. 모든 국가와 국민은 생활수준의 격차를 줄이고 세계 대다수 사람의 기본수요를 충족시키기 위하여 지속가능발전의 필수요건인 빈곤의 퇴치라는 중차대한 과업을 위해 협력하여야 한다.

원칙 6. 개발도상국, 특히 최빈개발도상국과 환경적으로 침해받기 쉬운 개발도상국의 특수상황과 환경 보전의 필요성은 특별히 고려의 대상이 되어야 한다. 또한 환경과 개발 분야에서 국제적 활동은 모든 나라의 이익과 요구를 반영하여야 한다.

원칙 7. 각 국가는 지구생태계의 건강과 안전성을 보존, 보호 및 회복시키기 위하여 범세계적 동반자의 정신으로 협력하여야 한다. 지구의 환경 악화에 대한 제각기 다른 책임을 고려하여, 각 국가는 공통된, 그러나 차별적인 책임을 진다. 선진국들은 그들이 지구환경에 끼친 영향과 그들이 소유하고 있는 기술 및 재정적 자원을 고려하여 지속가능발전을 추구하기 위한 국제적 노력에 있어서 분담하여야 할 책임을 인식한다.

원칙 8. 지속가능발전과 모든 사람의 더 나은 생활의 질을 추구하기 위하여 각 국가는 지속 불가능한 생산과 소비 패턴을 줄이고 제거하여야 하며 적절한 인구정책을 촉진하여야 한다.

원칙 9. 각 국가는 과학적, 기술적 지식의 교환을 통하여 과학적 이해를 향상시키고 새롭고 혁신적인 기술을 포함한 기술의 개발, 적용, 존속, 전파 그리고 이전을 증진함으로써 지속가능발전을 위한 내재적 능력을 형성, 강화하도록 협력하여야 한다.

원칙 10. 환경문제는 관심이 있는 모든 시민이 적절한 수준에서 참여할 때 가장 효과적으로 다루어진다. 국가 차원에서 각 개인은 지역사회에서의 유해물질과 처리에 관한 정보를 포함하여 공공기관이 가지고 있는 환경정보에 적절히 접근하고 의사결정 과정에 참여할 기회를 부여받아야 한다. 각 국가는 정보를 광범위하게 제공함으로써 공동의 인식과 참여를 촉진하고 증진해야 한다. 피해의 구제와 배상 등 사법 및 행정적 절차에 효과적으로 접근할 수 있어야 한다.

원칙 11. 각 국가는 효과적인 환경 법칙을 제정하여야 한다. 환경기준, 관리목적, 그리고 우선순위는 이들이 적용되는 환경과 개발의 정황이 반영되어야 한다. 어느 한 국가에서 채택된 기준은 다른 국가, 특히 개도국에 부적당하거나 지나치게 경제·사회적 비용을 초래할 수도 있다.

원칙 12. 각 국가는 환경 악화 문제에 적절히 대처하기 위하여, 모든 국가의 경제성장과 지속가능발전을 도모하면서 도움이 되고 개방적인 국제 경제체제를 증진하도록 협력하여야 한다. 환경적 목적을 위한 무역 정책 수단은 국제무역에 대하여 자의적 또는 부당한 차별적 조치나 위장된 제한을 포함해서는 안 된다. 수입국 관할지역 밖의 환경적 문제에 대응하기 위한 일방적 조치는 회피되어야 한다. 국경을 초월하거나 지구적 차원의 환경문제에 대처하는 환경적 조치는 가능한 한 국제적 합의에 기초하여야 한다.

원칙 13. 각 국가는약이나 기타 환경파괴로 인한 피해자에 대한 책임과 배상에 관한 국제법을 발전시켜야 한다. 각 국가는 자국의 관할권 또는 통제지역 내에서의 활동이 자국의 관리범위 이외 지역에 초래한 악영향에 대한 책임과 배상에 관한 국제법을 더 발전시키기 위하여 신속하고 확실한 방법으로 협력하여야 한다.

원칙 14. 각 국가는 환경 악화를 심각하게 초래하거나 인간의 건강에 유해한 것으로 밝혀진 활동이나 물질을 다른 국가로 재배치 또는 이전하는 것을 억제하거나 예방하기 위하여 효율적으로 협력하여야 한다.

원칙 15. 환경을 보호하기 위하여 각 국가의 능력에 따라 예방적 조치가 널리 실시되어야 한다. 심각한 또는 회복 불가능한 피해의 우려가 있을 경우, 비용에 비해 효과적인 환경 악화를 막기 위한 조치를 과학적 불확실성을 이유로 지연시켜서는 안 된다.

원칙 16. 국가 당국은 오염자가 원칙적으로 오염의 비용을 부담하여야 한다는 원칙을 고려하여 환경 비용의 내부화와 경제적 수단의 이용을 증진하도록 노력하여야 한다. 이에 있어서 공공이익을 적절히 고려하여야 하며 국제무역과 투자를 왜곡시키지 않아야 한다.

원칙 17. 환경에 심각한 악영향을 초래할 가능성이 있으며 관할 국가 당국의 의사결정이 있어야 하는 사업계획에 대하여 환경영향평가를 국가적 제도로 실시하여야 한다.

원칙 18. 각 국가는 다른 국가의 환경에 급격한 위해를 초래할 수 있는 어떠한 자연재해나 기타의 긴급사태를 상대방 국가에 즉시 통고해야 한다. 국제사회는 이러한 피해를 본 국가를 돕기 위하여 모든 노력을 기울여야 한다.

원칙 19. 각 국가는 국경을 넘어서 환경에 심각한 악영향을 초래할 수 있는 활동에 대하여 피해가 예상되는 국가에 시의적절한 사전 통고 및 관련 정보를 제공하여야 하며 초기 단계에서 성실하게 이들 국가와 협의하여야 한다.

원칙 20. 여성은 환경관리 및 개발에 있어서 중대한 역할을 수행한다. 따라서 지속가능발전을 달성하기 위해서는 그들의 적극적인 참여가 필수적이다.

원칙 21. 지속가능발전을 성취하고 모두의 밝은 미래를 보장하기 위하여 전 세계 청년들의 독창성, 이상, 그리고 용기를 결집하여 범세계적 동반자 관계를 구축하여야 한다.

원칙 22. 토착민과 그들의 사회, 그리고 기타의 지역사회는 그들의 지식과 전통적 관행으로 인하여 환경관리와 개발에 있어서 중요한 역할을 수행한다. 각 국가는 그들의 존재와 문화 및 이익을 인정하고 적절히 지지하여야 하며, 또한 지속가능발전을 성취하기 위하여 그들의 효과적인 참여가 가능하게 한다.

원칙 23. 압제, 지배 및 점령하에 있는 국민의 환경과 자연자원은 보호되어야 한다.

원칙 24. 전쟁은 본질적으로 지속가능발전을 파괴한다. 따라서 각 국가는 무력 분쟁 시 환경의 보호를 규정하는 국제법을 존중하여야 하며 필요한 경우에는 이의 발전을 위하여 협력하여야 한다.

원칙 25. 평화, 발전, 환경보호는 상호의존적이며 불가분의 관계에 있다.

원칙 26. 국가는 그들의 환경 분쟁을 유엔 헌장에 따라 평화적으로 또한 적절한 방법으로 해결하여야 한다.

원칙 27. 각 국가와 국민은 이 선언에 구현된 원칙을 준수하고 지속가능발전 분야에서 관련 국제법을 한층 발전시키기 위하여 성실하고 동반자적 정신으로 협력하여야 함.

*국문 번역: 환경부, 환경운동연합 홈페이지

리우선언에서는 '사람'이 지속가능발전의 중심에 있다. 제1원칙은 "인간을 중심으로 지속가능한 개발을 논의하여야 한다. 인간은 자연과 조화를 이룬 건강하고 생산적인 삶을 향유하여야 한다."라고 하여 지속가능발전을 본격적으로 거론하였다. 이로써 "지속가능발전"이라는 용어가 일반인들에게도 친숙해지게 된다(송재일, 2016: 147). 그러나 여기서 말하고 있는 사람 중심주의는 사람 지상주의가 아니라 어디까지나 자연과 조화롭게 발전해 나가는 중심에 사람을 둔다는 의미로 이해해야 한다. 이에 대해 1972년 스톡홀름 선언은 '인간은 품위 있고 행복한 생활을 가능하게 하는 환경 속에서 자유, 평등, 그리고 적당한 수준의 생활 보건을 향유할 기본적 권리를 가진다'는 점을 명확히 했

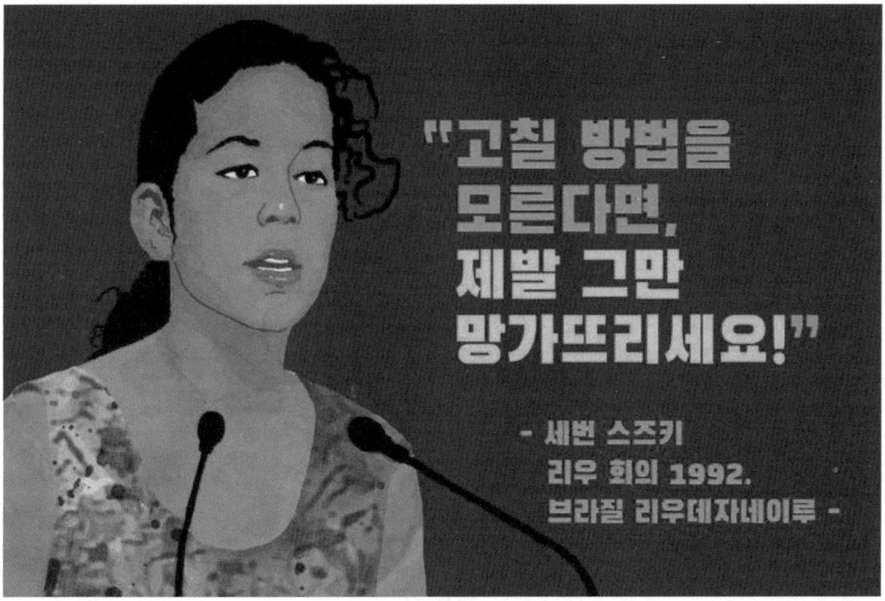

"고칠 방법을 모른다면, 제발 그만 망가뜨리세요!"
- 세번 스즈키
리우 회의 1992.
브라질 리우데자네이루 -

▶ 리우회의에 어린이 지구환경 대표로 참석한 캐나다 출신 12살 소녀 세번 스즈키는 '세상의 모든 어버이께'라는 연설을 통해 미래세대를 위한 어른들의 실천을 촉구해 주목을 받았다. 스즈키는 "여러분은 오존층에 난 구멍을 수리하고, 죽은 강으로 연어를 다시 돌아오게 하고, 사라져 버린 동물을 되살리고, 사막이 된 곳을 푸른 숲으로 되살려 놓을 능력이 없습니다. 고칠 방법을 모른다면, 제발 망가뜨리지 마십시오! 여러분이 회의에 참석하고 있는 이유가 무엇이며, 누구를 위해 회의를 열고 있는지를 잊지 마십시오!"라고 일갈했다(글, 그림 출처: 환경부 홈페이지).

다(설계경, 2011: 153). 이와 함께 인간은 현세대와 다음 세대를 위해 환경을 보호하고 개선할 엄중한 책임도 지님을 천명한 것이다. 이 점에서 '인권 차별, 인권 분리, 차별대우, 식민정책 및 기타 다른 형태의 억압이나 외국 지배를 영속화하려고 하거나 추구하는 정책은 규탄되어야 하며 배척되어야 한다'는 스톡홀름 선언의 원칙 1을 이어받은 것이라 할 수 있으며, 환경이 사람의 생명을 지탱하고 사람에게 지적, 도덕적, 사회적 및 정신적 성장의 기회를 줄 수 있다는 인식에 기반을 두고 있다. 나아가 "인간은 여러 악조건의 복합작용으로 현재 심각한 위기에 처한 야생동물과 그 서식지를 보호하고 현명하게 관리할 특별한 책임"이 있다는 것이다. 따라서 "야생생물을 포함하는 자연의 보전은 경제개발 계획에서 중요한 위치를 정해야 한다"라고 강조한다. 리우선언이

1972년 스톡홀름에서 개최된 유엔인간환경회의(스톡홀름 회의)에서 채택한 '인간환경선언'에서 표명한 '인간의 역할 강화'라는 일관된 입장을 수용한 것이다.

2002년 8월 남아프리카공화국 요하네스버그에서 '지속가능발전 세계정상회의(World Summit on Sustainable Development, WSSD, 일명 Rio+10)'가 열려 '지속가능발전'이라는 개념이 21세기 인류의 보편적인 발전 전략을 함축하는 핵심 개념으로 자리 잡게 된다(환경부, 2004: 14; 김병완, 2005: 196). WSSD는 1992년 브라질 리우데자네이루에서 개최되었던 지구정상회의 이후 10년간 국제사회가 거둔 지속가능발전 추진 성과를 평가하고, 향후 구체적인 추진계획을 마련하기 위한 자리였다(오수길, 2003: 2). 이 회의를 통해 국제사회는 지속가능발전을 이루기 위한 다음과 같은 소중한 결실들에 합의하였다.

그것은 첫째, 지속가능발전을 위한 정치적 선언으로써 '요하네스버그 선언문(The Johannesburg Declaration on Sustainable Development)'을 채택하였다. '우리의 기원에서 미래까지(From our Origins to the Future)'라는 부제를 단 이 선언문은 "경제, 사회, 환경을 동시에 염두에 두는 '지속가능발전'을 실현하고자 하는 각국의 정치적 의지를 다시 확인하자는 것이다(정회성 외, 2011: 181)."

'요하네스버그 선언문'은 첫째, '정치적 약속'으로서 의제 21의 구체적인 실천계획인 '이행계획'의 내용을 담고 있다. 즉 정치적 선언에 따라 각 분야별로 어떻게 실제 행동으로 옮길 것인가와 관련한 내용이 포함되어 있다. 이행계획에는 빈곤 퇴치, 지속가능하지 못한 생산과 소비 패턴의 개선, 자연자원의 보전 및 관리, 이행 수단 마련, 지속가능발전을 위한 제도적 기틀 마련, 에너지 분야 등이 포함되어 있다. 둘째, 파트너십의 활성화를 보여주었다. 이 회의를 위한 준비 위원회는 각국 정부, 국제기구, 이해당사자, NGO 등이 파트너십을 형성하여 추진하는 실천사업들의 내용, 형태, 조건 등을 논의해왔었다(오수길, 2003: 2). 그것은 정부 간 협상을 통해 공식적으로 채택된 원칙이나 선언을 근거로 추진되는 사업에 관련된 이해당사자들이 구체적인 계획을 세워 실행하는 협력사업으로 발전시키자는 것이다. 셋째, 지방의제 21에서 실천을 강조하는 '지방행동 21(Local Action 21)'을 발표하였다. 이 회의 기간 중 열린 각국 지방정부 대표단의 지방정부 회의에서 '지방정부 선언문'이 발표된 것이다. 이

선언문은 각국 지방정부가 그간 작성한 지방의제 21을 실제 행동으로 옮겨 실천해나갈 것을 적극적으로 표명한 것이다(이창언·오수길·유문종·신윤관, 2013: 37).

〈상자 1-2〉 지속가능한 발전을 위한 요하네스버그 선언

지속가능한 발전을 위한 요하네스버그 선언

우리의 기원에서 미래까지(From our Origins to the Future)

1. 우리, 세계 인구의 대표자들은 2002년 9월 2일에서 4일까지 남아프리카공화국 요하네스버그의 지속가능발전 세계정상회의(World Summit on Sustainable Development)에 모여 지속가능발전에 대한 우리의 공약을 재확인한다.
2. 우리는 모두에 대한 인간 존엄성의 필요성을 인식하면서 인도적이고 공평하며 우호적인 지구사회를 구축할 것을 약속한다.
3. 정상회의 개막식에서 세계의 어린이들은 단순하지만 분명한 어조로 미래가 그들의 것임을 이야기하였고, 따라서 우리의 조치를 통해 그들이 빈곤, 환경 악화, 비지속적인 발전 패턴으로 야기된 모욕(indignity)과 상스러움(indecency)으로부터 벗어난 세계를 상속받을 수 있음을 우리 모두에게 제기하였다.
4. 우리 공통의 미래를 상징하는 어린이들에 대한 대답의 일부로써, 서로 다른 경험을 가지고 세계 모든 구석구석에서 모인 우리는 새롭고 더욱 밝은 희망의 세계를 창출할 긴박한 필요성을 깊이 느낌으로써 감동하여 연합하였다.
5. 따라서, 우리는 지방, 국가, 지역 및 세계 수준에서 지속가능발전의 상호의존적·상호강화적 중심 기둥인 경제발전, 사회발전 및 환경보호를 촉진하고 강화할 공동의 책임을 맡는다.
6. 인류의 요람인 이곳 아프리카 대륙으로부터 우리는 이행계획 및 동 선언을 통해 서로에 대한, 더욱 확대된 생활 공동체에 대한, 그리고 자손들에 대한 책임을 선언한다.

7. 인류가 기로에 서 있다는 점을 인지하면서, 우리는 빈곤 퇴치 및 인류 발전을 가져올 실질적이고 구체적인 계획 수립의 필요성에 적극적으로 응답하는 확고한 노력을 기울일 것을 공동으로 결의한다.

스톡홀름에서 리우로, 또 요하네스버그로

(From Stockholm to Rio de Janeiro to Johannesburg)

8. 30년 전 스톡홀름에서 우리는 환경 악화 문제에 대응할 긴급한 필요성에 동의하였다. 10년 전 리우에서 개최된 UN환경개발회의에서 우리는 리우 원칙에 기반하여 환경보호와 사회 및 경제발전이 지속가능발전의 기초임에 합의하였다. 이러한 발전을 달성하기 위하여, 우리는 글로벌 프로그램, 어젠다 21 및 리우선언을 채택하고, 공약을 재확인하였다. 리우 정상회의는 지속가능발전에 대한 새로운 의제를 설정하는 의미 깊은 이정표였다.
9. 리우에서 요하네스버그까지의 기간 동안 몬트레이 개발재원회의(Monterrey Conference on Finance for Development), 도하 각료회의(Doha Ministerial Conference)등 유엔 지침 아래의 몇몇 주요 회의에서 회합하였고, 세계는 인류 미래를 위한 포괄적인 비전을 제시하였다.
10. 요하네스버그 정상회의에서 우리는 지속가능발전의 비전을 존중하고 이행하는 세계로의 공통 경로를 건설적으로 모색하기 위해 다양한 민족과 견해를 불러 모았다. 요하네스버그 정상회의는 또한 세계적 합의 및 전 지구적 파트너십을 달성하는 데에 의미 있는 진전을 이루었음을 확인하였다.

우리가 직면한 도전들(The Challenges we Face)

11. 우리는 빈곤 퇴치, 소비 및 생산 패턴의 변화, 그리고 경제 및 사회발전의 기반인 자연자원의 보호 및 관리가 지속가능발전의 전반적인 목표이며, 필수요건임을 인식한다.

12. 인류 사회를 부유층과 빈곤층으로 분리하는 깊은 단층선과 선진국과 개도국, 세계 간의 증가하는 격차는 세계적 번영, 안보 및 안정에 주요 위협을 제기하고 있다.
13. 지구 환경은 지속적으로 고통을 경험하고 있다. 생물다양성의 손실이 지속되고, 어족은 계속 고갈되고 있으며, 사막화는 점차 비옥한 토지를 점유하고, 기후변화의 부정적 영향은 이미 분명해지고, 자연재해는 더욱 빈번하고 더욱더 파괴적이며, 개도국은 점차 취약해지고, 대기, 수자원 및 해양 오염은 지속적으로 다수의 소중한 생명을 빼앗고 있다.
14. 세계화는 이러한 도전들에 새로운 차원을 추가하고 있다. 시장의 급속한 통합, 자본의 유동성 및 세계 투자 흐름의 현저한 증가는 지속가능발전의 추진에 새로운 도전과 기회를 개척하고 있다. 그러나 세계화의 혜택 및 비용은 불공평하게 분배되며, 개도국들은 이러한 도전으로 인하여 특수한 곤경에 직면하고 있다.
15. 우리는 이러한 세계적 불균형의 팽배라는 위험을 감수하고 있으며, 만약 우리가 근본적으로 그들의 생활을 변화시키지 않는다면, 세계의 빈곤층은 그들의 대표자가 단지 요란스러운 금관악기나 딸랑거리는 심벌즈에 지나지 않는다고 보며, 그들의 대표자와 그들이 추구하는 민주 체제에 대한 신뢰를 상실할 것이다.

지속가능발전에 대한 우리의 공약

(Our Commitment to Sustainable Development)

16. 우리는 우리의 집합적 장점인 풍부한 다양성이 변화와 지속가능발전이라는 공동의 목표 달성을 위한 건설적인 파트너십으로 이용될 것을 결의하였다.
17. 인류 연대감 구축의 중요성을 인지하면서, 우리는 인종, 장애, 종교, 언어, 문화 및 전통에 상관없이 세계 문명 및 민족 간 대화와 협력의 증진을 촉구한다.

18. 우리는 인간 존엄성의 불가분성에 초점을 둔 요하네스버그 정상회의를 환영하며, 식수, 공중위생, 적절한 은신처, 에너지, 보건, 식품 안전 및 생물다양성의 보호와 같은 기본적 필요에 대한 접근을 신속하게 증가시키도록 목표, 시한 및 파트너십에 대한 결정을 결의한다. 동시에 우리는 재원에 대한 접근을 가능케 하고, 시장 개방을 통해 이익을 얻으며, 능력 배양을 보장하고, 발전을 가능케 하는 현대적 기술을 이용하며, 기술이전, 인적자원개발, 영원한 저개발을 떨치기 위한 교육 및 훈련을 실행하는 데 있어 서로 협조하도록 할 것이다.
19. 우리는 지속가능발전에 심각한 위협을 야기하는 세계적 상황들을 퇴치하는 데에 특별히 중점적으로 관심을 둘 것을 재확인한다. 이러한 상황들로는 만성적 기아, 영양실조, 해외 점령, 무력 분쟁, 불법 마약 문제, 조직적 범죄, 부패, 자연재해, 불법무기 거래, 인신매매, 테러, 인종, 민족, 종교 및 기타 혐오에 대한 불관용 및 선동, 외국인 혐오증, 그리고 HIV/AIDS, 말라리아, 결핵 등의 풍토병, 전염병 및 만성질병 등이 있다.
20. 우리는 여성의 권한 부여 및 해방과 성평등이 어젠다 21, 밀레니엄 개발목표 및 요하네스버그 이행계획에 포함된 모든 활동에 통합되도록 할 것을 공약한다.
21. 우리는 전 지구사회가 수단을 가지고 있으며, 모든 인류가 직면한 빈곤 퇴치 및 지속가능발전에의 도전에 대처할 자원을 가지고 있다는 현실을 인지한다. 우리는 공동으로 이용 가능한 자원이 인류의 이익을 위해 사용되도록 추가적인 조치를 할 것이다.
22. 이러한 점에서 우리의 발전 목적 및 목표 달성에 기여하기 위하여, 우리는 아직 이를 행하지 아니한 선진국들이, 공적개발원조(Official Development Assistance)를 국제적으로 합의된 수준으로 증가시키도록, 구체적으로 노력을 기울일 것을 촉구한다.
23. 우리는 지역협력 및 국제협력을 강화하고 지속가능발전을 증진하는 아프리카 개발을 위한 새로운 파트너십(NEPAD: New Partnership for

Africa's Development)과 같은 더욱 강화된 지역 집단화 및 연맹의 등장을 환영하고 지원한다.

24. 우리는 군소도서개발도상국(Small Island Developing States) 및 최빈개발도상국(Least Developed Countries)의 발전 필요성에 지속적으로 특별한 관심을 기울일 것이다.

25. 우리는 지속가능발전에 있어 원주민(indigenous people)의 중대한 역할을 재확인한다.

26. 우리는 지속가능발전이 정책형성, 의사결정 및 모든 수준에서의 이행에 있어 장기적 전망과 광범위한 참여가 필요함을 인지한다. 사회적 파트너로서 우리는 모든 주요 단체들의 독립적이고 중요한 역할을 존중하면서 이들 단체와의 안정된 파트너십을 위하여 지속적으로 활동한다.

27. 우리는 대기업 및 중소기업과 같은 민간 분야가 그들의 합법적인 활동을 추진하기위해 공평하고 지속가능한 지역공동체와 사회의 형성에 이바지할 의무가 있음에 동의한다.

28. 우리는 또한 국제노동기구 기본 원칙과 노동 권리에 대한 선언(International Labour Organization Declaration on Fundamental Principles and Rights at Work)을 고려하면서 수입을 창출하는 고용기회를 증가시키도록 지원할 것을 동의한다.

29. 우리는 민간 기업들이 기업 책임성을 강화할 필요성이 있음에 동의한다. 이는 투명하고 안정된 규제 환경 내에서 이루어져야 한다.

30. 우리는 어젠다 21, 밀레니엄 개발목표 및 요하네스버그 이행계획의 효과적인 이행을 위하여 모든 수준에서 지배체제(governance)를 강화하고 개선할 것이다.

다자주의 미래(Multilateralism is the Future)

31. 지속가능발전의 목표를 달성하기 위하여, 우리는 더욱더 효과적이고, 민주적이며, 책임 있는 국제 및 다자간 기구가 필요하다.

32. 우리는 유엔 헌장 및 국제법의 원칙 및 목적뿐만 아니라 다자주의(multilateralism)의 강화에 대한 책임을 재확인한다. 우리는 지속가능발전을 증진하는 데 가장 적합한, 세계에서 가장 보편적이고 대표적 기구인 국제연합(United Nations)의 주도적 역할을 지지한다.
33. 우리는 지속가능발전의 목적 및 목표 달성을 위하여 정기적으로 진전 상황을 감독할 책임이 있다.

실현(Making it Happen!)

34. 우리는 역사적인 요하네스버그 정상회의에 참가한 모든 주요 단체들 및 정부들과 함께, 지속가능발전의 실현이 포괄적인 과정임에 동의한다.
35. 우리는 우리의 지구를 구하고, 인간 발전을 증진하며, 전 세계의 번영 및 평화를 달성하려는 공동의 결의로 하나가 되어 협력할 책임이 있다.
36. 우리는 요하네스버그 이행계획에 합의하며 여기에 포함된 시한, 사회·경제적 및 환경적 목표의 달성을 신속하게 추진할 것이다.
37. 인류의 요람인 아프리카 대륙에서 우리는 지속가능발전에 대한 공동의 희망을 실현할 것을 결의하였음을 전 세계 모든 민족과 지구를 상속받을 후세대에 엄격하게 서약한다.

우리는 지속가능발전 세계정상회의 개최를 위해 관대한 호의와 훌륭한 준비를 해 준 남아프리카공화국 국민과 남아공 정부에게 깊은 감사를 표한다.

출처: 외교부 홈페이지

2. 지속가능발전의 특징

지속가능발전은 영어 'sustainable development'의 번역어인데 이 번역에는 약간의 주의가 필요하다. 우선, 영어의 sustainable은 '지속가능한'이라고 번역되는데, 여기서는 '지속된다(또는 지속할 수 있다)'는 의미뿐 아니라 '지탱하는(지탱할 수 있는)'이라는 의미를 포함한다. 이대로 가다가는 인류의 삶터이자 활동 기반인 지구 자체가 '지탱가능하지 않게 된다'는 강한 위기의식이 이 단어에 담겨져 있다.

'development'라는 단어는 일반적으로 '발전'이라고 번역되는 경우가 많은데, 일부 국가에서는 sustainable development의 역어로서 '지속가능한 개발'을 사용하고 있다. 그러나 환경파괴가 과도한 개발에 기인한다는 점을 고려할 때 지속가능발전이란, '유지하고 버틸 수 있는 발전'을 가리킨다.

오늘날에는 지속가능발전이 '환경, 사회, 경제의 조화로운 발전(통합적 발전)'이라는 국제적인 공통 인식이 있다. 이 경우, development는 '개발'보다 넓은 '발전'이라는 의미로 사용되고 있다. 이는 경제개발의 속도를 늦추거나 개발 그 자체를 일단 중지하는 것을 포함하여 인류 사회의 발전을 고려하여 '개발'보다는 '발전'이라고 번역하는 편이 적절할 것이다. 더욱이 '개발'이라는 번역어를 사용하면, 지속가능한 '개발'이 개발도상국에만 해당하는 과제라는 인상을 줄지도 모른다. 선진국도 개발도상국도 함께 지향해야 할 것이 지속가능발전인 것이다. '지속가능한(Sustainable)'이라는 말의 어원적 의미는 시간적 지속가능성을 뜻하는 것이 아니라 시스템의 관점에서 생태계가 인간의 사회체계와 경제활동 체계를 지탱해 줄 수 있는 능력 범위의 의미를 담고 있다. 지속가능발전은 발전을 지속시킨다는 무한 성장의 의미가 아니라 환경이 사회와 경제를 부양하고 지탱할 수 있는 범위 내에서 인류의 질적인 발전을 도모하자는 것이다.

'지속가능발전'은 Campbell(1996)이 소개한 삼각형 모양으로 잘 알려져 있다. 지속가능발전 삼각형 모델로 불리는 이 이론은 경제성장, 환경보호, 사회

정의의 세 차원을 두루 균형적으로 고려하는 것이 지속가능발전(윤순진 2009: 227)이라고 설명한다. '지속가능발전' 개념을 나타내는 가장 일반적이고 영향력 있는 방법은 경제, 사회, 환경 세 개의 원이 겹쳐져 있는 이미지이다. 지속가능발전은 세 개의 원이 교차되어 있는 중간의 교차점이다. 이것은 1990년대 ICLEI에서 개발하였으며 지방의제 21과 연결되어 지난 십 여 년 간 소개되었다(ICLEI, 1996: 3-4). 그리고 지속가능발전 동심원 모델도 있다. 일반적으로 동심원 모델은 경제적 활동은 환경에 의하여 통제되는 경제적 사회적 활동이며, 사회적 영역의 일부분임을 강조한다(Wu 2013: 1002; 환경부, 2018b: 8).

〈그림 1-1〉 지속가능발전 개념도의 변화

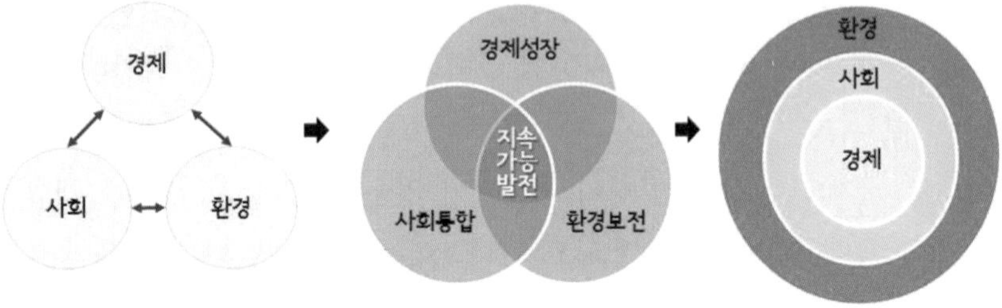

출처: 한국지속가능발전학회(2021: 14)

지속가능발전은 아직도 논쟁적인 개념이다. 갈등하는 이해관계 속에서 '환경'과 '발전'을 조화시켜나갈 여지가 있다는 '발전'과 '환경'의 결합은 1972년 스톡홀름 유엔인간환경회의(UNCHE)에서 시작되었다(이창언, 2016: 5). 그러나 유엔인간환경회의에서 처음으로 본격적으로 환경과 개발의 관계가 선진국을 중심으로 논의될 시점에서는 '환경인가 개발인가?'라는 양자택일의 문제로 인식되기도 했다. 즉, 환경을 지키려면 개발할 수 없다거나 반대로 경제발전을 이루기 위해서는 환경은 필연적으로 나빠진다는 상호 대립 또는 모순관계(trade off)를 전제하고 있었다. 이러한 논의는 국제사회에서 10년 이상 지속되다가 개발과정 중에 환경 배려를 도입하는 형태로 그 '질'이나 '형태'를 바꿈으로써 양자를 양립 또는 접근시키는 관계로 만드는 논의가 이루어졌다. 일례로 "Eco-development"와 같은 개념이다. 따라서, 매사추세츠 공과대학의 J. Ehrenfeld의 말을 빌리면, 'economize ecology(환경을 경제화한다)'와 같은 논의와 유사하다고 보면 된다.

1992년 브라질 리우데자네이루에서 열렸던 유엔 환경개발회의(UNCED, 일명 리우회의) 20주년을 기념하는 유엔 지속가능발전회의(UNCSD, 일명 리우+20회의)에서도 "실질적인 이행 수단과 새로운 정치적 합의에 대한 결정은 후속 과정으로" 미뤘다거나 "선진국의 과거와 현재의 생태부채나 사회정의와 환경정의를 언급하지 않았다"거나 "경제성장의 지속가능성에만 중점을 두었다"는 등의 비판을 받았다(이창언, 2016: 255; 이창언·오유석, 2017: 171). 하지만 개념 정의에 대한 명확한 합의가 없는 것이 이로울 수도 있다는 의견은 경청할 만하다(Michael Jacobs, Victor Anderson, 1991:59-60; 오수길, 2003: 5; 이창언, 2016: 255; 이창언, 2020e: 253 '재인용). 다양한 이해관계자가 '환경'과 '발전'을 조화시키기 위한 풍부한 논의를 진행해갈 수 있기 때문이다. 용어상의 모호함이 때론 창조적인 사고와 실천, 무엇보다 다양한 행위자 간 이해 조정과 통합의 촉매가 될 정부(지방정부)와 기업의 지속가능발전 노력은 비용-효율성 계산에 따른 위기관리 접근법과 열정의 문제인 도덕적 선택이라 할 수 있는 가치와 철학적 접근법이 동시에 구사되어야 한다(이창언, 뉴스토마토, 2015. 9. 2). 지속가능발전의 실현은 두 가지의 '접근법인' 혁신적인 정부의 전략과 시민사회의 이니셔티브를 통해 구현되어 한 발짝 나아갈 수 있다.

지속가능발전은 다양한 산출물만큼이나 다양한 과정에 대한 것이었고, 국가-지방정부에 유용한 접근법을 제공해왔다. 일례로 국제협력 네트워크의 기후변화와 생물종 다양성에 대한 지속가능발전 의제는 여러 국가와 지방의 환경정책에 영향을 미친다. 이명박 정권에서 경제성장을 위해 환경 아이템들을 접목하려는 '녹색성장'이 등장하였지만, 국제사회에서 공유된 가치인 지속가능발전의 의미를 퇴색시킬 수는 없었다. 그러나 국제협력 프로젝트는 지방 지속가능성 과정을 획일화하는 경향도 있다. 이러한 방식이 상대적으로 단기간 내에 추진 틀을 만들 수는 있겠지만 공유된 경험과 윤리, 상호 교환에 근거한 협력관계, 나라와 지역의 특수성을 반영하는 장기적 계획 수립과 실천에는 결함이 있다(오수길·이창언, 2013: 447-448).

"지속가능발전은 빈곤과 착취의 제거, 지구 자원의 공평한 배분, 현재와 같은 형태의 군비 지출 종식, 새로운 방식의 적정한 인구 통제, 생활양식의 변화, 적절한 기술, 그리고 민주화를 포함한 제도 변화 등이 녹아들어 있다. 여기에 더해 사회적 유대가 강해질수록 지속가능발전을 위한 관리체계는 쉽게 무너지지 않는다. 지속가능발전은 지리적 초점, 자연, 정책과 부문의 통합, 기술, 제도, 정책 수단과 도구, 재분배, 다양한 행위자의 참여, 철학을 둘러싼 사회-정치적 과정을 고려한 창조적 적용과 재구성이 필요하다(오수길, 2006: 161; 이창언, 2016: 256). 여기서 지속가능발전을 실현하기 위한 전제조건은 각 사회집단의 참여이다. 지속가능발전은 경제와 환경, 문화와 사회 등 여러 요인을 고려한 통합적 발전 전략이므로 각국 정부(지방정부)가 시민을 의사결정에 참여시키는 합의 과정을 거쳐야 한다(이창언, 2016: 276)."

지속가능발전을 달성하기 위한 원칙으로는 세대 간 형평성, 삶의 질 향상, 사회적 통합, 그리고 지구촌 구성원의 책임 등을 들 수 있다. 물론, 지금 당장 이러한 모든 정책 목표들을 한꺼번에 실현할 수는 없지만, 경제·사회·생태환경을 토대로 하여 지속가능발전을 위한 청사진을 마련하는 것은 매우 중요하다(이창언, 2015: 369).

지속가능발전은 미래세대가 사용할 수 있는 발전의 기회가 줄어들지 않게 해야 한다는 관점에서 접근하는 것이 더 상상력을 발휘할 수 있다(이창언, 2016: 256). 지속가능발전은 유동적인 개념으로 접근할 때 더 많은 목표를 달성하는 데 도움이 될 수 있다는 말이다.

지속가능발전에 사회적·정치적 가치와 의미를 투영한다면, 개념을 둘러싼 소모적인 이론 투쟁을 벗어나 지금, 여기 주어진 상황에서 무엇을 어떻게 지속가능하게 할 것인가를 묻고 해법을 찾아야 한다. 지속가능발전 개념이 '모호한 개념'일 수도 있지만, 지역적인 접근법을 통해 생태학적 지속불가능성을 갖는 불안한 미래에 대응하는 진정한 변화의 수단으로 만들 수 있다. 우리가 의미 부여한 지속가능발전은 변화의 역동성에 민감한 반응성, 다양한 이해관계의 포용성, 사회적 합의를 형성하고 실행하는 데 필요한 효율성과 책임성을 갖춘 사회적 능력을 포함한다(이창언·오수길·유문종·신윤관, 2013:41-42; 이창언, 2016: 257).

3. 지속가능발전 규범

지속가능발전은 발전의 특정 이행 경로가 아닌 삶, 제도의 규범으로 보는 시각이 우세하다(이창언, 2020e: 253). 여기에는 미래세대가 사용할 수 있는 발전의 기회가 줄어들지 않게 해야 한다는 강한 의지가 내포되어 있다. 이웃나라 일본에서는 지속가능발전을 지속가능성의 규범으로서 첫째, 환경·인간 축의 관점(생태계 서비스의 보전, 자원·에너지 제약, 환경 용량 등), 둘째, 시간 축의 관점(경제활동의 지속, 세대 간 공평 등), 셋째, 기타 관점(남북 간 공평, 생활수준, 다양성 등)으로 정리하고 있다. 이는 인류의 생존기반과 관련된 규범, 미래세대에 대한 보증과 관련된 규범, 더 고차원적인 인권 등과 관련된 규범을 의미한다(森田恒幸·川島康子·イサム=イノハラ, 1992: 546-547).

일본 국립환경연구소(国立環境研究所, 2011)도 지속가능발전에 관한 영역의 횡단적인 규범을 과거 연구 등에서 추출하여 ① 가역(可逆, reversibility)[1]일 것, ② 가역이 아니라도 대체할 수 있을 것, ③ 사람의 기본적 요구를 충족할 것, ④ 보다 안정적일 것 등으로 분류한다. ①과 ②의 규범은 허먼 데일리(Herman E. Daly, 1996)의 3원칙과 자연적 단계(Natural step)의 네 가지 시스템 조건을 답습한 것으로 인간 활동과 환경의 관계에 주목한다(国立環境研究所, 2011: 60). ③은 지속가능발전에서 인간 사회의 규범, ④는 ①~③을 보완하고 지속가능성을 확보하는 규범인 것이다(白井信雄, 2018).

일본의 연구자들은 지속가능발전 규범을 ① 타인에 대한 배려, ② 다양한 위험에 대한 대비, ③ 주체의 활력으로 집약하기도 한다(白井信雄·田崎智弘·田中充, 2013; 이창언, 2020e: 253-255). 이 중 타자에 대한 배려는 환경뿐만 아

1) 물질의 상태가 한번 바뀐 다음에 다시 본디의 상태로 돌아갈 수 있는 것.

니라 시간 축, 공간 축, 주체 축으로 확대되는 다양한 것으로서 '시간 축'의 타인은 현세대에 대한 미래세대, '공간 축'의 타인은 지역의 의존처가 되는 타국·타 지역, '주체 축'의 타인은 다양한 지역의 이해관계자와 인간 이외의 다양한 생물종을 포함한다(이창언, 2020e: 255).

〈그림 1-2〉 지속가능발전 규범

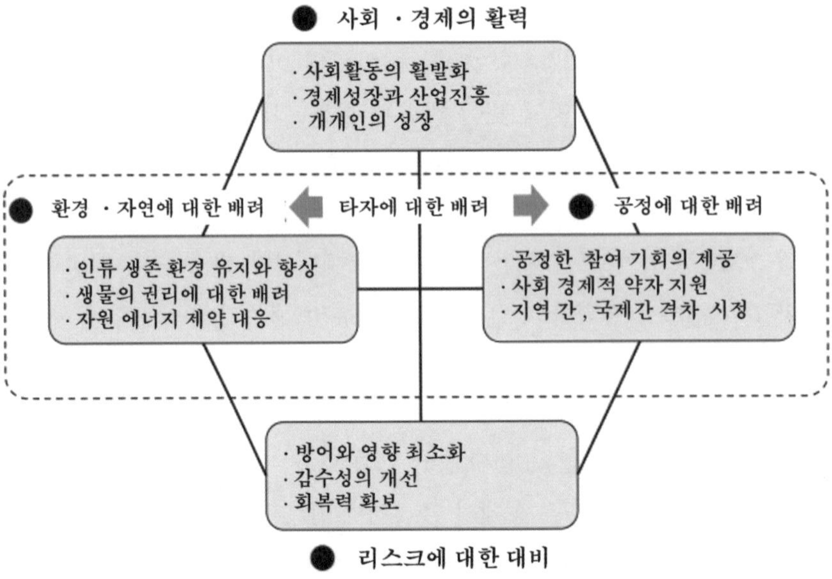

출처: 白井信雄(2018: 153; 이창언 2020e: 255)

지속가능발전론과 세계자연보호전략 모두 아와 타의 양립·조화라는 관점에서 지속가능성을 정의하고 있다. 아와 타는 인간사회(아)와 환경(타)이며, 세계자연보호전략에서는 현세대(아)와 미래세대(타)이다. 즉, 양자의 정의는 주체와 다른 사람의 범위 설정에 차이가 있다. 1990년대 리우선언에서는 개발과 환경보호, 2000년대 요하네스버그 선언에서는 경제·사회개발과 환경보호의 관계에서 지속가능성을 정의하고 있다. 이상과 같이 지속가능성의 정의는 시대와 함께 변천이 있지만, 인류가 자기 충족을 추구하는 결과 공해 문제나 에너지의 고갈 등의 문제가 발생하고 있다는 인식에서 출발한다. 여기서 '지속가능성'은 인간이 자기 이외의 다른 사람 또는 '생물종'을 배려하는 것이라고 받아들여지고 있다. 여기에서 말하는 다른 이는 자신 외의 사람도 포함되지만 크게는 현세대가 미래세대에게 경제·사회가 환경에 대해, 우리나라가 다른 나라에, 인간이 다른 생물 및 자연환경에 대해 갖는 전환적 인식과 태도를 의미한다. 즉 시간 축, 공간 축, 생물 축에서 다양한 타자가 존재하며 이를 내부화하는 배려가 지속가능성에 중요하다는 것이다. 타자를 배려해도 내가 건강하지 않으면 지속가능하지 않기에 나와 사회 그리고 경제의 활력은 지속가능발전의 기본적 전제라는 것이다.

2000년대에는 전 세계적으로 환경과 경제(사회)의 통합적 발전이라는 견해가 부각되었다. 이는 "타인에 대한 배려"뿐만 아니라 그것과 "주체의 활력"을 양립시키는 방향을 중시한다고 하여 지속가능발전의 개념이 확장되었다고 볼 수 있다. 게다가 정책이나 시민의식을 크게 바꾼 계기가 된 것이 원전 사고와 자연재해, 기후 위기의 심화였다. 지속가능성의 차원에서 볼 때 지금 멈추거나 행동하지 않으면 인류의 생존 자체가 보장되지 않는 취약한 상황임이 드러났다. 이를 바탕으로 지속가능성의 규범 중 '위험에 대한 대응'이 주요하게 부상한다. 인류가 타자에 대한 배려나 사회와 경제의 활력을 갖추었다고 해도 자연재해에 대한 대비나 회복력을 갖추지 못한 상황에서는 지속가능하다고는 말할 수 없다. 타자에 대한 배려가 이타성(利他性)을 내부화하는 관리라고 한다면 위험에 대한 대응은 이기성(利己性)의 관리라 할 수 있다.

기업 경영 분야에서는 'Triple Bottom Line(TBL)'이라고 하는 관점에서 지속가능성을 파악하는 생각이 정착되어 왔다. 보텀 라인(Bottom Line)이란 기업의 결산보고서의 마지막 줄을 말하며 마지막 줄에 수익과 손실이라는 경제적인 측면만을 쓰는 것이 아니라 사회적인 측면의 인권 배려나 사회공헌, 환경적인 측면이나 자원에 대한 배려에 대해서도 기술하는 것을 의미한다(윤여중, 2006: 5). TBL은 '환경과 발전에 관한 세계위원회(WCED)'가 1987년에 발표한 지속가능발전이라는 개념을 보다 구체화, 현실화하기 위해 도입되었다. 지속가능발전 개념이 그것을 수행하는 주체가 모호하고 환경적인 측면에 치우쳤던 반면, TBL은 주요 활동 주체를 기업으로 제시하고 환경만이 아닌 기업의 사회적 책임(Corporate Social Responsibility, CSR)까지 포괄하고 있다(윤여중, 2006: 5)는 것이다. TBL은 환경, 경제, 사회의 3영역(Triple Bottom Line)을 종합적으로 파악해 모든 것이 일정한 수준에 있는 것을 지속가능성으로 간주하고 있다. 여기서 환경은 "타자에 대한 배려"의 한 측면이며, 경제와 사회는 "주체의 활력"에 대응한다고 파악할 수 있으며, 상술한 네 가지 규범은 Triple Bottom Line의 규범을 포함하고, 한층 더 확장적이며 범용적이다. TBL은 이후 GRI(Global Reporting Initiative)의 지속가능성 보고서 가이드라인에서 제시되어 기업의 환경보고서를 지속가능성 보고서로 발전시킨 핵심개념(Key Concept)이다.

한국은 물론 일본에서도 지속가능발전 개념은 여전히 "애매하고, 다양한 입장이 존재하여 근본적이고 본격적인 대책을 지연시켜 왔다"는 평가가 존재한다. 요약하면 "지속가능발전이 충분한 과학적 검토를 통해 작성됐다기보다는 당시 정치적 타협의 산물이라는 성격을 부정할 수 없다(松下和夫, 2014; 이창언, 2020e: 253)"는 것이다. 그럼에도 불구하고, SDGs(지속가능발전목표)와 관련해서 지속가능발전 규범에 대한 논의가 필요한 이유는 첫째, SDGs가 여전히 복잡하고 비구조적이기 때문이다. SDGs는 지속가능발전을 둘러싼 다양한 의견들을 크게 묶으면서 작성되었다. 그 결과 목표와 세부 목표, 지표는 광범위한 선택 품목(menu)으로써 수용될 수는 있지만, 체계적이고 구조적인 학습이 진행되지 않을 가능성이 있다.

둘째, '할 수 있는 것을, 할 수 있는 곳부터'라는 관점에서 SDGs의 목표와 세부 목표를 선택하게 되면 기존 대책의 정당화에 머무르게 될 수 있기 때문이다. 관성의 정당화 수단으로써 SDGs가 사용된다면 SDGs는 지속가능한 사회를 위해서 필요한 상상력과 근본적인 대응을 연기 내지 무력화시킬 수 있다.

셋째, SDGs에 개발도상국이 안고 있는 과제뿐 아니라 선진국의 과제도 추가했다고는 하지만 여전히 국가 차원의 과제에 매몰될 수 있기 때문이다. SDGs는 국가정책이나 글로벌 기업의 대응 과제를 포함하지만, 중소기업 및 지역이 안고 있는 과제에 충분히 대응하지 못할 수도 있다(이창언, 2020e: 254). 따라서 SDGs의 실천을 한층 더 유의미한 것으로 만들기 위해서는

SDGs에 대한 사회 본연의 자세, 또 그 본연의 자세를 이끄는 규범에 대한 논의와 공유(白井信雄, 2013: 69)가 실천 활동과 동시에 이루어져야 한다는 것이다(이창언, 2020e: 253). SDGs에 대한 자세한 논의는 3장부터 자세히 다루고자 한다.

| 2장 |

지속가능발전이 주목받는 이유

"현재 지속가능발전은 큰 위기에 직면해 있다. 수십억 명의 시민들이 빈곤하고 인간의 존엄성이 보장되지 않은 삶을 살고 있다. 국가 내 그리고 국가 간 불평등 또한 고조되고 있다. 기회, 빈부, 권력의 격차가 심각하다. 성 불평등은 핵심적인 도전과제로 남아 있다. 실업, 특히 청년실업은 심각한 문제이다. 글로벌 보건에 대한 위협, 더욱 빈번하고 극심해진 자연재해, 분쟁의 급증, 폭력적 극단주의, 테러리즘과 이와 연계된 인도적 위기 및 인구의 강제 이주는 최근 수십 년간 이룩한 발전의 성과를 상당 부분 퇴보시킬 위협으로 작용한다. 천연자원의 고갈과 사막화, 가뭄, 토지 황폐화, 담수 부족, 생물다양성 감소 등 환경 악화에 따른 부정적 영향은 인류가 직면한 어려움을 더하거나 악화시키고 있다. 기후변화는 우리 시대의 가장 큰 과제 중 하나이며 기후변화의 부정적 영향은 모든 국가의 지속가능발전 달성역량을 약화한다. 지구 온도와 해수면의 상승, 해양 산성화 및 기타 기후변화로 인해 해안 지역과 군소도서개발도상국을 포함한 저지대 해안 국가는 큰 타격을 받고 있다. 많은 공동체와 지구의 생물학적 지원체계가 생존의 위협을 받고 있다(2030 지속가능발전 의제 14항)."

1. 지구 한계

'성장의 한계'를 떠올릴 때 가장 이미지화하기 쉬운 것은 '자원의 고갈'일 것이다. 산업혁명 이후 우리의 삶은 석유나 석탄 같은 에너지원이나 각종 광물자원에 의존하고 있다. 이러한 에너지원이나 광물자원은 수백만 년이라는 아득한 시간에 걸쳐 축적된 것으로 필요하다고 당장 재생산되지 않는다. 미래세대는 이런 광물자원을 이용할 수 없다. 화석연료나 광물자원에 의존하고 있는 한 무한한 성장은 있을 수 없다. 화석연료와 주요 광물자원의 향후 채굴 가능성은 무한하지 않다. 채굴 가능 연한이 철광석 70년, 납 20년, 구리 35년, 금 20년, 크롬 15년, 석유 46년, 천연가스는 63년 정도로 예상된다. 다시 말해 많은 자원의 채굴 가능 연수가 100년 이하로 보면 된다. 현재의 소비 형태가 지속된다면 미래세대에 충분한 자원을 남길 수 없는 상황에 빠지는 것은 불가피하다. 물론 새로운 매장 자원의 발견, 자원 절약형의 기술 개발이나, 자원 재활용·재사용 등의 추진으로, 자원의 고갈을 맞이할 때까지의 기한이 연장될 가능성은 있다. 기술혁신으로 지금까지 채굴할 수 없었던 자원을 이용할 수 있게 될지도 모르지만, 최근 중국이나 인도 등 신흥국의 경제가 급속하게 성장하고 있고, 세계의 자원 수요가 급증할 가능성으로 인해 자원 고갈 시기가 앞당겨지고 있다. 또 식량 수급과 수자원에 대해서도 향후 상황이 우려된다. 국가가 풍요로워짐에 따라 곡물을 주로 식량으로 활용했던 식생활에서 축산 등의 육식 위주로 변화하는 경향이 있다. 일반적으로 같은 양을 수확하더라도 축산물과 곡물에 사용되는 물의 양을 비교했을 때 축산물이 훨씬 비효율적이다. 밀 1kg과 옥수수 1kg을 생산하는 데 사용되는 물의 양은 각각 1,300ℓ와 900ℓ인데 비해 쇠고기 1kg을 생산하는 데 사용되는 물의 양은 15,400ℓ에 이른다. 가까운 나라 중국은 세계 인구의 약 20%를 차지하는 대국인데 국민소득의 증가, 식품가공업의 발전, 식품 유통의 근대화 등을 배경으로 육류의 소비가 확대되고 있다. 1990년부터 2013년 사이에 육류 소비량이 25배나 증가했다. 향후 육류 수요에 대비하기 위해서는 사료용 식량의 대폭적인 증산이 불가피하다. 그러나 농업에 이용할 수 있는 수자원의 양에는 한계가 있어서 머지않아 물 부족이 성장의 제약을 초래할 것으로 예상된다. 세계 인구는 현재 약 75억 명 정도로 추정되지만 30년 후인 2050년에는 100억 명에 육박할 것으로 추측되고 있다. 단기간에 이만큼 인구가 급증하는 것만으로도 수자원에 적지 않은 영향을 미친다. 여기에 신흥국 사람들의 생활수준이 올라가고 육류의 수요가 확대되면 물 부족 현상이 더욱 심해질 것이다.

참고로 인간의 활동이 지구 시스템에 미치는 영향을 객관적으로 평가하는 방법의 하나로 '지구위험한계선(planetary boundaries)'이라는 개념이 있다. 이 개념은 "스톡홀름 회복력(Resilience) 센터"의 요한 록 스트룀과 호주 국립대 윌 슈테펜 등이 2009년에 제안한 개념이다. 지구생태계가 도저히 원상태로 되돌아갈 수 없는 문턱값(threshold) 또는 한계점(tipping point)이 있다는 가정을 바탕에 깔고 있다. 복잡한 지구생태계에서 정확한 한계점이 어딘지 파악하기 힘들기 때문에 항목별로 일정한 범위를 정하고 이 범위를 벗어난 경우, 위험하다고 간주하는 것이 바로 '지구위험한계선' 개념이다(온라인 중앙일보, 2015. 4. 22.)."

지구 한계의 관점에 따르면 인간이 지구 시스템의 기능에 아홉 종류의 변화를 일으키고 있다고 본다. 이 아홉 가지 변화란 ① 생물권의 일체화(생태계와 생물다양성의 파괴), ② 기후변화, ③ 해양 산성화, ④ 토지이용 변화, ⑤ 지속가능하지 않은 담수 이용, ⑥ 생물 지구화학적 순환의 방해(질소와 인의 생물권 유입), ⑦ 대기 에어로졸(aerosols)의 변화, ⑦ 신규화학물질에 의한 오염, ⑨ 성층권 오존의 파괴이다. 이런 항목들이 인간이 안전하게 활동할 수 있는 범위 안에 머무르면 인간 사회가 발전하고 번영할 수 있지만, 경계를 넘어서게 되면 인간이 의존하는 자연 자원에 회복할 수 없는 변화가 일어나게 된다. 생물·지구·화학적 순환, 생물권의 일체성, 토지이용 변화, 기후변동에 대해서는 인간이 지구에 주는 영향과 그에 따른 위험이 이미 표면화되었고 인간이 안전하게 활동할 수 있는 범위를 넘는 수준에 달하고 있다고 분석되었다. 많은 과학자가 생물종 다양성과 기후 위기를 지구 최대의 위험으로 언급하고 있다.

〈그림 2-1〉 지구 한계의 관점에서 표현된 현재의 지구 상황

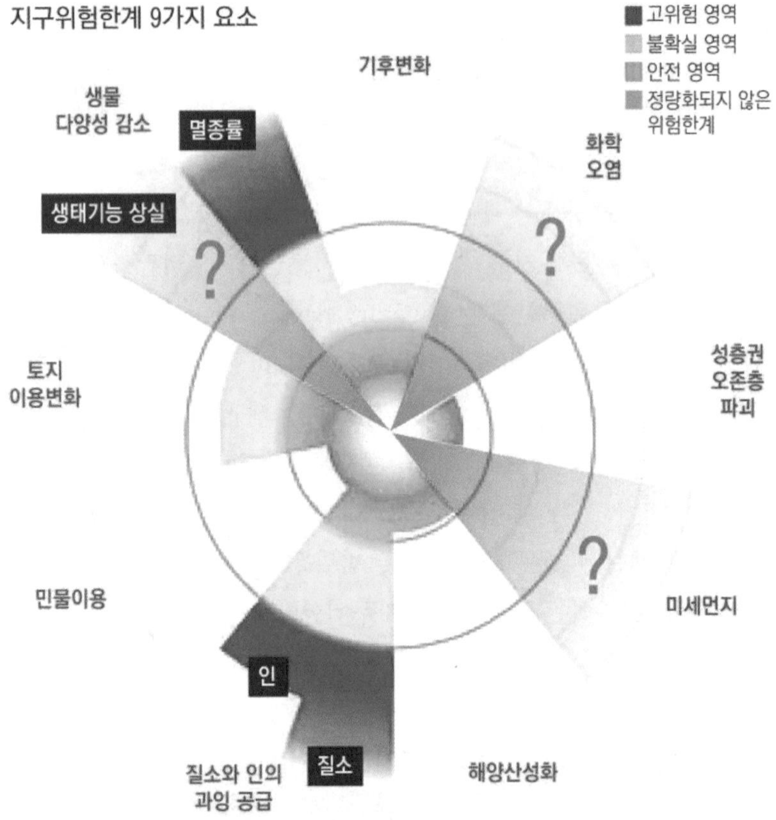

출처: Will Steffen et al.「Planetary boundaries: Guiding human development on a changing planet」
한국어 번역: 조천호·경향신문(2018. 9. 13.)

2. 생물다양성 위기

1) 사라지는 생명

50년 동안 지구상의 3분의 2 이상의 야생동물들이 그 어느 때보다 빠르게 지구에서 사라지고 있다. 우리는 이제 자연의 SOS에 응답해야 한다. 코끼리, 호랑이, 코뿔소, 고래, 꿀벌, 개미, 나무와 다양한 생물을 보호하는 것은 공생

에 대한 도덕적 의무일 뿐만 아니라 80억 인류의 건강, 복지, 미래의 지속가능성을 위해 반드시 필요하다. 우리가 지구와 자연의 SOS를 무시하면 인류의 미래는 지속가능하지 않을 것이다. 최악의 경우 인간 멸종 상황이 도래할 수 있다.

세계자연기금(World Wide Fund For Nature, WWF)[1]이 2020년 9월 〈지구생명보고서 2020(Living Planet Report 2020)〉을 발표했다. 이 보고서는, 생물다양성의 풍부함(지구 생명지수 Living Planet Index, LPI)과 인간의 소비와 폐기가 지구에 주는 부하(생태발자국, Ecological Footprint)라는 측면에서 지구 환경의 현재 상태를 종합적으로 보고하고 있다. 지구생명지수(LPI)는 자연자원과 서비스에 대한 인류의 수요를 추산한 것으로, 자연자원과 서비스의 공급을 추산한 생태용량과 함께, 우리 인류가 지속가능한지에 대해 알 수 있는 중요한 지표이다. 특히 종의 개체 수 추세는 전체적인 생태계 건강을 측정하는 척도이기 때문에 중요하다.

〈지구생명보고서 2020〉은 전 세계 125명 이상 전문가들의 공헌으로 만들어졌다. 이 보고서는 LPI(지구생명지수, Global Living Planet Index)를 통해 지구상 야생동물의 분포를 추적함으로써 자연계의 상태를 종합적으로 보여준다. 지구생명지수(Living Planet Index, LPI)는 21,000개에 이르는 전 세계 포

---

1) WWF는 세계적인 비영리 환경 보전기관으로, 세계 100여 개국에서 글로벌 네트워크를 구축해 500만 명 이상의 후원자들과 함께 활발히 활동하고 있다. 1961년 스위스에서 설립되었으며 WWF-International(세계자연기금국제본부)는 스위스 글랑에 위치해 있다. 초창기 WWF는 "세계야생동물기금(World Wildlife Fund)"을 의미했다. 하지만 1986년에 이 명칭이 기관의 활동 범위를 모두 반영하지 못한다고 판단하여 "세계자연기금(World Wide Fund For Nature)"으로 변경했다. 반면 미국과 캐나다에서는 기존 명칭을 유지하고 있다. 1986년에 공식 명칭이 변경되고 15개가 넘는 언어로 번역이 이루어지면서 혼란이 생기자 1961년 설립 후 꾸준히 알려져 온 약자인 WWF로 국제 명칭을 통일하기로 2001년 결정했다. WWF는 지구상의 다양한 생명체와 이들이 서식하는 아름다운 자연환경을 보전하는 일을 하고 있다. 이와 함께 인류가 동식물과 자연환경에 미치는 영향을 줄이는 데 힘쓰고 있다. WWF는 설립 이래 전 세계 100여 개 국가에서 13,000여 개 환경 프로젝트에 100억 달러 가까이 투자했으며, 지금도 한 번에 약 1,300개의 프로젝트를 수행하고 있다(WWF 한국홈페이지 https://www.wwfkorea.or.kr).

유류, 조류, 어류, 파충류와 양서류 개체군의 규모를 나타낸다. 지구생명지수(LPI)는 야생생물 개체군 데이터세트를 이용하여 산출된다. 1970년 이후 야생생물 개체군 크기의 평균 변화율을 데이터세트에서 보여주는 변화 추이와 함께 지수를 이용하여 계산하였다. 2020년 지구생명지수(LPI)에는 400여 종에 이르는 신규 생물종과 4,870개의 신규 개체군이 포함되었다.

1998년 이래 2년마다 발표된 WWF의 보고서에서 2020년의 지구생명지수(LPI)는 1970년과 2016년 사이에 포유류, 조류, 양서류, 파충류와 어류의 모니터링 개체 수가 평균 68% 감소했다고 밝혔다. 반면에 인간에 의한 소비는 지구가 생산할 수 있는 범위를 약 60%를 초과했다. 오늘날 인간이 지금과 같은 생활을 유지하기 위해서는 지구에서 생산될 수 있는 1.6개분의 자연자원이 필요함을 의미한다.

〈그림 2-2〉: 전 세계의 지구생명지수(1970~2016)

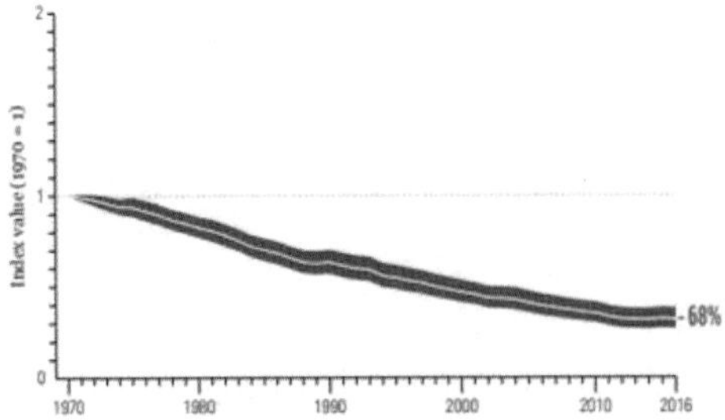

출처: WWF/ZSL(2020:9)

생물종 개체군 규모의 변화는 생태계 전반의 건강을 보여주는 척도가 되기 때문에 매우 중요하다. 심각한 생물종 개체군 규모의 감소 추세는 현재 자연의 상태를 보여주는 지표가 된다.

전 세계에서 관찰된 4,392종의 생물종의 20,811개 개체군 평균 규모가 68% 감소했다. 흰색 선은 지수 값, 음영 영역은 변화 추이의 통계적 확실성(범위: -73%~-62%)을 나타낸다.

생물종의 감소가 가장 컸던 지역은 라틴아메리카와 카리브해의 열대지역으로 94%나 감소했다. 아시아-대서양 지역도 45%나 감소했다. 멸종위기종은 대부분 불법 사냥으로 인해 1994년과 2015년 사이에 87% 감소한 동부 저지대 고릴라와 1992년부터 2014년 최대 99% 감소한 가나 남서부의 아프리카 회색 앵무새를 포함한다. 담수 서식지 야생동물 개체군 규모도 평균 84% 줄었다. 1970년부터 매년 4%씩 감소한 셈이다. 중국 양쯔강에서 산란하는 철갑상어는 댐 공사 여파로 1982년에서 2015년 사이 97%가 사라졌다.

생물다양성을 위협한 가장 큰 원인 중 하나는 식량 생산을 위한 토지이용의 변화였다. 자연 서식지가 농업 시스템으로 전환되고, 바다의 상당 부분이 과도하게 오염되었던 것이다. 보고서는 "지구 무빙 지대의 75%가 이미 현저히 변했고, 대부분의 바다는 오염되었으며, 습지대 면적의 85%가 사라졌다"고 지구의 중대한 변화를 지적한다. 이와 함께 글로벌 무역 및 소비 확장, 인구증가, 급속한 도시화, 남획, 오염, 해안개발 및 기후 위기는 육지와 바다에 부정적인 영향을 미치고 있다. 산업혁명 이후, 인간의 활동은 숲, 초원, 습지 그리고 다른 중요한 생태계들을 점점 파괴하고 감소시켜 왔고, 인간의 행복을 위협했다.

▶ WWF-Korea(세계자연기금 한국본부)는 2014년 공식적으로 설립되었다. WWF-Korea는 생물의 다양성을 보전하고, 재생 가능한 천연 자원들의 지속가능한 활용 방안을 모색하며, 환경 오염 및 낭비적 소비 절감에 대한 의식을 고취시킴으로써 지구의 자연환경 악화를 멈추고, 자연과 인간이 조화롭게 살 수 있는 미래를 만들고 있다.(이미지 출처: WWF Korea 페이스북)

〈지구생명보고서 2020〉의 문제의식은 크게 네 가지 차원으로 나누어 볼 수 있다. 첫째, 자연이 보내는 SOS 신호를 무시해서는 안 된다는 점이다. 보고서는 2020년 세계 지구생명지수를 근거로 1970년부터 2016년까지 관찰된 척추동물 종들의 개체군의 규모가 평균 68% 감소한 사실을 확인해 준다. 특히 아메리카 열대지역의 LPI 감소율 94%는 충격적이다. 생물종 개체군 규모의 심각한 감소 추세는 전반적인 생태계 건강 상태를 보여준다는 점에서 의미가 남다르다. 〈지구생명보고서 2020〉은 포유류, 조류, 파충류, 양서류와 어류 외에도 토양생물 다양성 및 곤충의 감소 추이를 다루며, 지구생명보고서로는 처음으로 식물의 감소 추이를 제시하고 있다.

둘째, 생물종의 위기는 인류의 책임과 무관하지 않다는 점이다. 보고서는 2차 세계대전 이후 세계 경제가 빠르게 성장하면서 인류의 삶은 현저하게 향상되었지만, 이는 지구의 운영시스템이 지닌 안정성을 희생시킨 대가임을 상기해

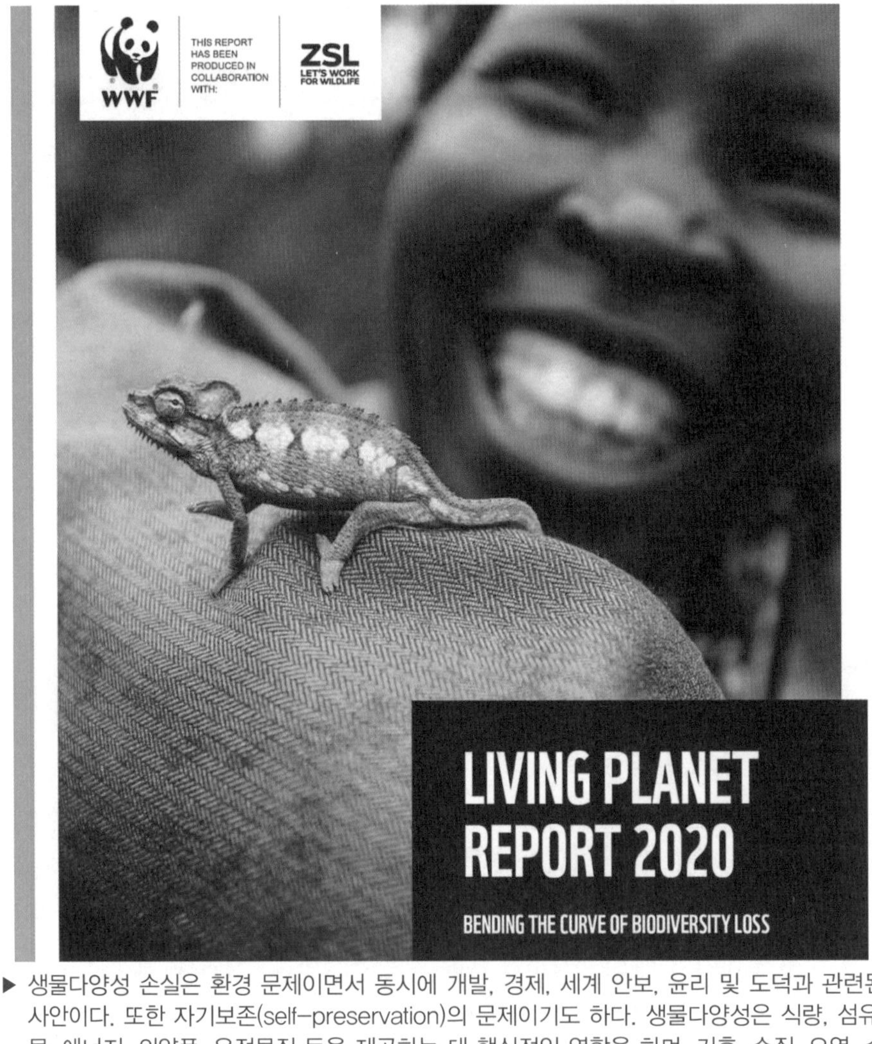

▶ 생물다양성 손실은 환경 문제이면서 동시에 개발, 경제, 세계 안보, 윤리 및 도덕과 관련된 사안이다. 또한 자기보존(self-preservation)의 문제이기도 하다. 생물다양성은 식량, 섬유, 물, 에너지, 의약품, 유전물질 등을 제공하는 데 핵심적인 역할을 하며, 기후, 수질, 오염, 수분 작용, 홍수 및 폭풍해일을 조절하는 데 필수적이다. 나아가 자연은 인간 건강의 모든 측면을 뒷받침하며, 영감, 학습, 신체적·심리적 경험, 정체성 형성 등과 같이 삶의 질 및 문화적 온전성(cultural integrity)의 중심을 이루는 비물질적 측면에도 기여한다(세계자연기금, 2020: 8).

준다. 보고서는 인간은 생태용량(biocapacity)의 최소 56%를 초과하는 수준으로 자연자원을 과용하고 있음을 경고한다. 그중 식량 생산지와 생산방식의 변화로 인한 토지이용 변화는 인간이 생물다양성에 가하는 최대 위협 중 하나로 손꼽는다. 보고서는 바다가 수온 상승, 남획, 오염, 연안 개발 등의 영향을 받고 있으며, 기후변화가 해양 생태계에 갈수록 많은 부정적 영향을 미치고 있음을 입증한다. 마르코 람베르티니(Marco Lambertini) 세계자연기금 사무총장은 다음과 같이 말한다.

"〈지구생명보고서 2020〉은 인류의 자연 파괴가 야생동물의 개체 수뿐만 아니라 인간의 건강과 우리네 삶의 모든 측면에 어떻게 치명적인 영향을 미치고 있는지를 보여준다. 우리는 그 증거를 무시할 수 없다. 야생동물 종의 개체 수가 급격히 감소하고 있다는 것은 자연과 지구가 시스템 고장의 적색 경고 신호를 보내고 있음을 보여주는 지표다. 바다와 강에 사는 물고기에서부터 우리의 농업생산에 중요한 역할을 하는 벌에 이르기까지, 야생동물의 감소는 인류의 영양, 식량안보, 수십억 명의 생계에 영향을 미친다(세계자연기금, 2020: 2)."

셋째, 자연과 인간은 상호 연결되어 있다는 점이다. 보고서는 전 세계 자연 시스템의 인위적 변경이 인간의 건강과 삶의 질 측면에서 인류가 거둔 놀라운 성과를 물거품으로 만들어 버릴 수 있다는 점을 재차 강조한다. 동시에 전 세계에 식량을 공급하는 생물다양성의 손실에 대처하는 조치를 시급히 취해야 한다고 촉구한다. 보고서는 인공적인 '경제적 문법'과 현실 세계를 작동시키는 '자연의 문법' 사이에 근본적인 불일치가 존재한다고 말한다. 생물다양성 보전이 우리의 건강과 부(富) 및 안전을 보장하기 위해 양보 불가능하고 전략적인 투자라는 점이 갈수록 분명해지고 있음을 강조한다.

보고서는 우리가 식량과 에너지를 생산하고 소비하는 방식, 현재의 경제 모델에서 고착된 환경에 가한 노골적인 무시로 인해 자연계는 극한으로 치닫고 있다는 사실에 경종을 울리고 있다. WWF UK의 타냐 스틸라(Tanya Steela)는 전 세계 정부, 기업과 개인이 가능한 한 빨리 자연과 야생동물을 보호하고 우리가 음식을 생산하고 소비하는 방식을 바꾸는 것이 중요하다고 말한다.

"우리는 숲을 태우고 바다를 오염시키고, 물고기를 남획하고, 야생동물이 사는 곳을 파괴하고, 우리 집, 지구를 파괴하고 있다. 그것은 우리의 건강과 생존을 위험에 빠뜨리고 있다. 이제 자연은 미친 듯이 우리에게 SOS를 보내고 있다. 우리는 이제 그것을 무시할 수 없다."

보고서는 "COVID-19는 인간과 자연의 단절된 관계의 명백한 징후"라며 사람과 지구 건강의 깊은 상호관계를 강조한다. "인류는 생명의 다양성을 확보해야 하며, 생명을 무시하면 미래를 위태롭게 만들기 때문에 생명과 공존할 도덕적 의무를 져야 함"을 강조한다. 그리고 더 나은 미래는 오늘날 전 세계의 정부, 기업, 사람들이 취하는 결정에서 시작되므로 "세계 지도자들은 건강한 사회와 번영하는 경제의 토대로서 자연을 보호하고 복원하기 위해 긴급한 조치를 취해야 한다."라고 호소한다.

세계자연기금(WWF)은 "COVID-19로 인류가 겪는 위기에서 벗어나기 위해서는 인간과 자연의 관계가 근본적으로 바뀌어야 함"을 강조한다. "한국의 기록적인 장마, 잦고 강한 태풍, 관측 역사상 가장 더운 북극 등 기후 위기 현상 역시 우리가 새로운 사회로 전환해야 한다는 뚜렷한 신호"라는 것이다. WWF-Korea 홍윤희 사무총장의 말이다.

"최근 지구생명지수(LPI, Living planet Index)를 보면 지난 반세기 동안 3분의 2에 달하는 야생생물종 개체군의 규모가 감소했다. 이는 2년 전 지구생명지수에 비해 뚜렷한 감소세를 보여준다. 우리 주변에서 쉽게 볼 수 있던 생물종들을 더 이상 흔하게 볼 수 없게 될지도 모른다는 의미이다. 우리는 이제 점차 빨라지고 있는 생물다양성의 손실을 멈추고 이를 회복시켜야 할 역사적 시기를 맞이하고 있다. WWF는 인류가 맞닥뜨린 전 지구적 재앙이 지구 자원의 무분별한 생산과 소비, 지속가능하지 않은 사회 시스템에서 비롯됐다는 사실을 꾸준히 강조해왔다. 이번 지구생명보고서는 2030년까지 생물다양성이 감소하는 추세를 반전시키기 위한 '회복으로의 전환(Bending the curve)' 이니셔티브를 담고 있다. 자연보전과 지속가능한 생산과 소비의 균형을 맞추기 위한 로드맵을 구체적으로 제시해 상호 연결된 인간과 자연의 관계를 회복하고자 한다. 전 세계가 거대한 변화를 맞이하는 시점에서 우리는 근본적이고 혁신적인 전환에 나서야 한다. 자연을 무시한 현재의 사회 경제적 모델을 유지한다면 미래세대의 권리를 침해하는 수준을 넘어 지구 시스템의 붕괴로 이어질 것이다. 우리는 자연 파괴의 영향을 인식한 첫 세대이자 새로운 역사적 변화를 만들 수 있는 마지막 세대라는 사실을 떠올렸으면 한다(세계자연기금, 2020: 3)."

넷째, 인간과 자연을 위한 로드맵을 만들어야 한다는 것이다. 보고서는 지구의 현재 상태가 전 세계와 각국 지도자들이 인간과 자연이 함께 번영할 수 있는 길로 나아갈 새로운 '글로벌 딜'을 추진해야 할 때임을 강조한다. 따라서 생물다양성에 대한 선구적인 모델링 작업을 통해 '인류가 다른 경로를 택한다면 어떻게 될 것인가?' 하는 질문의 답을 상상해 볼 것을 촉구한다. 보고서에서는 '회복으로의 전환(Bending the Curve)' 이니셔티브는 점차 증가하고 있는 전 세계인구에 식량을 공급하면서도 자연의 손실을 멈추게 하고 감소 추세를 역전시킬 수 있음을 개념적으로 입증했다고 말한다. 보고서는 생물다양성 감소 추세를 회복하는 것은 기술적·경제적으로 가능하지만, 이를 위해서는 인간의 식량 생산과 소비방식 및 자연의 지속가능한 관리와 보전에 있어서 혁신적인 변화가 필요함을 역설한다.

2) 생물다양성과 지속가능한 경로를 향한 전환 시도

생물다양성이란, "육상, 해상, 그 밖의 수생생태계 및 생태학적 복합체(ecological complexes)를 포함하는 모든 자원으로부터의 생물 간 변이성을 말하며, 종 간 또는 종과 그 생태계 사이의 다양성을 포함한다(생물다양성협약 제2조)." 쉽게 말하면 한 생태계 내에 존재하는 생물종의 다양한 정도, 풍부한 개성과 상호연결을 의미한다.

'생물다양성'은 "수십억 년에 걸친 진화의 열매로서, 자연적 과정과 인간의 영향(갈수록 그 비중이 커지고 있는)에 의해 형성된 것이다. 생물다양성은 우리가 필수적인 부분을 이루고 있으면서 전적으로 의존하는 생명의 그물을 형성한다. 또한 생물다양성은 사막, 산림, 습지, 산지, 호수, 강, 농업 경관 등에 존재하는 다양한 생태계를 아우른다. 각각의 생태계에서 인간을 포함한 생물들은 공동체를 형성하고 서로 간에 상호작용을 하며, 주위의 대기, 물 및 토양과도 상호작용을 한다(생물다양성협약, 2020: 세계자연기금, 2021: 34 재인용).

지구상의 생물은 40억 년이라고 하는 긴 역사 속에서, 다양한 환경에 적응해 진화하였고, 3,000만 종의 다양한 생물이 태어났다. 이러한 생명은 모두 개성이 있고, 직간접적으로 서로 의지하며 살고 있다. 생물다양성 조약에서는 생태계의 다양성, 종의 다양성, 유전자 다양성이라는 세 가지 수준의 다양성이 있다. 생태계 다양성은 숲, 강, 습지, 갯벌, 산호초 등 다양한 자연을 포함한다. 종 다양성은 동식물부터 미생물에 이르기까지 다양한 생물을 포함한다. 유전적 다양성은 하나의 종에서 나타나는 유전자의 다양성, 다양한 개성을 포함한다(일본 환경성 홈페이지).

지구의 생물다양성은 4개의 위기에 노출되어 있다. 과거에도 자연현상 등의 영향으로 대멸종이 일어났다. 현재는 제6의 대멸종이라고 불리고 있다. 인간 활동으로 인한 영향이 주요인으로 지구상 종의 멸종 속도는 자연 상태의 약 100~1,000배에 달해 많은 생물체가 위기에 처해 있다.

제1 위기는 개발이나 남획으로 인한 종의 감소·멸종, 서식·생육지 감소이다. 경관, 관광 및 상업적 이용을 위한 남획, 과잉 채취 및 매립 등의 개발로 서식 환경을 손상 파괴하는 등 인간 활동이 자연스럽게 미치는 영향은 크다.

제2 위기는 야산, 버려진 땅 등 관리 부족으로 인한 자연의 질 저하이다. 이차림이나 채초지가 이용되지 않게 됨으로써 생태계의 균형이 무너져 마을이나 산의 동식물이 멸종 위기에 처해 있다. 또한 사슴이나 멧돼지 등의 개체 수 증가도 지역 생태계에 큰 영향을 미치고 있다.

제3의 위기는 외래종 등의 반입으로 인한 생태계 교란이다. 외래종이 재래종의 서식처를 빼앗거나 교잡하여 유전적 교란을 초래하고 있다. 또한, 화학

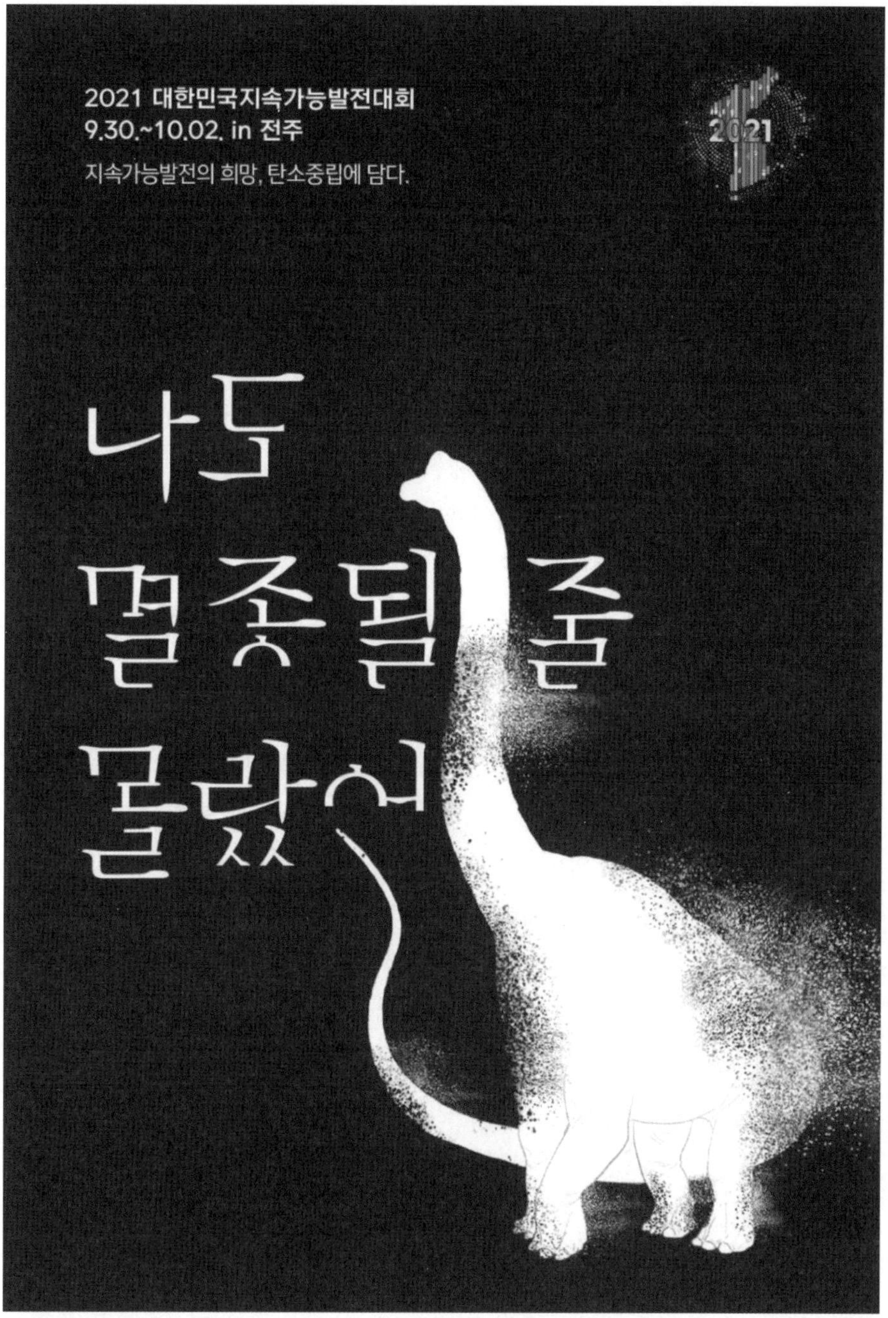

2021 대한민국지속가능발전대회
9.30.~10.02. in 전주
지속가능발전의 희망, 탄소중립에 담다.
2021
나도
멸종될 줄
몰랐어

▶ 2021년 대한민국 지속가능발전대회 포스터에 "나도 멸종될 줄 몰랐어"라는 문구가 전면에 등장했다.

물질 중에는 동식물에 대한 독성을 지닌 것이 있어 생태계에 영향을 주고 있다.

제4의 위기는 지구환경의 변화에 의한 위기이다. 지구온난화는 국경을 넘은 큰 과제이다. 평균기온이 1.5~2.5도 올라가면 얼음이 녹는 시기가 앞당겨지거나 고산지대가 축소되고 해수면 온도가 상승하면서 동식물의 20~30%는 멸종 위험에 처한다.

이러한 위기에 대응하기 위해 인류는 생물다양성협약(Convention on Biological Diversity, CBD)을 채택·실천하고 있다. 이 협약은 1992년 브라질 리우데자네이루에서 열린 유엔 환경개발회의(UNCED)에서 기후변화협약, 사막화방지협약과 함께 채택된 3대 국제협약이다. 생물에는 국경이 없고, 우리나라에서만 생물다양성을 보존한다고 해결될 사안이 아니다. 따라서 전 세계의 공통 과제로 삼기 위해 1992년 5월에 '생물다양성협약'이 만들어진 것이다. 같은 해 6월, 유엔 환경개발회의의 서명이 있었다. 그리고 1993년 12월 29일 조약이 발효되었다. 이 조약에는 선진국의 자금으로 개발도상국의 대응을 지원하는 자금원조 체계와 선진국의 기술을 개발도상국에 제공하는 기술협력 구조가 갖추어져 있다. 또한 경제적·기술적인 이유로 생물다양성을 보존하고 지속가능한 이용을 위한 대책을 마련하기 어려운 개발도상국에 대한 지원이 이루어지도록 조치하고 있다. 이와 함께 생물다양성에 관한 정보교환이나 조사 연구 협력도 실행되고 있다. 생물다양성협약의 목적은 생물다양성의 보전, 생물다양성 구성요소의 지속가능한 이용, 생물자원의 이용에서 얻는 이익의 공정하고 공평한 배분이다. 이 조약을 체결한 나라는 193개국과 유럽연합이다. 우리나라는 1994년 10월 3일에 154번째 회원국으로 가입하였다. 미국은 2021년 1월 현재 이 조약에 함께하지 않고 있다. 생물다양성협약 사무국은 캐나다 몬트리올에 있다.

2020년까지 '생물다양성 전략계획(Strategic Plan for Biodiversity 2011-2020) 및 아이치 생물다양성목표(Aichi Target)'를 실천하기 위한 노력도 지속되었다. 전략계획의 장기적인 목표(비전)는 "2050년까지 생물다양성을 평가, 보존, 복원 및 현명하게 사용하여 생태계 서비스를 보존하고 건강한 지구를 유지하며 모든 사람에게 필수적인 혜택을 제공하는 세계를 만드는 것이다. 쉽게 이야기하면 '자연과 공존'하는 세상을 실현하는 것을 목적으로 한다. 단기 목표로는 2020년까지 생물다양성 손실을 막기 위한 효과적이고 시급한 조치를 구현"하는 것이다.

2020년 9월 16일 유엔 생물다양성협약(UNCBD, UN Convention on Biological Diversity) 사무국이 〈제5차 지구생물다양성전망(The 5th Global Biodiversity Outlook) 보고서〉를 발간했다. 〈제5차 지구생물다양성전망보고서〉는 2010년 제10차 당사국 총회에서 채택된 20개 아이치목표의 달성을 위한 전 세계와 당사국들의 노력과 그 결과를 최종 평가했다. 제5차 보고서는 각국의 생물다양성과 관련된 국가보고서 및 전략·실천계획을 분석해 아이치목표 달성 평가, 향후 방향 제시 등을 담았다. 이 보고서는 2020년까지 달성을 목표로 한 20개 아이치목표 중 완전히 달성된 것은 없으며, 침입외래종 관리, 보호지역 확대 등 6개 목표에서 부분적 달성이 이루어진 것으로 평가했다. 이 보고서에서 유엔 사무총장은 "유엔 생물다양성 10년(United Nations Decade-on Biodiversity 2011-2020) 동안 생물다양성 손실을 초래하는 여러 가지 원인을 해결하기 위해 많은 국가가 노력을 기울였음에도 불구하고 2010년에 수립된 아이치 생물다양성목표 대부분을 충족시키기에는 역부족"이었음을 고백한다. 〈제5차 지구생물다양성전망보고서〉는 "1970년에 비해 현재 야생생물의 개체 수는 1/3만 남았으며, 지속적으로 유전자 다양성도 감소하고 있을 뿐 아니라 생태계의 서비스 능력도 감소해 취약계층에게 영향을 미치고 있다"고 말한다(윤영선, 2021: 30).

국제적 차원에서 20개의 목표 중 어느 하나도 완전히 달성되지 않았지만, 그중 6개의 목표는 부분적으로 달성되었다(목표 9, 11, 16, 17, 19, 20). 아이치 생물다양성목표에 대한 60개의 세부 요소 조사 결과 7개 항목이 달성되었고 38개 항목은 진전을 보였다. 13개 항목에서는 진전이 없거나 목표에서 더 멀어졌으며, 나머지 2개 항목은 진척 상황을 알 수 없었다.

〈표 2-1〉 지난 10년간 성과를 보인 주요 10가지 분야

생물다양성 손실의 근본 원인에 관련된 목표(전략목표 A)	▶ 거의 100개에 달하는 국가에서 생물다양성의 가치를 국가 회계 체계에 편입시켰다(세부목표 2).
생물다양성에 대한 직접적인 압력과 관련된 목표(전략목표 B)	▶ 산림 훼손율은 전 세계적으로 지난 10년에 비해 약 1/3 감소했다(세부목표 5). ▶ 어족량 평가, 어획 한도 및 단속을 포함한 바람직한 어업 관리 정책이 도입된 경우에는 해양 어족량 풍부도가 유지되거나 개선되었다(세부목표 6). ▶ 섬에서 침입외래종을 박멸한 성공사례가 증가하고 있으며, 향후 침입종 유입을 방지하기 위해 우선순위 종과 경로를 목표로 삼는 성공사례도 증가했다(세부목표 9).
생물다양성 현황과 관련된 목표(전략목표 C)	▶ 2000년부터 2020년까지 육상에서는 약 10%에서 최소 15%로, 해양에서는 약 3%에서 최소 7%로 보호구역이 크게 확대되었다. 생물다양성과 관련하여 특히 중요한 구역(핵심 생물다양성 구역)의 보호도 동 기간 29%에서 44%로 증가하였다(세부목표 11). ▶ 최근 보전 활동은 보호구역, 수렵 제한, 침입외래종 통제, 현지 외 보전, 재도입 등 다양한 조치를 통해 멸종 건수를 줄였다. 이러한 활동이 없었다면 조류와 포유류의 멸종이 지난 10년간 약 2~4배 더 증가했을 것이다(세부목표 12).
2011-2020 생물다양성 전략계획 이행을 가능케 하는 조치와 관련된 목표(전략목표 E)	▶ 유전자원에 대한 접근 및 그 이용으로부터 발생하는 이익의 공정하고 공평한 공유에 관한 나고야의정서가 발효되어 현재 국제적으로 최소 87개국에서 제대로 운영되고 있다(세부목표16). ▶ 국가 생물다양성 전략 및 이행계획(National Biodiversity Strategies and Action Plans, NBSAP)은 2011-2020 생물다양성 전략계획에 따라 생물다양성협약 당사국의 85%인 170개국에서 업데이트되었다(세부목표 17). ▶ 시민, 과학계의 노력을 포함하여 시민, 연구자와 정책결정자들이 이용할 수 있는 생물다양성에 대한 데이터 및 정보가 상당한 수준으로 증가했다(세부목표 19). ▶ 생물다양성에 가용한 재정자원의 국제적 흐름이 두 배로 증가했다(세부목표 20).

출처: 생물다양성협약 사무국(2020: 9-11) 재구성.

이처럼 2011-2020 생물다양성 전략계획의 목표 달성에는 실패했지만, 현재의 생물다양성 감소 추세를 늦추고, 중단하고, 최종적으로 이를 역전하기에는 지금이 너무 늦은 시기는 아니다. 생물다양성 감소세에서 '회복으로 전환(bending the curve)'을 달성하는 데 필요한 조치로 파리기후변화협정과 SDGs가 추진되고 있기 때문이다.

아이치 생물다양성목표는 생물다양성에 대한 압력 감소, 생태계 복원, 생물학적 자원의 지속가능한 사용과 적절한 자금 및 용량을 촉진하는 생물자원 사용을 촉구해왔다. 또한 생물다양성 문제와 가치를 널리 인식하고 효과적인 정책(주류화)을 실천하고, 예방적 접근법과 과학에 기반한 의사결정을 내리는 데 기여하였다. 생물다양성 전략계획을 이행해 온 지난 10년의 경험을 통해 Post-2020 글로벌 생물다양성 프레임워크(Post-2020 global biodiversity framework)의 개발 및 생물다양성협약의 더 전반적인 이행과 관련하여 다음과 같은 교훈을 얻었다.

〈표 2-2〉 생물다양성협약 이행 성과를 위한 조치들

주요 섹터의 상호작용, 통합적 접근방식	정부 부처, 경제 부문 및 사회 전반 간 상호 작용의 확대와 계획 및 이행에 대한 통합적이고 전체적인 접근방식 등을 포함하여 생물다양성 손실의 직간접적 요인을 해결하기 위한 보다 큰 노력의 필요성.
이해관계자의 참여 강화	젠더 통합, 토착민과 지역공동체의 역할, 이해관계자의 참여도를 강화할 필요성.
국가계획 절차	국가 생물다양성 전략 및 이행계획과 이와 관련한 범정부 차원의 정책도구 채택 등 국가계획 절차를 강화할 필요성.
잘 설계된 목표와 세부목표	명확하고 단순한 표현과 정량적 요소(예: 'SMART*' 기준에 따라)를 통해 잘 설계된 목표 및 세부 목표의 필요성.
지체와 지연상황 보고	생물다양성 전략 및 이행계획을 계획하고 실행함에 지체되는 것을 줄이고, 이행시 불가피한 지연에 대해 보고할 필요성.
정기적이고 효과적인 검토	국가 약속에 대한 의지 확대와 국가 활동에 대한 정기적이고 효과적인 검토의 필요성.

학습 및 적응관리	기술 및 과학협력을 촉진하고 정책 조치의 효과 또는 다른 이유를 이해하기 위한 노력 확대 등을 통한 학습 및 적응관리의 필요성.
선별적 지원	이행에 대한 관심 증진 및 국가에 대한 지속적, 선별적 지원.

출처: 생물다양성협약 사무국(2020) 재구성

생물다양성 감소세에서 '회복으로 전환(bending the curve)'으로 가기 위해 필요한 조치는 파리협정(Paris Agreement)'과 '지속가능발전을 위한 2030 의제(2030 Agenda for Sustainable Development)'에서 설정한 목표 및 세부목표의 핵심 구성요소와 완전히 일치한다(생물다양성협약 사무국 2020: 18). 생물다양성은 2015년에 각각 채택된 '지속가능발전을 위한 2030 의제(2030 Agenda for Sustainable Development)' 및 '유엔기후변화협약(United Nations Framework Convention on Climate Change, UNFCCC) 파리협정'의 핵심 사안이다. 예를 들어, 파리협정의 목표를 달성하는 데 필요한 온실가스 약 3분의 1의 순감축은 '자연 기반 해결책(nature-based solutions)'을 통해 이루어질 수 있다. 생물다양성목표는 지속가능발전목표(SDG) 내 다수의 목표에 직접적으로 반영되었다.

생물다양성은 SDG 14(해양 생태계) 및 SDG 15(육상 생태계)를 통해 명시적으로 강조되어 있을 뿐 아니라 다른 여러 목표를 더 폭넓게 뒷받침하고 있다. 예를 들어, 생물다양성은 식량안보와 영양개선(SDG 2), 깨끗한 물 제공(SDG 6)의 핵심 요소이기도 하다. 모든 식량 체계는 생물다양성과 수분, 해충방제, 토양비옥도 등 농업 생산성을 지원하는 광범위한 생태계 서비스에 의존하고 있다. 또한 건강한 생태계는 물 공급 및 수질을 지탱하는 근간이 되며, 물 관련 위험 및 재난으로부터의 보호막 역할을 한다. 따라서 생물다양성의 보전과 지속가능한 이용은 2030 의제 전반을 지탱하는 토대로 간주된다.

SDGs의 달성은 역으로 생물다양성의 보전 및 지속가능한 이용에 기여한다. 예를 들어, 일부 목표는 기후 위기(SDG 13), 오염(SDG 6, 12, 14) 및 과잉이용(SDG 6, 12, 14, 15)과 같은 생물다양성 손실의 요인을 다루고 있다. 또한 이 밖에도 지속가능한 생산 및 소비, 자연자원의 효율적인 이용과 음식물 쓰레기 감소(SDG 12) 등 생물다양성 관련 내용을 담고 있다. 또한 SDGs는 필요한 제도와 인적자본 개발을 지원하며(SDG 3, 4, 16), 성평등을 증진하고(SDG 5) 불평등을 감소시켜(SDG 10) 생물다양성 손실 해결을 위한 근본적인 조건에 기여한다. 생물다양성협약의 목적과 지속가능발전목표 중 일부 목표의 달성 사이에는 잠재적으로 동시 충족이 어려운 일부 요소가 존재하지만 일관되고 통합된 의사결정을 통해 이를 방지하거나 최소화할 수 있다(생물다양성협약 사무국, 2020: 9).

2050 생물다양성 비전을 달성하는 데 필요한 각각의 조치는 광범위한 인간 활동에 걸쳐 '현상 유지'의 상태에서 벗어나도록 하는 상당한 변화를 요구하고 있다. 이러한 변화의 형태 및 특징은 주요 영역에서 제한적으로 진행 중인 일련의 전환을 통해 이미 확인할 수 있다. 제5차 지구생물다양성전망(Global Biodiversity Outlook, GBO-5)[2]에서는 다음과 같은 상호의존적 전환에 대한

2) 제5차 지구생물다양성전망(Global Biodiversity Outlook, GBO-5)은 생물다양성협약 이행 절차의 결과물이다. GBO-5를 작성한 생물다양성협약 사무국은 과학기술자문보조기구(Subsidiary Body on Scientific, Technical and Technological Advice, SBSTTA) 등을 통한 당사국의 지침과 GBO-5 파트너 기구 및 정부, 비정

약속, 진전 및 전망을 검토하는데, 이러한 전환은 종합적으로 자연과 더 지속가능한 방식으로 공존할 수 있도록 사회를 변화시킨다. 각 전환 영역은 생물다양성의 가치를 인식하고, 인간 활동의 모든 측면이 의존하는 생태계의 기능을 증진 또는 복원하는 동시에, 인간 활동이 생물다양성에 미치는 악영향을 인식하고 이를 감소시키는 것을 포함한다. 이를 통해 선순환(생물다양성의 손실 및 훼손을 줄이고 인간의 웰빙을 향상)을 유발한다. 이러한 전환은 상호의존적이며 다양한 규모에서 진행되는데, 이는 다음과 같은 변화를 포함한다(생물다양성협약 사무국, 2020: 20).

〈표 2-3〉 지속가능한 경로를 향한 전환

전환 과제	전환을 위한 인식	주요 관련 SDG 목표
토지 및 산림 전환	원시 생태계 보전, 생태계 복원, 황폐화 방지 및 역전, 토지이용 변화의 방지, 감소 및 완화를 위한 경관 차원의 공간 계획 채택을 의미한다. 이 전환은 생물다양성 유지를 위한 잘 보전된 서식지와 인간의 이익을 위한 생태계 서비스 제공에 대한 핵심적 가치를 인식하고, 식량안보의 유지 및 개선을 위해 더는 산림과 기타 생태계의 대규모 변화가 수반되지 않는 상황으로 가기 위한 조치의 필요성에 대해서도 인식한다.	SDG 15 (육상 생태계), SDG 2 (지속가능한 농업), SDG 11 (지속가능한 도시와 공동체)
지속가능한 어업 및 해양 전환	지속가능성을 보장하고 식량안보와 생계를 개선하기 위해 해양 및 연안 생태계 보호 및 복원, 어업 재건, 해양 양식업 및 기타 해양 이용을 관리한다. 이 전환은 해양 식량 공급 및 해양에 기인한 기타 혜택이 건강한 생태계에 장기적으로 의존하고 있다는 점을 인식한다.	SDG 14 (해양 생태계), SDG 2 (지속가능한 농업)

부 기구, 과학 네트워크와 긴밀히 협력하여 작성되었다.

전환 과제	전환을 위한 인식	주요 관련 SDG 목표
지속가능한 담수 전환	자연과 인간이 요구하는 유수를 보장하고, 수질을 개선하고, 주요 서식지를 보호하며, 침입종을 통제하고, 산에서부터 해안까지 담수 시스템을 회복할 수 있도록 연결성을 보호하는 통합접근법이다. 이 전환은 육지, 연안 및 해양 환경과의 연결을 포함하여 인간 사회와 자연적 과정을 부양하기 위한 담수생태계의 다양한 역할을 유지하는 데 있어, 생물다양성의 중요성을 인식한다.	SDG 6 (깨끗한 물과 위생), SDG 15 (육상 생태계)
지속가능한 농업 전환	농업 생태학 및 기타 혁신적인 접근법을 통해 농업 시스템을 재설계하여 생산성을 높이고 생물다양성에 대한 부정적인 영향을 최소화한다. 이 전환은 토지, 물 및 기타 자원을 효율적으로 이용하는 생산적이고 회복력 있는 농업을 위해 꽃가루 매개자, 병해충 조절자, 토양 생물다양성 및 유전적 다양성, 경관의 다양성 등 생물다양성의 역할을 인식한다.	SDG 2 (기아 종식과 지속가능한 농업)
지속가능한 식량 체계 전환	식물 위주의 다양한 식품에 더 큰 비중을 두고, 육류와 생선 소비를 줄이며, 식량 공급 및 소비와 관련된 쓰레기를 대대적으로 줄임으로써 지속가능하고 건강한 음식물 섭취를 가능케 한다. 이 전환은 다양한 식품 및 식량 체계의 잠재적인 영양 이점과 모든 측면에서의 식량안보를 보장하면서 전 세계적으로 수요주도형 압력을 줄여야 할 필요성을 인식한다.	SDG 2 (기아 종식과 지속가능한 농업), SDG 12 (지속가능한 생산과 소비)
지속가능한 기후행동 전환	시민의 건강 및 삶의 질을 증진하고 도시와 인프라의 환경발자국을 줄이기 위해 '녹색 인프라'를 구축하고 건조된 경관 내에 자연을 위한 공간을 조성한다. 이 전환은 도시에 거주하는 대다수의 인구를 유지하기 위해 적절한 기능을 하는 생태계에 대한 도시공동체의 의존성, 도시와 인근 및 원거리 생태계 간 원격 연결과 도시 확장, 도로 및 기타 인프라가 생물다양성에 초래하는 부정적인 영향을 줄이기 위한 공간 계획의 중요성을 인식한다.	SDG 13 (기후변화), SDG 11 (지속가능한 생산과 소비)

전환 과제	전환을 위한 인식	주요 관련 SDG 목표
생물다양성을 포괄한 원 헬스(One Health)의 전환	생태계 및 인간 건강을 위한 통합접근법을 통해 농업 및 도시생태계 등 생태계와 야생생물의 이용을 관리한다. 이 전환은 생물다양성과 인간 건강의 전반적인 측면 간 광범위한 연관성을 인식하고 생물다양성 손실, 질병 위험 및 건강 악화를 유발하는 공통된 요인에 대해 다룬다.	SDG 3 (건강과 복지)

출처: 생물다양성협약 사무국(2020: 20-22) 재구성

보고서는 미래 전망으로 "현재와 같은 토지·해상 이용, 과잉 개발, 기후변화, 침입외래종 영향이 지속된다면 생물다양성은 계속 손실되어 SDGs 달성이 위태로울 것"이라고 보았다. 따라서 분야별로 하나 이상의 행동을 통해 '생물다양성 2050비전(자연과 조화로운 삶)'을 실현하는 것이 필요하다고 강조했다. 그것은 다음과 같다.

〈상자 2-1〉 생물다양성 2050비전

▲ 잘 연결된 보호지역, 효과적인 지역 기반 보전조치, 훼손된 서식지의 대규모 복원 등 자연상태를 개선하는 '생태계 보전 강화'

▲ 기후변화 적응의 중요한 요소인 '자연 기반 해결책'을 활용해 기후변화로 인한 지구 온도 증가를 2℃ 이하로 유지하는 '기후변화 저감'

▲ 침입외래종, 오염 등 생물다양성 손실을 유발하는 압력을 해결하는 조치

▲ 환경에 대한 부정적인 영향을 최소화할 수 있는 농업 방법 채택, 더 많은 토지를 경작지로 전환하는 압력 저감 '지속가능한 생산'

▲ 건강한 식단과 음식물 쓰레기 저감으로 식량 생산 수요 증가 및 생물다양성에 영향을 미치는 소비(임업, 에너지, 담수 공급 등) 제한

보고서는 "세계적으로 기후 위기는 지금까지 생물다양성의 손실을 일으키는 가장 중요한 요인은 아니었지만, 앞으로 수십 년 안에 다른 요인들보다 더

중요하거나 더 주요한 요인이 될 것”이라고 제언한다.

생물다양성협약 사무국은 “생물다양성을 위한 조치들이 기후변화 대응뿐만 아니라 향후 COVID-19와 같은 대유행(팬데믹) 위험 저감을 위해서도 필요하다. 즉시 행동해야 할 때”임을 강조했다. 아울러 생물다양성의 손실을 회복하고 SDGs를 달성하기 위해 전환을 위한 여덟 가지 요소도 제시했다.

〈표 2-4〉 생물다양성 손실 회복과 SDGs 달성을 위한 여덟 가지 요소

도시·인프라	도시·인프라의 환경 영향을 저감하기 위한 ‘녹색 인프라’ 배치 및 생태계 연결성, 도시의 생태계 의존성 등을 위한 공간 계획의 중요성 인식.
토지·산림	온전한 생태계 보존, 생태계 복원, 황폐화 방지 및 역전, 토지이용 변화 방지·감소·완화를 위한 경관 수준의 공간 계획 채택.
담수	자연·사람이 요구하는 물의 흐름 보장, 수질 개선, 산에서 바다까지 담수 시스템의 연결성 보호.
어업·해양	지속가능성과 식량안보 등을 위해 해양·해안 생태계 보호·복원, 어업 재건, 양식 등 해양 사용 관리.
농업	농업 생태학 등을 통해 농업 시스템을 재설계해 생산성을 높이고 생물다양성에 대한 부정적인 영향을 최소화.
식량	음식 공급 및 소비와 관련된 쓰레기를 줄여 전 세계적 식량 수요 중심의 압력 저감 필요성 인식.
기후행동	화석연료의 단계적 폐지, 회복력 있는 생태계를 통한 기후변화 적응력을 제고해 생물다양성의 부정적 영향 회피.
원 헬스 (one health)	농업·도시 생태계, 야생동물을 포함해 생태계 관리.

출처: 생물다양성협약 사무국(2020: 20-21) 재구성

생물다양성을 위협하는 가장 큰 요인은 도시화라고 할 수 있다. 경제발전과 산업화 과정에서 인류 활동량 증가로 자연 생태계는 훼손되고 파괴되어 왔다(유진채·여순식·공기서, 2012: 298; 이창언, 2015: 4). 세계 여러 도시에서 이루어지는 다양한 녹화사업에도 불구하고 도시화는 생태계 서비스의 질적 감소, 환경 오염, 토착생물의 서식지를 잠식해 왔다. 도시는 풍속·풍향, 소음, 물

길, 토양 속성 등을 변화시킬 뿐만 아니라 산업화 및 도시화로 변화되고 오염된 환경에 적응된 슈퍼 해충과 동·식물을 출현시키는 등 생물다양성 및 생태계 서비스에 큰 영향을 준다. 따라서 그동안 도시는 자연자원 및 생태계 서비스를 '소비'하는 주체로서만 간주되는 것이 일반적이었으나 이제는 생물다양성 및 생태계 서비스를 '제공'하는 주체의 역할에도 주목하여 정책을 추진해야 할 필요성이 강조되고 있다. 생태계는 도시의 경제, 사회, 환경 지속가능성의 근간일 뿐만 아니라 기후변화의 영향을 저감하고, 재해·재난·위험으로부터 도시를 보호하며, 필요한 에너지를 공급하고, 식량 생산의 토대이자, 레크리에이션 및 문화적 영감을 제공하는 역할을 한다. 따라서 향후 전 세계 도시화 및 도시인구 증가 추세와 도시 생물다양성의 경제적·사회적·환경적인 기능을 종합적으로 고려할 때, 세계 지방 정부들의 적극적인 정책 수립 및 행동은 지체할 수 없는 시급한 문제이다(이창언, 2015: 343).

우리나라는 아이치목표 관련 국내 이행 현황과 성과 목표, 향후 계획을 담은 '제4차 국가생물다양성전략(19~23)'을 관계부처 합동으로 2019년에 발표한 바 있다. "〈지구생물다양성전망보고서〉는 4년마다 발간되는 생물다양성협약의 공식 보고서로 협약 당사국들의 생물다양성 보전 결과를 분석하고, 목표 달성수준을 평가해 당사국 총회의 결정문을 도출하는 주요 근거로 활용된다(차은지·구경아·김다빈, 2021: 97)." 아울러 이번 보고서는 내년 5월 중국 쿤밍에서 개최 예정인 제15차 당사국 총회에서 설정될 2030년 목표의 '지구 생물다양성 정책 프레임워크(Global Biodiversity Framework, GBF)'를 제시했다는 의미가 있다.

그동안 국제사회는 생물다양성 이슈에 관심을 높이고 실천을 활성화하기 위한 다양한 프로그램과 정책도구를 개발해왔다. 그러나 국가-지방 차원에서 생물종 다양성에 대한 인지도는 아직 낮고, 관리 주체로서 지방정부의 역할 또한 높지 않다. 지방정부의 의사결정 과정에서도 생물다양성 문제는 아직 이슈의 중심에 서지 못하고 여전히 붐 조성단계, 진입단계에 그치고 있다는 평가를 받고 있다. 우리의 생태계, 생물다양성 그리고 천연자원 등의 자연자본(natural capital)은 경제, 사회와 개인의 삶을 지탱해 준다. 하지만 '자연자본'

의 가치는 그 무수한 편익에도 불구하고 종종 간과되거나 저평가된다. 토양, 공기, 물, 생물자원의 질 저하는 공중보건, 식량안보, 소비자 선택과 비즈니스 기회에도 부정적인 영향을 미칠 수 있다. 자연자원에 크게 의지하여 살아가는 농어촌 지역의 빈곤층이 가장 크게 타격을 입고 있다(TEEB, 2010). 도시도 예외는 아니다. 도시 팽창은 주로 생물다양성 거점 주변 지역, 특히 경제적·인적·제도적 역량이 낮은 지역에서 빠르게 진행되고 있으며, 이는 도시 거주민들의 건강 및 위생 등에 큰 영향을 미칠 것으로 예상된다(한국지속가능발전센터, 2014; 이창언, 2015: 368).

생물다양성 위기를 극복하기 위해서는 첫째, 생물다양성 행동이 도시의 지속가능성을 개선하려는 글로벌 운동임을 인식하고 이러한 의의와 가치를 확산시켜나가는 일이 중요하다. 그리고 생물다양성 관리 주체로서 지방정부 역할의 중요성과 통합적 관리 능력을 높여야 한다. 생물다양성을 위한 지방정부의 '더반 약속(The Durban Commitment)' 서명을 통한 정치적 선언과 같은 방식도 있다. 이러한 방식은 생물다양성을 위한 지방 행동 간의 연계를 탐색하고, 국제적 행위자로서 지방자치단체 역할의 중요성과 책임성을 높일 수 있다. 이는 혁신적인 지방자치단체의 역할을 인정한다는 점에서 대단히 고무적이다. 생물다양성 노력이 가치의 문제, 도덕적 선택의 문제로 제한되지 않기 위해서는 생물다양성 이슈가 지방자치단체에 의해 운용되는 공식적인 정책과정과 활동에 연계되어야 한다. 그러나 이것만으로 지방자치단체의 생물다양성에 대한 책임성이 높아지는 것은 아니다. 지방자치단체가 생물다양성 행동 과정에서 주요 장애로 거론된 중앙정부의 법적 제도적 지원과 재정적 지원의 부족, 지역사회 합의의 어려움, 정보 부족 등에 대한 개선방안을 모색해야 한다. 지방자치단체와 주민은 긴밀한 협력으로 중앙정부에 생물다양성 정책을 더 많이 수립하고 지원할 것, 생물다양성 이슈가 지역사회의 관심으로 정착될 수 있도록 국가 및 국제 투자와 개발원조 프로그램을 생물다양성 지방 행동계획에 배정할 것, 국가 수준의 지원 정책 틀을 확립할 것을 요구해야 한다(ICLEI 한국사무소, 2013: 16-20). 둘째, 도시생태계 서비스 개선을 위한 정책도구를 지역적 특성에 맞게 활용하여 생물다양성 지방 행동을 실천해야 한다. 셋째, 생물다양성 이슈의 확산과 지방 행동을 위한 시민사회 네트워크 간 연계를 모색해야 한다(한국지속가능발전센터, 2014). 넷째, 우리나라 생물다양성 보고서를 준비하고 지역의 특성을 살린 주요 지표와 지수들을 개발해야 한다. 소위 보편성을 추구하고자 개발된 국제적인 지표와 지수로 접근하기 보다는 지역 맥락을 충실히 반영할 수 있는 한국형 생물다양성지수와 지표를 개발하여야 한다. 다섯째, 생물다양성의 관련 법적 제도의 정비를 위한 협력이 필요하다. 중앙-지방 차원의 생물다양성 거버넌스 기구를 확대 발전시키고, 생물다양성조례 제정 등 기초 법률 개정 작업에 나서야 한다. 이를 위해 법률 및 법정계획 등과 연계한 '실천지원 조례' 제정 등을 통해 생물다양성 의제 실천의 중장기적 안정성을 도모해야 한다. 생물다양성 이슈는 국가 차원의 지방 지속가능성 정책과 제도화와 수준에 따라 그 내용과 해결과제도 달라진다(이창언, 2014: 362-367).

3. 기후 위기

1) 생물종, 인간 멸종의 징후 지구온난화

오늘날 지구온난화는 이미 친근한 화두이다. 이상기후, 폭풍우 등 기상청 관측 사상 최초라는 표현을 자주 접하게 된다. 2020년 1월 한국은 113년 만에 가장 따뜻한 겨울을 보냈다. 현재 추세에 획기적인 변화가 없다면 2100년까지 평균 기온이 3~4℃ 상승할 것으로 예상된다. 최근의 이상기후로 인한 피해는 천재가 아니라 인재임을 분명히 인식해야 한다.

전 세계를 강타한 고온 건조한 이상기온으로 호주, 캘리포니아, 시베리아 등지에서 거대한 산불이 지속되었다. 아프리카에서는 메뚜기 떼의 창궐로 식량난이 가중되었고, 방글라데시, 중국, 일본 등지에서는 심각한 폭우 피해가 발생했다. 한국도 54일간의 역대 최장 장마로 인해 폭우와 산사태 피해가 속출했다. 역사상 가장 더운 두 번째 연도로 기록된 2020년 내내 가혹한 기후재난이 전 세계 각지를 덮쳤다(기후 위기비상행동 홈페이지).

지구온난화라는 말이 등장한 지는 오래되었다. 실제로 지구의 기온은 얼마나 상승하고 있을까? 〈기후변화에 관한 정부 간 협의체(IPCC) 제6차 평가보고서〉에 의하면, 세계의 지상 기온은, 산업 혁명기인 1880년부터 2012년까지의 기간에 평균 0.85℃ 상승하고 있다. 특히, 최근 30년의 각 10년간은 모두 1850년 이후에 앞선 어느 10년간보다 고온으로, 기상청의 관측데이터에 의하면 한국의 연평균 기온도 1898년부터 2014년에 걸쳐 세계 평균을 넘는 속도로 상승했다.

지구 기온이 2℃ 상승하면 전체 생물종 가운데 곤충 18%, 식물 16%, 척추동물 8%가 기후 지리적 서식지의 절반 이상을 잃는다. 동시에 세계육지의 20~30%가 사막화된다. 지구 온도가 4℃ 이상 상승하면 해양에 인접한 도시는 수몰되며, 남극의 빙붕이 녹고 세계 전역의 해안은 침수된다. 그리고 시베리아 동토층 밑의 탄소 배출로 기온 상승이 가속화되고 기후변화의 위험이 '크거나 매우 큰' 수준이 된다.

지구온난화는 단순히 평균기온이 상승하는 것뿐만 아니라 강수량에도 변화를 가져온다. 평균기온 상승과 함께 북반구 중위도 지역에서는 강수량이 20세기 들어 증가하고 있는 것으로 나타났다. 일본에서는 1898년 통계 개시 이후 해마다 강수량의 변동이 커졌다. 게다가 게릴라성 호우로 불리는 단시간 강우도 자주 발생하고 있다.

해수면에도 큰 변화가 나타나고 있다. 1971년부터 2010년에 걸쳐 해양 표층(0~700m)에서 수온이 상승한 것은 거의 확실하다. 가까운 나라 일본 근해의 해수면 수온 상승률은 세계 전체의 평균 해수면 수온 상승률보다 큰 값이다. 해수면 수온 상승은 해양 생태계를 교란하고 흉어로 인해 어업에도 큰 영향을 주고 있다.

게다가 온난화로 설빙권이 축소되고 있다. 과거 20년에 걸쳐 그린란드(Greenland) 및 남극의 빙상 질량이 감소하고 있어 빙하는 거의 전 세계에서 계속 축소되고 있다. 이런 추세라면 필연적으로 해수면 수위가 상승하게 된다. 실제로 1901년부터 2010년의 약 100년의 기간에 해수면 수위는 19cm 상승했다. 이런 추세대로라면 21세기 중에 해수면이 최대 82cm 상승할 것으로 예측된다. 만일 해수면이 1m 상승된다면 이웃 나라 일본은 오사카의 해안선이 침수될 수도 있다고 한다.

무엇이 지구온난화를 가져오고 있는 것인가? 그 요인으로 이산화탄소 등 온실효과 가스가 대기 중으로 대량 배출된 것이 확실해 보인다. 이산화탄소의 누적 총 배출량과 세계 평균 지상 기온의 상승은 거의 비례 관계에 있다.

19세기 말 산업혁명 이후 인류는 대량의 이산화탄소를 대기 중에 배출해 왔고 이것이 지구온난화로 이어지고 있다. 석탄, 석유 등 화석연료의 이용이 이산화탄소 배출량 증가의 최대 요인이다. 현재의 경제성장은 화석연료를 한층 더 이용하게 할 것인데 이산화탄소의 배출 확대를 '발전'이라고는 할 수 없다.

2) 기후 위기의 현주소

2020년 COVID-19의 세계적 대유행(팬데믹)이라는 초유의 사태가 일어났다. 중앙방역대책본부(방대본)에 따르면 2021년 12월 28일 현재, 전 세계 COVID-19 누적 확진자 수는 2억 7,850만 443명이다. 사망자는 539만 2,261명이라고 한다. 2021년 12월 28일 기준 누적 사망자 수는 미국이 80만 8,701명으로 가장 많았다. 이 통계는 세계 최강국가인 미국도 전염병의 대응에는 실패했음을 방증한다.

전문가들은 COVID-19를 비롯한 최근의 감염병이 생태계 파괴와 기후 위기가 원인이 되어 나타났음을 지적한다. 지구 온도의 상승과 이로 인한 생물다양성의 감소가 인간을 비롯해, 뭇 생명을 새로운 바이러스에 취약한 상태로 만들었다는 것이다. 따라서 COVID-19를 극복하기 위해서라도 기후정의 실현 차원에서 대안 행동이 모색되어야 한다는 것이다.

2021년 과학 저널 《네이처 기후변화(Nature Climate Change)》에 전 세계 온실가스 배출량이 작년보다 7% 감소할 수 있다는 연구 결과가 실렸다. 그러나 역사상 누적된 온실가스를 고려하면 대기 중 탄소 농도 변화에 미치는 영향은 거의 없을 것으로 평가된다. 2021년 1월 유럽연합(EU) 코페르니쿠스 기후변화 서비스는 "위성으로 관측한 결과 2020년, 전 지구 이산화탄소 농도 최고치는 약 413ppm으로 전년 대비 2.3ppm 상승했다"라고 발표했다. 이산화탄소 농도 증가 현상은 국내도 마찬가지다. 국립기상과학원에 따르면 2020년 1월부터 3월까지 충남 태안 안면도 이산화탄소 평균 농도는 423.9ppm으로 전년도 같은 기간 대비 3.9ppm 증가했다.

2020년은 관측 역사상 가장 뜨거운 해로 기록되었다. 지구환경의 위기에 대한 경각심이 높았던 2021년에도 지구의 평균기온은 관측 이래 네 번째로 높았다. 2020년 세계경제포럼(WEF)은 〈2020 세계위험보고서〉를 통해 지구의 가장 큰 위험 요인을 기후변화에 따른 기상이변이라고 했다. 전 세계적으로 발생하는 폭염과 호우, 산불, 그리고 한파 등 이대로 간다면 더욱 극심한 기후 위기의 영향을 겪게 될 것이기 때문이다.

2019년 9월에 열린 기후변화에 관한 정부 간 패널(IPCC)에서 유엔 사무총장은 "기후변화가 아니라 기후 위기이다."라고 말한 후 기후 위기에 대한 각국의 움직임을 가속화하도록 촉구했다. IPCC는 다음과 같은 기후변동의 위험을 예측한다. 기온의 연속적인 상승, 극단적인 기상현상의 발생, 농작지의 감소, 생태계의 변화, 전염병 만연 속도 상승, 북대서양 해류의 감쇠 등이다.

사람들의 최대 관심사라고 하면 기온 상승이다. IPCC 보고서는 기후변화가 지금처럼 이어지면 2040년경에는 세계 평균기온이 산업혁명 전보다 1.5℃ 상승하고 새로운 자연재해나 환경 면에서의 폐해가 나온다고 경고한다. "한국기초과학연구원(IBS)과 미국 국립 대기연구센터도 지금처럼 온실가스가 배출된다면 80년 후 지구 평균온도는 2000년 대비 4℃ 상승할 것이라고 내다봤다. 지구 평균온도가 4℃ 높아지면 생태계는 엄청난 영향을 받을 뿐만 아니라 올해와 같은 이상기후 현상이 반복될 수밖에 없다. 지구온난화가 만든 이상기후 현상은 자연환경을 파괴하는 데서 그치지 않는다. 한파로 인한 반도체 공급난과 더불어 전력난, 가뭄, 생태계 파괴 및 인명 피해까지 수많은 피해를 낳는다(한은진, 국민일보, 2021. 12. 24.)." 이러한 경고는 곧바로 현실로 나타났다. 2021년 북아메리카 지역인 캐나다에서 719명, 미국은 오리건 주에서 116명, 워싱턴 주에서 30여 명이 이상기후로 사망했다. 미국 캘리포니아 데스밸리는 기온이 54℃까지 치솟았다. 기후 전문가들은 북아메리카를 강타한 더위의 원인으로 열돔을 꼽았다. 열돔은 대표적인 지구온난화 현상 중 하나로 더운 공기로 된 거대한 돔이 한 지역을 감싸 그 내부 지역에 불볕더위를 만드는 것을 말한다. 지구온난화가 쏘아 올린 공은 열돔 현상으로, 열돔이 만든 폭염은 큰 산불로 이어졌다. 건조한 미국 캘리포니아주 북부에서 일어난 딕시 산불은 서울 여의도 면적의 5배 규모까지 번졌다. 소방관 2명이 초기 산불을 진압하다 순직했고, 주민들이 한꺼번에 피난을 가면서 COVID-19에 집단 감염되기도 했다. 폭염은 2021 도쿄올림픽에까지 영향을 미쳤다. 일본 기상청은 올림픽 기간의 도쿄 기온은 32~35℃, 습도도 무려 80%에 이르렀다고 전했다. 평균 기온이 올라 따뜻한 대기가 물을 많이 머금으면서 강수량이 증가하고 폭우 위험도 커졌다. 2021년 7월 서유럽 폭우로 독일에서는 최소 133명, 벨기에에서는 20명이 사망했다.

▶ 유엔환경계획(UNEP)은 "배출 격차"를 줄이기 위해서는 COVID-19 회복과정(녹색회복), 유엔 회원국의 강화된 배출량 감축 목표의 설정, 청정에너지 기술로의 전환을 제언한다.

2020년 11월 26일 유엔환경계획(UNEP)이 〈배출 격차 보고서 2020(Emissions Gap Report 2020)〉을 발표했다. 보고서에 따르면 2019년 전 지구 온실가스 배출량은 591억 tCO_2e(이산화탄소상당량톤)으로 전년보다 2.6% 증가했다. 이는 2010년 이후 온실가스 배출량 평균 증가율 1.4%의 약 두 배였다(김정수, 2020). 2019년 온실가스 배출량을 급증시킨 주원인으로는 산불이 지목됐다. 유엔환경계획은 보고서에서 "예비 자료를 보면 특히 아시아와 아마존에서 발생한 산불의 증가가 원인이 된 것으로 나타난다."라고 밝혔다.

배출 격차 보고서는 유엔환경계

획이 매년 배출된 온실가스 양과 파리협정에서 정한 지구온난화 억제 목표를 달성하기 위해 도달해야 하는 배출량의 차이를 분석해 내는 보고서다. 매년 발간되는 이 보고서는 소비 '행동의' 개선을 촉구하고 있는데 2020년에는 소비자 행동과 해운 및 항공 분야에 대한 영향력을 주시했다. 특히 전 세계 배출량의 5%를 차지하는 해운과 항공 분야에 대한 주의를 요구했다. 기술과 운영의 개선은 연료 효율을 증가시킬 수 있지만, 예상되는 수요 증가는 탈탄소화와 CO_2의 절대 감소를 초래하지 않을 것임을 의미한다고 밝혔다. 보고서는 두 분야 모두 화석연료에서 벗어날 것과 에너지 효율을 결합할 필요가 있다고 밝혔다. 그리고 더 강력한 기후 조치가 필요하며 여기에는 민간부문과 개인의 소비행태 변화를 포함해야 한다는 것을 강조하고 있다. 소비기반을 살펴보면 전 세계 온실가스 배출량의 약 3분의 2가량이 민간 가구에 연계되어 있기 때문이다.

2021년 10월 26일 발표된 〈2021 배출가스 격차 보고서〉에서는 순배출제로(net-zero emission)를 효과적으로 이행하도록 촉구하고 있다. "이번 보고서는 9월 말까지 유엔에 새 NDC(Nationally Determined Contribution: 국가 온실가스 감축 목표)를 제출했거나, 제출하지는 않았지만 상향 계획을 발표한 일본, 한국을 포함한 120개국과 유럽연합의 온실가스 감축 목표를 종합해 분석했다. 분석 결과 121개국(유럽연합 포함)의 새로운 감축 공약이 실현되면 기존 감축 공약에 비해 2030년 온실가스 배출량이 29억 톤 가량 더 줄어들 것으로 예상했다. 이것은 지구 온도 상승 폭을 산업화 이전 대비 1.5℃ 이내로 묶기 위해 2030년까지 필요한 온실가스 감축량 280억 톤의 10% 수준에 불과하다. 이에 따라 보고서는 새로운 감축 공약에도 불구하고 세기말까지 지구 온도는 2.7℃ 추가 상승해 기후재앙을 피하기 어려울 것으로 분석했다. 잉거 앤더슨 유엔환경계획 사무총장은 "기후변화는 더 이상 미래의 문제가 아니고 현재의 문제다. 우리가 지구 온도 1.5℃ 억제 목표를 달성할 기회를 잡으려면 앞으로 8년 안에 온실가스 배출량의 거의 절반을 줄여야 한다. 시계가 크게 째깍거리며 가고 있다"라며 강력하고 신속한 감축 행동을 촉구했다(김정수, 한겨레신문, 2021. 12. 10.).

기후 위기와 관련해서 반드시 짚고 넘어가야 할 부분은 부유한 사람들이 가장 큰 책임을 지고 있다는 점이다. 세계인구 중 가장 부유한 1% 계층의 배출량이 가장 가난한 50% 계층의 점유율을 합친 것보다 두 배 이상 많이 차지한다. 따라서 부유층은 파리협정 목표치에 부합하기 위해 그 발자국을 1/30로 줄여야 한다고 강조한다(황원희, 미디어, 2020. 12. 13.). 보고서는 탄소 소비를 줄이기 위해 지원 가능한 조치로 국내 단거리 비행과 철도, 자전거와 차량 공유를 가능하게 하는 시스템을 구축하고 인센티브를 제공하는 한편 주택의 에너지 효율 개선과 음식물 쓰레기 감축 정책 등을 제시한다.

부유층이나 기업이 기후 위기에 미치는 영향은 플라스틱 발생에서도 확인된다. "비정부 기구 티어펀드는 2020년 3월 발간한 보고서를 통해 4개 초국적 음료기업인 코카콜라, 펩시, 네슬레, 유니레버가 매년 6개 저소득국가에서 50만t 이상의 플라스틱 쓰레기를 배출한다고 지적했다. 매일 축구장 83곳을 뒤덮을 수 있는 양이다. 플라스틱의 99% 이상이 화석연료로 만들어진다. 플라스틱 오염을 막으려면 기업이 플라스틱 생산을 중단해야 한다(김윤나영, 경향신문, 2020. 12. 08.)."

2021년 10월 25일 환경단체 플라스틱으로부터 해방(Break Free From Plastic, BFFP)은 최근 발간한 〈브랜드 감사 보고서 2021〉에서 코카콜라와 펩시코(Pepsico)가 4년 연속 세계 최고의 플라스틱 오염원으로 선정됐다고 밝혔다. 2021년 한해 45개국에서 440건의 브랜드 감사를 한 11,184명의 자원봉사자들의 공동작업 즉, 이들이 주운 플라스틱 쓰레기를 분석한 결과였다. BFFP가 2019년 이후 수거한 플라스틱 쓰레기 중 매년 20,000개에 달하는 코카콜라 제품이 발견되었다. 펩시코도 3년 연속 최악의 플라스틱 오염 기업으로 선정되는 등 음료수를 생산하는 기업들이 상위권을 독식했다. 3개 브랜드는 2019년과 2020년 플라스틱 쓰레기 조사에서도 가장 많은 국가에서 발견돼 최악의 오염기업으로 꼽히는 불명예를 얻었다. 최악의 플라스틱 오염 상위 10개 기업에는 유니레버와 네슬레, P&G 등 생활용품을 생산하는 기업뿐 아니라 필립모리스 등 담배 회사도 포함됐다. 아비게일 아길라(Abigail Aguilar) 그린피스 동남아시아 플라스틱 캠페인 지역 코디네이터는 "4년 연속 플라스틱 오염 물질을 배출하는 대형 브랜드를 보는 것은 놀랄 일이 아니다. 코카콜라, 펩시코, 네슬레와 같은 다국적기업들은 석유회사들과 함께 더 많은 플라스틱을 생산하기 위해 협력하면서 거짓 해결책에 계속 투자하고 있다"라며 "기후변화와 싸우기 위해서는 일회용 플라스틱 포장에 대한 중독을 끝내고 화석연료에서 벗어나야 한다."라고 주장했다(BEFP 홈페이지).

〈그림 2-3〉 세계 10대 플라스틱 오염 기업

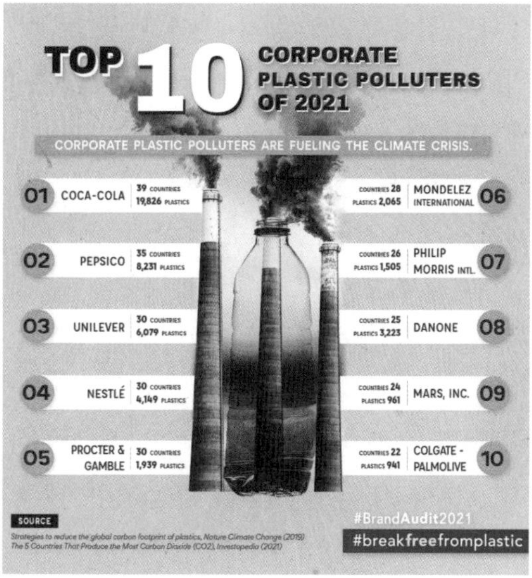

출처: BFFP

캘리포니아대학 연구진이 2017년 《사이언스 어드밴스》에 게재한 보고서를 보면 지금까지 나온 모든 플라스틱의 91%는 재활용되지 않았으며 땅에 매립되거나 소각된 것으로 조사됐다. 남아프리카 국제 폐기물 수거 협회 코디네이터인 시몬 음바타는 "우리가 접하는 플라스틱 대부분은 재활용할 수 없다. 묻으면 우리의 토양을 오염시킨다. 재활용할 수 없는 것은 생산해서는 안 된다"고 말했다.

유엔환경계획(UNEP)은 2020년 이산화탄소 배출량이 COVID-19 확산에 따른 여행 감소, 산업 활동 감소 등의 영향으로 전년보다 최대 7%까지 감소할 것으로 예상했다. 그러나 이에 따른 지구온난화 억제 효과는 세기말까지 지구 평균온도를 0.01℃ 떨어뜨리는 데 불과해 기후변화 대응에 큰 영향을 주지 못한다고 평가한다. 유엔환경계획은 이번 세기 중반까지 탄소중립 목표를 달성하기 위해 노력하는 국가의 수가 증가하고 있다는 사실을 중요하고 고무적인 발전으로 여기고 있다. 그러나 무엇보다 "실행 가능성과 신뢰성을 유지하려면 이런 약속을 강력한 단기정책으로 시급히 전환하고 유엔에 제출하는 감축 목표(NDC)에 반영해야 함"을 촉구한다.

기후 위기는 우리가 생각하는 것보다 급격히 진행되고 있다. 따라서 긴급한 조치를 취하지 않으면 지구·인간·생명종의 지속가능성은 불가능하다. 따라서 기후변화보다 더 긴급성을 담은 단어가 통용되었는데 그게 바로 기후 비상사태이다. 영어로는'Climate risk', 'Climate crisis', 'Climate emergency' 등으로 불린다. 이에 따라 전 세계에서 "기후 비상사태 선언"과 함께 다양한 형태의 공동행동이 조직되고 있다.

세계에서 처음으로 선언을 낸 곳은 오스트레일리아 더빈 시이다. 풀뿌리 활동가들과 주민이 정치가에게 압력을 넣어 2016년에 선언을 의결했다. 그 후 구미로 확대된다. 특히 2016년에 열파(熱波)[3]로 93명이 사망한 캐나다의 퀘벡 주에서는 300여 곳 이상의 자치단체들이 이 선언에 참가하였다. 2019년 10월 기준 세계 1,100 곳 이상의 지방자치단체가 이 선언에 동참했다.

이웃 나라 일본에서는 나가사키 현(長崎県) 이키 시(壱岐市)에서 2019년 9월에 처음으로 기후 비상사태를 선포했다. 이후, 카나가와 현(神奈川県) 카마쿠라 시(鎌倉市)가 뒤를 이었다. 참고로 이키 시는 일본 내각부의 "SDGs 미래도시"에 선정되었다.

우리나라 정부도 움직이기 시작했다. 2020년 9월 24일 대한민국 국회(21대)는 기후 위기 비상 대응 촉구 결의안을 채택했다. 이로써 한국은 세계 16번째로 기후 위기 대응을 선언하는 국가가 됐다. 환경부는 내년부터 2025년까지의 국가 기후변화 이행계획, 이른바 제3차 국가 기후변화 적용대책을 만들기 위해 공청회 등 다양한 의견수렴에 나섰다. 농식품부도 기존 농림식품 산업을 포함해 푸드시스템, 농촌개발, 재생에너지 부문까지 확장하는 '제2차 농식품 기후변화 대응 기본계획(2021~2030)'을 만들고 있다.

미국도 파리협정에 복귀했다. 트럼프 전 대통령은 파리협정을 탈퇴하는 등 전 세계적인 기후 위기 대응에 역행하는 모습을 보였다. 2021년 1월 20일 취임식을 마친 바이든 대통령은 백악관에서 업무를 시작하고 마스크 착용 의무

---

3) 열파(熱波)는 이틀 이상 국립기상청 열지수가 105~110°F(40~43℃)를 넘는 기간을 의미한다. 온도 표준은 국지적으로 상당히 달라진다. 열파는 치명적인 위험성을 가지고 있다.

화, 인종 평등 보장과 함께 파리기후협약으로 복귀하는 행정명령에 서명했다. 바이든 미국 대통령은 당선 전 공약으로 청정에너지 전환을 추진하기 위한 2조 달러의 경제계획으로 2035년까지 전기부문에서 탄소 배출량 감축을 추진하고, 2050년까지 탄소 순 배출을 없애는 '넷 제로'를 달성하기 위한 야심 찬 기후 의제 달성을 목표로 한 바 있다. 한편, 유럽의 그린뉴딜 추진, 중국과 일본의 탄소중립 선언 등도 기후 위기 대응에 긍정적인 영향을 줄 것으로 예상된다. 미국은 중국에 이어 세계에서 두 번째로 많은 온실가스 배출국이기에 파리협정 복귀의 의미가 크다. 기후 위기의 책임이 큰 선진국들이 향후 업데이트된 기후 목표와 전력 및 에너지 부문의 탄소 배출량을 줄이기 위한 구체적인 계획과 실천을 수행할 때만 기후 위기 대응의 효과가 드러나게 될 것이다.

최근 전 지구적 기후 위기에 대처하기 위해 우리나라 지방정부와 시민사회가 팔을 걷고 나서고 있다. 2020년 7월 고양시는 기후 위기 대응 조례를 제정했다. 고양시 조례의 내용을 보면, 온실가스 총 배출량의 감축 목표를 정해 기후변화 대응 종합계획에 포함하고, 이를 달성하기 위한 분야별 연차별 시행계획을 수립·시행하고 추진사항을 해마다 점검하기로 했다. 또 전문가와 시민의 의견을 반영하기 위한 기후변화대책위원회 설치·운영, 기후변화 대응 시책 추진에 소요하는 재정상 조처 등의 내용을 담았다. 2020년 9월 16일, 제주도의회 포스트 코로나 대응특별위원회는 제주도 조례에서 사용하는 '기후변화'라는 용어를 '기후 위기'로 일괄 개정하는 조례안을 발의했다. 2021년 11월 7일, 제주도는 탄소중립 선도 '글로벌 기후연합체' 가입행사에 참석해 제주의 탄소중립 비전과 의지를 표명했다.

도봉구는 2020년 10월 19일 기후 위기 대응 방안 마련을 위한 협치 공론장을 개최하기도 했다. 11월 6일 경기 광명시는 기후 위기 대응 조례를 제정하고 공표하였다. 조례는 광명시 SDGs와 연계한 점검이라고 할 수 있다. 최근 지방자치단체와 의회는 기후 위기 대응을 위한 공부가 한창이다. 2020년 12월 20일 창원시의회에서는 의원 연구단체로 '기후 위기·그린 뉴딜 정책연구회'를 만들었다. 2019년 조례 제정이 있었고 곧 창원시 기후변화 대응 위원회를 발족할 계획이다. 창원시는 조직체계 정비, 읍·면·동과 함께하는 탄소중립 마

▶ 전국시장·군수·구청장협의회, 기후 위기 대응·에너지 전환 지방정부 협의회, 지속가능발전 지방정부협의회 등 11개 단체와 226개 지자체가 2021년 6월 5일 서울 국회의원회관에서 '대한민국 기초 지방정부 기후 위기 비상선언'을 선포했다.

을 만들기 등도 준비 중이다. 경남도의회도 2020년 12월 21일 본회의에서 '경상남도 기후 위기 대응을 위한 특별위원회 구성 결의안'을 만장일치로 통과시켰다. 김해시는 시민 참여를 바탕으로 비 산업 부문인 가정·상업·수송 부문 온실가스 감축 실천 운동에 나선다. 시는 △ 탄소중립 생활 실천 운동 확대 △ 탄소중립 실천 교육 강화 △ 탄소제로 1.5 캠페인 △ 탄소중립 실천을 위한 '생활 속 꿀팁' 홍보 △ '기후행동 1.5℃ 챌린지' 등 5대 전략별 34개 세부과제를 제시했다.

한편, 전라남도는 섬과 수산물의 보고로, 2050 탄소중립 비전을 2021년 3월에 발표하고 약 9,000만 톤의 온실가스 감축을 목표로 에너지, 산업, 산림 등 전 분야에서 전체적인 감축을 지향하고 있다. 전남도에서는 가스, 수도, 폐기물 등 분야에 탄소 포인트 제도를 활용해서 시민들에게 돌려주고 있다. 또한, 12개 기초지방정부가 모여 있는 전남도는 협력체계를 잘 구축하여 탄소중립을 달성하고 탄소중립을 위한 기술 개발, 탄소 포집 등 산업공정 개선, 중앙 및 지방정부의 동시적인 재정 지원, 시민 인식 제고를 통해 탄소중립을 달성하고자 한다. 특히 강조하고 싶은 시민단체 활동은, '탄소 사냥꾼'으로, 탄소 흔적 지우기 운동을 시민들이 자발적으로 하고 있어, 도 차원에서 이를 지원하고 있다고 밝혔다. 또한, 전남도는 철강, 석유화학, 여수산단이 있는 곳으로 탄소 배출의 81%가 일부 지역에 집중되어 있고, 공정 과정에서의 탄소 발생을 제한하는 것이 매우 중요하다고 판단하여, 중앙정부와의 협력을 통해 나무 심기를 진행하는 등 탄소 발생원을 줄이는 노력을 하고 있다(이클레이 한국사무소 2021. 11. 4.). 2021년 1월 26일 대전시 유성구 의회도 '기후 위기 대응 촉구 결의안'을 만장일치로 채택하는 등 전국적으로 기후 위기 대응이 활발하게 진행되고 있다. 2022년 1월 4일 부산 동구는 가구 개편을 통해 '기후환경정책계'를 만들고 부산 기초단체 중 처음으로 산업통상자원부와 협력해 지역 특성에 맞는 에너지 기본계획을 수립 중이다.

이처럼 우리나라를 포함한 전 세계 지방자치단체들은 지방정부 기후행동을 통해 기후 비상사태 대응의 최전선에 있다. 이미 기후변화와 그 영향을 몸소 체험하고 있는 셈이다. 도시 운영 및 지역사회 수준에서의 온실가스 배출량 감축, 탈탄소 확대, 기후변화 적응 및 회복력 증진을 위한 계획, 이행 및 모니터링을 확대하는 데 전적으로 동참하고 있다.

지방정부(지방자치단체)는 야심 찬 필수 세부목표(기후 중립, 넷-제로 배출, 100% 재생가능에너지 및 친환경 차량과 공공 녹색구매 등 다양한 분야별, 주제별 세부목표)의 이행을 위해 점점 더 노력을 기울이고 있다. 실제로 시급한 조치가 요구되는 상황을 해결하기 위해 기후 비상사태를 정치적으로 선언한 지방정부도 많다. 이로써, 정부의 예산 및 행동계획의 검토 및 재분배가 기후행동의 확대로 이어질 수 있을 것이다. 회복력 있는 성장전략(pathways)을 수립하는 것이야말로 권고된 접근법의 이행에 있어 핵심이다.

이는 기후변화에 관한 정부 간 협의체(IPCC)에서 "지속가능발전목표를 실현하기 위한 적응과 완화를 접목하여, 복합적인 시스템 속에서 변화를 관리하기 위해 반복적이고 지속적으로 발전하는 과정이라 간주할 수 있다"라고 언급한 것과 맥을 같이 하는 것이다.

4. 불평등과 박탈감

종래의 개발경제학에서는, 산업화의 진전에 의해 경제성장이 실현되면, 그 효과가 국민의 넓은 범위에 서서히 파급되어, 사회 전체가 풍부해진다고 설명했다. 부자가 되면 가난한 사람에게도 저절로 부가 침투하는 낙수효과(trickle-down effect)가 발생한다는 것이다. 실제로 일본에서는 전후 고도 경제성장에 힘입어 1970~1980년대에 걸쳐 중류 사회로 인식되는 중산 계층이 두텁고 풍요로운 사회가 구축되어왔다. 그러나 1990년대 버블경제가 붕괴하면서 낙수효과에 대한 기대도 약화되고, 2000년대 리먼 쇼크 후에는 저소득층이 증가해 소득 격차가 확대되었다. 일본과 비교할 때 한국도 그리 낙관적인 상황은 아니다. 국제통화기금(IMF)이 발표한 〈세계 경제전망 보고서〉는 2020년 한국의 GDP(국내총생산)를 1조 5,868억 달러로, 전 세계에서 10번째 수준이 될 것으로 내다봤다. 이는 2019년의 12위보다 2계단 상승한 것이다(김주경, 2021. 1. 12.). 그러나 높은 순위와 달리 한국의 양극화는 점점 확대되고 있다. 고용 취약계층은 COVID-19 이후 충격을 고스란히 맞았지만 여러 자산 가격은 지속적으로 상승한 결과 K자형 양극화라는 불평등을 낳은 것으로 나타났다. 통계청에 따르면 COVID-19가 본격화된 2020년 2분기 소득 하위 20%에 해당하는 소득 1분위 계층의 근로소득과 사업소득은 전년도보다 각각 18.0%, 15.9% 감소했다. 반면 소득 상위 20%에 해당하는 소득 5분위 계층의 근로소득과 사업소득은 각각 4.0%, 2.4% 감소하는 데 그쳐, COVID-19로 인한 경제적 타격이 저소득층에게 집중된 것으로 나타났다. 이러한 경향은 2020년 3분기까지 이어져 소득 1분위의 근로소득과 사업소득이 10.7%, 8.1% 감소하는 동안 소득 5분위의 근로소득은 0.6% 감소한 것에 불과했으며, 오히려 사업소득은 5.4% 증가하는 모습을 보였다. 통계청에 따르면 2020년 비자발적 실직자 가운데, 실직 전 임시직에 종사한 근로자가 40.3%였고 일용직은 23.2%로 뒤를 이은 것으로 조사됐다. COVID-19는 소득이 낮은 일용직·임시직과 특수형태 근로종사자 등 고용 취약계층에 더욱 가혹했음을 보여준다.

자산 집중도 소득이 높은 사람에게 집중돼 있다. 통계청의 2020년 가계금융복지조사 결과, 지난해 소득 5분위의 자산 점유율은 44.0%로, 6.1%의 점유율을 보인 소득 1분위에 비해 7배 이상 높은 것으로 나타났다. 자산시장의 특성상 초기 자금을 투자할수록 더 많은 이익을 얻을 가능성이 크다. 특히 2020년 부동산가격이 상승만을 거듭하고 코스피 역시 큰 조정 없이 치솟았기에 많은 자산을 소유하고 있던 고소득층은 가만히 있어도 재산이 늘어난 셈이다(이준섭, 2021. 12. 21.).

2019년 국제노동기구(ILO) 조사에 따르면, 전 세계에서 가장 부유한 10%의 피고용인들이 총임금의 48.9%를 받는다. 반면 저소득의 20%에 해당하는 피고용인은 총임금의 1%밖에 받지 못한다. 이 경향은 과거 13년간에 걸쳐 큰 변화가 없다. 또 2004년부터 2017년에 걸쳐서, 중산층(소득이 중위 60%)의 총 수입액은 전체의 44.8%에서 43.0%로 축소됐다. 반면 부유층(소득 상위 20%)의 총 수입액은, 전체의 51.3%에서 53.5%로 확대되었다. 부유층의 소득 증가는 중산층과 빈곤층의 소득 감소로 이어지고 있다. 여기에 낙수효과는 찾아볼 수 없다. 세계경제포럼(WEF) 1월 연차총회에 맞춰 양극화와 불평등이 심화되고 있는 상황에 대해 유엔과 국제 NGO 옥스팜(Oxford Committee for Famine Relief)으로부터 각각 보고서가 발표되었다. 유엔의 〈세계 사회 정세 보고 2020〉에서는 선진국, 개발도상국 모두 불평등이 심화되고 있고 그에 의해 분단이 한층 더 진행되어, 경제·사회 개발이 양극화할 우려가 있는 것, 격차가 큰 사회에서는 빈곤 삭감의 효과가 오르지 않는 것 등을 지적했다. 또, 옥스팜은, 세계의 부유층의 상위 2,153명의 자산이 세계 총인구의 60%에 해당하는 46억 명분의 자산보다 크다는 것을 지적하고 경제 격차가 커지는 원인으로 부유층과 대기업 대상의 세제 혜택 등을 꼽았다. 2021년 1월에도 옥스팜은 2020년 말 기준 세계 억만장자 총자산은 11조 9,500억 달러로 3월 중순보다 3조 9,000억 달러가 늘었다고 보고했다. 이는 2008년 금융위기 이후 상위 1,000명의 억만장자 자산이 회복되는 데 5년의 시간이 걸린 데 비해 2020년에는 COVID-19 대유행 이전 수준으로 돌아가는 데 9개월밖에 걸리지 않았음을 보여준다. 옥스팜이 79개국 경제학자 295명을 대상으로 조사한 결과 COVID-19 대유행에 소득과 자산 불평등이 심화할 것으로 생각한 응답자는 각각 87%와 78%에 달했다. 영국 국제조직인 '개발 이니셔티브'도 하루 생활비 5.5달러 이하인 사람이 지난해 2억 명에서 최대 5억 명으로 늘어났다고 추산하고 있다.

지역별 격차도 커지고 있다. 유럽연합(EU) 국가에서는 소득이 하위 50%인

피고용인이 총임금의 22.9%를 받는 반면 사하라 사막 이남 아프리카 국가에서는 그 비율이 3.3%에 불과하다. 개발도상국 사람들의 생활수준 격차는 잔혹할 정도로 크며 축소될 기미는 보이지 않는다. 물론 아시아나 아프리카의 저개발국에서도 경제발전이 현저한 나라가 있다. 인터넷과 정보기술(IT)의 보급으로 모든 비즈니스가 세계와 연결되고, 새로운 필요(Needs)가 생겨나며, 도시 지역에는 비즈니스 기회가 확산되고 있다. 학력이 높고, 영어에 능통하고, IT를 잘 다룰 수 있는 사람들에게는 고수입을 얻을 기회가 많다. 하지만, 학력이 낮고 영어도, IT도 사용할 수 없는 사람들에게 새로운 비즈니스 기회는 적다.

농촌에서 도시로, 소도시에서 대도시로 온 사람들도 아르바이트, 막노동, 비정규직 노동자, 거리의 노점상 등에 종사하는 것이 고작이어서 가난에서 벗어날 수 없다. 자식이 태어나도 충분한 교육을 받을 기회를 주지 못하면서 필연적으로 궁핍한 삶이 되풀이되는 것이다. 사회 격차가 몇 세대에 걸쳐 고정돼 갈등의 폭이 커질 가능성도 크다. 사회 격차가 민족과 인종, 신앙이나 종교의 차이 등으로 고정되면 사회불안이나 혼란을 야기하는 원인이 된다. 예를 들면, 말레이시아, 인도네시아, 필리핀 같은 동남아시아 국가에서는, 일반적으로 화교라고 일컬어지는 중화계의 사람 중에 경제적으로 성공한 이가 많다. 이로 인해 원주민 중에는 상대적 박탈감을 느끼는 이들도 생겨난다. 사회 격차가 인종, 민족의 차이뿐 아니라 기독교와 이슬람교 등 종교의 차이로 이어지면 갈등은 더 심각해질 수 있다. 종교 갈등을 부추기는 테러리스트가 파고들 틈이 넓어질 것이기 때문이다. 사람들의 불만은 모종의 방아쇠를 통해 민족 갈등과 종교 갈등을 폭발시킬 수 있다. 실제로 1997년 외환위기 때 동남아 국가에서 화교를 공격대상으로 삼는 폭동이 발생하기도 했다. 중화계 상가나 가옥이 파괴돼 사람들이 생명을 잃거나 재산을 강탈당했다.

현재 상태의 일부 도시 엘리트가 주도하는 형태로 경제개발이 진행된다면 사회 격차는 더욱 커질 것이다. 사회 격차와 불평등이 사회적 긴장과 갈등, 사회불안을 증폭시키는 것은 불가피하다. 이대로라면 미래세대는 사회불안과 함께 살게 된다. 사회 격차가 커지고 불평등의 심화로 이어지는 현재의 개발

진행방식은 지속가능발전으로 간주되지 않는다.

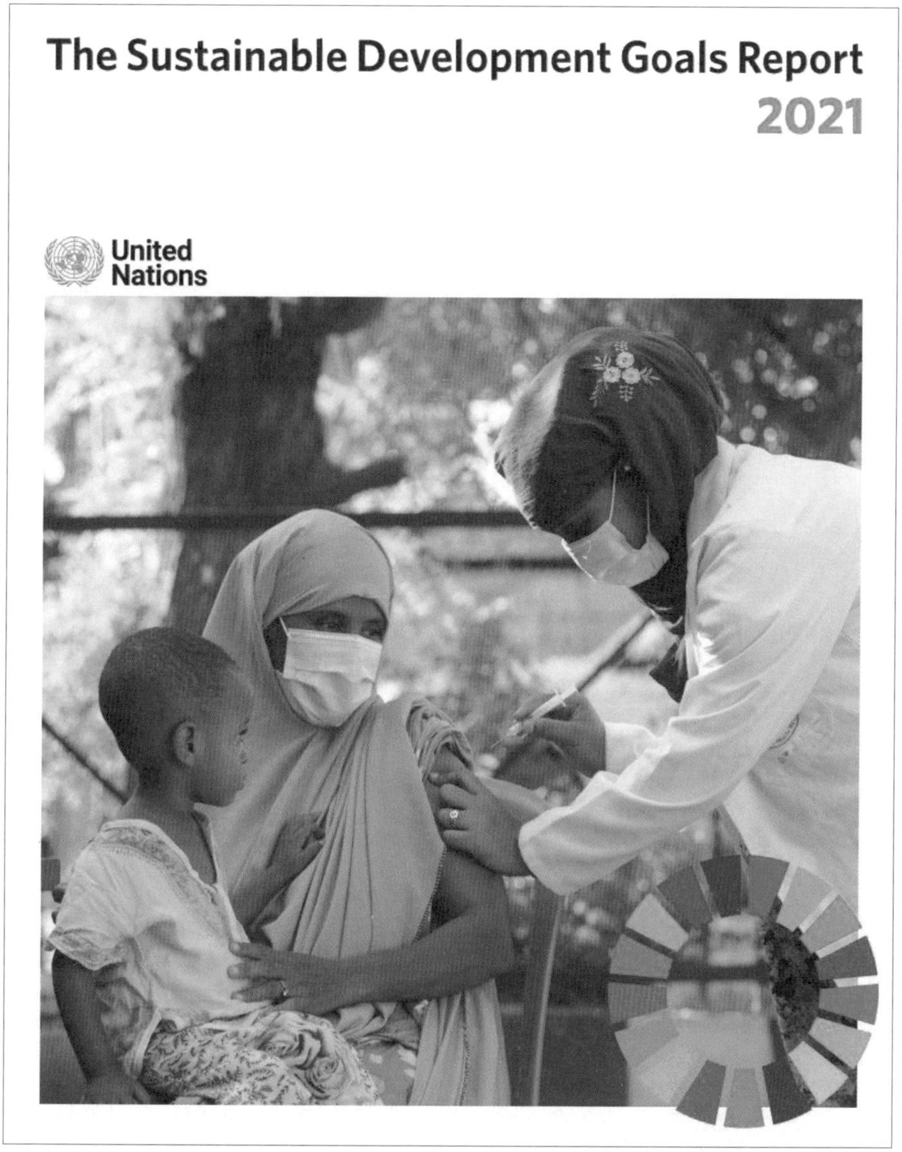

▶ 2021년 7월 6일 발표된 〈2021 SDGs 보고서(The Sustainable Development Goals Report 2021)〉에서는 COVID-19는 사람들의 삶에 상당한 혼란을 일으켰다고 말한다. 2억 5,500만 개의 정규직 일자리가 사라졌으며, 전염병 이전부터 이미 증가하고 있던 굶주림으로 고통 받는 사람들의 수는 1억 3,200만 명으로 증가할 것으로 예상했다.

| 3장 |

지속가능한 세계와 유엔 (국제연합)

1945년, 지난 세대의 세계 지도자가 함께 모여 유엔을 창설하였다. 전쟁의 잿더미와 분열로부터 그들은 유엔과 유엔의 토대가 되는 평화, 대화, 국제협력의 가치를 탄생시켰다. 그러한 가치를 궁극적으로 구현한 것이 유엔 헌장이다. '우리 인민들(We the Peoples)'은 유엔 헌장의 유명한 첫 문구이다.

오늘 바로 이 "우리 인민들"이 2030년으로 가는 여정을 시작한다. 이는 정부뿐 아니라 의회, 유엔 체계와 기타 국제기관, 지방 당국, 선주민, 시민사회, 기업과 민간부문, 과학계와 학계, 그리고 모든 사람이 함께하는 여정이다. 수많은 사람이 이미 SDGs와 함께하고 있으며, 또한 그들이 이 의제의 주인이 될 것이다. 이는 사람의, 사람에 의한, 사람을 위한 의제이며, 우리는 이 점이 의제의 성공을 보장할 것이라고 믿는다.

우리는 이 새로운 의제의 완전한 이행을 위한 우리의 굳건한 약속을 재확인한다. 우리는 이 원대한 목표와 세부목표가 글로벌 파트너십의 재활성화 및 강화 없이, 또한 이에 걸맞은 효과적인 이행 수단 없이는 달성할 수 없는 것임을 알고 있다. 글로벌 파트너십의 재활성화는 정부, 시민사회, 민간부문, 유엔 체계와 관련 행위자의 결집과 모든 가용한 자원의 동원을 통해 전 세계적이고 적극적인 참여를 끌어냄으로써 모든 목표와 세부목표가 달성되도록 지원할 것이다(2030 지속가능발전 의제 49, 52, 60항)."

1. 유엔(국제연합) 출범의 역사적 배경

유엔(국제연합: United Nations)은 1945년에 설립된 국제기구이다. 현재 193개의 회원국으로 구성되어 있다. 유엔의 고유한 사명과 업무는 창립 헌장에 포함된 목적과 원칙에 따라 이루어진다. 유엔은 유엔 헌장에 부여된 권한과 고유한 국제적 특성으로 인해 평화와 안보, 경제, 사회, 문화, 환경, 인권과 자유와 관련한 난제들을 주제로 회원국이 토론 하는 장소로 기능하고 있다. 최근에는 기후변화, 지속가능발전, 인권, 군축, 테러, 인도주의 등 21세기 인류가 직면한 문제에 대해 논의하고 건강, 글로벌 비상사태, 성평등, 거버넌스, 식량 생산 등에 관한 주요한 조치를 하고 있다.

유엔은 또한 회원국들이 총회, 안전보장이사회, 경제사회이사회, 기타 기구 및 위원회에서 자신의 견해를 표명할 수 있는 포럼을 제공한다. 이를 통해 회원국 간의 대화와 협상을 이끌어 정부 간 합의와 문제 해결 메커니즘을 갖는다(유엔 홈페이지). 어떤 이들은 유엔을 세계 정부라고 인식하기도 하지만 정답은 아니다. 유엔은 회원국이 결정한 것을 실행하지만 특정 국가의 정부와 국민을 대표하는 기관은 아니다.

유엔은 국제연맹의 실패를 거울삼아 설립된 기관이다. 국제연맹은 제1차 세계대전 후 1919년 최초의 국제평화기구로 설립되었다. 하지만 모든 국가가 국제연맹에 가입한 것은 아니었다. 미국은 끝까지 국제연맹에 가입하지 않았고 회원국 중에 나중에 탈퇴하는 국가도 생겼으며 1939년의 제2차 세계대전을

▶ 뉴욕시에 있는 유엔 본부(출처: 유엔 홈페이지)

막지도 못했다. 국제연맹은 성공하지는 못했지만, 보편적인 국제기구의 필요성은 세계인에게 각인시켰다. 그 결과 태어난 것이 유엔이었다.

유엔(국제연합)은 제2차 세계대전 중에 미국 대통령인 프랭클린 D. 루스벨트 대통령이 제안한 것이다. 1941년 12월 29일 제2차 세계대전 초기 독일, 일본 등 추축국(樞軸國, Axis Powers)에 맞서기 위해 미국 루스벨트 대통령과 영국 윈스턴 처칠 수상이 "유엔 창설 선언문"의 초안을 작성했고, 1942년 1월 1일 '연합국 선언(Declaration by United Nations)'으로 발표되었다. 이 선언은 1943년 승인됐고 연합국 기구 결성으로 연결됐다. 1945년 50개국 대표가 '국제기구에 관한 연합국 회의(United Nations Conference on International Organization)'에 참석하기 위해 샌프란시스코에 모였다. 각국 대표는 초안을 바탕으로 유엔 헌장(Charter of the United Nations)을 작성해 6월 26일 조인했고, 같은 해 10월 24일 미국, 영국, 프랑스, 소비에트연방, 중화민국과 46개 국가의 동의로 발효하면서 유엔이 출범했다.[1] 세계평화에 관한 이 역사적 서

1) 유엔은 1945년 10월 24일에 정식으로 발족했을 때 가맹국(원 회원국)은 51개국이었

약을 기념하여 매년 10월 24일 '유엔의 날(United Nations Day)'로 지정하였고 축하 행사가 각국에서 열린다.

1946년 런던에서 개최된 제1차 유엔 총회에서 유엔 본부를 미국에 두기로 결정했다. 하지만 뉴욕은 유엔 본부의 유력한 후보지가 아니었다. 당시에 필라델피아, 보스턴, 샌프란시스코 등도 검토되고 있었기 때문이다. 총회가 현 위치를 결정한 이유는 존 D. 록펠러 2세가 최종 결정 직전에 토지매입비로 850만 달러를 기부했기 때문이다. 뉴욕시도 그 소유지의 일부를 기부했다. 유엔 본부용으로 선택된 부지는 도살장, 전차 차고, 그 외의 상업용 빌딩이 늘어선 몹시 황폐한 토지였다. 1949년 10월 24일, 유엔 사무총장은 39층 유엔 본부 빌딩의 개소식을 거행했다. 제2차 세계대전 이후 냉전에 의해 세계가 양분되었음에도, 유엔은 충실하게 성장을 계속해왔다. 그리고 눈에 띄는 성과도 보여주었다.

유엔의 성과를 요약하면 다음과 같다.

첫째, 유엔은 비 식민지화 운동을 촉진해서 80개국 이상의 국가가 독립을 이루었다. 둘째, 유니세프는 전 세계에서 만들어지는 백신을 구매하여, 제3세계 어린이들의 건강과 보건을 위해 사용한다. 셋째, 유엔의 구호기구는 전 세계에서 난민과 국내 피난민을 원조, 보호하고 있다. 넷째, 유엔 시스템은 국제 거래에 빠뜨릴 수 없는 통신, 항공, 해운, 우편의 기술적인 기준을 정하고 있다. 전 지구적 문화와 정보의 자유로운 이동에 기여하고 있다. 다섯째, 어린이 예방접종의 완전 보급을 목표로 하는 유엔의 캠페인에 의해서 천연두는 박멸되었고 소아마비 환자도 99% 감소했다. 유엔 시스템 안에서 식량 원조를 담당하는 세계식량계획(WFP)으로 식량을 구매해서 빈곤국 사람들에게 공급하고 있다.

이제 세계는 지구 지속가능성 위기와 더 복잡한 사회문제, 글로벌 테러리즘 등과 같은 새로운 위협에 직면하고 있다. 이러한 문제를 해결하기 위해 세계

다. 2008년 말까지 유엔 회원국의 수는 192개국으로 늘어났다. 창설 이래 유엔으로부터 제명된 회원국은 없다. 인도네시아는 1965년 인접 말레이시아와의 분쟁을 이유로 일시적으로 유엔에서 탈퇴했다가 그다음 해에는 유엔으로 복귀했다.

적인 협상 테이블이 어느 때보다 필요하며, 유엔의 존재는 더욱 중요해졌다.

2. 유엔 헌장과 유엔의 임무

유엔의 활동은 유엔 헌장(Charter of the United Nations, UN Charter)을 지침으로 삼고 있다. 유엔 헌장은 유엔의 근본 조약이다. 헌장은 1945년 6월 26일 미국 샌프란시스코에서 창립 회원국인 51개국 가운데 50개국(나머지 1개국인 폴란드는 2개월 후에 서명함)이 서명했다. 프랑스, 소비에트 연방, 영국, 미국, 중화민국 등 5개 상임이사국 및 나머지 서명국 대다수가 헌장을 비준한 뒤에 10월 24일에 발효되었다.

유엔 헌장은 전문과 총 19장 111조로 이루어진 유엔의 기본 문서이다. 유엔 헌장에는 다음 사항이 규정되어 있다. 국제관계의 규칙과 원칙, 각 회원국의 권리와 의무, 목표 달성을 위한 행동지침, 유엔의 주요 기관 및 절차 등이다. 서문은 두 가지 주요한 부분으로 이루어져 있다. 첫 번째 부분은 평화 유지, 국제 안보 및 인권 존중에 대한 전반적 요청을 포함하고, 두 번째 부분은 유엔의 모든 국민의 정부가 이 헌장에 동의했음을 선언하고 있다.

▶ 유엔 헌장은 회원국의 권리와 의무를 규정하고 유엔의 주요 기관과 절차를 제공하는 유엔의 기본 문서이다.

서문 1장은 국제연합의 목적과 원칙을 규정하고, 제2장은 유엔 회원국이 되기 위한 기준을 설정하며, 3장은 유엔의 여섯 개 주요 기관을, 4장에서 15장까지는 이들 기관의 기능과 권한을 정의하고 있다. 16장과 17장에서는 유엔과 현존하는 국제법과의 관계, 18장과 19장은 유엔 헌장의 개정과 비준을 규정한다. 유엔 헌장의 개정은 총회를 구성하는 국가의 2/3 이상의 찬성으로 채택되고, 또한 안전보장이사회의 5개 상임이사국을 포함한 유엔 회원국의 2/3에 의해 비준되어 발효한다.

유엔은 유엔 헌장에 규정된 목적과 원칙에 따라 활동하고 있다. 유엔 헌장은 서문에서 유엔 창설에 참여한 국가의 모든 국민이 가진 이상과 공통의 목적을 다음과 같이 표현하고 있다.

> "우리 연합국 국민은 우리 일생 중에 두 번이나 말할 수 없는 슬픔을 인류에 가져온 전쟁의 불행에서 다음 세대를 구하고, 기본적 인권, 인간의 존엄 및 가치, 남녀 및 대소 각국의 평등권에 대한 신념을 재확인하며, 정의와 조약 및 기타 국제법의 연원으로부터 발생하는 의무에 대한 존중이 계속 유지될 수 있는 조건을 확립하며, 더 많은 자유 속에서 사회적 진보와 생활수준의 향상을 촉진할 것을 결의하였다. 그리고 이러한 목적을 위하여 관용을 실천하고 선량한 이웃으로서 상호 간 평화롭게 같이 생활하며, 국제평화와 안전을 유지하기 위하여 우리들의 힘을 합하며, 공동이익을 위할 때 이외에는 무력을 사용하지 아니한다는 것을, 원칙의 수락과 방법의 설정에 따라 보장하고, 모든 국민의 경제적 및 사회적 발전을 촉진하기 위하여 국제기관을 이용한다는 것을 결의하면서, 이러한 목적을 달성하기 위하여 우리의 노력을 결집할 것을 결정하였다. 따라서, 우리 각자의 정부는 샌프란시스코에 모인, 유효하고 타당한 것으로 인정된 전권위임장을 제시한 대표를 통하여, 이 국제연합 헌장에 동의하고, 국제연합이라는 국제기구를 이에 설립한다."[2)]

유엔 헌장이 정하는 목적은 제1장 제1조에 제시되어 있다.

유엔의 첫 번째 목적은 국제 평화와 안전을 유지하는 것이다. 이를 위해 평

2) 서문은 외교통상부 국제기구국이 번역한 유엔 헌장(Charter of the United Nations)을 참고했다.

화를 위협하는 모든 위협을 방지·제거하는 활동을 한다. 두 번째 목적은 국가 간의 우호 관계를 발전시키는 것과 세계평화를 강화하는 것이다. 또한, 국가 간의 우호 관계는 각 국가의 여건과 자결의 원칙을 존중하는 것에 기초를 둔다. 세 번째 목표는 경제·사회·문화·인도적 성격을 가진 국제문제의 해결과 인권 및 기본적 자유에 대한 존중의 촉진을 위해 협력하는 것이다. 유엔은 전 세계 사람들의 빈곤 종식과 생활수준 개선, 기아와 질병, 문맹을 극복하기 위한 활동을 수행한다. 네 번째 목적은 이러한 목적을 달성하기 위한 국가의 행동을 조화시키기 위해 유엔이 중심적 존재로서 책임과 역할을 다하는 것이다 (대한민국 외교부 홈페이지).

유엔 가입은 헌장에 정한 의무를 수락하고 또한 유엔에 의해 이 의무를 이행할 의사와 능력이 있다고 인정되는 모든 평화 애호 국가에 개방된다. 가입은 안전보장이사회의 권고에 따라 총회가 승인한다. 유엔 헌장은 유엔의 원칙을 위반하는 회원국의 자격정지 및 제명도 규정하지만, 지금까지 그러한 조치가 취해진 적은 없다. 유엔에 가입한 국가는 다음의 행동 원칙을 준수해야 한다. 유엔의 행동 원칙은 다음과 같다.

1. 유엔은 모든 회원국의 주권 평등의 원칙에 기초를 둔다.
2. 모든 회원국은 헌장에 따라 빚진 의무를 성실히 이행한다.
3. 회원국은 국제 분쟁을 평화적 수단으로 국제 평화와 안전 및 정의를 위태롭게 하지 않도록 해결한다.
4. 회원국은 어떠한 국가에 대해서도 무력에 의한 위협 또는 무력의 행사를 자제한다.
5. 회원국은 유엔이 헌장에 따라 취하는 조치에 대한 도움을 주어야 한다.
6. 헌장의 어떠한 규정도 본질에서 국가의 국내 관할권 내에 있는 사항에 간섭할 권한을 유엔에 주는 것은 아니다.

헌장이 규정한 유엔의 공식 언어는 중국어, 영어, 프랑스어, 러시아어, 스페인어 5개 국어이지만 현재는 총회, 안전보장이사회, 경제사회이사회가 사용하는 언어는 6개 국어(아랍어, 중국어, 영어, 프랑스어, 러시아어, 스페인어)로 확대되었다. 여러 언어 가운데 프랑스어와 영어는 사무국과 국제사법재판소의 상용어이다.

3. 유엔의 주요 기관과 예산

유엔 헌장에 따라 유엔은 주요 기관으로서 총회, 안전보장이사회, 경제사회이사회, 신탁통치이사회, 국제사법재판소, 사무국 등 6개 기관을 마련하고 있다. 그러나 유엔 가족 전체는 더 커서, 15개 전문 기관(specialized agencies)과 수많은 계획(programmes)과 기금(funds), 각종 기관을 포함한다(〈표 3-1〉 참조). 여기서는 총회, 안전보장이사회, 사무국 등에 대해서만 간단히 살펴보도록 하겠다.

〈표 3-1〉 유엔의 주요 기관과 구성

주요 기관	구성
총회	모든 회원국으로 구성
안전보장이사회	5개국(미국, 중국, 러시아, 영국, 프랑스의 상임이사국)과 총회가 선출하는 10개국의 비상임 이사국으로 구성
경제사회이사회	총회가 선출하는 54개국으로 구성
신탁통치이사회	안전보장이사회의 상임이사국으로 구성
국제사법재판소	총회와 안전보장이사회가 선출하는 15명의 재판관으로 구성
사무국	사무총장과 직원으로 구성된 국제공무원으로 구성

1) 총회

총회(General Assembly)는 유엔의 주된 심의기관이며 정책을 결정하고 유엔을 대표하는 기관이다. 총회는 모든 회원국 대표로 구성되어 각 국가는 한 표의 투표권을 가진다. 평화와 안보, 새로운 회원국 승인, 예산 심의와 집행 등 중요한 문제는 3분의 2 이상의 찬성을 얻어야 한다. 합의(consensus)에 따른 채택이 적극적으로 이루어지고 있다. 이는 소수의견도 소중히 다루고자 하는 총회의 긍정적인 모습이다. 총회는 국제 평화와 안전을 위해 모든 문제를 심의·권고하는 것을 주요 임무로 하고 6개의 위원회의 주요한 주제가 논의된다. 제1위원회는 군축 및 국제 안보를, 제2위원회는 경제 및 금융을, 제3위원회는 사회, 인도주의와 문화를, 제4위원회는 특별 정치와 비 식민지화를, 제5위원회는 행정 및 예산을, 제6위원회는 법률을 주요 의제로 다루고 있다. 유엔 총회의 최근 주요 실적은 2015년에 열린 '2030 지속가능발전 의제'의 채택이다.

2) 안전보장이사회

안전보장이사회는 국제 평화와 안전을 책임지는 기관이다. 임기의 정함이 없는 5개국의 상임이사국과 총회가 2년 임기로 선출하는 10개국의 비상임이사국 등 총 15개 유엔 회원국으로 구성되어 있다. 중국, 프랑스, 러시아, 영국, 미국이 안전보장이사회의 상임이사국이고 총회는 국제 평화와 안전의 유지 및 기구의 기타 목적에 대한 국제연합 회원국의 공헌과 공정한 지리적 배분을 특별히 고려하여 10개의 비상임이사국을 선출한다. 이는 지역별로 비상임이사국의 의석이 할당되어 있음을 의미한다. 현행 제도에서는 아프리카 그룹에 3석, 아시아태평양 그룹에 2석, 동유럽 그룹에 1석, 라틴아메리카 및 카리브 그룹에 2석, 그리고 서유럽 기타 그룹에 2석 등 총 10석이 배정되어 있다.

상임이사국과 비상임 이사국의 차이는 임기와 거부권의 유무(有無)이다. 앞에서 언급한 바와 같이 상임이사국은 임기 규정이 없고, 비상임이사국은 임기가 2년이다. 각 이사국은 한 표의 투표권을 가지며 결의 채택은 9개 이사국 이상의 찬성투표로 이루어진다. 그러나 1개 상임이사국이 반대표를 행사하면 결의는 채택되지 않는다. 이것이 상임이사국만 가질 수 있는 거부권이다. 안

〈그림 3-1〉 유엔 조직표

출처: 유엔해비타트 한국위원회 홈페이지

전보장이사회의 주요 임무는 국제 분쟁으로 비화할 수 있는 사태를 평화적으로 해결하는 곳이다. 당사자에 대한 권고, 조사 및 중재, 전투로 발전했을 경우 정전지시, 평화 프로세스 지원 등의 임무를 수행한다.

3) 경제사회이사회

경제사회이사회(United Nations Economic and Social Council)는 무역, 운수, 경제개발 등의 경제문제와 사회문제에 대해 토의하는 장이다. 경제사회이사회는 전 세계인의 교육과 건강상태 개선, 인권과 자유의 존중과 수호, 생활수준의 향상, 고용 등에 관한 각국 간 합의를 지원한다. 경제사회이사회는 54개국으로 구성되어 있으며, 임기는 각각 3년이다. 경제사회이사회는 매년 위에서 언급한 작업과 진행방식에 관해 몇 차례의 짧은 회의를 개최한다. 이 회의에는 시민사회대표가 참여하기도 한다. 경제사회이사회는 매년 7월에 4주간에 걸친 실질 회기를 제네바와 뉴욕에서 교대로 연다.

4) 사무국

사무국은 유엔의 일상적인 업무를 수행하는 기관이다. 최고 책임자인 사무총장과 전 세계에서 활동하는 국제공무원으로 구성되어 있다. '사무국의 업무는' 평화 유지 활동의 관리와 국제 분쟁의 조정, 사회정세의 조사, 다른 유엔 기관의 서비스 제공과 이들 기관이 수립한 계획의 실행, 국제회의 개최 등 다양하다. 또한 다양한 문제에 대한 각국 정부 대표단의 적절한 판단을 지원하기 위한 자료 수집과 작성도 사무국의 업무이다. 사무국의 본부는 뉴욕에 있고 사무소는 세계 각지에 있다. 여러 사무소 중 제네바, 비엔나, 나이로비에 있는 3개의 사무국이 중심적인 임무를 수행한다.

유엔 사무총장은 유엔의 최고 책임자이다. 유엔 헌장은 사무총장의 역할을 "행정 직원의 장"이라고 정의하고 있다. 사무총장은 총회와 안전보장이사회 등 다른 유엔 기관에서 위탁하는 임무를 주로 수행하고 있다. 이 밖에 각 유엔의 여러 기관에 의제를 제안하고 회원국 간 분쟁의 심판관으로서 책임을 다하고 있다. 또한 국제 평화와 안전을 위협하는 사태에 관해 안전보장이사회에 주의를 환기하는 역할도 수행한다.

유엔 사무총장은 안전보장이사회의 추천을 바탕으로 총회에 의해 임명된다. 즉, 안전 보장이사회의 5개 상임이사국이 거부권을 발동하면 선임이 거부될 수 있다. 임기는 5년으로 재선 횟수의 제한은 없지만, 지금까지 3기 이상의 업무를 수행한 사무총장은 없다.

MDG와 SDGs를 위해 노력한 유엔 사무총장은 3명이었다. 먼저 유엔의 활성화와 국제 체제의 실효성 강화를 위해 노력했던 제7대 유엔 사무총장 코피 아난(Kofi Atta Annan, 1938년 4월 8일~2018년 8월 18일)이다. 코피 아난은 가나 출신으로 1997년부터 2006년까지 활동한 유엔 역사상 최초의 흑인 사무총장이다. 그는 유엔이라는 조직이 강대국들의 대리인에 불과하다는 이미지를 개선하기 위해 노력하였다. 코피 아난의 주요 실적으로는 가난과 전염병 퇴치 등의 문제 해결을 위한 새천년개발목표와 지속가능한 성장을 실현하기 위한 이니셔티브인 '글로벌 콤팩트(기업의 사회적 책임)'의 제창이다. 2001년에는 더 평화로운 세계를 위한 그의 노력이 높이 평가되어 유엔과 함께 노벨 평화상을 수상하였다.

제8대 유엔 사무총장인 반기문(Ban Ki Moon, 1944년 6월 13일~)은 대한민국 출신으로 2007년에 취임한 후 2011년 재선되어 2016년까지의 임기를 역임했다. 반기문 사무총장은 지구 규모의 과제해결을 위해 세계 각국과 지도자들과 결속을 강화하였다. 그는 어린 시절 한국전쟁 중에 유엔의 지원을 목격한 사람으로서 평화와 인권, 지속가능발전을 위해 노력했다. 주요 실적으로는 MDGs(새천년개발목표)의 촉진, 여성의 지위 향상, 블루헬멧(평화 유지활동요원)의 영향력 강화, 군축협상의 활성화라고 할 수 있다. 특히 유엔 회원국의 SDGs 합의·채택 과정에서 핵심적인 역할을 했다.

2017년 제9대 유엔 사무총장에 취임한 안토니우 구테흐스(Antonio Manuel de Oliveira Guterres, 1949년 4월 30일~)는 포르투갈 총리를 했고 2005년부터 2015년까지 유엔 난민 고등판무관을 역임했다. 그는 난민 고등판무관 시절에 사회적 약자의 고통을 목격한 경험으로부터 세계 인권선언에서 세계평화의 기초가 되는 '인간의 존엄성'을 중심으로 한 활동을 전개하고 있다. 안토니우 구테흐스는 2020년 1월 유엔 총회에서 우선 과제로 분쟁이나 테러에 의한 대규모 파괴의 위험, 기후 위기, 세계적인 정치 불신, 디지털화의 부정적인 측면에 대한 개선을 강조하였다.

5) 기금, 프로그램, 전문 기관

유엔 시스템은 비공식적으로 '유엔 가족'으로 알려진 유엔 자체의 많은 프로그램, 기금, 전문 기관으로 구성되어 있다. 프로그램과 기금은 자발적인 자금 조달 방식을 통해 운영되며 전문 기관은 전 세계 차원에서 정책과 아이디어, 교육, 자금 등을 지원하는 독립적인 국제기구이다(유엔홈페이지).

〈표 3-2〉 유엔 관련 기금 프로그램, 전문 기관

기구	소개
유엔 개발계획 (UNDP) UNDP www.undp.org	유엔개발계획(United Nations Development Programme, UNDP)은 1966년에 설립된 이래 현재 약 170여 개국과 지역에서 빈곤 퇴치, 불평등 시정 및 SDGs 이니셔티브를 추진하는 유엔의 선도적인 개발 지원 기관이다. UNDP의 활동은 정부, 유엔 기관, 비정부기구(NGO), 기업 등 다양한 행위자와 협력하여 수행된다. UNDP는 2018~2021년 전략계획에서 극심한 빈곤을 근절하고 불평등을 바로 잡으며 SDGs 달성에 필요한 노력을 지원하기 위한 지침을 제공한다. UNDP 활동의 여섯 개 기둥은 빈곤 퇴치, 국가 시스템 개발, 재해와 분쟁에 대한 위기 대응 능력 강화, 환경 보전, 청정에너지 확산, 성평등 실현이다. UNDP는 각 국가의 상황에 맞는 정책 권장 사항, 기술 지원, 자금 지원 및 지원 프로그램을 결합하고 SDGs를 달성을 위한 포용적인 해법을 제공한다. 본부는 미국 뉴욕에 있다.

기구	소개
유엔 아동기금 (UNICEF) www.unicef.org	유엔 아동기금(United Nations Children's Fund, UNICEF)은 전 세계 어린이를 위해 일하는 유엔 기구로서 전 세계 190여 개국에서 아동 권리 실현을 촉진하는 활동을 전개하고 있다. 유니세프는 1946년 12월 11일 창립된 이래 현재에 이르기까지 꾸준한 노력과 차별 없는 구호의 정신으로 고난에 처한 어린이를 지원하고 구조해 왔다. 유니세프는 특히 개발도상국 어린이의 건강과 영양, 안전한 물과 위생, 모든 소년과 소녀를 위한 고품질의 기본 교육, 폭력, 착취 및 에이즈로부터 아동을 보호하고 지원한다. 유니세프(UNICEF)의 모든 기금은 개인, 기업, 정부의 자발적 기부를 통해 마련된다. 본부는 미국 뉴욕에 있다.
유엔 환경프로그램 (UNEP) www.unep.org	1972년에 설립된 유엔 환경프로그램(United Nations Environment programme, UNEP)은 유엔 시스템 내 환경보호를 위한 목소리를 전달한다. UNEP는 지구환경의 지혜롭고 현명한 사용과 지속가능발전을 촉진하기 위한 촉매제, 옹호자, 교육자와 촉진자 역할을 한다. 또한 전 세계 정부, 산업, 시민사회조직과 긴밀히 협력하여 환경친화적인 화학 및 폐기물 관리의 주류화와 해법을 제시하고 있다. 본부는 케냐 나이로비에 있다.
유엔 인구기금 (UNFPA) www.unfpa.org	유엔 인구기금(United Nations Population Fund, UNFPA)은 전 세계 150여 개국에서 활동하고 있다. 특히 유엔 인구기금(UNFPA)는 모든 연령대 사람들의 건강한 생활 보장과 복지 증진, 성평등을 달성하고 모든 여성과 여아에게 힘을 실어주기 위해 노력하고 있다. 그리고 인구 통계학적 데이터를 사용하여 개발도상국의 요구를 조사하여 목표를 달성할 수 있도록 지원한다. 한편, 현장 파트너의 역량을 강화하기 위한 지도, 교육 및 지원 활동을 전개한다. UNFPA의 1969년 출범 이래 임신과 출산에 따른 합병증 사망률이 절반으로 감소했다. 본부는 미국 뉴욕에 있다.

기구	소개
유엔 난민고등판 무관 사무소 (UNHCR) www.unhcr.org	유엔 난민고등판무관사무소(United Nations High Commissioner for Refugees, UNHCR)는 유엔 난민기구(UN Refugee Agency)로도 불리며, 각국 정부나 유엔의 요청에 따라 난민들을 보호하고 돕기 위해 1950년 12월 14일 스위스 제네바에 설립되었다. 그리고 1954년과 1981년 두 차례 노벨 평화상을 수상하기도 했다. 이 기구는 난민을 법적으로 보호하는 한편 자국으로의 자발적 귀환 또는 타국 정착을 지원함으로써 난민 문제의 지속가능한 해결을 지원하고 있다.
국제노동기구 (ILO) www.ilo.org	국제노동기구(International Labour Organization, ILO)는 전 세계 모든 사람이 자유, 공정, 안전, 인간의 존엄성이 보장된 조건에서 양질의 일자리, '일할 보람이 있는 인간다운 일(decent work)'을 할 수 있는 기회와 조건 형성을 촉진하고 있다. 국제노동기구(ILO)는 ① 직업 창출, ② 사회적 보호의 확충, ③ 사회 상호 작용의 촉진, ④ 노동자의 권리를 보호하는 것을 주요 목표로 활동하고 있다. ILO는 정부·노동자·사용자 대표가 공동으로 정책과 프로그램을 결정하는 유엔 기관이다.
국제통화기금 (IMF) www.imf.or	국제통화기금(International Monetary Fund, IMF)은 국제통화 협력을 위한 세계의 중심 기관이다. 지속가능한 경제성장과 생활수준 향상에 필수적인 국제통화시스템의 안정을 유지하는 것을 제1 목표로 삼고 있다. 동시에 세계 경제 위기와 금융위기 예방을 위해 전 세계 경제·금융 정세를 모니터하고 회원국에 필요한 정책 조언을 한다. 또한, 국제 수지의 문제 해결, 회원국을 지원하기 위한 자금 융자, 기술 지원 및 교육 등을 수행하고 있다.

기구	소개
유엔식량농업기구 (FAO) www.fao.org	식량농업기구(Food and Agriculture Organization of the United Nations, FAO)는 모든 사람이 영양가 있고 안전한 음식으로 건강한 삶을 살 수 있는 세상을 만드는 것을 목표로 하고 있다. FAO의 세 가지 주요 목표는 ① 기아, 식량 부족, 영양실조의 근절, ② 모두를 위한 빈곤의 근절과 경제 및 사회발전 촉진, ③ 현세대와 미래세대의 이익을 위한 천연자원의 지속가능한 관리 및 사용이다. 현재 FAO는 이탈리아 로마 본부와 130개 이상의 국가와 지역에서 이러한 목표를 달성하기 위해 노력하고 있다.
유엔교육과학문화기구 (UNESCO) www.unesco.org	유네스코(United Nations Educational, Scientific and Cultural Organization, UNESCO)는 1945년 11월 16일 영국 런던에 모인 37개국 대표가 〈유네스코 헌장〉을 채택하며 창설했다. 유네스코의 사명은 유엔의 전문기구로서 교육, 과학, 문화, 정보 커뮤니케이션 분야에서 국제협력을 촉진하여 세계평화와 지속가능발전에 이바지하는 것이다(유네스코 한국위원회 홈페이지).
세계보건기구 (WHO) www.who.org	세계보건기구(World Health Organization, WHO)는 유엔 시스템에서 보건을 총괄하는 기관이다. 그 역할은 국제 보건 분야에서의 리더십, 보건에 관한 연구과제의 결정, 규범·기준 설정, 실증적 자료에 기반한 건강 보건정책 과제의 제창, 보건기술 지원, 보건상태의 모니터링과 평가 등이다. WHO는 지구의 모든 사람이 기본적인 의료에 접근할 수 있고, 국경을 넘어 건강 위기에 각국이 대응할 수 있도록 지원하고 있다. WHO는 각국이 SDGs 3번 목표를 달성할 수 있도록 리더십을 발휘한다.
세계은행 (World Bank) www.world-bank.org	세계은행(World Bank)은 개발도상국에 대부금을 제공하는 국제금융 기관으로, 1946년 8월에 발족하였다. 세계은행은 1944년 7월 브레튼우즈 체제에 기초하여 설립되었다. 세계은행은 교육, 보건, 인프라 정비, 통신, 기타의 목적으로 개발도상국에 저리 융자와 무이자 대출, 무상 자금 제공 등을 실시한다. 189개 회원국, 170여 개국의 직원, 130개 이상의 지사를 보유한 세계은행 그룹은 빈곤 종식과 개발도상국의 공동번영을 위한 지속가능한 해법 제시를 위해 일하는 5개 기관이라는 독특한 글로벌 파트너십이다.

기구	소개
국제 민간 항공 기구(ICAO) www.icao.int	국제민간항공기구(International Civil Aviation Organization, ICAO)는 유엔 산하 전문기구로 국제 항공 운송에 필요한 원칙과 기술 및 안전을 연구하고 있다. 그리고 국제 항공 운항의 원칙과 기술을 체계화하며 안전하고 질서 있는 성장을 보장하기 위해 국제 항공 운송의 계획과 개발을 촉진한다. 1947년 창설된 국제민간항공기구(ICA0,International Civil Aviation Organization)의 별칭이다. 처음 52개국이 모여서 ICAO의 창설을 논의한 지 70여 년이 흐른 지금 ICAO 회원국은 193개국에 달한다. 우리나라는 1952년에 가입했다.
국제해사기구(IMO) www.imo.org	"국제해사기구(International Maritime Organization, IMO)는 해운과 조선에 관한 국제적인 문제들을 다루기 위해 설립된 국제기구로, 유엔의 산하기관이다. 각국의 정부만이 회원 자격이 있는 정부 간 기구이다. 1948년 설립 당시의 명칭은 정부 간 해사자문기구(Inter-Governmental Maritime Consultative Organization, IMCO)였으나, 1982년에 현재의 명칭으로 바꾸었다. 영국 런던에 본부를 두고 있으며, 168개 국가가 정회원으로, 3개 국가가 준회원으로 가입되어 있다(김태계, 2017: 49)."
국제전기통신연합(ITU) www.itu.int	국제전기통신연합(International Telecommunication Union, ITU)은 전기 통신의 개선과 효율적인 사용을 위한 국제협력 증진, 전기 통신 인프라, 기술, 서비스 등의 보급 및 이용 촉진과 회원국 간 조화로운 전기 통신 수단 사용 보장을 목적으로 하는 정부 간 국제기구이다(남수중 · 방만기, 2019: 153). ITU는 정보통신기술 관련 문제를 책임지는 유엔 전문기구이며 현존하는 국제기구 중에서 가장 오랜 역사를 가졌다. ITU는 스위스 제네바에 본부를 두고 있고, 각 지역 국가 간 협력 및 개발 촉진 등을 위해 12개의 지역사무소를 두고 있다. ITU는 193개 회원국과 약 900개의 기업, 대학 및 국제 및 지역 조직과 함께한다.

기구	소개
세계기상기구 (WMO) www.wmo.in	세계기상기구(World Meteorological Organization, WMO)는 1950년 기상 관측을 위한 세계의 협력을 목적으로 설립된 유엔의 기상학(날씨와 기후) 전문기구이다. 본부는 스위스 제네바에 있다. 세계기상기구는 189개 회원국 기상청장이 4년마다 모여 WMO 주요 사업과 예산, 주요 정책을 결정하는 WMO 최고 의사결정기구인 총회(Congress)와 총회 결정 사항 이행을 위한 실질적 핵심 집행기구로서 매년 37개국 기상청장만이 참여하는 집행이사회(EC), 그리고 전 세계를 6개 지역별로 구분하여 지역 차원의 기상 문제를 4년마다 논의하는 지역협의회(RA)와 WMO 과학기술 프로그램 이행을 위해 역시 4년마다 개최되는 8개 기술위원회(TC) 및 행정 지원 등을 위한 WMO 사무국(스위스 제네바 소재)으로 구성된다.
세계지식재산권기구 (WIPO) www.wipo.int	세계지식재산권기구(World Intellectual Property Organization, WIPO)는 유엔의 특별기구 16개 중 하나로, 1967년 설립돼 창조 활동을 증진하고 지식재산권을 전 세계적으로 보장하자는 취지에서 출범했다. WIPO의 설립 목적은 '국가 간 협조와 모든 국제기구와 공동으로 전 세계 지적재산권의 보호를 촉진하고 지적재산권 보호와 관련된 행정적 협조를 확보하는 데 있다'라고 협약은 밝히고 있으며, 이를 달성하기 위한 임무와 권한을 명시하고 있다.
국제농업개발기금 (IFAD) www.ifad.org	국제농업 개발기금(International Fund for Agricultural Development, IFAD)은 개발도상국의 농업 개발 및 식량 생산 증진, 이를 위한 융자 및 보조금을 지원하기 위한 유엔의 전문 기관으로 1977년에 국제금융 기관으로 설립되었다. 이것은 1974년에 개최된 《세계식량회의》에서 거둔 주요 성과 중의 하나였다
유엔산업개발기구 (UNIDO) www.unido.org	유엔산업개발기구(United Nations Industrial Development Organization, UNIDO)는 산업 발전과 글로벌 산업 협력을 추진하는 유엔의 전문 기관이다. 글로벌 네트워크와 전문 지식을 활용하여 회원국과 개발도상국의 지속가능한 산업 발전을 가속화하여 생활 환경을 향상하는 것을 목표로 하고 있다.

기구	소개
유엔 세계관광기구 (UNWTO) www.world-tourism.org	유엔 세계관광기구(World Tourism Organization, UNWTO)는 관광을 통한 풍요로운 사회의 실현과 각국의 상호 이해의 촉진과, 지속가능한 관광의 촉진을 목적으로 한 국제연합의 전문 기관이다. 158개 회원국과 6개 지역 500개 이상의 찬조 회원들로 구성되어 있다. UNWTO는 경제성장 및 포용적인 성장, 지속가능성의 환경과 사회를 위한 조정자로서 관광 지식과 정책이 있어야 하는 국가를 지원하고 있다. 또한 세계 관광 윤리 헌장(Global Code of Ethics for Tourism)의 추진과 SDGs 달성을 위한 수단으로써 지속가능한 관광의 추진을 제시하고 있다.
유엔 마약범죄 사무소 (UNODC) www.unodc.org	유엔마약범죄사무소(United Nations Office on Drugs and Crime, UNODC)는 약물 규제와 마약 범죄 예방을 목적으로 1997년 설립된 유엔 기관이다. 1991년 《유엔 마약 통제 계획》(UNDCP)과 빈에 본부를 둔 《범죄 예방 사법부》가 1997년에 통합되었다. UNODC는 전 세계적인 불법 마약 유통, 범죄 예방 및 사법, 국제 테러와 부패에 포괄적으로 대처하며 유엔을 보조하기 위해 설립되었다. 이러한 목표는 세 가지 주요 기능에 의해 추구되고 있다. 이것을 채택한 정부에 대한 각종 범죄와 마약, 테러, 부패 연구조사 등을 지원하고 있다.
유엔 여성개발기금 (UNIFEM) www.unifem.org	유엔 여성개발기금(United Nations Development Fund for Women, UNIFEM)은 여성의 지위 향상과 성평등을 추진하기 위한 혁신적인 프로그램이나 전략에 자금 원조나 기술 원조를 제공해, 주류의 개발 활동에 여성이 적절히 관여할 수 있도록 하는 촉매제 역할을 수행한다. 유엔 여성개발기금(UNIFEM)은 2011년부터 성평등 및 여성 역량 강화를 위한 국제연합기구(United Nations Entity for Gender Equality and the Empowerment of Women)인 UN Women과 통합되고 있다.

기구	소개
세계식량계획 (WFP) WFP World Food Programme wfp.org/jp www.wfp.org	세계식량계획(World Food Program, WFP)은 기아 없는 세계를 목표로 하는 유엔의 인도주의 기관이다. 1961년에 설립된 WFP의 철학은 SDGs를 기반으로 하며, 특히 목표 2(기아 종식)와 목표 17(글로벌 파트너십)에 기여하고 있다. WFP는 식량농업기구(FAO) 및 국제농업 개발기금(IFAD)뿐만 아니라 다른 유엔 기관, 지방정부, NGO 및 민간부문 파트너들과 협력하고 있으며 WFP는 매년 약 80개국에서 8천만 명에게 식량 지원을 제공하고 있다. 약 14,000명의 직원 중 상당수가 최전선에서 굶주림을 겪고 있는 사람들을 돕기 위해 개발도상국의 소외 지역 등에서 일하고 있으며. 본부는 이탈리아 로마에 있다.
유엔 인간정주 프로그램 (UNHABITAT) UN HABITAT www.unhabitat.org	유엔 '인간정주' 프로그램(Habitat for Humanity International, UN HABITAT)은 지속가능한 사회 및 환경개발을 촉진하고 모든 사람이 양질의 주택에 거주할 수 있는 세계 실현을 목표로 하는 유엔 기관이다. 오늘날 전 세계 도시는 인구, 환경, 경제, 사회 및 공간과 관련된 여러 가지 새로운 도전에 직면해 있다. 특히 도시화는 전 세계적으로 급속히 진행되고 있으며, 2030년까지 전체 인구의 60%가 도시에 거주할 것이며, 아시아, 아프리카와 같은 개발도상국에서 도시인구 증가의 약 90%가 발생할 것으로 예상된다. 2016년 10월에 개최된 '제3차 유엔 해비타트(UN Habitat III) 회의'에서 '새로운 도시 의제'를 채택했다. 이 의제는 도시의 지속가능발전을 어떻게 이행·실천할지에 관한 정책과 방향을 제시한다. 이 의제를 바탕으로 다양한 그룹이 SDGs 목표 11(지속가능한 도시와 공동체) 달성을 촉진하기 위해 협력한다. 유엔 해비타트는 정부뿐만 아니라 다양한 국제기구, 민간 기업, NGO 등과 협력하여 지역사회 사람들과 신중한 대화를 통해 모든 사람이 계속 살 수 있는 도시공동체 발전을 꾸준히 추진한다. 본부는 케냐 나이로비에 있다.

출처: 유엔 홈페이지, 위키백과, 구글 참조.

6) 유엔의 활동 자금

유엔의 활동 자금은 유엔에 가입한 회원국이 지원하고 있다. 회비가 유엔의 수입원이다. 유엔의 예산은 그 용도에 따라 네 가지로 분류되어 있다. 그것은 첫째, 유엔 본부와 각국 사무소의 활동에 사용되는 일반 예산이다. 둘째, 세계의 분쟁지역에서 전개되는 평화 유지 활동에 사용되는 평화 유지 예산이다. 셋째, 르완다 국제형사재판소와 구 유고슬라비아 국제형사재판소에 관한 예산이다. 두 법원은 각각 르완다 학살, 유고슬라비아 전쟁의 전범을 기소하기 위해 안전보장이사회가 설치하였다. 넷째, 자본 마스터플랜 프로젝트에 관한 예산이다. 이것은 유엔 본부 건물의 개보수(renovation)에도 사용된다.

유엔 정규예산 분담률은 각국 국민소득(GNI)이 세계 소득에서 차지하는 비중을 기초로 하되, 외채, 실제 지급 능력 등을 추가 고려하여 산정하고 분담률은 3년마다 결정된다. 또한 유엔의 평화 유지 예산은 모든 회원국이 스스로 설정한 산정방식에 따라 평화 유지비용을 분담하고 있다. 이들은 유엔 회원국의 법정의무이며, 과거 3년의 분담금 상위 10개국은 아래 〈표 3-3〉, 〈표 3-4〉와 같다.

〈표 3-3〉 주요국 유엔 정규예산 분담률 / 납부 순위

순위	국 가	2019-21년	2016-18년 (납부순위)	
1	미국	22.000	22.000	(1)
2	중국	12.005	7.921	(3)
3	일본	8.564	9.680	(2)
4	독일	6.090	6.389	(4)
5	영국	4.567	4.463	(6)
6	프랑스	4.427	4.859	(5)
7	이태리	3.307	3.748	(8)
8	브라질	2.948	3.823	(7)
9	캐나다	2.734	2.921	(10)
10	러시아	2.405	3.088	(9)
11	한국	2.267	2.039	(13)
12	호주	2.210	2.337	(12)

순위	국 가	2019–21년	2016–18년 (납부순위)	
13	스페인	2.146	2.443	(11)

출처: 대한민국 외교부(2020. 2. 3.)

〈표 3-4〉 주요국 유엔 PKO 예산 분담률

순위	국 가	2019–21년	2016–18년 (납부순위)	
1	미국	27.880	28.383	(1)
2	중국	15.214	10.219	(2)
3	일본	8.564	9.680	(3)
4	독일	6.090	6.389	(4)
5	영국	5.788	5.758	(6)
6	프랑스	5.610	6.269	(5)
7	이태리	3.307	3.748	(8)
8	러시아	3.048	3.984	(7)
9	캐나다	2.734	2.921	(9)
10	한국	2.267	2.039	(12)
11	호주	2.210	2.337	(11)
12	스페인	2.146	2.443	(10)
13	네덜란드	1.356	1.482	(13)

출처: 대한민국 외교부(2020. 2. 3.)

〈표 3-5〉 외교부 소관 국제기구 분담금(2020년)

구분	예산액
유엔 정규예산 분담금	73백만 달러
유엔 PKO 예산 분담금	96백만 달러
기타 의무분담금 (UNIDO, OECD, IAEA 등 유엔 기구 및 정부 간 기구 회원국 및 국제협약 당사국 자격으로 납부)	57백만 달러

구분	예산액
국제기구 사업 분담금 (UNDP, UNICEF, UNHCR 등 유엔 산하 기구와 지역 기구와의 교류사업 추진을 위해 납부)	132백만 달러

출처: 대한민국 외교부(2020. 2. 3.)

2021년 12월 24일 개최된 76차 유엔 총회 제5위원회에서 우리나라의 2022~2024년 유엔 정규예산 분담률이 2.574%로 확정됐다. 직전 3개년인 2019~2021년 정규예산 분담률 2.267% 대비 0.307% 상승했다. 미국은 일반 예산 점유율에서 최대 22.0%로 1위를 차지했다. 2위를 차지한 중국은 12.01%에서 15.25%로 증가했다. 이웃 나라 일본은 정기예산과 유엔 평화 유지활동(Peace Keeping Operation, 이하 PKO) 예산에서 모두 3위를 차지했다. 지분율은 8.56%에서 8.03%로 소폭 감소했다. 2022~24년 유엔 정규예산 분담률 순위는 1위 미국, 2위 중국, 3위 일본, 4위 독일, 5위 영국, 6위 프랑스, 7위 이탈리아, 8위 캐나다, 9위 한국, 10위 스페인 순이다. 우리나라의 분담률은 2019~2021년 2.267%에서 2022~2024년 2.574%로 0.307% 상승하였으며, 이는 1991년 유엔 가입 당시의 0.69%에서 30년 만에 3.7배 이상 증가한 것이다. 대한민국은 유엔 정규예산 및 PKO 예산 순위 모두 9위로 상승하였다. 증가 배경에는 2014~2019년 5년간 전 세계 소득 내 우리나라 국민소득(GNI)이 차지하는 비중이 상승함에 따라 우리나라의 분담률이 상승한 것으로 평가된다. 이는 우리나라가 2021년 7월 유엔 무역개발회의(UNCTAD) 선진국 그룹으로 지위가 격상된 데 이어 유엔에 대한 재정기여 차원에서도 G7 국가들과 중국에 이은 주요 기여국이 되었음을 방증한다.

우리 정부는 이처럼 확대된 기여에 걸맞은 국제사회 내 우리나라의 위상과 역할을 강화하고 2022년 1월 1일 '국제기구 분담금 관리에 관한 법률 시행'을 계기로 유엔에 대한 재정 기여가 우리 외교정책 목표와 더 긴밀히 연계될 수 있도록 다양한 조치를 할 계획이라고 한다.

7) 유엔의 공용어

유엔에서 사용되는 공식 언어는 아랍어, 중국어, 영어, 프랑스어, 러시아어, 스페인어의 6개 언어를 사용한다. 사무국에서는 영어와 프랑스어가 업무에 사용되었지만, 이후 총회와 경제사회이사회에서 아랍어, 중국어, 러시아어, 스페인어가 업무에 사용되는 언어에 추가되었다. 안전보장이사회에서는 영어, 프랑스어, 중국어, 러시아어, 스페인어가 업무에 사용된다. 각국 대표는 어떤 언어로도 발언할 수 있다. 발언 내용은 공용어로 동시 통역된다. 또, 대부분의 유엔 문서도 6개의 공용어 모두로 발행된다. 회원국 대표는 때에 따라 공용어가 아닌 언어로 발언을 할 수 있으나 공용어 통역 혹은 발언에 관한 번역 문서를 제공해야 한다.

4. 지속가능한 세계를 위한 유엔의 과제

1) 행동의 10년과 SDGs

2020년 1월 SDGs 달성을 위한 행동의 10년(Decade of Action)이 시작되었다. 2030년까지 SDGs를 달성하기 위한 10년의 야심 찬 행동의 실행을 결의한 것이다. '행동의 10년'은 전 세계인의 공동과제인 빈곤, 기아 종식, 성평등, 양질의 교육과 일자리, 기후 위기 대응, 불평등과 빈부(재정)격차 해소에 이르기까지 지속가능한 해결책을 찾는 과정이자 사람, 지구, 번영, 평화 및 파트너십을 위한 로드맵이다.

'행동의 10년(Decade of Action)'은 세 가지 조치를 포함한다. 그것은 첫째, SDGs를 위한 더 큰 리더십, 더 많은 자원 및 더 현명한 해법을 확보하기 위한 글로벌 조치. 둘째, 정부, 도시 당국의 정책, 예산, 기관 및 규제 프레임 워크 전환을 위한 지역 조치. 셋째, 청소년, 시민사회, 언론, 민간부문, 노동조합, 기업, 농민, 학계 및 기타 이해관계자의 의식 전환과 협동을 위한 조치를 말한

〈그림 3-2〉 행동의 10년(Decade of Action)

출처: 유엔 홈페이지(decade-of-action)

다(UNSDG/Decade of Action).

또한 '행동의 10년(Decade of Action)'은 세 가지 지향을 표방한다. 그것은 첫째, 모든 장소의 모든 사람이 참여할 수 있도록 노력하는 것이다(Mobilize everyone, everywhere). 둘째, 긴급성·즉효성 있는 대담한 조치를 하는 것이다(Demand urgency and ambition). 셋째, 새로운 발상과 해결책을 촉진하는 것이다(Supercharge ideas to solutions).

〈그림 3-3〉 행동의 10년과 유엔 창립 75주년(2020)

출처: 유엔 홈페이지

2020년 1월, 유엔 사무총장은 유엔의 SDGs(지속가능발전목표) 선포 5주년이자 유엔 창립 75주년을 맞이하여 '유엔75' 활동을 시작했다. 목적은 75주년을 축하하는 것만이 아니라 COVID-19 시대의 글로벌 과제를 해결하고, 현재의 추세가 초래할 불평등과 격차를 해소하는 것이었다. 유엔은 75주년 기념 표어를 '우리 미래를 함께 만들자'(Shaping our future together)로 정하고, '우리가 원하는 미래, 우리가 필요로 하는 유엔'(The Future We Want, The UN We Need)을 제창했다.

'UN75' 활동은 사람들이 가진 미래에 대한 희망과 불안을 파악하는 글로벌 대화와 소통에서 시작하였다. 이 과정에서 '우리가 원하는 미래'의 모습을 다시 상상하고, 이를 실현하기 위한 아이디어를 모으고, 더 나은 지속가능한 세상을 만들기 위해서 우리가 어떻게 행동할 것인지를 확인하였다.

2020년 9월까지 전 세계 다양한 직업에 종사하는 100만 명 이상이 회답했다. 응답자 다수는 의료 및 안전한 식수, 위생, 교육 등 기본적인 서비스 접근에 대한 개선을, 대응이 필요한 최우선 과제로 제기했다. 국제적인 연대 강화를 통해 감염병으로 가장 큰 해를 입은 사람들에 대한 지원 강화가 그 뒤를 이었다. 여기에는 불평등 해소나 더 포용적인 경제 재건이 포함되어 있었다. 응답자들은 기후 위기와 환경의 파괴에 대한 대응에 관심이 높았다. 이 외에 기타 우선 과제로 인권 보장, 분쟁 해결, 빈곤 종식, 부패 청산이 뒤를 이었다. 응답자의 87% 이상이 오늘의 과제를 해결하기 위해서는 글로벌 협력이 필수적이라고 답했다. 응답자 10명 중 6명은 유엔이 세계를 더 나은 곳으로 인도할 것이라고 답했다. 동시에 많은 응답자가 유엔의 혁신을 요구했다. 그것은 유엔의 다양성 존중, 포용성, 투명성, 책임성, 실효성의 향상이었다.

대화의 결과는 9월 21일, 유엔 창설 75주년 기념 정상회의에서 채택된 '유엔 창립 75주년 기념 선언'에 반영되었다. 선언은 SDGs를 전면에 내세우고 제때에 실행할 것을 약속하였다. 그리고 2015년 제21차 유엔기후변화협약 당사국 총회에서 채택한 '파리협정'의 약속에 따라 온실가스 배출량을 통제하고, 지속가능 소비와 생산모델을 실현할 것을 각국에 촉구했다.

선언은 평화적 수단에 의한 분쟁과 안보의 해결, 유엔 헌장과 인도주의적인 국제법 준수, 글로벌 군축을 재천명했다. 또한, 국가 간 불평등이 글로벌 거버넌스 체계에 대한 대중의 불신임을 초래하고 있음을 상기시키고 배타주의, 인종주의, 비 포용 요소를 극복하기 위한 다자주의(multilateralism)를 강조했다. 선언은 디지털 협력 강화에 대해 약속하고 우선 과제로 디지털 협력을 통한 디지털 신뢰와 안보 문제를 해결하는 것이라고 강조했다.

선언은 이외에도 '누구도 소외하지 않는다(Leave No One Behind, LNOB)'라는 전제하에 "여성과 소녀의 권익을 중심에 두며, 다양한 그룹 간의 소통과 신뢰를 높이며, 유엔을 혁신하고, 지속가능한 재정 지원을 보장하며, 파트너십을 증진하고, 청년들과 함께 일하며 미래를 준비할 것"을 결의했다.

1945년 유엔이 창설된 이후 각국 정부는 유엔을 통해 평화·안보, 발전, 인권 등 3대 축을 중심으로 글로벌 도전을 해결하는 시스템을 구축해 왔다. '유엔 75' 활동과 '유엔 75주년 기념 선언'은 기후 거버넌스가 사실상 유엔의 4대 축으로 설정되었음을 보여준다. 또한 특정 국가 주도의 패권주의를 넘어서려는 혁신 의지도 보여주고 있다. 유엔은 창설 75주년을 맞이하여 '다자주의'가 보다 평등하고 탄력적이며 지속가능한 세계를 만드는 접근법으로 인식하고, 인류의 생존을 위해 2030 아젠다(SDGs)의 이행이 필요하다는 선언문을 채택한 것이다. 유엔은 사무총장이 2021년 9월까지 공통의 의제를 진전시켜 현재와 장래의 과제에 대응하기 위한 제안을 보고토록 했다.

〈표 3-6〉 유엔 창립 75주년 기념 선언 주요 내용

함께해야 할 과제	주요 내용
누구도 소외하지 않는다.	▶ 2030 의제(SDGs)의 완전하고 일정표에 따른 실천을 전개한다. ▶ 모든 사람이 모든 노력의 중심에 선다.
지구 수호	▶ 자연재해, 가뭄, 사막화, 식량 및 물 부족, 산불과 화재, 해수면 상승, 해양 파괴 등에 대응해 행동한다. ▶ 생태적 환경 조성에 부응해야 하는 역사적 기회임을 자각한다. ▶ 파리기후협약의 약속에 따른 온실가스 절감과 지속가능한 소비·생산을 실천한다.

함께해야 할 과제	주요 내용
평화 촉진·분쟁 예방	▶ 유엔 헌장, 국제법의 제 원칙 및 안전보장이사회의 결의를 준수한다. ▶ 군비관리, 비확산 및 군축에 관한 제 합의와 틀을 지지한다. ▶ 육상·해상·우주·사이버 공간에서의 적대 행위 방지를 위한 외교 수단의 강화를 유엔 사무총장에게 요청하고, 지구 규모의 정전 이니셔티브를 지지한다. ▶ 평화 유지와 지속은 유엔의 주요 책임이라는 사실을 인식한다.
국제법 준수, 정의의 확보	▶ 유엔 헌장의 목적·원칙 및 국제법은 공정한 세계의 기초임을 인식한다. ▶ 민주주의·인권의 존중, 민주적 거버넌스와 법의 지배 촉진을 실현한다.
여성 및 여아 중심	▶ 모든 분야에서 성평등, 여성 참여 및 여성과 여아의 활동 실현을 위한 행동을 가속화한다.
신뢰관계 구축	▶ 폭력, 인권 침해, 부패, 주변화, 모든 형태의 차별, 빈곤, 배제, 교육과 고용의 결여를 포함한 불평등의 근본 원인에 대처한다.
디지털 분야 협력 추진	▶ 디지털 기술은 '지속가능발전 2030 의제' 실현 가속화 가능성을 연다. 따라서 모든 사람에게 안전하고 저렴한 디지털 접근성을 높인다.
유엔 혁신	▶ 유엔 사무총장의 유엔 개혁을 지지한다. ▶ 안보리 개혁의 논의, 총회 재활성화와 경제사회이사회 강화 등을 지지한다.
지속가능한 자금 확보	▶ 분담금을 전액 납부한다. ▶ 투명성, 설명 책임과 효율적 자금 이용을 촉진한다. ▶ 자금의 민관 제휴를 확대한다.
파트너십 강화	▶ 유엔을 보다 포용적인 기구로 만든다. ▶ 지역기관, NGO, 시민사회 등 모든 관련 주체와 제휴를 강화한다.
청년과의 소통 강화	▶ 청년의 목소리를 듣고 함께 일해야 한다. ▶ 청년은 평화와 지속가능발전을 위한 필수적인 요소이다. 청년의 유의미한 관여를 통해서 상황을 개선한다.

함께해야 할 과제	주요 내용
위기에 대비	▶ 팬데믹은 보건을 포함한 위기에 대비하도록 경종을 울렸다. 예방·대응 시스템의 개선과 함께 새로운 백신, 치료약, 의료기기의 개발·제조, 평등하고 저렴한 접근을 촉진한다.

지구상에 유엔만큼 정통성 있고, 전 지구인을 통합하는 힘과 규범적 영향력을 가진 국제적 기구는 존재하지 않는다. 유엔은 전쟁의 참상으로부터 미래세대를 구하기 위해서 창설되었고, 탈 식민지화, 자유의 촉진, 지속가능발전 규범 형성, 인류의 질병 근절과 건강 보건 증진, 세계 곳곳에서 발생하는 분쟁의 완화, 인도적인 지원, 교육, 인권 보호에 힘써왔다. 현재도 100만 명 이상이 70개 이상의 유엔 평화 유지 활동에 종사하고 있는 것이 이를 방증한다. 유엔 헌장은 주권 평등이나 분쟁의 평화적 해결을 포함한 원칙을 명확히 해, 국제법의 기반을 제공한다.

그러나 여전히 세계는 불평등, 빈곤, 기아, 무력 분쟁, 테러, 불안정성, 기후변화 및 팬데믹에 시달리고 있다. 이러한 도전에 대응하려면 이제는 강대국 주도의 유엔이 아니라 다자주의의 재활성화가 필요하다. 유엔 역사상 최대 과제인 팬데믹은 죽음과 질병, 세계적 경기 후퇴를 가져왔다. 이는 개발도상국 못지않게 선진국 정부의 무능력을 보여주었다. 따라서 전 세계는 협력하고 연대해야 이러한 위기 상황에 대처할 수 있다. 다자주의는 단순한 선택지가 아니라 지속가능한 세계로 더 나은 부흥을 이뤄내기 위해 필수 불가결한 것이다. 평화와 안전, 개발 및 인권이라는 유엔의 세 축은 상관관계에 있다. 지속가능발전을 위한 2030 의제가 모든 국가와 도시의 일정표로 되고 실행될 때 지구와 인류는 지속가능할 것이다.

〈상자 3-1〉 SDGs 주간(Global Goals Week)

2015년 9월 25일, 유엔 회원국은 2030년까지 평화롭고 번영하는 세상을 달성하기 위해 '누구도 소외되지 않는다'라는 약속을 했다. 그리고 이를 실천하기 위해 다양한 캠페인이나 이벤트가 기획된다.

'SDGs 주간(Global Goals Week)'은 SDGs를 알리고 행동을 고취하는 이벤트 중 하나로 매년 유엔 총회의 회기와 함께 전 세계에서 개최되고 있다. Global Goals Week 기간에는 SDGs가 유엔 총회에서 채택된 9월 25일 Global Goals Day가 포함되어 있다. Global Goals Week(SDGs 주간)는 시민사회, 기업, 학계 및 유엔 시스템 전반의 파트너가 SDGs 실행을 한 목소리로 말하고 아이디어와 혁신적인 해법을 공유하는 기회로 활용되고 있다.

SDGs 주간이 처음 시작된 것은 2016년으로, Project Everyone · 유엔개발계획(UNDP) · 유엔재단(UNF)이 주도하고 있다. Project Everyone은 SDGs 달성을 위해 다양한 활동을 하는 단체로서 초기에는 12개 단체로 한정되어 있었지만 2020년, 2021년 Global Goals Week는 100여 개 시민단체 · 기업 · 유엔기관 등이 참여하고 있다.

Global Goals Week 2019의 주제는 사람과 지구를 위한 행동이었다. 그리고 2020년의 주제는 'Factivism'이었다. 이것은 Fact(사실)와 Activism(적극적 행동주의)의 합성어로, 최신의 정확한 정보를 바탕으로 통일적인 행동의 필요성을 촉구한다.

2) SDGs 달성을 위한 유엔과 유엔 회원국의 역할

유엔은 창립 75주년 기념 선언을 통해 모든 의료 및 기타 최전방 종사자를 격려하며, 전 세계인의 지혜와 힘을 모아 위기를 타개할 것을 결의하였다. 그리고 모든 나라와 도시에 있는 이해당사자들의 행동을 통해 우리가 원하는 미래를 확보하겠다고 다짐하였다. 유엔은 차세대와의 공통의 미래를 위해 다양한 이해당사자와 협력하여 글로벌 거버넌스를 강화할 계획이다. SDGs 달성에 있어서 유엔과 유엔 회원국의 역할은 무엇일까?

첫째, 유엔 시스템의 여러 기관은 그 특징과 강점인 글로벌한 조직과 네트워크를 활용하여 각각의 전문분야에서 2030 의제 실천을 적극적으로 지원한다는 것이다. 이것에는 국제, 지역(동아시아권), 국가 수준의 활동이 포함된다.

둘째, 유엔 사무총장의 SDGs 이행에 관한 실천을 포함한다. 사무총장은 유엔 헌장의 모든 부분(work across the United Nations Charter)에서 SDGs를 연계하여 활동을 진행시킨다. 2030 의제에는 유엔의 기본적인 사명과 가치관이 반영되어 있다. SDGs에 포함되는 과제의 범위는 넓고, 여러 가지 요소가 복잡하게 얽혀 밀접하게 연결되어 있으므로 포괄적인 접근이 필요하다. 유엔 사무총장은 유엔 체계 내에 포진된 여러 기관, 인적자원의 전문성, 자원, 경험, 지식, 글로벌 네트워크를 총동원해 지속가능발전, 인도주의적 지원, 평화와 안정, 인권, 성평등 실현, 불평등 해소 등 모든 분야의 활동을 포괄적으로 수행하도록 요청한다. 2021년 10월 24일 안토니우 구테흐스 유엔 사무총장은 영상 메시지를 통해 다음과 같이 제언한다.

"76년 전, 유엔은 희망의 매개체로 만들어졌다. 유엔은 파국적인 갈등의 그림자에서 벗어나는 세상을 위해 힘쓰고 있다. COVID-19, 갈등, 기아, 빈곤 및 기후 비상사태는 우리의 세상이 완벽하지 않다는 것을 상기시켜줌과 동시에 연대만이 전진할 수 있는 유일한 길임을 분명히 보여준다. 우리는 함께 모여서 인류 앞에 놓인 도전과제를 해결하고 SDGs를 달성해야 한다. 모든 사람이 어디에서나 COVID-19 백신에 더 빨리 접근할 수 있도록 보장해야 한다. 모든 이들, 특히 가난하고 불공정한 환경에 놓인 소녀와 여성, 어린이와 청년들의 권리와 존엄성을 확보하고 옹호해야 한다. '우리의 세계'에 상처를 주는 갈등 종식을 추구하고 지구를 구하기 위해 과감한 기후행동에 관한 약속과 그에 맞는 생활을 해야 한다. 그리고 최근 보고서인 〈우리 공동의 의제〉에 자세히 설명한 대로 더욱 포용적인 네트워크로 연결된 효과적인 글로벌 거버넌스를 구축해야 한다. 평화, 발전, 인권, 모두를 위한 기회 등 지난 76년 동안 유엔 헌장에 힘을 실어준 가치에는 종료일이 없다. 유엔의 날을 기념하여 이러한 이상을 위해 대동단결하고 희망에 부응하자."

셋째, 국제사회에서 합의된 규범이나 기준을 유엔이 옹호하는 것이다. 취약계층의 사람들, 소외되고 배제된 사람들의 요구에 부응하기 위해서 이 점은 대단히 중요하다.

넷째, 국제적인 합의를 총괄하고 이를 정리해 다양한 행위자가 협동을 매개하고 실천을 추진하게 하는 것이다. 2030 의제에는 기후변화, 분쟁 해결, 난민 문제, 전염병 등 수 많은 범지구적인 계획이 포함되어 있고, 이를 해결하기 위해서는 모든 나라의 약속과 협력적 활동·행동이 필요하다. 유엔은 자신에게 부여된 소집기능을 활용하고, 다양한 행위자가 SDGs를 협의할 수 있는 장소와 기회를 제공한다. 다양한 국가, 이해당사자 간의 협의를 통해서 국제사회의 합의나 글로벌 파트너십의 형성을 촉진하는 것이 유엔의 중요한 역할이다.

다섯째, 2030 의제 및 SDGs의 진척에 대한 모니터링 활동이다. 고위급 정치 포럼(HLPF)은 SDGs 지침과 제언, 정치적 리더십 발휘를 위한 국제적인 장을 제공한다. 유엔 회원국과 유엔의 여러 기관은 글로벌·지역 수준의 보고서 작성에 참여하며 각각의 조직의 전문분야에서의 기획, 실행, 평가, 보고를 수행한다. 동시에, 유엔의 기구들은 개발도상국에 대한 지원도 시행한다.

여섯째, 국가 수준에서는 각국 자신의 오너십, 주체성이 가장 중요하다. 유엔의 지원은 각국의 요구, 우선 과제, 능력 등을 바탕으로 제공된다. 많은 개발도상국은 SDGs 실시에서의 유엔의 지원을 벌써 요청하고 있다. 일례로 30개 이상 개발 분야의 유엔 기구로 구성된 유엔 개발그룹(United Nations Development Group)은 유엔 회원국의 요청에 따라 'MAPS approach'를 제공했다. MAPS는 주류화(Mainstreaming), 가속화(Acceleration), 그리고 정책지원(Policy Support)을 의미한다. SDGs 주류화는 SDGs를 국가와 지방의 전략·계획·예산에 포함하는 것이다. 가속화는 주류화된 활동 분야 가운데 우선도가 높은 것에 자원이나 예산을 집중시켜 그 진척을 가속하는 것이다. 가속화를 위해서는 진척을 방해하고 있는 문제는 무엇인지, 어떻게 하면 시너지효과가 높아지는지, 필요한 자금을 어떻게 조달할 것인지, 어떠한 파트너와의 제휴가 효과적인지 등을 분명히 해야 한다. 이러한 분석을 바탕으로 SDGs를 효과적으로 실시하는 것이 중요하다.

유엔의 여러 기관은 회원국과 다양한 기관의 요구에 따라 주류화와 가속화를 위한 지원을 수행한다. 정책지원(Policy Support)은 유엔 기구의 전문성과 오랜 경험 및 지식을 바탕으로 제공된다. 이상 6개 유엔의 역할 외에도 SDGs 실천을 위한 역할은 후원자(supporter), 기획자(faccilitator), 주창자(promoter), 그리고 자문가이자 실질적 지원자(accelerator)이다. 동시에 유엔은 아이디어의 발기인(initiator), 새로운 아이디어와 접근법의 창작자(creator), 주의 호소인(attention-caller), 그리고 주창자(advocator)이다.

▶ 유엔의 역할은 평화 유지와 분쟁 해결에 그치지 않는다. 오늘도 유엔과 관련 단체는 세계인의 삶을 개선하기 위한 다양한 활동을 지원하고 있다. 아동, 환경, 인권 보호, 보건 및 의학 연구, 빈곤 완화 및 경제개발, 농·어업 발전과 교육, 여성 역량 강화, 비상 및 재해 구호 활동, 항공 및 해상 운송, 원자력 에너지의 평화로운 사용, 노동 및 노동자의 권리 증진 등 활동 분야는 무한하다. 이 모든 활동이 SDGs로 집약되어 있다(유엔 홈페이지/ UNPD).

3) SDGs 달성을 위한 유엔과 유엔 회원국의 역할

안토니우 구테흐스(Antonio Guterres) 유엔 사무총장은 2021년 9월 10일 유엔 총회에서 일련의 선택을 통해 인류가 돌파구를 확보하고, 사회의 역사적 붕괴를 피하며, "더 친환경적이고 안전하며 더 나은 미래를 실현하는 방법을 제시한 보고서(〈우리의 공동의제〉)"를 발표했다.

〈우리의 공동의제〉에서는 세계 지도자들에게 '유엔 창립 75주년'을 맞아 제시한 열두 가지 약속을 진전시키는 조치(행동)를 할 것을 제안한다. 유엔이 이 선언을 발표한 것은, 2020년 9월 유엔 창립 75주년을 맞아 국가 및 정부의 정상들이 채택한 '정치선언'의 이행을 위한 조치라고 할 수 있다. 이 정치선언은 유엔이 지난 75년 동안 많은 성과를 거두었지만, 초기 유엔 창립자들이 구상한 세계가 아직 실현되지 않았음을 아쉬워한다. 불평등, 빈곤, 기아, 무력충돌, 테러리즘, 위험과 불안, 그리고 기후 위기, 전염병이 심각해지고 사람들은 피난처와 안전을 위해 길을 찾아 나서야 한다는 것이다. 특히, 저개발 국가는 더 낙후되고 있고 완전한 탈 식민지화는 이루어지지 않았다고 말한다.

유엔 회원국들은 COVID-19 대유행에서 증명된 바와 같이 글로벌 과제가 상호 연결돼 있고, 다자주의를 활성화하지 않으면 해결될 수 없음을 인식한다. 회원국은 다자주의가 선택이 아니라 필수라는 데 동의한다. 유엔을 중심으로 더 평등하고 회복력 있는 지속가능한 세계를 재건할 수 있다고 입을 모은다. 또한, 인류의 생존을 위해 2030 의제(SDGs)의 이행이 필요하다는 점을 인식한다. 선언에서 유엔 회원국은 다음과 같은 사항을 결의하였다.

> "1. 누구도 소외하지 않고, 2. 지구를 보호하고, 3. 평화를 증진하며 갈등을 예방하고, 4. 국제법을 준수하고 공정성을 확보하고, 5. 여성과 소녀들을 중심에 두고, 6. 신뢰를 구축하고, 7. 디지털 협력을 강화하고, 8. 유엔을 혁신·강화하고, 9. 지속가능한 자금 조달을 보장하고, 10. 동반자 관계를 강화하고, 11. 청년에게 듣고 청년과 함께 일하고, 12. 지속가능한 세계를 준비한다."

유엔은 이 12개 약속을 추진하는 구체적인 방안을 마련하기 위해 회원국 참여자들과 협의 과정을 시작했다. 이 과정은 유엔재단과 연구소들의 지원과 함께 유엔사무국에 의해 주도되었고 모든 지역 동반자들의 네트워크와 함께 진행하였다. 유엔 사무총장은 2021년 9월 10일, 유엔 총회 비공식 본회의에서 유엔 회원국에 결과 보고서를 제출했다. 유엔 사무총장의 발표를 소개한 보즈키르(Volkan Bozkir) 유엔 총회(UNGA) 의장은 "충분한 자원이 확보되지 않는 한 어떠한 최고의 계획도 탁상공론에 불과하다"라며 유엔이 현재와 미래의 도전에 대응할 준비를 해야 한다고 강조했다. 또한 "유엔 총회가 보고서에 진술된 전 조직 범위의 '재설정(혁신)'을 총회 업무에도 적용할 수 있기를 희망한다"고 밝혔다. 이 보고서는 지속가능발전목표(SDGs)의 달성을 가속화하는 방식으로 정치선언의 열두 가지 약속에 대응하는 〈우리의 공동의제〉를 제시한다. 유엔은 이 권고안을 추진하고 회원국의 심의를 위해 유엔 사무총장이 고위급 자문위원회를 임명할 예정이다. 그리고 미래 고위급 다중 이해관계자 정상회담의 준비와 협의를 토대로 거버넌스 활성화 방안을 논의할 것이다. 이는 2023년 9월 UNGA의 고위급 주간에 이루어질 수 있다. 이번 정상회담에는 2030년 이후 지속가능발전과 기후 행동에 대한 경로와 궤도가 포함될 수 있다.

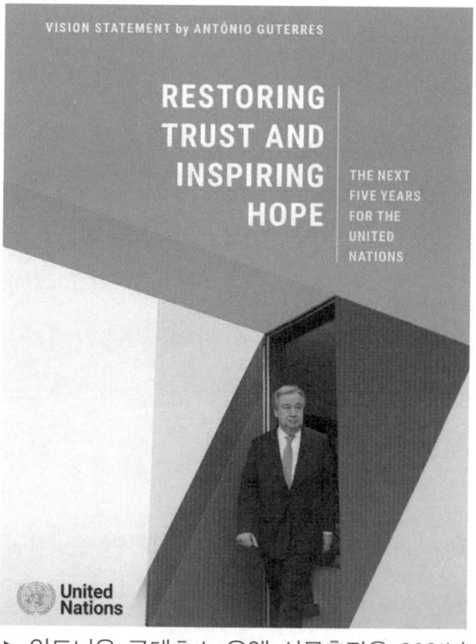

▶ 안토니우 구테흐스 유엔 사무총장은 2021년 3월 23일 발표한 비전에서 "모두를 위한 더 나은 세상과 미래로 가는 현재 상황은 모든 사람에게 달려있고, 인류와 지구의 이익을 위한 우리 공동의 의제를 위해 힘을 합칠 때 성공적으로 이루어질 수 있다"라고 말한다.

유엔 사무총장은 〈우리의 공동의제〉에 제시된 네 가지 중요한 행동 분야를 제시했다. 글로벌 거버넌스 강화와 관련해서는 글로벌 COVID-19 백신 계획에 필요한 세부 사항을 제시하고, 전염병 대비와 대응 관련 위원회의 권고에 따라 글로벌 건강과 보건 구조를 개혁할 것을 촉구했다. 이 보고서는 금융 및 경제 분야의 글로벌 거버넌스를 강화하기 위해 G20 회원국, 유엔경제사회이사회(ECOSOC) 회원국, 국제금융 기관의 수장, 유엔 사무총장 간의 연례 정상회담을 개최하여 금융시스템의 격차를 해소하고, 다른 우선순위와 자금 조달을 통합할 것을 제안하고 있다. 보고서는 또한 진보와 번영의 경제적 수단을 갱신하고 삶과 복지의 가치를 높이기 위해 새로운 방법을 적용할 것을 요구하고 있다.

유엔 사무총장은 "젊은이들과 미래세대는 글로벌 의사결정 과정에서 거의 대표성이 없다"라며 아쉬움을 표한다. 그는 미래세대를 위한 특사를 임명하고, 유엔 청년 관련 사무소를 혁신할 계획을 밝혔다. 이어 2022년 교육혁신 정상회의 개최를 제안했다. 미래에 주목하려면 미래지향적인 정책 입안이 수반되어야 한다. 유엔은 '퓨처스 랩(Futures Lab)'을 만들어 정책의 영향을 더 잘 예측할 수 있어야 한다. 유엔 사무총장은 위기와 비상 상황에서 수시로 작동하는 플랫폼을 만들고, 1994년 이후 중단된 신탁통치이사회를 미래세대의 이익을 위한 정부 간 플랫폼으로 용도 변경할 것을 제안했다.

사회계약과 관련 〈우리의 공동의제〉는 보편적 권리와 기회에 주목한다. 보편적 교육, 주택, 양질의 일자리, 소득 보호뿐만 아니라 보편적 건강보장은 "가능할 뿐만 아니라 필수적인 것"이라며 국경을 넘어 구체적인 협력을 주도할 '2025년 사회정상회의'를 제안한다. 유엔 사무총장은 "인권에 대한 새로운 관심은 '온라인 생활'과 같은 새로운 도전에 적용하는 것이 새로운 사회계약의 핵심 요소"라고 강조한다.

유엔 사무총장은 유엔이 새로운 시대에 적응을 위해 데이터 분석 및 통신, 혁신과 디지털 전환, 전략적 안목, 행동 과학의 성과 등 5개 분야의 발전을 중심으로 '유엔 2.0'을 형성하기 위한 과학자문위원회 재설립을 제안한다. 또한 지방 및 지방정부에 대한 자문 그룹과 강화와 함께 모든 유엔기구가 시민사회를 위한 공간을 만들어야 하고, 시민사회의 역할이 협의와 홍보를 넘어 유엔 체제의 모든 부문에 직접 참여해야 한다고 강조한다. 유엔 사무총장은 "글로벌 거버넌스가 고매하거나 추상적으로 들릴 수 있지만, 실상은 그렇지 않다"

라고 말한다. “인류가 붕괴를 겪을 것인가, 돌파구를 찾을 것인가”라는 질문에 대해, “선택은 우리의 몫이지만, 다시는 이런 기회를 못 가질 수도 있다”라고 의미심장하게 답변한다. ‘유엔 2.0’은 데이터 분석 및 정보 통신 기술과 접근의 개선, 혁신 증진과 디지털 전환, 전략적 선견지명을 통한 행동과 참여, 이행 및 성과에 집중, 관료주의 축소 및 협업 문화 촉진 등을 제시한다. 그리고 유엔의 주요 우선순위를 지속적인 경제성장과 지속가능발전 촉진, 국제 평화 및 안보 유지, 아프리카의 개발, 인권 증진 및 보호, 인도적 지원의 효과적인 조정, 정의와 국제법 증진, 군축, 마약 통제, 범죄 예방 및 테러 퇴치 등으로 설정한다(UN, 2021. 9. 30.).

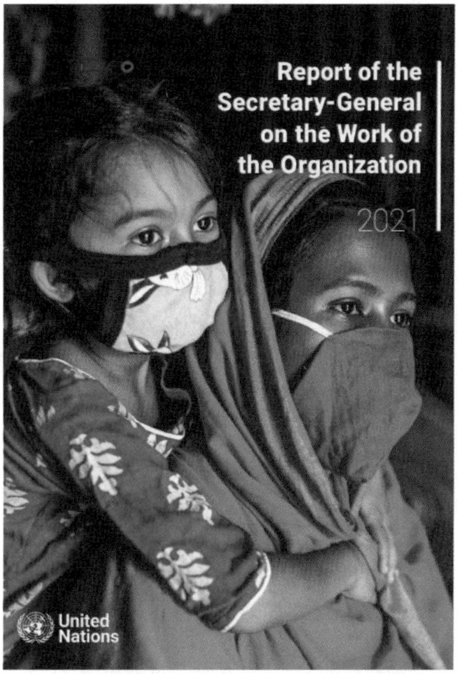

▶ 유엔 사무총장은 혁신해야 할 기관 중 하나가 유엔임을 강조한다. 또한 2030년까지 보다 지속가능하고 공정한 미래를 달성하겠다는 약속을 이행하고 행동하며 다자주의를 더 나은 방향으로 재현하겠다고 밝혔다.

4) SDGs 달성을 위한 유엔 거버넌스의 혁신 과제

독일 정부는 시민사회, 기업, 과학자, 정계를 포함한 다양한 이해관계자들로 구성된 ‘독일지속가능발전위원회(RNE)’로부터 지속가능발전 정책에 대한 조언을 받고 있다. 최근 2021년 RNE는 정책보고서를 통해 “지속가능발전은 개별 국가의 문제가 아니라 전 지구적인 문제”임을 강조한다. 유엔은 2030 의제와 17개의 지속가능발전목표(SDGs)로 프레임 워크를 만들었지만, 유엔 수준에서의 결정이 너무 오래 걸린다.

RNE는 기후 위기, 생물다양성 및 전염병 같은 긴급한 지구 문제를 해결하기 위해서는 지금보다도 빠른 결정과 조치가 필요하다고 말한다. 글로벌 지속가능발전 정책을 조정하는 유엔기구 중 '지속가능발전에 관한 고위급 정치 포럼(HLPF)'이 있다. HLPF는 유엔 회원국과 이해관계자가 경험을 교환하는 플랫폼으로 활용된다. 하지만 HLPF는 한계도 존재한다. 참가 단위 국가는 주로 성공사례를 보고하고 실패에 대한 설명이나 이를 해결하기 위한 전략을 거의 제시하지 않는다. 교훈을 얻고 문제 해결의 실마리를 찾을 수 있기에 실패사례 점검은 중요하다. RNE는 유엔의 현실적 한계를 다음과 같이 제언한다.

> "HLPF는 합의 원칙에 따라 작동하므로 결정에 도달하기가 매우 더디고, 구속력이 있거나 제도화된 후속 절차가 없고, 지구 지속가능성에 반하는 범죄를 저지른 국가(사람)를 제재하기 위한 법적 조치도 취하지 않는다. 현재 개별 국가는 지속가능발전을 위한 정책의 일관성을 강화하기 위해 진행하는 진전 정도를 설명할 의무도 없다." 유엔은 "국가 차원에서 SDGs의 이행을 촉진하기 위해 5년간의 보고와 제도적 적응 끝에 유엔은 SDGs 이행을 가속화하기 위해 2019년 10년 행동을 선언했지만, 국제 지속가능발전 거버넌스는 지속가능발전을 위한 충분하고 효과적인 도구를 제공하지 않는다. 10년 행동과 목표 달성은 파트너 간 학습, 자기 헌신, 자발적인 보고만으로는 충분하지 않다. 또한, 개발도상국을 위한 프로젝트와 경제 및 금융 정책의 변화를 목표로 하는 행동과 관련한 자금이 부족하다. 지속가능발전에 대한 진전을 보다 효과적으로 설명할 필요가 있으나 유엔 보고서와 자발적 국가 검토는 분석되지 않는다. 따라서 전환 문제에 대한 평가와 목표 달성의 정량화가 없다(RNE, 2021. 2. 25.).

RNE는 비판에 그치지 않고 위에서 언급한 문제를 해결하기 위해 구체적인 개혁안을 제시한다. 요컨대, 유엔 안전보장이사회와 동등한 수준의 유엔지속가능발전이사회의 창설이다. RNE는 이를 위해 5개국 유엔안보리 상임이사국을 포함하여 모든 회원국의 2/3의 승인 및 비준뿐만 아니라 유엔 헌장 수정이 필요하다고 주장한다. 중기적으로 경제사회이사회(ECOSOC)를 지속가능발전위원회로 업그레이드하면 유엔이 지속가능발전 거버넌스의 중심이 될 수 있다는 것이다. 이는 ILO(국제 노동기구)와 유사한 챔버 시스템이 있는 협의회를 생각해 볼 수 있다. RNE는 이 제언이 실행되기 전에 기존기관의 적절한 개혁을 요구한다. 여기에는 2030 의제 이행을 위해 경제사회이사회(ECOSOC) 역량을 최대한 활용하고, 필요한 경우 HLPF에서 추가개혁을 위한 지침과 권장사항을 제공하기 위한 노력이 포함된다. 유엔은 정책 결정의 효과와 일관성을 보장하고 HLPF에 대한 모든 보고서를 정기적으로 평가하며 2030 의제 이행과 관련된 유엔의 모든 과정에 시민사회를 체계적으로 참여시켜야 한다는 것이다. 전문가들은 유엔 SDGs의 더 일관된 이행을 촉구하고 있다. 그들은 유엔의 지속가능발전 거버넌스의 개혁이 필요하다고 생각하며, 구속력 있는 규칙을 요구할 수 있는 권한을 가진 유엔 지속가능발전위원회와 같은 강력한 새로운 기구의 역할을 기대하고 있다. 이는 한국에서도 마찬가지이다.

| 4장 |

SDGs 시대의 개막

과거 MDGs에 대한 합의가 이뤄졌다. 이는 발전을 위한 중요한 체계를 제공하였으며, 여러 분야에서 상당한 성과를 이뤘다. 그러나 성과는 불균등한 양상을 보였다. MDGs 중 일부 목표는 달성이 미흡한 상태다. 우리는 아직까지 미흡한 목표를 포함한 모든 MDGs의 완전한 이행을 다시 약속한다. 이 새로운 의제(SDGs)는 MDGs를 기반으로 MDGs가 달성하지 못한 것(특히 가장 취약한 계층 고려)을 완성하고자 한다. 하지만 범위에 있어 우리가 오늘 발표하는 체계는 MDGs를 훨씬 넘어서는 것이다.

SDGs는 MDGs와 동일하게 빈곤 근절, 보건, 교육, 식량 안보, 영양 등 발전 우선순위를 유지하면서, 광범위한 경제적, 사회적, 환경적 목표들을 제시한다. 또한 보다 평화롭고 포용적인 사회를 약속하고 있으며, 이행방안을 정의하고 있다는 점에서 주목할 만하다. 새로운 목표와 세부 목표는, 통합적 접근 방식에 대한 결정이 반영되어, 서로 밀접하게 연결되어 있으며, 많은 범 분야적 요인이 존재한다.

오늘 우리는 다시 역사적으로 대단히 중요한 결정을 내린다. 우리는 양질의 존엄하며 보람 있는 삶을 영위하고 잠재력을 온전히 발휘할 기회를 잃어버린, 수많은 이를 포함한 모든 인류를 위해, 보다 나은 미래를 구축할 것을 결의한다. 우리는 지구를 구할 기회를 가진 마지막 세대이자, 빈곤 퇴치에 성공하는 첫 번째 세대가 될 수 있다. 우리가 성공적으로 목적을 달성한다면, 2030년 세계는 보다 나은 곳이 될 것이다(2030 지속가능발전 의제 16~17항, 50항).

1. MDGs에서 SDGs 체제로의 이행

우리 사회는 지금 이대로 지속가능할까? 생태학적 지속 불가능성에 더해 사회의 지속성과 미래에 대한 불안감이 증폭되는 가운데 2015년에 유엔 총회에서 '지속가능발전목표(Sustainable Development Goals, SDGs)'가 등장하게 된다.

하지만 무엇보다 SDGs는 2015년에 갑자기 등장한 것은 아니다. 앞에서 서술한 것처럼 1968년 로마클럽(Club of Rome)[1)]을 설립하면서부터 50여 년에 이르는 긴 세월에 걸쳐 수많은 논의를 거듭해 만들어졌다. 우선, 1972년 유엔 인간환경회의(통칭: 스톡홀름 회의)이다. 이 자리에서 환경문제에 관한 국제적 논의가 개시되었다. 이 회의는 지구환경 파괴의 진행에 대한 대책을 논의한 최초의 국제회의로 간주된다. 환경 오염 문제를 비롯해 인구, 식량, 자원, 야

---

1) 1968년 4월, 지구의 유한성에 대해 깊이 고민하는 유럽의 경제학자와 과학자 교육자 36명이 로마에 모여서 회의를 한 것에서 유래했다. 오늘날 이 클럽은 도전적이고 논란의 여지가 있는 글로벌 이슈를 다루는 최전선에 서 있다. 로마클럽은 성장 중심의 패러다임에 대응하고 오늘날 사회와 지구가 직면한 지속가능성의 위기를 해결할 수 있는 정책을 옹호하고 있다. 로마클럽은 역사적 사명에 충실하며, 글로벌 사회, 환경 및 경제 시스템의 혁신을 시도하고 있다. 로마클럽에 대한 자세한 연혁과 성과는 해당 홈페이지를 참조하라 https://www.clubofrome.org/about-us/timeline/

생생물 보호 등 광범위한 분야의 문제를 토의한 끝에 유엔인간환경선언이 채택됐다.

1987년이 되어 앞서 언급한 바와 같이 '환경과 개발에 관한 세계위원회'가 〈우리 공동의 미래〉라는 보고서를 통해 지속가능발전 개념을 처음으로 제창하였다. 이러한 국제적인 논의에 따라 1992년에는 환경과 개발에 관한 유엔환경개발회의(통칭: 지구정상회의)가 브라질의 리우데자네이루에서 개최되었다. 여기에서는 지구온난화, 산성비 등 지구환경 문제가 인류공통의 과제로 자리매김하였다. '지속가능발전'이라고 하는 기치 아래에 환경과 발전의 양립이 목표로 설정되었다. 이어 1997년 기후변화협약 체결국 총회가 교토에서 개최되면서 이른바 교토의정서가 채택되었다. 이 회의에서 선진국에 온실가스 배출삭감 목표가 부과됨에 따라 각국의 감축률 수치목표가 정해졌다.

그리고 2000년에는 유엔 정상들이 새천년개발목표(Millennium Development Goals, 이하 MDGs)를 합의하였다. 하지만 이것은 주로 개발도상국의 인적자원 개발에 초점을 둔 국제개발 목표였다. MDGs는 8개의 목표로 구성되어 2015년까지 달성하는 것을 목표로 설정하였다. MDGs의 목표는 극도의 빈곤과 기아 퇴치, 보편적 초등교육 달성, 성평등 추진과 여성지위 향상, 영·유아 사망률 절감 등 SDGs의 목표와 겹치는 것이 많아서 SDGs의 전신으로 자리매김하고 있다.

〈표 4-1〉 지속가능발전목표의 체계화 과정

연도	국제 회의	주요 내용
1972	로마클럽	지구 성장의 한계
1972	유엔인간환경회의(UNCHE)에서 유엔환경계획(United Nations Environment Programme, UNEP) 설립	인간환경선언, 유엔환경계획(UNEP)창설 결의
1980	국제자연보호연맹(IUCN), 유엔환경계획(UNEP), 세계자연보호기금(WWF)의 세계자원보존전략(WCS) 발표	'지속가능발전' 용어 사용

연도	국제 회의	주요 내용
1982	나이로비 선언(Nairobi Declaration)	환경과 개발에 관한 세계위원회(WCED) 설치 결의
1987	환경과 발전에 관한 세계위원회(World Commission on Environment and Development, WCED) 최종회합, WCED의 〈Brundtland 보고서〉 발간	동경선언 채택, 지속가능발전의 정착
1992	환경과 발전에 관한 유엔회의(United Nations Conference on Environment & Development, UNCED, 일명 Earth Summit)	리우선언, 의제 21, 지구온난화 방지조약, 생물다양성보호조약 서명, 산림선언 채택
1994	세계인간정주회의(Habitat Ⅱ) – 제3차 지구환경회의	지구행동계획(GPA), 지방의제 21 채택
1995	리우(Rio)+5 회의	지구헌장위원회(The Earth Charter Commission) 구성, 지구헌장 초안(Benchmark Draft I) 발표
2000	유엔 새천년정상회의(Millennium Summit) 개최	새천년개발목표(MDGs) 채택
2001	유엔 지속가능발전회의	핵심 지속가능 지표 57개 선정
2002	세계환경정상회의 (World Summit on Sustainable Development, 일명 Rio+10)	환경과 지속가능발전 논의의 이행강조, 이행계획 수립 합의
2007	환경 및 개발에 관한 유엔 회의(UNCED)	2001년 핵심 지속가능 지표 57개 선정 제시, MDGs와의 연계강화를 위해 갱신된 지속가능발전 지표 96개 발표
2012	유엔 지속가능발전 정상회의(United Nations Conference on Sustainable Development, 일명 Rio+20)	녹색경제의 글로벌 의제화 지속가능발전을 위한 체계 강화
2013	SDGs 공개작업반(Open Working Group) 구성	SDGs 제안서 준비작업

연도	국제 회의	주요 내용
2015	제70차 유엔 총회	유엔 지속가능발전목표(SGDs) 채택. 17개 목표, 169개 세부목표, 231개 평가지표로 SDGs 구성

2010년대에 들어서자 개발도상국의 빈곤 문제뿐 아니라 기후변화, 에너지 문제, 재해, 불평등 등 개발도상국, 선진국을 불문하고 다양한 문제가 지구 차원에서 표면화되었다. 2012년 6월의 유엔지속가능발전회의(리우+20)에서는 환경 보전과 경제성장의 양립을 핵심적 과제로 확인한 후 지구환경 보전과 지속가능발전 개념의 기반을 만들었다. 이 회의에서 '지속가능발전목표'의 구성과 내용을 논의하기 위한 공개작업반(Open Working Group, OWG) 설립이 결정되어 다음 해 1월 유엔 산하에 설립된다.

〈표 4-2〉 공개작업반 일정 및 세부 주제

	기간	주제
1차	2013. 3. 14. – 3. 15.	의장단 선출, 어젠다 채택, 작업계획
2차	2013. 4. 17. – 4. 19.	SDGs 개념화, 빈곤 퇴치
3차	2013. 5. 22. – 5. 24.	물과 위생, 식량안보·영양, 지속가능농업, 사막화·토지황폐화 방지
4차	2013. 6.1 7. – 6. 19.	고용, 사회보호, 청소년, 교육 및 문화, 보건, 인구문제
5차	2013. 11. 25. – 11. 27.	지속가능하고 포용적 경제성장, 거시경제 정책 문제(국제무역, 국제금융시스템, 외채 지속가능성 포함), 인프라 개발, 산업화, 에너지
6차	2013. 12. 9. – 12. 13.	이행수단(과학기술, 지식 공유와 역량 배양), 지속가능발전 달성을 위한 글로벌 파트너십, 특수상황 국가수요, 아프리카, LDCs, LLDCs, SIDs, 중소득국 문제, 인권, 개발권, 글로벌 거버넌스

	기간	주제
7차	2014. 1. 6. – 1. 10.	지속가능한 도시와 인간거주, 지속가능한 교통, 지속가능한 생산과 소비(화학물과 폐기물 포함), 기후변화와 재난위험 감소
8차	2014. 2. 3. – 2. 7.	대양과 바다, 산림, 생물다양성, 형평성 제고(사회적 형평성, 양성평등과 여성역량 증진 포함), 분쟁 방지, 분쟁 후 평화구축, 지속가능한 평화 증진, 법치와 거버넌스 제고
9~13차	2014. 3. 3. – 3. 5. 2014. 3. 31. – 4. 4. 2014. 5. 5. – 5. 9. 2014. 6. 16. – 6. 20. 2014. 7. 14. – 7. 18.	합의도출을 위한 19대 중점이슈 병렬세션으로 점검 및 합의→ 13차 회의를 통해 SDGs 제안서(17대 목표, 169 세부목표)확정

출처: Sustainable Development Knowledge Platform(이하 SDKP) Website; KOICA(2015: 5)

공개작업반은 2014년 7월까지 13차례의 회의가 개최되어 세계 각국이 5개 지역 그룹으로 나뉘어 정부 간 협상을 진행했다. 게다가 같은 시기에 영국의 전 총리 데이비드 캐머런 등을 멤버로 하는 고위급정치포럼(HLPF)이 설립되어 지속가능발전 어젠다 구성에 대해 유엔 사무총장 앞으로 보고서를 제출했다. 그리고 2015년 8월 2일 에티오피아 수도 아디스아바바에서 유엔 193개국이 2주간 이어진 회의 끝에 향후 15년간 국제개발 협력 지침이 될 'SDGs'에 최종적인 합의를 이뤘다(이창언·오유석, 2017: 167). 이어 9월 25일 뉴욕의 제70차 유엔 총회에서 전 세계 유엔회원국의 만장일치로 SDGs가 채택되었다. SDGs는 2015년 말 종료되는 유엔의 MDGs를 이어받는 이른바 '포스트 2015'를 목표로 17개 목표에 169개 항목을 설정했다.

2. MDGs가 남긴 성과와 과제

2000~2015년까지, 15년간 국제사회는 지구촌의 빈곤 퇴치와 삶의 질 향

상을 위해 많은 노력을 기울여 왔다. MDGs는 이전까지 경제성장을 위한 원조 중심의 국제개발 패러다임을 인간 중심의 사회발전을 위한 국제 협력체제로 이행하는 전환점이 되었다. 개발협력 분야의 국제규범으로서 MDGs는 빈곤문제를 개별국가의 문제가 아닌 지구촌 모두의 문제로 환기시켰다. 그 결과 MDGs를 통해 역사상 가장 단시간 내 빈곤 감소가 이루어졌으며, 개발도상국의 초등교육과 보건 분야는 주목할 만한 성과를 거둔 것으로 평가되고 있다(이창언·오유석, 2017: 168).

〈그림 4-1〉 MDGs 8개 목표

출처: 광명지속가능발전협의회(http://www.gm21.or.kr/gm21/g13/211)

SDGs의 전신이 된 MDGs는 극심한 빈곤과 기아 퇴치 등 개발협력에 관한 8개의 목표를 2015년까지 달성하는 것을 목표로 했다. MDGs에 대한 노력이 시작된 배경에는 과거 개발협력 방식에 대한 반성이 있었다. 1980년대 개발도상국의 경제구조를 조정하는 것이 곧 개발도상국의 경제발전과 빈곤의 감소로 이어질 것으로 간주했다. 그러나 이러한 개발협력은 순조롭게 진행되지 않았고 반대로 양극화를 심화시켰다. 따라서 1990년대에 들어서면서 보다 직접적으로 빈곤문제를 대응하는 방법에 관한 연구가 심화되었다. 1995년 세계사회개발정상회의에서 "세계의 절대 빈곤을 절반으로 줄인다"는 목표를 제시하고 이듬해에는 IDGs(국제발전목표: International Development Goals)가 채택된다. 그리고 2000년 유엔 새천년정상회의에서 채택된 '유엔새천년선언'과

'국제개발목표'를 총괄하는 형태로 2000년에 MDGs가 탄생한 것이다.

MDGs는 주로 개발도상국의 과제를 다루고 있다. MDGs 목표 7이나 목표 8의 일부에서 선진국이 당사자로 임해야 할 과제가 포함되어 있지만, MDGs의 틀은 선진국이 개발도상국과 후발 개발도상국의 심각한 문제 해결을 지원하겠다는 것이 주요 주제였다.

〈유엔 MDGs 달성에 관한 최종 평가보고서(2015)〉에서는 MDGs의 성과로 국제적인 발전목표에 수치, 목표를 명확히 설정하고 합의의 틀을 만든 것, 목표 달성기한을 2015년으로 제시한 점을 높게 평가하고 있다. 보고서에서는 MDGs를 "역사상 가장 성공한 빈곤 퇴치 운동이 됐다"라고 언급한다. MDGs는 양극화, 기후 위기, 금융위기 등의 문제에 효과적으로 대처할 수 없었던 한계를 갖고 있었으나 절대 빈곤층과 유아사망률 감소, 초등학교 진학률 제고 등 여러 분야에서 큰 성과를 거두었다. 2000년 이후 1.25달러 이하로 하루 생계를 해결하는 인구가 5억 명 줄었고, 유아사망률은 30% 이상 낮아졌으며, 말라리아로 인한 사망자도 4분의 1로 줄어들었다(이창언·오유석, 2017: 187).

〈표 4-3〉 MDGs의 주요 목표와 성과

목표	성과
극심한 빈곤과 기아 퇴치	최고 빈곤층이 약 50% 감소
보편적 초등교육 달성	개발도상국의 초등교육 순 취학률 11% 증가 청소년 문맹 퇴치율 8% 향상
성평등 추진	개발도상국 3분의 2 이상에서 초등교육 진학률 격차 해소
영유아 사망률 감소	5세 미만 아동 연간 사망 수 53% 감소
모성보건 증진	임산부 사망률 45% 감소 출산시 의료 종사자 입회 12% 증가
HIV/에이즈, 말라리아, 기타 질병 퇴치	HIV의 새로운 감염 약 40% 감소
지속가능한 환경 보장	안전한 식수를 구할 수 있는 사람 15% 증가
글로벌 파트너십 추진	인터넷 보급률 약 37% 증가

출처: SDGs media(https://sdgs.media/blog/6526/#MDGs-2) 재구성

그러나 MDGs는 일정한 성과를 거둔 반면, 목표에 미달한 과제가 남았다. 2030 지속가능발전 의제에서는 다음과 같이 아쉬움을 소개하고 있다.

> "약 15년 전 새천년발전목표에 대한 합의가 이뤄졌다. 이는 발전을 위한 중요한 체계를 제공하였으며, 여러 분야에서 상당한 성과를 이뤘다. 그러나 성과는 불균등한 양상을 보였고, 이는 특히 아프리카, 최빈개발도상국, 내륙개발도상국 및 군소도서개발도상국에서 이러한 모습이 두드러졌다. 새천년발전목표 중 일부 목표(특히 산모, 신생아, 아동 보건 및 생식 보건 관련 목표)는 달성이 미흡한 상태다. 우리는 관련 지원 프로그램과 연결하여 특히 군소도서개발도상국과 특수한 상황에 처한 여타 국가들에게 집중적이고 확대된 지원을 제공함으로써 아직까지 미흡한 목표를 포함한 모든 새천년발전 목표의 완전한 이행을 다시 약속한다. 이 새로운 의제는 새천년발전 목표를 기반으로 동 목표가 달성하지 못한 것(특히 가장 취약한 계층 고려)을 완성하고자 한다(2030 지속가능발전 의제 16항)."

MDGs의 한계를 정리하면 다음과 같다.

첫째, 감소는 했지만 여전히 극도의 빈곤과 기아 종식은 목표 달성에 다다르지 못했다. 전 세계 약 8억 명은 극도의 빈곤, 기아에 허덕이고, 매일 5세 미만 아동 16,000명이 목숨을 잃고 있다. 이는 대부분 예방 가능한 것이다. 전 세계 인구 24억 명이 개선되지 않은 위생시설을 이용하고, 이 중 9억 4,600만 명은 야외에서 대소변을 처리하고 있다. 그리고 8억 8,000만 명은 빈곤한 환경에서 생활하고 있다. 보고서는 "성공의 그늘에서 가장 가난한 사람들, 가장 취약한 사람들이 고립되고 있다"라고 표현한다.

둘째, 분명히 감소는 했지만 빈부격차, 도시와 농촌의 격차 해소라는 목표를 달성하지 못했다. 빈곤층 가정 자녀는 부유층과 비교할 때 4배 이상 학교에 가지 못하고, 5세 미만의 유아 사망률은 2배 높다. 안전한 위생시설을 갖추지 못한 사람의 비율은 도시가 18%, 농촌은 50%에 육박한다. MDGs의 틀은 선진국이 개발도상국을 지원하는 것이었지만, 국가나 도시와 농촌에 존재하는 격차를 해소하지는 못했다.

셋째, 여전히 뿌리 깊은 남녀 간 격차 해소도 목표를 달성하지 못했다. 전 세계적으로 볼 때 아직도 여성은 남성과 비교하면 취업 기회에서 차별을 받거나 정치적 의사결정 과정에서 배제되거나 빈곤상태에 놓여 있다. 일례로 전 세계 국회의원을 100명이라고 가정한다면 여성의 비율은 5명에 그쳤다. 이러한 불평등은 개발도상국뿐만이 아니라 선진국에서도 존재한다.

한편, MDGs는 수립 초기부터 시민사회와 전문가의 참여 부족으로 인해 그 목표가 개별 국가와 지역 간 불균형을 반영하지 못하였으며, 따라서 그 성과 역시 불평등을 악화시켰다는 비판에 직면했다. 또한 빈곤의 다면성과 개발을 위한 재원을 지나치게 단순화함으로써 결국 목표를 부분적으로 달성하는 데 그치고 말았다는 회의적인 시각도 존재했다(이창언·오유석, 2017: 167).

MDGs에 이은 새로운 틀은 다음의 두 가지 위기에 직면하면서 세계 지도자들과 다양한 이해관계자의 관심으로 이어졌다. 그것은 첫째, 지속가능성의 최대 위협인 분쟁과 확전, 그로 인한 빈곤과 기아 종식의 문제, 둘째, 기후 위기 등 지구환경 악화의 문제였다. 2014년 말, 분쟁 때문에 피난을 떠난 사람들은 약 6,000만 명으로 2차 세계대전 이후 최대였다. 분쟁으로 매일 평균 42,000명이 난민이 되어 보호를 요청했다. 이는 2010년보다 4배 높은 수치이다. 취약한 나라, 분쟁의 영향을 받는 나라는 높은 빈곤 상태에 놓여 있다. 안타깝게도, 21세기는 분쟁의 희생자가 감소하지 않았고 분쟁은 식량 부족과 빈곤을 초래했다. 한편, 세계의 CO_2 배출량은 1990년 이후 50% 이상 증가했다. 물 부족은 세계 인구의 40%에 영향을 미쳤고 향후 증가할 것으로 전망된다. 해양 어업자원의 남획으로 이용 가능한 해양자원의 비율은 1974년 90%에서 2011년 71%로 감소했다. 기후 위기와 환경의 악화는 대단히 심각하고, 다른 목표 달성까지 막았다. 예를 들면 물 부족과 자연재해는 CO_2 배출량을 증가시켜 지구환경을 악화시켰고 동시에 빈곤을 심화시켰다. 환경, 경제, 사회의 통합적 관리와 대책을 마련하지 못하면 확실히 지속가능한 미래를 장담할 수 없었다. 유엔은 MDGs의 경험을 다음에 어떻게 이어갈지에 대해 구체적인 답을 제시해야 했다. 이에 따라 MDGs의 성과와 한계, 향후 과제가 제시되었고 이를 바탕으로 2015년 이후의 행동계획이 검토되었다.

MDGs의 틀에서 SDGs가 계승한 것은 수치, 목표 설정, 모니터링 방법이다. 보고서에는 데이터에 2030 지속가능발전의제 기획과 실행에 필수적이라는 점이 강조됐다. MDGs 이후에는 더욱 정밀도가 높은 데이터를 효율적으로 입수해서 모니터링을 해야 한다는 것이었다. SDGs 이행·실천, 목표 달성은 지표로 평가되기 때문이다.

MDGs의 성과와 한계, 과제에 대한 평가를 바탕으로 SDGs의 채택까지는 약 5년의 시간이 걸렸다. MDGs가 빈곤 해결을 제시했다면, 'SDGs'는 공여국을 포함한 모든 국가가 함께 달성해야 한다는 보편성(universality)을 강조한다. SDGs는 빈곤 퇴치가 국제사회의 지속가능발전을 위한 필수조건이라는 인식을 강화했다는 점, 지나치게 사회 발전 중심으로 접근했던 MDGs의 한계와 불균형을 해소하는 노력을 기울였다는 점에서 지난 15년간의 시행착오를 극복하고자 하는 강력한 의지를 담아냈다고 할 수 있다(KOICA, 2015: 3). "범위에 있어 SDGs는 MDGs를 훨씬 넘어선다. 이는 새천년발전목표와 동일하게 빈곤 근절, 보건, 교육, 식량 안보, 영양 등 발전 우선순위를 유지하면서, 광범위한 경제적, 사회적, 환경적 목표들을 제시한다. 또한 보다 평화롭고 포용적인 사회를 약속하고 있으며, 또한 이행방안을 정의하고 있다는 점에서 주목할 만하다. 새로운 목표와 세부목표는, 통합적 접근방식에 대한 결정이 반영되어, 서로 밀접하게 연결되어 있으며, 많은 범분야적 요인이 존재한다(2030 지속가능발전 의제 17항)."

전 세계가 빈곤 퇴치라는 맥락에서 녹색경제, 그리고 지속가능성을 위한 새로운 틀(framework)을 새롭게 논의하고 있는 시점에서, SDGs에 대한 정부-지역사회 차원의 대응 논의는 중요하다(이창언, 2016: 168). SDGs에 대한 합의가 이루어진 만큼 개별 사회는 이를 달성하기 위해 구체적 이행계획을 수립해야 한다. SDGs가 2016년부터 2030년까지 향후 15년간의 국제환경 및 개발협력 분야 전반을 아우르는 국제사회 공통 전략 목표로 작용하기 때문이다. 따라서 SDGs 의제를 중심으로 개별국가들은 제시된 관련 목표와 세부목표 및 지표 등을 분석하여 SDGs 수립에 대한 대응 전략을 세우고 SDGs 이행 방안을 모색해야 한다(이창언·오유석, 2017: 178).

3. Post-2015 개발 의제 준비과정

SDGs는 92년 리우회의 이후 지속가능발전을 위한 노력의 결과물이라고 할 수 있다. SDGs는 1992년의 유엔 환경개발회의(UNCED) 즉, 지구정상회담(Earth Summit) 이후 20년의 성과와 과제의 연속선상이라고 할 수 있다.[2] 1992년의 의제 21(Agenda 21)과 지방의제 21(Local Agenda 21), 그리고 2002년(Rio+10회의)의 지방행동 21(Local Action 21) 등의 주도적 문제 해결 역시 전 세계에서 많은 성과를 이루었음에도 여전히 해결할 과제, 새로운 도전에 직면하게 된다. 리우+20회의는 "실질적인 이행 수단과 새로운 정치적 합의에 관한 결정은 후속 과정으로" 미뤘다거나 "선진국의 생태부채(ecological debt),[3] 사회와 환경정의를 다루지 않는다"거나 "경제적 지속가능성에만 중점을 두었다"는 등의 비판을 받았다. 그럼에도 불구하고 리우+20회의는 MDGs를 대체할 SDGs 수립을 결의했고, 유엔지속가능발전회의(UNCSD)는 국제적인 차원에서부터 국가차원, 지방차원, 그리고 시민사회 차원에 이르기까지 수준별

---

2) 지속가능한 발전을 추구해 온 세계인들의 노력은 1972년 스톡홀름회의 UNCHE(인간환경회의)를 시작으로 1992년 리우회의(UNCED, 유엔 환경개발회의), 2002년 요하네스버그회의(WSSD, 지속가능발전정상회의), 그리고 2012년 리우회의 지속가능발전회의(UNCSD)를 거치면서 글로벌 거버넌스를 통한 많은 협약과 선언, 이행 계획서로 발표돼 왔으며, 교토의정서를 대체할 기후변화 대응 관련 협약을 비롯하여 리우+20회의에서 제기된 '지속가능발전목표(SDGs)' 등이 나오게 된 것이다.

3) 생태부채는 북반구 선진국들이 제3세계 민중들에게 지고 있는 빚이다. 이 부채의 내역은 자원 착취, 환경파괴, 온실가스, 유독성 폐기물 처리를 위한 공간의 무단사용 등이다. 북반구 국가들은 지구의 환경을 남용하고, 생태적 한계를 고려하지 않은 발전모델을 추구하며, 지속 불가능한 형태의 자원 채취를 진행하고 있기 때문에 생태부채를 이행할 책임과 의무가 있다. 생태부채는 500년 전의 식민지 시대부터 지금까지 몇 가지 과정을 통해 지속되고, 계속 증가해왔다. 관련 내용은 한국기독교사회문제연구원의 기사(정지영, 2005. 1. 20. "아시아 태평양지역 생태부채 회의-강탈은 이제 그만! 그들은 우리에게 생태를 빚지고 있다.")를 참고하라.

로 새로운 과제를 부여했다.

Post-2015 개발 목표와 의제수립 과정은 두 갈래로 구분 지을 수 있다. 2010년부터 크게 2015년까지 유엔 SDGs의 내용을 준비하고 협상을 통해 제정하는 과정과 2016~2030년까지의 이행 및 모니터링 과정이다. 2010~2015년까지의 준비과정은 사전 예비 논의(2010~2012년), 의견 수렴 및 의제 설정(2012년 6월~2013년 7월), 의제 구체화 및 예시적 목표 제시(2013~2014년 12월), 목표 협상 및 채택(2015년~2030년)으로 구분된다. 2016~2030년 이행 과정은 국내이행 준비(2016년)를 포함한 전반기 이행(2016~2017년)과 후반기(2028~2030년) 이행으로 구분된다.

준비기 첫 단계는 MDGs 이후의 개발목표를 수립하기 위해 유엔 사무총장을 중심으로 이루어진 Post-MDGs 설정 활동이고, 다른 하나는 Rio 정상회의 20주년을 기념하고 새로운 국제적 모멘텀 창출을 시도했던 Rio+20의 보고서와 결의안에서 시작된 SDGs 수립과정이라 할 수 있다.[4] 2015년 유엔 총회 산하의 OWG-SDGs 정부 간 협상(1월~7월)에서 구체적인 목표와 문안에 대한 합의가 도출되었다(이성훈, 2015: 57). SDGs 만들기 과정은 〈표 4-4〉와 같다.

〈표 4-4〉 SDGs 수립 과정[5]

유엔시스템 작업반	유엔 사무총장 고위급패널	유엔 사무총장 보고서	지속가능발전목표 공개작업반	지속가능발전목표 공개작업반	유엔개발정상회의 SDGs 채택
➡	➡	➡	➡	➡	➡
3개 기본 원칙 4개 핵심방향	12개 목표	15개 목표	19개 중점영역	17개 목표	17개 목표
2012. 06.	2013. 05.	2013. 07.		2014. 08.	2015. 09.

출처: KoFID 외(2016: 10) 재구성

4) 이창언(2016), "유엔지속가능발전목표(SDGs) 등장배경", 평택시민의 신문(2016. 5. 4.).

유엔 관련 기구의 지속가능발전목표 논의의 흐름을 살펴보면 다음과 같다.

유엔개발계획(UNDP)은 Post-2015 어젠다에 대한 36개 개발도상국의 11개 주제별 자문 및 온라인 자문을 반영한 〈The Global Conversation Begins 보고서〉를 발표한다. 이 보고서에는 SDGs를 구체적으로 제안하지는 않았지만 구체성을 띤 목표의 집중(focus)과 측정 가능(measurability)하고, 균형적(balanced)이며 전체적(holistic)이고, 보편적(universal)인 의제 수립과 우선순위를 부여하는 데 기여하였다(UNEP, 2014; 이창언, 2016: 25 재인용).

유엔환경계획(UNEP)은 Post-2015 의제에 '환경' 요소를 충분히 포함할 것을 강조하며, 지속가능발전의 세개의 요소를 충족하는 '한정된 수의 통합된 목표(limited number of integrated goals)'와 서로를 보완하는 세부목표 및 지표를 수립하는 방안을 제시했다(UNSDKP, 2014). 나아가 지속가능한 소비와 생산에 대한 10년 계획(10 YFP)을 수립하였다.

지속가능발전을 위한 고위급정치포럼(HLPF)은 예시적 목표를 12개로, 54개의 세부목표를 제시하며 SDGs를 구체화했으며, '지속가능발전해법네트워크(SDSN)'의 지도이사회(Leadership Council)는 2013년 6월 Post-2015 발전의제 10개 목표(goal)와 30개 세부목표(target)를 포함한 〈An Action Agenda for Sustainable Development 보고서〉를 발표하고, 2014년 2월 100개의 지표(indicator)를 발표하면서 한 달 동안 서면을 통한 대중자문을 수렴하였다.

유엔 워터(UN-Water)는 유니세프(UNICEF), 유엔경제사회국(UNDESA)과

---

5) 〈표 4-4〉는 SDGs 만들기 과정을 도표로 보여주고 있다. 표에 대한 첨언을 하면 다음과 같다. 2012년 6월 유엔시스템작업반은 〈우리가 원하는 모두를 위한 미래의 실현(Realizing the Future We Want for all)〉이라는 제목의 보고서를 통해 새로운 개발협력 목표의 기본적 틀로 3개 기본 원칙(인권, 평등, 지속가능성)과 4대 핵심방향(평화와 안보, 포괄적 사회개발, 포괄적 경제개발, 환경적 지속가능성)을 제시했다. 이를 바탕으로 유엔 사무총장고위급패널, 유엔 사무총장실, 지속가능발전목표 공개 작업반이라는 유엔 내의 세 가지 기관은 각각의 보고서를 발간하여 새로운 개발협력의 잠정목표를 제시한다. 이 중 2013년 7월에 발간된 유엔 사무총장 보고서는 '불평등' 이라는 주제를 별도의 목표로 설정해야 한다는 국제 시민사회의 주장을 수용했다는 점에서 특별한 의미를 지닌다.

함께 post-2015 개발의제에 물에 대한 단독 목표를 설정할 것을 주장하며 물과 위생, 수자원 관리, 폐수 관리 및 수질 등을 포함할 것을 제시했다. 유엔워터(UN-Water)는 post-2015 의제에 "물에 대한 단독 목표 설정과 측정 가능한 지표 설정"을 주장했다. 물과 위생에 관한 사무총장자문위원회(UN-SGAB)는 안전한 식수와 평등한 위생에 대한 접근성, 폐수 관리 및 오염방지, 통합적 물 관리 및 물 사용 효율성 등 3개 분야에서 정성적, 정량적, 기간이 정해진 세부목표(target)를 설정할 것을 강조했다.[6)]

유엔생물다양성협약(UNCBD)의 사례도 SDGs 수립과정을 이행하는 데 도움이 된다. 유엔생물다양성협약(UNCBD)은 SDGs와 연계성을 강조하며 '아이치 생물다양성 목표(Aichi Biodiversity Targets)', 유엔사막화방지협약(UNCCD), 유엔기후변화협약(UNFCCC)이 지속가능발전에 시너지 효과를 창출할 수 있음을 강조했다. 이러한 관점을 견지한 유엔기후변화협약 더반플랫폼 작업반(ADP)은 2020년 이후 모든 당사국에 적용되는 신기후체제 협상의 로드맵을 도출하였다(환경부, 2014: 6). SDGs의 설정과 관련한 부분은 유엔 총회를 통한 정부 간 협상중심의 절차를 따르기로 합의됨에 따라 모든 이해당사자에게 개방된 정부 간 협의체인 지속가능발전목표 공개작업반(Open Working Group, OWG)을 결성하고 총 8회에 걸친 분야별 안건들을 논의하여 그 결과를 68차 유엔 총회에 제출하기로 하였다(IISD, 2014: 4; 환경부, 2014: 7). 또한 작업반 회의 결과의 검토를 통해 SDGs에 관한 중점분야(focus area)를 제시하기도 하였다(UNSDKP, 2014b). OWG에서는 작업반 회의 결과에 관한 검토를 통해, SDGs에 관한 중점분야(focus area)로 19개를 제시하고, 연관되는 중점분야를 8개의 클러스터(Cluster)로 재구성한다. 이 내용이 SDGs의 주요 골격이 되었다.[7)] 2014년 2월부터 시작된 지속가능발전목표 공개작업반은 총 13차

6) 이창언(2016), "유엔지속가능발전목표(SDGs) 등장배경 2," 평택시민의 신문(2016. 5. 4.).

7) 중점 분야 8개의 장은 아래와 같다.
Cluster 1-빈곤 퇴치, 평등 촉진. Cluster 2-성평등 및 여권 신장, 교육, 고용 및 양질의 일자리, 보건과 인구 동태. Cluster 3-물과 위생, 지속가능한 농업, 식량 안보 및 영양. Cluster 4-경제 성장, 산업화, 사회 기반시설, 에너지. Cluster 5-지속가능한

례 회의 끝에 2014년 8월, 17개 목표를 담은 문서를 유엔에 제출했다.

4. 새로운 시대, SDGs의 의미

2015년 9월 유엔본부에서 '유엔 지속가능발전 정상회의(Rio+20)'가 개최되어 '지속가능발전을 위한 2030 의제'가 채택되었다. 동 의제의 핵심이 된 것이 지속가능발전목표(Sustainable Development Goals, 이하 SDGs)다.

SDGs는 2개의 국제적인 대응을 받아 채택되었다. 하나는 지속가능발전을 위한 대책이 지구정상회의(유엔 환경개발회의, 1992년), 요하네스버그 정상회의(세계지속가능발전정상회의, 2002년), 리우+20(유엔 지속가능발전회의, 2012년)으로 진화함에 따라 이루어진 흐름이며, 다른 하나는 국제협력의 맥락에서 수차에 걸친 개발협력 10년의 활동 및 유엔 밀레니엄 총회(2000년)를 통해 만들어진 MDGs의 후속 목표로서 자리매김하고 있다. 유엔은 새로운 의제인 SDGs를 채택하면서 지금까지 전례가 없는 획기적인 새로운 의제라는 점을 강조하고 있다.

"우리는 오늘 통합적이며 불가분한 17개의 지속가능발전목표와 169개의 관련 세부목표들을 발표한다. 세계 지도자들이 이처럼 광범위하고 보편적인 정책 의제에 대해 공동의 행동과 노력을 서약한 것은 전례가 없는 일이다. 우리는 지속가능발전을 향한 공동의 여정을 시작하며, 전 세계의 발전과 모든 국가와 전 세계에 큰 이익을 가져올 상생의 협력을 추구하기 위해 함께 헌신할 것이다. 우리는 모든 국가가 자국의 모든 부, 천연자원 및 경제활동에 관한 완전하고 영구적인 주권을 가지며 이를 자유롭게 행사해야 한다는 점을 재확인한다. 우리는

도시 및 인간정주, 지속가능한 소비 및 생산촉진, 기후. Cluster 6－해양자원, 해양·연안의 보전 및 지속가능한 이용, 생태계와 생물다양성. Cluster 7－지속가능발전을 위한 이행 수단/글로벌 파트너십. Cluster 8－평화적 및 비폭력 사회, 법에 의한 규제 및 역량 있는 제도.

현재와 미래세대를 위해, 전 인류를 위해, 이 의제를 이행할 것이다. 그렇게 함으로써 우리는 국제법에 대한 우리의 약속을 재확인하고, 이 의제가 국제법상 국가들의 권리와 의무에 일치하는 방식으로 이행된다는 점을 강조한다(2030 지속가능발전 의제 18항)."

〈그림 4-2〉 MDGs와 SDGs

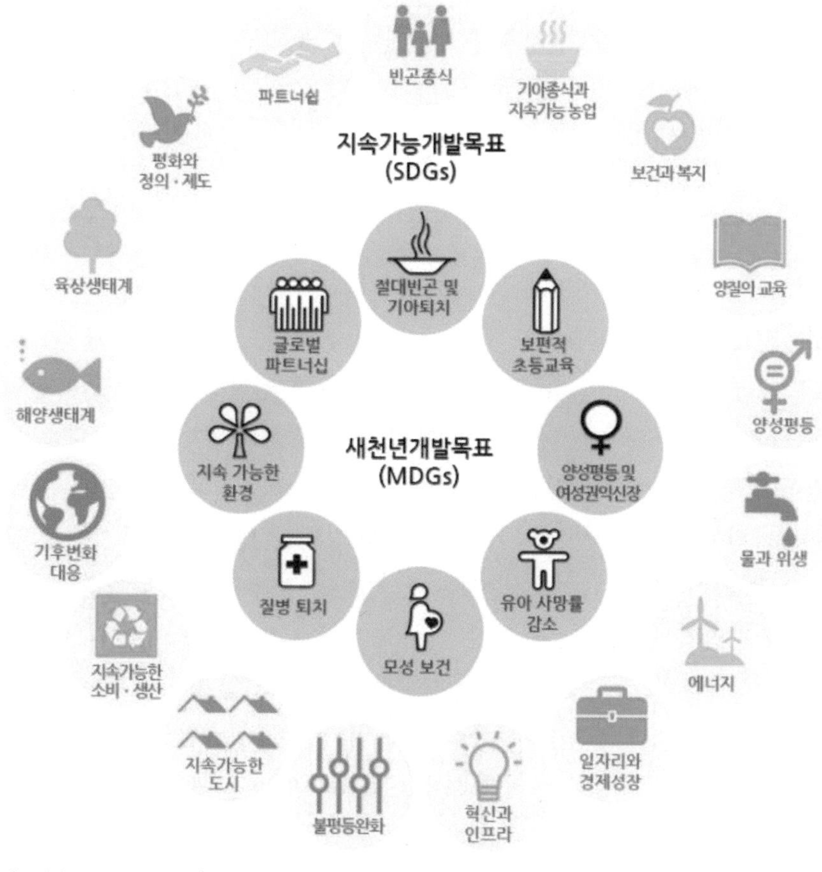

출처: 지속가능발전포탈(http://ncsd.go.kr/)

MDGs와 비교하여 SDGs의 의미를 요약하면 다음과 같다.

첫째, 과거 MDGs 수립과 실행과정이 유엔 사무국이 중심이 되었다면, 국제사회가 합의한 SDGs는 유엔 회원국 중심이라는 점, 규범의 대상도 개발도상국에서 개발도상국과 선진국 모두를 포함한다는 점, 다자간 이해관계를 포함하며 장기적 이행평가 메커니즘을 가지고 있다는 점에서 한 단계 진일보한 국제규범이라 할 수 있다. 사실 MDGs의 8개 목표는 상호연관성이 모호하여 목표 사이의 시너지 효과를 높이는 전략과 정책이 부족했다는 비판이 많았다. SDGs의 17대 목표, 169개 세부목표는 이러한 비판을 수용하여 한 차원 업그레이드한 것이라 할 수 있다.

둘째, SDGs는 사회발전, 경제성장, 환경보호의 3대 분야와 거버넌스 등 총 네 가지 국가-도시 경영을 통합하고 있다. SDGs는 빈곤 퇴치라는 MDGs 기조와 함께 포용성(Inclusiveness), 보편성(Universality), 평등(Equality) 등 새로운 기조가 강조되었다. 이는 17대 목표에도 잘 드러나고 있다(이창언, 2016: 284).

목표 1(빈곤 종식)과 목표 2(기아 종식 등)에서는 빈곤의 모든 면을 포함하는 것으로 SDGs 전체를 관통하고 있다. 보건과 건강 등을 다루는 목표 3에서도 개별적 보건 이슈 해결이 아니라 인간의 보편적인 권리로서 건강권의 관점에서 접근하고 있다. 교육을 다루는 목표 4에서는 교육의 양적 성장보다는 교육의 질을 강조하고 있으며 인간 전체 발달 단계의 모든 교육을 포함하고 있다. 성평등을 비롯한 여성-여아의 권리와 역량 강화를 다루는 목표 5는 차별의 원인과 구조개혁을 직접적으로 다루고, SDGs 전체에 광범위하게(Cross-cutting) 반영되어 있다. 목표 6은 식수와 위생관리를 넘어 수자원 관리, 폐수 및 수질 관리의 분야까지 통합적 접근을 강조하고 있다. SDGs는 국내·국제적 불평등 감소, 모든 형태의 차별 철폐 및 성평등 달성부터 지속가능한 산업화 추진, 육상과 해양의 생태계 보호, 수자원·에너지 관리 향상 및 신재생에너지 확대, 기후 위기 해결을 위한 긴급 행동, 분쟁지역의 평화 달성 및 세계난민수용 등 광범위한 주제들을 아우르고 있다. SDGs는 지속가능발전(SD)이라는 다소 모호한 개발이념을 가시적이고 달성 가능한 목표로 전환해 주는 정책수단 또는 프레임워크(policy tool/framework)의 역할을 한다.

셋째, SDGs는 모든 국가가 자국의 경제 및 사회발전에 일차적인 책임이 있으며, 개별 국가가 처한 상황과 문화가 다른 만큼 국가정책 및 발전전략, 국내 자원의 활용방안 등이 중요한 역할을 한다는 것을 인지하고 있다. 나아가 개발도상국 또는 특별한 관심이 요구되는 국가-아프리카 국가, 최빈개발도상국, 내륙개발도상국, 군소도서개발도상국(Small Island Developing States, 이하 SIDs) 등-에의 관심을 강조하고 있으며, 17대 목표와 세부목표를 통해 구체화되고 있다. 또한 SDGs를 달성하기 위해서는 정부(지방정부)뿐만 아니라 시민사회, 민간기업 및 유엔 산하 기구들이 공동으로 노력해야 한다는 점을 상기하며, 이행과정의 점검에서는 유엔 총회와 유엔 경제사회이사회(UN ECOSOC)가 주관하는 지속가능발전을 위한 고위급정치포럼(High Level Political Forum, HLPF)이 중추적인 역할을 수행할 것을 기대하고 있다(KOICA, 2014: 9).

〈표 4-5〉 새천년개발목표와 지속가능발전목표 비교

구분	MDGs(2002-2015)	SDGs(2016-2030)
범위	사회발전 중심	지속가능한 발전(경제, 사회, 환경 포함)
달성 주제	극심한 빈곤 중심	모든 형태의 빈곤과 불평등 감소
달성 대상 국가	개발도상국이 달성해야 하는 문제	개발도상국과 선진국 공통의 문제
재원 마련	공적개발원조(ODA)	국내공공재원(세금), ODA, 민간재원(무역, 투자) 등 다양
감시와 모니터링	자발적으로 이행 결과를 유엔에 보고	유엔이 주도하여 각 국가의 보고를 권고

출처: KOPID 외(2016: 8)

국제사회가 합의한 SDGs는 전 지구적인 발전 의제로서 국가 간 합의와 주요 그룹의 참여로 폭넓은 논의를 전개하기 위해 노력했다는 점에 큰 의의가 있다. 사실 MDGs의 8개 목표는 상호 연관성이 모호하여 목표 사이의 시너지 효과를 높이는 전략과 정책이 부족했다는 비판이 많았다. 따라서 SDGs의 17대

목표, 169개 세부목표는 이러한 비판을 수용하여 한 차원 업그레이드한 것이라 할 수 있다. SDGs는 유엔 스스로가 "사람과 지구를 위한 21세기의 새로운 헌장"이라고 부를 정도로 획기적인 의미를 갖는 새로운 발전전략이고 그 실현을 위한 공동행동협약이다. SDGs는 2012년 6월의 Rio+20 이후 2년여에 걸쳐 193개 유엔 회원국 정부 대표들 및 세계 곳곳의 각급 시민사회단체들이 연구, 협의, 협상을 통해 개발해온 목표 세트라고 할 수 있다(이창언, 2016: 258).

| 5장 |

'지속가능발전을 위한 2030 의제'를 통해서 본 SDGs

SDGs는 "인간과 지구 그리고 번영을 위한 행동계획"이다. SDGs는 "더 큰 자유 안에서 보편적 평화의 증진을 추구"하고 "절대빈곤을 포함한 모든 형태와 차원의 빈곤을 근절하는 것"을 목표로 한다.

SDGs는 "빈곤과 결핍의 횡포로부터 인류를 해방하고, 지구를 보호하고 치유할 것을 결의하고 지속가능하고 회복력 있는 세상으로의 전환을 위해 필요한 시급하고 담대하며 혁신적인 조치를 한다. 그리고 실천과정에서 "그 누구도 소외되지 않도록" 세심한 계획을 수립한다. SDGs 17개 목표와 169개 세부목표는 보편적 의제의 범위와 포부를 담고 있다. SDGs는 MDGs에 기반을 두고, 그 미완의 과제를 완성한다. "SDGs 17개 목표와 169개 세부목표는 통합적이고, 불가분하며, 지속가능발전의 세 가지 차원인 경제, 사회, 환경의 균형을 추구"하고, "인류와 지구에 매우 중요한 분야에서 향후 15년간의 행동을 촉진할 것이다. 모든 국가와 이해관계자들은 협력적인 파트너십으로 행동하면서 이 계획을 이행할 것(2030 지속가능발전 의제 〈서문〉 중)"이다.

1. '지속가능발전을 위한 2030 의제' 〈서문〉을 통해서 본 SDGs

SDGs의 본질적 내용이란 무엇일까? 그것을 이해하기 위해서는 SDGs 관련 도서나 자료를 읽어보는 것이 유익할 것이다. 사실 '지속가능발전을 위한 2030 의제'의 서문과 선언은 SDG의 본질을 표현한다. 기독교 이해는 성경을, 불교 이해는 불경을, 이슬람에 대한 이해는 코란을 읽어야 하는 것처럼 「우리 세계의 전환: 지속가능발전을 위한 2030 의제」에 대한 꼼꼼하고 깐깐한 검토는 SDGs에 대한 정확한 이해를 위해 필수적이다. 그 이유는 이 문서야말로 SDGs 최고의 '검정 교과서'라고 할 수 있기 때문이다. 선언에 기재되어 있는 그 의미와 유래를 차근차근 짚어보면 SDGs가 유엔의 70여 년 활동을 집대성한 결과물임을 읽어낼 수 있다. 이 장에서는 서문과 선언에서 특히 주목해야 할 부분을 추출했다. 서문과 선언의 내용은 SDGs의 특징과 지향을 명시하고 있다. 서문의 핵심은 "모든 형태의 빈곤과 기아의 종식", "누구도 소외하지 않는다", "21세기 인간과 지구를 위한 헌장"이라는 대목에 집중적으로 드러나 있다.

> "본 의제는 사람, 지구 및 번영을 위한 행동계획이다. 이 계획은 또 더 큰 자유 속에서 **보편적 평화**를 증진하고자 한다. 우리는 극빈을 포함한 모든 형태와 차원의 빈곤을 근절하는 것이 지속가능발전을 위한 최대의 글로벌 과제이자 하나의 필수요건임을 인식한다."

UN 70차 총회 공식문서 '**우리 세계의 전환: 지속가능발전을 위한 2030 의제**(Transforming our world: the 2030 Agenda for Sustainable Development)'는 서문(Preamble), 선언(Declaration) 59단락, 지속가능발전목표(Sustainable Development Goals), 이행수단(Means of implementation), 후속 조치 및 평가(Follow up and review)로 총 91항으로 이루어져 있다(이창언, 2020a: 404).

〈표 5-1〉 지속가능발전을 위한 2030 의제의 구조

<table>
<tr><th>구분</th><th colspan="2">내용</th></tr>
<tr><td>서문</td><td>인간, 지구, 번영, 평화, 협력의 5P 의제</td><td rowspan="9">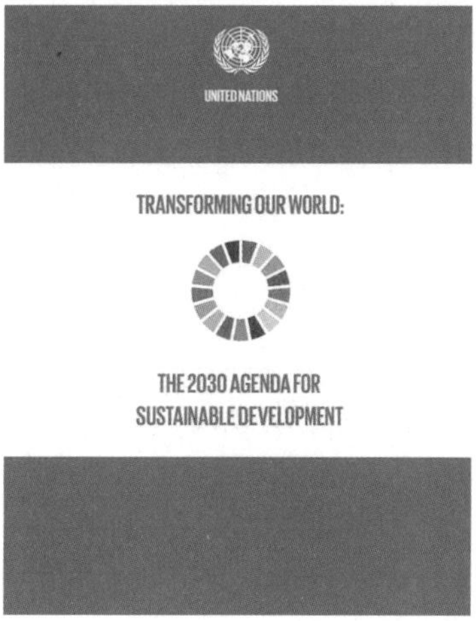</td></tr>
<tr><td rowspan="8">선언</td><td>머리말</td></tr>
<tr><td>비전</td></tr>
<tr><td>공유 원칙과 약속</td></tr>
<tr><td>오늘날의 세계</td></tr>
<tr><td>새로운 의제</td></tr>
<tr><td>이행수단</td></tr>
<tr><td>후속 조치와 검토</td></tr>
<tr><td>세계의 변화를 위한 행동 요구</td></tr>
<tr><td>목표</td><td colspan="2">17개 목표, 169개 세부목표, 231개 지표</td></tr>
<tr><td colspan="3">이행수단과 파트너십</td></tr>
<tr><td colspan="3">후속 조치와 검토: 국가 차원, 지역 차원, 세계 차원</td></tr>
</table>

'우리 세계의 전환: 지속가능발전을 위한 2030 의제' 서문, 첫 번째 단락에서는 SDGs가 "인간, 지구, 번영을 위한 행동계획"이라고 명시하고 있다(이창언 2021: 3066). 이는 '2030 지속가능발전 의제(지속가능발전을 위한 2030 의제, 2030 의제로도 불림)'의 분명한 지향을 보여주는 것이다.

"모든 국가와 이해관계자들은 협력적인 파트너십으로 행동하면서 이 계획을 이행할 것이다. 우리는 빈곤과 결핍의 횡포로부터 인류를 해방시키고, 지구를 보호하고 치유할 것을 결의한다. 우리는 세계가 지속가능하고 회복력 있는 길로 전환하기 위해 필요한 시급하고 담대하며 혁신적인 조치를 취할 것을 다짐한다. 우리는 공동의 여정 속에서 그 누구도 소외되지 않도록 할 것을 서약한다."

인간, 지구, 번영 그리고 평화는 지속가능발전의 가장 중요한 분야인 5개의 P(People, Planet, Prosperity, Peace, Partnership)축으로 제시된다. 계속해서 극단적인 빈곤(즉 기아)을 포함한 모든 형태의 빈곤 종식이 지속가능발전을 위한 최대 과제이자, 필수 요건이라고 강조한다. 이것이 2030 의제의 가장 중심적인 주장이다. 즉, 사람 중심의 지속가능성 개념이 여기에 강하게 제기된다. '2030 지속가능발전 의제'에는 3항, 27항, 72항 c 등 총 3개 항에 '사람 중심'이 기술되어 있다.[1)]

서문 두 번째 단락에서는 "모든 국가 및 모든 이해관계가 협력적인 '파트너십' 하에서 이 계획을 이행하는 것"의 의미와 중요성을 명시하고 있다. 즉 SDGs는 개발도상국에서 선진국에 이르기까지 모든 나라가 대응해야 할 보편적인 목표라는 사실을 확인할 수 있다. 두 번째 단락에서 5개의 P가 모두 등장한 셈이다.

> "우리가 오늘 발표하는 17개 지속가능발전목표(SDGs)와 169개 세부목표는 이 새로운 보편적 의제의 규모와 포부를 보여준다. 이 목표들은 새천년개발목표(MDGs)를 기반으로 구축하여 새천년개발목표가 달성하지 못한 것을 완성하고자 한다. 이 목표들은 모든 사람의 인권 실현과 성평등, 모든 여성과 소녀의 권익 신장을 추구한다. 이 목표들은 통합적이고 불가분하며, 지속가능발전의 경제, 사회, 환경이라는 세 가지 차원이 균형을 이루고 있다."

세 번째 단락에서는 새천년개발목표(MDGs)가 SDGs의 17개의 목표와 169개의 세부목표의 토대가 되었음을 명시한다. 즉 SDGs는 2015년에 갑자기 내걸

---

1) 사람 중심은 2030 의제 3항, 27항 "우리가 섬기는 국민을 대신하여 포괄적이고 광범위한, '사람 중심'의, 보편적이고 혁신적인 목표와 세부목표에 대한 역사적인 결정을 내린다(3항).", "우리는 청년고용, 특히 여성의 경제적 권익신장, 모두를 위한 양질의 일자리 확대를 통해, 역동적이고 지속가능하면서 혁신적인 사람 중심의 경제를 구축하기 위해 노력할 것이다(27항).", "동 과정은 사람 중심이며, 성 인지적이고, 인권을 존중하며, 특히 최빈곤층과 가장 취약한 계층 그리고 가장 뒤처진 이들에게 초점을 맞출 것이다(72항 c)."

린 목표가 아니라, 과거에 달성되지 않았던 국제 과제가 계승된 것임을 알 수 있다. 그러므로 인권, 젠더, 평등, 여성과 여아의 역량 강화는 가장 중요한 과제 군으로 자리매김이 된다. 여기서도 역시 인간 중심의 지속가능성 개념이 전면에 나선다.

> "오늘 발표하는 17개 지속가능발전목표(SDGs)와 169개 세부목표는 이 새로운 보편적 의제의 범위와 포부를 보여준다. 이는 새천년발전목표(MDGs)에 기반을 두고, 그 미완의 과제를 완성하고자 한다. 지속가능발전목표와 세부목표는 모든 인권의 실현, 성평등의 달성, 모든 여성과 여아의 권익 신장을 추구한다. 이는 통합적이고, 불가분하며, 지속가능발전의 세 가지 차원인 경제, 사회, 환경의 균형을 추구한다."

2030 의제 서문에서는 17개 목표(Goals) 및 169개 세부목표가 통합적이고 불가분한 관계임이 강조되고 있다. 지속가능발전의 3개 측면(경제, 사회, 환경)의 조화가 가진 중요성이 언급되고 있다. 여기서 '통합적이고 불가분'이라는 표현이 의미하는 것은 각 목표 및 세부목표의 달성이 개별적이지 않고 상호 관련성을 고려하여 이루어져야 한다는 점이다. 이것은 서문 세 번째 문단의 마지막 단락에서 언급한 "통합적이고, 불가분하며, 지속가능발전의 세 가지 차원인 경제, 사회, 환경의 균형을 추구한다"는 문장에서 확인할 수 있다.

2. '지속가능발전을 위한 2030 의제' 〈전문〉을 통해서 본 SDGs

전문인 제1 단락에서 제3 단락까지만 읽어도 SDGs의 핵심은 거의 다 파악할 수 있다. 전문 전반부는 SDGs가 지속가능발전(SD)이라는 다소 모호한 이념을 가시적이고 달성 가능한 목표로 전환해 주는 정책 수단 또는 프레임워크(policy tool/framework)의 역할을 한다는 점을 알려준다(이창언, 2017: 176-

177). SDGs의 17개 목표는 사람(People), 번영(Prosperity), 환경(Plant), 평화(Peace), 파트너십(Partnership)처럼 5개의 P축으로 재구성될 수 있다. 빈곤과 기아 퇴치, 건강, 교육, 성평등 등 사회발전은 사람으로, 일자리와 경제성장 및 산업화, 불평등 감소의 내용은 번영으로, 모든 사회와 미래 세대를 위한 기후 위기 등 생태계 보호는 환경으로, 안전하고 평화로운 사회 및 정의를 위한 거버넌스와 제도 구축은 평화에 함축되어 있다. 파트너십은 이행수단과 지속가능발전을 위한 글로벌 파트너십의 촉진을 목표로 한다(이창언, 2016: 284). 〈전문〉에서는 SDGs가 "인류에게 그리고 지구에 대단히 중요한 분야에서 향후 15년에 걸쳐 행동을 촉진할 것"임을 밝히고 있다. 다시 말해 SDGs가 2030년에 종료한다는 것을 알려준다. 따라서 SDGs의 달성을 위한 수단으로써 '거버넌스(Governance)'가 강조된다.

〈표 5-2〉 SDGs 5P의 내용과 핵심어

5P	구성요소	서술 내용	핵심어
인간	사회발전	"우리는 모든 형태와 차원의 빈곤과 기아를 종식하고, 모든 인간이 존엄과 평등 속에, 그리고 건강한 환경에서 자신의 잠재력을 실현할 수 있도록 보장할 것을 결의한다(2030 지속가능발전 의제 서문)."	빈곤과 기아, 존엄과 평등, 건강한 환경, 인간의 잠재력
지구	환경보호	"우리는 현재와 미래세대의 요구에 부응하기 위해, 지속가능한 생산과 소비, 천연자원의 지속가능한 관리, 기후변화에 대한 시급한 대응을 통해 지구의 환경 악화를 막을 것을 결의한다(2030 지속가능발전 의제 서문)."	세대 간 형평성, 지속가능한 생산과 소비, 자연자원의 지속가능한 관리, 기후 위기 대응, 지구의 지속가능성
번영	경제발전	"우리는 모든 인류가 풍요롭고 보람찬 삶을 영위하고, 경제, 사회, 기술적 진보가 자연과 조화 속에서 이뤄질 수 있도록 보장할 것을 결의한다(2030 지속가능발전 의제 서문)."	풍요로운 삶, 자연과 조화를 이루는 진보

5P	구성요소	서술 내용	핵심어
평화	전제조건 및 방법	"우리는 공포와 폭력이 없는 평화롭고 공정하며 포용적인 사회를 조성할 것을 결의한다. 평화 없는 지속가능발전은 있을 수 없으며, 지속가능발전 없는 평화도 있을 수 없다(2030 지속가능발전 의제 서문)."	평화, 공정, 포용
파트너십	전제조건 및 방법	"우리는 모든 국가와 이해관계자, 더 나아가 전 인류의 참여 속에, 굳건한 국제 연대의 정신에 기반하여 지속가능발전을 위한 글로벌 파트너십의 재활성화를 통해, 특히 최빈곤층과 가장 취약한 계층의 요구에 중점을 두고, 본 의제 이행에 필요한 대책을 마련할 것을 결의한다(2030 지속가능발전 의제 서문)."	글로벌 연대 정신, 사회적 약자에 초점, 모든 국가·모든 이해관계자의 참여, 파트너십

출처: 저자 재구성

SDGs는 절대빈곤을 포함한 모든 형태와 차원의 빈곤을 근절하는 것이 전 세계의 최대 과제이자 지속가능발전의 필수 요건임을 인식한다. 또한 경제, 사회, 환경이라는 세 가지 차원에서 통합성과 균형성을 고려한 지속가능발전을 달성할 것을 약속한다. 그리고 새천년발전목표의 성과에 기반하여, 그 미완의 과제를 다룰 것(2030 지속가능발전 의제 2항)"이라고 선언한다. 그리고 '2030 지속가능발전 의제' 4항에서는 "우리는 공동의 여정을 시작하며, 그 누구도 소외되지 않도록 할 것을 서약한다. 우리는 인간의 존엄성이 가장 근본이 됨을 인식하면서, 모든 국가와 전 인류 그리고 사회의 전 영역에서 모든 목표와 세부목표가 달성되기를 소망한다."라고 기술하고 있다. 여기서 언급하는 인간이란 모든 '개인'이지만 소외된 사람들을 염두에 두고 있다. SDGs는 개인의 잠재능력을 발휘하기 위해서는 존엄, 평등, 건강을 확보하는 것이 중요하다고 강조한다.

〈표 5-3〉 2030 지속가능발전 의제의 구성과 주요 내용

선언	
대처해야 할 과제	3. 우리는 지금부터 2030년까지 모든 곳에서 빈곤과 기아를 종식시키고, 국내와 국가 간 불평등을 해소하며, 평화롭고 공정하며 포용적인 사회를 건설하고, 인권을 보호하고 성평등을 촉진하며 여성과 여아의 역량을 강화하고, 지구와 천연자원의 영구적 보호 보장을 결의한다. 또한, 국가들의 개발 수준과 역량 수준의 차이를 고려하면서, 지속가능하고 포용적이며 지속적인 경제성장과 공동번영을 추구하고, 모두를 위해 양질의 일자리를 위한 여건을 창출할 것을 결의한다.
누구도 소외하지 않는다.	4. 우리는 위대한 공동의 여정을 시작하면서, 이 여정에서 누구도 소외되지 않게 할 것을 서약한다. 우리는 인간의 존엄이 근본이 됨을 인식하면서, 모든 국가와 국민 그리고 사회의 모든 부문에서 이 목표들이 달성되기를 희망한다. 그리고 우리는 가장 뒤처진 사람들에게 먼저 다가가도록 노력할 것이다.
우리의 세상을 변화시키기 위한 행동 촉구	
유엔의 가치관	49. 70년 전 지난 세대의 세계 지도자들은 한자리에 모여 유엔을 창설하였다. 전쟁의 잿더미와 분열 속에서 그들은 유엔과 그 기반이 되는 **평화, 대화 및 국제협력**의 가치를 탄생시켰다. 그러한 가치들을 궁극적으로 구현한 것이 유엔헌장이다.
새로운 의제의 역사적 의의	50. 또한 오늘 우리는 역사적으로 대단히 중요한 결정을 내린다. 우리는 양질의 존엄하며 보람 있는 삶을 영위하고 인간의 잠재력을 완전히 달성할 기회를 잃어 온 수많은 이를 포함하여 모든 사람을 위해 더 나은 미래를 건설할 것을 결의한다. 우리는 지구를 구할 기회를 가진 마지막 세대가 될 수도 있는 만큼, **빈곤 종식**에 성공하는 첫 번째 세대가 될 수 있다. 우리의 목적 달성에 성공한다면 세계는 2030년에 보다 나은 곳이 될 것이다. 51. 우리가 오늘 발표하는 향후 15년간 글로벌 행동을 위한 의제는 21세기의 인간과 지구를 위한 헌장이다. 아동 및 젊은 여성과 남성은 변화를 이끄는 중요한 행위자이고, 새로운 목표 안에서 그들의 무한한 행동주의 역량을 보다 나은 세계의 창조에 투입하기 위한 발판을 찾을 것이다.

우리의 세상을 변화시키기 위한 행동 촉구	
인간중심의 의제	52. '우리, 시민들(We the Peoples)'은 유엔헌장의 유명한 첫 문구이다. 2030년으로 가는 길에 오르는 사람들은 바로 '우리, 시민들'이다. 우리의 여정은 정부뿐 아니라 의회, 유엔체제와 기타 국제기관, 지방정부, 토착민, 시민사회, 기업과 민간부문, 과학계와 학계 그리고 모든 사람을 포함할 것이다. 수많은 사람이 본 의제에 이미 참여했고, 의제의 주인이 될 것이다. 이는 사람들의, 사람들에 의한, 그리고 사람들을 위한 의제이며, 우리는 이러한 점이 의제의 성공을 보장할 것으로 믿는다.
결어	53. 인류와 우리 지구의 미래는 우리의 손안에 있다. 그것은 또한 미래세대에게 광명을 전할 오늘날 젊은 세대의 손안에 있다. 우리는 지속가능발전으로 가는 길을 제시하였다. 우리 모두가 이 여정이 성공하고 그 이익을 돌이킬 수 없도록 보장해야 할 것이다.

'지속가능발전을 위한 2030 의제'의 지구생태계에 대한 관심은 인간중심적 관점에 입각한다. 의제는 "지구가 현재 및 미래세대의 필요를 뒷받침할 수 있도록 지구 파괴를 막고 보호할 것을 요청"한다. 나아가 2030 의제는 "도시의 지속가능발전과 관리가 인간의 삶의 질을 결정하는 요인임을 인식"한다.

"우리는 도시의 지속가능발전과 관리가 인간의 삶의 질을 결정하는 요인임을 인식한다. 우리는 도시와 인간 정주지에 대한 재정비와 계획 수립을 위해 지역 당국 및 지역 사회와 협업함으로써, 공동체의 화합을 도모하고, 개인 안보와 혁신, 고용을 촉진할 것이다. 우리는 화학 물질에 대한 친환경적인 관리와 안전한 사용, 폐기물의 감소 및 재활용, 더 효율적인 물과 에너지 소비 등을 통해 인간의 건강과 환경에 유해한 도시 활동과 화학 물질의 부정적 영향을 줄여나갈 것이다. 그리고 우리는 글로벌 기후가 도시에 미치는 영향을 최소화하기 위해 노력할 것이다. 또한 우리는 국가, 농촌, 도시 발전 전략과 정책이 인구 동향과 예측을 고려하도록 할 것이다(2030 지속가능발전 의제 33항)."

'지속가능발전을 위한 2030 의제'에서 언급되는 '번영'은 "모든 인간이 풍요롭고 보람 있는 삶을 향유하는 것"을 의미한다. 그러나 경제, 사회, 기술적인 진보가 자연과 조화를 이루지 않는다면 번영을 누릴 수 없다는 점을 강조한다. 이러한 인식은 위의 '지구환경 보호'가 사회발전·경제번영과 긴밀히 연결되어 있다는 인식과 흐름을 같이한다.

> "우리는 사회와 경제의 발전이 지구의 천연자원에 대한 지속가능한 관리에 달려 있다는 점을 인식한다. 이에 따라 우리는 대양, 바다, 담수 자원, 산림과 산, 건조지의 보존과 지속가능한 사용, 생물다양성과 생태계, 야생생물에 대한 보호를 결의한다. 또한 우리는 지속가능한 관광을 도모하고, 물 부족과 오염, 사막화, 모래 폭풍, 토양 황폐화와 가뭄에 대응하고, 회복력을 강화하고 재난위험을 경감할 것을 결의한다(2030 지속가능발전 의제 33항)."

'평화 없이 지속가능발전은 있을 수 없으며, 지속가능발전 없는 평화는 있을 수 없다.'는 문구에서 확인되듯이 "평화"가 빈곤 극복과 함께 '2030 의제'의 또 다른 최우선 과제임을 알 수 있다. 즉 평화야말로 지속가능발전의 기반이다.

> "평화와 안보 없이 지속가능발전을 이룰 수 없고, 지속가능발전이 없다면 평화와 안보도 위험에 처하게 될 것이다. 이 새로운 의제는 누구나 정의에 대한 동등한 접근권을 누릴 수 있는, (발전에 대한 권리를 포함한) 인권에 대한 존중과 모든 측면에서 효과적인 법치와 선정(善政), 효율적이며 합리적인 제도에 기반한 평화롭고, 공정하며, 포용적인 사회 조성의 필요성을 인식한다. 본 의제는 불평등, 부패, 열악한 거버넌스 및 불법 자금, 무기 거래 등 폭력과 불안, 불의를 야기하는 요소를 다루고 있다. 우리는 분쟁의 해결과 방지를 위한, 그리고 평화구축, 국가 재건에 있어서 여성의 역할을 보장하는 등 분쟁 후 국가를 지원하기 위한 노력을 배가해야 한다. 우리는 식민 지배 및 외부 세력의 점령하에 사는 이들의 완전한 자결권과 경제, 사회적 발전과 환경을 저해하는 방해 요인들을

제거하기 위해, 국제법에 따른 효과적인 조치와 행동을 취할 것을 촉구한다 (2030 지속가능발전 의제 35항)."

SDGs는 한 나라, 한 섹터(sector)만 잘한다고 달성되지는 않는다. 따라서 모든 국가, 기업, 시민사회 모든 이해관계자 및 모든 사람이 참여하는 활성화된 지속가능발전 글로벌 파트너십을 통해 '지속가능발전을 위한 2030 의제'의 실천이 요구되고 있다. 즉 지구상의 모든 사람과 조직이 상호 파트너십을 활성화하여 2030 지속가능발전 의제에 대응할 필요성이 있다는 것이다. 2030 의제는 가장 빈곤하고, 가장 취약한 사람들의 필요에 특별히 초점을 맞춤으로써 '누구도 소외되지 않는' 상황을 실현해야 한다는 점을 강조한다.

"이 새로운 의제의 범위와 포부를 고려할 때, 의제의 이행을 위해서는 글로벌 파트너십의 재활성화가 요구된다. 우리는 이를 위해 전념할 것이다. 이 파트너십은 글로벌 연대 정신, 특히 최빈곤층과 취약계층의 연대를 통해 효과를 발휘할 것이다. 이는 정부, 시민사회, 민간부문, 유엔 체계(United Nations system)와 관련 행위자의 결집과 모든 가용한 자원의 동원을 통해 지구적 차원의 적극적인 참여를 이끌어 냄으로써 모든 목표와 세부목표가 달성되도록 지원할 것이다 (2030 지속가능발전 의제 39항)."

유엔과 회원국들은 "SDGs 17개 목표와 세부목표가 글로벌 파트너십의 재활성화 및 강화 없이, 또한 이에 걸맞은 효과적인 이행 수단 없이는 달성할 수 없는 것임을 알고 있다." 따라서 "글로벌 파트너십의 재활성화는 정부, 시민사회, 민간부문, 유엔 체계와 관련 행위자의 결집과 모든 가용한 자원의 동원을 통해 전 세계적이고 적극적인 참여와 모든 목표와 세부목표가 달성되도록 지원(60항)"할 것을 결의한 바 있다. SDGs 이행 수단과 글로벌 파트너십은 '2030 지속가능발전 의제' 60항~71항에 자세히 제시되어 있다. 61항은 의제를 실현하기 위한 핵심으로서 이행수단의 지위와 17개 목표의 동일한 중요성을, 62항은 2030 의제의 달성에 있어서 글로벌 파트너십의 재활성화가 갖는 의미, 63항은 국가별 지속가능발전 전략과 이를 국가재정 운용 계획에 반영하는 것이 SDGs 이행 실천에서 핵심임을, 64, 65, 66항은 어려움에 직면한 나라들에 대한 공감과 지원을, 67항은 기업의 혁신과 창의성 발휘의 중요성과 동참을, 68항은 포용적인 경제성장, 빈곤 완화, 지속가능발전에 기여하는 국제무역을, 69항은 개발도상국에 대한 차입 금융, 부채 탕감, 채무조정, 건전한 채무관리를 목적으로 하는 정책 조율과 지원을 제시하고 있다. 이행 수단과 파트너십에 대한 논의는 '9장. SDGs 달성을 위한 각 섹터의 역할'에서 다시 다루도록 하겠다.

3. '지속가능발전을 위한 2030 의제' 〈전문〉을 통해서 본 SDGs 구성체계

1) SDGs 17개 목표

SDGs는 전부 17개의 목표, 169개 세부지표, 231개 지표로 구성되어 있다. 2030 의제에서는 "17개 목표와 이행수단 세부목표들은 2030 의제를 실현하기 위한 열쇠이며, 기타 목표, 세부목표들과 동등한 중요성을 갖는다(40항, 이행수단)." 라고 명시하고 있다.

"2030 의제는 목표와 세부목표의 이행에 요구되는 수단을 다룬다(41항)." 또한 "SDGs 이행의 진전과 관련하여 국가, 지역 및 글로벌 차원에서 후속 조치 및 검토에 대한 일차적 책임(47항, 후속 조치 및 검토)"이 있음을 강조한다.

SDGs 각 목표와 세부목표는 정부 간 협상과 지속가능발전목표 공개작업반(Open Work Group on Sustainable Development Goals)의 제안15에 기초하여 만들어졌다(54항). SDGs 각 목표와 세부목표는 국가들의 현실 역량 및 개발 수준의 차이를 고려하고 국가정책과 우선 과제를 존중하면서, 통합적이고 불가분하며, 글로벌하고 보편적으로 적용 가능하다. 세부목표들은 야심 차고 글로벌한 성격으로 정의된다. 각국 정부는 또한 이러한 야심 찬 글로벌 세부목표들을 국가 계획 과정 정책과 전략에 어떻게 반영해야 할지 결정한다. 정부는 지속가능발전과 경제, 사회, 환경 분야에서 진행 중인 기타 관련 과정과의 연계성을 인정하는 것이 중요하다. 아래 상자에 나열된 것이 SDGs 17개 목표이다.

〈상자 5-1〉 SDGs 17개 목표

목표 1. 모든 곳에서 모든 형태의 빈곤 종식
목표 2. 기아 종식, 식량 안보 달성, 개선된 영양상태의 달성, 지속가능한 농업 강화
목표 3. 모두를 위한 전 연령층의 건강한 삶 보장과 웰빙 증진
목표 4. 모두를 위한 포용적이고 공평한 양질의 교육 보장 및 평생학습 기회 증진
목표 5. 성평등 달성과 모든 여성 및 여아의 권익신장
목표 6. 모두를 위한 물과 위생설비의 가용성과 지속가능한 관리 보장
목표 7. 모두를 위한 저렴하고 신뢰할 수 있는 지속가능한 현대적 에너지에 대한 접근 보장
목표 8. 모두를 위한 지속적이고, 포용적이며, 지속가능한 경제성장과 완전하고 생산적인 고용과 양질의 일자리 증진
목표 9. 복원력 높은 사회기반 시설을 구축하고, 포용적이고 지속가능한 산업화 증진 및 혁신 장려
목표 10. 국내 및 국가 간 불평등 완화
목표 11. 포용적이고 안전하며 복원력 있는 지속가능한 도시와 거주지 조성
목표 12. 지속가능한 소비와 생산 양식 보장
목표 13. 기후변화와 그로 인한 영향을 방지하기 위한 긴급 대응
목표 14. 지속가능발전을 위한 대양, 바다, 해양자원의 보전과 지속가능한 사용
목표 15. 육상 생태계의 보호 및 복원 그리고 지속가능한 활용, 지속가능한 산림 관리, 사막화 방지, 토지 황폐화 중단 및 복원, 생물다양성 손실 중단

목표 16. 지속가능발전을 위한 평화롭고 포용적인 사회 증진, 모두를 위한 정의에 대한 접근 제공, 모든 수준에서 효과적이며 책임 있는 포용적 제도 구축

목표 17. 이행 수단 강화, 지속가능발전을 위한 글로벌 파트너십 재활성화

17개의 목표는 컬러로 된 'SDGs 포스터' 안에 간결하게 목표의 내용이 표기되어 있다(〈그림 5-1〉 참조). 예를 들면, 목표 1은 빈곤 종식, 목표 2는 기아 종식, 목표 3은 건강과 복지, 목표 4는 양질의 교육 같은 문구로 적시되어 있다. 참고로 아래 그림은 우리가 자주 접하는 이미지로 'SDGs 포스터(SDG POSTER)'로 부르고 있다.

〈그림 5-1〉 SDGs 포스터

17번 목표 하단 오른쪽에 있는 원형이 'SDGs 컬러 휠'이다. SDGs 배지 등에서 사용하는 원형의 로고다. UN이 제공하는 움직이는 SDGs 로고는 영어, 프랑스어, 스페인어, 중국어, 러시아어, 아랍어 6개 언어로 바뀌기도 한다.

SDGs 포스터는 세 종류의 SDGs 공식 로고를 결합한 것이다. 참고로 SDGs 로고는 수직과 수평의 두 종류가 있다. 파란색 글자의 컬러 버전 이외에도 검은색 버전과 흰색 버전의 사용도 인정받고 있다(〈그림 5-2〉 참조).

〈그림 5-2〉 SDGs 로고와 SDGs 컬러 휠

출처: UN 홈페이지

SDGs 포스터 상단의 목표 1~6은 사회, 가운데 목표 7~12는 경제, 하단의 목표 13~15는 환경, 목표 16~17은 틀(frame)을 담고 있다(〈그림 5-1〉 참조). SDGs의 17개 목표 중 목표 1~7은 '사람(People)'에 대한 측면이 강하며, 중간 정도의 목표 8에서 12는 '번영(Prosperity)'에 관한 목표로 배치된다. 13~15를 중심으로 '지구(Planet)'에 관한 목표가 배치된다. 그리고 목표 16에 '평화(Peace), 목표 17에 '파트너십(Partnership)'을 설치함으로써 SDGs 5개 P축이 구성된다.

물론 연구자들에 따라서는 개별 목표의 영역을 다르게 설정하는 경우도 있다. 확실한 것은 17개 목표가 서로 연결돼 있고 중복되는 부분도 적지 않다는 점이다. 예를 들면, 빈곤 종식(목표 1)과 불평등 해소(목표 10)는 불가분의 과제이다. 또 성평등(목표 5)과 양질의 교육(목표 4), 양질의 일자리와 경제성장(목표 8) 등으로 표면화하는 상호 연결된 주제이기도 하다.

〈표 5-4〉 SDGs 목표 구분

목표 1~7	사회	빈곤, 기아, 건강과 복지, 교육, 성별, 물, 에너지 등 인간이 인간답게 사는 사회를 위한 목표
목표 8~12	경제	고용 격차 해소, 양질의 일자리 확보, 경제성장과 생활 인프라 등 최소한의 생활 보장을 넘어 더 나은 삶, 더불어 사는 사회를 위한 목표
목표 13~15	환경	기후 위기, 생물다양성, 바다와 육지의 자원, 인간만이 아니라 동식물이 함께 사는 자연의 지속가능성을 위한 목표
목표 16~17	틀	SDGs를 달성하기 위한 3개 영역과 모든 사람, 모든 장소에서 폭력 근절, 협치의 강화 및 ESG 투자, 협동을 위한 목표

UN은 SDGs의 1번 목표부터 17번 목표와 각 목표들의 세부목표들이 어떻게 직접·간접적으로 연계되는지 예시적으로 보여주고 있다. 이는 각 목표의 실현을 위해서는 관련 행정부서 간 유기적인 협력과 소통이 중요함을 시사하고 있다. SDGs 17개 목표는 17개 영역을 단지 나열해 둔 것이 아니라 17개 목표체계를 활용하여 행정수요를 파악하고 지역주민의 참여를 통해 목표의 우선순위를 정립한다는 의미에서 활용법이 더욱 중요하다. 지역주민의 참여를 통해 목표의 우선순위를 정립한다면 광역과 기초지방자치단체, 마을 단위에서 목표의 우선순위가 나타날 것이며, 목표의 달성이나 특정 문제 해결을 위해서는 목표 간 연계, 해당 목표와 관련된 부서 간 협력, 나아가 관련 시민사회 영역과 협력이 중요함을 인식할 수 있게 된다(충북지속협, 2020. 12).

가령 빈곤 문제는 공공의료 관련 목표인 3번 목표(건강과 보건)만의 과제가 아니라 모든 목표와 세부목표의 빈곤 문제를 고려해야 한다. 1번(빈곤 종식) 목표는 전체 17개 목표별 관점에서 고려되어야 재구성되고 연계되어 해결할 수 있다(one for all, all for one). 따라서 개별 목표만을 거론하며 전략을 검토하는 것은 큰 의미가 없다. 예를 들면, 중앙정부나 지방정부 차원에서 각 부처나 부서에서 SDGs의 행동계획을 책정하고 할당할 때 개별 목표만 염두에 두면 국정과제나 시정과제가 중복되거나 특정 과제가 누락되거나 책임 부서가 모

〈그림 5-3〉 SDGs 세부목표 연계성

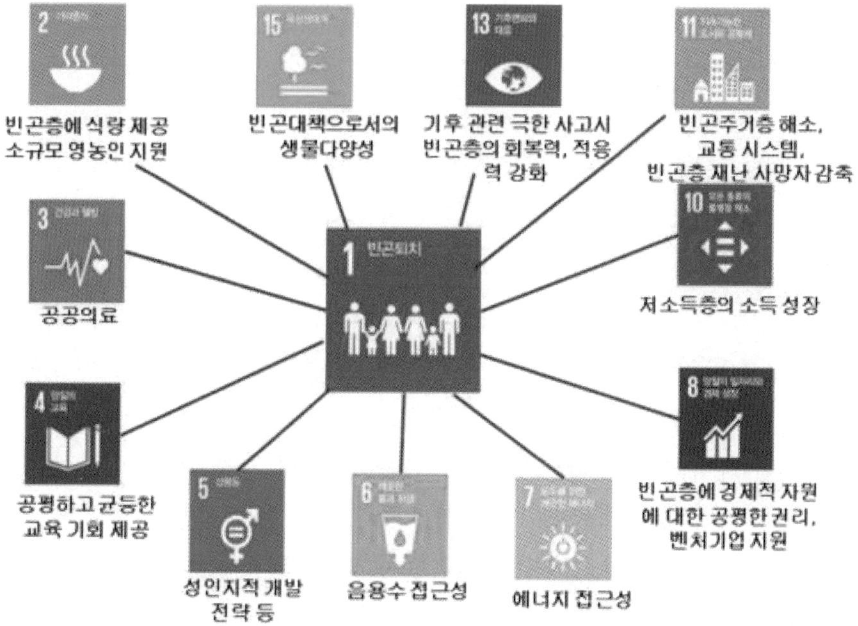

출처: 충북지속가능발전협의회(2020: 26)

호해지는 등의 문제가 발생할 수도 있다.

2) 169개 세부목표(target)

SDGs 17개의 목표에는 더 상세한 내용을 제시하는 세부목표가 첨부되어 있다. 세부목표의 수는 개별 목표에 따라 제각각이다. 목표 7(지속가능한 청정 에너지)의 세부목표 수는 5개지만, 목표 17(글로벌 파트너십)은 19개의 세부목표가 있다. SDGs의 세부목표는 총 169개이다. SDGs의 내용을 정확하게 파악하기 위해서는 17개 목표를 포함하여 각각의 세부목표를 파악해야 한다. SDGs의 세부목표는 숫자로 표시된(1.1, 1.2) 세부목표와 숫자와 알파벳 소문자로 표시된(1.a, 1.b) 세부목표 이렇게 두 가지 종류가 있다. 전자는 17개 목표의 내용을 보다 구체적으로 나타낸 것이고, 후자는 전자를 달성하기 위한 이행수단 정비에 관한 내용이다. 이행수단의 정비란 구체적으로 자금 조달, 기술 개발, 인재 육성 등을 들 수 있다.

목표 1의 아이콘에는 빈곤 종식이라는 표어가 붙어 있지만, 모든 형태의 빈곤이란 구체적으로 어떻게 해석하는지는 분명치 않다. 또 이를 위해 우리가 구체적으로 무엇을 어떻게 해야 하는지 제시돼 있지 않다. 따라서 1.1에서는 빈곤자들이란 1일 1.25달러 미만으로 생활하는 사람들로 정의되고, 극빈자를 줄이는 것을 목표로 한다. 하지만 한국과 같이 G20 또는 OECD 국가처럼 소득수준이 높은 나라에서는 이런 정의는 현실적으로 타당하지 않다. 세부목표 1.2는 "2030년까지, 국가별 정의에 따라 모든 측면에서 전 연령층의 남녀 및 아동의 빈곤 인구 비율을 최소한 절반으로 줄인다."라고 명시하여 빈곤한 사람에 대한 해석을 각 나라의 상황을 고려한 정의가 가능하게 했다. 세부목표 1.3은 "사회안전망을 포함하여 모두를 위하여 국가별로 적합한 사회적 보호체제 및 조치를 이행하고, 2030년까지 빈곤층과 취약계층에 대한 실질적 보장을 달성한다."라고 명시하고 있다. 1.3의 '국가별로 적합한 사회적 보호체제'는 구체적인 빈곤 종식을 위한 이행수단의 정비에 관한 사항을 거론하고 있다. 여기에서는 빈곤 종식을 위한 개발 협력의 강화, 자원동원 등을 확인할 수 있다. 1.1, 1.2, 1.3 등의 세부목표를 달성하기 위해서는 1.a, 1.b 등 이행수단을 정비할 필요가 있다.

3) 지표

SDGs 목표와 세부목표에 대한 후속 조치 및 검토는 일련의 글로벌 지표를 활용한다(2030 지속가능발전 의제 72항). SDGs 목표와 세부목표 이행 정도는 지표를 통해 평가되며, 국가·지역·글로벌 수준에서 체계적으로 모니터링(Monitoring)된다. 이는 통계가 증거기반 의사결정(evidence-based decision-making)과 책무성(accountability)의 토대로써 SDGs 이행을 위한 중요한 축이 된다는 것을 단적으로 보여주는 대목이다(UNSC 2015: 박영실·이영미·김석호·차은지, 2017: 79).

SDGs는 목표와 세부목표의 2층 구조가 아니라, 한 단계 더 아래에 세부목표의 진척을 측정하기 위한 지표가 존재한다(3층 구조). 하나의 세부목표에 여러 개(복수) 지표가 첨부되어 있다. 세부목표에 따라 하나의 지표만 있는 것부터 2개 이상의 지표가 있는 것도 있다. 169개의 세부목표 중 지표의 총수는 247개이다. 여러 개의 세부목표에 공통으로 매겨진 지표도 12개가 있다. 이러한 중복 지표를 제외하면 SDGs 지표수는 총 231개이다.

SDGs 글로벌 지표 프레임워크에 나열된 지표수는 총 247개라는 점에 유의해야 한다. 물론 12개의 지표는 두세 개 다른 목표 아래에서 반복된다. 지표에는 목표에 맞춰 번호가 매겨져 있다. 예를 들어 세부목표 1.1의 지표는 1.1.1, 1.2의 지표는 1.2.1, 1.2.2와 같이 나타난다.

〈표 5-5〉 반복되는 지표

1	7.b.1/12.a.1
2	8.4.1/12.2.1
3	8.4.2/12.2.2
4	10.3.1/16.b.1
5	10.6.1/16.8.1
6	13.2.1/13.b.1(약간의 수정)
7	15.7.1/15.c.1
8	15.a.1/15.b.1
9	1.5.1/11.5.1/13.1.1
10	1.5.3/11.b.1/13.1.2
11	1.5.4/11.b.2/13.1.3
12	4.7.1/12.8.1/13.3.1

출처: 유엔 홈페이지 SDG Indicators

아래 그림은 국가지속가능발전목표(K-SDGs) 세부목표 및 지표이다. 이 그림을 보면 세부목표는 4개, 지표는 8개로 확인된다. 〈표 5-6〉에는 없지만

SDGs 목표, 세부목표, 지표에는 2030 목표치 및 출처, 소관 부처 등도 기재된다.

〈표 5-6〉 국가지속가능발전목표(K-SDGs) 세부목표 및 지표

번호	세부목표 4	지표 8(UN 대비 신규 5)
1-1	남녀노소, 장애 여부 등과 관계없이 빈곤인구 비율을 OECD 평균 이하 수준으로 줄인다.	• 중위 가처분소득 50% 기준 상대빈곤율(%) (성별, 연령 집단별, 장애 여부별, 이주민 여부별)
		• 기초생활보장 생계, 의료, 주거급여 수급자 수
1-2	사회보장제도의 사각지대를 최소화하고, 빈곤층과 취약계층에 대한 실질적 보장을 달성한다.	• (신규) 가계직접 본인부담률
		• (신규) 실업급여 순소득 대체율
		• (신규) 국민연금 보험료 납부율(%)(가입유형별, 성별)
1-3	빈곤층과 취약계층에 사회서비스 제공을 강화한다.	• (신규) GDP 대비 공적사회 지출 비중(%) (지출항목별)
		• 최저주거 기준 미달가구 비율(%)
1-4	빈곤층과 취약계층의 경제·사회·환경적 충격 및 재난에 대한 노출을 감소하고, 회복력을 강화한다.	• (신규) 정부예산 대비 근로빈곤층 대상 재정사업(EITC, CTC)의 지출 규모 ※ EITC: 근로장려세제 CTC: 자녀장려세제

출처: 환경부 지속가능발전위원회 2020 국가지속가능성 보고서(2020: 17)

원래 SDGs는 지표를 제시한 것은 아니다. 2015년 9월 제70차 유엔 총회에서 채택된 '지속가능발전을 위한 2030 의제'에 제시된 것은 SDGs의 목표와 세부목표까지였다. SDGs 지표는 유엔통계위원회의 주도로 구성된 'SDGs 지표 전문가 그룹(Inter-Agency and Expert Group on SDG Indicators, IAEG-SDGs)'에 의해 별도의 검토가 추진되었다. 이 그룹은 2015년 3월 6일, 유엔통계위원회 46차 회의에서 유엔회원국과 지역 및 국제기구의 통계 전문가를 주축으로 구성되었다. IAEG-SDGs에 의해 SDGs의 글로벌 지표 시스템이 책

정되고, 2017년 3월에 개최된 제48회 유엔통계위원회에서 이것이 합의되었다(UNSC, 2017).

글로벌 지표 프레임워크는 2017년 7월 6일 총회에서 채택되었다. 통계위원회 총회에서 채택한 '지속가능발전을 위한 2030 의제'의 〈부록〉에 수록되어 있다. 통계위원회의 총회에서 채택한 결의안에 따르면 지표 프레임워크는 2020년 3월 50차 회의와 2025년에 열릴 56차 회의에서 종합적으로 검토될 예정이다. 글로벌 지표 프레임워크는 유엔 회원국들이 개발할 지역 및 국가 수준의 지표로 보완된다. 이는 IAEG-SDGs가 책정한 SDGs 지표가 어디까지나 세계적인 표준을 제시한 글로벌 지표라는 의미이다. 따라서 개별 국가는 자국에 적합한 지표로 현지화(Localization)하는 작업이 요구되고 있다. 글로벌 지표는 여전히 완전하게 정의되지 않고 재검토되고 있다. IAEG-SDGs는 모든 지표를 다음의 3개 층으로 분류하여 재검토 작업이 계속되고 있다(이창언, 2021: 3073). "먼저 티어 체계에 대해 살펴보자(표 5-7 참조). 티어1은 지표의 개념이 명확하며 방법론 및 표준이 정립되어 있고 해당 국가의 정부가 정기적으로 자료를 제공하는 경우, 티어2는 지표의 개념이 명확하며 방법론 및 표준은 정립되어 있으나 정기적으로 자료가 제공되지 못하는 경우, 티어3은 지표에 대한 방법론 및 표준이 없거나 현재 개발단계인 경우를 의미한다(박영실·이영미·김석호·차은지, 2017: 87)."

〈표 5-7〉 SDGs 지표의 3계층

Tier I (제1계층)	지표의 개념이 명확하며 국제적으로 확립된 방법론과 표준을 이용할 수 있다. 지표가 관련된 지역에서 적어도 50% 이상의 인구를 대상으로 한 데이터가 정기적으로 모이고 있다. 예를 들어, '임산부 사망률'과 같은 지표가 이에 해당한다. 정의가 명확하며, 많은 나라에서 데이터로 취해지고 있다.
Tier II (제2계층)	지표의 개념이 명확하며 국제적으로 확립된 방법론과 표준이 이용 가능하다. 하지만 데이터를 정기적으로 모으는 나라는 한정되어 있다. 예를 들어 '적절하게 처리된 고형폐기물의 비율'처럼 정의 자체는 명확하나 개발도상국 중에는 폐기물 수집이 제도화되어 있지 않아 데이터를 모을 수 없는 곳이 적지 않다.

Tier Ⅲ (제3계층)	지표에 관하여 국제적으로 확립된 방법론이나 기준이 없다. 방법론이나 기준이 현재 개발 중이다. 예를 들어 '적절하게 처리된 유해 폐기물의 비율'에 대해서는 무엇을 측정하는지에 대한 합의가 이루어지지 않고 '불법적인 자금흐름 합계액(16.4.1).'에 대해서도 해석이 정해져 있지 않다.

출처: 김지현(2016: 4-5)

"SDGs 이행을 위한 실천 지표는 크게 글로벌 지표(global indicators), 지역권별 지표(regional indicators), 국가 지표(national indicators)와 국가 내 지역 지표(sub-national indicators)로 구분할 수 있다. 글로벌 지표가 SDGs의 모든 목표와 세부목표를 포함하는 반면 국가 지표, 국가 내 지표는 글로벌 지표와의 연관성을 유지하면서도 현실에 맞게 일부 특정 주제에 대한 지표를 추가하거나 삭제할 수 있다. 이 작업은 각 국가 통계청을 중심으로 법·제도적 장치에 기반한 다양한 이해관계자와 데이터의 가용성과 난제, 개선 방안 등에 대한 논의를 이어가게 된다(진재현, 2017: 103)."

따라서 SDGs에 합의한 국가들에서는 정부가 SDGs 지표를 이용해 각 세부목표 달성 상황을 확인할 필요가 있다. 그리고 모니터링 결과를 공표해야 한다. 무엇보다 앞에서 서술한 것처럼 SDGs 지표는 모든 것이 명확하게 정의되는 것은 아니며, 각국 정부는 자국, 도시의 사정에 맞추어 지표를 현지화하는 것이 요구되고 있다(이창언, 2021: 3073-3074).

세계 각국에서 SDGs 지표에 근거한 진척상황 확인 작업이 진행되고 있다. 원칙적으로 각국이 동일한 지표를 이용해 데이터를 수집하기 때문에, 목표나 세부목표별로 각국의 상황을 비교할 수 있다. 한편 SDGs의 진척 상황에 관한 데이터 수집과 공개는 일본을 포함한 각국 정부뿐 아니라 다양한 민간단체도 독자적으로 추진하고 있다. 예를 들면, 독일의 베텔스만 재단(Bertelsmann Stiftung)과 지속가능발전해법네트워크(SDSN)는 세계 각국의 SDGs 달성상황을 분석한 보고서 'Sustainable Development Report'를 매년 발표하고 있다. 유엔이 발표한 'The Sustainable Development Goals Report 2020(이하 2020 SDG 보고서)'에서도 SDGs 17개 목표 달성도와 진척도를 소개하고 있다(이창언, 2020d: 266).

그렇다면 SDGs 데이터의 수집은 어떻게 이루어질까? 유엔은 지표별로 국제기구 담당자를 지정하여 지표 방법론 개발 및 데이터 수집 역할을 부여하였다.[2] 위에서도 언급했지만 "글로벌 SDGs 지표는 각 지역을 대표하는 27개 국가 통계청을 회원으로 한 전문가 그룹(IAEG-SDGs)에 의해 개발되었다. 이 그룹은 2015년 3월에 조직되었으며, 글로벌 지표 프레임워크 개발·개선과 SDGs 이행지원, 국가통계역량 강화 등의 역할을 수행하고 있다. 글로벌 SDGs 지표는 방법론적 명확성, 측정 가능성, 해석 용이성, 국제 비교성, 결과지표 중심이라는 기준으로 선정되었다. 그 과정은 투명하고 개방적이며, 다양한 이해관계자 그룹의 참여를 기본 원칙으로 설정한다.

또한, 국가별로는 SDGs 데이터 국가책임기관을 지정하였는데, 우리나라는 통계청 통계개발원이 책임기관이다. 지표 소관 국제기구에서 데이터 제공 요청 시, 통계청은 국내 지표를 관계부처와 협력하여 데이터를 제공하고 있다(통계청, 2021).

〈그림 5-4〉 SDGs 데이터 제공 체계도

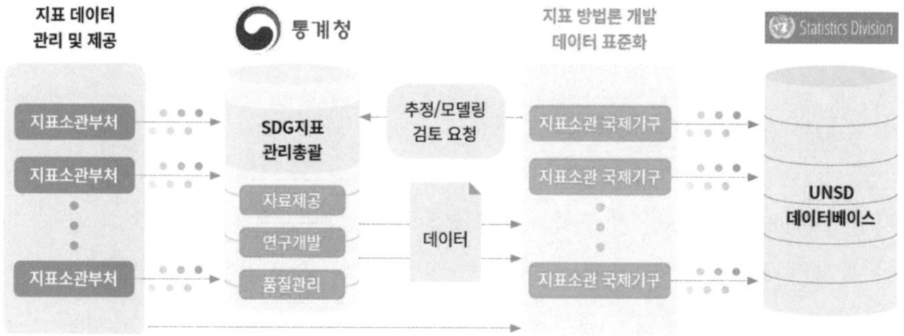

출처: 한국통계청(2021: 8)

국제기구는 회원국이 제공한 데이터를 비교하기 위해 유엔 SDGs 지표 개

2) 유엔데이터베이스: unstats.un.org/sdgs/indicators/database를 참조하라.

념 정의에 따라 보정한 후 유엔 통계처에 제출한다. 국제기구 데이터와 국내 데이터 간에 차이가 여기에서 발생하기도 한다. 국제기구가 최종 제출한 데이터는 유엔 SDGs 데이터베이스에 수록된다. 통계청 통계개발원은 2021년 4월 SDGs 한국 데이터 플랫폼을 공식 개통하였다(국내 SDGs 플랫폼: kostat-sdg-kor.github.io/sdg-indicators). 이 플랫폼에서 우리나라 상황에 부합하는 SDGs 국내 데이터와 설명 자료를 볼 수 있다.

〈그림 5-5〉 SDGs의 구성 체계

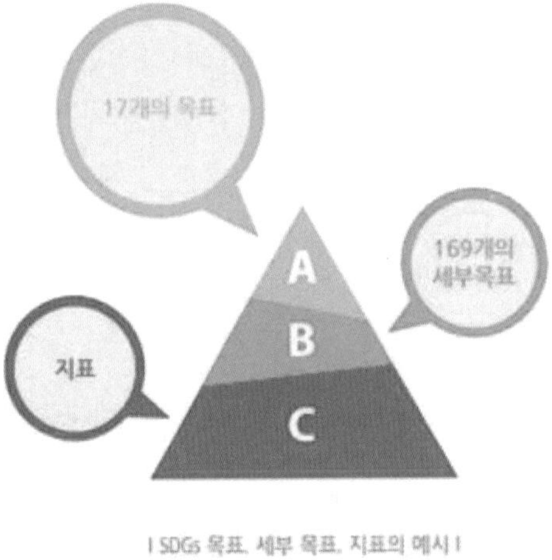

출처: 국제개발협력시민사회포럼(KoFID, 2016)

지금까지 SDGs 목표, 세부목표, 지표에 대해 살펴보았다. SDGs의 구성 체계인 목표, 세부목표, 지표는 유엔과 다양한 그룹 전문가들의 심사숙고를 통해 작성된 것이다. 목표, 세부목표, 지표의 설정 원칙은 아래 제시된 〈표 5-8〉과 같다.

〈표 5-8〉 SDGs 목표, 세부목표, 지표의 설정 원칙

목표 1. 일관된 이야기를 가진 일련의 목표들 2. 보편적인 적용 3. 규범적인 표준 4. 간결하고 동기를 부여하는 5. 모든 이해당사자가 행동할 수 있고 적용 가능한	**세부목표** 1. 모든 관련 이해당사자에게 적용 가능한 2. 기존 국제 프레임워크와 일치하는 3. 보편적이지만 융통성 있는 4. 행동 지향적인 5. 부족함이 없이 (개념)정의가 분명한
	지표 1. 분명하고 간단한 2. 합의에 바탕을 둔 3. 시스템에 바탕을 둔 정보와 광범위하게 일치하는 4. 잘 확립된 자료 원천에서 구축된 5. 구성요소로 분해되는 6. 보편적인 7. 가능한 한 결과에 초점을 맞춘 8. 지정된 조직이 관리하는

출처: SDSN(2014: 3; 환경부 2016).

SDGs는 지속가능한 지구와 2030년까지 보다 평등하고 평화롭고 포용적이며 번영하는 사회로 전환할 수 있는 국제적-지역적 틀(frame)을 제공한다. SDGs는 지속가능한 전체 사회상을 구상하고, 이에 필요한 요건이나 수단, 서비스를 창출하는 사회혁신을 촉진한다. SDGs는 17개의 목표와 각 목표 아래에 더 구체적인 169개의 세부목표로 구성되어 있다. SDGs의 진척상황을 정량적·정성적으로 계측하기 위해서 유엔통계위원회로부터 230여 개의 지표가 제안되었으며, SDGs는 목표, 세부목표, 지표라는 3층 구조로 이루어져 있다. 목표는 지향해야 할 '세계상', 세부목표는 '구체적인 달성 목표', 지표는 '달성도를 계측하기 위한 평가 척도'를 의미한다(이창언, 2020e: 246).

유엔 정상회의에서 채택된 SDGs는 추상적인 선언처럼 보일 수 있다. 그러나 SDGs는 17개 목표와 169개 세부목표를 설정하고 목표 달성 정도를 이해하는 데 사용할 수 있는 통계 데이터를 활용한다. 이 통계 데이터에 적용하면

더 정확한 진행 상황을 알 수 있다. 이것이 230여 개의 지표라 할 수 있다. 지표는 목표가 달성되는 정도를 측정하는 역할을 수행한다. 물론 지표는 성취를 위한 도구라 할 수 있다.

4. SDGs 웨딩 케이크 모델로 본 SDGs 구조

SDGs의 17개 목표를 보여주는 'SDGs 포스터'만 봐서는 'SDGs 구조'를 도출해 내기는 쉽지 않다. 따라서 'SDGs의 구조'를 쉽게 설명해 주는 도구가 필요하다. 그것이 바로 'SDGs 웨딩 케이크 모델(SDG Wedding cake model)'이다. 이 모델은 지구환경시대 행동규범을 목표로 경제·사회·환경 TBL(Triple bottom line)[3]을 SDGs의 핵심 이념으로 제시한다. 17개의 목표군을 TBL의 관점에서 시나리오를 구성하여 정렬시킨 것이 〈그림 5-6〉에서 제시한 SDGs 웨딩 케이크(SDG 'Wedding cake')이다. 이 모델은 SDGs 목표군을 편집하여 알기 쉽게 나타낸 선도적 사례라고 할 수 있다.

SDGs 웨딩 케이크 모델은 스웨덴의 수도인 스톡홀름의 복원력 연구소(Resilience Institute)가 고안한 SDGs의 개념을 나타내는 SDGs 구조 모델이다. 이 모델을 발표한 연구원인 요한 록스트룀(Johan Rockström) 박사는 글로벌 지속가능성 문제를 연구한 국제적으로 인정받는 스웨덴 연구자이다.

SDGs 웨딩 케이크 모델에서 SDGs의 17개 목표는 각각 웨딩 케이크 형태로 서로 밀접하게 관련된 세 개의 수준으로 구성된다. SDGs 웨딩 케이크 모델은 세 계층 구조로서 상단에는 경제 영역, 중단에는 사회 영역, 하단에는 환경 영역으로 제시된다.

이 세 개의 계층 구조는 '경제 영역'의 발전은 우리의 삶과 교육 등 '사회적 여건'에 의해 가능하며, 경제발전을 가능하게 하는 '사회 영역'은 우리가 사는

3) 경제학에서 TBL(Triple bottom line)은 기업이 이윤에 집중하는 것만큼 사회적, 환경적 관심사에 집중해야 한다고 생각한다. TBL 이론은 하나의 결론 대신에 이익, 사람, 그리고 지구라는 세 가지가 있어야 한다고 주장한다.

지역의 자연환경인 '환경 영역'에 의해 뒷받침 된다. 이 환경 영역은 남반구, 북반구, 대륙 및 섬을 포함하여 지구상에서 다양하며 우리 사회의 다양성을 창출한다. 환경 영역, 사회 영역 및 경제 영역의 최상단에는 SDGs 목표 17의 파트너십이 있다.

이 모델은 지구환경이 지속 불가능하면 사회가 불안정하게 되고 경제성장도 불가능하다는 점을 강조하며 환경, 사회, 경제가 모두 연결되어 있다고 가정한다. 식품은 환경 영역에서 유래하고, 사회가 소비하며, 다양한 이해관계자와 파트너십을 맺는 것처럼 SDGs는 지속가능하고 건강한 식품과 직간접적으로 연결되어 있다는 것이다.

이 모델은 사회적, 경제적, 생태적 발전이 별도의 부분으로 간주하는 패러다임 전환을 목표로 한다. 그것은 경제가 지구 지속가능성 내에서 진화하고 사회적 공헌을 실현해야 함을 강조한다.

〈그림 5-6〉 SDGs 웨딩 케이크

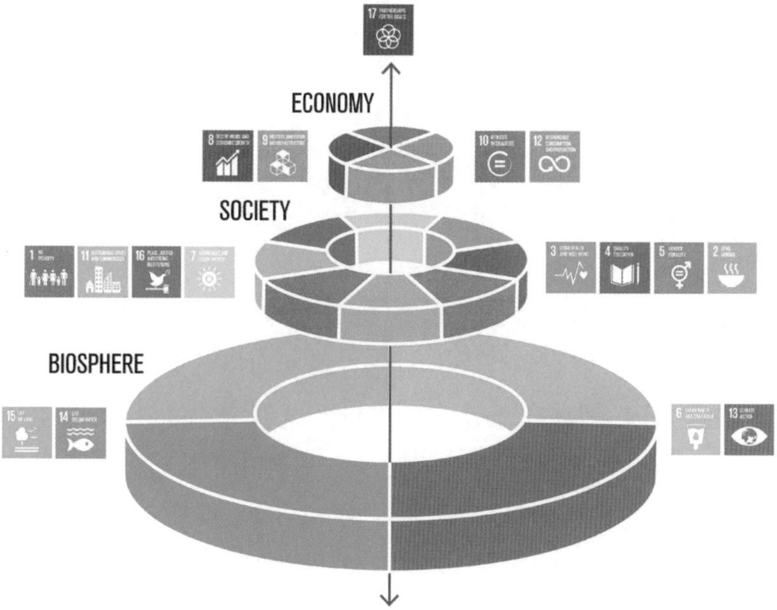

출처: Azote Images for Stockholm Resilience Centre, Stockholm University

이제 본격적으로 'SDGs 웨딩 케이크 모델'이 구분한 세 계층 내에 있는 SDGs 목표를 살펴보겠다. 먼저, 환경 영역이다. SDGs 웨딩 케이크의 하단층인 "환경 영역"에는 열일곱 가지 목표 중 지구상의 삶의 필수 요소인 깨끗한 물(목표 6), 기후 위기 대응(목표 13), 해양 생태계(목표 14), 육상 생태계 보호(목표 15) 등 4개의 목표가 포함되어 있다. 최근 몇 년 동안 전 세계 국가와 기술은 수십 년 전보다 견딜 수 없는 방식으로 발전하고 성장해 왔다. 그러나 인류의 진보는 '자연환경'의 근간으로 만들어지며, '사회'와 '경제 영역'의 목표 달성은 '자연환경'이 없이는 실현될 수 없다.

지속가능한 '사회 영역'과 '경제 영역'을 지원하기 위해서는 그것의 기초인 '환경 영역' 4개 목표를 달성하지 않으면 안 된다.

〈상자 5-2〉 환경 영역 목표

목표 6. 모두를 위한 물과 위생설비의 가용성과 지속가능한 관리 보장
목표 13. 기후변화와 그로 인한 영향을 방지하기 위한 긴급 대응
목표 14. 지속가능발전을 위한 대양, 바다, 해양자원의 보전과 지속가능한 사용
목표 15. 육상 생태계의 보호 및 복원 그리고 지속가능한 활용, 지속가능한 산림 관리, 사막화 방지, 토지 황폐화 중단 및 복원, 생물다양성 손실 중단

SDGs 웨딩 케이크의 중간 계층인 '사회 영역'에는 열일곱 가지 목표 중 8개가 포함된다. '사회 영역'에는 인간이 불편 없이 살아내고, 안심하고 일할 수 있는 세상을 만드는 목표가 포함된다. 우리의 생활 환경이 '환경 영역'에 의해 준비되더라도 삶을 영위하는 데 필요한 사회 환경이 준비되지 않는 한 건강과 보건 증진, 차별과 편견 불식, 교육 환경 개선을 실현하고 지속가능한 사회를 유지하는 것은 불가능하다. 사회 영역은 8개의 목표를 포함한다.

〈상자 5-3〉 사회 영역 목표

목표 1. 모든 곳에서 모든 형태의 빈곤 종식
목표 2. 기아 종식, 식량 안보 달성, 개선된 영양상태의 달성, 지속가능한 농업 강화
목표 3. 모두를 위한 전 연령층의 건강한 삶 보장과 웰빙 증진
목표 4. 모두를 위한 포용적이고 공평한 양질의 교육 보장 및 평생학습 기회 증진
목표 5. 성평등 달성과 모든 여성 및 여아의 권익신장
목표 7. 모두를 위한 저렴하고 신뢰할 수 있는 지속가능한 현대적 에너지에 대한 접근 보장
목표 11. 포용적이고 안전하며 복원력 있는 지속가능한 도시와 거주지 조성
목표 16. 지속가능발전을 위한 평화롭고 포용적인 사회 증진, 모두를 위한 정의에 대한 접근 제공, 모든 수준에서 효과적이며 책임 있는 포용적 제도 구축

'사회 영역'에 포함된 SDGs 목표의 달성은 지속가능한 사회에 필요한 '경제 영역'의 토대가 된다. 경제 영역은 양질의 일자리와 경제성장, 산업 혁신과 인프라 구축, 불평등 해소, 지속가능한 생산과 소비 등 총 4개의 목표를 포함한다.

〈상자 5-4〉 경제 영역 목표

목표 8. 모두를 위한 지속적이고, 포용적이며, 지속가능한 경제성장과 완전하고 생산적인 고용과 양질의 일자리 증진
목표 9. 복원력 높은 사회기반 시설을 구축하고, 포용적이고 지속가능한 산업화 증진 및 혁신 장려
목표 10. 국내 및 국가 간 불평등 완화
목표 12. 지속가능한 소비와 생산 양식 보장

SDGs 17개의 목표에는 모든 사람에게 건강과 복지, 안전한 사회, 양질의 일자리와 경제성장, 기후변동에 관한 구체적 대응이 제시되어 있다. 교육, 건강, 성평등, 지속가능한 국가와 도시를 만드는 사회 영역, 산업혁신, 인프라 구축, 성장, 고용, 불평등의 해소 등의 경제 기둥, 깨끗한 물이나 수자원, 땅과 숲, 산림 보호, 재해 대응 등의 환경 기둥의 사안까지 포함한 폭넓은 목표들을 제시한다. 그리고 이것들이 경제, 사회 및 환경이라는 지속가능발전의 3개 기둥으로 통합되고 상호 연계와 조화를 이루고 있음을 보여준다.

17개 목표를 계층화했을 때, 자연자본(natural capital)[4]과 환경은 다른 목표(Goals)의 밑거름이 된다. 자연자본과 환경에서 발생하는 여러 가지를 활용함으로써 우리 사회가 이루어지며 이것을 지속가능한 것으로 만들지 못하면 다른 목표 달성은 기대할 수 없다.

SDGs의 17개의 목표를 보면 목표 6(깨끗한 물과 위생), 목표 12(지속가능한 생산·소비), 목표 13(기후변화), 목표 14(해양 생태계), 목표 15(육상 생태계)등의 목표는 지구환경과 관계가 깊어지고 있다. MDGs 8개 목표 중 환경에 직접적으로 관련된 목표가 하나밖에 포함되지 않았지만 SDGs는 지구환경 관련 목표가 많이 포함되어 있음을 알 수 있다. SDGs의 특징 중 하나는 연계성이다. 즉, 환경 영역의 SDGs 목표가 아닌 다른 목표(사회 영역, 경제 영역)도 환경과 긴밀하게 연결되어 있다.

언뜻 보기에 환경과 거리가 있어 보이는 목표 5(성평등)의 이행 수단에는 “국가의 법률에 의거해 여성에게 경제적 자원에 대해 동등한 권리를 주고, 토지나 다른 형태의 자산에 대한 소유와 통제, 금융서비스, 유산 및 천연자원에 대한 접근권을 제공하기 위한 개혁에 착수한다(세부목표 5.a).”라고 명시되어 있다. 이는 산림, 토양, 물, 대기, 자연자원 등 자연에 의해서 형성되는 자본인 자연자본을 이용하는 것이 성평등 목표 달성에 깊게 관련된 것이다.

또한 ‘목표 8(양질의 일자리와 경제성장)’, 세부목표 8.4에서는 “지속가능한 소비와 생산에 관한 10개년 계획에 따라, 선진국들이 주도하여 소비와 생산에

---

4) 자연자본은 자연환경, 국민 생활과 기업의 경영기반을 지탱하는 중요한 자본의 하나이다. 숲, 토양, 물, 대기, 생물자원 등 자연에 의해 형성된 자본을 의미한다.

있어서 전 세계적인 자원 효율성을 2030년까지 점진적으로 개선하고, 경제성장을 환경 악화로부터 분리하지 않도록 노력한다."라고 기술되어 있다. 이같이 SDGs 각 목표는 세부목표를 통해 환경과 결합하며 지속가능발전의 세 측면(환경, 경제, 사회)의 불가분성을 세부목표 차원에서도 관철하고 있다.

| 6장 |

SDGs 17개 목표와 세부목표 이해하기

"SDGs 목표와 세부목표는 원대한 포부를 담은 혁신적인 비전을 제시한다. 우리는 빈곤과 기아, 질병과 결핍이 없는, 모든 생명이 번영할 수 있는 세상을 기대한다. 공포와 폭력이 없는 세상, 누구나 글을 읽고 쓸 수 있는 세상, 모두가 공평하게 양질의 교육·보건 서비스·사회적 보호를 누릴 수 있는 세상, 물리적·정신적·사회적 복지가 보장되는 세상을 기대한다. 우리는 안전한 식수와 위생시설을 이용할 인간의 권리에 대한 약속을 다시 확인하는 개선된 위생을 누릴 수 있는 세상, 안전하고 저렴하면서 영양가 있는 음식이 충분한 세상, 안전성·회복력·지속가능성을 갖춘 거주지와 저렴하고 신뢰할 수 있는 지속가능한 에너지를 누구나 사용할 수 있는 세상을 기대한다(7항).

인권과 인간의 존엄성·법치·정의에 대한 보편적 존중이 있는 세상, 평등과 비차별의 세상, 인종과 민족·문화적 다양성을 존중하는 세상, 모든 사람이 잠재력을 온전히 실현할 수 있고 동등한 기회를 통해 공동의 번영에 기여할 수 있는 세상을 우리는 기대한다. 아이들에게 투자하며 모든 아이가 폭력과 착취 없이 성장하는 세상, 모든 여성과 여아가 완전한 성평등을 누리고, 여성과 여아의 권익 신장을 저해하는 법적·사회적·경제적 장벽이 없는 세상, 가장 취약한 계층의 요구에 부응하는 공정하고 공평하며 개방적이며 관용과 포용적인 사회가 있는 세상을 꿈꾼다(8항).

우리는 모든 국가가 지속적이며 포용적이고 지속가능한 경제성장, 그리고 모두가 양질의 일자리를 누릴 수 있는 세상이기를 원한다. 또한, 소비와 생산 양식 그리고 공기부터 토지, 강, 호수, 암반, 그리고 바다까지 모든 천연자원의 지속가능한 사용이 보장되는 세상을 기대한다. 국가 및 국제적 차원에서 지속가능발전을 가능하게 하는 민주주의와 선정(善政), 법치와 더불어 지속적이며 포용적인 경제성장, 사회발전, 환경보호, 빈곤과 기아 근절과 같은 요인이 필수적인 세상, 기후를 고려하여 기술의 발전과 응용이 이루어지고, 생물다양성을 존중하는 회복력 있는 세상, 인간의 삶이 자연과 조화를 이루고, 야생 동물과 기타 생물종(種)이 보호받는 세상을 기대한다(9항).

1. 인간과 사회발전(목표 1~6)

1번 목표는 2030년까지 전 세계인이 기본적인 수준의 생활을 영위할 수 있도록 보장하는 것을 목표로 한다. 이를 위해 모든 나라, 도시에서 빈곤한 사람들에 대한 생활보호 등의 사회적 보호, 분쟁이나 재해 시에 필요한 지원이 실행되어야 한다.

목표 1.

모든 곳에서 모든 형태의 빈곤 종식

세계의 빈곤 인구수를 측정하는 기준으로써 국제 빈곤선이 있다. 2015년 세계은행은 이를 1일 1.90달러로 설정했다. 최근의 경제성장에 의해 빈곤선 이하의 인구는 계속 감소하고 있어서 세계 인구의 10%를 밑돌 것으로 예측되고 있다. 하지만 분쟁을 겪는 나라나 1차 산업에 의존하는 나라에서는 빈곤 인구가 더 증가하고 있다.

빈곤과 양극화는 한국에서도 심각한 문제이다. 통계청이 2020년 9월 28일 발표한 '2020년 고령자 통계'에 따르면 지난 2017년 기준 한국의 상대적 빈곤율은 44%에 달했다. "프랑스(3.6%), 노르웨이(4.3%), 독일(10.2%), 캐나다(12.2%) 등 주요국들과 비교할 때 월등히 높은 수준이다. 2018년 기준 상대적 빈곤율은 43.4%로 분배 지표가 점차 개선되고 있다고 통계청이 발표했지만 갈 길은 아직 멀다. 2020년 65세 이상 고령 인구는 800만 명 선을 넘어 총 812만 5,000명을 기록했다. 전체 인구의 15.7%로 고령 인구 비중은 계속 증가 중이고 오는 2025년에는 20.3%에 달해 초고령사회에 진입할 것으로 예상한다. 이에 따라 2047년에는 전체 가구의 절반이 고령자 가구로 채워질 것으로 보인다. 2020년 기준 65세 이상 고령자 가구는 22.8%인데 2047년에는 49.6%로 불어날 것이라고 통계청은 내다봤다(이형하, 2021: 156)."

양극화는 사회 전체 소득분배에서 격차가 벌어지는 현상을 의미한다. 경제적 양극화를 측정하는 소득분배 지표로는 주로 지니계수, 5분위 배율, 상대 빈곤율 등을 사용한다. 세 지표 모두 낮을수록 평등하게 소득이 분배된 것을 의미한다. 관련 기사 하나를 살펴보자.

> "지난 10년간의 데이터를 살펴볼 때 한국의 지니계수나 상대적 빈곤율 등 양극화 지표의 수치 변화는 비교적 적었지만 계층별 상대적 빈곤율을 해외 데이터와 비교했을 때 한국 사회의 양극화가 심각한 수준인 것은 사실이다. 2020년

경제협력개발기구(OECD)에서 발간한 〈한국 경제 보고서 2020(OECD Economic Review of Korea 2020)〉에 따르면 한국의 2017년 정규직 인구의 총소득 분산은 OECD 가입국 중 세 번째로 높은 수준이었다. 처분가능소득을 기준으로 한 지니계수는 일곱 번째로 평균보다 다소 높았다. 특히 66세 이상 노인층의 상대 빈곤율은 2019년 61%(처분가능소득 기준)로 OECD 가입국 중 가장 높았다. OECD는 보고서를 발표하면서 1997년 외환위기 이후 경제의 포용력이 줄어들었다고 설명했다. 특히 정규직과 비정규직 간 임금 및 근로 조건 격차 등 노동시장 이중 구조와 일하는 노인층의 불안정한 일자리 때문에 한국은 COVID-19 위기에 취약하다(최중무, 2020)."

SDGs 1번 목표는 1.1부터 1.b까지의 7개의 세부목표가 있다. 1.1과 1.2는 빈곤 인구 감소를 목표로 한다. 1.1은 국제적인 빈곤선에 근거한 목표이다. 따라서 생활 수준이 높은 나라에서는 이 지표를 적용할 수 없기 때문에 1.2에서는 각국의 독자적인 정의에 의거한 목표를 새롭게 정해야 한다. 1.3, 1.4는 빈곤층과 취약층에 대한 사회보호 대책의 실시와 토지, 재산, 금융서비스라고 하는 경제적 자원에 관한 접근성 확보가 목표로 설정된다. 1.5는 빈곤층 및 취약계층이 외부의 충격에 견디는 힘을 강화하는 것을 목표로 한다. 1.a와 1.b에서는 각국 정부에 대해 빈곤을 끝내기 위한 재원 조달과 투자 확대를 촉구한다.

1.1 2030년까지 현재 기준으로 하루 1.25달러 미만으로 살아가는 모든 사람을 위해 모든 곳에서 절대 빈곤을 근절한다.
1.2 2030년까지 국가별 정의에 따라 모든 측면에서 전 연령층의 남녀 및 아동의 빈곤 인구 비율을 최소한 절반으로 줄인다.
1.3 국가별로 최저 생계 보장 등을 포함하여 모두를 위한 적절한 사회보장 시스템 및 조치를 이행하고, 2030년까지 빈곤층과 취약계층에 대한 실질적 보장을 달성한다.
1.4 2030년까지 모든 남성과 여성, 특히 빈곤층과 취약계층의 경제적 자원, 기초 서비스, 토지 및 기타 자산에 대한 소유권과 통제, 상속권, 천

연자원, 적정 신기술, 소액금융을 포함한 금융 서비스에 대한 동등한 권리를 보장한다.

1.5 2030년까지 빈곤층 및 취약계층의 복원력을 구축하고 기후 관련 재해와 경제적, 사회적, 환경적 충격 및 재난에 대한 노출과 취약성을 경감한다.

1.a 개발도상국, 특히 최빈개발도상국이 모든 형태의 빈곤 종식을 위한 프로그램과 정책을 이행할 수 있도록 적절하고 예측 가능한 수단을 제공하기 위해, 발전 협력 확대를 포함한 다양한 재원의 실질적 동원을 보장한다.

1.b 빈곤 종식 활동에 대한 투자 증대가 이루어지도록 빈곤층에게 친화적이고 성(性)인지적인 발전전략을 기반으로, 국가적, 지역적, 국제적 차원에서의 견고한 정책 체계를 형성한다.

〈목표 1〉의 '모든 형태의 빈곤 종식'으로 영양, 교육, 보건에서부터 양질의 일자리, 표현의 자유까지 빈곤의 모든 면을 포함하고 있다. MDGs에서 절대빈곤의 해소가 핵심목표였다면, SDGs는 빈곤의 다양한 측면을 고려하여 사회보호(social protection)의 개념이 세부목표들로 제시되어 있다.

여기서 빈곤은 '핵심적인 능력, 즉 건강하게 장수하는 삶, 지식, 경제적 자원 그리고 지역사회 참여 가능성 등을 박탈당함(유엔개발계획)' 혹은 '경제적 기회, 교육, 보건과 영양 및 권한 부여와 안전에서의 인적 박탈상태(세계은행)'를 의미한다. SDGs는 빈곤의 근본적인 원인으로 불평등, 인권, 평화, 환경, 에너지 문제의 중요성을 강조하고, 해결방안으로 경제성장, 생산·소비 개혁, 일자리, 지속가능한 농업발전, 인프라 개발과 산업화, 거버넌스와 제도 개선 등을 제시한다.

〈목표 1〉은 '2030년까지 전 인류의 절대빈곤 종식'을 목표로 총 7개의 세부목표가 제시되어 있다. '하루 1.25달러(PPP) 이하의 인구비율(성별, 연령 집단별로 세분화된)'은 세부목표의 검토지표로 제시된다. SDGs의 검토지표는 현실을 반영하여 조정되었다. 2015년 9월 세계은행(WB)이 빈곤층 기준선을 일일소득 1.25달러에서 1.90달러로 상향 조정했기 때문이다. 하루 수입 1.92달러를 기준으로 추산한 세계 빈곤층 규모는 기존 대비 1억 4,800만 명이 더 늘어나게 된다.

또 다른 세부목표는 '2030년까지 남녀노소를 불문하고 국가별 빈곤 정의에 따라 모든 면에서의 빈곤 인구 50% 감축'이다. 연령 집단별로 세분화된, 국가 빈곤선 이하에서 살아가는 인구비율과 다차원 빈곤 지수(MPI)가 검토지표로 제시되어 있다. 이 지표가 소득빈곤 이외 빈곤의 깊이나 빈곤층 내의 불평등, 차상위 인구의 빈곤 심각성과 같은 빈곤 다면성을 포착하는 데 한계가 있다는 주장도 있다. 따라서 실제적인 빈곤의 현황을 파악할 수 있도록 지표를 보완하는 작업, 모니터링할 수 있는 데이터와 통계를 보완하고 이에 대한 접근성을 높이는 실천이 뒤따라야 할 것으로 보인다.

SDGs는 경제, 환경, 문화와 사회 등 여러 요인을 고려한 통합적 발전전략을 취하고 있다. 세부목표(1.3)는 '최저생계유지 등을 포함한 나라별로 적절한 사회보호 최저선(social protection floors) 설정과 정책 이행, 빈곤층과 취약계층에 실질적인 혜택 제공'을 제시한다. 세부목표 실행을 위한 효과적인 사회보호 프로그램 개발과 역량 강화, 서비스 접근성 확대는 빈곤 경감과 사회적 취약성을 해소하는 데 기여하게 될 것이다. 세부목표(1.4)는 '모든 남녀, 특히 빈곤층과 취약계층이 경제적으로 활용 가능한 자원과 기초서비스에 대한 평등한 권리'를 강조하며 '기타 자산에 대한 소유권 및 통제권 보장(1.4)'을 제시한다.

〈목표 1〉은 '빈곤층과 취약계층의 회복력 구축' 외에도 '기후 관련 재해와 기타 경제·사회·환경적 충격과 재난에 대한 노출 취약성 경감'(1.5)을 세부목표로 제시한다. SDGs가 3대 기둥(사회발전·경제성장·환경보호)의 조화를 지향하고 있음을 확인할 수 있는 대목이다.

SDGs는 목표 달성의 원칙으로 세대 간 형평성, 삶의 질 향상, 사회적 통합, 그리고 지구촌 구성원의 책임 등을 강조한다(이창언·오유석, 2017: 185). 17개 각 목표는 세부목표 이행을 위해 필요한 자원의 확보와 정책 프레임워크 수립이라는 책무도 있다. 〈목표 1〉은 이행수단과 관련해서 '빈곤의 종식을 위한 개발협력 강화를 포함한 다양한 자원의 활용 보장'(1.a)과 '빈곤층에 친화적이며, 생물학적 성의 차이를 고려한 개발전략을 기초로 국가적·지역적·국제적 차원의 건전한 정책 프레임워크 수립'(1.b)을 세부목표로 제시한다.

SDGs가 지나치게 사회 발전 중심으로 접근했던 MDGs(새천년개발목표)의 한계와 불균형을 해소하는 노력을 기울였지만 여전히 모호하거나 구체성이 떨어지는 측면이 있으며 세부목표와 지표가 중복되기도 하고, 책무 구조에도 한계가 있다. 그럼에도 지구, 국가, 지방의 지속가능성의 새로운 전기를 만드는 기회임에 틀림없다. 따라서 SDGs에 대한 이해와 공유를 바탕으로 한국적-지방적 맥락에서 재구성하고, SDGs 실행을 위한 청사진을 마련해야 한다.[1)]

2 ZERO HUNGER

목표 2.

기아 종식, 식량 안보 달성, 개선된 영양상태의 달성, 지속가능한 농업강화

기아와 영양실조는 세계의 빈곤자들에게 잔인한 현실이다. 아직도 전 세계적으로 10억 명 이상의 인구가 기아에 허덕이고 있고, 20억 명은 영양 결핍으로 고통 받고 있다. 유엔식량농업기구(FAO)에 따르면, 사하라 사막 이남 아프리카에서만 2억 3,900만 명 이상의 인구가 영양실조인 것으로 파악된다. 영양실조로 고통받는 인구가 가장 많은 곳은 아시아로, 2010년 기준 5억 7,800만 명의

1) 이창언(2016), "(시론)SDGs와 모든 형태의 빈곤 종식," 뉴스토마토(2016. 2. 13.).

아시아인이 영양실조에 걸려 있다. 반면 세계 15억 명의 인구가 비만 혹은 과체중에 시달리고 있다. 이로 인해 당뇨, 심장 및 혈관질환 등의 심각한 질병의 위험에 노출돼 있다.

〈목표 2〉에서는 모든 형태의 기아와 영양실조를 근절하고 식량 안전보장을 목표로 한다. 이 목표에는 소규모 농업 생산자의 생계 및 생산능력 향상, 농업 생산자의 토지, 기술 및 시장접근의 동등한 접근 보장과 지속가능한 농업모델을 홍보하는 것이 포함된다. 〈목표 2〉의 달성을 위해서는 농업생산성 향상을 위한 인프라 구축과 기술 분야의 투자 보장을 위한 국제협력이 필요하다. 2030년까지 전 세계적으로 기아를 근절하기 위해 평균 2,670억 달러가 필요한 것으로 추산된다. 우리는 가난한 사람들이 식량에 접근할 수 있도록 농촌 및 도시지역에 사회보장자금을 투입해야 한다.

2015년까지 새천년개발목표(MDGs)는 세계의 영양불량 인구 비율을 낮추는 데 긍정적인 역할을 했다. 그러나 여전히 8억 명 정도가 적정한 음식을 섭취하지 못하고 있는 것이 엄연한 현실이다. 사하라 사막 이남 아프리카와 남아시아에서 식량부족은 특히 영유아의 영양불량 문제로 이어져 심각한 상황에서 벗어날 기미가 보이지 않는다.

5세 이하의 영양실조 상태에 놓인 어린이는 2019년 기준으로 전 세계 아동 중 21%(1억 4,400만 명)였는데, 이 아동들의 거주 지역을 살펴보면 약 75%가 남아시아(39%)와 사하라 사막 이남 아프리카(36%)의 두 지역에 집중되어 있다. 지구상의 영양 불량상태에 놓인 아동 가운데 4분의 3이 이 두 지역에 거주하고 있는 셈이다. 2019년 전 세계 아동 중 극단적인 영양 부족에 시달리는 5세 이하의 어린이는 6.9%(4,700만 명)이었다. 2000년의 수치가 32%였음을 감안할 때 여러모로 개선된 것은 분명하지만 2030년의 목표치인 3%에 도달하려면 아직도 지속적인 노력이 절실하다.

2020년부터 확산된 신종 전염병(COVID-19)과 그로 인한 불황으로 기아와 식량불안이 더욱 가중되고 있다. 이로 인해 수백만 명에 이르는 아동들의 추가 영양실조가 우려되는 상황이다. 아프리카와 예멘에서는 2020년 3,500만 명 내외의 사람들이 극단적인 식량부족을 경험하고 있다. 전염병의 영향으로 식

량의 생산과 배급 능력이 감소함에 따라 불안하던 식량 상황이 더욱 악화되고 있는 것이다. 세계적으로 식량 불안에 놓인 인구는 2014년 22.4%에 비해 2019년 25.9%(약 2억 명)로 증가했는데 팬데믹 상황으로 인해 더 심각한 상황이 발생할 수 있다. 안정적인 식량 공급이 없다면 아동을 포함해 아시아, 아프리카의 수많은 사람들이 건강에 필요한 영양을 섭취하지 못해 극단적 상황에 놓일 것으로 보인다.

식량부족은 취약한 사람들에게 더 빠르고 심각하게 악영향을 미친다. 2016년부터 2019년까지의 각종 데이터는 식량부족을 경험한 사람들의 비율이 세계의 모든 지역에서 남성에 비해 여성이 더 많다는 것을 확인시켜준다. 역시 취약한 계층인 영세농도 신종 전염병(COVID-19)으로 큰 타격을 받고 있다. 아프리카, 아시아, 라틴 아메리카의 농업 분야 소규모 생산자는 40%에서 85%로 예측된다. 많은 국가의 소규모 생산자는 대규모 생산자에 비해 생산능력이 떨어지기 때문에 수입이 절반에도 미치지 못하는 것으로 조사되고 있다. COVID-19로 인한 봉쇄와 사회적 거리두기의 영향으로 심지어 선진국에서도 식량 생산과 공급이 제대로 이루어지지 않으니 아시아, 아프리카의 최빈개발도상국의 아동과 여성, 영세농에게 식량의 공급이 충분히 이루어진다는 것은 더욱 기대하기 힘들다. 따라서 특히 사회적 약자인 아동과 여성의 건강 보호를 위한 시급한 대응이 필요하다.

특히 아동의 만성적인 영양 부족은 각종 감염의 원인이 되고, 신체발달과 지적 발달을 저해하며 심지어 치사율까지 높이고 있다. 반면 선진국의 5세 미만 어린이들은 비만이 증가하고 있다. 2019년 기준 5세 미만 아동의 5.6%(3,800만 명)가 비만 상태에 놓여 있다. 비만과 극심한 영양부족 상태는 동일한 환경에서 동시에 발생하는 경우가 많다. 기아 문제와 아동 비만 문제는 미래세대의 건강에 악영향을 미칠 뿐만 아니라, 사회 경제적인 생산력 저하로 이어질 수 있다는 점에서 함께 고려해야 할 문제이다.

영양실조와 비만은 망가진 세계 식량체계의 가장 뚜렷한 징후들이다. 전 세계적으로 식량 낭비는 연간 식량 수확량의 30%에 달한다. 부유한 국가에서는 농산물을 버리고, 바다에 식용 물고기를 버리기도 한다. 일반 가정에서는 식료품 가게와 상점에 비축된 것들을 과잉 주문하고, 너무 많은 먹을거리를 구매한다. 그렇게 초과 구매한 먹을거리들의 대부분 사람의 입이 아닌 쓰레기 매립지로 들어간다. 우리가 어떻게 곡물을 재배, 공유 및 소비하는지에 대한 반성과 성찰이 필요하며 전환을 시도해야 할 이유가 여기에 있다.

특히 선진국의 육류 소비 증가가 가난한 국가의 사람들을 더 굶주리게 만들고 있다. 2020년 세계 곡물 수확량의 36%가 고기를 생산하는 데 사용됐다. 고기 생산은 물 집약적이어서 고기 1kg을 생산하는 데 수천 ℓ 이상의 물이 사용된다. 닭고기를 생산하는 데에 드는 물의 양은 킬로그램 당 4,325ℓ, 돼지는 8,763ℓ, 소는 1만 5,415ℓ 가량이 쓰인다. 뿐만 아니라 공장식 축산은 산림과 토지를 파괴하며 엄청난 양의 CO_2를 발생시킨다. 육류 소비를 줄이는 것은 건강뿐 아니라 기아문제 해결의 방법이면서 동시에 환경을 생각하는 일이기도 한 것이다.

기아는 '소비 패턴, 토지와 다른 천연자원, 자본금과 시장, 분배 네트워크의 불균형(FAO, IFAD, WEP 공동연구보고서)'으로도 발생한다. 토지 황폐화와 토지 상실만 살펴보아도 기아 해결을 섣불리 낙관하기 어렵다. 2000년 이후, 일본 국토의 절반에 해당하는 3,600만 헥타르(ha) 이상의 토지가 매매나 임대의 형식으로 거대 기업의 손으로 넘어갔다. 최대의 토지 수탈 국가는 미국이며, 주요 피해자는 아프리카와 아시아 지역이다. 다국적 기업은 수탈한 토지의 절반 정도만 농지로 사용한다. 나머지 토지는 무용한 상태에 놓여 있는 것이다. 충분한 식량을 생산하기 위해 적정한 규모의 농지를 유지하고 농지의 질을 보호하는 것이 필요하다. 이것 역시 기아 해결과 식량 안보를 위해 반드시 해결해야 할 과제이다.

오늘날 여전히 굶주리고 있는 9억 2,500만 명의 사람들에게 영양을 공급하려면 기존의 식량 및 농업 시스템에 큰 변화가 있어야 한다. 2050년까지 늘어날 20억 명의 새로운 인구를 고려하면 더욱 그렇다. 〈목표 2〉 식량 및 농업 부문은 기아와 빈곤 종식의 초점인 개발에 대한 핵심 솔루션을 제공한다.

SDGs 〈목표 2〉에는 2.1에서 2.c까지의 8개의 세부목표가 있다. 2.1에서는 기아 퇴치, 2.2에서는 영양부실 해소가 목표이다. 특히 5세 미만 아동의 발육 저하에 대처하는 것이 시급한 문제다. 기아를 끝내기 위해서는 무엇보다도 식량증산이 불가피하고, 2.3에서는(특히 소규모 생산자의) 농업 생산성 향상이 과제가 된다. 또, 최근에는 기후 위기로 인해 2.4에서는 가뭄이나 홍수 등 자연재해로부터의 적응 능력을 강화하는 것이 목표로 제시되어 있다. 그리고 2.5

에서는 동식물의 유전적 다양성 유지가 요구된다. 마지막으로 2.a에서 2.c까지 국제협력과 무역구조 및 시장의 정비를 통해 식량 생산을 촉진하는 것이 목표로 되어 있다. 〈목표 2〉의 세부목표는 다음과 같다.

2.1 2030년까지 기아를 근절하고, 영유아를 포함한 모든 인간, 특히 빈곤층과 취약계층이 연중 내내 안전하고 영양가 있는 충분한 음식에 대한 접근을 보장받도록 한다.

2.2 2025년까지 5세 미만 아동의 발육 부진 및 체력 저하에 관한 국제적으로 합의된 세부목표를 달성하는 것을 포함하여, 2030년까지 모든 형태의 영양 결핍을 없애고 청소년기 여아, 임신여성, 모유수유 여성 및 노년층의 영양상 필요에 대응한다.

2.3 2030년까지 토지 및 기타 생산자원과 투입 요소, 지식, 금융서비스, 시장 및 부가가치 창출과 비농업 부문 고용 기회에 대한 안전하고 동등한 접근을 보장함으로써, 소규모 식량 생산자, 특히 여성, 선주민, 가족농, 목축업자 및 어민의 생산력과 소득을 두 배로 늘린다.

2.4 2030년까지 식량 생산성과 생산을 향상시키고 생태계 유지에 도움이 되며 기후변화, 기상이변, 가뭄, 홍수 및 기타 자연재해에 대한 적응력을 강화하고 토양과 토질을 점진적으로 향상시키는 지속가능한 식량 생산 시스템을 보장하고 복원력 있는 농산물 관리를 실행한다.

2.5 2020년까지 종자 및 식물 은행 등에 대한 국가, 지역, 국제적 차원의 건전한 관리와 다변화 등을 통해 종자 및 농작물 그리고 가축 및 이와 관련된 야생종의 유전적 다양성을 유지하며, 국제적으로 합의된 바와 같이, 유전자원과 관련된 기존 지식을 활용할 수 있도록 접근성을 향상시키고 이를 통해 발생하는 이익이 공평하고 공정하게 분배될 수 있도록 한다.

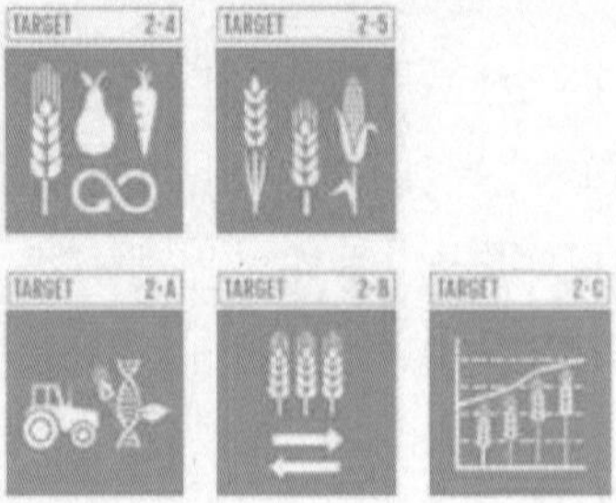

2.a 개발도상국, 특히 최빈개발도상국의 농업 생산 역량을 강화하기 위해, 국제협력 증진을 통해 농촌 지역의 사회기반 시설, 농업 연구 및 지원 서비스, 기술 개발, 식물 및 가축 유전자은행에 대한 투자를 확대한다.
2.b 도하발전라운드(Doha Development Round) 지침에 따라 모든 형태의 농업 수출보조금과 이와 동등한 효과를 갖는 모든 수출요건의 철폐를 통해 전세계 농산물 시장의 무역 제한 및 왜곡을 시정하고 예방한다.
2.c 식료품 시장과 관련 파생 시장의 적절한 기능을 보장하고, 극심한 식량 가격 변동성을 제한하기 위해, 식량 비축분을 포함한 시장정보를 시의적절하게 확보할 수 있도록 하는 방안을 도입한다.

다시 말하지만, 기아와 영양실조 근절은 2000년 이후 상당한 진전이 있었음을 부인할 수는 없다. 그러나 모든 사람의 기아, 식량불안 및 영양실조를 근절하려면 앞에서도 언급했듯이, 특히 아시아와 아프리카에서 지속적이고 집중적인 노력이 필요하다. 농업 생산성을 높이기 위해 정부의 지출과 지원을 포함하여 농업에 대한 더 많은 투자가 이루어져야 한다. 낙후된 수확 방법과 식량 낭비도 식량부족에 기여했기 때문이다. 뿐만 아니라 전쟁도 식량공급에 부정적인 영향을 미쳤으며 무엇보다 식량 재배에 중요한 환경을 파괴했다.

기아를 근절하려면 지속가능한 식량생산 시스템뿐만 아니라 여기에 더해 적응력이 뛰어난 농업 관행도 필요하다. 이 작업의 한 측면은 농업과 식량 생산에 필수적인 식물과 동물의 유전적 다양성을 유지하는 것이다. 역사적인 아일랜드 대기근이 높은 수확량을 이유로 단일 품종의 감자만 재배했기 때문이었다는 것을 잊지 말아야 한다.

SDGs 〈목표 2〉의 이행을 위해서는 식량의 안정성을 높여야 한다. 국내 생산 및 수입(식량원조 포함)을 통해 적절한 품질과 공급량의 확충(식량의 가용성), 식량자원의 독점적 생산뿐만 아니라 자원을 획득할 수 있는 권리(식량의 접근성), 적절한 영양소, 위생, 건강 측면에서 식량을 효율적으로 활용(식량의 활용성)해야 한다. SDGs 〈목표 2〉는 '연중 안전하고 영양가 높으며 충분한 식량 공급 보장(2.1)', '모든 형태의 영양실조 종식과 영양적 필요 고려(2.2)', '안정적이고 평등한 접근성 확보를 통해 농업생산량과 소농의 소득 2배 증대(2.3)', '토지와 토양의 질을 높이는 지속가능한 식량생산 시스템 보장과 회복력 있는 농업활동(2.4)', '유전적 다양성 유지와 유전적 자원의 활용으로부터 발생하는 혜택에 대한 공정한 분배 및 접근성 보장(2.5)' 등을 목표로 제시하고 있다.

세계는 기존에 생산된 식량의 양으로도 90억~110억 명의 사람들을 먹여 살릴 수 있다. 식량문제는 단지 생산부족 때문에 발생하는 것만은 아니다. 농지의 적정한 규모와 질을 보호하는 일도 기아 해결과 식량안보에 직결된 과제다. 이와 함께 미래세대와 세계 식량체계 간의 연계를 높여야 한다. 농민이 되려는 젊은이들의 수가 줄어들면 농업의 지속가능성은 불투명해진다. 미래세대에게 농촌이 살고 싶은 곳, 생기 넘치는 곳이라는 인식을 높이기 위해 국가 차원에서 다양한 프로그램과 구체적인 도움(기본소득, 경작과정에 대한 정보, 의사소통기술 등)을 제공해야 한다.

한편, 식량가격에 대한 금융투기는 농업시장의 불안정을 강화하고, 영세농민의 생계에 심각한 영향을 주고 있다. 가격 변동성은 안정된 시장과 수확물의 공정한 가격을 기대하는 농민에게 피해를 준다. 특히 20억 명의 가난한 사람들에게 가장 많이 거래되는 세 가지 식료품인 옥수수, 밀, 쌀에 대한 투기를 단속하는 것은 농민과 기아에 허덕이는 이들에게 큰 도움이 된다. SDGs 〈목표 2〉의 이행을 위해서는 언급한 식량에 대한 금융투기, 토지수탈 등에 대한 민주적 통제부터 식문화의 성찰까지 다양한 과제가 제시될 수 있다. 다시 말하자면 '건강, 환경적 지속가능성, 소득창출, 식량안보에 기여하는 지속가능한 농업을 강화해야' 한다.

더 나은 식량 시스템을 만드는 것이 꼭 더 많은 양의 식량생산을 의미하지는 않는다. 과거의 녹색혁명 기술들은 수확량에만 초점을 두고 생물학적 상호작용에는 별다른 관심을 두지 않았다. 대규모 농업방식은 심각한 토양훼손을 초래했고 수질오염, 화학비료와 농약의 오남용이 죽음의 해역(Dead zone)을 만들어 생물다양성을 축소시키는 결과를 가져왔다. 식량생산에 있어 지속가능하고 친환경적 접근방식인 농업생태학으로의 복귀는 안전한 먹을거리의 생산과 소비뿐 아니라 자연재해에 더 높은 저항력이 있음을 보여준다.

〈목표 2〉를 달성하기 위해 먼저 식량의 안정성을 높여야 한다. 국내 생산 및 수입(식량원조 포함)을 통해 공급량의 확충과 적절한 품질의 유지(식량의 가용성), 식량자원의 독점적 생산뿐만 아니라 자원을 획득할 수 있는 권리(식량의 접근성), 적절한 영양소, 위생, 건강 측면에서 식량을 효율적으로 활용(식량의 활용성)해야 한다.

농업기반시설의 확충도 등한시해서는 안 된다. 기아는 영양분의 부적당한 섭취와 좋지 못한 농업 기반시설과도 관련이 있기 때문이다. 가난한 국가는 저장 공간이 여전히 불충분한 까닭에 낭비되는 작물도 많다. 제3세계 농민은 적절한 곡물 저장고, 건조설비, 과일상자, 냉장고나 작물 수확 후 저장 및 가공기술을 가지고 있지 못하다. 생산이 충분하지 못한데 그나마 생산한 식량조차 제대로 섭취하지 못하는 것이다. 따라서 기아 해결을 위한 국제원조와 지원에서 이 부분에 대한 관심과 투자가 반드시 필요하다.

그리고 농민이 공정한 가격을 받을 수 있는 시장에 대한 접근성을 높여야 한다. 농업협동조합과 같은 제도는 수익은 물론, 공동생산과 판매를 통해 상부상조하는 농촌 공동체이자 사회집단의 역할도 할 수 있다. 이런 제도를 시행하는 것만으로도 지역사회의 경제력을 키우고 사회서비스 네트워크를 향상하는데 기여할 수 있다.

모든 사람이 식량에 대한 안정적인 접근성을 확보하기 위해 가장 오래된 산업 가운데 하나인 농업은 지속적으로 발전할 필요가 있다. 이를 위해서는 농업생산성의 상승, 소규모 농가의 소득 향상, 토지, 기술, 시장에 대한 접근의 기회균등, 지속적인 식량생산 시스템, 농업 부문에 대한 투자 증가 등이 지속적으로 요구된다. 기업은 자신의 기술이나 노하우를 활용하여 다양한 방면에서 식량부족이나 농업생산성 향상, 영양불량 개선을 위해 공헌할 수 있다. 그것은 선한 기부행위에 그치는 것이 아니라 새롭고 거대한 비즈니스 기회를 가져올 가능성이 있다.

목표 3.

모두를 위한 전 연령층의 건강한 삶 보장과 웰빙 증진

건강한 생활양식(life style)을 보장하고 모든 연령대의 모든 사람의 복지를 증진하는 것은 지속가능한 삶에 있어서 매우 중요한 과제다. 새천년개발목표(MDGs)는 전 세계 사람들의 평균 수명을 증가시키고 모자의 질병을 줄이는 데 상당한 진전을 이루었다. 또한 깨끗한 물과 위생에 대한 접근성을 강화하고 말라리아와 결핵, HIV/AIDS의 확산을 억제하는 데도 상당한 진전을 이루었다.

1990년 이후 전 세계적으로 예방 가능한 아동 사망률이 절반 이상, 산모의 사망률은 45% 감소했다. 2000년과 2013년 사이 에이즈 감염은 30% 감소했고 620만 명 이상이 말라리아에서 회복되었다. 그러나 여기에서 만족할 수는 없다. 다양한 질병과 새로운 건강 문제를 해결하기 위해 더 많은 노력을 기울여야 한다. 2000년부터 2017년까지 모성 사망률을 연 평균 2.9% 줄이는 데 성공했지만 이는 2030년 목표치인 6.4%의 절반에도 미치지 못한다. 신생아 사망자 수는 2000년 1,000명 당 31명에서 2018년 18명으로 감소했으며, 5세 미만의 사망자 수는 2000년 76명에서 1,000명 당 39명으로 감소했다. 그러나 구체적 수치로 살펴보면 2018년 5세 이전에 530만 명의 어린이가 사망했으며, 그중 약 절반은 출생 후 28일 이내에 사망했다.

HIV/AIDS는 2010년과 2018년 사이 전 세계 15세에서 49세 사이는 인구에서 18% 감소했다. 그러나 이 역시 SDGs 목표를 달성하기에는 아직 충분하지 않다. 특히 사하라 사막 이남 아프리카에서만 2020년부터 2021년까지 에이즈 관련 질병으로 인한 사망자가 50만 명에 이를 것으로 예상된다. 신속한 조치가 필요한 이유다.

세계 10대 사망 원인 중 하나인 결핵은 2018년에 환자 수가 약 1,000만 명 증가했다. 특히 기저질환을 가진 사람에게 치명적인 COVID-19로 인해 결핵으로 인한 사망률이 5년 전의 수치로 돌아갈 수 있다고 유엔에서 작성한

〈SDG 보고서 2020〉은 말한다. 우리나라에서도 여전히 결핵으로 해마다 1,000명 이상의 사망자가 나오고 있으며 2019년에는 1,356명이 결핵으로 인해 사망했다.

〈목표 3〉에서는 모든 사람이 생애에 걸쳐 건강한 생활을 영위할 수 있게 되는 것을 목표로 하고 있다. 임산부나 영유아의 기본적인 건강이 보장되고, 나아가 HIV/AIDS, 말라리아, 결핵과 같은 감염증의 종식 및 생활습관으로 생기는 비감염병의 방지도 요구된다. 또한 모든 사람이 의료, 보건 서비스나 의약품에 대한 접근이 쉬워야 한다.

임산부의 사망은 조산사가 입회하여 위생적인 시설에서 출산하는 것만으로도 대폭 줄일 수 있다. 하지만 사하라 사막 이남 아프리카와 남아시아 지역에서는 출산 시 조산사가 입회하는 경우는 전체 출산의 절반에도 이르지 못한다. 2014년과 2019년 사이, 전 세계에서 조산사 입회 하의 출산 비율은 81%로 결코 낮지 않았으나 사하라 사막 이남 아프리카는 60%, 남아시아는 77%에 그쳤다.

또, 이들 지역에서 가족계획에 대한 대처가 늦어지고 있는 것도 간과할 수 없는 문제이다. 제대로 된 가족계획을 수립하는 것만으로도 원치 않는 임신을 줄이고, 임산부의 사망률도 낮출 수 있다. 지난 10년간의 피임과 관련한 통계를 살펴보면 사하라 사막 이남 아프리카에서는 55.5%의 여성만이 현대적인 피임약을 사용할 수 있음을 알 수 있다(SDG 보고서 2020). 사하라 사막 이남의 아프리카에서 15~19세 여성의 출산율이 높은 것도 이러한 통계자료를 통해 유추할 수 있다. COVID-19로 인한 팬데믹 상황은 피임약의 보급과 구입을 더 어렵게 만들었고 이로 인해 취약 지역인 아시아, 아프리카 여성과 소녀들의 원하지 않는 임신율이 다시 증가하고 있다.

전 세계적으로 국민건강보험의 가입률을 높이는 것도 중요하다. 국민건강보험은 전 세계 사람들이 필요로 할 때 어디에서든 재정적 부담 없이 의료기관을 이용할 수 있음을 의미한다. 누구나 비용에 대한 큰 부담 없이 의료 혜택을 충분히 누릴 수 있다면 감염병이나 그 외 질병으로 인한 고통으로부터 조금이나마 자유로워질 수 있다. 2016년 런던올림픽 개막식 행사에서 영국이 최초로 시행했던 그들의 의료보험을 자랑했던 이유도 다른 데 있는 것이 아니다. 지금 한국은 영국 못지않은 국민건강보험 체계를 갖추고 있고 COVID-19의 팬데믹 상황에서 그 효과를 충분히 입증해 전 세계의 부러움을 사기도 했다. 하지만 모든 나라가 한국과 같은 혜택을 누릴 수 있는 것이 아니다. 아직도 많은 나라의 국민이 제대로 된 의료보험 체계를 갖추지 못하고 있으며 개인의 건강을 스스로 돌봐야 하는 상황이다. 따라서 건강관리를 할 수 있는 소득의 확보는 대단히 중요하다.

한편 선진국에서는 약물 남용이 심각한 사회문제로 대두하고 있다. 이미 미국은 오래 전부터 라틴아메리카에서 생산되는 헤로인의 주요 소비지였다. 하지만 지금 미국은 헤로인 같은 불법 마약만이 문제가 아니다. 10대의 약물 중독이 심각한 사회 문제가 되고 있는데 그들이 복용하는 약은 불법적으로 유통되는 마약이 아니라 합법적으로 판매되고 있는 펜타닐이라는 마약성 진통제이다. 이러한 미국의 사례를 통해서도 알 수 있듯이 건강과 복지의 문제는 단지 최빈개발도상국의 문제만은 아니다. SDGs가 MDGs와 달리 선진국도 대상국가에 포함한 것은 시혜적인 조치라기보다는 현실적인 조치였다고 생각해 볼 수도 있다.

전 세계적으로 교통사고로 인한 사망이나 상해도 늘어나는 추세이다. 교통사고로 인한 건강의 위협은 선진국보다 개발도상국에서 더 치명적이다. 경제성장으로 자동차 수요가 늘어나 개발도상국에서 교통사고로 인한 사망이나 상해가 늘어나고 있다. 특히 개발도상국의 경우 아직 의료시설이나 의료서비스가 충분히 제공되고 있지 않으므로 개발도상국의 경제가 지속적으로 성장한다면 이러한 추세는 앞으로도 이어질 것으로 전망된다.

한국도 예외가 아니다. 2021년 7월 UNCTAD에서 만장일치로 선진국 그룹에 편입되었지만 교통사고만 국한해서 본다면 여전히 한국은 개발도상국 그룹에 속해 있다고 할 수 있다. 여전히 교통사고로 인한 사망과 상해가 줄어들지 않고 있다. OECD 국가별 교통사고 건수를 살펴보면 우리나라는 OECD 평균인 162.6건에 비해 약 2.5배 많은 404.5건이 발생했는데, 자료가 확인된 OECD 33개국 중 우리나라가 가장 많은 33위를 차지했다. 인구 10만 명당 교통사고 사망자수는 5.9명으로 36개국 중 8번째로 높았으며, OECD 회원국 평균인 4.7명에 비해서는 약 1.3배 많았다. 질병뿐만 아니라 교통사고로 인한 건강의 위협도 취약계층에게 더 치명적이므로 교통사고로 인한 피해를 막기 위한 정부나 지방자치단체의 역할이 요구된다.

〈목표 3〉은 건강과 복지에 관해 3.1에서 3.d까지 13개의 세부목표가 제시되어 있다.

3.1 2030년까지 전 세계 산모 사망 비율을 산모 10만 명당 70명 미만으로 낮춘다.

3.2 2030년까지 모든 국가의 신생아 사망률을 정상 출산 1,000명당 12명 이하가 되도록 하고, 5세 미만 유아의 사망률을 정상 출산 1,000명당 25명 이하가 되도록 하는 등, 신생아 및 5세 미만 유아의 예방 가능한 사망을 종식시킨다.

3.3 2030년까지 AIDS, 결핵, 말라리아, 열대 풍토성 소외질환(NTD) 등 전염병을 종식시키고, 간염, 수인성 질병, 기타 감염성 질병을 퇴치한다.

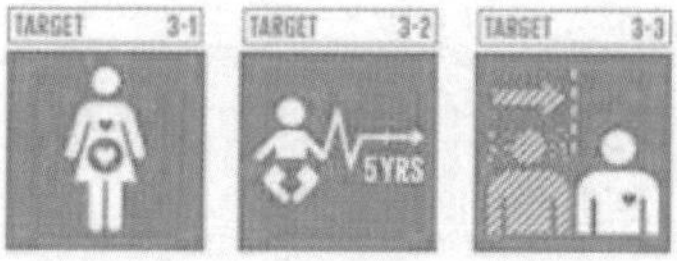

3.4 2030년까지 예방 및 치료를 통해 비감염성 질병으로 인한 조기 사망률을 1/3만큼 감소시키고 정신건강 및 웰빙을 증진한다.

3.5 마약 및 알코올을 포함한 약물남용의 예방과 치료를 강화한다.

3.6 2020년까지 세계적으로 도로 교통사고로 인한 사망 및 상해 건수를 절반으로 줄인다.

3.7 2030년까지 가족계획, 정보와 교육을 포함한 성과 임신에 관련된 의료 서비스에 대한 보편적 접근성을 보장하고, 임신 관련 의료 서비스(reproductive health care)를 국가의 전략과 계획에 통합한다.

3.8 재정적 위험 방지, 양질의 필수 보건 서비스에 대한 접근, 그리고 안전하고 효과적인, 저렴한 양질의 필수 의약품과 백신에 대한 접근 등을 모두에게 보장하는 보편적인 보건 서비스를 달성한다.

3.9 2030년까지 유해 화학물질, 대기, 수질, 토지오염으로 인한 사망 및 질병 건수를 상당한 수준으로 감소한다.

3.a 모든 국가에서 세계보건기구의 담배 규제 기본협약 이행을 강화한다.

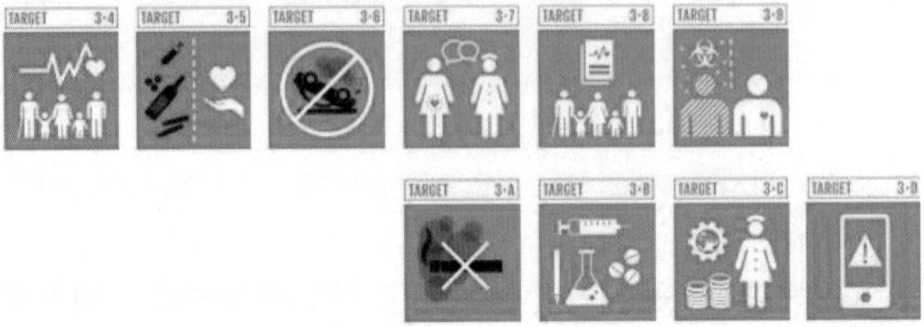

3.b 주로 개발도상국에 영향을 미치는 전염성 및 비전염성 질병에 대한 백신 및 의약품의 연구개발을 지원하고, 무역 관련 지적재산권 협정(TRPIS)의 공중보건을 위한 유연성 조항을 포함한 모든 조항을 활용할 수 있는 개발도상국의 권리를 명시한 무역 관련 지적재산권 협정(TRPIS)과 공중 보건에 관한 도하 선언에 따라, 적정가격의 필수 의약품과 백신에 대한 접근을 제공하며, 특히 모든 사람을 위해 의약품에 대한 접근을 보장한다.

3.c 개발도상국 특히 최빈개발도상국과 군소도서개발도상국(Small Island Developing States, SIDS)에서의 보건 재원과 보건 인력의 채용, 개발, 훈련, 보유를 대폭 확대한다.

3.d 모든 국가, 특히 개발도상국을 대상으로 국가 및 세계 보건 위험에 대한 조기 경보, 위험 경감 및 관리를 위한 역량을 강화한다.

3.1과 3.2에서는 각각 임산부와 영유아의 사망률을 낮추는 것을 목표로 한다. 3.3과 3.4는 질병 대책에 관한 목표이며, 전자는 에이즈나 결핵과 같은 감염증, 후자는 암이나 당뇨병과 같은 비감염증에 대한 대처가 주요 주제이다. 질병 이외의 건강 피해도 주제로 삼고 있으며 3.5는 약물이나 알코올 남

용, 3.6은 교통사고, 3.7은 성과 생식, 3.9는 유해 화학물 관리가 대상이다. 다양한 분야에서부터 건강이나 복지에의 대처가 요구된다. 3.a에서 3.d까지는 보건의료를 정비하기 위한 실시체계 강화를 목표로 한다. 3.a는 담배 규제에 대한 국제적 노력, 3.b는 백신이나 의약품의 연구개발 지원과 접근성 개선, 3.c는 개발도상국의 보건 분야 재정 정비나 인적 자원의 역량 향상, 그리고 3.d에서는 세계적 규모의 보건 위험에 대한 조기 대응을 강조하고 있다.

목표 4.
모두를 위한 포용적이고 공평한 양질의 교육 보장 및 평생학습 기회 증진

모든 사람에게 포용적이고 공정한 질 높은 교육을 확보하고 평생학습의 기회를 촉진한다. 〈목표 4〉는 교육에 관한 목표로 구성되어 있다. 빈곤 종식이 성공하는 데 있어서 그 무엇보다 교육이 담당하는 역할이 크다. 한국이 개발도상국에서 선진국의 지위에 오를 수 있었던 가장 큰 이유가 교육이라는 것이 국내외의 한결같은 평가다. 이는 다른 개발도상국에게도 시사하는 바가 크다. 〈목표 4〉가 지향하는 바도 여기에 있다. 바로, 모든 사람이 질 좋은 교육에 평생 접속 가능해지는 것을 목표로 한다. 여기서 말하는 교육은 초·중등 교육부터 취학 전 교육, 직업훈련, 기술·고등 교육 등 모든 단계의 모든 교육을 말한다.

교육, 특히 초등교육의 보급은 MDGs의 중점 항목 중 하나였으며, 지금까지 다양한 시책이 실시되었다. 이 때문에 지난 20년간 초등교육을 받지 못한 아이들의 수가 절반으로 줄었다. 특히 인구 규모가 큰 중국과 인도에서 눈부신 성과가 있었다. 그러나 2014년만 해도 전 세계적으로 약 6,000만 명의 어린이가 초등교육을 받지 못하는 상황이었다. 아동의 취학률과 가구의 빈곤과도 상관관계가 크다. 빈곤층 자녀는 부유층 자녀에 비해 미취학 비율이 몇 배 높다. 또 부모의 교육 수준도 취학률에 영향을 미친다. 일반적으로 빈곤한 사람의 자녀는 저학력자가 되기 쉬우므로 세대를 통해 빈곤 상황이 이어지게 된다.

개발도상국은 교육에서의 성 불평등도 간과할 수 없는 문제 가운데 하나다. 전체적으로 취학률이 낮지만 여성의 경우 그 취학률이 더 떨어지는 것이다. 과거 한국의 상황을 떠올려보면 쉽게 이해할 수 있는 일이다. 경제적으로 어려우면 취학은 선택적일 수밖에 없는데 이 경우 취학의 기회는 여자아이보다 남자아이에게 돌아갈 확률이 훨씬 더 높다. 한국이 걸어온 길을 돌이켜보면 결국 시간이 해결해주는 문제일 수도 있겠지만 그때까지의 시간은 생각보다 길어질 수도 있다. 더구나 지금 한국이 겪고 있는 세대 간 갈등도 차별적 교육기회에서 기인하는 측면이 있다. 따라서 개발도상국에서의 평등한 교육 기회의 보장은 앞으로 일어날 차별이나 갈등을 해소해 지속가능발전을 가능하게 하는 데 큰 역할을 할 것으로 기대된다.

초등교육뿐만 아니라 개발도상국은 고등교육기관의 수도 절대적으로 부족하다. 개발도상국에 고등교육기관이 많이 설치되는 것이 가장 바람직하겠지만 그렇게 되기까지는 인적 자원이나 경제적 자원이 충분하지 못하다. 따라서 선진국의 고등교육기관이 개발도상국의 청년에게 문을 열어줄 필요가 있다. 미국은 오래전부터 개발도상국의 청년에게 대학의 문을 열어주었고 일본의 많은 대학도 지금 개발도상국 청년들을 적극적으로 받아들이고 있다. 출생률 저하로 대학 입학생이 줄어든 것이 하나의 원인이기는 하지만 최근 들어 한국의 경우도 개발도상국 청년들을 적극적으로 수용하고 있다. 불가피한 선택일 수도 있겠지만 성장잠재력이 큰 개발도상국의 청년들에게 기회를 준다는 측면에서 긍정적으로 받아들일 필요가 있다.

〈목표 4〉는 4.1에서 4.c까지 10개의 세부목표로 구성되어 있다.

4.1 2030년까지 모든 여아와 남아가 양질의 초등 및 중등 교육을 무료로 동등하게 이수할 수 있도록 함으로써 의미 있고 효과적인 학습 성과를 달성할 수 있도록 한다.

4.2 2030년까지 모든 여아와 남아가 초등교육을 받을 준비가 될 수 있도록 양질의 영유아 발달과 보호를 보장하고, 초등학교 입학 전 교육에 대한 접근성을 보장한다.

4.3 2030년까지 모든 여성과 남성이 동등하게 저렴한 양질의 기술교육, 직업 훈련, 대학 교육을 포함한 고등교육에 접근할 수 있도록 한다.

4.4 2030년까지 취업, 양질의 일자리, 창업에 적합한 기술적, 혹은 직업적인 능력을 갖춘 청소년 및 성인의 수를 대폭 늘린다.

4.5 2030년까지 남녀 간 교육 격차를 해소하고 장애인, 선주민, 취약한 환경에 있는 아동을 포함한 취약계층에게 모든 수준의 교육과 직업훈련에 대한 동등한 접근을 보장한다.

4.6 2030년까지 모든 청소년 및 남녀 성인 상당수가 문해 및 산술 능력을 갖추도록 보장한다.

4.7 2030년까지 지속가능발전 및 지속가능한 생활방식, 인권, 성평등, 평화와 비폭력 문화 확산, 세계시민 의식, 문화적 다양성 존중 및 지속가능발전을 위한 문화의 기여에 대한 교육을 통해 모든 학습자들이 지속가능발전을 촉진시키는 데 필요한 지식 및 능력을 함양할 수 있도록 보장한다.

4.a 아동, 장애, 성별을 고려한 교육 시설을 세우고, 모두를 위해 안전하고, 비폭력적이며, 포용적이고, 효과적인 학습 환경을 제공한다.

4.b 선진국과 개발도상국에서 직업훈련, 정보통신기술, 기술, 공학, 과학 프로그램 등을 포함한 고등 교육에 등록할 수 있도록, 2020년까지 개발도상국, 특히 최빈개발도상국, 군소도서개발도상국 그리고 아프리카 국가에 지원되는 장학금의 수를 전 세계적으로 대폭 늘린다.

4.c 2030년까지, 개발도상국, 특히 최빈개발도상국, 군소도서개발도상국의 교사 연수를 위한 국제 협력 등을 통해 자격을 갖춘 교사의 공급을 대폭 확대한다.

세부목표의 4.1~4.3에서는 모든 아이가 초등·중등 교육, 취학 전 교육, 기술·직업 교육, 고등교육을 받을 수 있게 되는 것을 목표로 한다. 한편, 4.4에서는 젊은이나 성인에 대한 기술·직업 교육의 제공을 제시한다. 4.5는 교육격차 해소를 목표로 한다. 이는 교육에 대한 접근이 성별, 장애 유무에 따라 격차가 발생하지 않아야 함을 강조하는 것이다. 4.6에서는 읽고 쓰기, 기본적 계산능력, 4.7에서는 모든 사람이 지속가능발전을 위한 필요지식을 갖추게 하는 것을 목표로 한다. 4.a에서 4.c는 실행 수단에 관한 것으로 양호한 학습 환경 제공, 기술·고등교육 장학금, 질 좋은 교사 확보를 요구된다.

목표 5.
성 평등 달성과 모든 여성 및 여아의 권익신장

젠더란 생물학적이 아니라 사회적, 심리적 성차를 가리킨다. 〈목표 5〉는 여성이나 남성은 이래야 한다는 고정관념에서 탈피하여 양성이 평등하게 활약할 수 있는 사회를 지향한다. 성평등은 기본적 인권인 동시에 지속가능한 세계를 만들기 위해 필요한 기반이라고 볼 수 있다. 2019년 세계경제포럼(World Economic Forum)이 공개한 〈세계 성 격차지수(GGI) 보고서〉에 따르면 한국의 성 격차지수(GGI)는 0.672를 기록하며 상대평가 대상 153개국 중 108위를 차지한 바 있다. 한국의 순위가 낮은 이유로는 수입에서의 남녀 격차가 크다는 점, 관리직의 남녀 인원의 차이가 크다는 점 등이 꼽혔다. 이러한 저평가는 간과할 수 있는 것이 아니라, 한국의 지속가능발전을 향한 경종으로서 진지하게 받아들일 필요가 있다. 2016년 출간된 『82년생 김지영』이 오랫동안 베스트셀러의 지위를 누렸던 것이 하나의 방증으로 볼 수 있다. 시사 프로그램 작가 출신의 소설가 조남주가 쓴 소설이었다. 소설은 문학적 완성도와는 별개로 한국 사회에서 젠더 문제를 둘러싼 논쟁을 불러 일으켰는데 소설을 베스트셀러의 목록에 올린 이들은 20~40대의 여성들이었다. 즉 이들은 아직도 한국 사회에서 여성들이 차별받고 있다고 여기고 소설 속 주인공에게 공감한 것이다. 문제는 여성 독자와 달리 많은 남성 독자, 그 가운데에서도 젊은 남성 독자가 소설의 내용에 공감하지 않는 경우가 많았다고 한다. 차별로 인한 갈등, 혹은 차별에 대한 생각의 차이는 지속가능발전을 위해 우리 사회가 극복해야 할 문제 가운데 하나이다.

〈목표 5〉는 5.1에서 5.c까지의 9개의 세부목표로 구성되어 있다.

5.1 모든 곳에서 모든 여성과 여아에 대한 모든 형태의 차별을 종식한다.

5.2 인신매매, 성적 착취 및 다른 형태의 착취를 포함하여 공적·사적 영역에서 모든 여성과 여아에 대한 모든 형태의 폭력을 제거한다.

5.3 아동 결혼, 조혼 및 강제 결혼과 여성 할례와 같은 모든 형태의 유해한 관습을 제거한다.

5.4 공공서비스, 사회기반 시설 및 사회적 보호정책을 제공하고, 국가별로

적절하게 가정 내 책임 분담을 유도함으로써 무상 돌봄과 가사노동이 인정받고 가치 있게 인식하도록 한다.

5.5 정계, 재계, 공직의 모든 의사결정 과정에서 여성의 완전하고 효과적인 참여와 리더십에 대한 동등한 기회를 보장한다.

5.6 세계인구발전 회의 행동계획과 베이징 행동강령 및 이에 대한 검토 회의의 결과 문서에 따라 합의한 대로 성 및 임신 보건과 임신권에 대한 보편적 접근을 보장한다.

5.a 국내법에 따라 여성에게 경제적 자원에 대해 동등한 권리 및 토지나 다른 형태의 자산 소유와 통제, 금융서비스, 상속권 및 천연자원에 대한 접근을 제공하기 위한 개혁에 착수한다.

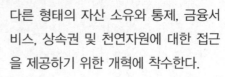

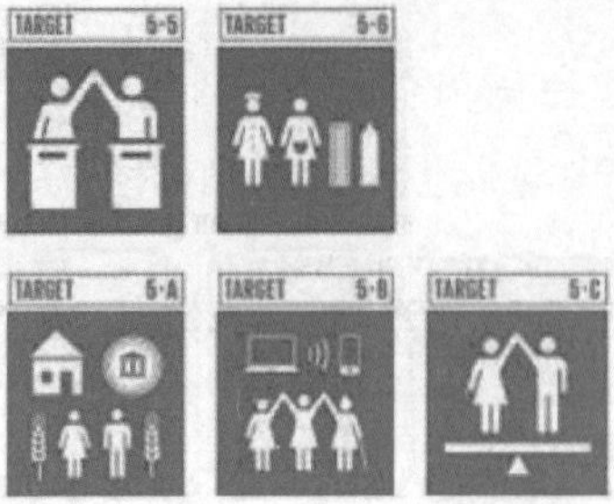

5.b 여성의 권익 신장을 위한 실용 기술 특히, 정보통신 기술의 활용을 증진한다.

5.c 모든 수준에서 성평등 및 모든 여성과 여아의 권익신장을 위해 실질적인 정책과 집행 가능한 법을 채택하고 강화한다.

5.1은 차별 철폐, 5.2는 폭력 배제, 5.3은 유해한 관행의 철폐로 각각 여성·여아 차별과 폭력을 없애는 것이다. 이어 5.4에서는 무보수 가사노동의 평가, 5.5는 의사결정에 대한 여성의 참여가 다루어져 여성·여아에게 경제적, 정치적인 기회를 평등하게 제공하는 것을 목표로 하고 있다. 5.6은 성과 생식에 관한 세부목표이며 여성 스스로 성과 생식에 관해 의사결정을 해야 함을 강조한다. 이행 수단에 관한 세부목표인 5.a에서는 토지나 금융과 같은 자원에 대한 접근, 5.b에서는 정보통신기술(ICT) 등에 대한 접근이 과제가 되고 있다. 그리고 5.c에서는 젠더, 성평등을 위한 정책과 법규를 정비할 필요성이 제시되어 있다.

목표 6.

모두를 위한 물과 위생설비의 가용성과 지속가능한 관리보장

〈목표 6〉에서는 모든 사람이 물과 위생에 대한 이용 가능성과 지속가능한 관리를 확보하는 것을 목표로 한다. 이는 모든 사람에게 음료수, 화장실, 하수시설·위생 설비를 제공하는 것이다. 물 부족과 열악한 수질, 위생시설 미비는 식량 안정 확보, 생계수단 선택, 교육 기회, 젠더 평등 등 다방면에서 악영향을 미친다.

2015년, 세계 인구의 약 10%에 해당하는 6.6억 명이 저렴하고 안전한 음료수에 접근하지 못하고, 간소하고 비위생적인 우물 등에서 음료수를 조달하지 않을 수 없었다. 또한 화장실 등 위생설비에 대한 접근이 없는 사람들의 수는 24억 명에 이른다고 보고되고 있다. 야외 배설은 음료수 오염으로 이어져 콜레라, 이질 같은 질병에 감염될 수 있다. 식수와 위생설비 상황은 지역적으로는 사하라 사막 이남 아프리카, 남아시아의 상황이 열악하며 특히 농촌의 빈곤세대가 심각한 상황에 놓여 있다.

수자원 관리도 중요하다. 특히 기후 위기, 급격한 도시화라고 하는 문제에 접하고 있는 지역에서는 물 부족이 심각하다. 물 부족은 농업, 공업과 같은 생산 활동뿐 아니라 사회생활에도 악영향을 미친다. 물 부족에 시달리고 있는 나라는 북아프리카, 서아시아에 많이 몰려 있지만 그 이외의 지역에서도 물 이용 효율화, 생태계 보호 등 넓은 분야부터 사전 대책이 요구된다.

〈목표 6〉은 6.1부터 6.b까지의 8개의 세부목표로 구성된다.

6.1 2030년까지 모두를 위한 안전하고 저렴한 식수에 대한 보편적 접근을 달성한다.

6.2 2030년까지 여성과 여아 및 취약 계층의 요구에 특별한 주의를 기울이면서, 모두를 위한 적절하고 공평한 공중위생 및 개인위생에 대한 접근을 달성하고 노상 배변을 근절한다.

6.3 2030년까지 오염 감소, 유해 화학물 및 물질의 투기 근절과 배출 최소화, 미처리 폐수 비율을 절반으로 감축, 전 세계적으로 재활용과 안전한 재사용의 대폭 확대를 통해 수질을 개선한다.

6.4 2030년까지 모든 부문에서 물 사용 효율을 높이고, 물 부족 문제에 대응하기 위해 담수의 지속가능한 취수와 공급을 보장하며, 물 부족으로 고통 받는 인구의 수를 대폭 감소한다.

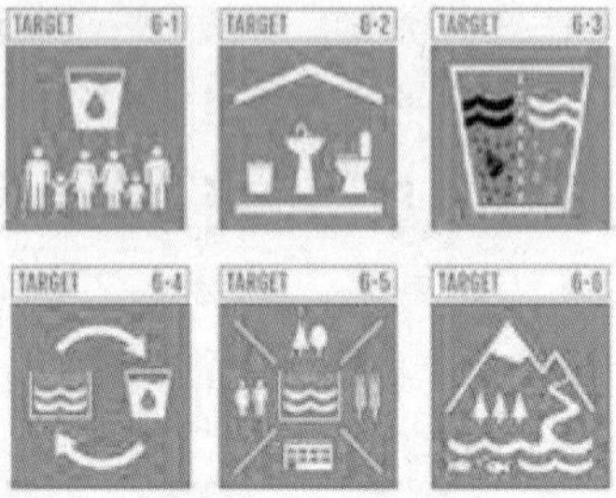

6.5 2030년까지 초국적 협력 등을 통해 모든 수준에서 통합된 수자원 관리를 이행한다.

6.6 2020년까지 산, 산림, 습지, 강, 대수층 및 호수를 포함한 물 관련 생태계를 보호하고 복원한다.

6.a 2030년까지 집수, 담수화, 물 효율성, 폐수 처리, 재활용 및 재사용 기술을 포함한 물 및 위생 관련 활동과 프로그램에 있어서 국제적 협력과 개발도상국에 대한 역량 구축 지원을 확대한다.

6.b 물과 위생 관리 개선에 있어 지역 공동체 참여를 지원하고 강화한다.

6.1은 식수에 대한 접근, 6.2는 하수시설·위생시설에 대한 접근을 거론한다. 이는 빈곤세대의 생활에 직접적인 영향을 주는 문제이다. 6.3에서는 오염 감소 등에 따른 수질 개선, 6.4는 물 이용 효율화를 대상으로 하여 수자원 지속 확보를 위한 구체적인 조치를 요구한다. 6.5에서는 통합적 수자원 관리라는 폭넓은 관점에서의 대책의 필요성을, 6.6은 생태계 보호 및 회복에 주목한다. 6.a는 국제협력을, 6.b는 지역 커뮤니티의 확대 및 강화라는 관점에서 실행 방안을 제시한다.

2. 인간과 경제번영(목표 7~12)

7 AFFORDABLE AND CLEAN ENERGY

목표 7.
모두를 위한 저렴하고 신뢰할 수 있는 지속가능한 현대적 에너지에 대한 접근 보장

모든 사람이 저렴하고, 신뢰할 수 있는, 지속가능한 현대적 에너지 이용이 가능해야 한다. 〈목표 7〉에서는 에너지 접근과 이용에 관한 세부목표가 제시되어 있다. 전기, 등유, 액화천연가스(LNG)와 같은 근대적인 에너지가 모든 사람에게 저가로 지속적으로 제공되는 것을 목표로 한다. 또한 재생 가능한 에너지의 활용 촉진, 에너지 이용 효율의 향상도 제시되어 있다.

그러나 아직도 개발도상국의 빈곤 지역에서는 장작, 목탄, 가축 분뇨 등이 연료로 사용되는 경우가 많다. 이런 연료는 열효율이 나쁠 뿐만 아니라 공기의 질을 악화시켜 환경과 주민 건강에 나쁜 영향을 미친다. 게다가 연료를 수집하는 것은 대개 여성과 어린이 몫으로 이들은 교육과 같은 유익한 활동에 사용할 시간이 적어진다. 세계 전체로는 여전히 30억 명이 전통적 연료를 사용해 요리를 하는 것으로 추정된다. 특히 남아시아와 사하라 사막 이남 아프리카 지역은 전기화가 늦고 전통적 연료에 의존하는 인구가 많다.

재생에너지란 구체적으로 수력, 태양광, 풍력, 지열, 바이오매스를 말한다. 원자력 발전은 포함되지 않는다. 일본에서는 2016년에 전력 소매사업이 자유화되었기 때문에 기업 측의 판단으로 재생에너지 선택이 가능해졌다. 재생 가능 에너지로의 전환을 목표로 하는 것이 기업의 지속적 성장을 지향하는데 유리하다고 생각하는 기업이 많아지고 있다.

20세기에 많은 전쟁이 에너지를 두고 벌어졌다. 중동지역에서 발생하는 갈등의 원인은 대부분 석유를 둘러싸고 벌어진 것이다. 탄소를 배출하는 에너지원에서 재생 가능 에너지로의 전환은 석유를 둘러싼 전쟁에서 해방되는 길이 될 수 있다. 하지만 단지 재생에너지로 전환한다고 해서 모두가 행복해질 수 있을 것이라고 낙관할 것인지에 대해서는 고민해볼 필요가 있다. 2000년대 초반 국제 유가가 치솟으면서 석유에 대한 대안으로 바이오매스에 대한 관심이 높아졌다. 문제는 바이오 에너지를 생산하기 위해 옥수수 등 곡물 수요가 늘어나면서 일어났다. 수요 증가로 국제 곡물 시장에서 곡물의 가격이 치솟고 이로 인해 옥수수나 다른 곡물을 주식으로 하는 사람들이 심각한 식량 부족 위기를 겪었다. 다행인지 불행인지 미국의 서브프라임 모기지론에서 시작된 금융위기가 세계 경제를 침체시키고 셰일석유를 뽑아내는 기술이 발전하면서 다시 곡물 가격이 내려갈 수 있었다. 하지만 그 기간에 개발도상국의 빈곤 계층이 겪어야 했던 식량 부족 사태는 간과할 수 없는 일이었다.

바이오매스가 아닌 다른 재생 가능 에너지로의 전환이라고 해서 무조건 낙관적으로만 생각해서는 안 된다. 신재생에너지와 관련된 기술을 선진국이 독점하고 기술을 무기화할 경우 개발도상국은 또다시 소외될 수 있다. 이것은 '누구도 소외하지 않는다'는 SDGs의 정신을 심각하게 훼손하는 결과를 가져오는 것이다. 과거 프레온가스 규제가 선진국 주도로 개발도상국을 압박하는 수단이 되었던 사례를 떠올리면 단순한 기우라고만 생각할 수는 없다. COVID-19로 인한 팬데믹 상황이 오히려 신재생에너지로의 전환을 가속화시키고 있는 지금, 세계가 정말 누구도 소외하지 않고 선진국과 개발도상국이 모두 함께 지속가능발전을 향해 나아가고 있는지 점검할 필요가 있다.

에너지와 관련한 내용을 다루는 〈목표 7〉은 7.1부터 7.b까지의 5개의 세부 목표로 구성된다.

7.1 2030년까지 저렴하고 신뢰할 수 있는 지속가능한 현대적 에너지에 대한 접근을 보장한다.

7.2 2030년까지 전 세계 에너지원 구성에서 재생 에너지 비중을 상당한 수준으로 증대한다.

7.3 2030년까지 전 세계 에너지 효율성 개선율을 두 배 증대한다.

7.a 2030년까지 재생 에너지, 에너지 효율성 및 향상된 청정 화석 연료기술을 포함한 청정에너지 연구와 기술에 대한 접근을 증진하기 위해 국

제협력을 강화하고, 에너지 기반 시설과 청정에너지 기술에 대한 투자를 증진한다.

7.b 2030년까지 개발도상국, 특히 최빈개발도상국, 군소도서개발도상국, 내륙개발도상국 각국에서 각국의 지원프로그램에 따라 현대적이고 지속가능한 에너지 서비스를 제공하기 위해 기반 시설을 확대하고 기술을 개선한다.

7.1에서는 전기, 가스와 같은 에너지를 빈곤 지역 사람이 사용할 수 있게 하는 것이 목표이다. 7.2는 재생가능 에너지 확대와 수력, 풍력, 태양광에 의한 발전의 확대를 요구한다. 7.3에서는 기술혁신 등을 통해 에너지 효율 개선을 목표로 한다. 목표를 달성하기 위한 실시 수단으로서 7.a에서는 국제 협력과 투자 촉진, 7.b에서는 인프라 확대와 기술 향상이 과제로 제시되고 있다.

목표 8.

모두를 위한 지속적이고, 포용적이며, 지속가능한 경제성장과 완전하고 생산적인 고용과 양질의 일자리 증진

〈목표 8〉에서는 경제성장과 고용의 관점에서 지속가능발전을 실현하기 위해 달성해야 할 과제를 포함한다. 특히 노동환경, 생산적인 고용, 양질의 일자리, 불안정 노동 해결, 동일노동·동일임금, 창업 등 우리에게도 친밀한 주제가 많이 다루어지고 있다. 현재 많은 청년이 충분한 고용기회를 얻지 못하고 있다. 특히 중소득국에서는 청년층 상당수가 취학·취업하지 못하고, 직업훈련도 받지 않아 이른바 니트(NEET)[2)] 상태에 빠져 있다.

중소기업은 청년층에게 큰 취업 기회를 주기 때문에 이러한 기업의 설립과 성장을 촉진할 필요가 있다. 우리 사회에서도 대기업보다 중소기업이 훨씬 더 많은 고용을 창출하고 있음에도 중소기업보다 대기업을 선호하는 현상이 심각한 상황이다. 대기업에 입사하기 위한 경쟁률은 해마다 치열해지는 데 반해 중소기업에 취직하려는 청년은 많지 않다. 그나마 중소기업에 취직을 하더라도 대기업이나 공기업에 취직하기 위해 거쳐 가는 정도로 생각하는 경우도 많다. 독일의 경우 세계적 경제 위기 상황에서도 비교적 안정적인 경제상황을 유지했는데 그 이유 가운데 하나로 뛰어난 기술력을 가진 중소기업이 많았던 것을 든다. 물론 한국에도 뛰어난 기술력을 가진 중소기업들이 많다. 하지만 우리 사회는 지나치게 대기업 중심으로 돌아간다는 의심을 지우기 힘들다. 중소기업이 가진 기술력을 대기업에게 탈취당하는 경우도 있다. 2020년 국정감사에서 한 청년의원이 이와 같은 사례를 지적한 적도 있었다.

또한 창의적인 아이디어를 가진 청년층에게 필요한 금융서비스가 제공된다면 창업을 통해 새로운 일자리를 창출할 수도 있을 것이다. 한국의 경우 전망이 그리 어둡지는 않다. 2022년 1월 5일부터 8일까지 미국 라스베이거스에서 열린 국제전자제품박람회(Consumer Electrnics Show, 이하 CES)에서 2021년에 이어 다수의 혁신상을 수상했다. 여기에는 대기업뿐만 아니라 스타트업 기업들도 다수 포함되어 있다. 이미 수상한 스타트업 기업이 아니더라도 제 때에 적절한 금융서비스가 지원된다면 다수의 강한 중소기업들이 살아남아 아직까지 대기업 중심으로 돌아가는 한국의 산업 구조도 독일처럼 더 안정적인 방향으로 개선될 수 있을 것이다.

이주노동자를 둘러싼 문제에도 관심을 기울여야 한다. 2016년 6월 영국에서는 영국의 유럽연합(EU) 탈퇴, 즉 브렉시트(Brexit)에 대한 찬반 투표가 실시되었다. 투표 결과 찬성이 과반이 되어 최종적으로 2021년 1월 1일부터 영

---

2) 니트족은 나라에서 정한 의무교육을 마친 뒤에도 진학이나 취직을 하지 않으면서도, 직업훈련도 받지 않는 사람을 가리키는 말로, Not currently engaged in Education, Employment or Training의 약자이다(위키백과).

국은 EU에서 완전히 탈퇴했다. 영국에서 브렉시트 문제가 불거지고 최종적으로 결정되기까지 이주노동자들에 대한 다수 영국인의 불만이 큰 영향을 끼쳤다. 미국에서도 2016년 트럼프가 미국의 대통령으로 당선된 데에는 이주민에 대해 불만을 가진 다수의 소외당하고 있던 백인 노동자들의 투표가 크게 작용했다. 그러나 이주노동자가 영국이나 미국의 경제에서 많은 역할을 담당하고 있다. 브렉시트 이후 다수의 동유럽 노동자가 영국을 떠나면서 지난해 영국의 주유소에 기름이 떨어져 많은 영국인이 불편을 겪었다. 기름 운송에서 동유럽 노동자들의 역할이 컸기 때문이었다.

한국 사회에서도 이주노동자에 대한 불만의 목소리가 들려온 지 오래다. 하지만 1990년대부터 본격적으로 이주노동자를 받아들이기 시작했고 e-나라지표의 통계자료에 따르면 2019년 한국에 체류 중인 외국인은 2,524,656명에 이르렀다. 한국 인구의 5% 정도가 외국인인 것이다. 물론 이들 모두가 이주노동자라고 할 수는 없지만 이주노동자가 다수를 차지하고 있다. 2020년에는 팬데믹 상황으로 그 수가 2,036,075명으로 50만 명 가량 줄었지만 여전히 많은 외국인, 이주노동자가 한국인과 함께 살고 있는 것이다. 최근 전 세계적으로 물가가 상승하고 있는데 여기에는 이주노동자 문제가 연결되어 있다. 팬데믹 상황으로 이주노동자가 귀국하면서 노동 인력이 줄어들어 농산물 생산에서부터 물류 산업에 이르기까지 심각한 영향력을 미치고 있는 것이다. 한국에서도 초기 이주노동이 제조업 노동자가 중심이었는데 반해 지금은 농업부터 서비스업까지 이주노동자가 담당하는 경제 분야의 역할이 크고 넓어졌다. 이주노동자에 대한 차별이나 부정적 인식이 사라져야 지속가능발전이라는 목표가 가능해질 것이다. SDGs가 추구하는 방향도 바로 이 지점에 있다.

〈목표 8〉은 8.1부터 8.b까지의 12개의 세부목표로 구성되어 있다.

8.1 국가별 상황에 맞게 1인당 경제성장을 유지하고 특히 최빈개발도상국은 최소한 연간 7% GDP 성장률을 유지한다.

8.2 고부가가치 및 노동집약적 부문에 초점을 두는 등 다변화, 기술 향상 및 혁신을 통해 더 높은 수준의 경제 생산성을 달성한다.

8.3 생산활동, 양질의 일자리 창출, 창업, 창의성과 혁신을 지원하는 발전지향적 정책을 진흥하고, 금융서비스에 대한 접근 등을 통해 소규모기업 및 중소기업의 공식화와 성장을 장려한다.

8.4 지속가능한 소비와 생산에 관한 10개년 계획에 따라, 선진국이 주도하여, 2030년까지 소비 및 생산과 관련된 전 세계적 자원 효율성을 점진적으로 개선하고, 경제성장을 환경 악화로부터 분리하는 노력을 기울인다.

8.5 2030년까지 청년과 장애인을 포함한 모든 남성과 여성을 위한 완전하고 생산적인 고용과 양질의 일자리, 그리고 동일한 가치의 노동에 대한 동일한 임금의 원칙을 달성한다.

8.6 2020년까지 고용, 교육 또는 훈련 상태에 있지 않은 청년 비율을 상당수준으로 감소시킨다.

8.7 강제노동과 현대적 노예제, 인신매매를 종식하고, 소년병 동원 및 징집 등 최악의 아동 노동을 금지하고 근절하기 위해 즉각적이고 효과적인 조치를 취하고, 2025년까지 모든 형태의 아동 노동을 근절한다.

8.8 이주 노동자, 특히 이주여성 및 불안정한 고용상태에 있는 노동자를 포함하여 모든 노동자를 위하여 노동권을 보호하고, 안전하며 안정적인 노동환경을 증진한다.

8.9 2030년까지 일자리를 창출하고 지역의 고유문화와 특산품을 홍보할 지속가능 관광을 진흥할 정책을 개발하고 이행한다.

8.10 모두를 위한 은행, 보험, 금융서비스에 대한 접근을 장려하고 확대하기 위해 국가별 금융기관의 역량을 강화한다.

8.a 최빈개발도상국 무역 관련 기술지원을 위한 강화된 통합 프레임워크 등을 통하여 개발도상국, 특히 최빈개발도상국에 대한 무역을 위한 원조(Aid for Trade) 지원을 확대한다.

8.b 2020년까지 청년 고용을 위한 글로벌 전략을 개발·운용하고, 국제노동기구의 세계고용협약(Global Jobs Pact)을 이행한다.

8.1에서 8.4까지는 경제성장, 경제 생산성, 중소영세기업 진흥, 환경 악화 방지에 관한 목표가 각각 제시돼 있다. 8.5에서 8.8까지는 고용 및 노동환경에 대한 과제이며, 8.5는 동일노동·동일임금 원칙, 8.6은 청년실업에 대한 대응에 초점을 맞추었다. 그리고 8.7은 아동노동 금지를, 8.8은 안전한 노동환경 및 노동 조건의 제공을, 8.9는 지속가능한 관광을 촉진할 것, 8.10은 금융서비스에 대한 접근 확대가 목표로 제시되어 있다. 이행수단과 관련된 8.a와 8.b의 세부목표에는 무역과 고용에 관한 국제협력 강화와 청년고용 확대를 위한 글로벌 협약 이행이 각각 과제로 제시되어 있다.

목표 9.

복원력 높은 사회기반 시설을 구축하고, 포용적이고 지속가능한 산업화 증진 및 혁신 장려

〈목표 9〉는 강인한 인프라 구축, 포용적이고 지속가능한 산업화 촉진 및 혁신 추진을 도모한다. 〈목표 9〉가 대상으로 하는 것은 인프라, 산업화, 이노베이션(innovation)으로 지속가능한 사회를 실현하는데 있어서 중요한 주제이다. 인프라의 정비에 의해서 비즈니스나 사회생활의 기반이 제공되기 때문이다. 예를 들면, 농촌의 정비된 도로는 농민이 시장에 생산물을 유통하기 쉽게 해주고, 주민의 학교나 의료기관의 접근도 개선된다. 또한 산업화의 진전은 경제성장을 견인할 뿐만 아니라 고용을 창출함으로써 소득격차 해소에도 공헌한다. 또한 각 방면의 산업혁신에 의한 산업기술의 폭이 넓어져 새로운 기능이 개발된다.

그러나 여기에서도 간과해서는 안 되는 지점이 분명히 존재한다. 인프라의 정비가 특정지역에 편중되어서는 안 된다는 것이다. 전 세계적으로 도시로의 인구 유입이 가속화되고 있는데 여기에는 인프라나 산업화가 도시에 편중되어 있다는 데에 가장 큰 원인이 있다. 한국의 경우를 살펴보더라도 산업화 과정에서 부산과 서울을 잇는 고속도로가 건설되면서 그 고속도로가 지나는 지역과 그렇지 않은 지역의 경제력의 차이가 심화되었다. 경부고속도로가 지나지 않는 호남 지역과 강원 지역은 오랫동안 도시로의 심각한 인구 유출이 있었고 지금도 두 지역의 인구 밀도는 다른 지역에 비해 현저하게 낮은 편에 속한다.

도로나 고속철도, 공항과 같은 교통 인프라의 정비가 전체 경제에 긍정적인 영향을 미칠 수는 있다 하더라도 지역 경제에는 오히려 악영향을 미치는 경우도 고려해야 한다. 동네 병원이나 동네 마트를 이용하는 대신 교통 인프라로 인해 편리하게 대도시의 큰 병원이나 백화점으로 갈 수 있기 때문이다. 이로 인해 지역의 경제력이 대도시로 흡수되고 결국 지방의 인구 감소가 가속화되는 결과를 가져올 수 있다. 이는 기우에 그치는 것이 아니라 지금 한국 사회에서 진행되고 있는 현상이다. 한 국가 안에서는 도시로의 인구 유출이 문제겠지만 앞서 전 세계적으로 살펴보면 개발도상국에서 선진국으로의 인구 유출도 이와 크게 다르지 않다. 인구의 유출은 젊은 저임금 노동자에서부터 고학력 전문직 종사자에 이르기까지 가리지 않는다. 이는 필연적으로 한 국가 안에서나 세계적으로나, 지금도 앞으로도 심각한 지역적 불평등을 발생시킬 수밖에 없고 이로 인해 포용적이고 지속가능한 발전과도 거리가 멀어질 수 있다.

그나마 다행스러운 일 가운데 하나는 무선인터넷 기술의 발달로 정보 접근성에 대한 지역적 격차는 줄어들고 있다는 점이다. 이는 일일이 케이블을 설치해야만 가능했던 기존의 유선인터넷과 달리 무선인터넷 기술은 기지국을 건설하는 것만으로도 손쉽게 접속할 수 있기 때문에 가능한 일이었다. 이것만으로도 인터넷을 기반으로 한 새로운 산업 분야에 뛰어들 수 있는 여지가 생기는 것이다. 물론 플랫폼 노동자들의 열악한 노동환경에 대한 개선이 없다면 여전히 세계 어느 곳이든 약탈적 노동 상황이 발생할 수 있다는 것도 늘 염두에 두어야 한다.

한편, 세계 전체에서의 제조업 부가가치의 국내총생산(GDP) 비율을 보면, 1995년의 21%에서 2014년의 15%까지 이 비율은 저하하고 있다. 그만큼 서비스산업의 비율이 높아지고 있다. 개발도상국에서 산업화를 진행시켜 선진국과의 격차를 줄이려면 기술혁신이나 생산 확대를 향한 대규모 투자가 필요하다. 하지만 연구개발을 위한 투자는 지역마다 큰 편차를 보이고 있다. 선진국에서는 2013년 GDP의 2.4%가 연구개발 투자에 투입되었지만, 개발도상국, 특히 후발 개발도상국에서는 이 비율이 0.3% 이하에 불과했다. 개발도상국의 연구개발을 촉진하기 위해 폭넓은 분야에서의 지원이 필요하다.

〈목표 9〉는 9.1에서 9.c까지의 8개의 세부목표로 구성된다.

9.1 모든 사람이 저렴하고 공평하게 활용할 수 있도록 하는 것에 중점을 두고, 경제발전과 인간의 복리를 지원할 수 있는 지역적, 초국적 사회기반 시설을 포함하여, 양질의 신뢰할 수 있으며 지속가능하고 회복력이 높은 사회기반 시설을 개발한다.

9.2 포용적이고 지속가능한 산업화를 촉진하고, 2030년까지 국가별 상황에 따라 고용과 국내총생산에서 차지하는 산업의 비율을 대폭 확대하며, 최빈개발도상국의 경우 동 비율을 두 배 증대한다.

9.3 특히, 개발도상국 내 소규모 산업체와 기타 기업의 저금리 대출 등 금융서비스에 대한 접근성을 강화하고, 가치사슬 및 시장으로의 통합을 증진한다.

9.4 2030년까지 자원의 활용 효율성을 높이고, 깨끗하고 환경적으로 안전한 기술 및 산업공정의 도입을 늘리고, 모든 국가가 각국의 역량에 따라 조치를 취함으로써, 사회기반 시설 및 산업을 지속가능하게 개선한다.

9.5 2030년까지 인구 100만 명당 연구개발 인력의 수와 공공·민간 부문의 연구개발 투자 대폭 확대 및 혁신 장려 등을 통해 모든 국가, 특히 개발도상국의 과학기술 연구를 강화하고, 산업 부문의 기술역량을 향상한다.

9.a 아프리카 국가, 최빈개발도상국, 내륙개발도상국 및 군소도서개발도상국에 대한 금융, 기술, 전문적 지원을 강화하여, 지속가능하고 복원력 있는 사회기반 시설의 구축을 촉진한다.

9.b 특히 산업 다변화와 상품 부가 가치 창출을 위한 정책 환경을 조성하여 개발도상국의 국내 기술발전, 연구 및 혁신을 지원한다.

9.c 정보통신기술에 대한 접근성을 더욱 향상하고, 2020년까지 최빈개발도상국에서 보편적이고 저렴한 인터넷에 대한 접근이 가능하도록 노력한다.

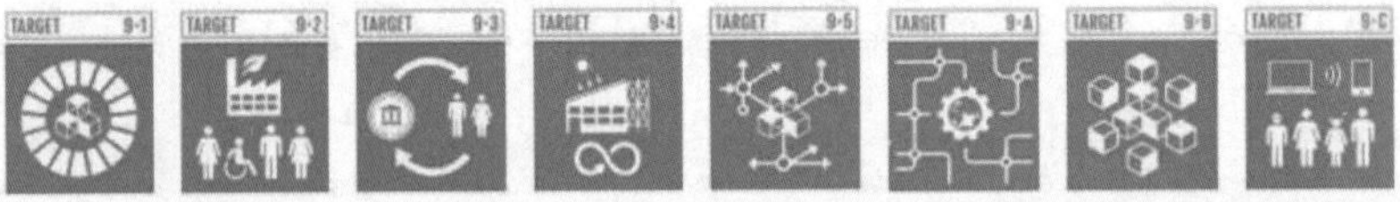

세부목표 9.1은 인프라 정비에 관한 목표이다. 전 세계에서 질 좋고 신뢰할 수 있고 강인한 인프라를 개발하는 것을 목표로 삼는다. 9.2에서는 개발도상국이 GDP에서 차지하는 산업 섹터의 비율을 증가시킬 필요가 있음을 말한다. 그리고 9.3에서는 소규모 제조업에 금융과 시장 접근을 확대하는 것, 9.4에서는 환경을 고려한 인프라 개발과 산업화 진행을 요구한다. 9.5에서는 산업 혁신의 촉진을 위해 연구 개발자의 증원과 예산 증액을 목표로 한다. 실행수단인 9.a, 9.b, 9.c는 각각 개발도상국에서의 인프라 개발촉진, 혁신지원, 그리고 후발 개발도상국에서의 인터넷 접속 확대를 제시한다.

목표 10.
국내 및 국가 간 불평등 완화

〈목표 10〉에서는 국가 내에서의 불평등, 나아가 국가 간 불평등 등에 관한 문제가 거론된다. 새천년개발목표(MDGs) 달성을 위한 노력을 통해 극심한 빈곤이 감소하고 초등교육이 확대되고 건강성과 접근성이 개선되었다. 하지만 불평등의 시정은 진전되지 않고, 고소득층과 저소득층의 격차는 오히려 커지고 있다. 현재 세계 부의 거의 반을 불과 1%의 인구가 소유하고 있으며, 이것은 세계 소득 하위 절반 인구가 가진 총자산의 65배에 상당한다.

불평등은 건강과 교육 측면의 진보를 가로막고 제대로 된 삶을 살기 위해 필요한 인간의 능력을 해친다. 많은 나라에서, 특히 젊은 층의 실업과 빈곤이 심화되고 있다. 불평등 확대는 정치적·사회적 긴장을 고조시킬 수 있고 상황에 따라 내란과 지역 분쟁을 야기할 수 있다. 또한 성별이나 연령, 장애, 인종, 민족 등을 이유로 하는 차별도 권내의 소득 격차의 시정을 진행시키는 데 방해가 된다. 사회, 경제, 정치 분야에서의 다면적인 대응이 필요하다.

한국 사회에서도 불평등과 차별 해소가 과거에 비해 많이 진전되었다고는 하지만 여전히 해결해야 할 문제가 많이 남아 있다. 차별금지법에 대한 논의는 어제 오늘의 일이 아니지만 여전히 반대의 목소리가 커서 입법화되지 못하고 있다. 한국 사회만의 문제는 아니다. 앞서 다른 목표들을 다룰 때에도 언급했듯이 미국이나 영국에서도 차별이나 불평등의 문제가 해소되기보다는 오히려 전면적으로 드러나고 있다. 우려되는 것은 일부 기득권자들이 자신의 정치·경제적 이익을 위해 이를 활용하고 있다는 것이다.

실제로 불평등과 차별의 문제에 민감하게 반응하고 그 문제를 해결하려고 노력했던 유럽의 국가들에서 차별과 불평등을 부추기는 정치 세력들이 커지고 있어 우려가 되는 상황이다. '다함께 잘 살자'가 아니라 '우리끼리만 잘 살자'는 생각이 특히 국가 내에서 소외당하는 계층에게까지 파고들고 있다. 이로 인해 SDGs에서 반드시 필요한 요소인 연대의식이 희박해지고 있는 것이다. 유럽에서는 난민을 둘러싼 정치적 논쟁이 벌어지면서 인종이나 민족, 국적에 대한 차별적 시각을 가진 세력이 힘을 얻고 있어 SDGs가 추구하는 지속가능발전에 부정적인 영향력을 주고 있다. 여기에서 무엇보다 ESDGs, 즉 SDGs에 대한 지속적이고 폭넓은 교육이 이루어져야 할 필요가 요구된다.

〈목표 10〉은 10.1부터 10.c까지의 10개의 세부목표로 구성된다.

10.1 2030년까지 소득 하위 40% 인구의 소득성장률을 국가 평균보다 높은 수준으로 점진적으로 달성하고 유지한다.

10.2 2030년까지 나이, 성별, 장애, 인종, 민족, 출신, 종교 혹은 경제적 또는 기타 신분에 관계없이 모든 사람의 사회, 경제, 정치적 포용을 강화하고 증진한다.

10.3 차별적인 법, 정책 및 관행 등을 철폐하고 이와 관련된 적절한 입법, 정책 그리고 조치를 강화하여 동등한 권리를 보장하고 성과에 있어서 불평등을 감소한다.

10.4 특히 재정, 임금, 그리고 사회보장에 대한 정책 등을 채택하고 점진적으로 평등 확대를 달성한다.

10.5 세계금융시장 및 기관에 대한 규제와 모니터링을 개선하고 이와 같은 규제의 이행을 강화한다.

10.6 더 효과적이고 신뢰할 수 있으며 책임 있는 합법기관이 될 수 있도록 국제경제 및 금융기구 의사 결정에서 개발도상국을 위한 대표성과 발언권 강화를 보장한다.

10.7 계획되고 잘 관리된 이주정책을 통해 질서 있고 안전하며 정기적이고 책임 있는 인구의 이주와 이동을 촉진한다.

10.a 세계무역기구 협정에 따라 개발도상국, 특히 최빈개발도상국에 대한 특별 차등 대우 원칙을 이행한다.

10.b 국가별 계획과 프로그램에 따라, 도움이 가장 필요한 최빈개발도상국, 아프리카 국가, 군소도서개발도상국 및 내륙개발도상국에 대한 해외 직접투자를 포함한 공적발전원조와 자금 거래를 독려한다.

10.c 2030년까지 이주자 송금 거래비용을 3% 미만으로 줄이고, 송금 비용이 5%를 넘는 송금 경로를 철폐한다.

10.1은 저소득 세대의 소득증가를 목표로 한다. 10.2는 공정과 평등에 대한 공감 능력과 함께 제도를 강화하는 한편, 공정한 기회 제공을 목표로 한다. 10.3과 10.4는 이를 실현하기 위한 법률, 관행, 정책 등을 정비하는 것을 과제로 삼는다. 10.5와 10.6은 불평등 해소를 위한 대응을 주된 과제로 다루며 국제적인 금융 규제의 실시 강화, 이를 위한 개발도상국의 발언력 확대를 목표로 하고 있다. 10.7에서는 개발도상국의 빈곤 세대에게 있어서 중요한 수입원인 이주노동의 문제를 다루고 있다. 또한 실시 수단을 다루는 10.a와 10.b는 개발도상국의 무역 촉진과 자금 유입 확대를 요구하고 있다.

목표 11. 포용적이고 안전하며 복원력 있는 지속가능한 도시와 거주지 조성

〈목표 11〉은 도시 거주와 관련된 문제에 초점을 맞추고 있다. 오늘날 세계 인구의 절반 이상이 도시에 거주하고 있다. 도시 인구 비율은 한층 더 높아져,

2030년에는 60%의 인구가 도시에 거주하게 될 것으로 추정된다. 도시지역에서는 재화, 서비스, 교통수단을 효율적으로 제공할 수 있으며, 기술혁신과 경제성장을 가져올 기회가 확대된다. 도시는 농촌의 사람들을 끌어들이는 매력이 커 매년 많은 인구가 취업 기회를 찾아 도시로 유입된다. 만약 이런 사람들이 만족스럽게 생활할 수 있는 취업 기회를 얻지 못하면 도시의 슬럼(slum)으로 유입되고 슬럼은 점차 확대된다. 슬럼의 확산은 치안 악화, 환경 오염 등 심각한 문제를 야기해 빈곤층의 삶을 더욱 어렵게 만든다.

도시화는 도시 인구 집중과 밀접한 관계가 있다. 하지만 대도시로 유입된 인구가 모두 대도시가 제공하는 인프라를 적극적으로 누릴 수 있는 것은 아니다. 한 도시 안에서도 여전히 불평등한 요소들이 작용한다. 뉴욕에 산다고 해서 모두가 드라마 〈프렌즈〉에 나오는 사람들처럼 살 수는 없다. 2021년 9월에 뉴욕에서는 허리케인 아이다로 인한 집중 호우로 수십 명이 사망하는 일이 발생했다. 뉴욕시가 가지는 국제적 위상 때문에 전 세계인이 받은 충격도 클 수밖에 없었다. 그런데 사망자의 다수는 빈민층이었다. 경제적으로 취약한 계층이었기 때문에 지하실을 개조한 값싼 거주 환경에 놓여 있었고 갑자기 불어난 물이 그들이 사는 지하실로 들이닥쳤던 것이다. 때 아니게 한국영화 〈기생충〉이 소환된 것도 그 때문이었다. 일부 사람들은 빠져나오지 못하고 지하실에 갇혔고 실제 다수의 사망자가 지하실에서 발견되었다. 〈프렌즈〉의 주인공들도, 지하실에서 불법 거주하는 사람들도 모두 '뉴요커'이겠지만 같은 '뉴요커'는 아닌 것이다.

슬럼의 확산과 함께 대기오염과 수질오염도 도시 거주환경을 악화시키는 요인이 된다. 슬럼문제와 대기오염에 대한 대처와 함께 도시가 모든 사람에게 쾌적하고 편리한 생활을 제공하고 지속적인 개발이 가능해지도록 하기 위한 방향성이 〈목표 11〉에서 제시된다.

11.1 2030년까지 모두에게 적절하고 안전하며 저렴한 주택 및 기초서비스에 대한 접근을 보장하고 빈민가를 개선한다.

11.2 2030년까지 취약계층, 여성, 아동, 장애인 및 노인의 수요에 특별한 주의를 기울이며, 특히 대중교통 확대를 통해 도로안전을 개선하고, 안전하고, 저렴하며, 접근이 용이하고, 지속가능한 교통 시스템을 누구나 사용할 수 있도록 한다.

11.3 2030년까지 모든 국가에서 포용적이고 지속가능한 도시화와 참여 지향적이고 통합적이며 지속가능한 주거지 계획 및 관리 역량을 강화한다.

11.4 세계문화 및 자연유산 보호 및 보존 노력을 강화한다.

11.5 2030년까지 빈곤층과 취약계층 보호에 중점을 두고, 수해 등 재난으로 인한 사망자 및 피해자의 수를 대폭 줄이고 세계 총 GDP 대비 직접적인 경제 손실을 대폭 감소한다.

11.6 2030년까지 대기의 질과 도시 및 기타 폐기물 관리에 특별히 주의를 기울여, 도시 인구 1인당 부정적인 환경 영향을 감축한다.

11.7 2030년까지 특히 여성과 아동, 노인 및 장애인을 위해, 포괄적이고 안전하며 보편적으로 접근 가능한 공공녹지 공간을 제공한다.

11.a 국가 및 지역 발전계획을 강화하여 도시, 도시 근교 지역, 외곽 지역 간 긍정적인 경제, 사회, 환경적 연계성을 지원한다.

11.b 2020년까지 포용, 자원 효율성, 기후변화 완화와 적응, 재난 복원력을 위한 통합된 정책과 계획을 채택하고 이행하는 도시와 주거지의 수를 상당한 수준으로 증대하고, 2015-2030 센다이 재난위험 감축체계(Sendai Framework for Disaster Risk Reduction 2015-2030)에 따라 모든 수준에서 통합적 재난위험 관리를 개발하고 이행한다.

11.c 현지 건설자재를 사용하여 지속가능하고 복원력이 뛰어난 건물을 건축할 수 있도록 최빈개발도상국을 재정적, 기술적으로 지원한다.

〈목표 11〉은 11.c까지의 10개의 세부목표로 구성된다.

11.1에서는 도시의 슬럼 문제에 대한 대처가 요구된다. 11.2는 도시의 대중교통 서비스가 모든 사람에게 제공되는 것을 목표로 한다. 11.3에서는 도시화 촉진과 관리능력 강화가 거론된다. 이어서 11.4는 문화·자연 유산의 보전을, 11.5는 방재 대책에 대해 다룬다. 11.6은 대기오염과 폐기물 관리의 개선을, 11.7은 모든 사람에게 녹지와 공공 공간을 제공하는 것을 목표로 한다. 11.a와 11.b는 개발계획이나 각종 정책 실행 시 다양한 도시 문제의 개선이나 방재 대책의 연동을 목표로 한다. 11.c는 정밀한 도시 계획을 통해 회복력을 갖춘 건축과 개발도상국에 대한 기술, 경제적 지원이 제시된다.

목표 12.
지속가능한 소비와 생산 양식 보장

먹을 수 있는 식품 폐기나 사용가능한 물건을 버리는 행위는 자원낭비일 뿐 아니라 지속가능발전을 저해하는 요인이다. 〈목표 12〉에서는 보다 적은 자원을 사용하면서도 양질의 효과를 얻는 생산과 소비의 형태를 언급하고 있다. 기업은 생산 과정에서 폐기물 발생 억제, 소비자는 재활용이나 재사용에 대한 협력 등도 주요한 과제로 제시한다. 〈목표 12〉는 식품 손실 감축 등을 위한 산업계, 소비자, 정치인, 미디어, 지역 공동체 구성원의 협동을 통한 지속가능한 생산과 소비 양식 창출을 목표로 한다.

2020년부터 전 세계로 확산된 COVID-19는 생태계에 긍정적인 영향과 부정적인 영향을 동시에 끼치고 있다. 세계적으로 사람의 이동이 제한됨으로써 일부 지역의 자연이 다시 원래의 생태계로 복원되고 탄소 배출이 줄어들었다는 점 등이 긍정적인 영향이라면 한국에서는 식당에 가는 대신 집으로 음식들을 배달해 먹는 문화가 급증하면서 이로 인한 일회용품 사용량도 빠른 속도로 늘었다는 점이 부정적인 영향일 것이다. 특히 생태나 환경에 대한 관심이 늘어가던 상황에서 팬데믹 상황이 여기에 찬물을 끼얹은 셈인 것이다. 그나마 다행인 것은 사람들이 이런 문제들을 인식하기 시작했다는 점이다. 그럼에도 일회용품이 환경에 미치는 악영향을 생각한다면 조금이라도 빨리 문제 상황을 개선하기 위해 정부나 지자체뿐만 아니라 미디어나 시민사회단체에서도 더 적극적으로 계획을 마련하고 실행해야 할 것이다.

〈목표 12〉는 12.1부터 12.c까지의 11개의 세부목표로 구성된다.

12.1 개발도상국의 발전 상황과 역량을 고려하여, 모든 국가가 행동을 취하고 선진국이 주도하면서 지속가능한 소비와 생산에 대한 10개년 계획을 이행한다.

12.2 2030년까지 천연자원을 효율적으로 사용하고 지속가능하도록 관리한다.

12.3 2030년까지 소매 및 소비자 수준에서 전 세계적으로 1인당 식량 낭비를 1/2로 줄이고, 수확 후 손실을 포함하여 식량 생산 및 공급과정에서 발생하는 식량 손실을 감소한다.

12.4 2020년까지 합의된 국제체계에 따라 화학물질 및 모든 폐기물의 생애주기 동안 친환경적인 관리를 달성하고, 인체 건강 및 환경에 끼치는 부정적 영향을 최소화하기 위해 대기, 물, 토양으로의 배출을 크게 감소한다.

12.5 2030년까지 예방, 감축, 재활용 및 재사용을 통하여 폐기물 발생을 대폭 감소한다.

12.6 기업, 특히 대기업 및 다국적기업이 지속가능한 실천 계획을 채택하고 정기적인 보고서에 지속가능성 정보를 포함시킬 것을 장려한다.

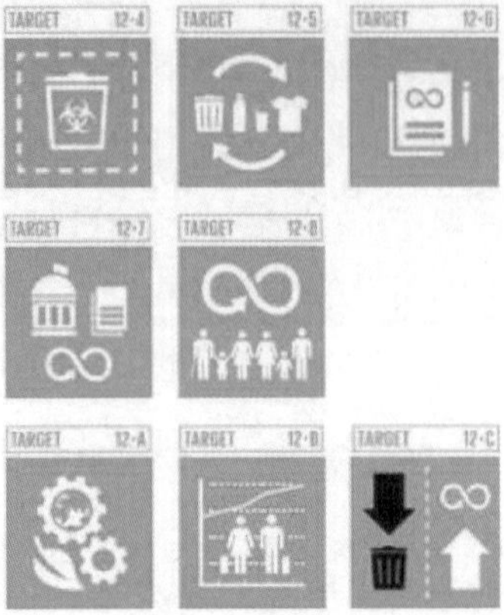

12.7 국가정책 및 우선순위에 따라 지속가능한 공공 조달 관행을 촉진한다.

12.8 2030년까지 모든 사람이 자연과 조화를 이루는 생활방식과 지속가능발전에 관해 인지하고 관련 정보를 가질 수 있도록 보장한다.

12.a 개발도상국이 보다 지속가능한 소비와 생산 양식을 지향할 수 있도록 개발도상국의 과학기술 역량 강화를 지원한다.

12.b 지속가능발전이 일자리를 창출하고 지역 문화와 상품을 홍보하는 지속가능 관광에 미치는 영향을 모니터할 수 있는 방안을 개발하고 시행한다.

12.c 세제 개편 및 환경에 악영향을 미치는 부정적 보조금 제도의 단계적 철폐 등 국가의 상황에 따라 시장 왜곡을 제거함으로써 낭비를 조장하는 비효율적인 화석연료 보조금 제도를 합리적으로 개선한다. 그 과정에서 개발도상국의 특수한 필요와 여건을 고려하고, 빈곤층 및 이러한 조치로 인해 타격을 입을 수 있는 지역 사회를 보호함으로써 개발도상국의 국가 발전에 미칠 수 있는 부정적 영향을 최소화한다.

12.1에서는 세계 모든 나라가 지속가능한 소비와 생산을 위한 대책의 강구를 명시하고 있다. 12.2는 2030년까지 천연자원의 지속가능한 관리와 효율적 이용을 달성하는 것을 목표로 한다. 이를 위한 구체적인 대응으로 12.3은 식량 폐기 삭감, 12.4는 화학물질 등의 방출량 감축, 12.5는 폐기물 축소를 과제로 제시한다. 12.6과 12.7은 기업과 행정기관의 활동에 관한 목표이다.

12.6에서는 기업의 경영활동을 지속가능성(Sustainability) 보고서 등으로 정기적으로 보고할 것, 12.7은 정부에 대해 지속가능한 공공조달을 추진할 것을 각각 요구하고 있다. 12.8은 미디어 등의 역할에 관한 세부목표로 많은 사람이 지속가능발전 및 자연과의 조화에 관한 정보에 접근할 수 있도록 요청한다. 12.a는 개발도상국의 과학·기술 분야에 대한 지원, 12.b는 관광분야에 있어서의 지속적인 발전전략이 가져오는 영향의 측정 지원이 주제이다. 12.c에서는 낭비적 소비로 이어질 수 있는 경제정책의 전환 문제를 제기하고 있다.

3. 인간과 지구환경(목표 13~15)

목표 13.

기후변화와 그로 인한 영향을 방지하기 위한 긴급 대응

기후 위기는 지구의 미래와 직결된 가장 중요한 과제라고 해도 과언이 아니다. 오늘날 날씨변화, 해수면 상승, 이상 기후 등 세계 모든 지역에서 이미 기후 위기의 징후가 가시화되고 있다. 그 영향은 농업생산, 식수 확보, 생태계 보전, 에너지 공급, 인프라 등 모든 분야에 미친다. 기후 위기는 취약한 생활환경에 처한 빈곤층에게 가장 심각한 피해를 가져온다. 〈목표 13〉은 기후 위기를 막는 것, 그리고 기후 위기에 따른 환경 변화에 대한 회복력과 대응 전략을 강화하는 것을 목표로 한다.

2019년 9월 24일, 미국 뉴욕 유엔 본부에서 유엔 지속가능개발목표 정상회의(SDG Summit)가 개최됐다. 특별 행사에서는 노벨평화상 후보로도 거론되었던 스웨덴의 16세 환경운동가, 그레타 툰베리의 연설이 있었다. 그레타 툰베리는 '미래를 위한 금요일(Fridays For Future)' 운동을 통해 기후 위기 문제를 공론화했고, 전 세계 400만 명이 넘는 사람들이 이 운동에 동참하고 있다. 〈상자〉는 툰베리의 유엔 연설문이다(K-SDGs).

“이건 아니라고 생각합니다. 제가 이 위에 올라와 있으면 안 돼요. 저는 대서양 건너편 나라에 있는 학교로 돌아가 있어야 합니다. 그런데 여러분은 희망을 바라며 우리 청년들에게 오셨다고요? 어떻게 감히 그럴 수 있나요? 여러분은 헛된 말로 저의 꿈과 어린 시절을 빼앗았습니다. 그렇지만 저는 운이 좋은 편에 속합니다.

사람들이 고통 받고 있습니다. 죽어가고 있어요. 생태계 전체가 무너져 내리고 있습니다. 우리는 대멸종이 시작되는 지점에 있습니다. 그런데 여러분이 할 수 있는 이야기는 전부 돈과 끝없는 경제성장의 신화에 대한 것뿐입니다. 도대체 어떻게 그럴 수 있습니까?

지난 30년이 넘는 세월동안 과학은 분명했습니다. 그런데 어떻게 그렇게 계속해서 외면할 수 있나요? 그리고는 이 자리에 와서 충분히 하고 있다고 말할 수 있나요? 필요한 정치와 해결책이 여전히 아무 곳에서도 보이지 않는데요.

여러분은 우리가 하는 말을 ‘듣고 있다’고, 긴급함을 ‘이해한다’고 합니다. 그러나 아무리 슬프고 화가 난다해도, 저는 그 말을 믿고 싶지 않습니다. 만약 정말로 지금 상황을 이해하는데도 행동하지 않고 있는 거라면 여러분은 악마나 다름없을 것이기 때문입니다. 그래서 저는 그렇게는 믿고 싶지 않습니다.

지금 인기를 얻고 있는, 앞으로 10년 안에 온실가스를 반으로만 줄이자는 의견은 지구온도 상승폭을 1.5℃ 아래로 제한할 수 있는 가능성을 50%만 줄 뿐입니다. 이는 또한 인간이 통제할 수 있는 범위를 넘어서 되돌릴 수 없는 연쇄 반응을 초래할 위험까지 안고 있습니다.

50%는 여러분에게는 받아들여지는 수치인지도 모릅니다. 그러나 이는 여러 티핑 포인트, 대부분의 피드백 루프, 대기오염에 숨겨진 추가적 온난화는 포함하지 않고 있는 수치입니다. 기후 정의와 평등의 측면도 고려하지 않았습니다. 또한 이는 여러분들이 공기 중에 배출해놓은 수천 억 톤의 이산화탄소를 제거할 임무를 우리와 우리 자녀 세대들에게 떠넘긴 것이나 다름없습니다. 그렇게 할 수 있는 기술도 나오지 않았는데 말입니다. 그래

서 기후 위기가 초래한 결과를 떠안고 살아가야 할 우리는 50%의 위험을 감수하라는 것을 받아들일 수 없습니다.

1.5℃ 아래로 머무를 수 있는 67%의 기회를 잡으려면 –IPCC가 제시한 현재로선 최상의 가능성인– 세계는 2018년 1월 1일을 기준으로 420기가톤 이상의 이산화탄소를 배출하면 안 되는 상황이었습니다. 오늘날 이 숫자는 이미 350기가톤 아래로 떨어졌습니다. 어떻게 감히 여러분은 지금까지 살아온 방식을 하나도 바꾸지 않고 몇몇 기술적인 해결책만으로 이 문제를 풀어나갈 수 있는 척할 수 있습니까? 오늘날처럼 탄소배출을 계속한다면 남아있는 탄소예산마저도 8년 반 안에 모두 소진되어 버릴 텐데요.

오늘 이 자리에서 제시될 어떠한 해결책이나 계획도 이 남아있는 탄소예산을 고려한 것은 없을 것입니다. 왜냐하면 탄소예산을 나타내는 이 수치는 매우 불편한 것이기 때문입니다. 그리고 여러분은 여전히 사실을 있는 그대로 말할 수 있을 만큼 충분히 성숙하지 않기 때문입니다.

여러분은 우리를 실망시키고 있습니다. 그러나 우리 세대는 여러분이 배신하고 있다는 걸 이해하기 시작했습니다. 모든 미래세대의 눈이 여러분을 향해 있습니다. 여러분이 우리를 실망시키기를 선택한다면 우리는 결코 용서하지 않을 것입니다. 여러분이 이 책임을 피해서 빠져나가도록 내버려두지 않을 것입니다. 바로 여기, 바로 지금까지입니다. 더는 참지 않습니다. 전 세계가 깨어나고 있습니다. 여러분이 좋아하든 아니든, 변화는 다가오고 있습니다."

천권필(2018). "'대안 노벨상' 받은 그레타 툰베리, 유엔 연설 풀버전 보니". 중앙일보(2019. 9. 26.)

툰베리의 말처럼 기후 위기의 요인인 탄소배출량은 지금도 계속 늘어나고 있다. 지구온난화에 관한 유엔 IPCC의 제5차 평가보고서에서는 향후 100년간 평균기온이 얼마나 상승할지에 관한 4개의 시나리오를 제시하고 있다. 가장 기온 상승이 낮은 시나리오(RCP 2.6 시나리오)는 약 2℃ 전후의 상승, 가장 기온 상승이 높아지는 시나리오 RCP 8.5 시나리오)는 4℃ 전후의 상승이 예측되고 있다. 유감스럽지만 현재 세계의 현실은 가장 기온이 높아지는 시나리오에 더 가깝다.

〈목표 13〉은 13.1에서 13.b까지 5개의 세부목표로 구성된다.

13.1 모든 국가에서 기후 관련 위험과 자연재해에 대한 회복력 및 적응력을 강화한다.

13.2 기후변화 조치를 국가 정책, 전략 및 계획에 통합한다.

13.3 기후변화 완화와 적응, 영향 감소, 조기 경고에 관한 교육을 강화하고, 이에 대한 인식을 제고하고, 인적·제도적 역량을 향상시킨다.

13.a. 기후변화 완화 조치와 이행의 투명성에 관한 개발도상국의 요구에 따라 유엔 기후변화협약의 당사국 중 선진국은 2020년까지 매년 1,000억 달러를 공동으로 동원하겠다는 약속을 이행하며, 가능한 빠른 시일 내에 출자를 통해 녹색기후기금을 본격 운용하도록 한다.

13.b 여성, 청년, 그리고 지역 공동체 및 소외된 공동체를 초점에 두고, 최빈개발도상국과 군소도서개발도상국에서 효과적인 기후변화에 관한 계획과 관리 역량을 강화하기 위한 메커니즘을 촉진한다.

13.1에서는 기후 위기가 가져올 재해 대처 능력을 모든 나라가 가지는 것을 목표로 한다. 이를 위해 13.2는 기후 위기 대책을 국가 정책이나 계획에 포함시킬 것, 13.3은 기후 위기에 대처할 인적·제도적 능력을 강화할 것을 요구한다. 13.a은 기후 위기 대응을 촉진하기 위한 자금 동원의 필요성을, 13.b는 기후 위기의 영향을 받기 쉬운 후발 개발도상국에 대한 기술협력과 지원을 요구한다.

14 LIFE BELOW WATER

목표 14.
지속가능발전을 위한 대양, 바다, 해양자원의 보전과 지속가능한 사용

〈목표 14〉는 해양자원을 보전하고 지속가능발전을 실현하기 위한 과제를 제기하고 있다. 해양은 어업과 관광업 등 인류의 사회경제 발전에 필수적인 자원을 제공한다. 해양자원을 지속적으로 개발하고 생태계를 보전하는 것은 SDGs 달성에 중요한 과제가 된다. 해양자원은 수질오염이나 기후 위기라는 환경변화에 취약하다. 연안지역은 특히 육상 활동에 의한 오염의 영향을 받기 쉽다. 실제로 많은 연안지역에서는 토양 유실과 수질의 부영양화가 원인이 되어 적조현상이 일어나고 있다. 이 때문에 해양생물이 산소부족으로 죽음에 이르는 등 피해가 발생하고 있다.

해양 산성화 등 문제는 더욱 심각해지고 있다. 산업혁명 시대부터 오늘날까지 해양 산성도는 30% 상승했다. 이는 어패류의 성장을 저해하고, 어업에도 손실을 주고 있다. 해양 및 연안 지역의 환경 악화는 생태계를 왜곡시킬 뿐 아니라 지역 주민의 삶을 위협한다.

인간이 버린 쓰레기는 대부분 썩지 않는 것들이고 이는 지속적으로 해양생태계에 악영향을 미친다. 지금 이 시간에도 인간이 버린 쓰레기로 이루진 거대한 쓰레기 섬이 대양을 떠돌고 있다. 때로는 해양생물의 호흡을 방해해 죽게 만든다. 특히 최근에는 미세플라스틱으로 해양 오염에 대한 관심이 커지고 있다. 미세플라스틱은 눈에 보이지 않지만 해양생물의 몸에 축적되고 결국 그 미세플라스틱은 최종 포식자인 인간의 몸에 쌓이게 된다. 문제는 눈에 보이는 문제는 사람들이 즉각적으로 관심을 가지고 행동에 나서지만 눈에 보이지 않는 문제는 관심도 서서히 사라지고 그에 따른 행동도 상대적으로 느려질 수밖에 없다는 것이다.

여기에 과잉 조업이나 불법 어로도 심각한 문제다. 전 세계 어획량의 20%가 불법어업으로 인한 것으로 추정된다. 개발도상국에서는 과잉·불법어획에 관한 규제나 관리체제가 마련되어 있지 않아 이에 대한 조속한 정비가 필요하다. 과도하게 포획된 어종이 생물적으로 지속가능한 수준으로 돌아가려면 대략 20년이 필요하다.

그나마 돌아갈 수 있다면 다행이지만 아예 복원이 불가능한 경우도 있다. 2020년 6월 중국은 바다와 장강을 오가며 살았던 '주걱철갑상어'의 멸종을 선언했다. 가장 큰 원인으로 샨샤댐 건설이 거론되고 있다. 인간의 편리를 위해, 감히 인간이 탄생할 흔적을 엿볼 수조차 없었던 1억 5천만 년 전부터 이 지구에서 살아왔었던 '주걱철갑상어'를 이제 살아 있는 모습으로는 더 이상 만나볼 수 없게 된 것이다. 하지만 이런 소식은 팬데믹 상황에서 사람들의 관심을 끌지 못했다.

〈목표 14〉는 14.1에서 14.c까지의 10개의 세부목표로 구성된다.

14.1 2025년까지 해양 쓰레기와 영양염류 등, 특히 육지에서의 활동에서 기인한 모든 종류의 해양 오염을 예방하고 상당한 수준으로 감소시킨다.

14.2 2020년까지 부정적 영향을 피하기 위해 회복력 강화를 포함하여 해양 및 연안 생태계를 지속가능하게 관리하고 보호하며, 건강하고 생산적인 해양을 위한 복원 조치를 이행한다.

14.3 모든 수준에서의 과학적 협력 강화 등을 통해 해양 산성화에 대응하고 그 영향을 최소화한다.

14.4 최소한 생물학적 특성에 따라 결정되는 어족 자원을 가능한 한 빠른 시일 내에 지속가능한 최대 산출량 수준으로 복원하기 위해, 2020년까지 효과적으로 어획을 규제하고, 남획, 불법, 미신고, 비규제 어업 및 파괴적인 어업 관행을 종식하며, 과학에 기초한 관리계획을 이행한다.

14.5 2020년까지 가용한 최상의 과학적 정보에 기반하여 국가 및 국제법과 부합하는 방식에 따라 최소 연안 및 해양지역의 10%를 보전한다.

14.6 개발도상국 및 최빈개발도상국에 대한 적절하고 효과적인 특별 차등대우가 WTO 수산업 보조금 협상 내용의 불가결한 부분임을 인식하면서, 2020년까지 과잉 어획 및 남획을 조장하는 특정 형태의 수산업 보조금을 금지하며, 불법, 미보고, 비규제 어업을 조장하는 보조금을 철폐하고, 이와 유사한 신규 보조금의 도입을 자제한다.

14.7 2030년까지 수산업, 양식업 및 관광업의 지속가능 관리를 포함한 해양자원의 지속가능한 사용을 통하여 최빈개발도상국 및 군서도서개발도상국의 경제적 이익을 증대한다.

14.a 해양 건강을 증진하고, 해양 생물다양성이 개발도상국, 특히 군소도서개발도상국과 최빈개발도상국의 발전에 더욱 기여할 수 있도록, 해양기술 이전에 관한 정부 간 해양학위원회의 기준과 지침을 고려하여 과학적 지식수준을 높이고, 연구역량을 강화하며, 해양기술을 이전한다.

14.b 소규모 영세 어민을 위해 해양자원 및 시장에 대한 접근성을 제공한다.

14.c 해양 및 해양자원에 대한 보호와 지속가능한 이용에 대한 법적 체계를 제시하고 있는 유엔해양법 협약에 반영되고, 〈우리가 원하는 미래(The Future We Want)〉 보고서의 158번째 단락에서 언급된 바와 같이, 국제법의 이행을 통해서 해양 및 해양자원에 대한 보호와 지속가능한 이용을 강화한다.

세부목표 14.1은 해양쓰레기 등에 의한 해양 오염의 방지를 목표로 한다. 14.2는 해양 및 연안에서의 생태계 회복, 14.3은 무엇보다 해양 산성화 대응을 강조한다. 14.4와 14.6에서는 수산자원 보호를 위해 과잉 어업을 억제하기 위한 조치를 제시한다. 실시 체제에 관한 14.a, 14.b, 14.c는 해양 건강의 증진과 해양 생물다양성을 위한 연구개발 촉진 및 자원의 접근성 제고, 국제법 준수를 요구한다.

목표 15.

육상 생태계의 보호 및 복원 그리고 지속가능한 활용, 지속가능한 산림 관리, 사막화 방지, 토지 황폐화 중단 및 복원, 생물다양성 손실 중단

〈목표 15〉는 산림을 지속가능한 수준까지 관리하는 것, 토지나 자연 서식지의 열화를 막아 개선하는 것, 사막화를 방지하고 생물다양성을 확보하는 것 등에 중점을 두고 있다. 〈목표 15〉는 이러한 모든 노력에 의해 육상 생태계를 다음 세대에게 계승하는 것을 목표로 설정한다.

인간의 활동은 산림이나 다른 육지의 생태계에 악영향을 미칠 수 있다. 세계 육지의 3분의 1은 산림으로 덮여 있지만 벌채와 농지화 등을 통해 산림 면적은 계속 축소되고 있다. 특히 중남미 카리브 지역과 사하라 사막 이남 아프리카 지역에서는 산림면적 중 각각 9%, 12%가 상실됐다. 동아시아 지역에서 전개된 식목 활동을 통해 산림 상실은 줄어들고 있지만 그래도 2010년부터 2015년까지 세계적으로 330만ha의 숲이 사라졌다. 또 육지의 생물다양성의 유지도 염려되고 있다. 2015년 현재 2만 3,000종의 동식물이 멸종위기에 직면해 있다. 새와 멸종위기 종은 동남아시아에서 많이 볼 수 있다. 밀림이 사라지면서 멸종도 가속화하고 있다. 산림 면적의 축소나 동식물의 멸종 위기를 막고 지속가능발전을 위한 생태계 기반을 조성해 나가야 한다.

지나온 한국의 사례를 살펴보면 한국이 산림을 복원하는 데에 어느 정도 성공한 것으로 보인다. 산림에 대한 문제는 조선왕조실록에서도 언급될 정도로 오래된 문제였다. 땔감이라고는 나무밖에 없었기 때문에 발생한 문제였다. 70년대까지만 하더라도 벌거벗은 산들이 많았고 '산에, 산에, 산에다 나무를 심자'며 동요까지 만들어 아이들이 부르게 했다. 그때와는 다르게 지금 한국의 산에서는 어디서나 울창한 나무들을 볼 수 있다. 때로는 그것이 정권의 치적으로 홍보되기도 했다.

하지만 다른 측면에서 살펴볼 수도 있다. 산림이 다시 되살아날 수 있었던 가장 큰 원인은 더 이상 나무가 땔감으로써의 효용이 없었기 때문이다. 나무가 아니라 석탄이나 석유를 난방이나 조리에 사용하기 시작한 것이다. 그렇지 않았다면 인구가 급증하던 시기, 산에 나무가 살아남는 것이 불가능했으리라는 것은 어렵지 않게 예측할 수 있다. 산림은 되살렸지만 화석연료의 사용이 증가하면서 또 환경 문제를 발생시킨 것이다. 여전히 땔감으로 나무를 사용하는 개발도상국의 빈곤층이 더 이상 나무를 베지 않게 하면서도 또 다른 환경 문제를 발생하지 않게 하려면 어떻게 해야 할 것인가 고민해야 한다.

한편 산에서 울창한 나무를 볼 수 있는 것과는 별개로 여전히 우리 사회는 산림과 관련한 문제를 안고 있다. 산림 면적이 지속적으로 줄어들고 있기 때문이다. 일례로 늘어나는 골프장을 들 수 있다. 여기저기 길쭉하게 벌레가 파먹은 것처럼 산림이 파괴된 모습을 찍은 위성사진이 사람들에게 충격을 준 적이 있었다. 이제는 그것을 문제 삼는 사람들이 그리 많지 않다. 소득이 늘고 주 5일 근무제 실시 이후 여가 시간도 함께 늘어나면서 이제 골프 채널만 해도 여럿이 있을 만큼 골프가 대중화되었기 때문이다. 하지만 문제 삼지 않는다고 해서 골프장 건설로 인한 산림 파괴가 없어지는 것은 아니다. 사례는 이뿐만이 아니다. 2018년 평창 동계 올림픽을 치르기 위해 필요한 스키장을 건설하려고 가리왕산을 파괴한 것도 빼놓기 힘들다.

〈목표 15〉는 15.1에서 15.c까지의 12개의 세부목표로 구성된다.

15.1 2020년까지 국제 협약 상 의무에 따라, 특히 산림, 습지, 산, 건조지 등 육지 및 내륙 담수 생태계와 그 서비스에 대한 보전, 복원 및 지속가능한 사용을 보장한다.

15.2 2020년까지 모든 형태의 산림에 대한 지속가능한 관리를 촉진시키고, 산림벌채를 중단하고, 황폐화된 산림을 복원하고 전 세계적으로 조림과 재식림을 대폭 확대한다.

15.3 2030년까지 사막화를 방지하고, 사막화, 가뭄, 홍수로 영향을 받은 토지를 포함한 황폐화된 토지 및 토양을 복원하고, 전 세계적으로 토지 황폐화 중립(LDN, Land Degradation Neutrality)을 달성하기 위해 노력한다.

15.4 2030년까지 지속가능발전에 필수적인 산림 생태계의 수용력을 증진하기 위해, 생물다양성을 포함한 산림 생태계 보전을 보장한다.

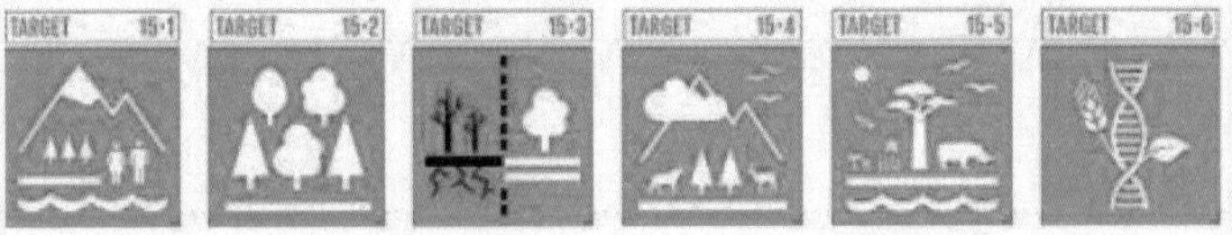

15.5 자연 서식지의 황폐화를 줄이기 위한 시급하고 중요한 조치를 취하고 생물다양성의 손실을 중단하며, 2020년까지 멸종위기종을 보호하고 멸종을 방지한다.

15.6 국제적으로 합의된 바와 같이, 유전자원 활용에 따른 편익이 공정하고 공평하게 공유될 수 있도록 하며, 유전자원에 대한 적절한 접근을 증대한다.

15.7 동식물 보호종에 대한 밀렵과 밀매를 종식하기 위해 조속히 조치를 취하고, 불법 야생 동식물 상품에 대한 문제를 수요와 공급 측면 모두에서 대응한다.

15.8 2020년까지 외래 침입 종 유입 방지와 이들이 육지 및 수중생태계에 미치는 영향을 현저히 감소시키는 방안을 도입하고, 우선 대응 대상종을 통제하거나 퇴치한다.

15.9 2020년까지 국가 및 지역별 계획, 개발 과정, 빈곤감소 전략 및 회계 계정에 생태계 및 생물다양성의 가치를 반영한다.

15.a 생물다양성 및 생태계의 보전 및 지속가능한 사용을 위해 모든 자금원으로부터 재원을 동원하며 관련 재원을 대폭 확대한다.

15.b 지속가능한 산림관리를 위한 재원을 조달하기 위해, 모든 수준에서 모든 자금원을 활용하여 충분한 재원을 확보하고, 개발도상국이 산림보호, 재식림과 같은 산림 관리를 강화할 수 있도록 적절한 인센티브를 제공한다.

15.c 지역공동체의 역량 강화 등을 통해 지역공동체가 지속가능한 생계유지의 기회를 추구할 수 있도록 하는 등의 방법을 통해, 보호종의 밀렵과 밀매를 방지하기 위한 국제적 지원을 강화한다.

15.1에서 15.4의 세부목표는 산림, 습지, 산지 등 생태계를 보전하는 것을 목표로 한다. 15.2와 15.3은 특히 산림의 회복과 사막화 방지가 주된 과제로 제시된다. 15.5에서 15.8은 생물다양성을 확보하기 위해 멸종위기종 보호, 밀렵 방지, 외래종 침입 방지 등의 대책을 요구한다. 15.a에서 15.c는 이러한 세부목표를 실현하기 위한 자금의 확보와 지역 커뮤니티의 역량 강화와 그 필요성을 제시한다.

4. 인간과 평화협력(목표 16~17)

16 PEACE, JUSTICE AND STRONG INSTITUTIONS

목표 16.
지속가능발전을 위한 평화롭고 포용적인 사회 증진, 모두를 위한 정의에 대한 접근 제공, 모든 수준에서 효과적이며 책임 있는 포용적인 제도 구축

지속가능발전을 위한 평화롭고 포용적인 사회를 촉진하고, 모든 사람에게 사법 접근성을 높이며, 모든 수준에서 효과적이고 책임감 있는 포용적인 제도를 구축한다.

〈목표 16〉은 치안, 사법, 공정이라는 협치(governance)에 관한 여러 문제를 다루고 있다. 지속가능발전을 실현하기 위해서는 인권이나 법의 지배를 존중하고, 투명하고 효율적인 행정 기틀을 재구축하는 것이 시급하다.

2차 대전 이후 많은 나라에서 전쟁 없는 평화로운 생활이 계속되었지만, 일부 지역에서는 여전히 폭력과 분쟁을 겪고 있다. 분쟁에 의한 사망자 수는 선진국과 개발도상국 사이에 큰 차이가 있다. 개발도상국에서의 분쟁에 의한 사망자 비율은 선진국보다 두 배나 높다. 더욱이 사법 접근성, 공정성이 높지 않아서 기본적 인권조차 보장되지 않는 나라의 국민도 적지 않다.

물론, 세계 모든 사람이 평화롭고 공정한 사회에서 살 수 있도록 각 국 정부의 노력도 진행되고 있다. 그러나 노동 현장의 폭력과 인권 침해는 사라지지 않고 있다. 고위 공직자의 뇌물공여나 독직도 심각한 문제다. 특히 소득 수준이 낮은 나라일수록 뇌물공여가 늘어나는 경향이 있다.

개발도상국에서는 사업자격 취득, 납세, 건설허가 취득, 전기와 수도 공사 같은 다양한 상황에서 뇌물을 요구한다. 이러한 습관의 만연은 기업의 건전한 발전에도 악영향을 미칠 수 있다. 이런 문제를 해결하기 위해 무엇보다 투명성의 확보가 요구된다. 특히 부정부패는 투명성을 높이는 것만으로도 상당 부분 감소된다. 투명성을 확보하기 위해서는 민주적 제도가 마련되어야 하지만 많은 개발도상국의 경우 현실적으로 이런 기대를 하기 힘들다. 이런 어려움을 해결하기 위해서라도 유엔을 중심으로 한 국제사회의 지속적인 감시와 견제, 지원이 요구된다.

〈목표 16〉은 16.1에서 16.b까지의 12개의 세부목표로 구성된다.

16.1 모든 곳에서 모든 형태의 폭력과 관련된 사망률을 대폭 감소한다.

16.2 아동에 대한 학대, 착취, 인신매매 및 모든 형태의 폭력과 고문을 종식한다.

16.3 국가 및 국제적 수준의 법치를 증진하고, 모든 사람에게 정의에 대한 평등한 접근을 보장한다.

16.4 2030년까지 불법 자금 및 무기거래를 현저히 감소시키고, 도난자산 회수 및 복구를 강화하며, 모든 형태의 조직화된 범죄를 방지한다.

16.5 모든 형태의 부패 및 뇌물을 상당한 수준으로 감소한다.

16.6 모든 수준에서 효과적이고, 책임 있고, 투명한 제도를 모든 단계의 기관에 구축한다.

16.7 모든 차원에서의 의사결정이 대응적이면서, 포용적이고, 참여 지향적이며, 대표성을 지닐 수 있도록 보장한다.

16.8 글로벌 거버넌스 제도에 개발도상국의 참여를 확대하고 강화한다.

16.9 2030년까지 출생등록을 포함하여 모두에게 법적 신원을 제공한다.

16.10 국내법 및 국제적 합의에 따라 대중의 정보 접근을 보장하고 기본적 자유를 보호한다.

16.a 특히, 개발도상국이 폭력 예방, 테러, 범죄 방지의 모든 차원에서 역량을 함양할 수 있도록 국제협력을 통해 관련 법규나 제도를 강화한다.
16.b 지속가능발전을 위한 비차별적인 법 그리고 정책을 증진하고 시행한다.

16.1은 폭력 근절을, 16.2는 아동에 대한 학대와 착취방지를 요구한다. 16.3은 공정한 사법접근의 보장, 그리고 16.4는 불법적 자금이나 무기거래라는 조직범죄의 근절을 목표로 한다. 16.5에서 16.10까지는 행정기관의 거버넌스가 세부목표로 제시되어 있다.

16.5는 부패척결, 16.6은 공공기관의 효과적이고 투명한 제도의 개발, 그리고 16.7은 정치적 의사결정 과정의 개선을 요구한다. 16.8은 국제기구의 개발도상국 참여 확대, 16.9는 국민에 대한 법적 신분 보장, 16.10은 정보 접근성 확보를 목표로 삼고 있다. 그리고 16.a는 폭력이나 테러를 근절하기 위한 국제기구의 강화, 16.b는 비차별적인 법규 및 정책 추진을 과제로 제시한다.

목표 17.
이행 수단 강화, 지속가능발전을 위한 글로벌 파트너십 재활성화

〈목표 17〉은 지속가능발전을 위한 이행수단 강화와 글로벌 파트너십 활성화를 제시하고 있다. SDGs의 목표를 달성하기 위해서는 모든 자금이나 인재를 동원하여 정부, 시민단체, 민간기업, 국제기관 등이 함께 대응해 갈 필요가 있다. 이 목표는 특정의 개발과제를 채택하는 것이 아니라 〈목표 1〉부터 〈목표 16〉까지 달성하기 위한, 자금의 확보, 실시수단의 강화를 향한 과제를 제시한다.

'곳간에서 인심 난다'는 속담이 있다. 아무리 좋은 일이라도 그 일을 하는 데에는 비용이 발생하기 마련이다. 현실적으로 그 비용을 감당할 수 있는 국가들은 이른바 선진국이라고 불리는 나라다. 그러나 선진국들이 시혜를 베푼다는 생각을 가져서는 안 된다. 대부분의 개발도상국은 과거 식민의 형태로든, 그 외의 다른 형태로든 선진국으로부터 일방적인 착취를 당한 경험을 가지고 있다. 라티아메리카에서 스페인으로, 포르투갈로 흘러들어 간 금과 은은 다 어디로 갔는가? 아프리카에서 살던 사람들은 누가 노예로 팔았으며 아프리카 국가들 사이의 근원적인 갈등은 누구에게 책임이 있는가? 아시아를 식민지로 만들고 그곳의 자연과 그 땅에 사는 사람들은 누가 착취했는가? 과연 지금 이런 질문들에 떳떳하게 잘못이 없다고 말할 수 있는 선진국은 거의 없을 것이다. 그러므로 SDGs에 필요한 재원을 마련하는 데에는 선진국들이 앞장서야 한다. 그것은 그들의 권리가 아니라 책무이다.

그렇다고 해서 개발도상국은 손 놓고 가만히 있으면 된다는 말이 아니다. 선진국에서 마련한 재원은 어디까지나 마중물로 사용되어야 한다. 그 재원은 자연스럽게 계속 물이 흐르도록 만드는 곳에 사용되어야 할 것이다. 스스로 일어서는 것이 힘들다고 앉아만 있으면 영원히 앉아만 있어야 할 수도 있다. 걷는 것이 힘들다고 발을 내딛지 않으면 언제나 그 자리에 멈춰 있어야 할 것이다. SDGs는 선진국과 개발도상국이 모두 동등한 존재로서 함께 살아가기 위한 것이다. 결코 어느 한 진영의 이익을 위한 것이 아니다. 우리 속담에 '손바닥도 마주쳐야 소리가 난다'고 했다. 선진국과 개발도상국이, 남성과 여성 혹은 다른 성적 지향을 가지고 있는 다른 누구와라도, 남과 북이 함께 손바닥을 마주치고 함께 손을 잡아야 할 것이다. 필요한 재원을 마련하고 그 재원을 모두를 위해 효과적으로 사용하기 위해 이제 머리를 함께 맞대야 한다.

〈목표 17〉은 17.1에서 17.19까지의 19개의 세부목표로 구성된다.

17.1 국가의 세금 및 기타 세외 수입의 징수 역량을 향상하기 위해, 개발도상국에 대한 국제적 지원 등을 통해 각국의 국내 재원 동원 능력을 강화할 수 있도록 한다.

17.2 많은 선진국이 개발도상국에 대한 공적발전원조(ODA) 규모를 국민총소득(GNI) 대비 0.7%, 최빈개발도상국에 대해 국민총소득 대비 0.15~0.20%의 공적발전원조를 제공하기로 공약한 바 있으며, 선진국은 동 공약을 포함한 공적발전원조에 대한 모든 공약을 완전히 이행하도록 한다. ODA 공여국에게 최빈개발도상국에 대한 공적발전원조 목표 비율을 국민총소득 대비 최소 0.20%로 설정해 줄 것을 권장한다.

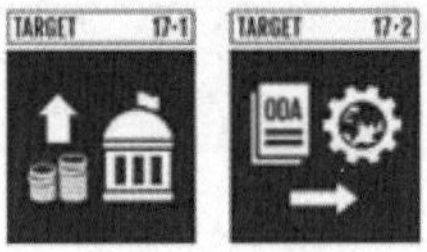

17.3 개발도상국 지원을 위해 다양한 자금원을 통한 추가 재원을 마련한다.

17.4 필요할 경우, 채권, 금융 채무 탕감 및 채무 재조정 촉진을 목표로 하는 정책조정을 통해 개발도상국의 장기 채무 건전성 확보를 지원하고, 고채무 빈곤국의 채무 부담을 경감하기 위해 외채문제에 대응한다.

17.5 최빈개발도상국을 위한 투자 증진 계획을 도입하고 이행한다.

17.6. 기존 메커니즘, 특히 유엔 차원의 메커니즘 간의 조율 향상과 글로벌 기술 촉진 메커니즘 등을 통해 과학, 기술 및 혁신에 대한 남북, 남남, 삼각 협력 등의 지역 및 국제적 협력과 접근을 강화하고 상호 합의된 조건에 따라 지식 공유를 강화한다.

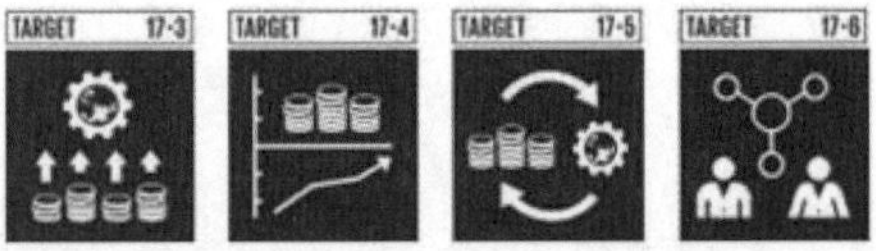

17.7 상호 합의에 따른 양허성 조건 및 우대 조건 등을 통해 개발도상국을 위한 친환경 기술의 개발, 이전, 전파 및 확산을 증진한다.

17.8 2017년까지 최빈개발도상국을 위한 기술은행 및 과학기술혁신 역량 구축 메커니즘을 전면 가동하고 정보통신기술(ICT) 위주의 핵심기술 사용을 강화한다.

17.9 개발도상국이 효과적이고 목표에 기반한 역량 함양 계획을 시행할 수 있도록 남북, 남남, 삼각 협력 등 국제적 지원을 강화하여, 개발도상국이 전반적인 지속가능발전목표의 이행을 위해 수립한 국가 차원의 계획을 지원한다.

17.10 도하발전의제의 최종협상 결과 등 보편성, 원칙, 개방성, 비차별성, 공평성에 기반한 세계무역기구(WTO)의 다자무역 체제를 증진한다.

17.11 2020년까지 특히 전 세계 수출에서 최빈개발도상국의 비중을 두 배로 늘리는 것을 목표로 개발도상국의 수출을 대폭 증대한다.

17.12 최빈개발도상국 수입품에 대한 투명하고 단순한 시장 접근성을 강화하는 특혜원산지 규정을 보장함으로써, 세계무역기구(WTO) 원칙에 따라 모든 최빈개발도상국에 대해 영구적인 무관세, 무쿼터 시장접근을 적시에 이행 하도록 한다.

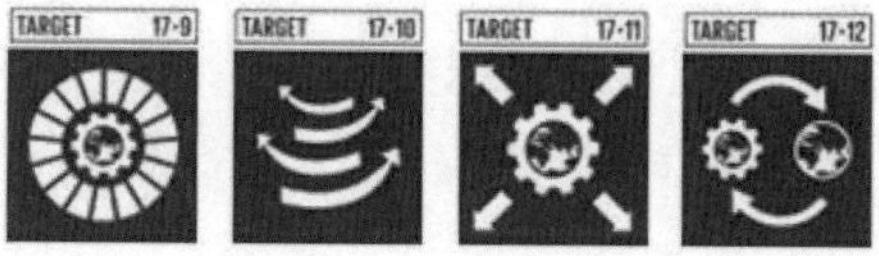

17.13 정책 일관성 및 조율 등을 통하여 글로벌 거시경제 안전성을 강화한다.

17.4 지속가능발전을 위한 정책 일관성을 강화한다.

17.15 빈곤 종식과 지속가능발전 정책을 수립하고 이행하기 위한, 각 국가의 정책적 역량과 리더십을 존중한다.

17.16 모든 국가, 특히 개발도상국이 지속가능발전목표를 달성할 수 있도록 지속가능발전을 위한 글로벌 파트너십을 강화하며, 다양한 이해관계자 간 파트너십을 통해 지식, 전문성, 기술 및 재원을 활용, 공유함으로써 글로벌 파트너십을 보완한다.

17.17 기존 파트너십을 통한 경험과 재원조달 전략을 바탕으로, 공공, 민관, 시민사회 파트너십을 장려하고 증진한다.

17.18 2020년까지 최빈개발도상국, 군소도서개발도상국을 포함한 개발도상국에 시의적절성과 신뢰성을 갖춘 양질의 세분화된(소득, 성별, 연령, 인종, 민족, 이주 상태, 장애 여부, 지리적 위치 및 기타 국가별 맥락에 따라) 데이터의 가용성을 대폭 향상하기 위해 역량 강화 지원을 강화한다.

17.19 2030년까지 국내총생산(GDP)를 보완할 지속가능발전의 성과 평가 척도를 개발하기 위해 기존 계획에 기반하여 이를 더욱 발전시키고 개발도상국이 통계 역량을 강화할 수 있도록 지원한다.

17.1에서 17.5는 다양한 자금의 동원이 주제로 제시된다. 17.1은 세수입 등의 국내자원의 활용을 목표로 한다. 17.2는 공적발전원조(ODA), 공여국의 최빈개발도상국에 대한 공적발전원조 목표 비율을 제시한다. 17.3은 ODA 이외의 추가적인 자금동원을 요구한다. 예컨대 해외직접투자, 남남협력 촉진이다. 17.4는 개발도상국의 채무부담 문제를 다루고 있다. 17.5에서는 최빈개발도상국을 위한 투자 촉진을 언급하고 있다.

17.6에서 17.8까지는 유엔 차원의 메커니즘의 조율 향상과 글로벌 기술촉진 메커니즘 등을 통한 과학과 기술혁신에 관한 지역 및 국제적 협력과 접근, 지식공유에 관한 세부목표가 제시된다. 17.6은 과학기술혁신 추진을 위해 지역적·국제적인 협력을 향상시키는 것을 목표로 제시한다. 17.7에서는 개발도상국에 대해 친환경기술의 개발의 이전·전파와 확산이 과제로 제시된다. 17.8은 최빈개발도상국을 위한 정보통신기술 이용 강화에 관한 목표이다. 17.9는 역량구축에 관한 세부목표로써 개발도상국의 SDGs 이행과 관련한 국가차원의 계획 마련을 위한 능력구축을, 17.10에서 17.12까지는 교역과 관련한 세부목표라 할 수 있다. 17.10에서는 세계무역기구(WTO)의 다자무역 체제 촉진을 목표로 한다. 17.11에서는 최빈개발도상국의 시장점유율을 2배로 높이겠다는 구체적 목표가 제시돼 있다. 17.12는 최빈개발도상국의 대외시장 접근성을 강화하는 것에 관한 목표를 제시한다.

17.13부터 17.15까지는 체제, 정책·제도적 정합성에 관한 목표이다. 17.13에서는 글로벌 거시경제의 안정성 강화를, 17.14에서는 모든 국가의 지속가능발전을 위한 정책적 일관성 강화를 위한 파트너십의 구축을, 17.15에서는 빈곤 종식과 지속가능발전을 위한 정책 수행 시 각국의 리더십 존중을, 17.16과 17.17은 모두 부분적 이해관계자 사이의 파트너십 보완과 증진을 강조한다.

17.16은 지속가능발전을 위한 글로벌 파트너십 강화를 목표로 한다. 17.17은 공공, 민관, 시민사회의 파트너십 장려를 강조한다. 마지막으로 17.18과 17.19는 데이터 모니터링, 통계역량 강화에 관한 세부목표이다. 17.18에서는 개발도상국에서의 능력구축 지원을 강화해 데이터의 접근성을 향상시키는 것을 목표로 한다. 17.19에서는 개발도상국의 통계역량 강화가 과제로 제시되고 있다.

| 7장 |

SDGs 세계관, 전략 이해하기

SDGs 17개 목표와 세부목표는 통합적이며, 불가분하며, 글로벌한 속성을 가지며, 보편적으로 적용 가능하다. 또한 국가의 정책과 우선순위를 존중하며 각국의 현실과 역량, 발전 수준의 차이를 고려하고 있다. 세부목표는 야심차고 글로벌한 특성으로 정의되며, 각 정부는 글로벌한 목표를 지침으로 삼아 자국의 상황을 고려하여 국가적 목표를 설립하였다. 각 정부는 원대한 포부를 담은 글로벌 세부목표를 어떻게 자국의 계획 과정과 정책, 그리고 전략에 반영할 것인지를 결정한다. 지속가능발전과 경제, 사회, 환경 분야에서 진행 중인 관련 과정과의 연관성을 인식하는 것이 중요하다

우리는 각국이 지속가능발전 달성을 위해 자국의 상황과 우선 과제에 따라 다양한 접근방식, 비전, 모델 및 수단을 쓸 수 있음을 인식하고, 지구와 생태계가 우리 모두의 공동의 안식처이며, 어머니 지구(Mother Earth)가 여러 국가와 지역에서 사용되는 공통적인 표현임을 재확인 한다.

우리는 또한 유엔 발전 체계가 이 새로운 의제의 이행을 위해 일관성 있는 통합적 지원을 할 수 있도록 보장하기 위해, 체계 전반에

서의 전략계획, 이행, 보고서 작성의 중요성을 강조한다. 관련 집행 기구는 이행에 대한 지원책을 검토하고, 이행 상황 및 장애 요인에 관해 보고하기 위한 조치를 취하도록 한다(2030 지속가능발전 의제 55, 59, 88항).

1. SDGs의 특징과 3대 키워드

1) SDGs 내 생각 투여하기

SDGs는 "Sustainable Development Goals"의 약어이며, 우리말로 '지속가능발전목표'라고 한다. "에스디 지에스" 대신 "에스디 지즈"라고 읽고 각 단어의 첫 글자와 마지막에 있는 Goals의 s를 맞추고 있다. SDGs에 대한 정의는 이미 제시했다. 하지만 각자의 바람과 지향을 담아 SDGs를 설명해 보는 것도 SDGs를 이해하는 데 도움이 될 것이다.

〈상자 7-1〉 내가 상상하는 SDGs

S: 시(S)민 중심 – 시민의 참여와 주인 되기
D: 동(D)시 해결 – 다 함께 통합적 해법 찾기
G: 공(G)동의 목표 – 지구(G) 미래 생각하기
s: 세(s)계적인 행동– 지구적 연대와 공동행동

첫째, S는 시민이 중심이 되어 SDGs 목표 달성을 위해 모든 이해당사자와 협동하여 SDGs에 대응하는 것이다. 시민 개개인이 지구와 국가, 지역의 비전 수립과 목표 설정에 참여할 때, 실행 가능한 행동계획이 될 수 있다. 지속가능한 사회는 문화 다양성, 관용, 상호존중 및 공동의 책임 윤리에서 나온다. SDGs는 이행에 있어 중소기업부터 협동조합, 다국적기업에 이르는 다양한 민간부문과 시민사회단체의 역할 수행을 중시한다. SDGs는 "특히 최빈곤층과 취약계층의 목소리에 귀를 기울이며, 2년이 넘는 기간 동안, 강도 높은 여러 공개 협의 과정을 거쳐, 전 세계 시민사회와 관련 이해관계자들의 참여를 통해 탄생한 결과물이다(우리 세계의 전환: 2030 지속가능발전 의제 6항)."

둘째, D는 다 함께 통합적인 해법을 찾는 것이다. 지속가능한 미래로 가는 길은 각 분야에 걸쳐 대담하고 상호 의존적인 행동이 필요하다는 사실을 인지하는 데 달려있는데, 이 모든 행동은 필수적이며 그 어느 하나의 행동만으로는 충분하지 않다. 복잡한 사회, 효과적으로 문제에 대처하기 위해서는 새로운 접근법이 필요하다. SDGs는 삶의 영역에서 이해당사자들이 주체가 되어 경제·사회·환경을 통합적으로 인식하고 협동의 원리를 살려 해법을 찾는다. SDGs를 위한 여정은 정부뿐 아니라 의회, 유엔 체제와 기타 국제기관, 지방정부, 토착민, 시민사회, 기업과 민간부문, 과학계와 학계 그리고 모든 사람을 포함한다. 상호 연대와 통합 지향성은 SDGs의 목적이 실현되는 데 결정적으로 중요하다. 이 의제의 전반에 걸쳐 우리의 포부를 실현한다면, 모두의 삶은 크게 개선될 것이고, 우리의 세상은 보다 나은 모습으로 변모할 것이다

셋째로 G는 지구의 미래를 생각하는 것이다. 미래세대의 건강과 안전복지를 참작한 목표를 계획하고, 현세대와 미래세대가 존재할 수 있게 해 준 노인세대와의 협력을 포함한다(오수길·이창언, 2013: 458). 지속가능한 지구의 궁극적인 목표는 지구환경의 보호와 미래세대의 건강과 행복은 물론 양질의 삶을 누리게 하는 것이다. 활력이 넘치는 사회는 젊은 세대의 참여와 주체적인 활동이 활발함과 동시에 지속가능성 목표와 지표에 의한 계획의 진척 관리를 잘 수행하는 것이다. 미래세대는 변화를 이끄는 중요한 행위자이다. 새로운 목표 안에서 미래세대의 무한한 행동 역량을 더 나은 세계의 창조에 투입할 발판을 찾을 때 인류와 지구의 운명은 인류의 손안에 있게 될 것이다.

마지막으로 s는 세계와 손잡고 실천하는 것이다. COVID-19 팬데믹, 기후

위기에서 알 수 있듯이 인류는 지구라는 행성 안에서 긴밀히 연계되어 있다. 한 도시, 한 국가의 노력만으로는 해결하기 어려운 문제가 너무도 많다. 강화된 글로벌 연대의 정신은 최빈곤층과 사회적 약자의 요구를 수용하며, 모든 국가, 모든 이해관계자 및 모든 사람이 참여하는 활성화된 세계적 연대를 통해 구현될 수 있다. 지속가능발전 글로벌 파트너십(Global Partnership for Sustainable Development)은 지속가능한 사회를 만드는 데 필요한 지식, 전문성, 기술 및 재원의 동원과 공유를 촉진한다.

2) SDGs의 특징과 3대 키워드

SDGs을 구성하는 요소의 특징은 4개의 차원으로 설명할 수 있다. 그것은 첫째, 광범위성 또는 포용성이다. SDGs의 목표나 세부목표가 취급하는 범위가 넓기 때문이다. MDGs의 목표에서는 사회 기둥이 중심이고 환경 기둥에 목표가 하나뿐이지만 SDGs는 경제, 환경, 사회 기둥으로 구성되어 지속가능발전을 한층 구체화했다는 것이다(蟹江憲史, 2018: 8-11). SDGs는 17개 목표와 169개의 세부목표로 구성되어 있다. 여기에 SDGs는 아무도 소외되거나 낙오되지 않게 한다는 점에서 포용성이다. "아무도 남겨두지 않는다."라는 키워드는 2030 의제 바탕에 흐르는 기본 이념이다. 2030 의제는 어린이, 젊은이, 장애인, 에이즈 환자, 고령자, 원주민, 난민, 국내 피난민, 이민 등 사회적으로 취약한 상황에 놓인 사람들에게 초점을 맞추고, 안전보장에 대해서 대응한다. 국제사회 보편적 가치로서 인권의 존중과 성평등의 실현 및 젠더 주류화는 분야 횡단적인 가치로써 SDGs의 모든 목표의 실현에 불가결한 것이며, 모든 대응에 대해 항상 우선적으로 정책에 반영하는 것이 필수 불가결하다. 또 성평등 실현 및 '젠더 주류화'를 위해서는 여성 통계의 충실이 지극히 중요하고, SDGs 실행을 위해 가능한 데이터를 확보해야 한다.

둘째, 보편성이다. SDGs는 개발도상국뿐만 아니라 선진국을 포함한다. SDGs는 "모든 국가"나 "모든 사람"이라는 표현이 자주 등장하고 관련된 목표와 이를 취급하는 방침이 적시되어 있다. 또한, SDGs 17개 목표는 선진국,

개발도상국 구분 없이 전 세계적으로 공유해야 할 목표이며, 당사국은 국내 및 세계 문제에 동시에 대처한다(이창언 2020e: 252). SDGs는 선진국을 포함한 전 세계의 모든 관계자를 대상으로, 지속가능한 세계를 만들기 위해 모두의 힘을 결집할 것을 호소하고 있다. 더불어 글로벌 파트너십을 중시한다. 구체적으로는 2030 의제의 서문이나, SDGs의 목표 17(파트너십)의 달성을 위해서 다양한 이해관계자가 제휴·협력하는 다양한 이해관계자·파트너십을 촉진하는 것이 명기되어 있다. 리우+20에서 나타난 환경, 경제, 사회의 세 측면을 통합한 개념이 '2030 의제' 및 SDGs에서 명확히 제시되어 있다. 구체적으로 2030 의제의 서문에서는 "지속가능발전을 경제, 사회 및 환경이라는 그 세 가지 측면에서 균형 있고 통합된 형태로 달성하기로 약속하고 있다."라고 명시한다. 다음으로 포괄적인 목표를 제시함과 동시에 각각의 목표는 서로 관련성이 강조되어 있어 분야를 아우르는 접근이 필요하다는 점이다.

SDGs 목표 5(성평등), 목표 12(지속가능한 소비와 생산), 목표 13(기후변화 대응)은 선진국의 과제이자 국제사회와 협력해야 할 과제이다(이창언, 2020d: 2905). 특히 SDGs 목표 13은 CO_2 배출량을 줄이기 위해 지금까지의 정부와 기업 활동, 개인 생활양식의 변화를 요구한다.

셋째, 다원성이다. SDGs는 선진국이나 개발도상국 모두 공통의 목표라는 점, 바람직한 미래상으로부터 거슬러 올라간 백 캐스팅(backcasting) 사고로 책정되었다는 점, 내용이나 자금원 모두 기업과 지역사회 다양한 그룹의 참여 없이는 달성할 수 없다.

SDGs는 모든 국가가 자국의 경제 및 사회발전에 일차적인 책임이 있으며, 개별 국가가 처한 상황과 문화가 다른 만큼 국가정책 및 발전전략, 국내 자원의 활용방안 등이 중요한 역할을 한다는 것을 인지하고 있다. 나아가 개발도상국 또는 특별한 관심이 요구되는 국가(아프리카 국가, 최빈개발도상국, 내륙개발도상국, 군소도서개발도상국(Small Island Developing States, 이하 SIDs) 등에 관심을 가져야 함을 강조하고 있고, 이는 17대 목표와 세부목표를 통해 구체화되고 있다. 또한 SDGs를 달성하기 위해서는 각국 정부뿐만 아니라 시민 사회, 민간기업 및 유엔 산하기구들이 노력해야 함을 상기하며, 이행 과정의 점검에서는 유엔 총회와 UN ECOSOC 이들이 주관하는 HLPF가 중추적인 역할을 수행할 것으로 기대하고 있다(KOICA, 2014; 이창언·오유석, 2017: 177). SDGs에는, 지금까지의 국제 목표와는 다른 몇 개의 획기적인 특징이 있다. 큰 특징 중 하나는 선진국을 포함한 모든 국가에 목표가 적용된다는 보편성으로 MDGs와 비교하면, 선진국 스스로 대응하지 않으면 안 되는 과제가 증가하고 있다.

넷째, 통합성이다. 환경·경제·사회 세 개의 기둥과 17개 목표와 세부목표가 상호 연관되고 통합되어 있다(이창언, 2020e: 251). SDGs는 사회발전, 경제성장, 환경보호라는 3대 분야와 거버넌스를 포함하여 총 네 가지 국가경영 차원을 통합하고 있다. SDGs는 빈곤 퇴치라는 MDGs 기조와 함께 포용성(Inclusiveness), 보편성(Universality), 평등(Equality) 등 새로운 기조가 강조되었다. 이는 17대 목표에도 잘 드러나고 있다. SDGs는 경제, 사회, 환경의 세 분야의 모든 관련 과제와의 상호 관련성·상승효과를 중시하면서, 통합적 해결의 시점을 가지고 임한다. 이를 위해 시책을 실시할 때는 해당 시책과 직접 관련된 우선과제 이외의 어느 과제와 통합적 실시가 중요한지를 염두에 두고 서로 다른 과제를 유기적으로 연동시켜 실시한다(村山史世·滝口直樹, 2018: 76-77).

SDGs의 특징은 지금까지의 논의에 더해 참여형(모든 이해관계자의 역할), 투명성(정기적인 후속 조치)으로 정의하기도 한다(農林水産省). SDGs는 취약한 입장에 놓인 사람들을 포함한 개개인이 시책의 대상으로 남겨지지 않는 것을 확보할 뿐만 아니라, 스스로가 당사자로서 주체적으로 참가하여 지속가능한 사회 실현에 공헌할 수 있도록 모든 이해관계자나 당사자의 참여를 중시하여 다부문적 참여로 대응한다. 다 부문적 참여의 지속성을 확보하는 데 투명성과 설명의 책임이 중요하다. 정부(지지체 포함)의 대응 또한 높은 투명성을 확보하고 정기적으로 평가, 공표, 설명의 책임을 다해야 한다. 또한, 새로운 정책 입안이나 시책을 수정할 때에는 공표된 평가 결과를 바탕으로 실시한다.

〈표 7-1〉 MDGs와 SDGs의 목표와 환경·경제·사회 기둥과의 대응

	MDGs(목표)	SDGs(목표)
환경	목표 7	6, 7, 11, 13, 14, 15
경제	–	8, 9, 12
사회	1, 2, 3, 4, 5, 6, 7	1, 2, 3, 4, 5, 10, 16, 17

출처: 이창언(2020e: 252)

일본에서는 SDGs의 특징을 ① 보편성, ② 포용성, ③ 통합성, ④ 참여형(모든 이해관계자 역할), ⑤ 투명성(정기적인 후속 조치)으로 정의하기도 한다(農林水産省 홈페이지). SDGs는 선진국이나 개발도상국 모두 공통의 목표라는 점, 바람직한 미래상으로부터 거슬러 올라간 백캐스팅 사고로 책정되었다는 점, 내용이나 자금원 모두 기업과 다양한 그룹의 참여 없이는 달성할 수 없다는 점을 강조한다(村上·渡辺 2019: 35).

보편성은 SDGs 실행에 선진국·개발도상국을 포함한 모든 나라가 참여함을, 포용성은 아무도 남겨두지 않음을, 다양성(또는 참여성)은 국가·자치단체·기업·커뮤니티까지도 추진함을, 통합성은 지속가능발전의 3개 구조인 경제·사회·환경을 조화시킴을, 투명성은 SDGs 진척을 철저하게 관리하고 행동함을 의미한다.

이러한 SDGs의 특징은 SDGs 3대 정책 키워드로 연결된다. 그것은 첫째, 지구 공동의 대응과 로컬 차원의 실천의 양립을 목표로 하는 사고와 행동을 의미하는 〈지구 규모 Global scale〉이다. 둘째, 미래상에 도달하기 위해 필요한 구체적인 전략을 끌어내는 〈백 캐스팅 backcasting〉이다. 이는 지속가능한 미래의 모습에서 역산하여 현재의 대책을 찾는 것을 의미한다.[1] 이에 따라 행동의 우선순위가 크게 바뀐다는 것이다(金沢工業大学SDGs推進センター홈페이지). 셋째, SDGs 전체의 테마이기도 한 〈아무도 남겨두지 않는다 No one

1) 변화를 만들어 나갈 때, 현상, 현실에서 어떤 개선책을 찾는 것을 포 캐스팅(fore casting)이라고 한다. 예를 들어, 현재 가지고 있는 자원에서 사고하고 적당한 도전을 설정하는 것을 의미한다.

will be left behind〉이다. 이를 위해서는 경쟁·성과를 중시하는 사고로부터의 탈주가 필요하다. 효과가 있을 만한 곳에 자본을 집중하여 투하하면 반드시 투자 대상에서 제외되는 사람이 생겨나는 상충관계(trade off)를 해소하는 데 필요한 것이 새로운 혁신 전략인 SDGs라는 것이다(이창언, 2020e: 251-252).

2. SDGs의 이념과 세계관

SDGs는 모든 국가, 도시가 합의·찬성 하에 유엔 총회에서 채택될 당시 '우리의 세계를 전환한다.'라는 야심 찬 이상을 내건 국제적 수준의 행동규범이다. SDGs는 지속가능한 지구와 2030년까지 더 평등하고 평화롭고 포용적이며 번영하는 사회로 전환할 수 있는 국제적-지역적 틀(frame)을 제공한다(이창언, 2020e: 246). SDGs는 지속가능한 전체 사회상을 구상하고, 이에 필요한 요건이나 도구(tool), 서비스를 창출하는 사회혁신을 촉진한다. SDGs를 특징짓는 것으로써 '새로운 인권선언', '새로운 사회계약' 등의 이념이 유엔의 주요 문서 등에 제시되어 있다. 그 뛰어난 이념은 아래에 나타내는 키워드로 표현된다.

SDGs의 중요한 이념은 첫째, 누구도 소외하지 않는다(Leave No One Behind, LNOB)라는 포용(包容)이다. 이는 MDGs 실천을 통해 빈곤 등이 어느 정도 개선되었고 그 성과를 모든 사람에게 확대한다는 의미가 담겨 있다(村山史世·滝口直樹, 2018: 76). 물론 포용(包容)의 결과는 단기간에 실현되기 어렵다. SDGs의 이행·실천의 성취도 관리에서 중요한 과제 중 하나가 숫자로 표현되기 어려운 '남겨진 부분'에 대한 포용 노력과 진척을 읽어내고 점검하는 것에 있다(蟹江憲史, 2018; 10).

둘째, 정부, 기업, NGO 등 주요 이해당사자들의 협치(協治)라고 할 수 있다. SDGs는 16, 17번 목표에서 파트너십 및 거버넌스에 중점을 둔 목표를 설정하고 있다. 이는 리우 정상회의 이후에 계속 강조되어왔다. SDGs적 접근법의 특징은 목표 기반의 거버넌스(governance through goals)라고 할 수 있는데, 이는 장기간 국제사회 협동의 원칙이었던 '규칙에 따른 통치'를 넘어서는 시도로써 '자율분산·협조형 협동'을 만들어 가는 과정이다.

파트너십 또는 거버넌스는 전환(transformation)의 도구라는 의미도 포함한다. 지금까지 채택한 기후 위기 대응, 빈곤과 격차의 문제는 SDGs 목표 1과 13에 제시되어 있지만, 그 이외의 목표나 세부목표의 대부분과 관련이 깊고 목표의 이행·실천에도 영향을 미친다. 그리고 이 두 가지 과제의 공통점은 해결 방법이 임시방편이나 대증요법이 아닌 근본적인 해결책인 사회경제의 구조적인 변화를 일으키지 않으면 안 된다는 것이다. 이는 SDGs의 채택 문서의 제목인 '우리 세계의 전환: 지속가능발전을 위한 2030 의제(Transforming our World: The 2030 Agenda for Sustainable Development)'에서도 확인된다. 여기서 구조적인 변화란 사회 전체가 연동되어 체계적으로 변화하는 것이며, SDGs는 필연적으로 관련된 모든 섹터의 연계와 협동을 필요로 한다(佐藤真久·関正雄·川北秀人, 2020: 8).

SDGs가 가진 세계관은 '지구의 한계(planetary boundaries)'를 인정하는 '지구 먼저 세계관' 그리고 '누구도 소외하지 않는다(no one left behind)'라는, 인권과 참여 원리에 근거한 '사회 포용적인 세계관', 그리고 바람직한, 지금보다는 다른 미래 사회를 지향하는 세계의 전환(transforming our world)을 추구하는 '전환 세계관'으로 칭한다. SDGs는 이런 세계관과 함께 '공유된 책임'을 강조하며 만국, 만인에게 적용되는 보편성과 형평성을 요구하는 '실천 세계관'을 갖고 있다(佐藤真久, 2020; 이창언, 2020e: 253).

3. SDGs의 실용주의적 세계관

SDGs가 내장한 실사구시적인 실용주의적 세계관은 지구와 우리 사회의 위기 극복의 해법이라 할 수 있다. 우리 삶과 분리되지 않는 실용주의의 긍정적 원리와 SDGs의 접점을 찾는 이러한 해석들은 당대 총체적 사회혁신의 사상,

이론, 방법론적 특징과 가능성을 검토하는 작업으로써도 의미를 가진다. 또한 협소한 SDGs 연구 영역을 더욱 확장하는 시도이기도 하다.

현재 한국 SDGs 연구는 국제개발협력, SDGs 지표 개발, SDGs 각 목표별 특징과 과제, 지속가능발전목표(SDGs)와 지방정부의 목표체계 전환, 지속가능발전목표 교육에 관한 연구가 주를 이루었다. 따라서 실용주의와 사회혁신, 지속가능발전(또는 SDGs)의 접점에 관한 검토는 추상적인 차원에서 이해되어 온 윤리학, 형이상학적 신념들의 의미를 과학적 사고의 틀에 의해 분석되고 증명될 수 있는 용어로 전환함으로써, 실제적인 삶에 영향을 줄 수 있도록 구체화할 실마리를 제공한다(이창언, 2021: 3067). 실용주의와 사회혁신, SDGs의 접점에 관한 검토는 실용주의적 사회혁신의 재구성과 유용성을 극대화하고 SDGs의 대중화, 이행·실천에 기여한다.

실용주의는 다른 철학과 달리 사람을 세계의 자발적 창조자로 간주하며, 인간의 사회생활에서의 실천의 중요성을 강조하고, 세계와 존재의 의미와 가치를 부여한다. 여기에 더해 실용주의는 교조와 공론, 소위 권위를 반대하고 따라서 누구라도 현실에 깊이 파고들어 생활할 수 있다. 실용주의는 탐색, 진취, 혁신, 다차원적 접근을 시도하고 정체를 거부하는 현시대의 발전 추세와 일치한다. 갈등을 넘어 협력사회를 지향하는 자율, 네크워크, 협업, 창조성, 실천성 등이 주요한 패러다임으로 정착된 현대사회의 사회혁신과 연결한다면 시대정신을 구현하는 유용한 행동철학이 될 수 있다.

실용주의나 실사구시는 강력한 호소력을 지닌다. 긴박한 삶의 현장이야말로 진리와 정당성의 궁극이라는 것은 누구도 부인하기 어려운 통찰이다. 이것은 일상에 대한 맹종이나 부당한 현실에의 묵종을 의미하지 않는다. 오히려 모든 추상적인 이론과 유토피아적 이상의 궁극적(窮極的) 지향이 구체적 삶의 현장과 매개되어야 비로소 의미와 정당성을 얻게 된다는 평범한 사실을 지칭할 뿐이다. 건전한 의미의 실용주의가 관념성과 독단에 대한 일정한 치유 효과가 있는 것은 이 때문이다. 유연성과 개방성을 체질화한 실용주의자는 적과 동지의 투쟁을 정치의 원형으로 삼은 정치 근본주의를 혐오한다. 민주화운동과 정치를 포함해 한국의 정치문화 전통 전체에 끈질기게 이어진 근본주의와 도덕주의 유산을 떨쳐버려야 한다는 시대적 요구를 고려할 때 실용주의가 지닌 원론적 함의는 크다(윤평중, 2008: 55-57).

인간의 내면세계는 그들의 생김새처럼 모두 다르다는 말로 모든 것에 차이점이 존재한다. 여기서 실용주의는 지속가능발전과 SDGs가 추구하는 지향과 많은 부분 일치하며 실용주의가 우리 시대 평화, 공존, 공영을 위한 다수가 합의 가능할 수 있는 실현 가능한 지침을 제공할 수 있다. 실용주의는 절대적 기준이나 최선책을 제시하지 않기 때문에 정책과 이념을 둘러싼 다양하고 자유로운 실험을 가능하게 한다.

실용주의는 사회가 절대적인 원칙이 아닌 가능한 결과를 예측함으로써 사회혁신을 위한 행동의 기준을 도출할 수 있다. 그리고 추상적인 지적 탐구와 이상적인 윤리와 책임의 강요가 아닌 우리 사회에서 괜찮고 바람직한 삶의 방식, 책임 윤리를 형성하도록 도와줄 수 있다. 이처럼 실용주의는 무미건조한 지식분자의 공허한 이론이 아닌 사람들의 삶에 대해 주요한 규범적이고 실천적인 함의와 유용성을 가진다.

실용주의는 사회혁신이나 지속가능발전 이론과 동일하게 경제적인 요소의 영향과 주요한 작용을 부인하지 않는다. 그러나 실용주의는 현대사회에서는 인간의 가치와 삶의 양식에 영향을 미치는 문화, 도덕 요소의 작용에 관심을 둔다. 사람들의 사상 상태, 정신의 경지, 이성적 신념, 과학 의식, 문화적 소질은 모두 경제 전반에 걸쳐 중요한 작용을 한다. 상호작용은 대단히 심원하고 지속적이다. 협동의 윤리와 문화는 물질문명 발전과 사회 진보의 사상적 전제이고 기반이다. 한 사회가 물질문명, 정신문명, 정치 문명, 생태문명 건설을 목표로 설정하기 위해서는 법치와 협치를 동시에 갖추어야 한다. 따라서 현대사회에서 실용주의는 경제 기둥과 함께 사회, 환경, 문화라는 기둥을 세워나가는 사회혁신, 지속가능발전과 연결된 행동철학, 통합의 철학과 이론으로 자리매김할 수 있다.

사람의 삶을 개선하는 것을 철학의 주요 문제로 사고하는 실용주의와 지속가능발전목표의 기본 전제는 인간의 삶과 행동의 의미를 논하는 것이다. 철학의 목적 중 하나가 인간에 관한 이해 그리고 궁극적으로는 인간의 욕구나 필요를 만족시키는 것이라면 인간은 그런 목적을 달성하기 위해 기존의 권위, 특히 절대적 진리를 제공한다는 제도적 장치로부터 자유로워져야 할 필요가 있다. 인간에게 완성된 형태로 주어진 형이상학적 본질은 없고, 객관적인 대상 세계에 속한 영원불변의 진리도 존재하지 않는다(이유선, 2010: 76).

실용주의가 세계를 초월하는 관점을 비판하고 현실 중심적이며, 인류의 번영을 소중한 가치로 설정한 것처럼 SDGs도 미래지향적인 관점을 중시하며 모든 것을 정해진 관념으로 환원하여 설명하려는 관념론과 거리두기를 한다. 그 이유는 인간의 노력에 의한 가치 창조를 확보하기 위해서이다. '행동을 통한 변화', '체계적 변화'에서만 '진정한 전환(real transformation)'이 시작되고, 지역과 현장에서의 활동을 통하여 전 지구적 변화를 모색해 나가는 것이 SDGs 이행의 기본 관점이다.

실용주의적 관점에서 보편적인 진리에 기초한 것인가 그렇지 않은가의 여부가 핵심적인 논쟁대상은 아니다. 실천은 진리에 의한 보증이 아니라 더 나은 미래를 사람들이 만들어 낼 수 있다는 희망이다(이유선, 2010: 77-78).

진리가 실천을 통해 증명되고 검증되어야 한다는 '실용주의 진리관'과 동일하게 SDGs는 절대자와 고정된 체계를 부정한다. SDGs는 현학적인 논리적 정합성을 추구하기보다는 모든 질문이나 문제를 열어놓고, 정서적으로, 지적으로 호소력 있는 실천과 구체적인 행동계획을 선호한다. SDGs를 둘러싼 논의와 이행·실천은 실용주의와 많은 부분이 결을 같이 한다. 실용주의 철학의 기본 관점은 '세계는 진화하는 것(퍼스)', '인간의 창의적 활동'을 포함(제임스)하는 것, '초월적인 것이 아닌 인간의 경험을 포함하는 끊임없는 과정(듀이)'이다(이창언, 2021: 3071).

SDGs도 인간의 창의적 노력과 자유의 공간을 확보하고자 한다는 점에서 세계에 대한 참여와 개선의 실천론이 성격을 가진다. 그중 핵심적인 정책과제가 '인간 중심적 발전(people-centered development)'이다. 인간 중심적 접근은 정의롭고, 살기 좋고, 포용적인 공동체의 건설과 빈곤 해결을 위한 더 가치 있는 해법을 만들기 위한 전략이자 일련의 과정과 방법들이다. 이것은 삶을 위한 자연지원시스템(the natural support systems)을 보호하는 "모두를 위한 포용적인 발전" 과정과 양식의 추구를 지향한다는 점에서 생태주의와 대립하지 않는다. SDGs 5P에서도 확인되듯이 효율과 만족의 극대화가 아닌 생태계와 사회 전체의 균형과 지속가능성에 더 큰 비중을 둔다. 인간 중심적 접근은 사회구조 속에 다양성이 촘촘히 짜여 있고 유형과 무형의 문화적 유산과 활동들을 중요한 자산으로 여기는 것이다. 나아가 인간 중심의 안전하고 문화적으로 융성한 공동체를 만들고 유지하는 것이다(ICLEI, 2018). 인간 중심 디자인 방법을 통한 가치 있는 해법 제안에는 적합성(Desirability), 실현 가능성(Feasibility), 지속성(Viability), 이 세 가지 관점들을 동시에 고려하여 도출한다(이수연·김승인, 2016: 525).

〈그림 7-1〉 실용주의와 SDGs 비교

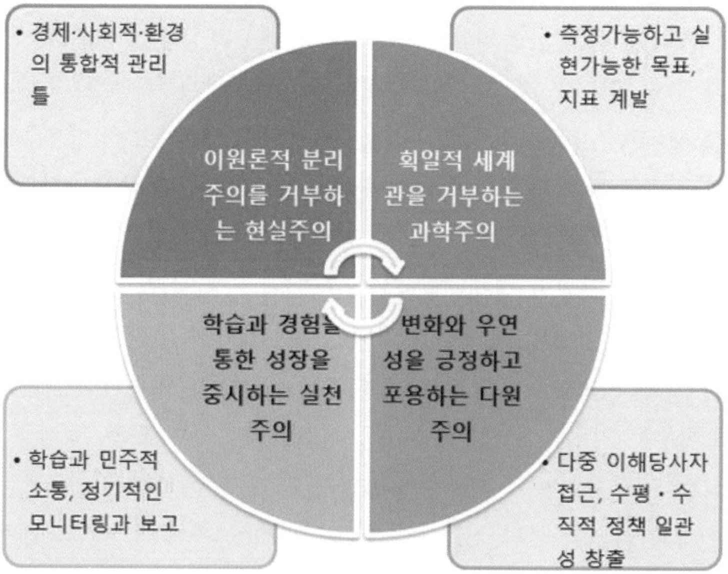
• 경제·사회적·환경의 통합적 관리틀
• 측정가능하고 실현가능한 목표, 지표 계발
이원론적 분리주의를 거부하는 현실주의
획일적 세계관을 거부하는 과학주의
학습과 경험을 통한 성장을 중시하는 실천주의
변화와 우연성을 긍정하고 포용하는 다원주의
• 학습과 민주적 소통, 정기적인 모니터링과 보고
• 다중 이해당사자 접근, 수평·수직적 정책 일관성 창출

출처: 저자 재구성

실용주의적 접근방법이 가진 특징 중 하나가 지식이 현실을 통제하는 수단이며 실제 경험은 가장 중요하고, 원칙과 추리는 부차적이라고 본다. 믿음과 관념의 진실은 그것들이 실제 효과를 낼 수 있는가에 달렸고, 진리는 사상의 성과 있는 활동이라는 것이다. 지식은 '우연적인 것을 통제하는 것'을 목적으

로 하므로 과학적 탐구의 실제적인 절차들 속에서 발생한 탐구의 산물이라는 것이다. 다시 말해, 모든 이론은 행위의 결과에 대한 가정 총화이고 인간의 현실에 대한 해석은 전적으로 이익에 대한 현실의 효과다. 실용주의가 의심을 벗어나 믿음을 획득하는 과정(퍼스)이자 유기체가 환경과 상호 교섭하는 과정(듀이)으로써 학습과 탐구의 역할을 강조하는 것처럼 SDGs도 전환을 위한 탐구와 낙관주의적 실천만이 '진정한 전환(real transformation)'이 가능하다는 믿음에 근거한다.

SDGs는 이슈가 다양하고, 복잡하게 얽혀 있으며, 이행 과정이 복잡한 정책이기 때문에 계획수립과 실행에서 학습과 탐구를 중시한다. SDGs는 다양한 이해관계자들의 토론을 통해 지식, 가치, 인식, 관점, 태도를 변화시키고, 집단적 맥락에서 '바람직한 것'과 '실현 가능한 것' 사이에서 균형점을 찾고, 지속가능한 사회를 위한 공동의 행동을 구체화하는 과정을 중시한다. SDGs에서 학습과 탐구 의지는 생성(生成)과 변화(變化)의 세계관(世界觀)으로서 미래(未來)를 향해 열린 실용주의 철학의 기본 지향과 맞닿아 있다. 실용주의는 '변화와 참여'를 중시하고 인간의 창의적 노력과 자유의 공간을 확보하려는 일련의 의식과 행동을 촉진한다. 나아가 학습과 탐구는 개방적 사고, 참여적 의사결정을 통한 적용 가능한 정책대안 모색, 나아가 자기 성찰성을 강화한다. 자기 성찰성은 나와 현실의 문제를 드러내는 것, 합리적 비판에 항상 열려있어야 한다는 것을 의미한다(이창언, 2020f: 202). 이는 실용주의적 개방성과 절충성을 보여주는 키워드인 오류가능주의(퍼스), 참신성(제임스), 성장을 지향하는 개방적인 태도(듀이), 자신의 주장을 포기할 수 있는 아이러니스트(ironist) 견지(로티)와 연결되어 있다. SDGs가 학습이나 탐구를 통해 배양하려는 '지속가능성을 위한 핵심 역량'[2)]은 실용주의가 요구하는 인재의 기본역량과 같다

---

2) 지속가능성을 위한 핵심 역량은 총 8개 역량으로 구성되어 있다. 그것은 ▶ 복잡한 사회적 관계와 시스템의 연계성을 이해하고 양자의 불확실성을 다룰 수 있는 능력(시스템 사고 역량), ▶ 위험과 행동의 평가와 변화의 예측과 비전 창출 능력(예측 역량), ▶ 행동의 근간이 되는 규범과 가치의 이해와 목표 설정과 이에 대해 의문에 붙이고 개조하려는 능력(규범적 역량, 비판적 사고 역량), ▶ 지속가능성을 진척하는 혁신적인 활동을 집합적으로 개발하고 이행하는 능력(전략적 역량), ▶ 협력적이고

(이창언, 2020f: 52).

지속가능발전은 전체론적인 관점에서 사회의 의식 변화를 전제한다는 점에서 실용주의와 유사하게 '학제적(inter Disciplinary)', '초학문적(trans Disciplinary)' 접근을 선호한다. SDGs는 "모든 국가, 특히 개발도상국에서 목표 달성을 지원하기 위해 지식, 전문성, 기술 및 재원을 동원하고 공유하는 다 주체 파트너십에 의해 보완되는 지속가능발전을 위한 글로벌 파트너십 강화(SDG Gaol 17-16)"를 강조한다. SDGs는 개방성과 지식의 공유라는 방식에 의해 더욱 활발히 추진되고 종합적·다 학제적(multi disciplinary)·통섭(consilience)적 해법을 추구한다. 그것은 공허한 이론 중심, 전문가 중심적이 아닌 다중 참여적 과정을 거치면서 더욱 활성화되고 발전된다는 특징을 보여준다.

SDGs는 구체적인 사회관계들의 실천적 네트워크로써, 인간의 역사-사회적 활동 과정을 통해 인간 존재의 의식적인 성찰과 혁신, 실천에 의해 창조되는 구조로써 사회를 이해한다. 실용주의가 다양성, 인간중심적 접근을 강조하는 개방적인 태도를 권장하는 것과 마찬가지로 'SDGs'는 세계관과 가치론은 인간주의적 태도를 취하면서 여러 사상을 포용하고 흡수한다. 실용주의가 초자연성을 인정하지 않으며 '경험의 충만(充滿)'으로 표현되는 과학적 방법에 의거 사회문제에 접근하는 것처럼 SDGs도 '시대와 상황의 변화'가 '새로운 문제를 낳는다.'라는 인식에서 출발하며 포괄적인 접근법, 다양한 데이터와 측정가능한 방법론과 과학기술을 활용한다. SDGs는 여기서 한 걸음 더 나아가 실천의 효율성을 제고하기 위해 "시민사회를 포함하여 국가, 광역, 지방 단위의 정부, 다자기관, 국제단체, R&D 기관의 공동행동이 필요하고, 동시에 재정, 역량 개발, 연구, 조직혁신을 포함한 모든 수준의 정부 단위의 접근과 행동을 요구"한다. 그 이유는 "좋은 정책의 기본이 과학적인 근거와 실무자의

참여적인 문제 해결을 촉진하는 능력(협력 역량), ▶ 지구-국가-도시에서 자신의 역할을 성찰하고, 자신의 행동을 평가하고 동기를 부여하며, 자신의 감정과 욕망을 다루는 능력(자아 인식 역량), ▶ 복잡한 지속가능성 문제에 대해 적정한 문제 해결 틀을 적용하고, 위에서 언급한 능력을 통합하며 지속가능발전을 장려하는 생생하고 포용적이며 공평한 해결책을 개발하는 포괄적 능력이다(UNESCO, "ducation for Sustainable Development Goals: Learning Objctives."(2017.10).

전문성과 관련이 있기 때문"이다.

SDGs 이행·실천은 과학적으로 합당한 지식과 정확한 정보를 모으고, 창조하며, 확산시키고 이 과정에서 투명성과 신뢰성을 높일 수 있다. 확보한 정보를 각 도시, 국가뿐만 아니라 국제 사회와 공유함으로써 현실의 실정에 맞는 합리적인 의사결정도 이루어낸다.

실용주의가 말하는 과학적인 방법은 객관적인 자료(지표)에 기초하여 실질적인 성과를 도출하며, 문제 해결 과정에서 합리적인 비판을 수용하며, 현실 변화에 따라 목표나 수단을 재조정하며, 해결책이 지속적인 수정, 보완을 허용하는 점진주의를 견지하는 것을 의미한다. SDGs 이행체계 구축의 핵심도 이러한 과학적 방법을 따른다. SDGs는 지속가능발전 전략 및 이행계획의 수립을 위해 지속가능발전의 수준을 진단하고, 성과를 판단할 수 있는 지속가능발전 지표 개발을 중시한다. 이를 위해 유엔 SDGs의 글로벌 지표(Indicators)와 방법론을 탐구하고 국가 단위의 다양한 지표와 데이터를 수집하고 데이터베이스를 구축한다. 'ⅰ. 분명하고 간단한, ⅱ. 합의에 바탕을 둔, ⅲ. 시스템에 바탕을 둔, ⅳ. 정보와 광범위하게 일치하는, ⅴ. 잘 확립된 자료 원천에서 구축된, ⅵ. 구성요소로 분해되는, ⅶ. 보편적인' 등과 같은 SDGs 지표 설정 원칙은 과학과 실험, 탐구를 중시하는 실용주의와 접합되는 지점이다(이창언, 2020: 3073).

4. SDGs의 사회혁신 전략

1) 사회혁신과 SDGs의 접점

사회혁신은 다양한 형태의 혁신이 만들어지는 실용적인 사회적 변화과정을 의미하기도 하고, 사회적 목적을 가지는 혁신을 의미하기도 한다. 또한, 좁은 의미로 창의적인 시각과 공감 능력, 혁신적인 도전 의식과 사명 의식을 끝까지 포기하지 않는 사회적 기업가정신(social entrepreneurship)에 의한 시장영역에서의 새로운 시도, 공공정책과 통치의 혁신을 의미한다(이창언·김광남, 2015: 33). 여기서 '혁신'은 점진적 개선(improvement)이나 개혁(reform), 단순한 변화가 아니다. 그것은 패러다임이나 가치관, 생산이나 일의 수행방식에서 기본 전제, 결과에 대한 평가 기준 등의 근본적인 변화를 수반한다. 따라서 그것은 기존의 방식과는 다른 새로운 결과물 혹은 해법(solution)을 제공함으로써 효과성, 효율성이나 지속가능성을 제고시킨다. 그러나 혁신이 전혀 새로운 것만을 창출하는 것은 아니다. 혁신은 기존 요소들의 새로운 결합방식으로 창출되기도 한다. 즉, 기존과는 전혀 다른 접근방식, 시스템, 협치, 자원이나 요소의 결합방식, 네트워크, 프로세스에 의해서 혁신은 만들어진다.

'사회혁신(social innovation)'은 "일정 분야나 사회적 활동에서, 사회적 욕구를 충족시키고 사회적 문제에 대응하는(기존과 비교해서) 더 나은 실행방식을 창출하는 것을 목표로 하여, 어떤 개인 혹은 집단의 의도적인 방법에 따라 촉진되는, 실행방식의 새로운 결합이나 배열을 의미한다(Jürgen Howaldt & Michael Schwarz, 2010: 386-387)." 여기서 사회혁신 개념은 사회적 동학의 진화, 위기, 변동을 분석하는 도구이자 특수한 필요성에 대한 응답, 문제에 대한 새로운 정의 방식, 사회변화의 비전(vision)이라 할 수 있다(이창언·김광남, 2015: 34).

사회혁신의 대안적 성격은 첫째, 그 출발점이 충족되지 않는 사회적 욕구, 해결되지 않는 사회적 문제에 관심을 둔다는 점이다. SDGs도 인류에게 제기되는 사회적·경제적·환경적 도전을 해결함으로써 인간과 지구 생태계에 이익을 줄 수 있는 아이디어이자 해결책이다. SDGs는 사회문제와 새로운 도전에 대응하는 "생각, 행동, 구조를 근본적으로 변화시키는 새로운 시스템(Center for Social Innovation in Toronto 홈페이지)"이라고 할 수 있다. SDGs는 모든 형태와 차원의 빈곤 근절, 국내와 국가 간 불평등 해소, 지구 보전, 지속적이고 포용적이며 지속가능한 경제성장 실현 및 사회적 포용 증진을 주된 과제로 설정한다. SDGs 17개 목표와 169개 세부목표는 통합적이고 불가분하며, 지속가능발전의 경제, 사회, 환경이라는 세 가지 차원의 균형을 강조한다. SDGs는 역동적이고 지속가능하며 혁신적이고 인간중심의 경제구축을 강조하며 개발 과제에 대처하는 정보통신기술, 글로벌 상호연결을 위한 과학, 의학, 에너지 등 다양한 분야의 기술혁신을 추구한다. SDGs는 사회혁신과 같이 기술혁신이나 경제적 측면만을 지향하지 않으며 사회·환경적으로 바람직한 목표를 지향하며 사회적 공동선을 추구한다.

〈표 7-2〉 사회혁신과 SDGs 비교

	사회혁신	SDGs
개념	• 사회적인 목표를 이룰 수 있도록 작동하는 새로운 아이디어, 새로운 사회적 관계와 협력을 창출하는 활동.	• 사람, 지구 및 번영을 위한 행동계획
출발점	• 충족되지 않는 사회적 욕구, 해결되지 않는 사회적 문제.	• 새천년개발목표가 달성하지 못한 것을 완성(빈곤, 사회발전, 환경, 경제성장, 파트너십 등 5개 영역)
성격	• 사회·환경·경제적으로 바람직한 목표를 지향하며 사회적 공공선 추구.	• 사람과 지구를 위한 21세기의 새로운 헌장 • 상호 연계된 3개 기둥(경제, 사회, 환경)의 통합적 관리.
차별성	• 다양한 사회구성원 또는 부문 간의 참여, 연대, 파트너십 추구.	• 모든 국가와 이해당사자들은 협력적 파트너십 정신에 의거한 목표 이행. • '공동의, 그러나 차별적 책임' 원칙에 입각하여 자국의 국정상황 및 능력을 고려한 이행 실천.
과정	• 충족되지 않은 사회적 욕구의 파악 → 새로운 솔루션의 개발 → 효과성에 대한 평가 → 사회혁신으로서 규모 확대.	• 목표·지표체계 구축 → 지표별 목표치 설정 → 이행전략 수립 • 계획, 실행, 점검 • 포용적이고 참여적인 과정 → SDGs 의제 설정 과정 → SDG 실행 계획 수립 과정 → 모니터링 및 평가 과정
보상과 배분 방식	• 성과나 보상은 개인에 귀속되지 않고 사회 전체, 공동체의 효용 증진.	• 누구도 소외되지 않게(leave no one behind), 어느 곳도 소외되지 않게(leave no place behind).

	사회혁신	SDGs
결과	• 사회의 새로운 관습이나 루틴(routine) 형성.	• 정치체제, 행정체제, 경제체제, 사회체제, 생산체제, 기술체제, 국제체제의 변화. 의식.제도.윤리와 문화의 변화

출처: 이창언 재구성(2021: 3075)

둘째, 사회혁신은 '혁신'의 이니셔티브(initiative), 추진 방식, 프로세스(process)에서 차별성을 가진다. 사회혁신은 다양한 사회구성원 또는 부문 간의 참여, 연대, 파트너십(partnership) 등의 방식에 의해 이루어질 때 효과적이다(이창언·김광남, 2015;이창언, 2021: 3074). 기술혁신이나 비즈니스 혁신이 시민사회 영역(제3 섹터)의 역할을 시장실패 및 정부실패에 의한 것으로 간주하는 반면 사회혁신은 시장(market)이 본연적 의미에서 사회에 포섭(embedded)되어야 한다는 사고를 기초로 하고 있다.

SDGs도 인간과 자연, 국가, 시장 시민사회의 이분법적 사고를 거부한다. 사회혁신과 SDGs 모두 각 섹터(sector) 간 파트너십을 더 바람직한 형태로 간주한다. 시장 중심주의적 사고가 신자유주의적 글로벌 경제를 불가피하다고 본다면 사회혁신과 SDGs는 글로벌과 로컬화를 통합적으로 이해할 때 더 많은 문제 해결이 가능하다는 사고방식과 행동을 선호한다. SDGs는 '사회 중심적 관점', '파트너십에 의거한 공동행동'에 근거한 프로세스를 가지고 있다. 국가 SDGs 수립은 2030 의제의 원칙을 반영하고 국가 SDGs와 국제관계의 수직적 정합성과 지구적 SDGs 이니셔티브와 연계성을 검토한 후 이루어진다. 대체로 목표별로 작업반과 주요 그룹별 이해관계자의 참여 속에서 수직적·수평적 정합성 등 다차원적인 통합 검토를 추진한다(이창언, 2021: 3074).

한 예로 K-SDGs 목표(Goals, Target)의 작성은 국내 주요 지표, 기존 지표, 국외 지표에 대한 통합적 검토를 한 후 1단계, 국가 지속가능발전목표(K-SDGs)의 종합 목표·지표체계 구축, 2단계, 국가 지속가능발전목표(K-SDGs)의 지표별 목표치 설정, 3단계 국가 지속가능발전목표(K-SDGs)의 이행전략 수립이라는 프로세스를 거친다. 여기서 SDGs 작성의 원칙과 프로

〈그림 7-2〉 K-SDGs 작성 3단계

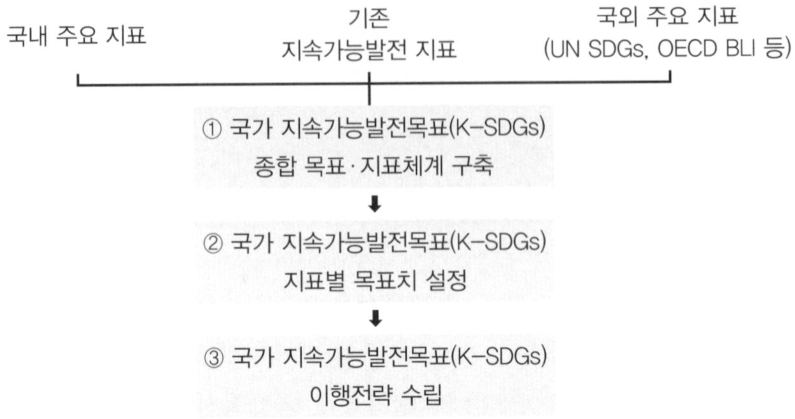

출처: 지속가능발전포털

세스를 확인할 수 있다. 그것은 UN에서 제시한 17개 목표(goals)를 망라하되, 169개 세부목표(targets)는 목표 내 대표성, 시급성, 국내 이행 필요성 등을 고려하여 UN에서 제시되지 않은 목표라 할지라도 한국적 특수성을 반영하여 관련 이슈를 포함한다는 점이다.

SDGs 이행 프로세스(process)는 다음과 같은 차별성을 가진다. 그것은 유엔 소속 개별 국가는 2030 의제 이행을 공동 목표로 하되 '공동의 그러나 차별적 책임 원칙'에 따라 자국의 국정 상황 및 능력을 고려한다는 점이다. 이를 바탕으로 전 세계의 지속가능발전 의제를 이행한다. 그리고 SDGs는 경제-사회-환경 정책 간 연계를 통한 시스템 구축 등 거시적 목표를 중심으로 설정하고 세부목표는 그 자체에 목표치를 담아 정량적 평가 가능성을 원칙으로 하되 합의가 어려운 경우 정성적 목표를 수행한다. 그리고 유사 세부목표가 여러 분야에 중복되는 경우에는 통합·조정하되, 관련 목표 간 연계와 기존 주요 중·장기 계획, 국정과제, 국제협약 등 정책과 조화를 고려한다.

셋째, 사회혁신은 국가, 시장, 시민사회 전체 혹은 지역사회나 사회의 일정 부문에 확산·재생·모방하며, 궁극적으로 제도화됨으로써 새로운 관습이나 루틴(routine)을 형성한다(이창언·김광남, 2015: 35). 총체적인 사회혁신인 SDGs

이행의 결과도 사회와 조직 내부로 퍼져나가면서 그 규모가 커지고, 사회적 시스템, 권력 흐름의 기본적 규칙, 믿음을 변화시킨다. 그것은 새로운 방법들을 제도화하고 관련법과 제도를 개선하는 것, 또한 제도화를 위한 의식의 변화, 즉 정치과정의 변화를 포함한다. SDGs가 환경, 기술, 사회, 인구의 급격한 변화에 의한 충격과 스트레스를 흡수하고, 회복하고, 방지하고, 예측하고, 필수적인 반응 활동 구조와 기능을 개선하기 위해서는 제도가 중요하다. 이와 함께 제도를 지원하는 프로세스의 신뢰도를 높일 수 있도록 하는 투명하고 포괄적인 접근방식을 추구한다. 정의에 대한 평등한 접근을 제공하고 인권(개발권 포함) 존중과 모든 차원에서의 효과적인 법치 선정(善政) 및 투명하고 효과적이며 책임 있는 제도를 기반으로 하는 평화롭고 공정하며 포용적인 사회 건설의 필요성을 제고한다(ICLEI, 2019: 29).

SDGs가 제대로 기능을 발휘하기 위해서는 법적·제도적인 환경 조성이 필요하다. 정책결정 과정에서 이해관계자의 참여 보장, 행정의 유연한 자기교정 능력 확보, 자립적이고 지속적인 기반 위에서 잉여 생물과 기술적 지식의 생산, 불균형으로 인한 긴장 해결, 발전을 위한 생태적 토대를 보존하는 의무 존중, 끊임없이 새로운 해결책 찾기, 지속가능한 무역과 재정 흐름 촉진 등이 주요한 변화 과제이자 제도화 항목이다. SDGs 제도화(institutionalization)는 지속가능발전에 관한 사회적 인식과 그 가치와 목적을 실현하려는 사회적 실천, 혹은 사회 행동을 포함한다. 〈우리 세계의 전환: 지속가능발전을 위한 2030 의제〉는 “모든 당사국에 적용되는 협약상 의정서, 다른 법적 문서 또는 법적 효력을 갖는 합의된 결과가 특히 감축, 적응, 재원, 기술 개발 이전, 역량 강화와 행동 지원의 투명성 문제를 다루어야 한다.”라는 점을 재확인하고 있다. SDGs 제도화는 행위자 수준에서 다양한 이해관계를 가진 개인과 집단의 네트워크 형성과 상호작용, 정보의 교환, 소통을 통한 ‘신뢰’, 그리고 합의 능력의 고양을 주요한 목표로 삼는다. 그뿐만 아니라 세계 각 나라의 정부(지방정부)와 지속가능발전 관련 거버넌스는 제도적 수준에서 참여의 기회와 폭을 확장함으로써 행위자들 간의 질 높은 상호작용을 보장하고 제도 내부와 제도 상호 간의 협력적 조정 능력과 위기관리 능력을 높인다.[3] SDGs 이행과 실천은 "정치체제, 행정체제, 경제체제, 사회체제, 생산체제, 기술체제, 국제체제의 변화(WCED, 1987; 오수길·한순금, 2018)"를 위한 제도화 모색 과정이라고 할 수 있다. SDGs의 제도화는 지구-국가-도시의 지속가능발전을 활성화시키는 혈액과 같은 순환성을 가진다.

넷째, 사회혁신은 기술혁신이나 비즈니스혁신 등 다른 분야의 혁신과 달리 혁신의 결과로써 주어지는 성과 또는 보상의 배분 방식에 있어서 차별성을 가진다. 성과나 보상은 개인에 귀속되지 않고 사회 전체, 공동체의 효용을 증대시키는 데 귀결된다. 유엔 SDGs는 세계 모든 지역에서의 '우리 모두를 위한 목표'(People's Goals)를 표방하면서 절대 빈곤의 종식, 불평등과 부정의 해소, 기후 위기 해결 등을 주요하게 강조함으로써 이해관계자를 포괄하는 국제, 국가, 지방 차원의 협력과 실천은 더욱 중요해졌다. 그것은 가치를 재발견하면서 그 가치가 실제로 새로운 방법의 실행을 견인하며, 그 결과가 이해관계자에게 물리적으로 직접적인 혜택을 고르게 주도록 하는 것이다. 이는 사회혁신의 이니셔티브가 현장에서 나온다는 재발견, 신뢰에 기초한 협력의 재발견과 직접 연결된다. 사회혁신의 경험적 사례들은 거버넌스의 중요성, 더 많은 사회혁신 주체들의 등장, 사회혁신 관련 정책들의 형성 등 사회혁신을 촉진하는 환경형성에 영향을 미치고 있다(이창언·김광남, 2015: 38-39).

이클레이(ICLEI, 2018)는 "지속가능발전은 단지 현명한 선택이 아니라 지구에 존재하는 모든 생명체를 위한 필수적인 접근방식이다. 지속가능발전은 선택받은 소수를 위한 것이 아니라 우리 모두를 위한 올바른 발전 방향"이라고 그 의미를 부여한다. SDGs는 정부(지방정부)가 SDGs를 채택하거나 지방화에 따른 인센티브(incentive)를 제시하며, 주어지는 보상은 모두를 위한 효능을 증대한다는 점을 부각하고 있다.

---

3) 전국지속가능발전협의회 현황과 활동에 관해서는 김성균. "지역거버넌스 활성화를 위한 현안 과제 해결방안 연구."(대전: 전국지속가능발전협의회. 2015)를 참고하라.

2) 실용주의적 사회혁신 전략 SDGs

저출산, 노령화, 자살, 실업, 기후변화, 환경 오염 등 지구와 모든 사회의 지속가능성은 불투명해지고 있다. 문제는 탄식과 분노, 신앙화한 이념을 통해서는 당면한 문제를 해결할 수 없다는 것이다. 어떤 주의나 사상은 그것이 해당 사회 현실에 적용 가능하고, 모든 이를 위해 유용할 때만 의미가 있다. 행동철학과 실천의 정당성 확보는 그것이 다수의 행동을 이끌고 설정한 목표를 성공시킬 수 있는가에 달려 있다.

SDGs는 이행과 실천과정에서 국가와 도시는 위기와 기회, 번영의 중심으로 그 지위가 격상되고 있다. SDGs 이행의 원칙과 이행의 전 과정에서 실용주의 철학의 특성인 이원론적 분리주의를 거부하는 현실주의, 학습과 경험을 통한 성장을 중시하는 역사주의, 다양성과 소통을 긍정하는 다원주의, 실험과 탐색을 중시하는 과학주의를 내장했기에 빠른 속도로 확산될 수 있었던 것이다(이창언, 2021: 3070).

2030 의제의 실질적 변화 부분은 특정 공간에 대한 측정 가능한 의제를 제시하는 유일한 목표인 Urban SDG(SDGs 11번)에 집중되어 있다. SDGs 11번 목표(Urban SDG)[4]는 지속가능발전을 위한 UN 2030 의제의 17개 범지구적 목표 중 하나이며 사회-지리적, 경제적, 그리고 문화적 차이와 관계없이 모든 도시에 적용된다. 이 새로운 목표는 도시와 인간의 정주환경을 포용적이고, 안전하고, 회복력 있고, 지속가능하게 만드는 것을 목적으로 한다. 그리고 지방정부들에게 국제 협상 무대에서 그들의 인지도를 높일 기회를 제공하고, 지

---

4) SDG 11번의 세부목표들은 두 개의 그룹으로 나눌 수 있다. 주목할 만큼 차별화된 도시 사례들을 소개하는 7개의 주제별 세부목표들(11.1~11.7), 이행의 도구들에 대한 3개의 세부목표들(11.a~11.c)이다. 이행의 도구들은 도시-농촌 관계 강화(11.a), 통합정책(11.b), 그리고 정부역량(11.c)으로 구성되어 있다. 이들 각각의 세부목표들은 재정적 자원, 기술 개발 및 이전, 역량 강화, 그리고 주제별 세부목표 달성을 위해 필요한 국가적 지원환경의 구축 등이 유기적으로 작동하도록 한다(이창언, 2020c: 1732). 앞서가는 도시들은 지역 수준에서의 혁신적인 도시 관리, 계획, 그리고 디자인 전략들이 효과적으로 수립되고 유지되었다.

방정부들이 지속가능성을 위해 도시의 생활방식과 기반시설을 바꾸는 등의 야심 찬 프로젝트들을 이행하는데 필요한 재정적 수단에 접근할 수 있도록 안내한다(이창언, 2020c: 1732).

실용적 사회혁신인 SDGs의 창조성은 SDGs를 지방 수준에서 적용하고 이행하고 모니터링(monitoring)하는 과정인 SDGs의 현지화(localizing SDGs)[5]로 구현되고 있다. SDGs의 지방화는 실용주의적 도시혁신의 구체적 방법론으로써 SDGs 이행과 실천에 작동한다. 2020년 현재, SDGs는 지역 간 조화, 도농 일체화, 물질문명과 정신문명의 조화, 경제건설과 국방건설의 융합을 촉진한다. 새로운 형태의 도시 산업화, 정보화, 농촌과 도시의 균형 잡힌 발전구조를 마련하여 발전의 통합성을 높인다. 그 결과 개발 이익이 모든 지역과 집단에 공평하게 배분되는 효과를 창출한다. SDGs는 지역의 독특한 맥락, 자원, 도전, 기회를 바탕으로 설정, 기획, 이행되는 전략을 구사하게끔 안내하고 있다. 한편, 지방정부가 가진 고유의 권한은 SDGs 세부목표를 도시개발계획에 통합시켜내고 지역사회 파트너십, 재원, 기술적 지원에 대한 접근성을 높인다. SDGs의 지방화 과정은 누구나 참여할 수 있게 쉽고 간결하고 구체적인 언어로 소통할 수 있도록 설정된다.

〈표 7-3〉 정부의 SDGs 현지화의 효과와 방법

인센티브	효과	방법
누구도 소외되지 않게 (leave no one behind)	공평한 이익의 배분	• 상향식 개발 계획, 형평성을 고려한 이행 전략.

5) 지속가능발전 고위급 정치포럼과 함께 열린 'SDGs의 지역화 로드맵 이벤트(2016년 7월 15일)'에서 지방 정부 대표와 유엔 기구는 SDGs 달성을 위한 지방정부 이해당사자의 역할을 논의하였다. 여기에서는 SDGs 목표와 세부목표 설정부터 이행수단 결정, 측정과 모니터링 지표 사용에 이르기까지 2030 의제 달성에 지역적 맥락을 고려하는 과정인 'SDGs 지역화(localizing SDGs)'가 핵심적인 주제였다(이창언·오유석, 2017: 178).

인센티브	효과	방법
어느 곳도 소외되지 않게 (leave no place behind)	모든 인간 정주에 적용	• 지역의 독특한 맥락, 자원, 도전, 기회를 고려한 기획과 실행.
자원에 대한 접근 (Resource access)	파트너십, 재원, 기술적 지원 제고	• 개발 계획에 SDGs 세부목표 통합.
지방 지도자들을 위한 지속가능발전 로드맵 (Roadmap for Sustain-able Development)	**주민 삶의 질** 개선, 새로운 경제적 기회 촉발	• SDGs 목표, 세부목표, 지표 구체화.

출처: SDSN(2016) 재구성

SDGs가 지속가능한 도시의 추진력이자 성공 스토리 형성에 유용한 지침이 된 배경을 정리하면 다음과 같다.

첫째, 지속가능발전 개념의 모호성이 오히려 다 부문적 참여와 실천의 촉진제로 작용했기 때문이다. 지속가능발전 개념에 대한 명확한 합의 부재가 다양한 이해관계자 간의 '환경'과 '발전'을 조화시키기 위해 풍부한 논의를 진행해 갈 수 있었다. 지속가능발전은 발전의 특정 경로라기보다는 권한을 부여하는 개념이자 다양한 이해관계를 조정하는 통합적 실행력으로 이해되고 있다. 다시 말해, 지속가능발전 개념은 이론적 차원이 아닌 '규범적인 차원'과 '경험적인 차원'에서 실용적인 개념으로 자리를 잡았다. 지속가능발전의 5대 특징인 시간과 공간적 범위를 확장한 '포괄성', 지속가능발전 3개 기둥의 '연계성', 정의·공정·분배 개념의 개념화와 세대 간, 세대 내 종간 '형평성', 보호와 예방의 원칙 준수와 정치·환경·기술적 결정 과정에 대한 '신중성', 물리적 안전과 인권 및 참여적 권한 침해를 고려한 '안전성'은 지속가능성의 '실용적 상상력'을 발휘할 '공사장(construction site)'임을 보여준다(이창언, 2021: 3077). 나아가 다 학제적인 융·복합 지향성, 실사구시에 입각한 생산적인 학습과 실천사례 탐구는 지속가능발전 개념을 더욱 풍요롭게 할 수 있음을 방증한다.

둘째, 지속가능성을 기본 철학으로 삼은 SDGs의 가치와 행동이 모든 사회에서 실제 효과를 낼 수 있는 실용적인 이론과 방법, 이행수단을 갖추고 있기 때문이다. 2030 의제가 말하는 이행수단이란 개별 국가의 'SDGs 이행을 위해 필요한 수단'을 의미하며, 의제의 이행수단으로 재원조달, 능력배양, 기술개발 및 이전 등이 해당한다(이창언, 2021: 3077). 특히 2030 의제는 2015년 7월 에티오피아 아디스아바바에서 개최된 제3차 개발 재원 총회의 결과문서인 "아디스아바바 행동계획(AAAA: Addis Ababa Action Agenda)"을 이행하는 것이 SDGs와 세부목표(targets) 달성의 중요한 요소임을 강조하고 있다. 아디스아바바 행동계획에 제시된 7개 분야별 행동분야는 '국내 공공자원', '국내외 민간 기업 및 재원', '국제 개발협력','개발동력으로서의 국제무역', '부채 및 부채 지속가능성', '시스템 이슈 대응', '과학, 기술, 혁신 및 역량 강화'이다.

SDGs가 성공 가능성 요소를 내포한 도시 사회혁신 전략이라고 정의할 수 있는 이유는 SDGs 17개 목표가 SDGs 목표는 일관된 스토리를 가지고 있고, 집중(focus)되어 있으며, 균형적(balanced)이며 전체적(holistic)이고 측정가능(measurability)하고 보편적(universal)인 적용이 가능한 의제로 구성되어 있다는 점이다. SDGs 목표는 간결하고 동기를 부여하는 의제, 모든 이해당사자가 행동할 수 있고 적용 가능한 의제로서 '누구도 배제되지 않는(Leave no one Behind)' 원칙에 입각한다. 이중 특히 눈여겨볼 SDGs 목표와 세부목표 설정 원칙은 '여타의 정부 간 과정과 일치하는 목표', '기존 국제 프레임워크와 일치하는 세부목표' 설정 원칙이다.

SDGs는 미래세대와 현세대의 욕구라는 사회문제를 해결하기 위한 구체적이고 전략적인 사회혁신이라 할 수 있다. SDGs는 국제-국가-지역의 연계, 경제-사회-환경에 대한 통합·관리의 맥락화를 중시하며 지속가능한 사회를 목표로 다양한 합의-동원 전략을 구사한다(이창언, 2021: 3077). 지속가능발전의 이니셔티브, 추진 방식, 프로세스는 사회혁신 전략과 맥을 같이 한다. SDGs는 다양한 그룹이 참여한 가운데 지속가능한 사회를 위한 장기적인 행동계획을 준비하고 집행하여 목표를 달성해 나가는 '과정'을 강조하며, 각종 인적·물적·제도적 자원의 범위 내에서 이를 가장 효율적으로 조직하여 다양한 그룹의 공통적 욕구를 충족시켜나가는 자원과 욕구의 조정 메커니즘이 작동한다(이창언, 2016: 262).

| 8장 |

SDGs의 수용 배경과 확산요인

현재 지속가능발전은 큰 위기에 직면해 있다. 수십억 명의 시민들이 빈곤하고 인간의 존엄성이 보장되지 않은 삶을 살고 있다. 국가 내 그리고 국가 간 불평등 또한 고조되고 있다. 기회, 빈부, 권력의 격차가 심각하다. 성 불평등은 핵심적인 도전과제로 남아 있다. 실업, 특히 청년실업은 심각한 문제이다. 글로벌 보건에 대한 위협, 더욱 빈번하고 극심해진 자연재해, 분쟁의 급증, 폭력적 극단주의, 테러리즘과 이와 연계된 인도적 위기 및 인구의 강제 이주는 최근 수십 년간 이룩한 발전의 성과를 상당 부분 퇴보시킬 위협으로 작용한다. 천연자원의 고갈과 사막화, 가뭄, 토지 황폐화, 담수 부족, 생물다양성 감소 등 환경 악화에 따른 부정적 영향은 인류가 직면한 어려움을 더하거나 악화시키고 있다. 기후변화는 우리 시대의 가장 큰 과제 중 하나이며 기후변화의 부정적 영향은 모든 국가의 지속가능발전 달성 역량을 약화한다. 지구 온도와 해수면의 상승, 해양 산성화 및 기타 기후변화로 인해 해안지역 및 군소도서개발도상국을 포함한 저지대 해안 국가는 큰 타격을 받고 있다. 많은 공동체와 지구의 생물학적 지원 체계가 생존의 위협을 받고 있다. 그러나 지금은 커다란 기회의 시기이기도 하다. 그간 많은 발전의 과제를 풀어나가면서 상당한 진전을 이뤘다. 지난 세대를 거치면서 수억 명의 인구가 극빈에서 벗어났으며, 남아와 여아, 양성 모두에서 교육에 대한 접근성이 많이 증가했다. 의학, 에너지 분야 등 다양한 분야 내에서 과학기술의 혁신이 인류의 진보를 불러왔듯이, 정보통신기술의 확산과 글로벌 상호 연계성은 인류의 진보를 가속화하고, 디지털 격차를 해소하고, 지식사회를 발전시킬 큰 잠재력을 가지고 있다 (2030 지속가능발전 의제 14, 15항).

1. SDGs가 주목받는 이유

SDGs를 이행하기 위해 국제사회가 자발적으로 동참하고 있다. 독일은 총리가 위원장을 맡고, 내각 구성원 전원이 참여하는 지속가능발전 정부위원회(State Secretaries Committee for Sustain-able Development)를 구성했다. 일본도 총리 주재의 SDGs 촉진본부(SDGs Promotion Headquarter)를 설치하고, SDGs 실천본부와 원탁회의, 실시지침을 발표하고 실천하고 있다. 왜 전 세계에서 SDGs를 주목하고 있는 것일까? 이러한 궁금증을 살펴보자.

유엔 소속 국가들이 SDGs를 국가전략으로 수용한 배경은 여러 가지 차원에서 다음과 같이 설명할 수 있다. 첫째 전 세계 지속가능성의 위기이다. 지구 용량의 초과, 기후 위기, 생물다양성 감소, 미세먼지, 1인당 국민소득, 삶의 질 저하, 고령화, 저출산, 자살률, 실업률 등 지구와 우리 사회의 지속가능성이 불투명해지고 있다는 것이다.

지구 환경은 심각한 과제를 많이 안고 있다. CO_2 배출량의 증가에 의한 온난화, 이상기후 현상이나 자연재해의 증가, 산림의 사막화와 물 부족 등이 이를 단적으로 보여준다. 한편, 국제분쟁과 갈등으로 인한 빈곤이나 차별 등의 문제가 해결되지 않고 있다. 이러한 상황에서 세계 인구는 77억 명에서 2050년에는 97억 명으로 증가하는 동시에 빈곤층 또한 증가할 것으로 예상된다. 그러나 환경이 파괴되면서 부족한 식량과 자원을 서로 차지하고 빼앗기 위한 다툼이 끊이지 않는 등 갈등은 심화하고 있다. 따라서 많은 사람이 "지금, 이대로는 안 된다."라는 인식을 갖게 되었고 SDGs 이행과 실천에 관심을 갖게 된 것이라 할 수 있다. 위기에 대한 인식은 울리히 벡(Ulich Beck)의 '위험사회론'과 맥을 같이한다. 이러한 시각은 인간의 안전을 위협하는 위기의 본질은 인간 그 자체이며, 인간을 형성해 온 근대화에 대한 자기 대결(재귀적 근대화)이라는 것이다. 근대화의 그늘을 반성하고 성찰하는 인간의 사고와 행동이 SDGs에 관심을 높이고 SDGs는 인간의 사고 전환과 행동을 촉발한다(이창언, 2021: 3066).

둘째, 새로운 문제의 대두와 해법의 필요성이다. 21세기는 세계가 직면하는 문제나 과제가 크게 변화했고 이로 인해 SDGs가 합의 채택되었다는 것이다. MDGs가 채택된 2000년은 빈곤, 기아, HIV/AIDS, 남북문제, 채무 위기, 분쟁, 위생, 물 문제, 문맹 교육의 질과 남녀 격차 등이 주요한 문제나 과제였다. 그러나 SDGs가 채택된 2015년은 빈부격차, 기후 위기, 자연재해, 비만, 생물다양성 상실, 에너지 문제, 저출산, 고령화, 지방소멸 등이 주요 문제나 과제로 인식되고 있었다. SDGs는 인류 공통의 과제에 대해 모든 관계자, 이해관계자가 전력으로 대응하지 않으면 더 이상 풍요로운 세계의 유지·발전을 바랄 수 없다는 위기감에서 탄생했다. SDGs의 열일곱 가지 목표는 2030년을 목표로 한 세계 공통의 성장전략이기 때문에(村上·渡辺 2019: 35) 위기감과 과제를 공유하는 사람들을 중심으로 대책이 확대되고 있다(이창언, 2021: 3066).

현대사회의 특징을 지구환경 위기의 시대, 지속 불가능한 시대로 규정하는 주장에 이견을 제기하는 사람은 많지 않을 것이다. 최근에는 우리 사회가 경제·사회·환경 모두 변동성이 높고, 불(不)확실성이 높은 뷰카(VUCA)사회라는 개념이 확산하고 있다. 뷰카란 변동성(Volatility), 불확실성(Uncertainty), 복잡성(Complexity), 모호성(Ambiguity)의 4개 글자를 딴 것으로 현대의 비즈니스나 기존 사회구조에서는 파악하기 어려운 것을 상징한다. 또한 여러 사안이 연계되어 문제 군(群)을 형성하고 있어서 해법을 찾기 위한 '문제의 원인, 문제나 과제의 관계성, 장래의 전망'이 모호한 상황이다(이홍연, 2020: 257). 이에 따라 VUCA 사회에 적응한 파트너십 '구조'와 '프로세스'를 SDGs와 연계하여 설명하는 시도가 나타나고 있다. 'VUCA 사회'에 적응한 파트너십의 '구조'와 '프로세스'로써 사회적 학습을 가미해 활동 결과, 성과, 사회적 임펙트를 정리한 '협동 거버넌스 모델'이 그중 하나다(佐藤真久·関正雄·川北秀人, 2020: 34–46).

〈그림 8-1〉 VUCA 사회에서의 파트너쉽 구조와 프로세스

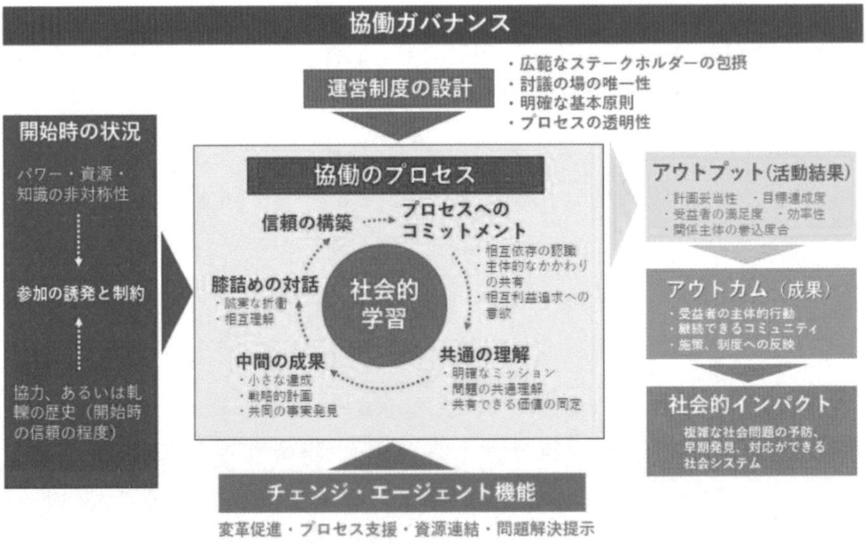

출처: (佐藤真久·関正雄·川北秀人, 2020: 44)

〈그림 8-1〉은 집합적인 협동 거버넌스의 개념·진행방식을 12단계로 제시하고 문제 해결의 전제를 갖추는 협동, 문제 해결의 운영기반을 갖추는 협동, 정착을 위한 협동(창조성)을 강조한다. 현재의 과제 인식, 목표의 명확화, 협동의 readiness의 구축, 파트너의 발견과 참여 촉발, 공유 목표와 전략적 계획 만들기, 운영제도의 추진력 강화, 사회적 학습, 전환, 성과의 지속적인 성취에 의한 평가, 정착 등이 주요 키워드로 제시된다. 협동 거버넌스는 과제의 탐색에서

실행까지 다양한 이해관계자가 모여 대화 등의 협동 과정 안에서 타인의 지식을 배우고 자신의 의식과 행동을 점차 높여 나가는 '사회적 학습'을 중시한다.

셋째, 새로운 기회로서 SDGs의 중요성이 인지되었기 때문이다. 이는 합리적인 선택과 관련이 있다. 일본, 한국 등 많은 나라가 인구 감소에 따른 대학의 위기 해결, 백세시대(百世時代) 도래에 대한 대응, 지방소멸에 대응한 지속가능한 사회실현을 위해 SDGs에 박차를 가하고 있다. SDGs의 확산은 기업, 정부, 도시, 대학 차원의 지속가능한 성장을 위한 혁신과 관련이 있다. 특히 "대학은 경제 불황 속에서의 고용, 사회 계층 격차의 확대, 학령인구 감소, 4차 산업혁명 시대 도래, 재정 상황 악화 등과 같은 고등교육을 둘러싼 환경 변화가 SDGs 수용의 주요한 요인이라 할 수 있다(이홍연, 2020: 259) 기업은 지금, SDGs가 지시하는 방향성은 비즈니스의 지침으로, 경영이나 마케팅에서도 SDGs를 활용하지 않으면 손해라는 인식이 확산하고 있다. 최근 SDGs 대응을 적극적으로 홍보하는 기업이 증가하고 있다. 투자가나 소비자에게도 SDGs가 인지됨으로써 상승효과가 생겨서 SDGs의 목표에 맞는 시장도 한층 확대되고 있다. SDGs는 주민의 건강·교육·주거 환경, 고용, 도시계획이나 지역 활성화 등 지방자치단체의 주요한 행정 과제와 지역 발전 전략을 취급하고 있다. SDGs를 도입하면 이러한 세계 표준적인 대응 전략을 수용하는 것과 같고 지역문제 해법을 찾아 나갈 수 있다. SDGs는 조직마다 특성에 응한 목표 설정이 가능하고, 지방자치단체에 대해서도 지역 고유의 과제 해결이나 현지의 특징을 살린 지역 발전으로 연결할 수 있다.

지속가능발전목표(Sustainable Development Goals, SDGs)는 2030년을 향한 국제 지속가능발전의 야심 찬 우선순위를 정하고, 공동목표 및 세부목표를 둘러싼 전 세계적인 노력을 결집한다. SDGs는 지구에서 빈곤을 종식하고 존엄성 있는 삶과 모두를 위한 기회를 창출하기 위해 정부, 기업 그리고 시민사회가 전 세계적인 행동을 취할 것을 촉구한다. SDGs는 새천년개발목표(MDGs)와는 달리, 모든 기업에게 지속가능발전의 도전과제를 해결하기 위해 창의력과 혁신을 발휘할 것을 분명히 요구한다. SDGs는 모든 정부가 합의하였으나, 이 목표의 성공 여부는 모든 행위자의 행동과 협력에 달려 있다.

SDGs는 세계 최대의 지속가능발전 도전과제에 대응하기 위해 기업주도의 솔루션과 기술의 개발 및 이행을 위한 기회를 제공한다. SDGs는 우리 사회의 발전을 위한 글로벌 의제를 형성하고, 선도 기업이 사람과 지구에 미치는 부정적인 영향을 최소화하고 긍정적인 영향을 극대화함으로써, 비즈니스가 어떻게 지속가능발전의 진전에 기여할 수 있는지를 설명한다. 정부, 기업, 대학과 연계된 지속가능발전의 광범위한 주제를 다루는 SDGs는 각 섹터의 전략이 각 섹터의 우선순위와 연결되도록 돕는다. 각 섹터는 SDGs를 자기 영역의 전략, 목표 및 활동을 수립하고, 이끌고, 소통하며, 보고하는 중요한 틀로 활용할 수 있으며, 이를 통해 다양한 혜택을 얻을 수 있다(SDG_Compass_Korea: 8, 이창언, 2020d: 247; 이창언, 2021: 3076-3077).

2. 혁신적 행정, 지방정부의 전략

SDGs는 중앙정부나 지방자치단체의 미래전략 비전으로서 일종의 지속가능한 사회를 위한 프로모션(Promotion) 시스템이라 할 수 있다. SDGs는 국가나 지방정부의 과제 해결과 동시에 도시와 지역 활성화를 촉진하는 데 기여한다. 서울과 수도권 인구 집중 현상을 바로잡고 농촌과 지방 도시의 쾌적한 환경 조성을 촉진함으로써 한국의 활력을 창출하는 데 기여한다.

현재 많은 지역은 출산율 감소, 인구 고령화, 경제 규모 축소, 에너지 문제 등 다양한 문제가 있다. 이러한 문제를 해결하고 시민이 행복한 국가, 주민이 살기 좋은 도시공동체를 만들기 위해서는 국가 SDGs 실천체계와 실천지침이 수립되어야 한다.

일상적인 SDGs 이행 실천을 위해서는 지방자치단체의 역할이 중요하다. 그 이유는 지방자치단체가 중앙정부의 국제적 과제와 실제로 사람들이 거주하는 장소인 도시의 사회문제 모두에 관여하고 있기 때문이다. 지방자치단체는 국제기구, 중앙정부와 시민의 "교량"으로써 SDGs 이행과 실천에서 중추적인 역할과 책임을 수행한다.

지방정부가 SDGs를 수용하면 얻을 수 있는 효과는 첫째, 주민의 삶의 질 향상이다. SDGs를 시정전략으로 도입하면 지속가능한 국가, 도시, 시민이 살기 좋은 주거 환경을 만들고, 환경 정비가 진행되면 주민 삶의 질도 향상된다. 삶의 질이 향상되면 주민의 지역 정주에 대한 만족도가 높아져서 인구 유출, 도시 과소화도 방지하게 된다.

둘째, 다양한 이해당사자의 협력을 통한 지역 활성화를 촉진한다. 지방자치단체 SDGs는 지방자치단체의 힘만으로 추진하기는 어렵다. 먹을거리 시책이라면 생산자인 농민과 소비자인 시민, 농수산물 유통업자와 로컬푸드 관계자 등의 협력이 필요하고, 교육 시책에 주력한다면 초·중·고등학교 나아가 대학 등과의 연계가 필수적이다.

셋째, 사회문제의 발견과 해결의 수단을 확보할 수 있다. 모든 인류에게 보편적 사안이라고 할 수 있는 SDGs의 목표와 세부목표는 대부분 중앙정부, 지방자치단체의 정책과제와 연결되어 있다. 따라서 SDGs 시스템을 도입하면 사회문제의 원인과 이를 해결하는 효과적인 방법을 찾을 수 있다. 또한 SDGs에 명시된 목표를 기반으로 정부정책 기획과 실행과정에 대한 평가와 피드백을 통해 현재 직면하고 있는 한계와 문제점 그리고 혁신과제를 발견할 수 있다.

넷째, 지방정부의 강점과 약점에 대한 점검과 혁신을 위한 새로운 정보를 신속하게 확보할 수 있다. 지방자치단체와 기업, 국내외의 다양한 조직과 단체가 SDGs를 추진하면서 세계의 공통 언어로 만들어 가고 있다. 그 결과 행정에 관한 SDGs에 관련 정보가 세계무대에서 축적되고 있다. SDGs에 참가해 이러한 정보에 접속하는 것은 자신의 지방자치단체 운영에 대해 귀중한 지침을 얻게 된다. 반대로 정보에 접근하지 못하면 혁신의 기회는 낮아지고 손실도 커진다. 이처럼 국제적인 이니셔티브(initiative)인 SDGs는 세계의 많은 국가와 지방자치단체의 사회혁신 정보를 교환한다. SDGs에 적극적으로 참여함으로써 세계의 국가와 지방자치단체, 도시에 대한 정보를 쉽게 접근할 수 있다. 그리고 이 정보를 기반으로 다른 국가, 지역과 비교하여 해당 지역의 강점과 약점을 파악하여 국정·시정 계획 수립과 혁신에 유용하게 활용하고 있다.

SDGs 현지화 과정에서 정부 특히 지방정부의 역할은 중요하다. 지방정부는 중앙정부와 달리 시민의 삶에 가장 근접해 있는 정부이고, 지역에 대해서도 잘 알고 있다. 정부는 재정적 수단의 접근이 상대적으로 용이하다. 지방정부의 글로벌네트워크 조직인 ICLEI[1]를 비롯한 지방정부는 사회적 응집력, 투명하고 공정하며 포괄적인 공공 서비스를 제공한다. ICLEI는 최근 지속가능성 렌즈(sustainability lens)를 통하여 모든 개발정책, 프로젝트와 이니셔티브를 바라보고, 도시 SDGs의 달성을 위해 '2018-2021 이클레이 몬트리올 행동계획'을 선언했다. 이 행동계획은 지속가능한 도시를 위한 지방정부 활동의 교본이 되고 있다(이창언, 2020b:131).

'2018-2024 이클레이 몬트리올 약속과 전략 비전'은 4대 약속과 5대 도시 비전, 3대 정책으로 제시되어 있다. ICLEI의 〈약속〉은 ① 지속가능한 도시 모델 구축과 확장, ② 지속가능성을 모든 글로벌·지역 발전의 기본 철학으로 정립, ③ 시민의 장기적 안전과 재산 보호를 위한 시급한 안건의 해결, ④ 전 지구적 문제 해결을 위한 모든 분야와 모든 수준의 집단적인 노력 추진이다.

ICLEI의 5대 도시 비전은 "기후 위기를 억제하고, 새로운 경제적 기회를 만들고, 사람과 자연시스템 전반의 건강한 개선"을 지향하는 '저탄소도시(Low Emission Development)', "지역 경제뿐 아니라 공동체의 웰빙(Well-being)과 회복력까지 뒷받침하는 도시 안팎의 생물다양성과 생태계를 보전하고 더욱 풍성하게 만드는" '자연기반 도시(Nature-Based Development)', "생산, 소비, 폐기의 선형 모델을 종식하고 계속 늘어나는 인구가 필요로 하는 물질적 수요를 감당할 수 있는 재생 가능하고, 재활용 가능하며, 공유할 수 있는 자원을 사용하는 지속가능한 사회를 위한 새로운 생산과 소비 모델 구축"을 실천하는 '자원순환 도시(Circular Development)', "환경, 기술, 사회, 인구의 급격한 변화에 의한 충격과 스트레스를 흡수하고, 회복하고, 방지하고, 예측하기 위해

1) 지속가능성을 위한 세계지방정부 이클레이(ICLEI-Local Governments for Sustainability)는 지역실천을 통한 지구적 지속가능발전에 기여하기 위해 1990년 유엔(UN)과 세계지방 자치단체연합(UCLG)의 후원으로 공식 출범하였고, 현재 120여 개 국가 1,500여 지방정부와 함께하는 글로벌 지방정부 네트워크이다. 한국은 1995년 「한국지방자치단체국제화재단」이 회원으로 가입하여 활동을 시작하였고, 2002년 이클레이 한국사무소가 설립되었다(이창언, 2020b:131).

〈그림 8-2〉 이클레이 몬트리올 약속과 전략비전

출처: ICLEI(2018: 2)

서, 그리고 필수적인 기본 반응 활동구조와 기능을 개선"하는 데 앞장서는 '회복력 있는 도시(Resilient Development)', "더 정의롭고, 살기 좋고, 포용적인 도시 공동체의 건설과 빈곤 해결에 앞장서는" '사람중심의 도시(Equitable and People-Centered Development)'를 건설하는 것이다(ICLEI, 2018: 2-17).

ICLEI의 3대 정책은 전 지구적 변화를 선도할 지방정부의 정책적 접근을 요약한 것으로서 ① 지속가능한 거버넌스와 관리(Sustainable governance and management), ② 혁신과 과학(Innovation and Science), ③ 지속가능발전을 위한 새롭고 혁신적인 재정 모델을 설계(Sustainable Development Needs Innovative Model of Finance)하는 것이다(ICLEI, 2018; 2; 이창언 2020b: 131-132).

2018년 '이클레이 몬트리올 약속과 전략비전'이 발표된 지 3년 후인 2021년 4월 12일에 스웨덴 말뫼(Malmo)[2)]에서 개최된 '2021-2022 이클레이 세계총

2) 말뫼(Malmo)시는 스웨덴 남부의 상업 중심지로, 180개 이상의 다른 국적을 가진 약 350,000명의 주민이 거주하는 국제도시이다. 과거, 산업도시였던 말뫼는 젊고

회'에 앞서 열린 이클레이 이사회에 의해 '이클레이 말뫼 약속과 전략비전 2021-2027(THE ICLEI MALMÖ COMMITMENT AND STRATEGIC VISION 2021-2027)'이 채택되었다. 말뫼에서 개최된 이클레이 세계총회에서는 지속가능발전 다섯 가지 도시 비전(저탄소도시, 자연기반도시, 자원순환도시, 회복력 있는 도시, 사람중심의 공정한 도시), 지속가능발전에 관한 UN의 행동의 10년(2021-2030)을 위한 지방정부의 기여에 초점을 맞추었다.

'이클레이 말뫼 약속과 전략비전'은 "2021년 새로운 '행동의 10년'의 시작과 2030 및 2050 유엔지속가능성 프레임워크, 특히 파리기후협약과 국가 자발적 감축 목표(NDCs), 지속가능발전목표(SDGs) 및 새로운 도시 의제(New Urban Agenda) 실행을 위한 모든 정부 단위, 민간부문, 학계/연구자 및 시민사회와 협력하여 세계 지속가능발전 의제를 이행해야만 한다"며 '행동의 10년'을 지속하고 확대해야 한다고 요청한다. 아래는 이클레이 말뫼 약속이다.

〈상자 8-1〉 이클레이 약속: 모두를 위한 지속가능한 도시, 마을, 지역 및 도시 세계 구축

이클레이 말뫼 약속과 전략 비전 중
'이클레이 약속: 모두를 위한 지속가능한 도시, 마을, 지역 및 도시 세계 구축'

- 지속가능한 도시 및 지역 모델을 유의미하게 확대 및 확장한다. 우리는 지속가능발전이 단지 스마트한 것이 아니라 지구 생명체에 포용적이고 근본적인 것으로 여긴다. 이는 모두의 일반적 권리이며 일부의 특권이 아니다.

탐구적이며 창의적인 인구를 지원하는 지식도시로 변화하였으며 말뫼 시민의 약 절반이 35세 미만인 젊은 도시이다. 말뫼(Malmo)시는 기후 스마트 지식 도시로, 1996년부터 이클레이의 회원으로 활동하였으며 OECD에서 선정한 세계에서 가장 혁신적인 도시 중 4위를 기록하였다. 말뫼시는 지속가능성 이니셔티브를 위해 적극적으로 노력하고 있으며 유엔 지속가능개발목표를 이행하겠다는 공약을 공식적으로 발표한 스웨덴 최초의 도시이다. 말뫼시는 2030년까지 전체 도시에 100% 재생가능 에너지를 공급할 것이라는 야심 찬 목표를 가지고 있다(이클레이 한국사무소, 2021: 25).

- 거대하고 집합적인 사회 전체 및 정부 전체의 지속가능발전을 향한 변화를 관할권 안에서 그리고 관할권 사이에 가능하게 하며, 이를 위해 지속가능성을 관할권 전반에서 모든 지방, 국가, 세계 수준의 발전과 협력의 가장 근본적이고 불가분한 요소로 확립시킨다.
- 우리 시대의 가장 급박한 사안을 그 어느 때보다도 더 근본적이고 체계적이며 정당하고 포괄적이고 공정한 방법으로 대응하며, 그렇게 함에 있어 체계와 접근의 회복력을 보장할 심오한 판단을 사람과 지구 양측의 장기 이익에 따라 내린다.
- 지구 환경의 건강과 인류의 웰빙을 GDP와 함께 고려하여 번영, 부, 웰빙을 측정하는 글로벌 경제로 이동한다. 세계 GDP의 절반 이상은 자연에 의존하며, 탄소 제거, 온도 조절 및 대기 정화 등 자연이 제공하는 "무료" 서비스가 아직 고려되지 않았다는 것을 알고 있다.
- 핵심 파트너 및 모든 단위의 정부에 의해 모든 부문에서 행동을 추진하면서, 세계적 변화를 위해 공동의 지역 노력을 이행한다. 정책, 행동, 투자 등 우리 노력의 합은 이 도시의 시대에 인류가 요구하는 세계의 변화를 촉진할 것이다.
- 지속가능한 품격 있는 생활 방식에 대한 새롭게 공유된 비전을 추진하기 위해서, 꾸준한 행동 변화 캠페인과 프로그램에 투자한다. 이는 지구의 요구와 영역을 존중하고, 굳건히 자리 잡은 불평등을 해결하며, 구조적 빈곤의 사슬을 끊고 지구 및 모든 유지해야 할 생명을 극심한 실로 파괴된 상태로 몰아간 지배적인 세계 질서의 현 상황에 적극적으로 도전하고, 그 자체를 특히 중요하고 결정적인 10년의 바탕에 둔다.

번역: 이클레이 한국사무소(2021)

이처럼 국제사회는 2015년 기후변화 대응을 위한 파리협정과 SDGs, 2016년 새로운 도시 의제(NUA)를 채택하면서 범지구적 지속가능발전과 기후변화 대응을 위한 도시와 지역의 역할을 강조하고 지방정부 수준에서의 이행에 주목하고 있다(이클레이 한국사무소, 2021: 24).

현재 한국과 일본의 정부(지방자치단체 포함)도 SDGs 촉진자로서 역할을 수행하고 있다. 일본은 2016년 12월 SDGs 추진본부(본부장 아베 총리)가 'SDGs 실시지침'을 만들었다. 실시지침은 SDGs를 전국적으로 실행하기 위해 전국의 지방자치단체 및 지역에서 활동하는 이해관계자의 참여를 원칙으로 한다(Tanaka H., Edahiro J. & Kubota T. 2020: 19). 추진본부는 각 지방자치단체에 각종 계획이나 전략, 정책개발 및 개정에서 SDGs의 요소를 최대한 반영하도록 장려한다. 일본 SDGs의 핵심 키워드는 '지방창생(地方創生)'과 'SDGs 미래도시(未來都市)'로 요약된다. 일본의 'SDGs 미래도시'는 SDGs의 이념에 따라 기본적이고 종합적인 시책을 추진하고자 하는 도시 중에서 특히 지속가능발전 실현가능성이 높은 도시로 선정된 것을 의미한다. 미래도시는 지역 대학과 협의를 통해 도시의 지속가능성을 높여내고 있다(The Graduate School of Project Design, 2019: 60-65; 이창언, 2020b: 133).

〈그림 8-3〉 SDGs 실행을 위한 기타큐슈시의 다층적 거버넌스 체계

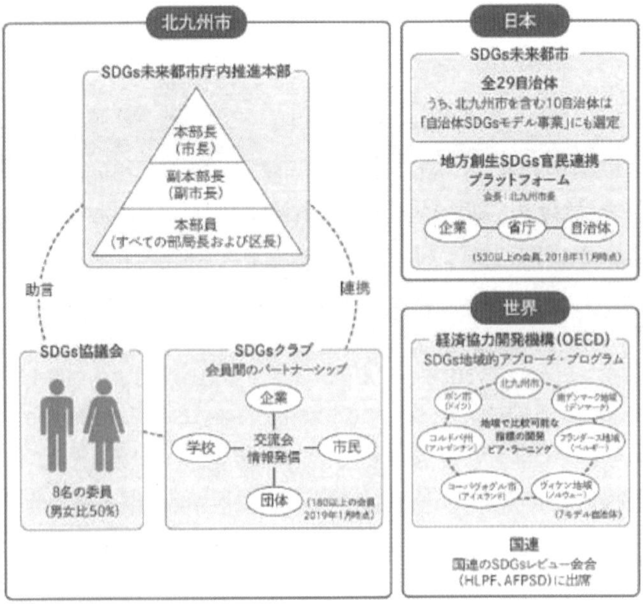

출처: 이창언(2020b: 133)

SDGs 미래도시, 지방자치단체 SDGs 모델사업으로 선정된 **기타큐슈(北九州)시는** 국내외의 다양한 이해관계자와 협력적 틀을 구축하고 있다. 기타큐슈시는 ① 시 행정 내부의 'SDGs 미래도시 시청 내 추진본부', ② 외부 전문가로 구성된 'SDGs 협의회(8명의 위원)', ③ 기업, 학교, 단체, 시민 등이 등록제로 참가하는 'SDGs 클럽(180명 이상의 회원, 2019년 1월 현재)' 등 3개의 그룹이 SDGs를 촉진하기 위한 기타큐슈시의 다층적 거버넌스 체제를 구축하였다(이창언, 2020b: 133).

한국 정부도 지속가능발전 강화를 국정과제로 설정하고, 제3차 지속가능발전 기본계획을 보완하는 국가지속가능발전목표(K-SDGs: Korean Sustainable Development Goals, 이하 K-SDGs)를 수립하여 2018년 12월 확정하였다. 유엔 SDGs 수립과정에 준해 민·관·학 공동 작업반을 운영하고 MDGs 참여 과정을 바탕으로 한 것이며, K-SDGs 작성과정에는 90여 개 시민사회단체, 192명의 민간전문가, 23개 행정부처가 함께 참여하였다. K-SDGs는 경제(번영), 사회(사람), 환경(지구환경), 평화, 지구촌 협력(파트너십) 등 SDGs 5개 축

〈그림 8-4〉 국가 지속가능발전목표 이행체계

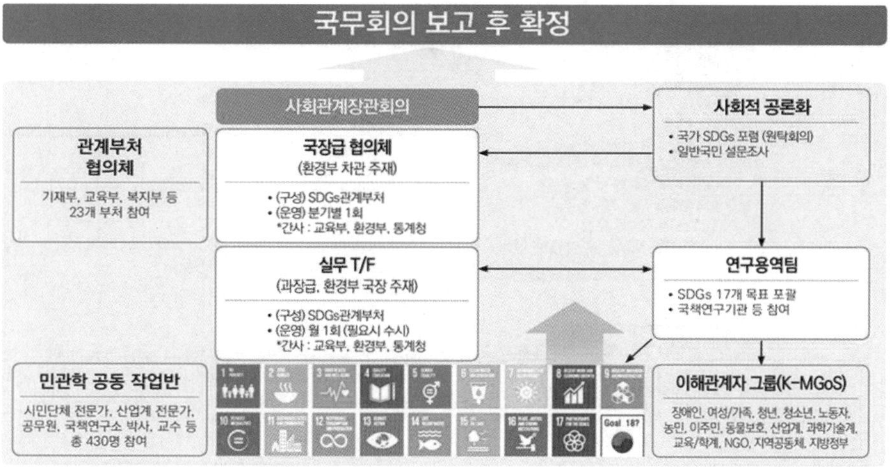

출처: 환경부 지속가능발전위원회(2019: 11)

과 17개 목표의 틀에 따라 5대 전략, 17개 목표, 122개 세부목표를 2030 국가 비전으로 설정했다.

우리나라에서도 SDGs 핵심의제 선정과 촘촘한 민관 거버넌스를 구축해 주

〈그림 8-5〉 K-SDGs 2030 목표체계

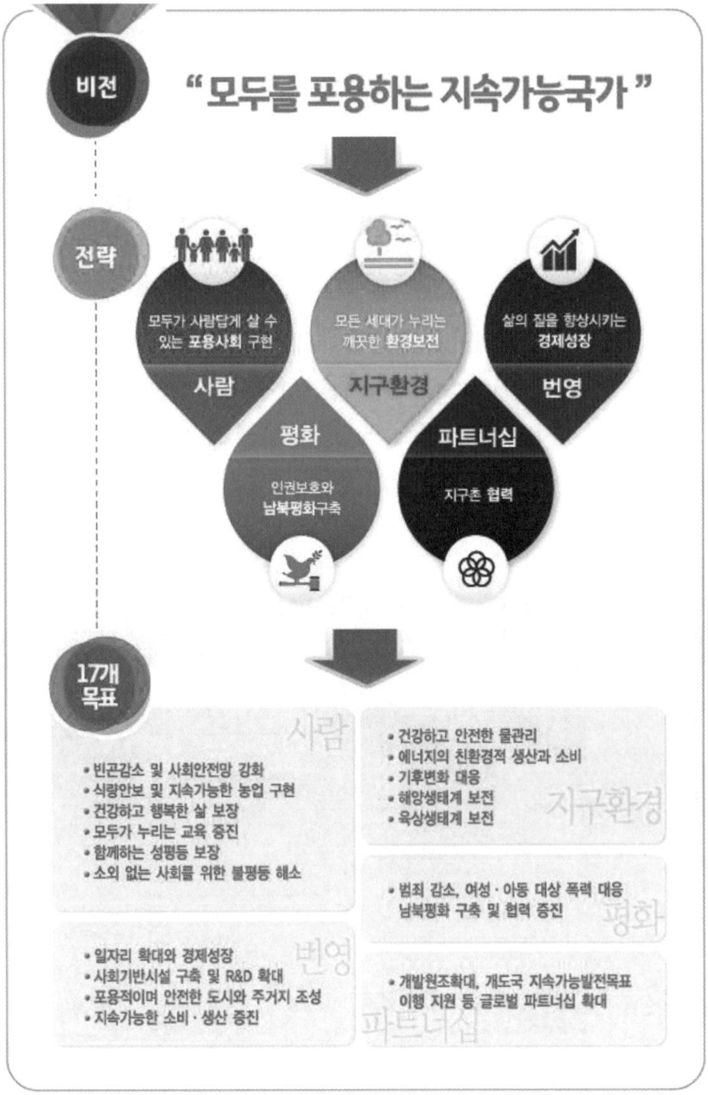

출처: 환경부 지속가능발전위원회(2019: 11)

민자치, 기후변화, 환경 오염 등의 문제를 해결하는 한국형 L-SDGs(지방자치단체 지속가능발전목표) 모델을 수립하고 추진하는 지방자치단체도 늘고 있다.

충남 당진시는 경제성장 중심의 정책추진으로 인한 환경 오염 및 지속되는 사회적 갈등을 해결하기 위해 지속가능발전에 대한 시민의 요구를 담아 2017년 UN SDGs와 직접 연계한 지방정부 최초의 지속가능발전 계획을 수립하고 민선 7기 출범 시 SDGs를 시정 최상위 기조로 설정했다. 2019년에는 전담부서인 지속가능발전담당관실을 신설하고 지속가능발전 정책을 시행함으로써 지속가능발전 기본계획의 선제적 수립을 통해 지속가능발전 선도 지방자치단체로서의 위상을 공고히 하고, 행정 내부의 성과평가시스템 연계를 통해 지속가능발전 정책이 매년 원활히 시행될 수 있도록 심층적으로 점검하고 있다. 또한 청소년 프로젝트 및 시민 지속가능발전소 등 시민 주도형 실천 프로그램을 통해 지역문제 해결에 시민이 중추 역할을 할 수 있도록 시민 참여 시스템을 강화해가는 중이다. 이밖에 지속가능발전 당진의 구체적 모델 마련과 성과 가시화를 위해 환경부 스마트 그린도시 공모사업 추진에도 박차를 가하고 있다. 특히 '주민자치회와 SDGs(지속가능발전목표)'를 연계한 지속가능한 도시상(像) 제시를 목적으로 주민자치회 등 읍면동 커뮤니티가 주도하는 상향식 사업의 시범적 운용과 시민사회와 공동기획단 운영, 관련 부서 협업을 통해 그동안 시가 고민했던 기후변화 대응 및 환경문제들을 공모사업 선정을 통해 해결해 나갈 방침이다. 한편, 지속가능발전담당관실은 빅데이터팀을 신설하고 데이터 수집, 저장, 분석 등의 일원화된 공동 활용 시스템 마련을 위한 시 빅데이터 플랫폼 구축과 빅데이터 분석 사업을 추진해 데이터를 바탕으로 한 과학적 행정의 기반을 조성하고 있다.

당진시는 시민중심 지속가능발전 구체화 시책, 주민주도 스마트 그린도시 공모사업 추진, 시민주도 실천사업 '당진 지속가능발전소' 확대 운영, 빅(공공)데이터활용 생태계를 구축한 것이다. 당진시는 2017년 지속가능발전목표 수립 이후 시의 지속가능성을 평가하는 지속가능발전보고서 발간을 시민참여형으로 추진하였고 시민참여단이 지표 평가를 진행했다. 장기적으로 지속가능발전연수원 설립 추진을 통해 시가 지속가능발전 전국 네트워크 및 교육의 거점으로 발돋움해 지속가능발전의 촉매 도시로써 도약을 준비하고 있다(이창언, 2020c: 1737;이창언, 2020b: 134).

3. 기업의 SDGs-ESG 경영과 사회적 책임 강화

경제적 이익 창출만으로는 지속가능한 기업 성장이 불가능하다는 인식하에 환경, 사회, 기업지배구조(Environmental, Social and Corporate Governance: ESG)에 참여하는 기업이 늘고 있다.

ESG는 기업의 사회적 책임(환경경영, 윤리경영, 사회공헌)의 이행으로 경영위기를 최소화하고 기업 가치를 증대시키기 위한 경영활동을 의미한다(Takashi, 2019: 127;이창언, 2020b: 129). ESG는 기업이 지속가능한 사회를 만들기 위한 목표를 설정하고 실행하겠다는 의지를 투자자, 소비자 등 사회에 선포하는 것에서 시작된다.

기업의 사회적 책임은 '책임 투자 원칙(Principles for Responsible Investment: PRI)' 에서도 확인된다. 지구환경과 사회를 위한 책임 있는 투자가 강조되는 '책임투자원칙'은 2006년 유엔 환경 계획(United Nations Environment Programme: UNEP) 및 유엔 글로벌 콤팩트(United Nations Global Compact: UNGC)가 제창한 이니셔티브로서 유엔 차원에서 ESG를 지지하기 위한 일련의 조치라고 할 수 있다.

PRI는 UN의 지원 아래 글로벌 기관투자자와 자산보유기관 등의 ESG 투자 확산을 위해 2006년 4월 설립되었다. ESG 투자 확산을 위한 6개 항의 원칙을 일컫는 용어이자 조직의 이름인 PRI는 전 세계 2,800여 기관들이 서명하였다. 이들 기관이 거느린 AUM(Asset Under Management, 순자산총액)의 규모로 총액은 90조 달러(약 11경 원, 비 ESG 투자 포함)에 이른다. 한국도 국민연금 등 8개 기관이 참여하고 있다.

기업의 투명한 경영과 사회적 책임에 동참하는 기업의 활동은 온실가스 배출 삭감 목표를 정하는 SBTi(Science Based Targets Initiative 과학기반목표 이니셔티브)와 친환경 재생에너지로 대체하는 글로벌 캠페인 'RE100(Renewable Energy 100)', '탄소 정보공개 프로젝트(Carbon Disclosure Project, CDP)'가 있다. 이 활동들의 공통점은 기업 스스로 목표를 구체적으로 제시하며 기업이 수행한 결과를 담은 정보를 공개한다는 점이다. 일례로 기업은 CDP의 조사에 응하고 CDP와 ESG 투자 등의 평가등급을 받는다. 목표 달성의 결과로 투자자, 소비자, 시민사회의 인정을 받은 기업은 사업추진 기회와 투자를 유치할 수도 있다.

SBTi에는 2019년 12월 현재, 750개 기업이 참여하고 있다. 'RE100'에는 2020년 5월 현재, 구글, 페이스북, 나이키, 스타벅스, HP, 소니, 후지쯔, 파나소닉 등 총 235개 기업이 참여하고 있다. CDP를 통해 자사의 환경경영 정보를 공개한 기업은 2019년 5월 현재, 8,400여 개 기업에 이른다. 'CDP 한국위원회'는 시가총액 상위 200대 기업을 대상으로 기후변화와 관련된 경영 정보를 평가하여, 금융을 포함한 9개 섹터에서 기후변화 대응 우수기업을 선정한다.

기업이 주도적으로 발간하는 '지속가능경영보고서'도 SDGs 확산과 기업-대학 간 협력 기회를 제공한다. 이 보고서의 특징은 ESG(환경, 사회, 거버넌스)와 SDGs의 내용을 반영한다. '지속가능경영보고서'는 기업의 사회적 책임의식 향상, 경제적 가치와 사회·환경적 가치의 조화를 통해 이해관계자 모두 동반성장을 모색한다는 점에서 의미가 크다.

기업이 SDGs를 활용함에 따른 자체 기대효과는 네 가지로 요약된다. 그것은 첫째, 기업 이미지 향상. 둘째, 사회문제에 대한 대응력 강화. 셋째, 기업의 생존전략. 넷째, 새로운 사업 기회의 창출이다. 기관투자가에게 SDGs와 ESG 과제에 참여하는 것은 투자 리스크 관리이자 환경과 사회 전체에 이익을 증대하는 것과 같다. 이는 SDGs가 목표로 하는 환경이나 빈곤문제의 해결, 공정사회 만들기, 기업과 대학의 파트너십으로 연결된다(Takashi, 2019: 8-15). 최근 많은 기업이 에너지와 자원 고갈, 기후변화와 재해가 심화함에 따라 에너지·환경산업에 주목하고 있다. 에너지·환경 사업은 에너지와 자원 고갈 이슈, 화석연료 고갈에 따른 환경문제, 신 기후변화체제에 따른 온실가스 저감 등과 연관되어 전기자동차, 그린 에너지 플랫폼 서비스, 친환경 재생에너지 등의 분야에서 높은 시장성을 갖추고 있다. 안전산업은 기후변화 등으로 인해 자연재해가 빈발하고 도시화·세계화에 따라 유동인구가 증가하면서 대형재난의 발생 가능성이 커짐에 따라 급속히 성장할 것으로 보인다(이창언, 2020b: 129-131)

4. 대학의 위기 극복을 위한 합리적 선택

대학은 고등교육 교육기관으로서 지식·인적 자원, 공간·시설 자원, 그리고 경제적 자원 등 다양한 자원을 보유하고 있는 기관이다. 대학은 지역사회 문제 해결과 지역 주민의 복리 향상, SDGs의 현지화를 선도할 수 있는 다양한 자원과 책임을 진다.

21세기 고등교육은 지리적 이동성과 첨단과학기술의 발전으로 인한 교육의 국제화, ICT를 활용한 교육내용의 제공과 제공 주체(provider)의 다양화, 인구학적인 변화, 고등교육의 대중화, 학습 패러다임 변화, 학습의 질 관리와 자격증명 체계화, 졸업자의 취업률, 고등교육기관 간의 경쟁 심화 등이 특징이라고 할 수 있다(KEDI, 2019: 이창언, 2020b: 126).

이에 따라 '4차 산업혁명' 시대에 대비한 교육과 연구 혁신에 대한 사회적 요구와 미래사회에 대비한 교육과 연구 혁신에 대한 사회적 요구가 증대하고 있다.

일본과 중국 대학에서도 SDGs 대응을 위한 노력이 가시화되고 있다. 일부 대학에서는 학위과정을 운영하기도 한다. 이러한 배경에는 학령인구의 감소와 고령화, 4차 산업혁명 등 사회구조적 변화에 조응하는 고등교육의 질 보장(Quality Assurance), 자립력 확보, 지구환경과 사회적 문제에 대한 해법 제시라는 대학의 사회적 요구가 반영된 것이다.

글로벌 환경의 불확실성은 네트워크, 커뮤니케이션, 협력의 의미를 일깨워주고 있다. 국경, 지역, 부문의 경계를 넘어 타 기관, 섹터와 연계한 공동연구, Cross-Border 교육, 학제 간 연구(Interdisciplinary Studies), 지역 거점 대학 육성을 위한 실행이 구체화하고 있다. 최근 한국 대학에서도 SDGs 교육 확대, SDGs 글로벌 학술 네트워크 구축, 대학 SDGs 교과과정(학위, 비 학위, 단기과정) 개설, 대학 발 SDGs 민·관·산·학 협력을 통한 고등교육 재정확충, SDGs를 매개로 지역 밀착형 인적자원 육성과 민간 참여 확대 등이 논의되고 있다. 대학의 SDGs 교육·연구·실행이 지속가능한 사회를 만드는 글로벌한 능력, 사회혁신 능력을 극대화하는 데 중요한 수단으로 인식되기 때문이다

정부는 교육기본법, 사립학교법, 고등교육법 등 법령에 근거하여 다양한 재정 지원을 꾀했다. 최근 들어서는 '고등교육재정 지원계획'을 통해 정부의 고등교육 재정투자 규모를 2017년 GDP 대비 1.0%에 해당하는 16조 7,951억 원으로 확대하는 세부 추진방안을 마련하고 ACE, CK, BK21플러스, LINC, PRIME, CORE 등 다양한 재정 지원 사업을 전개하였다.

그러나 고등교육 국가 재정 지원 규모 확대로는 문제를 해결할 수 없다. 현재 추세대로 상황이 유지된다면 입학자원이 극도로 감소하여 2024년도에는 대학 정원 대비 입학생이 약 12만 명 부족할 것으로 보인다. 고령사회 진입, 지식과 기술의 변화 주기 단축 등에 따라 성인에 대한 재교육 수요도 증대되는 시점이다. 그러나 한국 대학이 양질의 교육제공, 공공인재 양성, 사회적 책임과 공헌, 대학의 자립화를 위해 최선을 다했다고 평가하기는 어렵다.

4차 산업혁명, 이동성 증대, 첨단 과학기술의 발달, 초연결사회 등으로 특징 지어지는 현대 사회에서 고등교육은 전통적인 교육방법과 연구 기능을 뛰어넘어 복잡하고 예측하기 어려운 새로운 도전에 주도적으로 대응할 것을 요구받고 있다(KEDI, 2019; 이창언, 2020b, 127). 고등교육의 위기를 타개하기 위해 정부는 4차 산업혁명과 인구구조의 변화 등 정책 환경 변화에 대응하기 위한 대학정책 방향(2019년 8월 6일)을 제안하였다. 교육부의 〈대학 혁신 지원방안〉은 주요 정책 방향을 "혁신의 주체로 서는 대학, 대학의 자율혁신을 지원하는 지역과 정부"로 설정하고 '대학의 자율혁신을 통한 미래인재 양성'을 실현할 4대 정책 방향과 7개 과제를 제시했다(이창언, 2020b: 128).

교육부 〈대학 혁신 지원방안〉의 4대 정책 방향은 1. 미래 대비 교육·연구

혁신, 2. 지역 인재 양성 혁신체제 구축, 3. 자율·책무의 혁신 기반 조성, 4. 인구변화 대응 대학 체제 혁신이다. 그리고 7개 혁신추진과제는 ① 미래 인재 양성을 위한 교육혁신, ② 성장 동력 창출을 위한 연구 혁신, ③ 지방자치단체-대학협력 기반 지역 혁신, ④ 대학의 자율성 제고를 위한 규제 혁신, ⑤ 대학운영의 투명성과 책무성 강화, ⑥ 대학의 자율혁신을 위한 평가 혁신, ⑦ 체제 혁신: 특성화 지향 대학 체제 혁신이다.

교육부의 〈대학 혁신 지원방안〉의 핵심은 ▶ 대학 자체 계획에 의한 적정 규모화 촉진, ▶ 대학의 특성화 방향에 따른 교육의 질 제고, ▶ 지역 대학 배려 강화, ▶ 대학의 특성화 방향에 따른 융합교육 등 학사구조와 교육 과정, 교수·학습방법에 대한 성과 진단을 대학 혁신 지원 사업과 연계하는 것이다. 특히 주목할 것은 지방자치단체-대학협력 기반 지역 혁신사업의 신설이다. 이는 대학이 지역사회에 공헌할 수 있는 개방적이고 유연한 학사운영체제 개선을 촉진하는 한편, 교수-학생-지역사회 간 수평적 네트워크를 구축하는 계기가 될 것이다. 한편, 지역차원에서는 대학 발 민·관·산·학 협력 강화와 창업생태계(Entrepreneurial Ecosystem) 형성, 일자리 창출 등 대학과 지역의 동반성장 효과가 예상된다. 대학차원에서는 지속가능한 사회·경제 체제를 지향하는 ESD와 SDGs 교육이 확산할 것이다. 대학은 다양한 학제 간 교육 과정의 개설, 지속가능한 도시를 위한 교육·연구 활성화, 지속가능성 분야의 자격과 인증 프로그램 운영, 대학 SDGs 연구소 또는 SDGs센터 설립이 예상된다.

한국보다 앞서 고등교육 위기[3]에 직면한 일본 정부는 타개책으로 지역사회와 연계한 'COC(Center of Community, 대학·도시 파트너십 협의회)' 모델을 제시한 바 있다. 2015년 SDGs 합의 이후 일본 정부는 글로벌 인재 육성을 위한 지속가능발전교육(education for sustainable development: ESD) 추진과 ESD

3) 일본은 대학 구조개혁을 위해 1980년대부터 국립대학, 공립대학 법인제도의 도입, 사립학교법 개정, 인증평가의 도입, 대학 교육정보 공표 의무화 등의 다양한 정책을 추진해 왔다. 일본 정부는 대학 위기의 타개책으로 '2020년 교육재생 그랜드 디자인'을 발표했다. 주요 정책기조는 대학 거버넌스 개혁 및 기반정비를 위해 국립대학의 기능 강화, 사립대학의 진흥, 장학금 사업, 총장의 리더십 강화와 학사구조의 정비, 사립대학 경영 정상화 대책 마련 등이다.

글로벌 액션 프로그램(GAP) 신탁기금 사업을 설정한다. 한편, 국제연합대학(UN대학)을 통한 지구 문제 해결, 대학의 SDGs 이행을 통한 글로벌 인재 양성과 국제 협력, 지역기반 프로젝트에 관한 연구추진을 독려했다. 이에 따라 '일본국립대협회'를 비롯해 많은 대학이 지역창생과 미래도시에 참여하여 정부(지방자치단체)·기업과 협력을 모색하고 있다(The Graduate School of Project Design, 2020).

세계적인 대학평가기관인 타임스 고등교육(Times Higher Education, THE)의 대학 영향력 순위(University Impact Rankings) 발표도 대학의 SDGs 참여를 위한 유인 기제로 작용하고 있다. 2019년부터 시작된 'THE 세계대학 영향력 순위'는 SDGs 항목을 기준으로 평가가 진행된다. 기존의 대학평가가 연구실적, 교육성과, 졸업생 평판도 등에 집중되었다면 'THE 세계대학 영향력 순위'는 평화적이고 포용적인 사회건설을 목표로 하는 지표들로 평가가 이루어진다. 이는 지속가능한 사회, 공공성 실현에 관한 대학의 기여도를 측정하여 대학을 평가하겠다는 것을 의미한다. THE는 2020년에는 전 세계 85개 국가 766개 대학, 2021년 평가에는 94개국 1,115개 대학을 평가대상으로 삼았고, SDGs 총 17개 항목 모두를 활용했다. THE의 대학 영향력 평가에 힘입어 대

〈그림 8-6〉 THE의 대학 영향력 평가

출처: 타임즈 교등교육(https://www.timeshighereducation.com/)

학의 SDGs 연구, 교육, 지역사회 참여와 협력 사업이 새롭게 조명되고 있다(이창언, 2020b: 127-129).

대학이 SDGs를 통해 얻을 수 있는 이익은 첫째, 새로운 대학 연구와 교육에 대한 수요 확보, 둘째, 대학 내부의 거버넌스 운영과 대학 혁신, 외부 섹터와의 협력체계 구축, 셋째, 글로벌 대학 이미지, 인지도, 영향력 제고, 넷째, 새로운 자금 조달 접근성 확보를 통한 대학의 자립력 강화라 할 수 있다(SDSN, 2017). 대학이 주도적으로 SDGs를 통한 새로운 기회를 창조하려면 SDGs에 관한 인식의 전환과 교육·연구를 위한 환경 조성, SDGs 추진체계의 구축이 선행되어야 한다(이창언, 2020b: 125).

| 9장 |

SDGs 달성을 위한 각 섹터의 역할

"새로운 목표와 세부목표들은 2016년 1월 1일 발효하여 향후 15년간 우리가 내릴 결정의 지침이 될 것이다. 우리는 모두 각국이 처한 현실과 역량, 발전 수준의 차이를 염두에 두고, 국가정책과 우선과제를 존중하면서, 자국 내에서 그리고 지역 및 글로벌 차원에서 이 의제를 이행하기 위해 노력할 것이다. 우리는 관련 국제규범과 공약의 일관성을 유지하면서 지속적이고, 포용적이며, 지속가능한 경제성장을 위해 각국(특히 개발도상국)의 정책 자율성을 존중할 것이다. 우리는 지속가능발전에서 지역 및 소지역의 중요성, 지속가능발전과 지역 경제 통합과의 연계성이 중요하다는 것을 인식하고 있다. 지역, 소지역 체계는 지속가능발전 정책이 구체적인 국가적 행동으로 효과적으로 전환될 수 있도록 할 것이다.

우리는 사회가 재화와 서비스를 생산하고 소비하는 방식을 근본적으로 변화시킬 것을 결의한다. 정부, 국제기구, 기업과 비정부 부문, 그리고 개개인은, 개발도상국이 과학, 기술, 혁신 측면에서 역량을 강화할 수 있도록 모든 자원을 동원한 금융적, 기술적 지원 등을 통해, 지속가능하지 않은 형태의 모든 소비 및 생산 방식의 변화에 기여할 의무가 있다. 이 새로운 의제의 범위와 포부를 고려할 때, 의제의 이행을 위해서는 글로벌 파트너십의 재활성화가 요구된다. 우리는 이를 위해 전념할 것이다. 이 파트너십은 글로벌 연대 정신, 특히 최빈곤층과 취약계층의 연대를 통해 효과를 발휘할 것이다. 이는 정부, 시민사회, 민간 부문, 유엔 체계(United Nations system)와 관련 행위자의 결집과 모든 가용한 자원의 동원을 통해 지구적 차원의 적극적인 참여를 끌어냄으로써 모든 목표와 세부목표가 달성되도록 지원할 것이다.

향후 15년간 목표와 세부목표 이행 성과와 관련된, 국가, 지역, 글로벌 차원에서의 후속 조치와 검토에 대한 일차적 책임은 각 정부에 있다. 인류와 지구의 미래는 우리의 손에 달렸다. 또한, 미래는 다음 세대에게 그들의 일을 넘겨주게 될 오늘의 젊은 세대의 손에 달려있다. 우리는 지속가능발전으로 가는 길을 제시했으며, 이 여정의 성공을 보장하고 다시 퇴보시킬 수 없는 성과를 끌어내는 것은 여러분 모두의 몫이다(2030 지속가능발전 의제 21항, 28, 39, 47, 53항)."

1. SDGs와 정부의 역할

SDGs 시대, 정부의 역할은 전환(transformation)을 주도하는 것이다. 여기서 전환의 핵심은 SDGs를 정책에 포함해 주류화(Mainstreaming)하는 것이다. 기존의 정책도 공공의 복지를 증진하는 의도로 행해지므로 외형적으로는 SDGs에 이바지하는 정책의 묶음으로 볼 수 있다. 그러나 전환은 기존 정책의 종합을 뛰어넘어 SDGs가 제시하는 지속가능발전을 통합적으로 인식하고 통합적 대책을 각 부처의 수직적 틀에서 입안하고 실시하는 것이다. 이는 기존에는 없었던 2030년까지의 중장기 도전과제의 목표 달성을 위한 정부 구조 혁신과 정책기획, 집행구조를 크게 변화시키는 것을 전제로 한다.

전환의 과정은 장기비전과 로드맵의 제시, 기업과 사회활동의 새로운 틀 변화를 위한 명확한 정책 시그널(signal)을 제시하는 것이 중요하다. 정부는 변화(transformation)의 선도 과정에서 규칙 메이커, 체인지 메이커(change maker)로서 역할을 수행한다(이창언, 2020d: 2902).

SDGs 자체는 목표를 나열한 것으로 개별 나라와 도시의 특성과 조건을 고려한 구체적인 이행 시나리오는 제시하지 않는다. "각 정부는 글로벌 수준의 포부에 부합하는 자국의 세부목표를 설정하면서도 국가의 상황을 고려한다. 각 정부는 또한 이러한 야심 찬 글로벌 세부목표들을 국가 계획 과정, 정책과 전략에 어떻게 반영해야 할지 결정할 것(UN, 2015)."이라고 기술되어 있다(이창언, 2020e: 246-247).

〈2030 지속가능발전 의제 Transforming our world: the 2030 Agenda for Sustainable Development〉에 서술된 이 문장은 SDGs 이행과 실천의 과정에서 정부의 주도적이고 책임 있는 역할, 즉 'SDGs 주류화(mainstreaming)'와 'SDGs 현지화(localization)'의 중요성을 강조한다(이창언, 2020e: 247). SDGs의 주류화 및 현지화 추진의 사령탑 역할을 하는 정부의 역할은 SDGs 추진체계를 설립하고, 추진 기구의 기능을 강화하며, 정부 부처를 포함한 다양한 이해당사자들의 협력을 끌어내는 것이다. 정부는 SDGs의 지향과 목표를 통합적으로 실행할 국가 발전전략과 정책을 정부 부처의 수직적 틀에서 입안하고 실행해야 한다. SDGs의 실행을 위해서는 정부가 장기비전과 로드맵을 제시하고, 필요하다면 시장의 법칙을 조정하는 노력을 전개해야 한다. 정부는 규칙 메이커(Rule Maker)로서 필요에 따라 SDGs와 관련된 제도개혁, 재원확보, 교육·홍보·계발 활동에 힘써야 한다(SDGs 実施指針改定版, 2019; 이창언, 2020e: 247).

정부는 국내의 SDGs 실시지침과 국내외 SDGs 이행·실천 상황을 확인(모니터링)·재검토(중장기적인 관점에서의 후속 조치와 리뷰)하고, 유엔을 비롯한 여러 국제회의에서의 국내 실천 상황 소개와 자국의 입장을 반영하는 등 리더십을 발휘해야 한다. 또한 민간과 연계하여 SDGs에 관한 국제적인 이니셔티브나 국제기준 등의 규칙 메이킹에 대해 전략적으로 대응해 나가야 한다. SDGs 추진을 위한 기획, 평가, 후속 검토라는 SDGs 프로세스는 정부 부처 간, 국가와 지방자치단체 간, 공공섹터와 민간섹터 간 장벽을 허물고 협력을 이루어야 그 추진력과 효과가 극대화될 수 있다(이창언, 2020e: 247).

정부는 SDGs 이행의 중요한 촉진자(facilitator), 의사소통자(communicator), SDGs 실행자(implementor)로서 로컬 거버넌스를 통한 주인의식과 책임성 확보, 통합적·다층적, 다 부문 이해당사자 접근에 이르게 하는 역할과 함께 법 제도와 재정 지원의 역할을 수행해야 한다. 그리고 SDGs가 다루는 지속가능성과 관련한 복잡한 문제를 시민이 잘 이해할 수 있도록 정보를 제공하고 지역 리더와 다양한 그룹이 협동하면서 효과적인 공공정책의 이행, 지속가능한 기반시설, 서비스와 재정 확충, 조화로운 다층적·포괄적 네트워크 간 연계를 강화해야 한다(이창언·오유석, 2017: 170).

SDGs를 국가전략에 도입하게 되면 긍정적 효과는 무수히 많다. 정부는 구체성을 띤 국가의 지속가능성 전략 수립과 관리는 물론 조직 운영 패러다임과 조직 구조의 혁신을 가속화할 수 있다. SDGs는 국가의 빈곤, 먹을거리, 건강, 교육, 성평등, 환경, 고용 외에도 지역의 도시계획이나 지방 활성화 등 지방자치단체의 중요한 행정 과제를 취급한다. SDGs의 목표, 세부목표, 지표를 통합적으로 활용함으로써 국정·시정 현황 파악이나 중장기적 시점에서 정책목표를 설정하는 것이 가능해져서 삶의 질(Quality of life) 향상을 위한 효과적인 정책 추진이 용이해진다. 또한 SDGs의 현지화를 통해 국가와 도시의 고유한 특징을 인식하고, 정체성을 활용하여 매력적인 국가-도시 조성을 가능하게 한다. SDGs추진 과정에서 국가-지역의 정체성과 연대성, 국가-도시 브랜딩을 제고하고 국가-도시 앞에 제기된 도전 과제 해결을 촉진한다(이창언, 2020e: 248).

SDGs 목표의 성취도나 국제적 순위를 떠나 SDGs는 2030년까지 더 평등하고 평화롭고 탄력적이며 번영하는 사회로 전환할 수 있는 국제적-지역적 틀과 방법론을 제공한다는 사실은 분명하다. SDGs를 주류화, 현지화하는 과정에서 정부의 역할은 지금도 그렇고 앞으로도 중요하다. 정부는 재정적 수단의 접근이 상대적으로 용이하며, 투명하고 공정하며 포괄적인 공공 서비스를 제공해야 할 의무와 권한을 갖추고 있기 때문이다(이창언, 2020e: 273). 물론

SDGs 이행 실천은 정부에도 유익하다.

정부의 SDGs 이행 실천의 긍정적 효과를 나열하면 첫째, 국정운영과 재정의 투명성을 높인다. 둘째, 주요한 정책 결정과정에 시민참여를 높인다. 셋째, 거버넌스를 통해 공공경영의 혁신을 촉진하고, 부패방지 및 퇴치를 촉진해서 정부지배구조를 개선한다. 넷째, 오염의 감소, 천연자원의 보존, 기후변화에 대한 복원력 구축에 영향을 미치는 정책개발을 향상하는 데이터에 대한 접근을 개선한다. 이는 기후 작용과 생태적 지속가능성을 지원한다. 다섯째, 새로운 형태의 경제·비즈니스 기회를 창출하고, 신기술을 활용한 혁신을 통해 경제성장과 일자리 창출을 촉진한다(이창언, 2020b: 134).

경제, 사회, 환경 정책의 통합을 목표로 하는 SDGs 추진은 국정·시정의 영향 영역과 효과를 정리함으로써 당초 전망했던 편익 이외의 편익 창출이 이루어질 수 있다. SDGs를 달성하기 위해서는 정부(지방정부 포함) 이외의 이해당사자와의 제휴가 필요하기 때문에 다 부문적 파트너십 강화로 이어진다. 또한 중앙과 지방정부, 부처 간의 장벽도 넘어설 수 있다. 중앙정부는 지방자치단체의 SDGs 대응을 위한 자금 지원이나 성공사례 보급을 전개하고 지방자치단체의 대응과정에서 국가 정책에 관한 상호 관여와 공헌, 소통이 강화된다. 중앙정부와 지방자치단체는 자신의 활동을 SDGs 틀로 정리해 발신함으로써 그 해법이 있어야 하는 세계의 국가·자치단체와 협력할 기회도 창출된다.

정부(지방자치단체 포함)의 이니셔티브는 SDGs를 통해 더욱 중요하게 부각되고 있다. 정부는 신속하게 전환을 주도할 체제를 구축하는 한편, SDGs를 추진해 나갈 강력한 리더십을 발휘해야 한다(이창언, 2020e: 248).

SDGs 대응을 위한 정부의 활동은 국가차원의 SDGs 추진체계 구축과 구체적인 SDGs 전략과 실행지침 제시, 전국적인 확산을 위한 지방자치단체 SDGs 지원으로 구체화한다. 'SDGs 전략과 실행지침'이 SDGs와 관련한 정책의 집합이라면 '지방자치단체 SDGs'는 지방 지속가능성을 위한 종합전략과 관련되는 정책의 집합이라 할 수 있다(이창언, 2020e: 272).

정부의 SDGs 추진 시스템과 수단(도구)은 SDGs 모니터링(유엔에서 SDG 지표의 측정 협력, SDG 글로벌 지표의 정비 등), 일상적 홍보·교육, SDGs 모델 개발, 국제적 스포츠, 박람회와 연계한 SDGs 추진, 지방자치단체와 지역 기업의 강점을 살린 국내외 협력사업 추진, SDGs 추진 기구에 참여한 다양한 이해당사자 그룹과 네트워크 등의 연계, SDGs 달성에 동참하는 기업과 대학, 기관의 지원 등이다. 그리고 적정한 글로벌 SDGs 공급망 구축, SDGs 경영 이니셔티브와 ESG 투자 추진, 개발도상국의 국내 자금 동원을 위한 세제·세무 집행 지원, SDGs 달성을 위한 혁신적인 자금 조달(리딩 그룹 지식인 간담회 휴면예금)의 기획·집행이다. 정부와 지방정부가 SDGs를 국정과 시정 전략으로 삼고 구체적인 시스템과 수단을 통해 체계적인 실행을 전개할 때 SDGs는 달성될 수 있다(이창언, 2020e: 272).

SDGs는 지방, 국가, 지역 및 글로벌 차원의 정기적이고 포괄적 검토에 적극 참여할 것을 약속하고 있다. 그리고 후속 조치와 검토에 관련된 기존 네트워크의 제도와 방법을 최대한 활용한다. 그리고 국가 보고서를 통해 이행성과를 평가하고 지역과 글로벌 차원의 도전과제를 파악할 것이다. 지역 차원의 회담과 글로벌 검토와 더불어, 국가 보고서는 다양한 차원의 후속 조치를 위한 권고 사항에 반영되고 있다(지속가능발전 의제 77항). 물론, SDGs 체제에서 정부가 선진국의 정책과 지표를 적극적으로 수행하거나 혹은 수행하지 않는다고 해서, 국제 사회 또는 국제기구로부터 인센티브 또는 패널티를 받는 것은 아니다(이창언·오유석, 2017: 177-178). 그러나 지구촌 전역에서 SDGs를 이행하기 위해 많은 정부와 지방정부가 자발적으로 참여하고 있다. 그중 하나가 자발적 국가 보고(VNR: Voluntary National Review)라고 할 수 있다. 자발적 국가 보고(VNR)는 지속가능발전을 위한 2030 의제의 후속 조치 및 검토의 일부라고 할 수 있다. 2030 지속능발전 의제 72항, 78항, 79항, 80항에는 다음과 같이 기술되어 있다.

"72. 우리는 향후 15년간 본 의제의 이행에 대한 체계적인 후속 조치와 검토에 참여할 것을 약속한다. 통합적인 후속 조치 및 검토는 견고하고, 자발적이며, 효과적이고, 참여를 장려하는, 투명한 과정이 될 것이다. 이는 의제의 이행에 중요한 역할을 하고, 각국이 의제를 이행하면서 소외되는 사람이 발생하지 않도록 이행의 성과를 평가하고 극대화할 수 있도록 지원할 것이다.

79. 우리는 또한 회원국들이 국가가 이끌고 주도하여 국가 및 지방 차원의 포괄적인 이행 성과 검토를 정기적으로 실시할 것을 장려한다. 이는 각국의 상황과 정책, 우선과제를 고려하고, 선주민, 시민사회, 민간부문 및 관련 이해관계자의 참여를 통해 이뤄진다. 국회와 기타 기관 또한 이러한 과정을 지원할 수 있다.

80. 지역 및 소지역 차원의 후속 조치와 검토는 자발적인 검토, 모범사례 공유, 공동 목표논의 등을 통해, 서로를 통해 배울 유용한 기회를 제공할 것이다. 이러한 측면에서, 우리는 지역 및 소지역위원회와 기관의 협력을 환영한다. 지역 차원에서의 포괄적인 검토 과정은 지역 차원의 검토에 기반할 것이며, 지속가능발전에 관한 고위급 정치 포럼 등에서 이뤄질 글로벌 차원의 후속 조치 및 검토에 기여할 것이다.

84. 경제사회이사회 주관의 고위급 정치 포럼은 2013년 7월 9일 총회 결의안 67/290에 따라 정기적인 검토를 실시한다. 검토는 자발적으로 이뤄지고, 보고서 작성을 권장하며, 선진국, 개발도상국 외에도 관련 유엔기관 및 시민사회와 민간부문 등 관련 이해관계자의 참여 속에 이뤄진다. 검토는 국가 주도로 이뤄지며, 각료급과 그 외 고위급 인사가 참여하도록 한다. 이는 주요 그룹 및 관련 이해관계자들의 참여 속에 파트너십을 구축할 기회가 될 것이다."

'지속가능발전을 위한 2030 의제' 84항에 명시된 바와 같이 지속가능발전에 관한 고위정치포럼(HLPF)의 정기적 검토는 선진국과 개발도상국 모두에 의해 자발적으로 주도되며 주요 그룹의 참여와 파트너십의 활성화를 위한 플랫폼을 제공해야 한다. VNR은 2030 의제의 이행의 가속화를 위해 성공, 도전 및 교훈을 포함한 경험 공유를 가능하게 한다. 국가 및 하위 국가 차원의 포괄적이고 참여적이며 투명하고 철저한 검토 프로세스를 수반할 때, 증거 기반일 때, 가시적인 교훈과 해결책을 도출할 때, SDGs 구현을 주도하는 구체적인 행동과 협업이 뒤따를 때 가장 의미가 있다. '2030 의제 시행' 7년이 되는 지금 VNR은 시행 중인 정책과 전략의 이행과 영향을 보여주는 유용한 도구가 될 수 있다. 그러나 자발적 국가 검토 수행 과정이 SDGs 이행과 별개로 간주되어서는 안 된다. VNR은 그 자체가 목적이라기보다는 각국이 목표와 목표의 이행 진척 상황과 단점을 평가하고 혁신하는 과정이다. VNR은 SDGs의 국가적 구현을 위한 촉매제 역할을 하고 조정 및 정부 전체와 사회 전체의 접근방식을 강화하는 데 유용할 수 있다. 이행 진행 상황에 대한 모니터링과 평가를 강화하고 도움이 더 필요한 분야를 파악할 수 있다. 또한 2030 의제 및 SDGs 시행에 대한 정부와 사회의 인식을 높이기 위한 강력한 커뮤니케이션 도구가 될 수 있다.

VNR은 보편적이고 통합된 성격과 지속가능한 발전의 모든 차원을 존중하는 방식으로 모든 국가에서 2030 의제의 이행 과정을 추적하기 위한 것이다. 74항에 포함된 모든 수준에서 후속 조치와 검토를 안내하는 원칙은 무엇보다도 검토가 실질적이고 지식기반일 뿐만 아니라 모든 사람에게 개방적이고 포괄적이며 참여적이며 투명하며, 특히 가장 가난하고 취약하며 가장 소외된 사람들에게 초점을 맞춘다.

〈상자 9-1〉 SDGs 후속 조치와 검토 과정의 원칙

74. 모든 차원에서 후속 조치와 검토과정은 다음의 원칙을 따를 것이다.

(a) 동 과정은 국가 주도의, 자발적인 과정이며, 각국의 현실, 역량 및 발전 수준의 차이를 고려하며, 국가의 정책적 자율성과 우선순위를 존중한다. 국가의 주인의식이 지속가능발전의 달성을 위한 핵심적 요소이며, 주로 국가의 공식 원천 데이터를 기초로 하여 글로벌 차원의 검토가 이뤄질 것을 고려할 때, 국가 차원의 과정을 거쳐 나온 결과가 지역 및 글로벌 차원에서 이뤄지는 검토의 기초가 된다.

(b) 동 과정은 실행 방안을 포함한 보편적인 목표와 세부목표의 이행 성과를 파악하는 것이며, 이는 지속가능발전목표의 보편적이고, 통합적이며, 상호 연결된 특성과 지속가능발전의 세 가지 차원을 존중하는 방식으로 이뤄질 것이다.

(c) 동 과정은 장기적 관점을 견지하며, 성과와 도전 과제, 격차가 발생한 부분과 중요한 성공 요인을 파악하고, 국가가 정보에 입각한 정책

결정을 할 수 있도록 지원할 것이다. 동 과정은 이행을 위한 방안을 마련하고, 파트너십을 구축하는 것을 돕고, 해결책과 모범사례를 파악할 수 있도록 지원하며, 국제발전체제의 조율과 효율성을 증진할 것이다.

(d) 동 과정은 모든 사람을 위한 개방적이고, 포용적이며, 참여를 장려하는, 투명한 과정이며, 모든 관련 이해관계자들의 보고를 지원한다.

(e) 동 과정은 사람 중심이며, 성 인지적이고, 인권을 존중하며, 특히 최빈곤층과 가장 취약한 계층 그리고 가장 뒤처진 이들에게 초점을 맞출 것이다.

(f) 동 과정은 기존의 플랫폼과 프로세스가 있는 경우 이를 기반으로 하고, 중복을 피하고, 국가의 상황과 역량, 필요와 우선과제에 따라 대응할 것이다. 동 과정은 새로 부각된 문제와 새로운 방법론의 발굴을 고려함으로써 시간이 지남에 따라 더욱 발전할 것이며, 국가 행정 기관의 보고에 대한 부담을 최소화할 것이다.

HLPF는 매년 7월에 경제사회이사회(ECOSOC) 주관으로 8일간 개최되며, 4년마다 국가원수 및 정부 수반 차원의 회의가 유엔 총회 주관으로 개최된다. 이에 따라 HLPF는 2019년에 두 차례 만났는데, 7월에 ECOSOC 주최로, 9월에 총회 주최로 SDGs 정상회의가 열렸다. 2022년 지속가능발전에 관한 고위정치포럼(HLPF)은 VNR이 발표되는 7월에 13일부터 15일까지 뉴욕에서 ECOSOC의 주최로 장관급 회담이 열린다. HLPF는 1년 임기의 회원국 대사이자 상임 대표인 ECOSOC 의장에 의해 소집된다. 2021년까지 255건의 VNR이 실시되었으며(2016년 22건, 2017년 43건, 2018년 46건, 2019년 47건, 2020년 47건, 2021년 42건) 176개국이 VNR을 제시했으며 59개국이 1건 이상의 VNR을 실시했다. 2022년에는 46개국이 VNR을 발표할 것이다.[1] VNR에

1) VNR 및 주요 메시지는 https://sustainabledevelopment.un.org/hlpf 에서 확인할 수 있다.

대해서는 2030 지속가능발전 의제 84항에 자세히 설명되어 있다.

> "경제사회이사회 주관의 고위급 정치포럼은 2013년 7월 9일 총회 결의안 67/290에 따라 정기적인 검토를 실시한다. 검토는 자발적으로 이뤄지고, 보고서 작성을 권장하며, 선진국, 개발도상국 외에도 관련 유엔기관 및 시민사회와 민간부문 등 관련 이해관계자의 참여 속에 이뤄진다. 검토는 국가 주도로 이뤄지며, 각료급과 그 외 고위급 인사가 참여하도록 한다. 이는 주요 그룹 및 관련 이해관계자들의 참여 속에 파트너십을 구축할 기회가 될 것이다."

살펴본 바와 같이 VNR은 많은 국가에서 국가발전 계획 또는 전략은 지속가능발전에 대한 조정되고 통합된 접근방식을 입증하는 2030 의제와 SDGs의 이행을 위한 주요 도구이다. VNR 보고서는 하위 국가 차원의 이행에 관한 관심이 증가했음을 반영하며, 하위 국가 검토인 자발적 지역 보고(Voluntary Local Review, VLR) 또는 자발적 하위 국가 보고(Voluntary Subnational Review, VSR)의 인기가 높아지고 있다. 여러 국가는 SDGs 현지화의 성공을 위한 중요한 수단으로 VNR을 명시하였고, 국가와 지방정부 간 효과적인 관계와 수직적 통합의 중요성을 언급했다.

그러나 데이터 격차, 수집 및 세분화는 여전히 주요 당면과제로 남아 있다. 따라서 국가-도시 통계역량을 강화하기 위한, 새로운 기술 및 비전통적인 데이터소스 사용을 포함한 조치가 필요하다. 수많은 보고서에서는 이해관계자들의 참여와 그들의 중요한 역할을 인식하고 있으며, SDGs 기획, 실행을 위한 이해관계자 협의 메커니즘의 구축 및 통합에 대해 보고하고 있다. SDGs를 꾸준히 달성하기 위해 SDGs 구현을 모니터링, 검토(평가) 및 결과에 따라 이니셔티브를 개선하는 과정이 매우 중요하다. 그리고 SDGs를 승인한 유엔 비회원국가의 VNR 참여를 위한 방안도 모색되어야 한다. VNR은 정부뿐만 아니라 시민사회와 기업 등 다양한 이해관계자의 SDGs 이니셔티브를 소개하며 각 정부의 적극적인 움직임을 전체적으로 파악할 수 있다는 평가를 받고 있다. SDGs를 달성하기 위해서는 교차평가 및 통합적인 접근방식이 필수적이다. 이 보고서에서는 SDGs 각 목표에 대해 진행 상황을 평가하고 목표, 세부 목표 또는 각 나라의 우선순위 간 상호관계가 평가될 필요가 있다. VNR 프로세스 자체에 대한 광범위한 이해관계자와 시민의 의견을 효과적으로 포착할 수 있는 방법도 찾아야 한다.

현재 한국은 2016년 VNR에 참여한 후 2022년에도 VNR에 참여하지 못하고 있다. 따라서 국가 차원의 SDGs 목표 및 지표를 설정하고 이를 달성하기 위한 조치를 취해야 한다. 그리고 상호 연관성을 잘 포착한 SDGs 연계와 실천이 필요하다. '2030 지속가능발전 의제' 55항은 다음과 같이 언급하고 있다.

> "지속가능발전목표와 세부목표는 통합적이며, 불가분하며, 글로벌한 속성을 가지며, 보편적으로 적용가능하다. 또한 국가의 정책과 우선순위를 존중하며 각국의 현실과 역량, 발전 수준의 차이를 고려하고 있다. 세부목표는 야심차고 글로벌한 특성으로 정의되며, 각 정부는 글로벌한 목표를 지침으로 삼아 자국의 상황을 고려하여 국가적 목표를 설립하였다. 각 정부는 원대한 포부를 담은 글로벌 세부목표를 어떻게 자국의 계획 과정과 정책, 그리고 전략에 반영할 것인지를 결정한다. 지속가능발전과 경제, 사회, 환경 분야에서 진행 중인 관련 과정과의 연관성을 인식하는 것이 중요하다."

개별 국가는 SDGs에 비추어 상황을 고려하여 자신의 목표를 설정해야 한다. 우리도 국가 차원의 목표, 지표를 설정하는 전제로써 먼저 한국이 무엇을 목표로 하는지 구상하고 이를 실현하기 위해 필요한 시스템 차원의 접근과 사회적 변화에 대한 논의를 심화할 필요가 있다. 이러한 논의는 다양한 이해관계자, 특히 젊은 사람들, 취약한 사람들 및 학계를 포함하는 것이 중요하다. 그리고 자발적 국가 보고에 적극적으로 참여해야 한다.

SDGs 국내 이행을 위해서는 "지속가능발전 국내의 다양한 정책프레임워크 간(지속가능발전, 녹색성장, 창조경제, 사회적 연대경제)의 조화와 정책 일관성 강화, 지속가능발전 관련 법(지속가능발전기본법, 저탄소녹색성장 기본법, 국제개발

협력 기본법 등)과 제도 및 정책 개혁[2], SDGs 국내 이행 거버넌스 구축, SDGs 국내 교육이 강화되어야 한다(이성훈, 2015;이창언·오유석, 2017: 178). 이와 함께 전 세계적으로 SDGs 이행 과정을 모니터링 할 수 있는 데이터와 통계를 보완하고 이에 대한 접근성을 높이는 것도 중요하다. 즉, SDGs 각 목표를 효과적으로 이행하고 이행 정도를 제대로 측정하기 위해서는 230여 개 지표 전체에 대해 193개 국가뿐만 아니라 다년간 충분한 데이터 확보가 보장되어 언제든지 데이터를 추적할 수 있는(trackable) 체제가 되어야 한다. 또한 각 지표가 요구하는 수준대로 세분화된 데이터를 확보할 수도 있어야 한다(Dunning and Kalow, 2016). SDGs를 한국, 도시의 실정에 맞게 목표와 지표를 재조정하고 시민이 쉽게 이해하기 위해서는 유사 목표를 통합하고 줄이는 방법도 모색해야 한다(이창언·오유석, 2017: 178).

2. SDGs와 시민사회의 역할

1) 시민사회조직과 SDGs

SDGs는 세계가 협력하고, 인류의 개발·발전 방식을 개선하고, 환경, 빈곤, 사회 문제를 해결하고, 인류의 미래를 지속가능하고 희망을 품을 수 있는 사회로 만들기 위한 큰 추진력이 될 가능성을 내포하고 있다. 국제기관으로부터 시민까지 모든 주체가 SDGs 실천에 참여해서 2030년까지 일정한 성과를 올리기 위해서 무엇을 해야 하는지, 2030년 이후의 포스트 SDGs로 이어나가서 지금보다 더 평화롭고 공정한 지속가능한 사회를 지구 규모, 지역차원으로 구

2) SDGs 관련 국내정책은 국가재정 운용계획(2016~2020), 창조경제 실현계획(2013. 6. 4.), 제2차 녹색 성장 5개년 계획(2014~2018), 제3차 지속가능발전 기본계획(2016~2035), 제2차 국제개발협력 기본계획(2016~2020), 제3차 국가인권정책 기본계획(2017~2021), 협동조합기본법(2012~), 국가인권정책 기본계획(NAP, 2017~2021) 등이 있다.

축하기 위한 방안을 찾아야 한다.

SDGs는 빈곤·환경 과제는 물론, 고용, 경제, 외교, 재정 등 다방면에 걸친 과제와 밀접하게 관련하여, 이들 과제를 주관한다. 따라서 국제, 국내 정부와 유관기관의 수많은 부처·부국의 효과적인 대응 추진이 필요하다. 여러 과제의 동시 해결을 도모하는 것도 중요하고, 부처·부국 간의 제휴를 촉진하는, 강력한 실시체제를 구축해야 한다. 또, 정부·자치단체는, 국내외의 사업자·소비자나 각 지역의 대처를 재촉하는 목표·지표의 구축을 추진해야 한다. 이를 통해 대처 현황을 파악·공유도 가능해진다. 목표실시를 위한 예산조치(지역에서의 대응 지원 예산도 포함한다)나 관련 섹터/조직·지역의 관여·연계를 촉진해 가는 것도 요구된다. SDGs를 추진하는 국제기관·각국 정부와의 제휴도 중요하다.

각국 정부는 빈곤이나 환경문제에 직접적인 이해관계자나 피해를 입는 소수의 중요한 의견을 청취해야 한다. 하지만 권위주의 정부는 취약계층의 입장을 충분히 반영하지 않는 경우가 많다. NGO는 환경문제와 사회문제로 피해를 보는 소수자의 입장에 서서 의견을 표명할 수 있는 존재이다. 각국 정부는 좁은 국익에 얽매이기 쉽다. 개별적 이해를 초월한 지구적 활동을 추진하는 역할이 NGO에 기대되고 있다. NGO의 가치와 이념은 SDGs와 많은 부분 연결된다. 시민사회 단체는 정책 제안 활동 및 컨설팅에 노력하고 있다.

NGO 활동의 세 가지 기둥은 다음과 같다.

첫째, 정책 제안 활동이다. 정부나 지방자치단체가 설립한 위원회에 참가하여 시민사회의 관점에서 SDGs 실현을 위한 제안활동을 수행한다. 국제회의, 각종 세미나, 학술 심포지엄, 공청회 등의 기회를 활용해 누구도 소외되지 않기 위한 활동을 전개한다. 또한 SDGs와 관련된 국제 네트워크에서 SDGs를 실현하기 위해 국내의 정보를 전파한다.

둘째, 지역 및 기타 부문과의 협력 증진 활동이다. 시민사회의 노력만으로 SDGs를 달성하는 것은 불가능하다. 지속가능발전위원회는 중앙정부, 지방자치단체, 지역의 다양한 기관과 협력을 추진하고 있으며, SDGs에 대한 프로젝트 및 컨설팅을 하고 있다. NGO는 민간기업, 연구기관, 정부 및 정부와의 협력 추진에서 주요한 역할을 수행한다.

셋째, SDGs의 홍보와 교육 활동이다. SDGs 이행 실천에서 시민사회의 역할은 권리, 형평성, 사회 및 환경 문제의 이슈화와 해법 모색 촉진, 사회의 주류에서 소외되거나 도움이 필요한 사람들을 위한 지원 및 서비스 제공의 중요성, 공익수호 활동 등을 수행한다. 또한 정부를 배려하고 적절한 대표성을 제고하는 데도 기여한다. 시민사회 특히 국제 NGO는 국제지식 및 자원에 대한 접근과 기술 지식에 관한 전달 능력이 탁월하다. INGO는 대개 전통적인 기부국가의 모금 프로그래밍 단체와, 목표 실현에 초점을 맞춘 국가 수준 단체 연합 또는 연합체이다. 일반적으로 자율적이며, 네트워크 행동을 조정하는 데 도움이 되는 국제적인 조직과 연계된 경우가 많다(예: 월드비전 인터내셔널 또는 옥스팜 인터내셔널). INGO는 지역 및 국가 NGO와 협력하거나 이를 통해 협력하는 경향이 강하다.

한편 지역에 토대를 둔 시민사회조직(CSO)은 도시 공동체 및 시민의 요구에 대한 깊이 있는 정보와 지식을 토대로 사람들을 조직하고 참여시키는 역량을 갖추고 있다. 시민사회조직의 적극적 참여는 SDGs의 정당성을 높이는 한편, 사회자본(social capital)의 확보라는 차원에서 영향력을 제고할 수 있다. 시민사회는 지역사회 기반조직, 부족, 종교 기반 조직, 지역 및 국가 비정부기구(NGO), 그리고 국내에서 운영되는 국제 비정부기구(INGO)를 포함한 다양한 수준에서 운영된다. 시민사회라는 개념 안에는 여성, 청소년, 장애인, 노인, 전문 협회, 노동조합 등을 대표하거나 조합하는 매우 다양한 종류의 조직을 포함한다. 시민사회조직은 다양한 수준의 공식화, 다양한 수준의 역량과 자원에 바탕을 둔 자선사업, 회원 기부, 정부 또는 기부금 등 다양한 수단으로부터 자금을 지원받으며 스스로 조직화되어 있다. 물론, 조직, 동원, 실행 능력을 포함한 시민사회의 강점은 국가에 따라 매우 다르다. 어떤 경우에는 시민사회조직에 영향을 받는 인구가 적은 나라와 지역도 존재한다. 특정한 국가의 경우 지역사회 기반 조직(Community-Based Organization, CBO)과 NGO의 수가 매우 제한적일 수 있으며, 위에서 언급한 시민사회조직의 기본적 역할을 수행하지 못하는 경우도 있다.

2) 소비자와 SDGs

경제활동의 토대는 소비 동향에 따라 좌우된다. 각국의 소비자는 SDGs를 활용해, 그 대응을 강화할 수 있다. 이를 계기로 주체적으로 움직이는 녹색으로 인간적인 소비자를 증가시켜 나가는 것이 중요하다. 현 상태는 대량생산, 대량소비, 대량폐기가 계속되어 매우 편리한 사회인 반면, 자원의 고갈이나 환경의 악화, 지역 사람들의 인권 침해라고 하는 다양한 문제가 발생하고 있다. 행정이나 기업 등 다양한 주체가 임하고 있지만, 특히 소비자의 행동 없이는 해결할 수 없는 과제가 증가하고 있다. 지속가능한 소비, 사회나 환경을 생각한 윤리적 소비가 기대되고 있다. 구체적으로는 식품 손실과 CO_2 삭감, 종이 사용, 비닐봉지 사용, 플라스틱 사용량 줄이기 등의 행동을 대표적인 예로 들 수 있다. 물론 소비자의 역할은 이것만은 아닐 것이다. '택배 배달 줄이기'도 실천해야 한다. 소비자에게 배달은 편리한 구조이지만, 운전자의 부담이나 CO_2 배출로 이어지고 있다. 또한 휴대전화나 스마트폰에는 '레어 메탈(Rare Metal)'이라고 불리는 희유금속(rare metal, 稀有金屬)이 사용되고 있지만 이 광물의 채굴 현장에서는 아동 노동 문제가 발생하고 있다.

소비자들의 SDGs 행동은 삶의 양식에서의 전환을 요청한다. 최근 지역생산 지역소비나 복구지원 등 다양한 소비와 관련 소비자의 의식적 행동이 많아지고 있다. 이를 '지역에 대한 배려'라고도 하는데 이 외에 '사람에 대한 배려', '사회에 대한 배려', '환경에 대한 배려', '동물에 대한 배려' 등을 강조하는 윤리적 소비가 자주 언급된다. 윤리적 소비는 나의 소비 행위가 다른 사람, 사회, 환경에 어떤 결과를 가져올지 고려하여 환경과 사회에 바람직한 방향으로 소비하는 행위를 뜻한다(황현택, 2014: 123). 그것은 인간과 동물, 자연과 환경을 착취하거나 해를 가하지 않고 윤리적으로 생산된 상품을 구매하는 소비행위, 친환경 소비(에너지 절감 제품사용, 유기농 제품소비, 동물보호 소비 등)뿐 아니라 생산자에게 정당한 값을 지불하는 공정무역, 로컬푸드, 공정여행 등을 포함한다(유홍식, 2012: 24). 윤리적 소비는 '생산을 배려하는 소비'로써 공정무역을 통한 제3세계 생산자와 우리 사회의 약자(장애인, 저소득층)에 대한 지원과 연대 그리고 지속가능한 국내 농업을 통한 식량 자급과 환경 보전을 중요한 내용으로 한다(김태환, 2019: 42). SDGs 실천을 위해 소비자들은 자기 취향과 이익을 추구하면서도 이웃과 사회를 생각하는 소비를 해야 한다. 가해자도 피해자도 없는 소비, 합리적 의사결정이 가능한 소비자, 더 좋은 시장과 더 좋은 사회발전을 위해 적극적으로 참여하는 소비자가 될 수 있도록 노력해야 한다.

〈상자 9-2〉 윤리적 소비자의 자세

- 다른 소비자를 생각한다.
- 일하는 사람을 생각한다.
- 인권을 생각한다.
- 사회적 약자를 생각한다.
- 지역을 생각한다.
- 지구 자원의 보전이나 환경 오염을 생각한다.
- 지구온난화(CO_2)를 생각한다.

소비자가 지속가능한 사회를 위해 제 역할을 다하기 위해서는 올바른 소비를 지탱해 나가는 지원이 필요하다. 왜냐하면 지금 어떤 문제가 일어나고 있는지는 정보를 얻지 못하면 행동하기 어렵기 때문이다. 시민이 소비자 역할을 하는 것도 중요하지만, 정부도 법과 제도를 정비해 주어야 한다. 최근 많은 정부가 지속가능발전목표 달성에 기여하기 위해 안전하고 안심할 수 있는 사회를 실현한다는 사명 아래, 소비자 기본계획에 따라 다양한 시책을 추진하고 있다. 소비자 기본계획에는 ① 소비자안전 확보, ② 신뢰할 수 있는 라벨 표기 및 적용, ③ 공정 거래의 실현, ④ 소비자가 주역이 되는 선택을 하고 행동할 수 있는 사회 환경 조성, ⑤ 소비자피해구제 및 권익 보호의 틀 정비, ⑥ 국가 및 지방소비자행정 체제 정비 등의 조치를 취해야 한다. '어린이 안전사고 예방', '윤리적 소비 역량 강화', '음식물 쓰레기 감축 방안 강구', '지킴이 네트워크 운영' 등이 있다. 이는 SDGs를 직접적으로 반영하는 시책으로 이를 효과적으로 달성하기 위해 다양한 이해관계자와 긴밀한 협력체계(관계부처 네트워크, 연락회의, 협의회 등)를 구축하여 SDGs 13, 14번 목표가 더 효율적·효과적으로 달성할 수 있도록 하는 노력을 해야 한다(허민영, 2020: 15).

한편, 기업도 사회적 책임을 추구해야 한다. 상품을 만들거나 정보를 제공하는 것은 기업의 역할이다. 기업이 이를 방기하면 소비자는 정보를 얻을 수 없다. '지속가능한 소비'를 위해서는 '지속가능한 생산'이 불가결한 것이다. 이를 고려해서 SDGs는 '지속가능한 생산과 소비(목표 13)'를 명기한 것이다. 기업은 생산 과정에서 발생하는 과제와 대처에 대해 충분한 정보를 제공해야 한다.

3. SDGs와 기업의 역할

SDGs는 전 세계 공통의 국제목표이지만 법적 구속력은 없다. 따라서 기업은 이를 따를 의무가 없지만 대기업을 중심으로 SDGs를 경영전략에 도입해서 새로운 기회로 활용하는 기업이 증가하고 있다. 중국의 경우 SDGs 목표 8의 '경제성장'과 SDGs를 연계한 기업성장전략을 채택하면서 인지도도 높아지고 있다. 이는 일본의 상황도 유사하다. 기업의 성장을 위한 장기적인 발전계획의 틀에 SDGs라는 시각이 녹아 있다.

산업혁명으로 시작된 선진국에 의한 개발은 주로 현재와 가까운 장래를 풍요롭게 하는 것이었지만, 단기적인 이익 추구로 치달은 결과, 환경 오염이나 노동문제, 격차 확대 등 많은 과제가 남았다. 지속가능발전을 이행하기 위해서는 미래를 응시해 경제, 사회, 환경의 세 측면을 통합적으로 임하는 것이 상생을 위한 필요충분조건이 되고 있는 것이다. '2030 의제' 제68항에 다음과 같이 기술되어 있다.

"우리는 사회가 재화와 서비스를 생산하고 소비하는 방식을 근본적으로 변화시킬 것을 결의한다. 정부, 국제기구, 기업과 비정부 부문, 그리고 개개인은, 개발도상국이 과학, 기술, 혁신 측면에서 역량을 강화할 수 있도록 모든 자원을 동원한 금융적, 기술적 지원 등을 통해, 지속가능하지 않은 형태의 모든 소비 및 생산 방식의 변화에 기여할 의무가 있다."

중국과 일본은 물론 한국의 기업도 SDGs를 경영 전략에 도입함으로써 기업의 지속가능한 성장을 실현하고, 신규 시장의 개척이나 사업 기회의 창출, 기업 가치의 향상으로 이어진다는 인식이 확산하고 있다. 기업이 SDGs에 적극 나설 이유는 기업 자신의 중장기적인 가치 창조와 지속성 확보를 의도했기 때문이다. 10년, 20년, 30년 후에 예견되는 사회, 경제, 환경 측면의 리스크에 대비하고 개발 과제에 솔루션을 제공하는 것이 기업의 지속적인 발전으로 이어지면서 SDGs를 수용하는 기업도 점차 늘고 있다.

유엔의 역할도 기업의 SDGs 참여에 촉진제 역할을 했다. 2006년 코피 아난 유엔 사무총장이 금융업계에 제창한 '책임투자원칙(PRI: Principles for Responsible Investment)'도 기업이 SDGs에 임하는 한 요인이 되고 있다. PRI는 기관투자가가 환경(Environment), 사회(Social), 기업통치(Governance)의 영어 머리글자를 합친 'ESG'의 시점을 도입해 투자 판단하는 원칙이다. PRI에 동참하는 기관은 점차 증가하고 있으며, 2020년 11월 2일 현재 세계 3,453개 사가 이 원칙에 서명하고 있다. SDGs 수용과 실천은 기업과 사회의 '공통 가치의 창조(CSV: Creating Shared Value)'로 이어지고, 동시에 기업 가치가 지속적으로 향상되면서 장기적인 투자 수익의 확대로 연결된다고 여기는 것이다. '2030 의제' 제67항에는 다음과 같이 기술되어 있다.

"민간기업의 활동과 투자 및 혁신은 생산성과 포용적 경제성장, 고용 창출의 주요한 동력이 된다. 우리는 영세기업부터 협동조합, 다국적기업에 이르는 민간부문의 다양성을 인정한다. 우리는 기업에게 혁신과 창의성을 통해 지속가능발전을 가로막는 문제의 해결에 동참해 줄 것을 요청한다."

이는 SDGs가 기업의 영향 및 성과에 대해 이해관계자들과 더 일관적이고 효과적으로 소통하도록 행동과 언어의 공통 프레임워크를 제공하고 있음을 방증한다. SDGs는 지속가능발전의 모든 차원에 걸친 우선순위와 목적에 통일성을 제공하기 때문에 정부, 시민사회 및 다른 기업과의 더욱 효과적인 파트너십을 구축하는 데도 도움이 된다.

SDGs, ESG, CSR 등의 용어는 각 사가 강조하고 싶은 점이나 어필하고 싶은 대상에 따라 다양하게 사용되고 있다. 이러한 차이는 경영방침, 담당 부서나 직무 방식, 발행하는 기업 홍보지의 명칭 등에도 나타나 있다.

그러나 SDGs나 ESG를 수행하는 기업에는 공통점도 있다. 이는 미래의 기업 운영이나 실적에 결정적으로 영향을 줄 수 있는 위험(물리적, 법적, 평판의 위험요소 등)과 기회가 SDGs나 ESG가 제시하는 여러 과제에 포함되어 있고, 지속가능한 사회 실현에 공헌함으로써 기업 가치의 향상 및 저하 방지에 활용된다는 점이다. 현재는 SDGs를 고객이나 사원, 타 사와의 커뮤니케이션 도구로써 이용하거나 ESG 평가를 높이는 방법으로 활용하는 경우가 많다.

사실 기업의 SDGs 대응이나 CSR(Corporate Social Responsibility, 기업의 사회적 책임)과 해당 기업의 재무성과의 상관관계는 많은 경영학 연구자가 관심을 가지는 주제이다. 따라서 ESG(환경·사회·지배구조) 투자가 경제적 가치 창출로 이어지는지에 관한 다양한 실증 연구가 이루어지고 있으며 연구자들이 CSR의 퍼포먼스와 해당 기업의 기업 가치, 기업 수익 관계의 상관성을 검증하고 있다. 계량 분석 결과 CSR에 적극 나서는 기업들은 재무성과도 탁월한 것으로 밝혀졌다. 특히 금융위기 시에 CSR 전략을 실시하는 기업의 재무지표가 양호한 것(경향)으로 나타났다. 기업의 지속가능보고서의 정보 공개의 충실도와 각 사의 재무성과에서 긍정적인 상관관계가 확인되고 있는 것이다. 물론, 양자 간의 상관관계가 없다는 반론도 있다. 그 이유로 대상 지역·기간의 차이, 사용하는 ESG 등급의 차이, 성과의 정의, 분석 수법의 차이, 인과관계 특정의 곤란 등을 꼽았다. 그러나 적어도 지금까지의 실증 연구의 결과 CSR이 재무성과에 부정적인 영향을 끼치지는 않는 것으로 확인되고 있다.

〈표 9-1〉 기업이 SDGs를 채택했을 때 얻는 이익들

미래 비즈니스 기회 파악	SDGs는 전 세계 공공 및 민간투자의 흐름을 SDGs가 제시하는 도전과제로 방향을 전환하도록 한다. 이를 통해 SDGs는 혁신적인 솔루션과 변화를 가져올 기업에게 새로운 시장을 제시한다.
기업 지속가능성의 가치 강화	기업 지속가능성을 위한 기업의 동인들은 이미 잘 설정되어 있다. 하지만 외부 효과들이 점점 더 내재화되고 있다. SDGs는 기업이 자원을 더 효율적으로 사용하거나 더 지속가능한 대안들로 전환할 경제적인 인센티브를 강화할 수도 있다.
이해관계자와의 관계 강화 및 정책 발전과의 속도 유지	SDGs는 국제, 국내, 지역 차원에서 이해관계자의 기대뿐만 아니라 미래의 정책 방향도 반영한다. 기업의 우선순위와 SDGs를 통합하는 기업은 소비자, 직원, 다른 이해관계자의 참여를 강화할 수 있다. 반면 그렇지 않은 기업은 늘어나는 법적, 평판적 위험에 노출될 것이다.
사회와 시장의 안정화	기업은 실패하는 사회에서 성공할 수 없다. SDGs 달성을 위한 투자는 기업 성공의 주요 요소인 원칙 기반의 시장, 투명한 금융시스템, 부패 없는 원활한 제도 운영 등을 지원하는 것이다.
공통 언어와 공유된 목적 활용	SDGs는 기업의 영향 및 성과에 대해 이해관계자들과 더 일관적이고 효과적으로 소통하도록 행동과 언어의 공통 프레임워크를 제공한다. 이 목표는 세계에서 가장 시급한 사회적 도전과제에 대응하기 위해 시너지를 낼 수 있는 파트너들을 모으는데 도움이 될 것이다.

출처: GRI · UNGC · WBCSD(2015: 4)

세계경제포럼에 맞추어 매년 발행되는 글로벌 리스크 보고서(Global Risks Report)는 국제사회에서 환경문제에 대한 위기의식이 높아지고 있음을 보여주고 있다. 이웃나라 일본 기업은 특히 기후변화 문제에 대한 인식이 높아 SBT나 RE100 등 국제 이니셔티브에 참가하는 것 외에 일본 내에서도 경단련이 장기비전 책정을 기업·단체에 촉구하거나 도전 또는 종식(0) 구상을 밝히는 등 탈탄소사회 실현을 위해 장기목표를 설정하는 움직임이 활발해지고 있다.

이러한 대응은 GRI·UNGC·WBCSD(2015)[3]가 제출한 SDG Compass의

3) GRI(Global Reporting Initiative), 유엔글로벌콤팩트(UNGC), 세계지속가능발전기업협의회(WBCSD)가 개발한 SDG Compass는 세 차례의 협의 기간을 통해 전

아웃사이드 인(Outside in) 접근방식과 일치하는 것으로 바람직한 방향 설정으로 평가 받기도 한다. 다만 일본 기업의 장기 비전을 보면 슬로건과 같은 정성적인 기술에 머물고 있는 것도 적지 않다. 한편, SBT(과학기반감축목표)나 RE100(Renewable Energy 100%, 기업이 사용하는 전력 100%를 재생에너지로 충당하겠다는 캠페인)이라고 하는 국제 이니셔티브 아래에서의 대응은 시나리오 분석이나 로드맵의 작성이 요구되기 때문에 더 구체적인 도달 목표와 거기에 이를 전망이 제시되어야 한다.

기업의 SDGs 장기 목표 달성을 위해서는 사업 포트폴리오(portfolio)의 재검토, 중요 과제 특정, KPI(Key Performance Indicator: 핵심 성과 지표) 설정, 이행을 위한 체제 정비, 종업원의 이해 촉진, 거래처나 이해관계자와의 관계성 강화 등이 요구된다. 많은 기업이 장래의 바람직한 모습에서 필요한 선택과 전략을 모색한다. 대부분의 기업은 목표에 도달하기 위한 다양한 경로를 찾는 백캐스팅(backcasting)을 통해 무엇을 해야 할지를 검토한다. 이때 사원이나 관리직의 의견을 모으기 위한 소통의 장을 만드는 작업도 이루어지고 있으며 보험 업의 시점을 가미한 핵심 과제의 특정·KPI 설정 등이 이루어진다. 미래세대나 유럽, 아시아의 소비자를 의식한 전략을 검토하는 것은 물론, 개개의 현장에서 개개인의 사고와 행동의 변화를 끌어내지 못하면 기업의 혁신이 불가능하기 때문에 사원들의 의식 변화를 위한 연수, 교육에 집중하는 기업도 있다.

세계의 기업, 정부기관, 학술기관 및 시민사회로부터 받은 피드백을 반영하였다. 참고로 GRI는 1997년부터 기업의 지속가능성 보고를 선도한 국제적 독립기관이다. GRI의 임무는 지속가능성 보고의 표준과 다자간 네트워크를 통하여 전 세계의 의사결정자에게 권한을 주고, 더 나은 지속가능한 경제와 세계를 위한 행동을 하고 있다. 유엔글로벌콤팩트는 인권, 노동, 환경 및 반부패에 대한 범지구적 원칙을 기업 전략과 운영에 통합하고, 유엔 목표들을 증진하기 위한 행동을 이행하도록 촉구한다. 세계 최대의 기업 지속가능성 이니셔티브이며, 전 세계 약 160개국 8,000여 개의 기업이 참여하고 있다. 세계지속가능발전기업협의회는 기업, 사회, 환경을 위한 지속가능한 미래를 만들어 가도록 전 세계 비즈니스 커뮤니티를 독려한다. WBCSD는 200개의 기업 회원들에게 현 상황을 변화시킬 비즈니스 솔루션의 확산을 위한 포럼을 제공한다(GRI·UNGC·wbcsd, 2015 : 29).

<그림 9-1> SDGs 나침반의 5단계

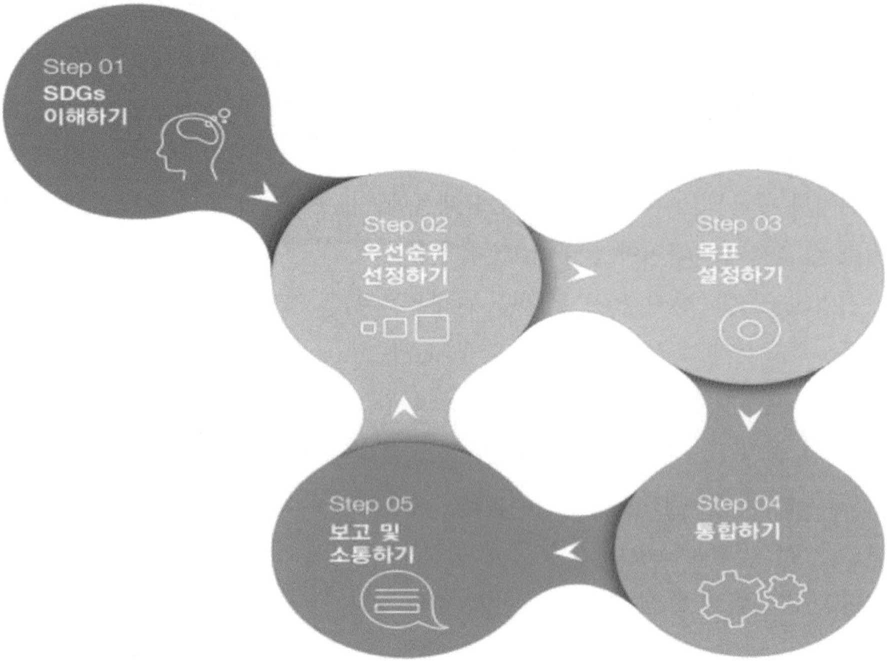

출처: GRI · UNGC · WBCSD(2015: 5)[4)]

세계의 많은 기업은 SDG Compass를 활용하여 경영전략과 SDGs에 대한 공헌을 측정하고 관리하고 있다(이창언, 2020e, 257).[5)] 기업은 'SDG 경영'의

---

4) 국문으로 번역된 SDG korea Compass는 다음을 참고하라.
https://sdgcompass.org/wp-content/uploads/2016/04/SDG_Compass_Korean.pdf

5) 기업의 SDGs 경영은 신규 사업과 시장 개척은 물론 투자자에게 좋은 평가를 받는 기회로 작용한다. 현재 SDGs 시장 기회의 가치는 한 해 12조 달러로 예상되고 있다. SDGs에 적극적으로 임하는 기업은 소비자에게 긍정적인 이미지를 얻게 된다. SDGs는 브랜딩 시책의 하나로도 유효하다. 또한 SDGs는 기업이 경험할 미래의 리스크를 줄이는 데도 유용하게 활용된다. SDGs 각 목표와 세부목표는 전 세계적인 문제이자 해결 과제이자 기업 활동에 영향을 미치는 항목들이다(이창언, 2020e: 257).

전략의 실천을 위해 다음의 다섯 가지 단계를 적용하고 있다. 이를 간단히 살펴보면 1단계(SDGs 이해)는 기업 구성원이 SDGs를 충분히 이해하는 것을 지원하는 단계로서 CSR뿐만 아니라 임원과 회사 전 구성원의 이해를 촉진하는 단계이다. 2단계(우선순위 결정)는 SDGs를 통해 만들어지는 중요한 사업 기회, 위험 그리고 SDGs 인재, 부서, 시설을 점검하고 대응할 과제를 결정하는 단계이다. 3단계는 경영전략의 성공에 영향을 미치는 중대한 사안과 기업 전체 사항의 공유를 촉진하고 목표를 발표하는 단계이다. 4단계는 핵심사업과 기업지배구조로 지속가능성을 통합하는 단계이다. 5단계는 보고와 커뮤니케이션을 하는 단계이다(이창언, 2020e: 257). 이 과정은 모든 단계를 거친 후 2~5단계를 반복하면서 정교화된다.

물론 SDG Compass의 5단계는 해당 기업이 관련 법령을 준수하고 최소한의 국제 표준을 존중하며 우선과제로 기본적 인권 침해에 대처할 책임성을 전제한다. SDG Compass는 다국적 기업에 초점을 두고 계발되었지만 중소기업과 기타 조직의 현실적 상황과 조건, 필요에 따라 이를 변용하여 활용할 수 있다(GRI·UNGC·WBCSD, 2015: 5-28; 이창언, 2020e: 257).

중국의 보고서는 SDGs 기업 경영의 의미를 이제 기업운영에 정착시켜야 한다는 점을 강조한다. 이를 위해 다음과 같은 방안을 제시한다. 첫째, 장기목표 설정이다. 위에서부터 아래에 이르기까지 지속가능발전의 중요성을 전반적으로 고려하여 업무와 관련된 SDGs를 정리, 확인, 통합하여 기업의 경영발전에 부합하는 지속가능발전을 위한 포지셔닝과 전략을 수립해야 한다는 것이다. 둘째, 전략과 회사 내 보급이다. 중국 기업들은 지속가능발전관리위원회 설치, TF 설치, 부처 간 협력체제 구축, 각 부처의 명확한 관리 책임을 포함한 이사회 및 고위 관리들의 참여와 지원을 확보해야 한다는 것이다. 셋째, SDGs 이행과 실천, 달성도를 평가하는 도구를 파악하고, 단계적 항목의 설치이다. 이를 통해 실천 활동을 지속해서 추적하고, 업무 실시 과정에서 나타난 문제점을 발견하고, 최적화를 위한 모니터링·평가보고 시스템이 구축되어야 한다는 것이다.

또한 보고서는 기업의 장기적인 미래를 위한 실천과 관련해서 다음과 같이 권고한다. 그것은 첫째, 빠른 응답과 의사 결정 능력, 미래의 불확실성에 대한 대응력이다. 또한, 기업 구성원들의 성인지 능력, 아울러 다양한 경영방법, 조직운영의 기획과 대응 능력의 강화이다. 시나리오별 위험도 점검해야 한다. 예를 들어 재해, 극한 날씨, 정책변화 등을 식별하고, 리스크 사태로 인한 경영 중지, 근무 지체 등의 피해를 최소화하고, 기업의 지속적 경영능력을 유지할 수 있도록 관리조치를 마련하는 것이 필요하다.

둘째, 기업 SDGs는 지속가능발전의 시각에서 기업의 성장점을 발굴해야 한다. COVID-19는 사회 관리와 공공 서비스 방면에 있어서 단점을 드러냈다. 의료자원 배치 문제는 단순히 정부나 관련 비정부기구의 힘만으로는 단기간에 극복의 실마리를 찾을 수 없다. 따라서 위기상황은 오히려 기업들에게 더 많은 참여기회로 작용할 수 있다. 과학기술 관련 업체들은 공공서비스, 사회관리, 환경보호 과정에서 과제와 도전을 발굴하고 온라인 클리닉 서비스, 디지털 커뮤니티 기반 인프라, 기반시설, 오염물 온라인 지도 등의 솔루션(해법)을 제공함으로써 지속가능한 전략과 업무 결합을 실현해야 한다.

셋째, 인문학을 수용한 기업문화 강화, 노동자 조건에 맞는 업무 분장과 배려는 기업의 강화에 기여한다. 조직의 소속감을 위해, 예를 들어 탄력 근무제를 시행하여 자녀가 있는 종업원의 평형근무와 생활 양편의 배치를 용이하게 하거나, 중대한 공중위생 사안에 대한 종업원의 자기 방재관리와 의식 선도를 적시에 지원하고, 종업원의 심리적 소통과 원조에도 중점을 두어야 한다.

넷째, 이해당사자의 요구를 대외적으로 통찰해야 한다. 이는 지속가능한 공급망 관리와 소비를 포함한다. 온라인 비즈니스 모델 업그레이드 등 시장 변화에 대응한 기업 경영전략과 비즈니스 모델을 시기적절하게 조정해야 한다. 디지털화를 핵심으로 하는 기업 경쟁력을 구축하거나 강화해 기업 소비층에 맞는 새로운 소통과 소통 채널을 만드는 작업에도 힘을 쏟아야 한다.

정리하면 지속가능한 사회를 실현하고, 생존과 미래를 위해 기업이 취할 수 있는 조치의 핵심은 지속가능발전목표의 실천이다. 이는 'TBL(Triple bottom line)', 즉 경제의 번영, 환경의 질, 사회적 공정을 염두에 두고 기업의 비전, 정책, 전략을 재정의 하면서 시작한다. 이를 위해 기업의 지속가능성에 대한 경제적, 환경적, 사회적 목표·지표를 정해야 한다. 동시에 명확한 성과 목표를 갖춘 지속가능한 생산·소비 프로그램을 수립하고 조직으로서의 장기적인 관점에서 정부와 시민사회, 기업과의 협력 관계를 구축하는 것이다.

기업은 SDGs 관련 정관, 행동 강령 또는 실무 지침을 도입하여 바람직한 행동과 실적을 확보해야 한다. 이를 위해 지속가능경영의 관점에서의 사업 운영 기준 설정과 이에 따른 보고를 포함하여 지속가능성 원칙의 비즈니스 관행에 대한 통합적 진행 상황을 측정, 평가와 피드백, 보고를 수행해야 한다. SDGs이행과 목표 달성을 위해 기업이 활용하는 중요한 메커니즘 또는 도구로는 (a) 평가 도구 및 감사 도구(환경 영향 평가, 환경 위험 평가, 기술 평가, 전 과정 평가 등), (b) 관리 도구(환경 경영 시스템과 환경 디자인 등), (c) 커뮤니케이션 도구 및 보고 도구(기업 환경 보고서 및 지속가능성 보고서 등) 등을 들 수 있다. 이러한 적절한 관리시스템을 가진 기업만이 과제 대응력도 효과적일 수 있다. 여기에 더해 기업 운영의 투명성과 혁신, 사회적 공헌의 실행을 위한 지역사회 이해관계자와의 정기적인 소통의 장이 만들어져야 한다.

4. SDGs와 대학의 역할

고등교육은 국가경쟁력을 좌우하는 핵심 요소이자 미래사회를 이끌 인재양성이 이루어지는 최종 교육단계이다. 따라서 사회가 변화되는 모습을 발 빠르게 예측하고 선제적(先制的)인 정책적 변화의 필요성이 제기되고 있다(KEDI, 2019: 3). 고등교육은 세계 여러 나라에서 각기 고유한 역사와 문화, 정치 사회적 맥락을 갖고 성장해 왔다. 그러나 1990년대 세계화와 지식기반 경제사회가 세계 전반적으로 고등교육에 미친 영향은 실로 막대한 것이 사실이다. 글로벌 환경의 변화는 다섯 가지 차원에서 분석된다. 그것은 정치적 차원에서 미국 패권주의 약화와 다국적·무형적 네트워크 권력의 주도, 경제적 차원에서 불균형과 양극화의 심화와 고용 없는 성장의 지속, 사회적 차원에서 국제적 이동의 증가와 인구구조의 변화, 기술적인 측면에서 ICT(Information and Communications Technologies: 정보통신기술, 이하 ICT)와 인공지능의 발달이다(KEDI, 2019: 27; 이창언, 2020b: 125).

UNESCO는 2016년에 변화하는 미래사회에 대비하기 위한 고등교육의 혁신을 위해 "교육 과정 및 교수역량 강화가 필요하고, 고등교육 시스템 안에서 다양하고 구체적인 커리큘럼이 각 분야 사이에서 조화롭게 이행되어야 한다."라고 조언했다. 미래사회의 특성과 그 사회에서 요구하는 구체적인 역량 강화와 고등교육 혁신을 이루기 위해서는 기초 교양교육과 학부 커리큘럼의 변화, 교육방법의 변화, 고등교육의 글로벌화, 평생교육 측면에서의 커리어 개발 강화를 통한 고등교육의 혁신, 고등교육 질 제고를 위한 대학평가제도 개선이 선행되어야 한다(KEDI, 2019; 이창언, 2020b: 125).

고등교육과 지속가능성을 구체적으로 명시하고 있는 SDGs 목표 4(양질의 교육과 평생교육)의 세부목표는 SDGs 4.3과 SDGs 4.4이다. 고등교육에서의 지속가능성은 양질의 기술교육, 직업교육 및 대학을 포함한 고등교육에 대한 평등한 접근을 보장하고(SDGs 4.3), 이러한 교육기회를 통해 궁극적으로는 양질의 일자리를 찾고, 창업 활동에 필요한 전문, 직업기술 등 적합한 기술을 지닌 청소년과 성인의 수를 실질적으로 늘려가는 것(SDGs 4.4)을 의미한다(UNESCO, 2016; 이창언, 2020b, 125). 지속가능발전교육(Education for Sustainable Development, 이하 ESD)과 SDGs 교육은 대학생 직업교육, 창업교육, 세계시민교육, 평생교육과 디지털 혁명에 대응하는 교육의 중요성을 강조한다. 신성장동력 창출을 위한 대학의 변화, 학령인구와 고령화 등 사회변화에 대처하는 고등교육의 역할 변화, 사회 불평등 및 사회문제에 대한 해법을 제시하는 고등교육의 역할 재정립, 지속가능발전을 선도하는 거점으로서의 대학교육의 역할 강화가 절실하다(이창언 2020b: 125).

대학은 교육, 연구, 새로운 지식의 발견과 창조와 구현을 통해서, 기술적·사회적 진보를 촉진한다. 대학은 지식의 창조와 보급이라는 특별한 지위와 사회공헌 임무를 수행하기에 SDGs 이행 실천 과정에서 중요한 역할을 담당한다. SDGs는 대학교육, 대학연구, 대학 내부의 거버넌스 운영과 혁신에 기여한다. 반대로 대학이 SDGs에 기여하기 위해서는 대학 구성원과 지역사회 구성원들에게 지속가능발전 과제를 이해하고 해결하기 위한 지식, 기술, 동기를 부여해야 한다. 대학은 SDGs 전체 또는 개별 목표와 주제에 대한 체계적인 교양과 SDGs 프레임워크의 목적과 사용 방법에 관한 지식과 정보를 제공해야 한다(이창언, 2020b: 135).

| 10장 |

지속가능발전교육(ESD)과 SDGs

SDGs는 유아, 초등, 중·고등학교, 대학 교육, 기술 및 직업훈련 등 모든 수준에서 포용적이고 공평한 양질의 교육을 제공할 것을 약속한다. 성, 나이, 인종 또는 민족과 관계없이, 특히나 취약한 환경에 처한 장애인, 이주민, 선주민, 아동과 청년을 포함한 모든 사람이 기회를 얻기 위해 필요한 지식과 기술을 습득하고 온전하게 사회에 참여할 수 있도록, 평생학습 기회를 누릴 수 있도록 한다. SDGs는 국가가 안전한 학교와 지역사회와 구성원의 결속을 통해 인구배당 효과를 누릴 수 있도록 지원하면서, 아동과 청년이 온전한 권리를 실현하고 최대한의 역량을 발휘할 수 있도록 적절한 육성 환경을 제공하기 위해 노력할 것이다(2030 지속가능발전 의제 25항).

1. 지속가능성을 위한 8대 핵심 역량과 ESD

지속가능발전교육(Education for Sustainable Development, 이하 ESD)은 지속가능발전의 개념, 내용, 그리고 절차 등에 대한 학습 과정과 더불어 지속가능발전을 달성하기 위하여 학습자들의 능력과 의지를 길러주는 과정의 교육을 의미한다. 즉 개인에서 가정, 학교, 지역사회, 국가, 국제사회에 이르기까지 지속가능성과 관련된 쟁점을 이해하고 진단하며 해소를 위한 교육을 말한다.

ESD는 문제나 현상의 배경을 이해하고, 다각적이고 종합적인 견해를 중시한 체계적인 사고력(systematic thinking), 비판력을 중시한 대안의 사고력(critical thinking), 데이터 및 정보를 분석하는 능력, 의사소통 능력, 리더십 향상, 상호 존중, 다양성 인정, 비 배타성, 기회 균등, 환경 보존과 같은 능력과 태도를 강화한다.

〈표 10-1〉 지속가능성을 위한 8대 핵심 역량

시스템적 사고 능력 (Systematic Thinking competence)	관계성을 인식하고 이해하는 능력, 복잡계를 분석하는 능력, 다른 영역과 규모 속에서 시스템이 어떻게 구성되어 있는지를 생각하는 능력, 불확실성을 다루는 능력.
예측 역량 (Anticipatory Thinking Competence)	복수의 미래 모습을 이해하고 평가하는 능력, 미래를 위해 자신의 비전을 창조하는 능력, 예방 원칙을 응용할 수 있는 능력, 다양한 행동의 결과를 평가하는 능력, 리스크와 변화를 다루는 능력
가치·규범 능력 (Values·Thinking normative competence)	자신 안에 내재된 다양한 행동에 대한 규범과 가치를 이해하고 성찰하는 능력, 이해관계, 이율배반, 불확실한 지식, 모순이라는 대립의 맥락 속에서 지속가능성에 관한 가치·원칙·목표를 협의할 수 있는 능력.
전략적 사고 역량 (strategic competence)	제한적인 지역에서 벗어나 지속가능할 수 있도록 다양한 혁신적인 행동을 집합적으로 발전·실행할 수 있는 능력.

협업 능력 (collaboration competence)	타인에게 배울 수 있는 능력, 타인의 요구, 전망, 행동을 이해·존중할 수 있는 능력(공감); 타인을 이해하고 타인을 배려할 수 있는 능력(공감적 리더십); 그룹 내에 대립을 다룰 수 있는 능력, 협동적, 참여적인 문제해결을 촉구할 수 있는 능력
비판적 사고 역량 (critical thinking competence)	규범, 실천, 의견을 물을 수 있는 능력, 자기 자신의 가치, 인지, 행동을 되돌아볼 수 있는 능력, 지속가능성의 언설에서 입장을 분명히 밝힐 수 있는 능력
자아 인식 역량 (Self-awareness competence)	지역사회와 글로벌 사회에서 자기 자신의 역할을 되돌아볼 수 있는 능력, 자신의 행동에 대한 지속적인 평가와 동기 부여할 수 있는 능력, 자신의 감정과 욕망을 다룰 수 있는 능력.
통합적 문제 해결 능력 (integrated problem-solving competence)	다양한 문제 해결의 틀, 복잡한 지속가능성에 관한 문제 군에 응용할 수 있는 포괄적인 능력, 지속가능한 개발을 추진하기 위해서 실행 가능하며, 포섭적이고, 공평한 해결 옵션을 개발할 수 있다.

출처: UNESCO(2017)

ESD가 처음 공식 국제문서에 등장하는 것은 1992년 리우 정상회의에서 채택된 어젠다 21의 제36장이다. 여기서 ESD는 지속가능발전을 위한 교육쇄신으로서 정규교육을 포함한 교육, 공공인식 및 훈련을 인간과 사회가 잠재력을 완전히 발휘할 수 있는 과정으로 서술되어 있다. 10년 후에 열린 요하네스버그정상회의(리우+10)에서 '유엔 ESD 10년(UN Decade of Education for Sustainable Development, 2005-2014: DESD)'이 제창되어 2005년~2014년에 걸쳐 세계적인 ESD 확산을 도모했다. 이후 세계 각국 정부가 참여하는 ESD 국가위원회(National Committee)를 설립함으로써 교육, 경제, 외교정책 분야에서 ESD의 이념을 반영하게 했다. 핀란드는 ESD의 교과과정 수록 및 학습·교수(teaching)에 대한 새로운 접근법을 통해 ESD를 성공적으로 정규교육에 편입시켰다. 발트해 지역 대학과 고등교육 기관들을 아우르는 국제네트워크인 발트 대학교 프로그램(Baltic University Programme: BUP)도 ESD와 SDGs 교육 확산의 예라 할 수 있다(환경부, 2019: 5; 이홍연, 2020: 259).

유네스코는 ESD의 지속적인 확산을 위하여 2016년부터 2020년까지 약 5년 동안 ESD를 위한 국제실천프로그램(Global Action Programme: GAP)이 실행되었다.

GAP는 ESD의 10년 성과의 확산을 목표로 실시되었다. GAP는 ① 정책추진, ② 학습 및 교육환경, ③ 교사의 역량 향상, ④ 청년의 권한과 역량 강화, ⑤ 지역 수준에서 지속가능한 해법 제시 강화라는 다섯 가지 우선 행동 분야를 설정한다. 2015~2018년에 걸쳐 적어도 다음과 같은 큰 성과를 얻었다. 전 세계적으로 약 900개의 ESD와 관련한 전략적인 정책의 책정, ESD 추진을 위한 1,400개 이상의 프로그램 실시, 약 15만 개 학교와 2,600만 학습자들에 대한 지원, 200만 교사와 46,400여 개의 교육기관 지원, 340만 명의 젊은 리더에 대한 지원, 약 76만 명의 연수자(트레이너) 육성, 5,600개 이상의 시민사회단체의 ESD 활동 촉진, 2,300개 이상의 로컬 ESD 활동 구조 구축 등이었다. 유네스코는 2019년 11월 열린 제40차 유네스코 총회에서는 GAP의 종료 시점에 즈음해 "2030을 위한 지속가능발전교육: ESD for 2030"을 채택하였다.

ESD와 세계시민교육(Global Citizenship Education, GCED)은 '2030 지속가능발전 의제'의 일부분으로, 지속가능발전목표(SDG) 4번 교육 부문에 편입되어 있다. 특히 세부목표 4.7은 ESD와 지속가능한 생활방식, 인권, 성평등,

이미지 출처: ESD活動支援センタ 홈페이지

평화와 비폭력 문화 증진, 세계시민의식, 문화다양성 존중에 우선순위를 두고 있다. ESD와 GCED를 증진하는 데 있어, 상호 연결된 세 가지의 학습 영역인 인지적, 사회·정서적, 행동적 영역은 가치 기반의 총체적인 접근방식, 즉 변혁적인 학습을 발전시키는 데 있어서 필수적인 것으로 여겨진다(UNESCO 2015). 'ESD for 2030'의 주요 과제는 파트너 찾기, 네트워크 간의 연계 강화, 특히 이를 한층 더 촉진하기 위한 지역 네트워크 확립이었다.

2. 지속가능한 사회를 창조하는 ESD의 여섯 가지 관점

ESD 수업의 구성 개념에 대한 이해는 ESD를 실천하는 데 단서가 된다. 아래 〈그림 10-1〉은 일본의 ESD 지원센터에서 제공하는 ESD 관점에서 학습

〈그림 10-1〉 ESD 관점에서 학습 지도의 목표

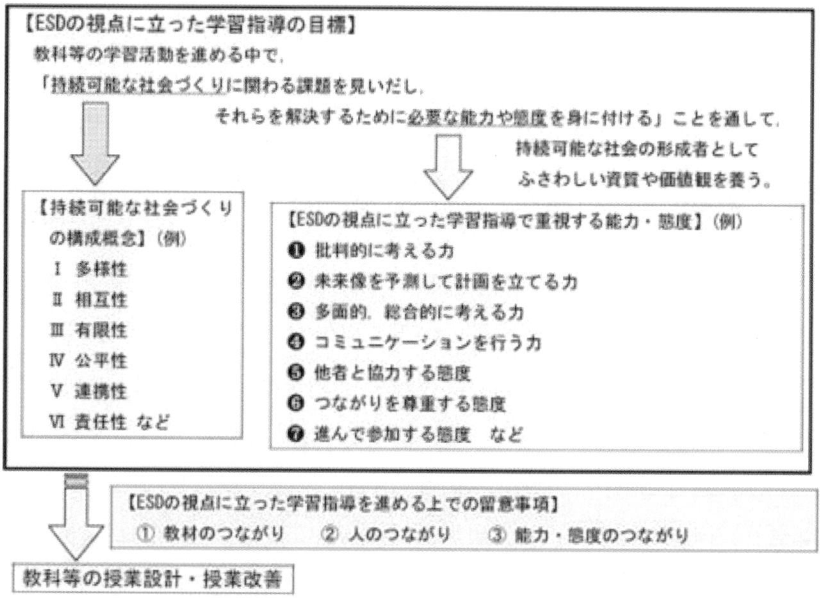

출처: ESD活動支援センタ(https://esdcenter.jp/)

지도 목표를 요약한 것이다. 이 그림은 2021년 일본 국립교육연구소(国立教育政策研究所)가 ESD의 관점에서 학습 활동을 6개의 개념으로 구성한 것이다. ESD와 지속가능한 사회 만들기를 구성하는 개념은 첫째, 다양성(여러 가지), 둘째, 상호성(만물은 모두 관련되어 있다), 셋째, 유한성(지구 자원은 한계가 있다), 넷째, 공평성(사람과 생명 모두 소중하다), 다섯째, 연계성(힘을 합쳐야 한다), 여섯째, 책임성(임무나 의무에 책임을 다해야 한다)이다. ESD에서는 지속가능한 사회 구축을 위한 실천을 목표로 하면서 7개의 능력·태도를 중시한다. 그것은 ① 비판적으로 생각하는, ② 미래상을 예측하고 계획을 세우는, ③ 다면적·종합적으로 생각하는, ④ 소통하는, ⑤ 타인과 협력하는, ⑥ 유대 관계를 존중하는, ⑦ 자발적으로 참여하는 능력과 태도를 말한다. 물론 ESD 관점에서 학습 지침을 강조하는 능력과 태도는 위에서 제시한 일곱 가지에 국한되지 않는다. 필요한 경우 새로운 능력과 태도를 추가할 수 있다.

ESD의 특성은 지속가능발전의 토대가 되는 원칙과 가치를 견지하는 것이다. 환경, 사회, 경제 세 영역 모두의 지속가능성이 함께 발전하는 복지, 평생학습의 증진에 기여한다. 이는 무엇보다 현장(지역)의 수요, 의식구조, 여건에 기반을 두면서도 국제적 영향을 인정하는 것이다. ESD와 SDGs 교육은 지구–국가–지역의 연계처럼 정규–비정규–비형식 교육 모두에 관여한다. 또한, 유연하고 탄력적이며 실용적인 관점을 중시한다. 사례를 통해 지속가능성 개념이 지니는 진화적 속성을 자연스럽게 수용하며 지역 상황, 지구적 이슈, 지역적 우선순위를 고려하여 문제의 해법을 찾는다. ESD는 지역적 의사결정, 관용, 기업가정신, 적응적 노동 등 시민 정신 배양에 힘쓰며 학제 간 연계, 참여적이고 고도의 사고력을 증진할 수 있는 다양한 교육방법론을 활용한다. 이를 종합하면 지속가능발전교육은 학문 융합적이고 전체 지향적, 가치 지향적, 지역에 대한 존중, 비판적 사고와 문제 해결, 참여적 의사결정, 적용 가능성, 다양한 교육수단의 활용 등이라 할 수 있다. 지속가능발전교육(ESD)은 사람들이 그들 자신과 다른 사람을 위하여 현재와 미래를 위한 정보에 입각한 결정을 하고, 이 같은 결정에 근거해 행동하기 위한 태도, 기술, 그리고 지식을 발전시키도록 하는 데 도움을 주는 것을 목표로 한다. 따라서 포용성, 보편성,

다양성, 통합성, 행동성의 특성을 갖는 ESD와 SDGs는 지속가능한 지역사회 혁신의 원천을 제공하고 지역사회 인재 양성 교육으로서 의미를 지닌다(이흥연, 2020: 262).

3. ESD(지속가능발전교육)와 SDGs의 관계

2015년 9월 유엔이 합의한 '우리 세계의 전환: 지속가능발전을 위한 2030 의제'는 모든 SDGs의 지역적 맥락과 관련된 지속가능발전교육의 세부목표를 포함하고 있다. 따라서 ESD, SDGs 교육을 지역화하고, 지속가능한 도시 조성과 2030 의제 달성을 위한 기본원리로 평생학습이 자리 잡아야 한다는 요구가 있다. 학습도시는 특히 SDG 목표 4(모두를 위한 포용적이며 공평한 양질의 교육 보장 및 평생교육 기회 증진)와 SDG 목표 11(지속가능한 도시와 공동체)의 달성에 대응하고 있다(UNESCO, 2017).

지난 수년간 SDGs 달성을 위한 세계 수준의 '양질의 교육'과 '평생교육 증진'은 다음과 같이 진전했다. 그것은 첫째, 지역사회의 모두를 위한 교육, 포용적이고 공평한 기회 제공과 평생학습 기회 증진의 의미와 중요성에 대한 인식 확산이며, 둘째, SDGs 달성을 위한 혁신적인 변화를 가져올 수 있는 또는 가능하게 하는(transformative) 지속가능발전교육(Education for Sustainable Development: 이하 ESD)의 교육 과정과 교수·학습에 대한 새로운 접근법과 실행전략의 실천 촉구이다(이창언, 2020a: 402). 셋째, 지역 수준의 '양질의 교육'과 '지속가능발전'을 가능하게 하는 교육의 도시적 접근법 확산의 중요성 부각 등이다(이창언, 2020a: 402).

'우리 세계의 전환: 지속가능발전을 위한 2030 의제' 91개 항 중에서 교육(education)은 총 22회 확인된다. 교육(education) 관련 주요 언급을 살펴보면 서문의 비전 7항에서 물리적·정신적·사회적 복리의 보장, 사회적 보호에 대한 공평하고 보편적인 접근권 확보를 위해 '보편적 문해력을 갖춘 세상, 모든 수준에서 양질의 교육'을 명시했다. 16항에서는 SDGs는 새천년개발목표

(MDGs)를 훨씬 넘어서는 것임을 강조했다. MDGs의 우선 과제인 빈곤 근절, 보건, 교육, 식량안보, 영양과 같은 지속적인 개발의 과제와 함께 SDGs는 광범위한 경제적, 사회적, 환경적 목표들과 연계되어 있고 이행수단을 가진다는 것이다. MDGs 목표 2는 보편적인 초등교육 목표에 집중되어 있으나, SDGs는 평생학습 제공과 교육의 질을 핵심으로 양질의 교육에 대한 접근성, 생애주기에 맞춘 교육 제공과 취약계층에 대한 교육 기회의 확대, 지속가능발전을 위한 지식과 기술 습득을 위한 교육을 제시하고 있다(이창언, 2020a: 404).

20항에서는 인간 잠재력의 완전한 실현과 SDGs의 달성을 위한 남성·소년들과 평등한 교육 기회와 성인지 관점의 체계적인 주류화의 중요성을 언급한다. 25항에서는 모든 수준에서 포용적이고 공평한 양질의 교육을 제공, 안전한 학교와 화합하는 공동체 건설의 전망을, 26항에서는 가족계획, 정보, 교육 목적을 포함하여 성과 재생산 의료서비스에 대한 보편적 접근을 제시한다. 27항에서는 교육은 지속적이고 포용적이며 지속가능한 고용과 경제성장을 위한 전제임을 분명히 한다. 생산적이고 성취감 있는 일과 완전한 사회참여를 위해서는 필요한 지식과 기술, 교육이 전제되어야 한다는 뜻이다. 37항에서는 스포츠의 교육에 대한 기여를 언급한다(이창언, 2020a: 404-405).

2015년 유엔에서 합의한 '우리 세계의 전환: 지속가능발전을 위한 2030 의제' 중 SDGs 달성을 위한 교육 분야, 특히 ESD에 관한 문헌은 UN SDGs 중 교육목표인 'SDG 목표 4(포용적이고 공평한 양질의 교육 보장과 모두를 위한 평생학습 기회 증진)' 달성을 위한 세부목표에 집중되어 있다. SDG 목표 4는 총 10개 세부목표와 11개 지표로 제시되어 있다. SDG 목표 4를 세부목표별로 살펴보면 7개의 세부목표와 3개의 이행수단으로 구성된다(이창언, 2020a: 405).

SDG 목표 4 'Education for All(모두를 위한 교육)'은 취학 전 아동의 복지 및 교육의 개선, 모든 아이를 위한 양질의 무상 초등 의무교육 달성, 성인과 어린이를 위한 생활 기술 훈련 및 교육의 증진, 성인 문맹률 50% 개선, 초·중등교육에 대한 남녀 격차 해소와 성평등 달성, 모든 면에서 양질의 교육의 질 향상(UNESCO, 2015, Global Monitoring Report, GMR)을 포함한다(이창언, 2020a: 405).

여기서 'inclusive and equitable(포용적이고 공평한)'은 SDGs의 기본 정신으로서 SDGs 전체 목표에서 강조되는 개념이다. '양질의 교육(quality education)'은 교육 기회의 제공을 넘어 교사훈련, 학교 설립, 학습자료 제공, 학습 프로그램의 혁신을 포함하여 교사가 양질의 학습을 제공하며 동기, 힘, 지식, 기술을 이용할 모든 기회를 제공하는 것과 관련이 있다. '평생학습 기회(life-long learning opportunities)'는 SDGs가 MDGs(새천년개발목표)와 달리 선진국을 포함하는 교육목표를 가지고 있음을 보여준다. 선진국은 이미 초등교육, 교육에서 성평등 달성이라는 목표에 도달했기 때문이다. 여기서 평생교육은 생존을 위한 기술 습득보다는 적극적 시민성 함양에 무게를 두는 교육이다. '높은 수준의 민주주의'는 시민적 덕목과 시민의 참여에 달려 있고 이는 결국 시민성 교육을 전 사회적으로 시행할 때 가능하다(이창언, 2020a: 405).

SDG 목표 4인 양질의 교육은 첫째, '모든 이(for all)'를 대상으로 한다. 이는 SDGs 이전의 '모두를 위한 교육(Education for All)'의 정신을 계승한 결과이자, SDGs의 모든 영역에서 일관되게 강조되고 있는 '누구도 소외하지 않는다.'는 목표를 반영한 것이다. 둘째, '포용적이고 공평한' 교육을 추구한다는 것이다. 셋째, '양질'의 교육 제공은 과거 MDGs에서 초점을 맞추었던 교육 기회의 양적 확대뿐만 아니라 교육의 질적 측면 또한 향상할 수 있다는 것이다. 넷째, SDG 목표 4는 과거 '보편적 초등교육의 달성'에 초점을 맞춘 MDGs 2와는 달리 '평생학습 기회 증진'을 그 비전에 포함할 수 있다는 점에서도 주목을 받는다.[1] SDG 목표 4에는 이러한 것의 달성을 위한 적정한 수준의 재원 확보, 정책적 일관성의 유지, 다양한 이해관계자들과의 파트너십 구축을 위한 협력 등을 강조한다(이흥연, 2020: 263).

SDG 목표4에서는 기회 보장의 범위를 초등교육만 국한하였던 과거와 달리 유아교육에서 고등교육, 직업교육 및 평생학습까지 확대할 수 있다. 또한, 단지 양적 발전뿐만 아니라 교육의 질에 관한 논의가 포함되었으며, 교육내용과 성과를 강조한다는 특징이 있다. SDGs 목표 4는 교육 2030의 10개 세부목표

1) 박수연·양혜경·장은정(2015), 『Goal 4. 모두를 위한 포용적이고 공평한 양질의 교육보장 및 평생학습 기회 증진』, 한국국제협력단.

중에서 4.1과 4.2는 보편적 초등교육 달성에서 확대하여 양질의 중등교육, 초등교육과 연계된 유아교육을 제시한다. 4.3, 4.4, 4.5의 3개 목표는 고등교육과 직접적인 관련이 있다. 4.3과 4.4는 적정비용 양질의 기술교육, 직업교육 및 대학 교육 과정을 포함한 고등교육에 대한 청소년과 성인의 교육 접근성 제고를 주문한다. 4.5는 성차별 해소, 취약계층이 교육과 직업 훈련을 받을 수 있는 동등한 접근성을, 4.6은 문해력과 수리력에 대한 성취도를 언급하고 있다(이창언, 2020a: 405). 4.7과 4.b도 한국 고등교육 정책 추진에 있어 고려해야 할 목표에 해당한다. 구체적으로 살펴보면, 4.3은 기초교육 단계 이후의 교육에 대한 접근성 보장과 관련한 목표이며, 4.4는 노동시장 적합성 제고라는 관점에서 고등교육 단계에서 가르쳐야 할 교육의 내용을 다루고 있다. 그리고 4.5도 교육 기회의 형평성이라는 측면에서 고등교육 단계에서 매우 중요한 목표이다. 이외에도 4.b는 개발도상국의 고등교육 기회 확대를 위한 국제 협력이라는 점에서 개발 협력의 목표이지만, 고등교육의 국제화라는 측면에서 볼 때 한국 고등교육이 달성해야 할 목표라고 할 수 있다. 또한, 4.7은 교육이 지향하는 가치의 문제를 다루기 때문에, 고등교육의 내용과 관련해서도 간과할 수 없는 목표이다(이흥연, 2020: 264).[2)]

〈그림 10-2〉 ESD와 SDGs 목표 4의 관계

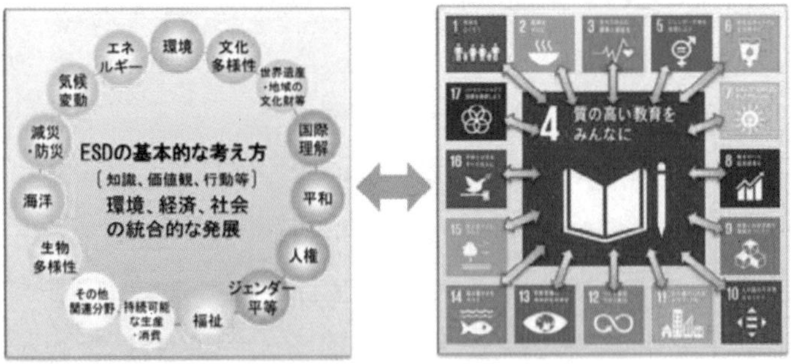

출처: 일본 환경성(http://www.kankyokan.jp/blog-2021-3-2/)

2) 박환보(2018), 「한국교육과 SDG4-교육 2030: 양질의 고등교육 제공」, 『한국의 교육과 SDG4-교육 2030』, 유네스코한국위원회, 68쪽.

ESD에 관해서는 세부목표(4.7)와 지표(4.7.1)에 집중적으로 제시되어 있다. 세부목표 4.7은 "2030년까지 지속가능발전 및 지속가능한 생활방식, 인권, 성평등, 평화와 비폭력 문화 확산, 세계시민 의식, 문화적 다양성 존중 및 지속가능발전을 위한 문화의 기여에 대한 교육을 통해 모든 학습자들이 지속가능발전을 촉진시키는 데 필요한 지식 및 능력을 함양할 수 있도록 보장"함을 명시한다. ESD의 진전을 가늠하는 지표는 (ⅰ) 세계 시민의식 교육, (ⅱ) 양성평등과 인권을 기본으로 한다. ESD 도구는 (a) 독해, (b) 국가 교육정책, (b) 교육 과정, (c) 교사 교육, (d) 학생 평가 등 모든 수준에서 이루어지는 범위다(이창언, 2020a: 406).

4. ESD·ESDGs 교육의 의의와 지방 ESD 혁신 과제

1) ESD, ESDGs의 의미와 단계별 주안점

월드워치연구소(2018)는 향후 인류가 겪게 될 변화에 유연하게 대응할 수 있는 능력을 제고하는 교육이 필요하다고 말한다. '지속가능성 교육과 회복탄력성 교육을 극대화하는 수업과 프로젝트 중심의 교육 과정'이 설계되어야 한다는 것이다. 소비 시대가 끝나면 더욱 커질 가치로서 다양한 생활기능, 그리고 사회정서학습 같은 대처 능력이 혼란과 갈등이 지배할 미래를 분별 있게 헤쳐 갈 기반이 될 수 있다는 것이다(이홍연: 2020: 268). '지구교육 핵심 원리' 또는 '지구 핵심(Earth Core)'에는 지구의존성이 있다. 지구의존성은 "하나의 생물종이자 하나의 문명이기도 한 인류가 절대적으로 철저히 지구에 의존하고 있다는 사실을 깊이 이해하는 것"을 의미한다. 지구교육 핵심 원리는 '하나의 원리를 토대로 또 다른 원리가 쌓이는 형태로' 여섯 가지 원리를 일컫는다. 그것은 "지구의존성을 바탕으로 상호의존성, 창의력, 딥러닝(심층학습, Deep Learning), 지구 중심 리더십이 포함되며, 생활기능이 근간을 이룬다"는 것이다(월드워치연구소, 2018: 45-48). 지구교육 핵심원리는 '지속가능성의 핵심 역량(Key Competencies in Sustainability)'과 유사한 내용을 함축하고 있다. 상호의존성과 딥러닝 능력은 시스템적 사고 역량이라고 할 수 있다. 여기서 상호의존성은 문화와 교리, 피부색, 성별 혹은 성적 지향성과 상관없이 인간과 인간, 인간과 자연이 서로 의존하는 관계임을 더 깊이 이해하는 교육을 의미한다. 그리고 딥러닝은 학습하는 법을 배우는 능력을 교육하는 것을 말한다. 일련의 정보를 다른 영역에도 적용할 수 있는 능력을 의미한다. 딥러닝 능력은 세상은 서로 연결되고 중첩된 시스템들로 구성되어 있으며 그중 다수는 비슷한 규칙을 따른다는 사실을 이해하는 시스템적 사고와 연결된다. 상호의존성은 도덕과 인성과 타자와의 공감 능력을 포함하는 가치(규범)적 사고 능력으로, 딥러닝은 네트워크의 중요성과 협업적 사고 능력 제고로 이어진다(이흥연, 2020: 268).

지구핵심교육에서는 현재와 미래의 문제에 대한 해결에 필요한 창의력 교육은 예측적 사고 역량, 전략적 사고 역량과 맞닿아 있다. 생활기능은 비판적 사고 역량, 예측적 사고 역량의 조합이라 할 수 있다. 지구 중심적 리더십은 "지속가능한 미래를 건설하기 위해 열정적으로 노력하고, 인류가 앞으로 닥칠 변화에서 살아남을 수 있도록 돕는 경건한 지구 시민이 되도록 능력을 부여하고 용기를 북돋워 주는 교육의 결정체"라 할 수 있다(월드워치연구소, 2018: 53-54).

ESD는 환경 친화적이고 건강하며, 포용적이고 평등한 세계·국가·도시, 일, 고용, 기업가 정신, 시민성을 고양하기에 좋은 환경과 리더십, 커뮤니케이션 능력을 제고하는 과정이다. ESD는 형식, 비형식, 무형식 전달 메커니즘과 다양하고 유연한 학습 경로, 학습에의 진입 및 재진입을 가능하게 함으로써 대학 구성원만이 아니라 국가와 지역사회에 거주하는 모든 연령층, 모든 교육 단계에서 평생학습 기회를 제공한다(이흥연, 2020: 260). 모든 사회와 모든 계층의 학습요구를 고려함으로써 평등과 포용은 촉진된다. 이를 위해서 대학에서의 ESD는 전공, 교양교육은 물론, 과학과 기술, 가족, 고용, 산업 및 경제발전, 이민과 통합, 시민정신, 사회복지와 공공재정 관련 정책을 포괄하는 범 영역적 접근이 반드시 필요하다. 그 결과 지역사회 다 부문적 그룹들이 세계와 국가, 지역사회 변화 관리자가 될 수 있도록 성장을 지원하여 개인의 역량을 향상시킬 수 있다(이홍연, 2020: 260-261).

ESD가 지속가능발전 개념과 내용, 절차 등에 대한 학습 과정인 동시에 지속가능발전을 달성하는 데 필요한 능력과 의지를 길러주는 과정으로써의 교육을 의미한다면 ESDGs(Education for Sustainable Development Goals)는 '지속가능발전을 위한 교육(ESD)'에 기반하면서 ESD뿐만 아니라 더 넓은 범위의 이슈, 목표를 포함한다. 또한 사람들이 어떻게 SDGs에 참여할 수 있는지에 초점을 둔다. ESDGs는 사람들에게 전공과 상관없이 SDGs가 포착한 문제를 해결하고 사회에 필요한 변화에 기여할 수 있는 기술, 지식, 사고방식을 제공하는 교육으로 정의한다. ESDGs의 목표는 학습자가 지속가능한 미래를 형성하는 적극적인 행위자가 되도록 권한과 동기를 부여하는 것이다. ESDGs의 고유 요소는 지속가능발전에 대한 교차 인식, SDGs 활용 능력, 전문지식과 기술의 융복합 능력, 혁신의 동기, 협업 등을 들 수 있다(SDSN, 2020).

ESD와 ESDGs가 효과적이기 위해서는 맞춤형 교육 지원 사업이 필요하다. 사람들의 의식은 하루아침에 바뀌지 않는다. 또한, 실천도 한꺼번에 도약하지 않는다. 이는 눈높이에 맞는 지역사회 SDGs 접근 방법과 도구를 제공해야 하는 근거가 된다.

〈표 10-2〉 SDGs 인식과 실천의 단계와 단계별 주안점

단계	구분	대응의 주안점
1단계	SDGs에 대한 지식도 없고 관심도 얕은(SDGs와 접점 없는 생활)	글로컬 맥락에서 빈곤·사회적 배제 문제와 지구환경의 실태를 모르고, 관심도 얕은 단계. 대부분의 사람이나 조직이 이 단계임.
2단계	SDGs에 관심을 갖고 배우는(SDGs에 대한 관심과 이해)	SDGs 17개 목표, 기초적인 지식, 세계관이나 특징을 학습하는 단계. SDGs에 관심과 이해를 높이고 미래사회를 논의할 기회를 만드는 것이 중요함.

단계	구분	대응의 주안점
3단계	SDGs의 복잡성을 이해하는(SDGs의 복잡성 발견)	SDGs의 각각의 목표의 배경에는 복잡한 요인이 서로 영향을 미치고 있음을 이해하는 단계. 이 단계에서는 다양한 사안을 다양한 관점에서 파악하고, 통합적으로 바라보며, 자신의 삶과 연결해서 재검증하는 자세가 요구됨.
4단계	SDGs의 복잡성을 이해하나 자신과 소속된 조직만으로 해결책을 찾거나 행동하는(SDGs의 복잡성·상호연계성을 인식한 개인이나 조직의 행동)	SDGs를 툴로 활용함으로써 그동안 분리된 문제나 과제를 연계(통합적)하고, 과제의 원인과 관계를 다시 파악하고(비판적), 글로벌·지역적 맥락에서 재해석하고(맥락적), 관련된 개인, 조직, 사회의 변모를 촉구하는(변용적) 단계.
5단계	협동을 권하고 이루어내는(SDGs의 복잡성에 대처하는 우리의 협동, 사회적 프로젝트)	자신과 소속된 조직만으로는 문제 해결이 안 된다는 점을 인식한 후 통합적인 문제 해결을 위한 다양한 주체의 힘을 추렴하는 단계.

출처: 佐藤真久(2020)의 논의 재구성

최초의 단계 1.0에서는 자신들의 인식과 실천이 SDGs의 어떤 목표와 관련이 있는지를 이해하는 단계이다. 이는 시민의 버팀목이 되기도 하고, 활발한 시민 활동을 촉진하는 계기가 되기 때문에 대단히 중요하다. 다음의 2.0에서는 사회와 대화하면서 SDGs의 3요소를 채울 수 있도록 활동 내용을 개선해 가는 것이다. 1.0부터 2.0까지는 단계적인 SDGs의 추진 기법이고, 3.0과 4.0은 2030년을 향해서 야심적인 목표를 내걸어 도약하는 것을 의미한다. 이 단계는 SDGs의 3요소를 충족한 새로운 대응을 서서히 인식하고 이를 실천과 연계하여 사고체계와 발전시키고 구조화한다. 각 나라와 도시의 SDGs 미래 사회 계획에 필요한 3요소는 ① 환경·사회·경제의 순환, ② 국가와 지방을 대표하는 모델로서 독창성(Originality), ③ SDGs 추진 체제와 수단이다. 첫째 요소는 SDGs의 포괄성과 통합성을, 둘째 요소는 SDGs의 보편성과 주체성(국가·지방 모델구축)을, 셋째 요소는 SDGs의 체계성과 연대성과 관련이 있다(이창언. 2020e: 255-256). 이는 '지속가능발전목표 달성을 위한 교육(Education for Sustainable Development Goals, ESDGs)'을 누가 실행할 것인지, 기존의 대응을 어떤 형태로 활용할 수 있는지를 명확하게 인식하고 실천하는 것을 의미한다.

2) 지방 ESD, ESDGs의 과제

SDGs 채택 이후 한국에서는 평택을 시작으로 전국 각지에서 지속가능발전대학이 설립 운영되었다. 지속가능발전대학은 SDG 목표 4번인 '양질의 교육'을 충족시키려고 했다는 점에서 지방 ESD(지속가능발전교육), ESDGs 교육으로 규정할 수 있다.

2000년 6월 IWGE(INTERNATIONAL WORKING GROUP ON EDUCATION)에서 논의된 '양질의 교육'은 양질의 학습자(Quality Learners), 양질의 환경(Quality Learning Environment), 양질의 자료(Quality Content), 양질의 교육 과정(Quality Process), 양질의 산출물(Quality Outcomes)을 포함한다. 이는 지역사회의 지원, 수강생 개인의 준비된 상태, 적합한 자료와 시설의 구비, 주요 이슈에 관한 지식과 정보를 제공하는 자료와 교육 과정, 잘 관리된 교실과 배움을 촉진하기 위한 능력 있는 평가를 포함한 수요자 중심의 교육 접근법을 이수한 교사들을 통한 교과과정, 사회 내에서 긍정적인 참여와 국가별 교육목표와 연계된 지식, 능력, 태도를 포함하는 산출물이라고 할 수 있다.

지속가능발전대학 기획과 운영의 시스템 접근은 협력기관(협의회 서비스)의 교육 과정, 교수·학습(지속가능발전대학 서비스), 인적 역량 형성(지속가능발전대학 준비 스텝의 서비스), 시설(운영 서비스), 파트너십(지역사회 지원 서비스)에 관한 이해뿐 아니라 교육 환경과 서비스를 높였다. 지방자치단체와 지역대학은 SDGs 추진력으로서 인적·재정적 자원과 전문적 지식과 정보, 교육 장소(강의, 워크숍, 졸업식)를 제공한다. 다양한 직업군, 성별, 연령대를 포용하며 평생교육의 기회를 제공했다(이창언, 2020a: 413).

〈상자 10-1〉 평택지속가능발전대학 운영 사례

지역사회의 '다 부문적 협력 틀'인 '지속가능발전대학'은 평택에서 시작되어 전국으로 확산되었다. 평택지속가능발전대학은 일본의 Center of Community(이하 COC) 즉, '대학·도시 파트너십 협의회'를 모델로 삼았다. 일본 COC 모델은 지역 소재 대학(부설 센터나 연구소)과 지자체 내의 도시를 통합적으로 관리하는 부서, 관내 중간지원 조직과 민간 부문(시민 단체, 기업) 관계자들로 구성하여 지역사회 협력을 위한 역할을 실행한다. 일례로 일본 요코하마시립대학 COC사업의 주된 목적은 '지역재생 및 활성화의 거점이 되는 대학 형성'이다. COC사업은 요코하마 대학이 지자체와 연계하여 지역문제와 관련된 교육·연구·사회공헌 활동을 이행하는 사업을 대상으로 한다. 대학 내 전담조직 소유, 학교 전체의 교육 커리큘럼·교육 조직 개혁 등 전 학교 차원에서 시행되는 사업은 지자체의 실질적 지원이 이루어지고 있다. "COC사업의 방향은 첫째, 지역관련 교육 및 커리큘럼 개혁을 통한 글로벌·로컬 인재 육성, 둘째, 교원의 지역공헌 활동 지원을 통한 지역 과제 대응, 셋째, 위성거점 개설을 통한 지역 활성화 기여, 넷째, 공개강좌의 강화 및 발전(환경-지속가능발전 관련 강좌 추가), 다섯째, 자원봉사 지원실 설치를 통한 학생의 지역공헌 활동 지원 강화 등이다. '대학·도시 파트너십 협의회'가 기관의 리더들로 구성된 정례회라면 협의회 '사무 담당자 회의'는 실무적인 논의 테이블이다(이태희 외, 2016:53)."

평택지속가능발전대학이 참고한 '대학·도시 파트너십 협의회 모델'은 SDGs 이행과 실천이 시민 사회를 포함하여 국가, 광역과 기초 지자체, 다자기관, 국제단체, R&D 기관의 공동행동을 도시 지속가능성의 필수요소로 설정한다. 그 이유는 "지속가능발전의 성공은 다양한 그룹의 공동 노력과 재정, 역량 개발, 연구, 혁신을 포함한 모든 수준의 정부 단위의 접근과 행동이 필요(ICLEI, 2018: 33)"하기 때문이다. 지난 20년간 전세계 도시 지속가능성을 위한 다양한 실험은 혁신적인 정부의 전략과 시민사회의 이니셔티브, 네트워크 간 연계를 통해 한 발짝 나아간다는 사실을 확인하는 과정이었다(이창언 외, 2014).

〈그림 10-3〉 지속가능발전대학과 지역사회의 협력 과정

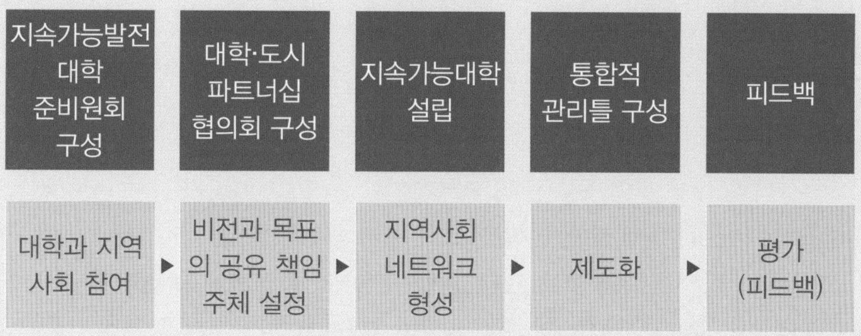

지속가능발전대학은 SDGs 17개 목표 학습과 지표 개발과 지역 정책 논의, 연구 그리고 실행 사이에서 발생한 격차를 해소하는 지식중개자(knowledge broker) 역할을 수행하며, SDGs 이행 실천 과정에서 지자체와 함께 지역 소재 대학교, 연구소, 중간지원조직 활동가, 시민사회와 기업 등 이해당사자를 연결했다. 협의 과정을 통해 도시 지속가능성을 위한 양질의 교육 제공과 지속가능발전 인재 양성, 지속가능발전 기구의 전문성과 정책역량 강화, 지역사회 협치 플랫폼 구축, SDGs의 지방화·주류화 토대 구축이라는 4대 목표를 합의하였다. 장기적으로는 지자체 의사결정자, 공무원, 도시 회복력 및 적응 분야 전문가들이 글로벌 회복력 지표(resilience indicators)를 평가하고, 회복력 있는 도시 추진을 위한 새로운 파트너십을 구축할 수 있도록 설계된 글로벌-로컬 플랫폼 구축을 구상한다(ICLEI, 2018).

지속가능발전대학은 "학문 융합적, 전체 지향적, 가치 지향적, 비판적 사고와 문제 해결, 다양한 교육수단, 참여적 의사결정, 적용 가능성, 지역적 의의"라는 '유네스코 2006 ESD 가이드라인'에 따라 교육 과정이 설계됐다. ESD는 폭넓은 '학제적 이해(interdisciplinary appreciation)'가 중심(Dale & Newman, 2005) 이라는 점에서 전통적인 단일 학문 중심의 환경교육과 분명한 차별성이 있다.

지속가능발전대학은 로컬 거버넌스 체계 구축과 SDGs의 인식 확산을 위한 교육 과정 설계라는 투 트랙(Two-track)으로 운영됐다. 그것은 'SDGs 목표 4의 관점에서 16개 목표에 대한 이해를 높이는 SDGs 교육에 그치지 않고 지속가능발전을 달성하는 데 필요한 능력과 의지를 길러주는 과정, 지속가능성 교육과 회복탄력성 교육을 극대화하는 수업과 프로젝트 중심의 교육, 이론과 실천을 통합하는 ESD 교육 과정이었다.

지속가능발전대학의 교육 프로그램도 ESD와 동일하게 참여자가 현재와 미래를 위한 정보에 입각한 결정과 행동을 하기 위한 태도, 기술, 그리고 지식을 키울 수 있도록 도움을 주는 것을 목표로 설정했다(UNESCO, 2012).

지속가능발전대학은 협력 교육, 소통 교육, 전문 교육, 실천 교육을 4대 추진전략으로 설정하고 ESD 원칙에 입각한 전략과제(총체적 접근, 가치 중심의 교육, 지역사회와의 연관성)와 교육을 지향했다. 다만, 지속가능발전대학은 지속가능발전의 3개 기둥과 5P 축을 기본으로 SDGs 17개 목표를 익히는 교육 과정에 많은 시간이 투여되었다. 그리고 지속가능발전대학은 협의회 구성, 교육생 모집 외에 특별히 교육 과정, 커리큘럼, 교수법 개발에도 공을 들였다.

지속가능발전대학의 SDGs 교육은 지속가능발전의 관점과 가치를 학습한다는 점에서 ESD 교육의 일환이지만 새롭게 등장한 교육영역이기도 했다. 지속가능발전대학은 SDGs 학습의 목적, SDGs 수립을 위한 관점과 가치, SDGs 수립과 이행을 위한 논의 틀, 지자체의 시정과 각 SDGs 목표와 연계성 검토, 구체적인 시정 SDGs 지표 개발을 위해 새로운 교안을 마련해야 했다. 초학문적, 통섭적 차원에서 SDGs 전문 교사(강사) 확보가 중요한 과제였다. 강사는 SDGs 관련 논문과 단행본 업적이 있는 연구자, 대학과 현장 활동 경험을 가진 연구자로 선정했다.

교육목표는 문제 해결과 비판적 사고 및 행동역량(action competence) 증진, 과거에서 현재–지역적 시각에서 지구적 시각으로 확장, 참여적 의사결정, 실제 중심의 학습과 방법론 체득이었다.

초기 지속가능발전대학이 SDGs의 수립 배경과 내용, 활용 방안의 이해와 SDGs 개별목표에 관한 강의 위주였다면, 점차 SDGs 5개축을 중심으로 사회·경제·환경적 지속가능성의 쟁점과 지역사회 문제로 관심을 높였다. 특히, SDGs 16, 17(Peace & Partnership 축)을 중심으로 지속가능성의 제도적 토대와 지역사회 문제를 이해하고, SDGs 17개 목표를 참조하면서 그룹별로 지역사회의 핵심 Agenda를 도출해 나갔다. 수강생은 Agenda의 개념도 작성과 그룹별로 도출된 핵심 Agenda의 해결 방안을 도출하기 위해 Brain Writing 기법을 활용(워크숍)했다. 그룹별로 도출된 핵심 Agenda와 대안들을 모아 SDGs 17개 목표를 구성하는 교육이 진행되었다.

〈표 10-3〉 제4회 평택지속가능발전대학 기획안

강의 ➡	워크숍 방법 ➡	문제 해결 대안 도출 ➡ 지역 SDGs의 수립
• SDGs 영역(5P 축)별로 국내외 동향이나 쟁점과 연계하여 지역 현안을 설명할 수 있는 전문가 강의. • SDGs 영역(5P 축)별로 국내외 동향이나 쟁점과 연계하여 국제, 국내 학술대회 개최. • 지속가능발전의 의의를 밝히고, SDGs의 수립 배경과 내용, 활용 방안 설명. • SDGs 1, 2, 3, 4, 5, 11(People 축)을 중심으로 사회적 지속가능성의 쟁점과 지역사회 문제 설명.	• SDGs 교육 준비팀과 영역별 강사들 간의 사전 워크숍을 통해 강의에서 다룰 주제와 SDGs 연계. • 지역사회 핵심 Agenda의 도출과 개념도 작성. (1) 지속가능성의 시각으로 지역사회 바라보기. (2) 지속가능한 미래 구상하기. (3) 지역사회의 지속가능성 목표 만들기.	• 그룹별로 핵심 Agenda의 문제 해결을 위한 대안 도출. • 유네스코의 지역사회기반 ESD프레임워크(HOPE Framework)를 활용해 그룹별로 해당 Agenda의 문제 해결 대안을 작성하도록 하여 그룹별로 발표하거나 Brain Writing 방식으로 문제 해결 대안을 제출하고, 설명하게 하고, 그룹핑하여 그룹별로 발표.

강의 ➡	워크숍 방법 ➡	문제 해결 대안 도출 ➡ 지역 SDGs의 수립
• SDGs 7, 8, 9, 10, 12(Prosperity 축)를 중심으로 경제적 지속가능성의 쟁점과 지역사회 문제를 설명. • SDGs 6, 13, 14, 15(Planet 축)를 중심으로 환경적 지속가능성의 쟁점과 지역사회 문제를 설명. • SDGs 16, 17(Peace & Partnership 축)을 중심으로 지속가능성의 제도적 토대와 지역사회 문제를 설명. • 지역 내 핵심 Agenda 관련 사례 현장 체험이나 국내 우수 사례 지역 현장 체험.	• 그룹별로 SDGs 17개 목표 영역을 확인하고, 해당 그룹에서 논의하고 싶은 목표 영역을 선택(예: 스티커 투표를 통해 우선순위를 선정). • 그룹별로 선택한 목표 영역과 관련된 지역사회 문제를 도출하여 핵심 Agenda로 선정. • 해당 핵심 Agenda의 환경적, 사회적, 경제적, 제도적 문제의 개념도를 작성(Brain Writing 방식으로 포스트잇을 붙이고, 포스트잇을 그룹핑하거나 17개 목표 영역과의 연계를 표시).	• 그룹별로 제시된 대안들에 대해 논의하고 선별하여 대안을 확정하고, 각 대안들이 SDGs 17개 목표 영역과 어떻게 연계되는지를 검토. • SDGs 17개 목표 차원에서 핵심 Agenda와 문제 해결 대안을 정리하여 워크숍을 통해 도출한 지역 SDGs로 확정하고 공유

출처: 평택지속가능발전협의회(2018); 전국지속가능발전협의회(2018) 재구성

평택지속발전대학 교육 운영은 교육 수강 계획, 교육 연수 계획, 교육 내용 구성 계획, 기관 간 협업 계획, 교육생 관리 계획, 교육평가 계획, 기록화 사업 계획, 자격인증 계획, 운영 계획, 예산확보 계획 등 9개의 과제를 해결하는 과정이었다.

지속가능발전대학은 이론 교육에 머물지 않고 실무형 전문 교육을 실시하고, 전문성 인증 방안을 마련하며, 관련 부서 및 기관 협의체 구성을 통하

여 사회적 참여 확대를 모색했다. 그리고 운영 계획과 평가는 ESD에 대한 총체적 시스템 접근을 위한 '영역 프레임워크(Domain Framework)'를 근거로 작성되었다.

평택지속가능발전협의회 사무국은 수강생 카드 작성, 분임조 편성, SNS(카톡방, 페이스북)를 통한 정보 교류 업무를 수행했다. 강의는 실시간 동영상 녹화와 유튜브를 통해 제공됐다. 분임조 팀장 선정 관리, 동문회 창립과 동문회 조직, 지도 교수제 신설, 조교 임명, 지도교수와 워크숍도 사전에 준비했다. 워크숍 회의 결과, 사진·음성파일 보존과 활용을 위한 아카이브 구축은 예산 확보와 직결되므로 장기적인 계획으로 남았다.

지속가능발전대학은 SDGs 교육의 사회적 수요와 활용성에 대응하기 위해 지역 사안, 여론조사와 모니터링 결과를 강좌나 워크숍 계획에 반영하는 한편, 지역 대학교와 학점은행제 등을 협의하고 있다. 지속가능발전대학의 목적에 적합한 교육 과정 및 교과 구성, 수강 방법과 계획, 지속적인 교육 커리큘럼 개발 및 발전을 위한 국내외 자료조사, 워크숍, 간담회, 포럼 등 교육 연수 계획, 교육 수요조사 및 모니터링과 교육 콘텐츠 개발은 매회 협의기구에서 평가를 거쳐 보완된다.

출처: 이창언(2020a: 408–412)

지속가능발전대학은 전국지속가능발전협의회 지역 조직의 위상 제고와 조직혁신을 촉진했다. 지속가능발전대학 과정을 통해 시정 거버넌스의 필요성과 중요성이 확산되었으며, 후속 조치로 협치 조례, 지속가능발전 조례를 제정하고, 협치위원회와 지속가능발전위원회를 설치하는 등 제도화와 SDGs 이행 체계 구축에 기여했다. 그러나 넘어야 할 산도 높고 건너야 할 강은 깊다. 그리고 여러 과제와 교훈도 남겼다.

지속가능발전대학을 비롯해 지역 ESD의 성숙도를 높이기 위해서는 ESD에 대한 총체적 시스템(whole-system approach) 접근이 필요하다. 이 총체적 시스템 접근을 위한 영역 프레임워크는 거버넌스(정책/의사결정/재정과 예산/모니터링과 평가), 교육 과정(과정/교수/학습), 인적 역량 형성(리더십/전문성 신장/인적 자원), 시설과 운영, 파트너십 등 다섯 가지 영역 요소에 대한 촘촘한 계획 수립, 모니터링 평가와 피드백을 통한 개선 시스템을 구축하는 것이다(Connelly, 2013: 88-90). 지방자치단체는 예산뿐만 아니라 SDGs 교육과 실천의 성공적 이행을 위해 매우 중요한 데이터 수집과 모니터링, 제공에 있어서 중요한 역할을 담당해야 한다. 2030 의제에 대한 책임과 투명성을 담보하기 위해서는 적절한 도움과 자원, 그리고 기술적인 노하우와 역량개발이 필요하다.

지속가능발전대학은 지방자치단체, 기업, 대학, 중간지원조직, 시민사회단체와 공동교육프로그램을 개발하고, 맞춤형 교육 지원사업을 통해 지역사회 SDGs 접근 방법과 도구를 제공해야 한다. 특히 지방자치단체의 리더와 주요 의사결정자, 공무원, 도시회복력 및 적응분야 전문가들, 시민사회단체 활동가들로 하여금 SDGs 지표 개발과 평가를 하도록 하고, 파트너십을 강화할 수 있는 지역사회 SDGs 플랫폼(SDG platform) 구축의 촉진자가 되도록 해야 한다.

SDGs 플랫폼이 장기적으로 종합 도시계획 메커니즘(collaborative municipal planning mechanism)이 되기 위해서는 지역 대학의 역할이 중요하다. 또한 ESD 교육의 지속성과 내용성 확보, 이슈화, 재원 확보를 위해서는 지속가능발전대학 네트워크 구축을 진지하게 검토해야 한다. 한편, 지역사회가 협력하여 지역 대학에 통합적 관리 틀인 지속가능도시센터(가칭)를 설립하는 것도 생각해 볼 때다. 이는 중간지원조직의 난립, 중복사업, 예산 낭비를 방지하는 효과가 있을 것이다. 센터는 ESD 커리큘럼 개발은 물론 학위, 비학위 교육프로그램 제공 외에 지역의 지속가능발전 전략을 둘러싼 정책개발, 의사결정 컨설팅, 학술 연구의 수준 향상과 지방자치단체와 대학의 사회서비스 능력 제고와 실행에도 기여할 수 있다(이창언, 2020a: 415).

현재 여러 가지 여건을 고려할 때 SDGs의 대중화를 한 단계 더 발전시키는 지속가능발전대학 네트워크(명칭은 네트워크 구축의 필요성이 공유될 경우 후속 모임에서 진행) 구성도 SDGs의 포괄적, 참여적 과정을 확대하는 하나의 방안이 될 수 있다. 물론 이 네크워크는 전국지속가능발전협의회 사무총국, 교육

위원회, 한국지속가능발전학회, 지속가능발전 유관 기관들과 일상적 소통과 협동에 기반할 때에 비로소 시너지 효과를 낼 수 있다.

지속가능발전대학 네트워크는 ESD·SDGs 교육 활동 지원 및 정보 공유 기능, ESD·SDGs 교육 활동 현장 반영 지원 기능, ESD·SDGs 교육의 전국적 활동 형성 기능, ESD·SDGs 인적 자원 개발 기능 등을 수행할 수 있을 것이다.

지속가능발전대학 네트워크는 "ESD for 2030"의 기본 원칙과 방향[3] 그리고 실행구조의 취지에도 적극 부합한다. "ESD for 2030"의 실행구조는 기본적으로 이해관계자 간의 연계 협력의 강화를 필요로 한다. 이를 위해 우선 행동 분야 간의 제휴를 강화하는 동시에 우선 행동 분야마다 구축된 파트너·네트워크를 하나의 포괄적인 네트워크에 통합하고, 각 나라와 지역의 ESD상을 재구성하여 홍보와 이슈화를 시도한다.

지속가능발전대학 네트워크는 한국-지방형 ESD·SDGs 교육 과정 설계와 지역 SDGs 이행 실천을 위한 거버넌스의 구축과 세밀한 교육 과정(교수/학습(학교 서비스)), 인적 역량 형성(인적 자원/직원 서비스), 시설(운영 서비스)과 파트너십(지역사회 지원 서비스)을 통합적으로 관리하는 틀을 제공할 수 있다. 또한, ESD·SDGs에 효과적으로 부합하는 교육시스템의 미션과 목표 선언, 지역사회 교육 리더들을 대상으로 한 ESD·SDGs 교육 프로그램 이수, 각자의 관할 영역에 있는 지역에서 지속가능성에 적절히 대응할 수 있도록 하기 위한 지속협의 역할 재정립 계획 수립, 다양한 교육연수 및 교육 프로그램에 ESD 정착지원, ESD·SDGs 교육 예산의 확보와 효율적 사용에도 도움이 될 것이

---

3) ESD for 2030을 실행의 기본 원칙과 방향은 다음과 같다.
- ESD를 글로벌, 지역, 국가, 지방 차원의 교육 및 정책에 접목할 것
- 유아교육부터 고등교육, 평생학습의 모든 수준에서 학교를 비롯한 다양한 교육기관을 중점으로 조직 전체의 대처(whole institution approach)를 강화할 것
- 교육자는 변혁을 위한 학습을 촉진하기 위한 역량 강화의 기회를 제공할 것
- 청년이 의사결정에 대한 참가와 권한을 보장할 것
- 지역사회가 지속가능발전을 위한 행동 혁신의 장임을 명확히 인식할 것
- 이해관계자의 의식을 높여 다 부문적 이해관계자에 의한 파트너십과 네트워크를 추진·구축할 것 등이다.

다(이흥연, 2020: 279).

지속가능발전대학 네트워크는 분과학문 간 연계, 국내외 네크워크 간 연계(국내외 지속가능발전네트워크, 유엔대학, ESD 기관, ICLEI, 해외 대학, 대학 센터, 연구소 등)와 협력하여 지속가능발전 커리큘럼의 혁신과 개발, 체계적인 커리큘럼, 교육 과정, 교육 프로그램을 기획하고 제공할 수 있다. 지속가능발전대학 네트워크를 준비하고 ESD와 SDGs에 대한 총체적 시스템 접근을 모색하기 위해서는 지방자치단체의 ESD-ESDGs 교육 리더(지속가능발전대학 기획자, 운영진 등)들에 대한 세미나(Education Leader Seminar)의 실행이 필요하다. 이 세미나는 교육 리더들에게 ESD-SDGs 정보를 전달하고, 동기를 부여하고 지속가능한 지역사회와 지속가능발전 운영을 혁신하는 데 필요한 지식과 전략을 제공하는 것을 목표로 한다. 현재 지속가능발전대학 시스템의 일차적 기능이 교수와 학습에 있는 만큼 ESD를 위한 교수와 학습을 지원하기 위한 역량 구축이 세미나의 주된 초점이다. 이 세미나는 지속가능발전대학의 수준에서 ESD-SDGs 이행과 실천에 대한 기본적인 이해를 높이고, 지속가능발전대학 시스템의 모든 측면에 ESD-SDGs를 통합하기 위한 변화관리 전략을 개발하며, ESD-SDGs를 실행하는 데 있어 리더로서의 역할을 명확하게 하고, 교수-운영진 모두 ESD-SDGs 대한 이해를 소통하며 ESD와 SDGs와 관련한 자문과 지원, 그리고 아이디어를 위한 자원을 인지하게끔 해야 한다(이흥연, 2020: 276).

그러나 지속가능발전대학 네트워크의 구축 논의에서 놓치지 말아야 할 점이 있다. 그것은 우리가 처한 특수한 상황과 여건, 문화, 주체 역량을 고려해야 한다는 점이다. 무엇보다도 책임 있게 수행할 수 있는 전문성을 갖춘 주체의 확보, 구체적인 추진계획과 전략을 수립해야 한다는 점이다. 지속가능발전대학 네트워크는 SDGs의 가치와 지향을 교육과 연계시켜 확산하고 지속협과 다양한 이해관계자의 성장을 돕는 역할을 수행해야 한다.

| 11장 |

SDGs · ESG 경영

민간기업의 활동과 투자 및 혁신은 생산성과 포용적 경제성장, 고용 창출의 주요한 동력이 된다. 우리는 영세기업부터 협동조합, 다국적기업에 이르는 민간부문의 다양성을 인정한다. 우리는 기업에게 혁신과 창의성을 통해 지속가능발전을 가로막는 문제의 해결에 동참해 줄 것을 요청한다. 우리는 기업 부문이 역동적이면서 제 기능을 다할 수 있도록 장려하는 반면, 기업과 인권에 관한 이행지침(Guiding Principles on Business and Human Rights), 국제노동기구의 노동기준, 아동권리협약(Convention on the Rights of the Child) 및 주요 다자간 환경협정과 같은 관련 국제 기준, 협정, 그리고 현재 진행 중인 이니셔티브에 따라 노동권을 보호하고 환경 및 보건 기준을 수호할 것이다.

국제 무역은 포용적인 경제성장을 뒷받침하고, 빈곤을 완화시키며, 지속가능발전에 기여한다. 우리는 세계무역기구에 따른, 보편성, 원칙, 개방성, 투명성, 예측 가능성, 포용성, 비차별성, 공평성에 기반한 다자무역체계와 더불어, 중요한 함의를 지닌 무역자유화를 지속적으로 추구할 것이다. 우리는 지역 경제 통합과 상호 연계성 강화를 위해 아프리카 국가, 최빈개발도상국, 내륙개발도상국, 군소도서개발도상국, 중소득국을 포함한 개발도상국의 무역 역량을 강화하는 것이 중요함을 강조한다(지속가능발전 의제 67, 68항).

1. ESG 시대의 도래

최근 신문이나 잡지 등 많은 미디어에서 SDGs(Sustainable Development Goals, 이하 SDGs)라는 단어를 접할 기회가 많아졌다. 대한민국 인기 연예인의 참여로 인해 SDGs 인지도가 높아지고 있다. BTS(방탄소년단)은 2021년 9월 20일 유엔 'SDGs(지속가능발전목표) 모멘트' 행사에 참석해 연설하고 영상으로 퍼포먼스를 선보였다. 블랙핑크는 SDGs 홍보대사로 위촉됐다. 아시아 가수로서는 최초라고 한다.

SDGs는 2015년 유엔정상회의에서 채택된 의제로서 중소기업도 나서야 할 목표이다. SDGs는 2001년에 책정된 새천년 개발 목표(MDGs)에 이어 2030년까지 지속가능하고 더 나은 세계를 목표로 하는 세계인의 약속이다. SDGs의 17개 목표와 169개 세부목표는 원대한 포부를 담은 혁신적인 비전을 제시한다. SDGs는 빈곤과 기아, 질병과 결핍이 없는, 모든 생명이 번영할 수 있는 세상을 지향한다. 공포와 폭력이 없는 세상, 누구나 글을 읽고 쓸 수 있는 세상, 모두가 공평하게 양질의 교육, 보건 서비스, 사회적 보호를 누릴 수 있는 세상, 물리적, 정신적, 사회적 복지가 보장되는 세상을 추구한다.

SDGs는 사회가 재화와 서비스를 생산하고 소비하는 방식을 근본적으로 변화시키기 위해 정부, 국제기구, 기업과 비정부 부문, 그리고 개인의 자원을 동원한다. SDGs는 지속가능하지 않은 형태의 모든 소비 및 생산 방식의 변화에 기여한다. SDGs는 생산활동, 양질의 일자리 창출, 창업, 창의성과 혁신을 지원하는 발전 지향적 정책을 진흥하고, 금융서비스에 대한 접근 등을 통해 소규모 기업 및 중소기업의 공식화와 성장을 장려한다(목표 8.3). SDGs는 2030년까지 소비 및 생산과 관련된 전 세계적 자원 효율성을 점진적으로 개선하고, 경제성장을 환경 악화로부터 구하는 노력을 기울인다(목표 8.4).

최근 SDGs와 함께 경제적 이익 창출만으로는 지속가능한 기업 성장이 불가능하다는 인식하에 환경, 사회, 지배구조(Environmental, Social and Governance: 이하 ESG)에 참여하는 기업이 늘고 있다. ESG는 환경(Environment), 사회(Social), 지배구조(Governance)의 영문 첫 글자를 조합한 단어로, 기업 경영에서 지속가능성(Sustainability)을 달성하기 위한 세 가지 핵심 요소이다.

지금까지의 투자 방법에서는 기업의 실적(순이익이나 이익률 등)이나 재무 상황(부채액이나 현금의 흐름 등)이라고 하는 재무 정보가 투자를 판단하는 데 있어서의 주요한 평가 재료로 여겨져 왔다. 그러나 최근에는 재무 정보 외에도 ESG라는 비 재무정보 요소를 추가하여 투자 여부를 판단하고 있다. "수익성이 높다", "재무 상황이 좋다"라는 평가 기준 외에도 '환경문제 개선', '지역사회 공헌', '노동자에 대한 배려', '법률을 준수하는 기업 활동' 등의 ESG 과제에 적극적으로 임하고 있는 점을 평가하여 투자처로부터 투자 대상으로 선정된다.

ESG 확산과 정착을 간단히 정리하면 2005년 유엔 글로벌 콤팩트(United Nations Global Compact)[1)]의 더 나은 투자시장과 지속가능한 사회를 주제로 열린 "Who Cares Wins" 컨퍼런스를 언급하지 않을 수 없다. 이때 ESG 투자에 대한 개념이 제시된다. 해당 컨퍼런스에서 ESG 요인이 장기 투자에 있어서 중요한 역할을 한다는 점에 참가자들이 동의하였다. 그리고 2006년 유엔 책임투자원칙(UN Princripies for Responsible Investment: UN PRI)의 출범은 전 세계적 ESG 투자 확산의 계기가 되었다. 유엔환경계획 금융이니셔티브(UNEP/FI) 및 유엔 글로벌 콤팩트(Global Compact)가 글로벌 기관 투자자들

1) 전 세계 기업들이 지속가능하고 사회적 책임을 지는 운영을 하도록 정책을 채택하고 그 실행을 국제기구에 보고하도록 장려하는 유엔 산하 전문기구로서, 기업체의 사회적 책임에 대한 역할을 관장하며 기업들에게 동기부여를 제공함.

과 함께 유엔책임투자원칙(UN PRI)을 발표한다. UN PRI는 ESG integration의 개념을 제시하며, 체계적이고 명시적으로 투자분석 및 투자 결정에 ESG 요인을 포함하는 것으로 정의하였다. 재무제표 정보만으로는 투자 위험을 측정하기 어렵기 때문에 활용 가능한 비재무적 정보를 위험 측정 모델에 통합하기 위함이었다. 연기금 등 기관 투자자들이 수탁자로서 투자 의사를 결정할 때, 투자 대상 기업의 재무적 요소뿐만 아니라 ESG 등 비재무적 요소를 함께 고려해야 한다는 원칙을 천명하였다.

〈그림 11-1〉 유엔 글로벌콤팩트 10대 원칙[2)]

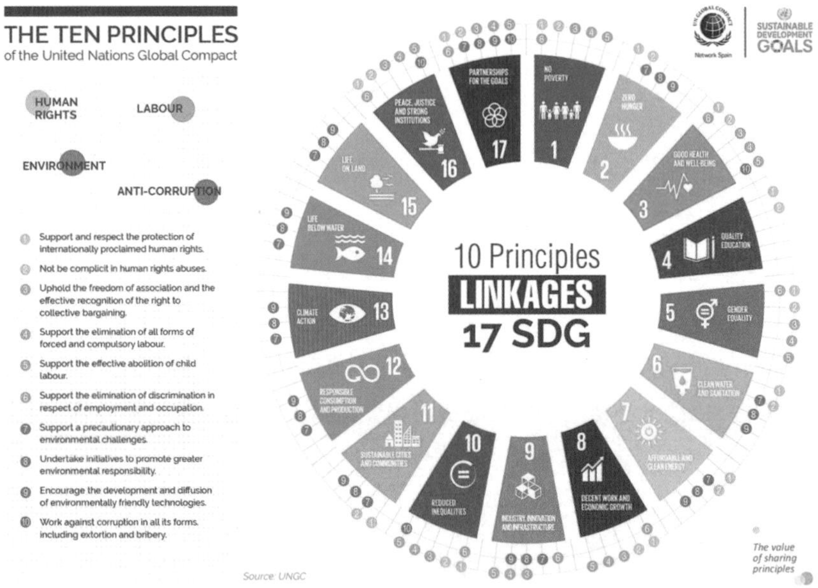

Human Rights
원칙 1. 기업은 국제적으로 선언된 인권 보호를 지지하고 존중해야 하고,
원칙 2. 기업은 인권 침해에 연루되지 않도록 적극 노력한다.

---

2) 인권, 노동, 환경과 반부패에 관한 유엔 글로벌 콤팩트의 10대 원칙은 세계적인 협의 과정과 더불어 다음과 같은 선언과 협약에서 유래하였다. 이 원칙은 세계 인권선언(1948)/ 노동에서의 권리와 기본 원칙에 관한 ILO 선언(1998), 환경과 개발에 관한 리우선언(1992), 국제연합 부패방지협약(2003)에 영향을 받았다.

Labour
원칙 3. 기업은 결사의 자유와 단체교섭권의 실질적인 인정을 지지하고,
원칙 4. 모든 형태의 강제노동을 배제하며,
원칙 5. 아동노동을 효율적으로 철폐하고,
원칙 6. 고용 및 업무에서 차별을 철폐한다.

Environment
원칙 7. 기업은 환경문제에 대한 예방적 접근을 지지하고,
원칙 8. 환경적 책임을 증진하는 조치를 수행하며,
원칙 9. 환경 친화적 기술의 개발과 확산을 촉진한다.

Anti-corruption
원칙 10. 기업은 부당 취득 및 뇌물 등을 포함하는 모든 형태의 부패에 반대한다.

출처: 유엔 글로벌 콤팩트

UN PRI 서명 기관은 2021년 초 기준 3,634개이고 이는 2019년 상반기 대비 53% 증가한 수치로 최근 들어 기관 투자자의 ESG 고려가 더욱 가속화되고 있다. 19개 국가에서 수탁기관 스튜어드십 코드를 도입(2019년 기준)하였다. 이후 글로벌 자산 운용사들을 중심으로 부정적인 이슈의 기업을 배제하는 소극적 지속가능투자에서, 보다 나은 ESG 성과를 추구하는 적극적 지속가능투자로 전환해나가고 있다. 세계 지속가능투자연합(GSIA: Global Sustainable Investment Alliance)에 따르면 2020년 상반기 전 세계 ESG 투자 규모는 약 40조 5,000억 달러에 이른다. 도이치은행(Deutsche Bank)은 2030년까지 ESG 투자 규모가 130조 달러를 돌파할 것으로 예상한다.

ESG를 환경, 사회, 지배구조의 세 가지 하위 요소로 나눠 살펴보면, 환경면에서 가장 핵심적인 사안은 ·와 이에 따른 탄소배출 관련 이슈이다. 지구온난화 방지 외에도 에너지 효율화 등의 환경 부하의 경감 등이다. 사회적인 면에서는 기업이 데이터 보호, 인권 보장과 성별 및 다양성의 고려, 사회적 약자의 고용, 여성 사원의 간부 등용 등이다. 지배구조 면에서는 노동자들이 안전하고, 일하기 좋은 일터의 정비, 사외 이사의 적극적 등용, 다양한 이해관계자들과 소통과 협동에 적극적이어야 한다(Takashi, 2019: 127). 즉, 환경과 사회

가치를 기업이 실현할 수 있도록 뒷받침하는 투명하고 신뢰도 높은 이사회 구성과 감사위원회 구축이 필요하다. 또한, 뇌물이나 부패를 방지하고, 로비 및 정치 기부금 활동에서 기업윤리를 준수함으로써 높은 지배구조 가치를 확보(삼정KPMG 경제연구원, 2021: 3)해야 한다.

ESG 경영은 기업의 사회적 책임(환경경영, 윤리경영, 사회공헌)의 이행으로 경영 위기를 최소화하고 기업의 가치를 증대시키기 위한 경영활동을 의미한다(Takashi, 2019: 127). ESG는 기업이 지속가능한 사회를 만들기 위한 목표를 설정하고 실행하겠다는 의지를 투자자, 소비자 등 사회에 선포하는 것에서 시작된다(이창언, 2020b: 129).

〈표 11-1〉 ESG 세부 요소와 개념

<table>
<tr><td>Environment
환경</td><td>- 기후 위기 및 탄소배출
- 환경 오염·환경규제
- 생태계 및 생물다양성
- 자원 및 폐기물 관리
- 에너지 효율
- 책임 있는 구매·조달 등</td><td rowspan="3">기업 경영에서 지속가능성을 달성하기 위한 세 가지 핵심 요소:
기업의 중장기 기업 가치에 직·간접적으로 큰 영향을 미치는 환경, 사회, 지배구조 측면에서의 비재무적 성과</td></tr>
<tr><td>Social 사회</td><td>- 고객 만족
- 데이터 보호·프라이버시
- 인권, 성별 및 다양성
- 지역사회 관계
- 공급망 관리
- 근로자 안전 등</td></tr>
<tr><td>Governance
지배구조</td><td>- 이사회 및 감사위원회 구성
- 뇌물 및 반부패
- 로비 및 정치 기부
- 기업윤리
- 컴플라이언스
- 공정경쟁 등</td></tr>
</table>

출처: 삼정KPMG 경제연구원(2021: 2)

2. ESG와 SDGs의 관계

SDGs와 혼동하기 쉬운 말에 'CSR', 'CSV'가 있다. 이를 혼란스러워 하는 사람도 드물지 않다. 과거에 기업은 이익 추구를 우선하는 가운데 공해 문제나 불법투기, 부정 회계 등 다양한 문제를 일으켰다. 이러한 경험을 통해 윤리적 관점에서 사업 활동을 통해 자주적으로 사회에 공헌하는 CSR(기업의 사회적 책임: Corporate Social Responsibility)을 의식하게 된 것이다.

CSR 활동은 법령 준수는 물론, 관계자에게 설명 책임을 부여하는 투명성도 포함되어 있다. 한편, 실제로는 본업과 관계없는 분야에서 기부나 자원봉사활동의 형태로 공헌하는 기업도 많이 볼 수 있다. CSR은 사업으로 거둔 이익을 가져와 사회적으로 '좋은 일'을 실시하는 활동이라고 받아들여지는 면이 있다는 것을 부정할 수 없다.

CSV(공창가치: Creating Shared Value)는 마이클 포터 교수가 제창한 개념이다. 종래에는 트레이드오프(trade-off) 관계로 인식되고 있던 '경제 효과'와 '사회적 가치의 창조'를 양립시키려는 것으로, 본업에 의한 사회공헌, 즉 사업을 통해서 사회적인 과제를 해결하고 이에 기반하여 경제발전을 목표로 한다는 점은 SDGs와 공통되는 면을 가진다.

그러나 CSR, CSV는 모두 '생각'이다. 한편 SDGs는 유엔이 채택한 구체적인 '목표'이다. SDGs에 대한 대응에 CSR, CSV의 견해는 참고가 되는 점이 많다. 그러나 사고방식과 목표라는 점에서 성질이 다르다. SDGs는 처음부터 17개 목표, 169개의 세부목표가 정해져 있었고, 어떤 것을 대상으로 하고 있는지 명확하다. 그렇지만 원래 개발도상국의 인적 자원개발을 목적으로 한 MDGs나 지구정상회의 선언 등을 배경으로 하는 것도 있으며, 기업의 사업 활동이나 투자가의 판단 기준에는 어긋나지 않은 주제도 포함되어 있다.

세계적으로 ESG 투자가 활성화되었지만, ESG에는 표준적인 정의가 존재하지 않는다. E(환경)에서는 지구온난화 대책이나 생물다양성의 확보 등이 주목되고, S(사회)에서는 생산이나 공급의 연쇄적 과정(supply chain, 공급망)의 인권이나 성평등이라는 문제에 초점을 맞추고 있다. G(거버넌스)에서는 법령의 준수와 정보 공개 등이 거론되고 있다. 하지만 구체적으로 어떠한 점이 상세하게 확인되는지는 평가기관 측의 판단이며 공통적인 판단 기준은 이후 구체화될 전망이다.

일본에서는 SDGs의 합의와 GPIF(Government Pension Investment Fund, 연금적립금 관리운용 독립행정법인)가 PRI에 대한 서명이 모두 이루어졌고, ESG 투자와 SDGs가 같은 타이밍에 관심을 모으게 되었다. 이러한 상황도 있었기에 ESG와 SDGs의 관계에 처음부터 이목이 집중되었고, 양자가 같은 것인가 다른 것인가에 대한 다양한 논의가 있었다.

이러한 의문에 답하기 위하여, GPIF는 웹사이트에 'ESG 투자와 SDGs의 연결'에 관하여 설명하고 있다. GPIF에 의하면, 기업이 SDGs에 찬성하는 사업 활동을 전개하는 것은 해당 기업의 중장기적인 가치를 높이는 것이다. 기업 가치의 지속적인 향상은 GPIF에 있어서는 장기적인 투자 수익의 확대로 이어진다. 즉 GPIF에 의한 투자와 투자대상 기업의 SDGs 대응은 표리관계(表裏關係), 즉 따로 떼어서 생각할 수 없는 관계에 놓여 있다고 할 수 있다.

〈그림 11-2〉 ESG 투자와 SDG 간의 관계

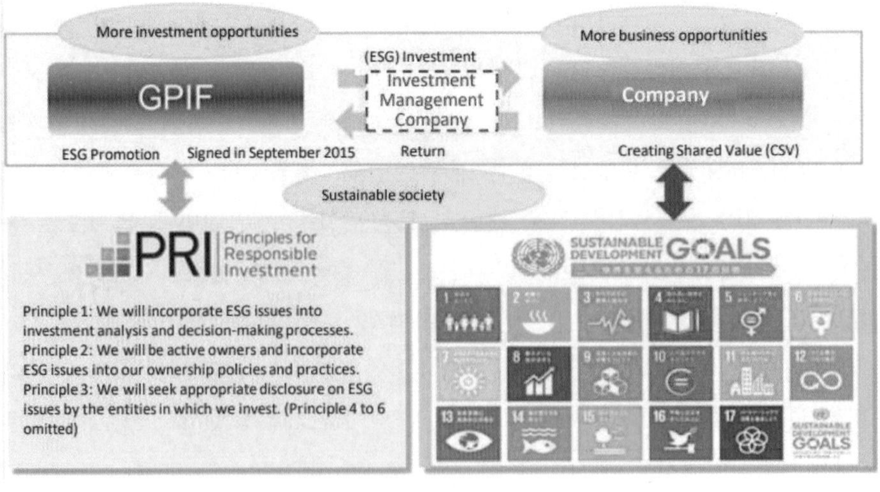

출처: The Guide for SDG Business Management(2019)

SDGs, ESG, CSR 등의 용어는 각사가 강조하고 싶은 점이나 강조 또는 호소하고 싶은 대상에 따라 다양하게 사용되고 있다. 이러한 차이는 경영방침, 담당 부서나 직무 방식, 발행하는 기업 홍보지의 명칭 등에도 나타나고 있다. 그러나 SDGs나 ESG를 수행하는 기업에는 공통점도 있다. 이는 미래의 기업 운영이나 실적에 결정적으로 영향을 줄 수 있는 위험(물리적, 법적, 평판의 위험 요소 등)과 기회가 SDGs나 ESG가 제시하는 여러 과제에 포함되어 있고, 지속가능한 사회 실현에 공헌함으로써 기업 가치의 향상 및 저하 방지에 활용된다는 점이다. 현재는 SDGs를 고객이나 사원, 타 사와의 커뮤니케이션 '툴(tool)'로써 이용하거나 ESG 평가를 올리기 위한 노력으로 활용하는 경우가 많다.

사실 기업의 SDGs 대응이나 CSR(Corporate Social Responsibility 기업의 사회적 책임)과 해당 기업의 재무성과의 상관관계는 많은 연구자가 관심을 가진 분야이다. 따라서 ESG(환경·사회·지배구조) 투자가 경제적 가치 창출로 이어지는지에 관한 다양한 실증 연구가 이루어지고 있으며 한편으로 CSR의 성과와 해당 기업의 기업 가치, 기업 수익 사이의 상관성에 대한 검증도 이루어지고 있다. 현재까지의 계량분석 결과는 CSR 활동에 적극적으로 임하는 기업들은 재무성과가 탁월해 주식투자로 얻는 이익도 큰 것으로 밝혀지고 있다. 특히 금융위기 시에도 CSR 전략을 실시하는 기업의 재무성과가 그렇지 않은 기업에 비해 상대적으로 양호한 것(경향)으로 나타났다. 기업의 '지속가능성 보고서'의 정보공개의 충실도와 각사의 재무성과 사이에는 긍정적인 상관관계도 확인되고 있지만 양자 간의 상관관계가 크지 않다는 반론도 있다. 그 이유로는 대상 지역·기간의 차이, 사용하는 ESG 등급의 차이, 성과의 정의, 분석 수법의 차이, 인과 관계 특정의 곤란성 등을 꼽았다. 그러나 적어도 지금까지의 실증 연구의 결과 CSR 활동과 재무성과 사이에 적어도 부정적인 상관관계는 없음이 확인됐다. 그러므로 SDGs에 대한 대응은 결코 재무성과를 희생하는 것도, 투자가의 이익에 반하는 행위도 아니다.

ESG와 SDGs는 모두 환경·경제·사회의 지속가능성을 주시하는 개념이다. ESG와 SDGs 관계를 이해하기 위해서는 '2030 지속가능발전 의제'를 살펴보

〈그림 11-3〉 ESG와 SDG 간의 관계

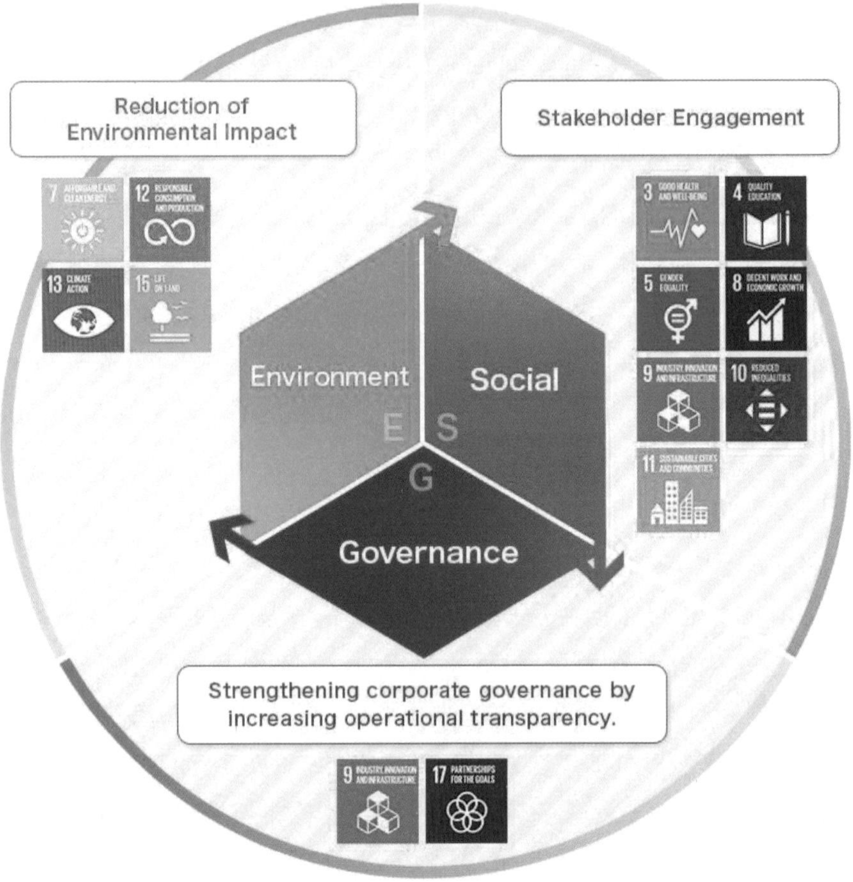

출처: https://ppih.co.jp/en/csr/sustainability/

아야 한다.

"민간기업의 활동과 투자 및 혁신은 생산성과 포용적 경제성장, 고용 창출의 주요한 동력이 된다. 우리는 영세기업부터 협동조합, 다국적기업에 이르는 민간 부문의 다양성을 인정한다. 우리는 기업에게 혁신과 창의성을 통해 지속가능발전을 가로막는 문제의 해결에 동참해 줄 것을 요청한다. 우리는 기업 부문이 역동적이면서 제 기능을 다할 수 있도록 장려하는 반면, 기업과 인권에 관한 이행 지침(Guiding Principles on Business and Human Rights), 국제노동기구의 노동기준, 아동권리협약(Convention on the Rights of the Child) 및 주요 다자간 환경협정과 같은 관련 국제기준, 협정, 그리고 현재진행 중인 이니셔티브에 따라 노동권을 보호하고 환경 및 보건 기준을 수호할 것이다."

'2030 지속가능발전 의제' 67항은 SDGs가 기업의 영향 및 성과에 대해 이해관계자들과 더 일관적이고 효과적으로 소통하도록 행동과 언어의 공통 프레임워크를 제공하고 있음을 방증한다. SDGs는 지속가능발전의 모든 차원에 걸친 우선순위와 목적에 통일성을 제공하기 때문에, 정부, 시민사회 및 다른 기업과의 더욱 효과적인 파트너십을 구축하는 데도 도움이 된다.

3. ESG 경영의 세계적 확산요인과 주요 동향

SDGs는 2015년 9월의 UN총회에서 채택된 "우리의 세계의 전환: 2030 지속가능발전 의제" 안에서 제시된, 2030년을 향한 국제적인 발전목표이다. 전신인 MDGs(새천년개발목표)와 달리 개발도상국과 선진국 쌍방의 약속이 요구된다. 또한, 국제기관이나 각국 정부만이 아니라, 민간부문의 주체적인 행동도 요구된다. 물론 SDGs는 행동의 지침을 제공하지만 구속력은 없다. SDGs의 행동계획을 작성하는 것도, 그에 따라 정책을 수행하는 것도 각국 정부의 자주적인 판단에 맡겨져 있다. 더욱이 민간 기업이 SDGs에 참여하는 것은 전적으로 기업의 의지이며, 어떠한 의무도 없다. SDGs를 고려하지 않고 기업 경영을 이어 나간다 해도 특별한 패널티를 부여하는 일은 없다.

SDGs가 채택되기 이전에도 기업의 사회적 공헌을 위한 국제적 규범, 이니셔티브는 존재했다. 글로벌 리포팅 이니셔티브(1996), 유엔 글로벌 콤팩트(2000)의 유엔 책임투자원칙(2006), ISO 26000(2010), 비즈니스와 인권에 관한 지도원칙(2011), 마이클 포터 교수의 CSV(2011) 등이 그것이다. 2015년 유엔의 2030 의제 채택 이후 오늘날 많은 수의 기업이 SDGs에 큰 관심을 표하게 되었다. 경영전략 안에서 SDGs를 자리매김하는 과정에서 시행착오를 경험하고 성과를 창출하는 기업이 늘어나고 있다. 이러한 경향은 2017~2018년 무렵부터 현저해졌다. 기후변화 관련 재무정보 공개 태스크포스(TCFD) 최종보고(2017), SASB 스탠다드 전 77업종 개정판(2018), 책임은행 원칙(2019) 등의 규범과 이니셔티브도 확산되었다.

민간 기업의 SDGs에의 관심은 서유럽만의 경향이 아니다. 2018년에 세계 21개국의 대기업 729곳을 대상으로 PwC(Price waterhouse Coopers, PwC)[3]가 실시한 조사에 의하면, SDGs를 지속가능성 보고서(sustainability report)나 연간 보고서의 안에서 다루는 기업이 72%, SDGs 우선 과제를 특정한 기업이 50%, SDGs 목표에 관련한 성과지표(KPI)를 설정한 기업은 23%였다. 전년의 조사와 비교하면, 세계 대기업들의 SDGs에 대한 관심이 서서히 높아지고 있음을 유추할 수 있다.

이 장에서는 전 세계적으로 민간기업이 SDGs와 ESG에 매진하게 된 이유를 기업 외부적 요인과 기업의 이익이라는 두 가지 유형으로 나누어 설명하고자 한다. 먼저 외부적 요인으로 '지구온난화', '인권과 노동문제', '자금 조달'의 측면에서 살펴본 후, 내부 요인으로 '재무성과', '위기와 기회의 파악', '브랜딩'의 측면에서 설명하고자 한다. 그러나 아쉽게도 이와 관련한 논의가 한국에서는 아직은 활성화되지 못한 것이 사실이다. 이에 비해 이웃나라 일본에서는 SDGs·ESG 경영에 관한 보고서와 책이 상당히 많이 출간되었다. 그중 독자들의 관심을 끄는 책 중 하나가『SDGs 경영 나침반』이다. 국제 협력 전문가가 쓴 책으로 SDGs·ESG 경영에 대해 알기 쉽게 설명하고 있다. 유엔 글로

3) 프라이스워터하우스쿠퍼스(PricewaterhouseCoopers, PwC)는 영국 런던 본사를 둔 매출액 기준 세계 1위의 다국적 회계 감사 기업이다. PwC는 세계 4대 회계법인(Big 4)중 하나이다. 세계 4대 회계법인(Big 4)에는 PwC, Deloitte(Deloitte Touche Tohmatsu Limited), EY(Ernst & Young) 그리고 KPMG가 있다. PwC는 157개의 국가에 있으며 약 276,000명의 직원이 근무하고 있다(위키백과). PwC는 현재 155개국에 지사를 두고 284,000명 이상이 일하는 세계 최고의 전문 서비스 네트워크 중 하나이다.(https://www.pwc.com/gx/en/about.html)

벌 콤팩트 및 지속가능성 보고서에 대한 가이드라인을 제정하는 GRI의 SDG 나침반에 부합하는 가이드북이라 할 수 있다. 여기서는『SDGs 경영 나침반』의 내용 중 기업이 SDGs·ESG 경영에 참여하는 요인 가운데 일부를 번역하여 소개한다.

1) 지구온난화

"SDGs에 이어서, 2015년 12월 '파리협정'이 채택되었다. 파리협정에서는 "산업혁명 이전 수준 대비 지구 평균 기온 상승을 '2℃ 미만'으로 억제하고, 아울러 평균기온 상승을 '1.5℃ 미만'으로 제한하는 것을 확인하였다(제2조 1항). 화석연료 소비 억제는 상대적으로 유럽 정부의 움직임이 빨랐다. 유럽에서는 가솔린 자동차·디젤 자동차는 2030년부터 2040년까지 각국에서 판매금지가 결정되었다. 중국 정부도 가솔린 자동차의 단계적 폐지를 검토하고 있다. 따라서 화석연료의 이용을 전제로 한 비즈니스는 성립하기 어렵게 된다. 가솔린 자동차와 같은 제품을 제조해도, 판매할 시장이 없어지고 있다. 가솔린 자동차가 없어진다면, 주유소도 필요 없어진다. 또한, 대량의 화석연료를 이용한 제품도 차제에 시장에서 배제되어간다. 예를 들어, 어떤 유럽기업이 생산이나 공급의 연쇄적 과정(supply chain, 공급망) 전체를 통하여 이산화탄소 배출량 삭감을 목표로 하고 있다고 하자. 만약 이 기업에 제품을 납품하고 있는 일본기업이 제조과정에서 화석연료를 대량으로 이용하고 있다면 공급망(supply chain)에 있어서 해당 기업으로부터의 조달은 재검토될 것이다. 즉 화석연료에 의존하는 비즈니스는 중장기적으로 지속가능하지 않게 된다. 반대로, 온실효과 가스의 배출이 적은 재생가능에너지를 활용하는 비즈니스는 지구온난화를 완화하여 큰 환영을 받고, 중장기적으로 지속가능하다. 여기서 지구온난화라는 시점으로부터 지구환경의 지속성과 기업의 지속성이 연계되는 것이다.

세계경제포럼(World Economic Forum, WEF)에 맞추어 매년 발행되는 〈글로벌 리스크 보고서〉에서는 환경문제에 대한 리스크 인식이 높아지고 있음을 보여주고 있다. 일본 기업은 특히 기후 위기에 대한 인식이 높아 SBT나 RE100 등 국제 이니셔티브에 참가하는 것 외에 국내에서도 탈탄소사회 실현을 위해 장기목표를 설정하는 움직임이 활발하다. '책임투자원칙(Principles for Responsible Investment: PRI)'에서도 기업의 사회적 책임은 확인된다. 지구환경과 사회를 위한 책임 있는 투자가 강조되는 '책임투자원칙'은 2006년 유엔 환경 계획(United Nations Environment Programme: UNEP) 및 유엔 글로벌 콤팩트(United Nations Global Compact: UNGC)가 제창한 이니셔티브로서 유엔 차원에서 ESG를 지지하기 위한 일련의 조치라고 할 수 있다.

PRI는 UN의 지원 아래 글로벌 기관투자자와 자산 보유기관 등의 ESG 투자 확산을 위해 2006년 4월 설립되었다. ESG 투자 확산을 위한 6개 항의 원칙을 일컫는 용어이자 조직의 이름인 PRI는 전 세계 2,800여 개 기관이 서명하였다. 이들 기관이 거느린 AUM 총액은 90조 달러(비 ESG 투자 포함)에 이른다. 한국도 국민연금 등 8개 기관이 참여하고 있다(三井久明, 2020: 43-44)."

2) 인권과 노동문제

최근의 기술혁신을 통한 경제성장에 의해, 다양한 비즈니스 기회가 등장하였고, 개발도상국에서도 도시를 중심으로 부유층이 확대되고 있다. 그런 한편으로, 이러한 기회를 잡지 못하고 여전히 가난한 생활을 하는 사람들이 적지 않다. 빈곤한 사람들은 인신매매나 채무 등으로 인해 열악한 노동환경 아래서 저임금 노동을 강요받고 있다. ILO가 2017년 발간한 〈세계 현대판 노예 추산(Global Estimates of Modern Slavery) 보고서〉에는 "4천만 명의 현대판 노예제의 피해자"가 적시돼 있다. 이중 전 세계 약 2,500만 명이 강제노동의 피해자이다. ILO는 아동노동도 심각한 문제라고 강조한다. 전 세계 5~17세의 아이들 약 10명 중 1명에 해당하는 1억 5,200만 명이 충분한 교육 기회를 얻지 못한 채 노동력으로 사용되고 있다.

강제노동이나 아동노동에 대한 국제적인 비난이 점차 높아지고 있으며, 이 일에 관련된 기업들은 사회로부터의 눈총을 받고 있다. 지금은 스마트폰이 널리 보급되면서 SNS를 통해 특정 공장의 노동문제가 세계로 퍼져나갈 수 있게 되었다. 특히 세계적인 브랜드 제품의 제조와 관련되어 있다고 한다면 그 소식은 순식간에 전 세계로 알려질 것이다. 브랜드가 유명하면 할수록, 사람들의 충격이나 반감은 강하여 비즈니스에의 영향은 피할 수 없을 것이다. 하나의 상징적인 사건으로, 2013년 4월 24일 발생한 방글라데시 빌딩 붕괴사고가 있다. 수도 다카에 있는 9층짜리 건물인 라나플라자 빌딩이 붕괴하여 1,134명이 죽고, 2,500명이 부상당했다. 방글라데시는 세계의 제조공장이었고, 이 빌딩에도 27개 패션브랜드의 제조공장이 들어가 있었다. 이 사고로 희생된 사람의 상당수는 그 공장에서 일하고 있던 젊은 여성들이었다. 사고의 원인은 느슨한 안전관리 때문이었으며, 빌딩은 내진성을 무시한 불법적인 증축을 반복하고 있었다. 이 사고로 인하여 세계에 진출한 구미나 일본의 패션브랜드들이 현지의 노동자를 착취한 정황이 부각되었다. 사고 후에 해당 브랜드 측에서는 현지의 노동환경을 파악하지 않고 있었다고 해명했다. 하지만 이러한 해명에 대한 소비자들의 반감은 매우 컸고, 해당 브랜드에 대한 불매운동이 전개되었다. 이 사고 이후 다국적 기업에 대한 공급망(supply chain) 상의 인권 문제를 파악하고, 기업의 책임성에 대한 요구가 높아졌다.

영국에서는 2015년에 '현대판 노예법(Modern Slavery Act)'이 제정되었다. '노예'는 300년 전의 이야기라 생각하지만, 현대 노예라는 것은 인신매매나 채무 등에 의해 본인의 의사에 반하여 강제노동에 처한 노동자를 뜻하는 것이고, 아동 노동도 이에 해당한다. 법률의 적용대상은 매출 3,600만 파운드(약 627억 원) 이상의 영국 내 기업으로 자사는 물론 협력업체에서 생산된 생산물에서 강제 노동이나 인신매매가 벌어지지 않았음을 소비자에게 입증해야 한다. 당연히 영연방기업도 포함된다. 해당 기업은 공급망 관리에서 노예노동 존재 여부에 관하여 파악하고, '노예와 인신매매에 관한 성명'을 매년 작성해야만 한다. 그리고 그 성명을 자사 웹사이트의 눈에 띄는 장소에 링크를 첨부하도록 한다.

이 법률의 특징은 첫째로, 기업에 공급망 관리 상황 확인을 요구한다는 것이다. 자사의 사업장소나 공장만을 점검하면 끝나는 것이 아니라, 국내외의

하청업체, 재하청업체, 조달처, 폐기물처리장 등을 포함하여 모든 사업장소가 확인 대상이다. 다국적 기업이 공급망 상의 상황을 파악해야만 한다는 생각은 경제협력개발기구(OECD) 다국적 기업 가이드라인, 국제노동기구(ILO) 다국적 기업 및 사회정책에 관한 3자 선언, 유엔 기업과 인권 이행 원칙(Guiding Principles on Business and Human Rights) 등 국제 협약에 담겨 있다. OECD 다국적 기업 가이드라인은 기업이 주주뿐만 아니라 노동자, 지역사회, 환경 등 이해관계자의 이익을 함께 고려해야 한다는 내용을 핵심으로 한다. 가이드라인 준수 책임은 각국 정부에 있다.

두 번째 특징으로는 '성명'을 웹사이트 등에서 공개하는 것을 의무화하고 있다는 점이다. 인권 문제에 관한 국제적인 관심이 높아지는 것으로 인하여 사람들 스스로 눈에 띄도록 함으로써 기업의 행동에 영향을 주도록 해 나가려는 의도가 있는 것이다. 특히, 글로벌 대기업에게 세계인들의 시각은 중요한 문제이다. 세계에서 인기가 있는 브랜드 제품이 개발도상국의 아동 노동에 의해 제조되는 것이 밝혀지면 밀레니엄세대라 불리는 젊은 세대에게 충격이 클 것이다.

2015년의 영국의 현대판 노예법은 다른 나라에도 확산될 조짐을 보이고 있다. 프랑스는 2017년 2월 '인권실천 점검 의무(Human Rights Due Diligence)' 법을 유럽에서 최초로 만든 나라다. '프랑스 기업의 인권실천 책임법(French Corporate Duty of Vigilance Law)'이다. 이 법은 프랑스 기업 중에서도 고용인원 5,000명(본사가 국외에 있는 경우에는 1만 명)을 넘는 대기업에만 적용돼 약 100~150개의 프랑스 기업들이 규제 대상이 된다. 호주에서도 2019년에 현대판 노예법이 시행되고 있다. 이후, 많은 나라에서 이러한 법령이 도입되어갈 것으로 예상된다.

공급망 관리 상(supply chain management, SCM)의 인권이나 노동문제에 주목하지 않는 것은 글로벌 기업에게 위험 요소가 되었다. 현장을 파악하고 문제가 명확해진 경우, 이에 적절히 대처해야만 한다. 대응이 지체된다면 세계시장으로부터 점차 배제되어 갈 것이다. 역으로 이러한 문제에 빠르게 주목하여, 사전에 적절한 대책을 강구하고 있는 기업은 장래에 이르러 지속적인 사업을 전개해 나갈 수 있을 것이다.

강제노동이나 아동노동의 근절은 SDGs 목표 8 "모두를 위한 지속적이고, 포용적이며, 지속가능한 경제성장과 완전하고 생산적인 고용과 양질의 일자리 증진" 특히, 8.7 "강제노동과 현대적 노예제, 인신매매를 종식하고, 소년병 동원 및 징집 등 최악의 아동노동을 금지하고 근절하기 위해 즉각적이고 효과적인 조치를 취하고, 2025년까지 모든 형태의 아동노동을 근절한다."에서 거론된 과제이다. '생산이나 공급의 연쇄적 과정에서 인권상황의 확인'이라는 기업 행동을 통해 민간기업의 지속가능성과 SDGs의 달성은 연결될 것이다(三井久明, 2020: 44-45)."

3) 자금 조달

SDGs가 유엔 총회에서 채택된 것은 2015년이었지만, 9년 전인 2006년에 당시 UN사무총장이었던 코피 아타 아난(Kofi Atta Annan, 1938년 4월 8일~2018년 8월 18일)이 '사회책임투자 원칙(Principles for Responsible Investment, PRI)'을 금융업계에 대하여 제창하였다. 책임투자 원칙은 법적 구속력이 없는 임의의 원칙이다. 하지만 동 원칙에 찬성하는 기관은 서서히 늘어났고, 2018년에는 세계에서 2,000개 이상의 회사가 이 원칙에 서명하고 있다.

세계적으로 ESG투자의 규모는 확대되고 있다. 2017년 말 시점 세계 전체의 ESG 투자 잔고는 31조 달러로, 2015년 말의 23조 달러보다 34% 증가했다. ESG 투자 비율은 유럽 시장에서는 이미 50%를 차지하고 있으며, 일본에서도 18%에 달하는 추세이다.

최근 국제금융센터에 따르면 지난 2020년 한 해 글로벌 자산 운용사가 ESG를 평가 요소로 도입한 자산은 45조 달러로, 전체의 절반에 가깝다. 연평균 15%라는 지난 6년간의 평균 성장률이 유지된다면 ESG 관련 글로벌 운용자산규모(AUM)는 2025년에 53조 달러 이상으로 확대되고 2030년에는 ESG 비중이 95%로 확대할 전망이라 자산운용에서 ESG 기준은 이제 필수가 됐다. 미국도 지난해 ESG 관련 AUM이 17조 달러를 넘어섰다. 이는 전체 AUM 51조

〈그림 11-4〉 미국 내 지속가능 투자 규모의 변화과정

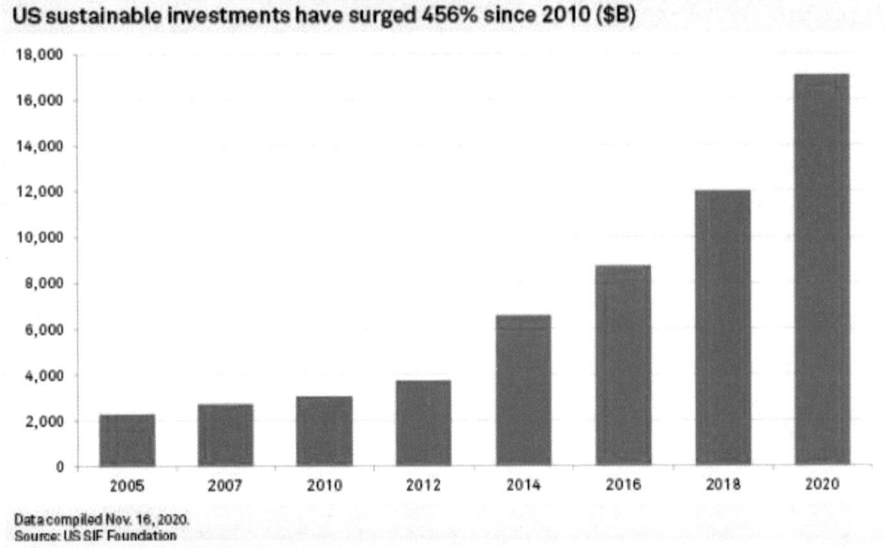

출처: 미국 사회책임투자포럼(SIF)

4000억 달러의 3분의 1에 해당한다. 파이낸셜타임스(FT)에 따르면 유럽에서는 2020년 말 기준, 기존 펀드 가운데 ESG 전략으로 전향한 펀드는 253개에 이른다. 지난 한 해에만 새로 출시된 ESG 펀드는 505개다. 2020년 11월 16일 자료를 기준으로 미국 내 지속가능투자 규모는 2010년 이래 456% 증가했다. 펀드평가사 모닝스타는 지난해 이로 인한 유럽의 ESG 관련 운용자산 규모도 역대 최대치인 1조 1,000억 유로를 기록했다고 집계했다. 특히 지난해 4분기 ESG 펀드 자금 순유입은 직전분기 대비 84%나 급증했다. 이로 인해 자산 운용사들 사이에서 기존의 펀드 운용원칙에 ESG 기준을 도입하는 새로운 물결이 일었다는 것을 알 수 있다. ESG로 전향한 기존 펀드 253개 가운데 87%는 펀드 운용원칙에 ESG 기준을 추가하는 것에 더해 펀드 명에 '지속가능(sustainable)', 'ESG', '청정(green)', '사회책임투자' 등 단어를 추가하는 등 브랜드를 새롭게 했다. 트랙인사이트에 따르면 2020년 4분기 글로벌 ESG 펀드 순자금 유입은 1,523억 달러, 이중 80%가 유럽에서의 투자였다. 미국은

13.4%를 차지했다. 2021년 1월에도 전 세계 ESG 특화 ETF에 유입된 투자액은 157억 달러에 이른다.

EU(유럽연합)는 ESG 권고를 넘어 제도적 정책과 규제 마련에 속도를 내고 있다. EU는 이달 10일부터 역내 은행, 자산운용사, 연기금 등 금융기관을 대상으로 '지속가능금융공시 제도(SFDR)'를 실시한다. 이제 역내 기업의 지속가능 활동과 관련한 공시의무가 강화된다는 뜻이다. 자산운용업계 큰손 블랙록은 지난해부터 모든 액티브(Active)자산에 ESG 기준을 반영하고, 투자기업에도 공시를 강화할 것을 요구하고 있다. 매출액의 25% 이상을 화력(석탄) 발전을 통해 거둬들이는 기업의 채권과 주식은 팔고, 성평등도 중요한 투자 기준으로 삼아서 회사 이사회 중 여성이 2명 미만이면 투자하지 않겠다는 철칙을 갖고 있다. 500여 개 투자사의 모임인 '기후행동 100+'는 그들이 투자하는 기업에 "2050년까지 온실가스 배출을 줄여 탄소 순 배출량을 '제로(0)'에 맞출 것"을 요구했다. 블랙록도 이 모임에 참여하고 있다. 이들이 운용하는 자산은 47조 달러에 달한다. 은행들도 대출 등 서비스를 제공하는 기업에 ESG 기준을 자체 점검하고 있다. 피치에 따르면 글로벌 은행 184개 중 67%가 대출시 ESG 기준을 적용하고 있다.[4)]

ESG 투자는 투자가의 이익을 손상시키는 것이 아니라, 오히려 그의 중장기적인 안정을 계획하는 것으로 여겨지고 있다. 어쨌든 최근 사회의 지속성에 대한 우려를 배경으로 사회나 환경을 의식한 투자는 중장기적인 재무 수익률도 높고, 또한 투자 위험이 적다고 판단하게 되었다. 사회나 환경의 지속적 개발에 기여하기 때문에 투자하는 것이 아니라, 이러한 공헌이 두드러진 기업은 장기적으로 안정되게 성장할 가능성이 높다고 판단되어 투자대상이 되는 것이다. 이것이 ESG 투자의 기본개념이다. 또한 최근에 이르러 책임투자원칙의 개념은 기관투자가 이외의 금융서비스업에도 확산하고 있다. 2019년에는 유엔환경계획 금융이니셔티브(이하 UNEP FI)가 '책임은행원칙(United Nations Principles for Responsible Banking · UN PRB)'을 제창하였다. 이미 세계 49개

4) 뉴스핌, "[ESG, 새로운 기회] 선택 아닌 필수…2025년 53조달러 움직인다" https://www.newspim.com/news/view/20210301000223

국에서 130개 정도의 은행이 이에 찬성하고 있다. 이들 은행의 운용자산 총액은 전 세계은행 자산의 3분의 1을 차지하고 있다. 투자뿐만이 아니라, 융자 분야에서도 ESG에의 공헌도가 판단 기준이 되고 있다. 더욱이 보험 분야에도 ESG의 기본개념이 반영되고 있다. 위에서 서술한 'UNEP FI'는 손해보험기업을 대상으로, '지속가능한 보험의 원칙(Principles for Sustainable Insurance: PSI)'을 작성하고, 손해보험 업계에 ESG를 고려한 상품개발이나 서비스 제공을 요구하고 있다(三井久明, 2020: 47-50).

4. 한국·중국·일본의 ESG 현황과 시사점

1) 일본 정부의 SDGs·ESG 경영

일본 정부의 SDGs 정책은 세계의 지속가능성과 밀접하고 불가분함을 전제로 하여 일본 국내 실시, 국제 협력의 양면에서 누구도 소외하지 않는(leave no one behind, LNOB) 지속가능한 세계로 전환하는 것을 목표로 한다. 그리고 SDGs는 경제·사회·환경의 3개 기둥을 포함하는 것으로, 이러한 상호 관련성을 의식해 대처를 추진한다.

'SDGs 실시지침'은 SDGs를 달성하기 위한 국가전략이다. 일본 정부는 SDGs 추진본부(2016년 5월)를 발족한 후 SDGs 실시지침(2016년 12월)을 발표하고 2017년 12월부터 액션플랜을 정기적으로 책정해왔다. SDGs 액션 플랜은 6개월마다 재검토되고 확대판으로 발표되었다. 따라서 2017년 12월 초판 'SDGs 액션플랜 2018'이 공표된 후 네 차례 개정되었다(외무성, 2020). SDGs 실시지침은 2019년 12월 'SDGs 실시지침 개정판(이하 개정판)'으로 바뀌었다. 그리고 2020년 12월 하순 경에 'SDGs 액션플랜 2021'이 발표되었다(이창언, 2020d: 2909). 일본형 SDGs 모델을 추진하는 'SDGs 액션플랜 2020'은 세 개의 기둥으로 이루어졌다. 그것은 ① SDGs와 함께하는 Society 5.0의 추진, ② SDGs를 원동력으로 하는 지역 창생 및 강인하고 친환경적이고 매력적인 마을 만들기, ③ SDGs를 통한 차세대·여성의 역량 강화이다(田中治彦, 2019: 19).

〈그림 11-5〉 Society 5.0

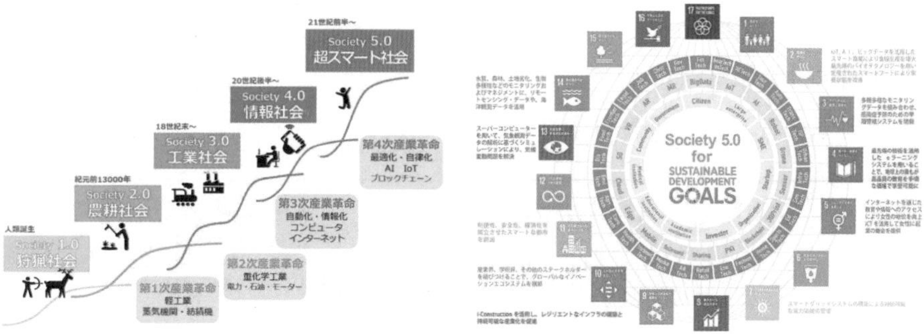

출처: 일본 經濟産業省

'SDGs 액션플랜 2020'의 첫 번째 기둥인 ① SDGs와 함께하는 Society 5.0의 핵심 키워드는 '비즈니스 과학기술' 분야의 정책 로드맵이다. 과학기술 분야의 'SDGs 달성을 위한 과학기술 혁신(STI for SDGs)'은 SDGs 목표 달성에 공헌하는 과학기술 혁신의 국내외 지원 관련 로드맵을 보여준다. 'STI for SDGs'는 중소기업이 ESG 투자나 SDGs 이행에 쉽게 대처할 수 있도록 관련 단체·지역·금융 기관과의 제휴 강화를 목표로 한다. 일례로 SDGs 추진본부가 마련한 SDGs 경영 가이드, TCFD(기후 관련 재무정보 공개 태스크 포스)에 관한 지침 등 각 기업에 SDGs 대처 촉진, ESG(사회적 책임 투자)를 통해 Society 5.0 실현을 도모한다. 그리고 SDGs와 ESG 경영의 추진이 어려운 중소기업의 SDGs 노력을 강화하기 위해 금융 기관과 지역사회의 연계 강화, 국제적인 규칙을 만들기 위한 민관협력 강화를 지원한다. 이러한 SDGs 추진과 ESG 투자 유치는 사회문제 해결과 경제성장이 양립하는 미래사회를 지향한다(이창언, 2020d: 2911).

〈그림 11-6〉 경제발전과 사회적 과제 해결을 양립하는 'Society 5.0'

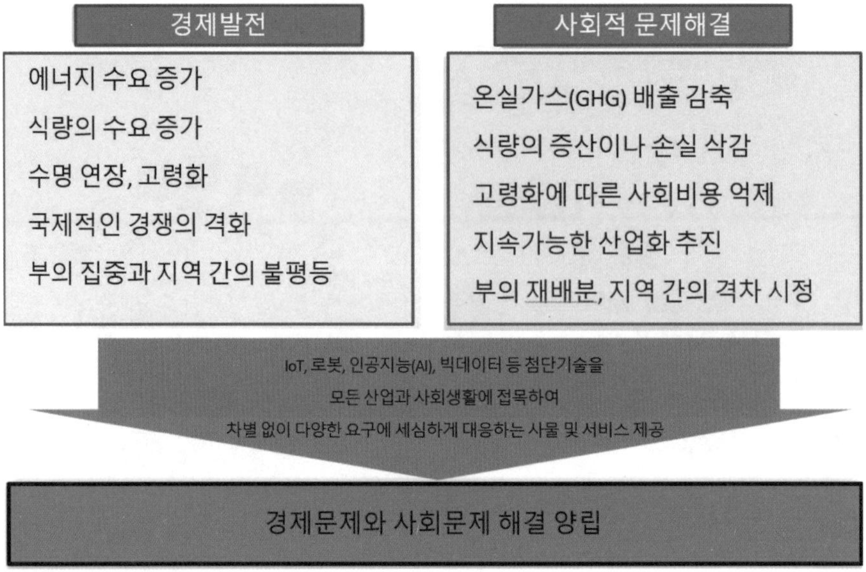

경제발전
에너지 수요 증가
식량의 수요 증가
수명 연장, 고령화
국제적인 경쟁의 격화
부의 집중과 지역 간의 불평등
사회적 문제해결
온실가스(GHG) 배출 감축
식량의 증산이나 손실 삭감
고령화에 따른 사회비용 억제
지속가능한 산업화 추진
부의 재배분, 지역 간의 격차 시정
IoT, 로봇, 인공지능(AI), 빅데이터 등 첨단기술을
모든 산업과 사회생활에 접목하여
차별 없이 다양한 요구에 세심하게 대응하는 사물 및 서비스 제공
경제문제와 사회문제 해결 양립

출처: 이창언(2020c)

Society 5.0은 내각부가 제창하는 일본의 차세대 사회의 비전이다.[5] Society 5.0에서는 사물 인터넷(Internet of Things, IoT)와 로봇, 인공지능(AI), 빅데이터 등 첨단기술을 모든 산업과 사회생활에 도입해 경제발전과 사회적 과제 해결을 양립해 나가는 것을 목표로 한다. 이 Society 5.0은 SDGs의 이념과도 맥을 같이 하는 것으로, 기업이 혁신의 이니셔티브를 발휘할 수 있다는 장점이 있다. 따라서 일본의 경제단체연합회가 Society 5.0 for SDGs를

5) Society 5.0은 사이버 공간(가상공간)과 물리적 공간(현실공간)을 고도로 융합시킨 시스템을 통해 경제발전과 사회적 과제의 해결을 양립하는 인간 중심의 사회(Society)를 말한다. Society 5.0은 수렵 사회(Society 1.0), 농경사회(Society 2.0), 산업사회(Society 3.0), 정보사회(Society 4.0)에 이은 새로운 사회를 가리키는 것으로 제5기 과학기술기본계획에서 일본이 지향해야 할 미래 사회의 모습으로 처음 제창되었다. Society 5.0에서 제공하는 사회는 IoT에서 모든 사람과 물건이 이어져 다양한 지식과 정보가 공유되고 인공지능(AI) 기술을 활용해 저출산 고령화, 지방의 과소화, 빈부격차 등의 문제를 극복한다(이창언, 2020d: 2911).

이끌고 있다(佐藤真久·関正雄·川北秀人, 2019: 52; 이창언 2020d: 2912).

일본 경단련에서는 지속가능한 사회 실현을 위한 기업의 대응을 추진해 나가기 위해 'Society 5.0' 실현을 통한 SDGs의 달성을 핵심으로 하는 행동 원칙인 '기업 행동 헌장'을 2017년 11월에 개정하였다. 그리고 경단련은 SDGs에 이바지하는 이노베이션 사례집 'Innovation for SDGs' 등을 통해서, 구체적인 행동의 힌트를 제공하고 있다. '기업 행동 헌장'은 기업이 공정하고 자유로운 경쟁 하에서 사회에 유용한 부가가치 및 고용 창출과 자율적이고 책임 있는 행동을 통해 지속가능한 사회 실현을 견인하는 역할을 담당할 수 있도록 촉구한다. 이를 위해 기업은 국내외에서 다음의 10개의 원칙에 근거해 관계 법령, 국제 규칙 및 그 정신을 준수하면서 높은 윤리관을 가지고 사회적 책임을 완수해 간다.

〈상자 11-1〉 일본 기업 행동 헌장

1. 혁신을 통해서 사회에 유용하고 안전한 상품·서비스를 개발·제공하고, 지속가능한 경제성장과 사회적 과제의 해결을 도모한다.(지속가능한 경제성장과 사회적 과제의 해결)
2. 공정하고 자유로운 경쟁 및 적정한 거래, 책임 있는 조달을 실시한다. 또, 정치, 행정과의 건전한 관계를 유지한다.(공정한 사업관행)
3. 기업정보를 적극적, 효과적, 공정하게 개시하여 기업을 둘러싼 폭넓은 이해관계자와 건설적인 대화를 실시하여 기업 가치의 향상을 도모한다.(공정한 정보 공개, 이해관계자와의 건설적 대화)
4. 모든 사람의 인권을 존중하는 경영을 실시한다.(인권의 존중)
5. 소비자·고객에 대해서, 상품·서비스에 관한 적절한 정보 제공, 성실한 커뮤니케이션을 실시해, 만족과 신뢰를 획득한다.(소비자 및 고객과의 신뢰 관계)
6. 종업원의 능력을 높여 다양성, 인격, 개성을 존중하는 근로방식을 실현한다. 또, 건강과 안전을 배려한 일하기 쉬운 직장환경을 정비한다.(근로방식의 개혁, 직장환경의 충실)

7. 환경문제에 대한 대응은 인류 공통의 과제이며, 기업의 존재와 활동에 필수 요건으로서 주체적으로 행동한다.(환경문제에 대한 대처)
8. '좋은 기업 시민'으로서, 적극적으로 사회에 참가하고 발전에 공헌한다.(사회참가와 발전에 대한 공헌)
9. 시민 생활이나 기업 활동에 위협을 주는 반사회적 세력의 행동이나 테러, 사이버 공격, 자연재해 등에 대비해 조직적인 위기관리를 철저히 한다.(위기관리 철저)
10. 최고 경영자는 본 헌장의 정신 실현이 기업의 역할임을 인식하고 경영에 있어서 실효 있는 거버넌스를 구축해 사내, 그룹 기업에 철저히 주지시킨다. 아울러 공급망에도 본 헌장의 정신에 근거하는 행동을 재촉한다. 또한 본 헌장의 정신에 반해 사회로부터 신뢰를 잃게 되는 사태가 발생 시, 최고 경영자가 솔선하여 문제 해결, 원인 규명, 재발 방지 등에 힘쓰고 그 책임을 다한다.(경영 최고 경영자의 역할과 본 헌장의 철저화)

2) 중국 SDGs 기업실천조사보고

UNDP와 중국기업이 협력하여 2020년 〈중국 SDGs 기업실천조사보고서 中国企业可持续发展目标实践调研报告〉를 발간했다. 중국 최초의 SDGs 경영 보고서 발간이었고 그 내용도 참신해서 세계적인 주목을 받았다. 이 보고서는 중국 기업의 현황과 미래, SDGs의 우선순위를 보여주고 있다. 그것은 중국 기업이 SDG에 참여하는 방식, 중점 분야, 미래 트렌드, COVID-19에 따른 기업의 새로운 위기 대응 방식을 기업 리더들에게 제공한다. 우선 중국 기업의 SDGs 인지도가 상당히 높았음을 확인할 수 있다.

〈상자 11-2〉 중국 SDGs 기업실천조사보고서

"중국 기업의 90% 가까이가 SDGs를 이해한다."

첫째. 건강복지(SDGs 목표 3)가 중국 기업들 사이에서 가장 주목받고 있다. 의료건강보장, 기초의약품 제공, 양질의 백신의 신속 개발은 인민의 안티에이징(anti-aging)의 관건이자 민생의 장기적 보장과 개선을 위한 중요한 작업이다.

둘째. 산업 혁신, 인프라 구축(SDGs 목표9)에 관한 관심이 5년 만에 급상승했다. 제품 혁신, 기술 혁신, 비즈니스 모델 혁신이 최근 수년간 산업계의 주목을 받아온 것이 이를 뒷받침 한다. 빅데이터 분석 등 혁신적인 디지털화 기술은 산업혁신에 두드러진 기여를 했다.

셋째. SDGs 경영을 기업발전 전략에 전면적으로 통합해야 한다는 점을 대부분의 기업이 의식하고 있다.

*번역: 이창언

중국의 보고서는 SDGs 기업 경영의 의미를 이제 기업 운영에 정착시켜야 한다는 점을 강조한다. 이를 위해 다음과 같은 방안을 제시한다.

첫째, 장기목표 설정이다. 위에서부터 아래에 이르기까지 지속가능발전의 중요성을 전반적으로 고려하여 업무와 관련된 SDGs를 정리, 확인, 통합하여 기업의 경영발전에 부합하는 지속가능발전을 위한 포지셔닝과 전략을 수립해야 한다는 것이다.

둘째, 전략과 회사 내 보급이다. 중국 기업들은 지속가능발전관리위원회 설치, TF 설치, 부처 간 협력체제 구축, 각 부처의 명확한 관리 책임을 포함한 이사회 및 고위 관리들의 참여와 지원을 확보해야 한다는 것이다.

셋째, SDGs 이행과 실천, 달성도를 평가하는 도구를 파악하고, 단계적 항목의 설치이다. 이를 통해 실천 활동을 지속적으로 추적하고, 업무 실시 과정상에서 나타난 문제점을 발견하고, 최적화를 위한 모니터링, 평가보고 시스템이 구축되어야 한다는 것이다.

보고서는 기업의 장기적인 미래를 위한 실천과 관련해서 다음과 같이 권고한다. 그것은 첫째, 빠른 응답과 의사결정 능력, 미래의 불확실성에 대한 대응력이다. 또한, 기업 구성원들의 성인지 능력, 아울러 다양한 경영방법, 조직 운영의 기획과 대응능력의 강화이다. 시나리오별 위험도 점검해야 한다. 예를 들어 재해, 극한 날씨, 정책변화 등을 식별하고, 리스크 사태로 인한 경영 중지, 근무 지체 등의 피해를 최소화하고, 기업의 지속적 경영 능력을 유지할 수 있도록 관리조치를 마련하는 것이 필요하다.

둘째, 기업 SDGs·ESG 경영은 지속가능발전의 시각에서 기업의 성장점을 발굴해야 한다. COVID-19는 사회 관리와 공공서비스 방면에 있어서 단점을 드러냈다. 의료자원 배치 문제는 단순히 정부 힘이나 관련 비정부기구의 힘만으로는 단기간에 극복의 단초를 열 수 없다. 따라서 위기 상황은 오히려 기업들에게 더 많은 참여기회로 작용할 수 있다. 과학기술 관련 업체들은 공공서비스, 사회관리, 환경보호 과정에서 과제와 도전을 발굴하고 온라인 클리닉 서비스, 디지털 커뮤니티 기반 인프라, 기반시설, 오염물 온라인 지도 등의 솔루션(해법)을 제공함으로써 지속가능한 전략과 업무 결합을 실현해야 한다.

셋째, 인문학을 수용한 기업문화를 강화해야 한다. 인문학을 통한 자기 성찰성의 강화와 노동자 조건에 맞는 업무분장과 배려는 기업 구성원의 책임감 강화와 조직에 대한 소속감에 기여한다. 예를 들어, 탄력근무제를 시행하면 자녀가 있는 종업원의 평형 근무와 생활 양편의 배치를 용이하게 할 수 있다. 중대한 공중위생 사안에 대한 종업원의 자기 방재 관리와 의식 선도를 적시에 지원하고, 종업원의 심리적 소통과 원조에도 중점을 두어야 한다.

넷째, 이해당사자의 요구를 대외적으로 통찰해야 한다. 이는 지속가능한 공급망 관리와 소비를 포함한다. 온라인 비즈니스 모델 업그레이드 등 시장 변화에 대응한 기업 경영전략과 비즈니스 모델을 시기적절하게 조정해야 한다. 디지털화를 핵심으로 하는 기업 경쟁력을 구축하거나 강화해 기업 소비층에 맞는 새로운 소통과 소통 채널을 만드는 작업에도 힘을 쏟아야 한다(中国国际商会·联合国开发计划, 2020; 번역 이창언).

3) 한국의 ESG 경영과 K-ESG 가이드라인

한국은 ESG 경영과 관련하여 기업의 정보공개 글로벌 표준화를 위한 기업과 관련 기관들의 움직임이 분주하고, 환경(E), 사회(S)와 거버넌스(G) 분야의 정책이 큰 틀에서 대전환을 맞이하고 있다. 사회적가치연구원(CSEC)은 국내 8대 ESG 동향을 정리하여 제시하고 있다. 8대 ESG 동향은 1. 금융위원회 ESG 정보공개 의무화, 2. ESG 채권 발행 활성화, 3. 온실가스 배출권거래제 3기 시행, 4. 2050년 탄소중립 선언, 5. 금융권 탈석탄 선언, 6. 환경부 K-택소노미(K-Taxonomy, 녹색분류체계) 지정, 7. 여성 이사 할당제, 8. 스튜어드십 코드 개정 등이다.

〈표 11-2〉 ESG 관련 주요 국내외 동향

구분		주요 동향
제도적 측면		기업의 ESG 정보공개 의무화, 협력사 등 공급망에 대한 실사 의무화 등 ESG 관련 규제 강화
투자	연기금	글로벌 연기금의 ESG 투자원칙에 따른 책임투자가 보편화
	자산운용사	글로벌 3대 자산운용사 등 주요 투자기관에서 ESG 요소를 반영한 투자 결정 및 의결권 행사를 이행
	신용평가사	글로벌 신용평가사에서 ESG 평가결과를 기업 신용등급에 반영하고, 평가기준을 지속적으로 강화
민간	평가기관	기업들의 ESG 대응과 신뢰성 있는 평가를 위해서 민간 차원의 평가 기관이 급증하며, 특히 공급망 관련 ESG 평가 시장이 확대되는 추세
	이니셔티브	(공공) UN을 중심으로 ESG 분야 원칙, 목표 등을 제시 (민간) 전자, 자동차 등 주요 산업별로 산업 특성을 감안한 이니셔티브 조성하여 ESG 적극 대응 환경, 책임경영 이니셔티브도 확대 추세

출처: K-ESG 가이드라인(관계부처합동 2021: 8)

K-가이드라인에서는 ESG 국내외 동향과 관련해서 제도적 측면, 투자 측

면, 민간 측면으로 나누어 다음과 같이 설명하고 있다.

"첫째, 제도적 측면인데, 2006년 UN PRI의 지속가능성장 관련 6대 원칙이 발표된 이후 세계 주요국들은 ESG 정보 공개에 대한 의무화, 공급망 실사 등 ESG 관련 규율을 강화하고 규범으로 정착시키고 있는 추세이다. 즉 제도로서 ESG가 확산 정착되고 있다. 일례로 미국은 과거부터 기업윤리 및 지배구조 중심의 법률 제정 및 정보공시를 강화해왔으며, 최근에는 환경 및 공급망 관리 등의 법령을 추진하고 있다. 영국은 연차보고서 내 ESG 정보공개 의무화(Company Act, 2016)를, 프랑스와 독일은 일정규모 이상 사업장 보유 기업 ESG 정보공개 의무화(Code de commerce L&R, 2017, CSR Directive Implementation Act law, 2017)를, EU는 산업 공급망 대상 인권 환경 실사 의무화를 추진(2021)하고 독일은 공급망 실사에 관한 법안 도입을 발표(2021)했다. 아시아 국가들의 움직임도 활발하다. 중국은 이미 국영기업 보고서 발간 권고(2008), 기업 CSR 보고지침 개발(2009) 등을 통해 국영 및 외자기업들의 CSR 수준 평가를 목적으로 정보 공개를 추진하고 있고, 일본은 기업들에게 ESG 정보공개를 의무화하고, 환경에 대한 기업 보고 관련 규제를 추진하고 있다. 둘째, 투자 측면에서 보면 글로벌 연기금 기관들의 ESG를 내재화한 책임투자가 보편화되고 있다. 자산운용사 및 신용평가사 등 민간투자 기관들도 ESG를 기업의 미래가치로 인식하면서 기업 ESG 정보 공개 수요가 급증하고 있다. 셋째, 기업의 ESG 관련 정보공개 요구가 증가하고 평가가 확대되면서 평가, 컨설팅, 자문을 수행하는 평가 기관이 급격하게 늘었고, 산업 단위의 협·단체 수준에서 이니셔티브를 출범하는 등 민간의 자발적 대응 노력이 확대되고 있다(관계부처합동, 2021: 8; 평택시민의 신문 2022. 1. 13.)."는 것이다.

최근 ESG 글로벌 이니셔티브는 기업 및 자본시장의 ESG 확산 및 강화를 위해 추진되고 있는 게 사실이다. 앞에서도 언급되었듯이 UNGC(유엔 글로벌 콤팩트)는 조직이 준수해야 할 인권, 노동, 환경, 반부패 분야의 10대 원칙을 제시하고 있고 유엔은 정부, 기업, 시민사회 등이 환경, 사회의 통합적 관리 틀로써 SDGs 17개 목표를 제시하고 있다. 그리고 전자산업을 중심으로 형성된 공급망 관리 이니셔티브인 RBA(Responsible Business Alliance)는 Apple,

HP, Dell 등 전자제품 산업의 가치사슬(생산~소비)에서 발생하는 이슈를 해결하기 위해 ESG를 전면 도입했고, 최근에는 이니셔티브 가입 대상을 자동차, 항공, ICT 등의 산업으로 확장하고 있다. 국내의 주요 대기업은 ESG 관련 정책 및 목표를 선언하고, 계열사의 ESG 추진을 위한 전담조직 및 체계를 수립하고 있고, 수출기업들은 글로벌 원청 기업의 ESG 준수 요구에 직면해서 바이어가 요구하는 특정 ESG 요건에 집중하여 대응하는 상황이다. 여기에 더해 최근 민간 컨설팅, 신용평가, 언론사 등도 ESG 컨설팅 및 평가에 참여하면서 ESG 서비스 생태계를 조성하고 있다. 하지만 우리 기업이 ESG에 대한 인식이나 준비정도는 높지 않은 것이 현실이다. 따라서 우리 기업, 특히 중소기업이 다양한 ESG 평가기관과 평가방식에 대응하는 것은 여러모로 무리가 따른다.

우리 정부는 2021년 12월 1일 관계부처 합동 기자회견문을 통해 "공시 의무 등 ESG 규율 강화, 기업 평가와 투자기준, 공급망 실사 등에 있어 기업의 ESG 경영 필요성이 급증하는 상황에 대처하기 위해" K-ESG 가이드라인을 제시한다고 밝혔다. 현재 ESG 관련 국·내외 600여 개 이상의 평가지표가 존재하나 평가기관의 평가기준과 결과도출 방식에 대한 정보는 대부분 공개하지 않고 있다는 점, 글로벌 ESG 평가기관들도 기관마다 고유한 평가 프로세스, 지표, 측정산식 등을 기반으로 평가를 진행하여 기업 입장에서는 일관된 평가 대응 체계를 수립하기가 쉽지 않다는 점, 특히 중소·중견기업은 비용, 시간 등 현실적 어려움으로 ESG 경영 도입에 더 많은 어려움을 겪고 있다는 점을 거론하면서 K-ESG 가이드라인의 추진 배경을 설명하고 있다.

K-ESG 가이드라인은 크게 기업의 ESG 경영과 평가대응 방향, 국내 상황을 고려한 ESG 요소를 제시하고 있다. 보고서에 따르면 K-ESG 가이드라인의 구성은 첫째, 기업이 고려해야 할 ESG 경영 요소와 평가기관에서 가장 많이 다루는 평가항목 제시를 위해 DJSI, MSCI, EcoVaids, Sustainalytics, World Economic Forum, Global Reporting Initiative 등 국내·외 주요 13개 평가기관 등의 3,000여 개 이상의 지표와 측정항목, 공시기준 등을 분석했다고 한다. 이를 통해 ESG 이행과 평가의 공통적이고 핵심적인 61개 사항을 마련하고 있다. 한편 각 분야별 전문가, 전문기관, 관계부처 의견 등을

반영하여 글로벌 기준에 부합하면서도 우리 기업이 활용 가능한 문항으로 가이드라인을 구성했다. 기업의 ESG 추진 속도, 업종, 규모 등에 따라 글로벌 기준부터 국내 제도를 고려한 ESG 경영의 추진, 주요 해외 ESG 평가지표에 대한 대응을 공통적으로 고려하되 실제 경영환경에서 선택적으로 고려할 수 있도록 가이드라인을 설계했다고 설명하고 있다. K-ESG 가이드라인은 정보공시(Public) 5개 문항, 환경(Environmental) 17개 문항, 사회(Social) 22개 문항, 지배구조(governance) 17개 문항 등 4개 영역을 기준으로 가이드라인을 대분류하고 있다.[6)]

〈표 11-3〉 K-ESG 가이드라인 주요 항목

구분	주요 항목		
정보공시 (5개 문항)	ESG 정보공시 방식	ESG 정보공시 주기	ESG 정보공시 범위
	ESG 핵심 이슈 및 KPI		ESG 정보공시 검증
환경 (17개 문항)	환경경영 목표 수립	환경경영 추진체계	원부자재 사용량
	재생 원부자재 비율	온실가스 배출량 (Scope1+Scope2)	온실가스 배출량 (Scope3)
	온실가스 배출량 검증	에너지 사용량	재생에너지 사용 비율
	용수 사용량	재사용 용수 비율	폐기물 배출량
	폐기물 재활용 비율	대기오염물질 배출량	수질오염물질 배출량
	환경 법/규제 위반		친환경 인증 제품 및 서비스
사회 (22개 문항)	목표 수립 및 공시	신규 채용	정규직 비율
	자발적 이직률	교육훈련비	복리후생비
	결사의 자유 보장	여성 구성원 비율	여성 급여 비율 (평균급여액 대비)

6) http://www.pttimes.com/news/articleView.html?idxno=63752

구분	주요 항목		
사회 (22개 문항)	장애인 고용률	안전보건 추진체계	산업재해율
	인권정책 수립	인권 리스크 평가	협력사 ESG 경영
	협력사 ESG 지원	협력사 ESG 협약사항	전략적 사회공헌
	구성원 봉사 참여	정보보호 시스템 구축	개인정보 침해 및 구제
	사회 법/규제 위반		
지배구조 (17개 문항)	이사회 내 ESG 안건 상정	사외이사 비율	대표이사와 이사회 의장 분리
	이사회 성별 다양성	사외이사 전문성	전체 이사 출석률
	사내 이사 출석률	이사회 산하 위원회	이사회 안건 처리
	주주총회 소집 공고	주주총회 집중일 이회 개최	집중/전자/서면 투표제
	배당정책 및 이행	윤리규범 위반사항 공시	내부 감사부서 설치
	감사기구 전문성 (감사기구 내 회계/재무 전문가)	지배구조 법/규제 위반	
4개 영역, 총 61개 진단항목			

출처: 관계부처합동 보도자료(2021)[7]

정부합동부처 기자회견에서는 글로벌 동향을 반영한 K-ESG 가이드라인 개정판을 1~2년 주기로 발간하고 업종별·기업 규모별 가이드라인도 22년부터 마련할 계획이라고 밝혔다. 모범적인 ESG 경영을 실천하고 지속가능한 경영 문화 확산에 기여한 기업에 대한 포상 수여식도 지속적으로 개최될 것으로 보인다. 또한 산업통상자원부는 글로벌 대기업의 '공급망 ESG 리스크 관리' 강화와 국가별 '공급망 실사제도' 확산에 적기 대응하기 위해 수출기업을 대상으로 ESG 시범사업도 추진할 예정이다. 한편, 수출 중소·중견기업 대상 ESG 시범사업 추진 및 지원협의회 발족도 활발하게 진행될 것으로 예상된다.

7) 산업통상자원부(2021), "보도자료-관계부처 합동 K-ESG 가이드라인 발표"(2021. 12. 1.).

산업부, 무역협회, 무역보험공사, 코트라, 한국생산성본부로 구성된 '수출 중소·중견기업 ESG 지원협의회' 발족이 그 예라고 할 수 있다. 그리고 22년부터 민간평가단을 구성하여 희망 수출기업에 대해 평가 경험을 제공하고, 지속적인 성과를 나타내는 기업에는 수출관련 마케팅, 전시회, 수출보험 우대 등 체감도 높은 인센티브도 제공된다. 일정을 살펴보면 K-ESG 경영지원플랫폼(2021년 12월) 구축, 업종별·규모별 가이드라인(2022년~)을 제공하며, 대·중소 ESG 협력네트워크 포럼(2022년~)을 개최해서 E·S·G 각 분야의 대응 전략 등을 공유한다. 이외에도 ESG 교육·컨설팅 확대(2022년~), ESG 우수기업 인센티브 제공(2022년~)등도 실시된다.[8)]

4) ESG 경영의 의미와 시사점

SDGs의 목표를 달성하기 위해서는 기업의 역할이 중요하다. SDGs 시대, 'SDGs에 대한 관여'와 '기업의 지속가능성'은 향후 한층 밀접한 관계를 갖게 될 것이다. 2017년 1월, 세계경제포럼(다보스 포럼)에서 비즈니스&지속가능개발위원회(BSDC)는 2030년까지 기업이 SDGs를 달성하면 '연간 12조 달러'의 경제 가치가 초래되며, 최대 3억 8,000만 개 이상의 일자리가 창출될 가능성이 있다고 발표한 바 있다. 신상품은 대부분 문제 해결을 위해 개발된다. SDGs에서 제시된 문제 해결에 대한 대응은 큰 비즈니스 기회의 창출 가능성을 내포하고 있다. 기업에 SDGs는 단순한 비용이 아니라 보물섬이 될 수도 있다. 반대로 말하면, SDGs에 대응하지 않으면, 이러한 시장 기회를 스스로 놓쳐 버리게 된다. 중장기적인 안정 이익에 직결되는 측면이 있으므로, 영리를 목적으로 하는 기업은 SDGs에 대응해야 한다고 말할 수 있을 것이다. 현재 유럽에서는 ESG 상위 20%의 기업 이미지와 수익률이 높아지고 있다. ESG나 SDGs는 퍼포먼스의 관점에서 긍정적이다. ESG 투자가 담당하는 역할이 커지는 가운데 자본 비용의 관점에서 보면 ESG 목적을 충족하는 기업은

---

8) http://www.pttimes.com/news/articleView.html?idxno=63752

저금리로 자금 조달이 가능해진다. 물론, 기업의 지향과 가치가 ESG나 SDGs 이념에 부합하지 않으면 이를 활용할 수 없다.

삼정KPNG 경제연구원은 'ESG의 부상, 기업은 무엇을 준비해야 하는가?'라는 연구에서 ESG가 기업에게 중요한 이유를 ESG 규제의 강화, 투자자의 ESG 요구 증대, 기업평가에 ESG 반영, 고객의 ESG 요구 증대로 설명하고 있다.

〈그림 11-7〉 ESG가 기업에게 중요한 이유

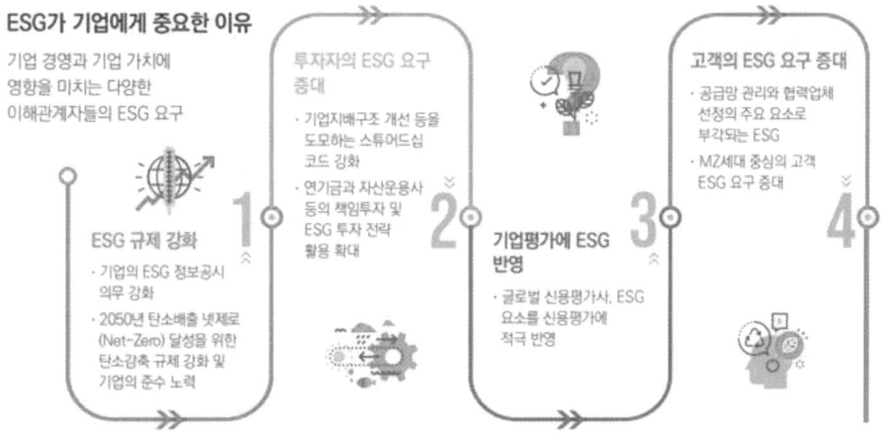

출처: 삼정KPNG 경제연구원(2021: 1)

SDGs-ESG 경영은 대기업 및 글로벌 기업을 중심으로 확대되고 있지만, 경영이념을 중시하는 기업 및 환경 매니지먼트, 건강경영에 힘쓰는 기업 등 중소기업 경영자 사이에서도 SDGs에 대한 관심이 서서히 높아지고 있다. 그러나 중소기업 경영자들 사이에서는 다음과 같은 이야기들도 아직 나온다.

〈상자 11-3〉 중소기업 SDGs·ESG 경영에 대한 오해

첫째, SDGs·ESG 경영은 대기업에서나 실시하는 것이다.
둘째, 중소기업은 사람도 돈도 없으므로 SDGs·ESG 경영에 나설 이유가 없다.
셋째, SDGs·ESG 경영이 중소기업에는 큰 메리트가 없다.
넷째, 우리 중소기업은 이미 열심히 노력하고 있다.

그러나 이는 오해이거나 잘못된 인식이다. 일반적으로 기업이 SDGs·ESG 경영에 대응함에 따른 자체 기대효과는 네 가지로 요약된다. 그것은 첫째, 기업 이미지 향상, 둘째, 사회문제에 대한 대응력 강화, 셋째, 기업의 생존전략, 넷째, 새로운 사업 기회의 창출이다. 기관투자가에게 SDGs와 ESG 과제에 참여하는 것은 투자 리스크 관리이자 환경과 사회 전체에 이익을 향상시키는 것과 같다. 이는 SDGs가 목표로 하는 환경이나 빈곤 문제의 해결, 공정사회 만들기, 기업과 대학의 파트너십으로 연결된다(Takashi, 2019: 8-15; 이창언, 2020b: 131). 여기에 더해 중소기업이 SDGs·ESG 경영에 대응하는 장점[9]으로 크게 네 가지를 들 수 있다. 그것은 첫째, 인재 양성·활성화이다. 둘째, 거래 안정화·활성화이다. 셋째, 자금 조달이다. 넷째, 신상품 및 서비스 개발이다.

9) 환경과 사회 친화적인 활동은 비용이 매출에 연결되지 않는 이미지가 있다. 그러나 2017년 세계 경제 포럼 연차 총회(다보스 포럼)에서 "SDGs를 달성하여 2030년까지 적어도 12조 달러의 경제 가치, 최대 3억 8,000만 명의 고용이 창출 될 가능성이 있다"고 발표했다. 즉, SDGs에 의해 새로운 시장이 창출될 것이다. 2019년 12월 2일 니혼게이자이 신문 조간은 신규 사업 개발과 사업 계획에 SDGs를 도입해 적극적으로 SDGs에 참여하는 기업은 자기 자본 이익률(ROE) 등의 지표가 높은 경향이 있다고도 보도되었다. 또한 SDGs와 밀접하게 관계하는 ESG 투자가 세계적으로 확대하고 돈의 흐름이 ESG으로 이동하고 있는 것도 요인 중 하나이다. ESG 투자는 매출과 재무 건전성 등의 재무 정보뿐만 아니라 E(환경), S(사회), G(기업 지배 구조) 등 비 재무정보를 바탕으로 기업의 성장성을 평가하고 투자하는 방법이다. 즉, 기업이 SDGs를 해결하고, 투자자 평가되고 더 많은 자금이 있으며, 새로운 사업에 도전하는 기회로 이어질 것이다.

〈표 11-4〉 중소기업이 ESG를 채택했을 때 얻는 이익

인재 양성·활성화	SDGs, ESG를 적극적으로 경영에 도입한 선진적인 중소기업에서는 그 최대의 장점으로서 '우수한 인재 확보와 육성'을 든다. 상장기업 등 이름이 알려진 대기업과 달리 중소기업의 경우 회사 간판이 그다지 큰 인지도를 갖지 못한다. 하지만 사회 공헌이나 환경개선을 향한 활동을 전개하면 기업이나 거래처, 소비자에게 인정을 받고 지역민에게 칭찬을 받게 된다. 종업원이 자신의 행동으로 일이나 회사에 자부심을 가질 수 있고, 청년, 유능한 인재들이 해당 기업에 대해 지원하면서 고용이 활성화되고, 회사 전체의 분위기도 바뀌어 간다. 또, 최근에는 10대, 20대의 젊은이들 사이에서 사회에 도움이 되고 싶은, 지방 상생에 참여하고자 하는 사람이 증가하고 있다. CSR 보고서나 경영자의 생생한 이야기에 귀를 기울이고, 중소기업이 법령을 준수하는 이른바 "화이트 기업"인지 어떤지, 그 기업이 사회나 지역에 도움이 되고 있는지, 그 회사에 근무하면 자신도 사회에 공헌할 수 있는지가 취업 결정에 영향을 미치고 있다.
거래 안정화·활성화	해외 수출을 취급하는 글로벌 기업에서는 조달 자재에 분쟁 광물이 포함되지 않았는지 조사를 의무화하는 거래가 많아지고 있다. 이러한 기업에서는 하청기업이나 조달처기업 등 공급망(supply-chain) 전체에서 동등 수준의 규제를 요구하는 움직임도 나타나고 있다. 구미기업 등 글로벌 기업을 시작으로 CO_2 배출규제 등의 환경기준과 재생에너지의 이용 확대, 노동법제의 준수 등을 공급망 전체에 요구하는 움직임이 활발하다. SDGs와 ESG 경영에 선도적으로 대응하는 것은 이러한 공급망(supply-chain) 관리 안에서 환경기준 및 사회적 요청을 적극적으로 충족시키는 기업으로서 널리 어필하는 것으로 이어질 것이다. 또, 물류 업계에서도, 에코 프로덕츠(eco products), 에코 마크(eco mark) 상품을 조달하려는 움직임이나 오가닉(유기농) 상품, 공정무역 상품을 적극적으로 매입하려는 움직임도 강해지고 있다. 따라서 기업의 사회적 가치를 추진한 기업이 경쟁우위에 설 수 있을 것이다. 이들 기업은 불황기에도 거래처로부터 좀 더 안정적으로 거래를 이어갈 가능성도 기대된다. 게다가 SDGs·ESG 경영으로 독자 상품의 개발에 성공하면, 거래가 더 안정화하는 것으로도 연결된다.

자금 조달	일본에서는 연금적립금 관리운용 독립행정법인(GPIF)이 2015년 유엔 '책임투자원칙(PRI)'에 서명하고 ESG 중시 방침을 밝히는 등 국내 기관투자가도 같은 흐름에 있다. 지역 금융에도 ESG 투자의 시점을 도입하려는 검토가 정부 내부에서 진행되고 있다. 일본은 2019년 내각부에 '지방창생 SDGs 금융조사·연구회'가 설치되어 지역의 사회과제 해결을 위한 SDGs 금융, ESG 금융의 방향성에 대해 검토하고 있다. 지역 금융기관 사이에서는, SDGs·ESG 경영에 임하는 중소기업 전용으로 융자 범위 창설, 금리우대 상품 등 SDGs나 ESG의 시점을 중시한 금융상품을 2020년도에도 투입할 계획이다. ESG는 비정량 정보, 비재무 정보의 분석이 중시된다. 이러한 분야에서 자사의 사업성, 경영계획 등을 알기 쉽게 설명할 수 있는 기업일수록 향후 자금 조달 면에서도 유리하게 작용할 것이다.
신상품 및 서비스 개발	소비자의 가치관 다양화가 시작된 지 오래지만, 최근에는 특히 20대, 30대의 젊은이나 여성의 소비 행동의 변화가 두드러지고 있다. 기존의 대량소비형 지출 대신 자신의 가치관이나 기업의 인상을 중시해 다소 비싸더라도 마음에 드는 상품을 사거나 싸도 마음에 들지 않는 상품, 혐오감을 가진 기업의 상품을 기피하겠다는 것이다. 이 같은 소비행태는 '투표적 소비', '응원 소비'라고도 불린다. 대기업 중심으로 친환경제품, 유기농상품, 공정무역제품, 개발도상국 지원, 장애인 지원에 주력한 상품을 개발하는 움직임이 2019년 이후 급속히 전파되고 있다. 이러한 그린상품 조달 움직임은 기업과 기업 간의 거래(Business to Business, B2B), 기업과 소비자간 전자 상거래 시장(Business to Customer, B2C)에도 확산하고 있다. 예를 들어 어떤 백화점에서는 상품 포장에 사용하는 접착테이프에 대해서 석유가공 테이프의 이용을 전면적으로 삼가고 다소 비싸더라도 천연소재 테이프로 전환하려는 움직임도 나타나고 있다. 아직 전체 상품 점유율 중에서는 결코 높은 비율은 아니지만, SDGs에 대응함으로써 이러한 열성적인 소비자, 기업의 구매로 연결될 가능성도 늘어난다. B2B 기업도 포함해 SDGs 경영에 힘을 씀으로써 자사가 외부, 해외로부터 요청받고 있는 역할, 미래에 요구되는 역할을 정밀히 조사하여 미래의 요구, 외부의 요구에 부응하는 새로

신상품 및 서비스 개발	운 상품, 새로운 서비스 구축으로 이어질 기회도 증대해 나갈 것이다. 신상품·서비스는 판로 확대, 매상 증대로 연결될 뿐만 아니라 소비자의 마음을 얻을 수 있고, 중장기적으로 가격 경쟁을 회피할 수 있는 체질로 다시 태어나는 기회로 연결된다.

출처: SDGs midia(2020) 필자 재구성

지금까지 기술해 온 것처럼, 중소기업에 있어서 SDGs·ESG 경영에 대한 대응은 반드시, 즉시 '매출', '이익'으로 연결되는 것은 아니지만, 매우 힘이 있는 툴, 무기가 될 수 있는 것이다. 지역사회, 지역경제를 뒷받침하는 중소기업이야말로 SDGs·ESG 실행의 중요한 플레이어가 될 수 있을 것이다. 따라서 중소기업도 SDGs·ESG 경영에 대한 대응을 준비해야 한다. 중소기업의 혁신에는 다음 세 가지에 대한 점검이 중요하고도 필수적이다.

첫째, 사회, 경제, 환경문제에 대한 대응이 중소기업의 지속성으로 이어지는 것을 이해하는 것이며, 둘째, 중소기업은 장기적인 관점에서 사회나 비즈니스를 사고해야 한다는 것이다. 셋째, 중소기업 스스로 미래 사회의 바람직한 모습을 장기적 비전으로 제시해야 한다는 것이다. 이러한 대응은 SDG Compass의 아웃사이드 인(Outside in) 접근방식과 일치하는 것으로, 바람직한 방향 설정으로 평가받기도 한다. 다만 여러 기업의 장기적인 비전을 보면 슬로건과 같은 정성적인 기술에 머물기도 한다. 한편, SBT나 RE100라고 하는 국제 이니셔티브 아래에서의 대응은 시나리오 분석이나 로드맵의 작성이 요구되기 때문에 더 구체적인 도달 목표와 거기에 이를 전망이 제시되어야 한다.

중소기업의 SDGs·ESG 경영을 위한 장기목표 달성을 위해서는 사업 포트폴리오(portfolio)의 재검토, 중요 과제 특정 KPI(목표, 수치) 설정, 이행을 위한 체제정비, 종업원의 이해 촉진, 거래처나 이해관계자와의 관계성 강화 등이 요구된다. 많은 기업이 장래의 바람직한 모습에서 필요한 선택과 전략을 모색한다. 따라서 중소기업은 목표에 도달하기 위한 다양한 경로를 찾는 백캐스팅(backcasting)을 통해 무엇을 해야 할지를 검토한다. 이때 사원이나 관리직의 의견을 모으기 위한 소통의 장을 만드는 작업도 이루어지고 있으며 보텀

업의 시점을 가미한 핵심 과제의 특정KPI 설정 등이 이루어진다. 미래세대나 유럽, 아시아의 소비자를 의식한 전략을 검토하는 것은 물론, 개개의 현장에서 개개인의 사고와 행동의 변화를 선도하지 못하면 기업의 혁신이 불가능하기 때문에 사원들의 의식 변화를 위한 연수, 교육에 집중하는 기업도 있다.

〈표 11-5〉 ESG 확산에 따른 중소기업의 인센티브 및 손실 리스크 요인

요인 구분	세부 요인
인센티브 요인	(1) (B2B) 선제적 ESG 성과 달성 시, 다른 협력사와의 공급 경쟁에서 우위 선점 가능 (2) (B2C) ESG 성과에 대한 적절한 홍보가 이루어지고 윤리소비 트렌드와 부합할 경우 브랜드 이미지 상승 및 매출 증대 가능 (3) (수출기업) 선제적 ESG 성과 달성 시, 중국 위주의 글로벌 공급망에서 우위를 선점하고 새로이 편입될 가능성이 높아짐 (4) (자금) 기존 은행 여신은 기업 재무정보 기반의 신용도 평가를 활용하기 때문에 중소기업이 보증이나 담보 없이 대출을 받게 될 가능성이 매우 낮았으나, 비재무 리스크 AI 분석 및 ESG 기반의 지속가능 여신심사 제도를 중소기업 여신심사에 적용할 경우, ESG 성과가 좋은 중소기업은 대출이 가능해질 수 있음[10]
손실 리스크 요인	(1) (B2B) 수요기업이 공급망 ESG 관리의 비용 부담을 전가할 가능성이 있으며, ESG 성과가 낮을 경우 공급망에서 배제될 위험 존재 (2) (B2C) ESG 성과 부진 요인이 소비자의 관심사나 주요 현안과 맞닿아 있을 경우 매출 감소 가능성 (3) (수출기업) 국내 기업에 비해 글로벌 대기업은 협력사와의 동반성장 유인이 부족하기 때문에 ESG 성과 미달 시 공급망에서 배제될 위험이 높음. EU 역내 기업과 거래 시 갑작스레 ESG 관련 공시 의무 규제에 직면하여 수출 비용 증가 또는 거래 단절 위험 존재

출처: 중소기업포커스(2021)

---

10) 금융위의 혁신금융 샌드박스 제도를 통해 창업한 핀테크 스타트업 "지속가능발전소"는 뉴스 등 공개된 정보를 바탕으로 기업의 ESG 요인을 AI로 파악해 금융시장에 공급하는 사업 모델을 갖고 있다. 이러한 비재무적 데이터의 AI 분석기법을 바탕으로 기업 부실징후까지 측정하여 신용도만으로 평가 받던 중소기업의 기존 여신심사를 보완할 수 있는 기업여신평가 모델도 제시될 예정이다.

세계의 많은 기업은 SDG Compass를 활용하여 경영전략과 SDGs에 대한 공헌을 측정하고 관리하고 있다.[11] 기업은 'SDGs 경영'의 전략의 실천을 위해 다음의 다섯 가지 단계를 적용하고 있다.

이를 간단히 살펴보면 1단계(SDGs 이해)는 기업 구성원이 SDGs를 충분히 이해하는 것을 지원하는 단계로서 기업의 사회적 책임(Corporate Social Responsibility, CSR)뿐만 아니라 임원과 회사 전 구성원의 이해를 촉진하는 단계이다. 2단계(우선순위 결정)는 SDGs를 통해 만들어지는 중요한 사업기회, 위험 그리고 SDGs 인재, 부서, 시설을 점검하고 대응할 과제를 결정하는 단계이다. 3단계는 경영전략의 성공에 영향을 미치는 중대한 사안과 기업 전체 사안에 대한 공유를 촉진하고 목표를 발표하는 단계이다. 4단계는 핵심사업과 기업지배구조로 지속가능성을 통합하는 단계이다. 5단계는 보고와 커뮤니케이션을 실시하는 단계이다. 이 과정은 모든 단계를 거친 후 2~5단계를 반복하면서 정교화된다.

물론 SDG Compass의 5단계는 해당 기업이 관련 법령을 준수하고 최소한의 국제 표준을 존중하며 우선 과제로 기본적 인권 침해에 대처할 책임성을 전제한다. SDG Compass는 다국적 기업에 초점을 두고 개발되었지만 중소기업과 기타 조직의 현실적 상황과 조건, 필요에 따라 이를 변용하여 활용할 수 있다. SDGs·ESG 경영의 효과적인 기법은 여러 가지가 있는데 여기서는 네 가지 방법으로 정리해서 소개한다.

첫째, 밸류-체인에 의한 분류이다. 이는 중소기업이 자사의 사업 활동을 조사하여, 각각의 활동에 대해 SDGs·ESG와 연결된 주제로 대응할 수 있는 것인지 없는지를 검토하는 것이다. 둘째, 비즈니스 환경에 따른 분류이다. 중소기업이 활동하는 지역경제와 인구동태, 거래관행과 사회적 지위 등 문화적,

11) 기업의 SDGs 경영은 신규 사업과 시장개척은 물론 투자자에게 좋은 평가를 받는 기회로 작용한다. 현재 SDGs 시장 기회의 가치는 한 해 12조 달러로 예상되고 있다. SDGs에 적극적으로 임하는 기업은 소비자에게 긍정적인 이미지를 얻게 된다. SDGs는 브랜딩 시책의 하나로도 유효하다. 또한 SDGs는 기업이 경험할 미래의 리스크를 줄이는 데도 유용하게 활용된다. SDGs 각 목표와 세부목표는 전 세계적인 문제이자 해결 과제이자 기업 활동에 영향을 미치는 항목들이다.

사회적 요인에 사업 활동이 제약되는 경우도 있고, 반대로 유리하게 작용하는 경우도 많다. 이러한 자사를 둘러싼 외부환경(=사회)을 구조적으로 파악하고, 그 구조에 적용해 바꾸어 가는 방법이다. 여기서 지역행정 및 업계 타사, 지역 주민, NPO 및 NGO 등 다양한 주체와의 협동을 통해 변화를 시도하는 것이다. 셋째, 기업의 생애주기에 따른 분류이다. 이는 중소기업의 창업기·성장기·쇠퇴기(재생기)와 같은 기업의 생애주기별로 SDGs·ESG 경영을 위한 대응 방안을 취할 수 있는지를 검토하는 것이다. 넷째, 업계별 대응 사례를 분석하는 것이다. 업계별 대응 사례를 소개하고 자사에서 동일한 대응이 가능한지 검토해야 한다. 여기에 더해 SDGs·ESG 경영의 효과적인 대응을 위해서는 단기적으로는 세계 자본시장과 규제 환경의 급박한 변화에 직면한 중소기업을 보호해야 하며, 장기적으로 중소기업의 지속가능경영에 유인 제공해야 한다. 여기에 더해 민간 주도 ESG 생태계 활성화를 지원하는 정책이 수립되어야 한다.

〈표 11-6〉 중소기업 SDGs·ESG 활성화를 위한 과제

구분	과제	세부 과제
단기	ESG 환경 변화에 따른 중소기업 보호를 위한 정책적 지원	① 가이드라인 제공 ② ESG 교육 및 인식 확대 ③ ESG 위험 발생 상황을 위한 긴급 지원 창구 마련
장기	장기적으로 중소기업의 지속가능경영에 유인 제공	① 구체적 목표가 될 수 있는 벤치마크 제시 ② ESG 성과 제고를 위한 정책금융 공급 ③ ESG 데이터 관리를 위한 오픈 플랫폼 제공 ④ 대·중소 지속가능경영 협력 유인 제공과 같은 정책적 지원
단기+장기	민간 주도 ESG 생태계 활성화 지원	

출처: 중소기업포커스(2021)

기업이 지속가능한 사회를 실현하고, 생존과 미래를 위해 기업이 취할 수

있는 조치의 핵심은 지속가능발전목표의 실천이다. 이는 'TBL(Triple bottom line)', 즉 경제의 번영, 환경품질, 사회적 공정을 염두에 두고 기업의 비전, 정책, 전략의 재정의에서 시작된다. 동시에 지속가능성에 대한 경제적, 환경적, 사회적 목표·지표를 정하는 것이다. 또한 명확한 성과 목표를 갖춘 지속가능한 생산·소비 프로그램을 수립하고 조직으로서의 장기적인 관점에서 정부와 시민사회, 기업과의 협력 관계를 구축하는 것이다.

기업은 SDGs·ESG 경영 관련 정관, 행동강령 또는 실무 지침을 도입하여 바람직한 행동과 실적을 확보해야 한다. 이를 위해 지속가능경영의 관점에서의 사업운영 기준 설정과 이에 따른 보고를 포함하여 지속가능성 원칙의 비즈니스 관행에 대한 통합적 진행 상황을 측정, 평가와 피드백, 보고를 수행해야 한다. 여기서 기업 운영의 투명성과 혁신, 사회적 공헌의 실행을 위한 이해관계자와의 정기적인 소통의 장이 만들어져야 한다. 이러한 조치의 적절한 관리 시스템을 가진 기업만이 과제 대응력도 효과적일 수 있기 때문이다.

SDGs·ESG 경영 이행과 목표 달성을 위해 기업이 활용하는 중요한 메커니즘 또는 도구로는 (a) 평가 도구 및 감사 도구(환경 영향 평가, 환경 위험 평가, 기술 평가, 전 과정 평가 등), (b) 관리 도구(환경 경영 시스템과 환경 디자인 등) 및 (c) 커뮤니케이션 도구 및 보고 도구(기업 환경 보고서 및 지속가능성 보고서 등)를 들 수 있다.

〈상자 11-4〉 그린 워싱, SDGs·ESG 워시란 무엇인가?

SDGs·ESG에 대응하는 것은 기업 브랜딩(branding)의 좋은 수단이다. 소비자로 하여금 그 브랜드의 가치를 인지하게 해 브랜드의 충성도와 신뢰를 유지하는 과정인 브랜딩은 규모의 크기 여부와 무관하게 시장에서 기업 경쟁력 확보에 효과적이다. 효과적인 브랜드 전략은 기업의 지속성과 차별성, 정체성을 만든다. 구축된 브랜드의 제품 및 서비스는 고객의 감정과도 연결되어 큰 가치를 갖는다. 바로 브랜딩의 힘이다. 하지만 브랜딩 효과만 노려 SDGs·ESG를 안일하게 활용하면 양날의 칼이 될 수 있다. 기업이 SDGs·ESG의 가시적 실천을 동반하지 않으면서 SDGs·ESG 공헌을 과장한다면 소비자나 고객은 강한 배신감을 느끼게 될 것이다. 회사나 조직이 환경과 사회, 지배구조를 통한 사회 공헌에 노력하지 않고 친환경적인 기업, 상품이라는 이미지 조작에 더 많은 시간과 비용을 지출하는 것을 SDGs·ESG 워싱(washing)이라고 한다. 기업이 마케팅만을 위해 회사의 제품이나 서비스를 친환경적인 것으로 묘사하는 행위, 겉치레의 SDGs·ESG 브랜딩을 의미한다. 지속가능발전목표(SDGs)로 또는 ESG(환경, 사회, 지배구조)에 기여하는 기업 이미지로 포장했지만 실제로는 SDGs·ESG에 관한 학습, 기획, 실행을 동반하지 않는 기업을 조롱하는 용어이다.

이 SDGs·ESG 워시(wash)는 1980년 후반 구미(歐美)의 환경운동가와 소비자 운동가들이 사용한 'Green wash(녹색 세탁)', 즉 위장환경주의라는 단어를 기반으로 최근에 만들어졌다. 당시 구미에서 지구환경문제에 관심이 고조되고, 친환경적인 'eco', 'green' 제품이나 서비스가 주목 받았다. 환경의식이 높은 소비자를 세부목표로 설정한 기업이 자사 제품에 친환경적 이미지를 가져다 붙이기 시작했다. 그러나 실제로는 원료의 생산과 유통과정, 가공과정이 친환경적이라고 하기에는 대단히 애매하거나, 인과관계를 찾을 수 없거나, 부정적인 배경이 은폐되는 상황이 확인되었다. 환경·소비자 단체는 이런 기업을 Green wash 기업이라 비판하였다. 제품 또는 서비스와 직접적인 관련이 없는 환경기업 이미지를 조작하는 것, 자연 사진, 생태적인 로고나 포장지를 사용하는 석유기업, 의복 제조과정에서 CO_2 발생량이 많지만 천연 또는 재활용 소재로 제조했다고 선전하는 패션 브랜드, 해양생태계 보호에 앞장선다고 하지만 해외 현지 공장에서는 저임금, 장시간 노동을 강요하는 다국적 기업들의 행태도 무늬만 SDGs·ESG 경영이라 할 수 있다.

런던에 거점을 둔 광고대행업체인 Futerra사는, 위장환경주의의 패턴을 다음과 같이 정리하고 있다.

출처: 평택시민신문(2021. 11. 3.)

Green wash에서 지적한 행태는 SDGs·ESG 워시에 그대로 적용할 수 있다. 따라서 국내외 기업들이 ESG 위원회 설치, ESG 경영 선언을 하는 것만으로는 기업의 진정성을 소비자에게 전달하기에는 역부족이다. SDGs·ESG을 잘 실행하기 위해서는 기업이 사회적 책임을 제대로 이해하여야 한다. ISO 26000(사회적책임)은 "기업의 사회적 책임 수행 시 지켜야 할 원칙과 카테고리별 목표로 설정되어 ESG를 포괄하는 표준"을 적시하고 있다. ISO 26000(사회적책임)은 "사회와 환경에 관한 결정과 행동 영향에 관한 조직(기업)의 책임"을 말한다. 기업의 사회적 책임은 "투명하고 윤리적이며, 사회의 건강과 복지를 포함하는 지속가능발전에 기여하고, 이해관계자의 기대를 고려하며, 국제적 행동규범에 부합하고 적법하며, 조건을 통해 통합되고 그 관계들에서 실행되어야" 함을 제시한다. 유럽연합(EU)은 SDGs·ESG 워시를 막기 위해 환경적인 활동을 업종에 따라 분류하는 '녹색분류체계'(EU-Taxonomi) 초안을 2020년 제정하여 2022년에 시행할 예정이다.

기업의 인식전환과 혁신을 위한 조치 못지않게 소비자와 시민도 변해야 한다. '미닝아웃(Meaning Out)'이란 말이 있다. 정체성을 드러낸다는 의미의 '커밍아웃(Coming Out)'과 '신념(Meaning)'이 합쳐진 말이다. 소비를 통해 자신의 가치관이나 신념을 표출하는 행위를 일컫는 것이다. 기업이 환경 보호에 기여하는지, 제품이 윤리적으로 생산되는지 등을 고려해 구매를 결정하는 '착한 소비'를 의미한다.

소비자들은 기업의 상품과 서비스를 구매하는 것을 넘어서 기업의 철학과 가치를 점검하고 기업의 사회적 책무에 대한 꼼꼼하고 깐깐한 감시활동을 전개해야 한다. 시민사회는 기업의 SDGs·ESG 경영을 유도하고, 정부 역시 SDGs·ESG 정책, 평가기준, 실현 가능한 제도를 마련해야 한다. ESG 경영은 다양한 이해관계자들의 상호작용과 협동, 소통으로 구축할 수 있다. 특히, 공공부문과 민간기업, 소비자와 시민사회가 SDGs라는 가치를 공유할 때 성과는 더 커질 수 있다.

Futerra사의 위장환경주의 특징

■ 애매한 표현
명확한 의미가 없는 단어 또는 용어(친환경)가 나열되었다.

■ 오염된 공장이 만드는 무늬만 친환경 제품
강을 오염시키는 공장에서 생산된 에너지 절약형 전구 등이 대표적인 사례이다.

■ 변죽만 울리는 친환경 이미지 또는 사진 활용
생태적이거나 친환경적인 인상을 주는 이미지를 사용하지만 실제로는 그렇지 않다.

■ 작은 공헌을 과장하거나 다른 것을 숨기는데 이용
기업의 좋은 사례 하나를 부각하고 다른 전체적인 부정적인 실체를 숨긴다.

■ 작은 집단 내에서만 비교
기업 전체에 문제가 있어도 작은 부서의 친환경적인 활동 또는 제품을 홍보하는 것이다.

■ 제품 자체가 비환경적인 제품
아무리 친환경으로 포장하더라도 의미가 없는 것들이다. 일례로 '환경에 친화적인 담배'와 같은 방식의 선전들이 그것이다.

■ 난해한 용어의 남발
과학자, 연구자만이 확인 또는 이해 할 수 있는 전문용어와 정보를 나열하여 소비자를 현혹하는 것이다.

■ 가공의 제3자 이용
마치 권위 있는 제3자가 객관적으로 승인한 것처럼 보이게 붙인 라벨 따위로 소비자를 현혹하는 것이다.

■ 증거부족
친환경, 사회적 공헌이라고 믿을 수 있는 증거를 표시하지 않는다.

■ 명백한 거짓
날조된 정보 또는 데이터를 사용하여 기업, 제품, 서비스를 조작하는 것이다.

* 번역 : 이창언 경주대 교수, 신윤철 중국 난징대 박사과정

| 12장 |

대학의 사회적 책임과 SDGs 이행·실천

SDGs는 학제 간 및 학제 전반에 걸친 연구를 통해 대학과 사회의 혁신을 위한 솔루션을 제공할 수 있다. 국제–국가–지역 차원의 정책 제언과 실행력을 확보함으로써 연구기관으로서 고유한 지위를 유지할 수 있다. 기업, 지자체, 대학, 연구기관, 시민사회단체 등 다 부문적 협력을 통해 연구역량을 구축할 수 있다.

ESDGs를 통해 대학 교양, 전공 교육의 다양화, 대학 교양교육의 목적 실현, 책임감과 능력을 갖춘 인재 양성, 역동적인 학생들이 주축이 된 SDG 실천과 대학 역량 강화에도 도움이 된다.

대학 SDGs 실천은 고질적인 낡고 관료적인 대학 운영을 혁신하고 SDG와 연계된 거버넌스 및 운영을 모색할 수 있다. 그리고 모든 대학의 혁신활동은 대학 보고서에 통합하여 평가를 받을 수 있다. 그리고 사회적인 공헌을 위한 다 부문적 참여와 대화, 그리고 행동을 통한 사회문제 해결의 중요한 기관으로서의 위상을 제고할 수 있다.

1. 대학의 SDGs 실행 영역

1) SDGs와 교육

대학과 SDGs 교육을 연계한 직접적인 SDGs 목표는 목표 4 '포용적이고 공평한 양질의 교육 보장과 모두를 위한 평생학습 기회 증진'이며 세부목표로 4.2 '적합한 기술을 지닌 청소년과 성인의 수 확대', 4.3 '양질의 교육에 대한 평등한 접근 보장', 4.5 '모든 수준의 교육과 직업훈련에 평등한 접근 보장', 4.7 '지속가능발전을 증진하기 위하여 필요한 지식과 기술습득 보장'이다. 이행수단은 4.a '모두를 위한 안전하고 비폭력적이며, 포용적이고 효과적인 학습 환경 제공', 4.b '고등교육 장학금 확대', 4.c '자격을 갖춘 교사 공급 확대'에 포함되어 있다(Takayanagi, 2018: 64; 이창언, 2020b: 135).

최근 대학의 SDGs 교육에서 주목할 점은 첫째, 형성역량(Design Capability)[1] 강화를 위해 다양한 교육 매체와 방식, 흥미를 촉발하는 교육 기제를 활용한다는 점이다. 이에 온라인교육, 링크와 Real World Web 활용, 학생과 청소년을 위한 교육 과정 개발이 시도되고 있다. 그리고 대학과 지역투어, 이에 투어를 위한 캠퍼스 조성사업, SDGs 이벤트, 캠페인, 학생과 교원을 위한 리더십 프로그램, 국제 인턴십 등 다양한 참여자 중심의 교육 프로그램이 진행되고 있다(이창언, 2020b: 135).

둘째, SDGs와 직업교육, 직업훈련이 연계된다는 점이다. SDGs 4.3, 4.4, 4.5에서 연속적으로 강조되듯이 교육 영역에서 직업교육은 중요하게 다루고 있다. 직업교육은 횡단 이슈(Crosscutting issue)로서 목표 8 '지속적·포괄적·지속가능한 경제성장과 생산적 완전고용과 양질의 일자리 증진'의 세부목표 8.2, 8.3, 8.5, 8.6, 8.b, 그리고 여성의 직업능력 강화(목표 5), 불평등 해소(목표 5) 등과 연계된다. 세대, 계층, 성, 지역 형평성과 새로운 산업의 경향성

---

1) 형성역량은 상상과 창조적으로 미래를 조망하는 예견적인 사고와 생동하고, 복잡하고, 간 학문적인 지식, 다른 사람과 함께 가까운 환경을 형성하고, 상호 연계의 관점에서 사회적인 결정 과정에 참여할 수 있는 능력을 포함한다(이창언, 2020b: 135).

을 예측한 교육(목표 4)이 시도되고 있다. 그리고 개발도상국이 SDGs 이행 실천에 기여할 수 있는 프로그램, SDGs를 매개로 외국인 유학생, 졸업생 교육, 국제 캠퍼스 조성과 학술 교류 프로그램은 물론 국제장학금 자금 원조, 해외 대학과 SDGs 공동대응을 위한 국내 연수 프로그램 운영 등 개발도상국 대학과의 교류사업도 활발하게 진행되고 있다(이창언, 2020b: 135-136).

ESD와 ESDGs 교육은 대학 구성원들의 '통합적 문제 해결 역량' 강화에 기여할 수 있다. '지속가능성의 핵심 역량(Key Competencies for Sustainability)'은 문제 해결 수행을 가능하게 하는 지식·기술·태도의 복합체로써 지속가능성을 위협하는 구조적 또는 새로운 도전과 기회와 관련된 해결능력을 의미한다(이창언, 2020b: 136). ESD는 우리의 삶의 터전의 자연과 사회, 문화에 관심을 가지고 제대로 인식(인식 능력)하고, 자신의 머리로 생각하고 판단하고(비판적 사고 능력), 배움을 지향하지만 행동하는(실천력) 능력과 태도가 강화될 수 있다.

2) SDGs와 연구

대학에서 SDGs 연구와 직접 연관된 세부목표와 이행수단은 목표 9 '회복력 있는 사회기반 시설 구축, 포용적이며 지속가능한 산업화 증진과 혁신 도모' 중 9.5에 언급되어 있다. 이 세부목표는 과학 연구의 혁신 강화와 1백만 명 당 연구개발(R&D) 종사자 수, 공공·민간 연구개발 지출 증가와 산업 분야의 기술 역량 향상을 목표로 한다. 이행수단인 9.b와 목표 12 '지속가능한 소비와 생산' 중 이행수단인 12.a는 과학적 연구를 위한 사용 가능 자원 투입의 필요성, 정책을 위한 환경 확보, 개발도상국의 기술 개발, 연구 혁신 지원과 과학기술의 역량 강화를 강조한다. 목표 17 '이행수단 강화와 지속가능발전을 위한 글로벌 파트너십 재활성화' 중 세부목표 17.6은 전 세계적인 기술 촉진 메커니즘 등을 통해서 지식을 공유할 것을 제안한다. 17.8은 후발 개발도상국을 위한 정보통신 기술(ICT)을 비롯한 실현 기술의 이용 강화를 목표로 한다(이창언, 2020b: 137). 12.a와 유사한 맥락에서 목표 14 '지속가능발전을 위하여 대양, 바다, 해양자원보전과 지속가능한 이용' 중 세부목표 14.4, 14.5, 이행수단 14.a는 과학적 정보에 기초한 해양관리계획의 이행, 과학적 지식과 연구역량 강화를 강조한다. ICT 혁신은 삶의 질 향상에 기여하며, 과학-경제-사회 사이에 선 순환적 협력이 이루어진다면 더욱 포용적이고 공평한 미래 사회를 위한 포석이 될 수 있다(이창언, 2020b: 137).

따라서 '지속가능발전을 위한 과학기술 연구 파트너십'이 중요한 이유가 여기에 있다. 'SDGs 이행을 위한 과학기술혁신(STI for SDGs)'은 4차 산업혁명 시대와 SDGs 시대의 만남을 선도할 수 있다. 창조적, 혁신적 기술 창출과 재구성, 디자인적 사고의 효과적인 조합, 다양한 전문가의 결집과 새로운 아이디어 창출을 촉진하는 혁신구조의 재구성에 기여한다. 대학은 '과학, 기술과 이노베이션(Science, Technology and Innovation: STI)'을 통해서 SDGs를 실천하는 혁신적 기업과 지방정부의 사회적 공헌을 유도, 학생들의 현장 경험을 강화하며 대학 연구의 전문화와 다양화를 촉진하려고 한다. 이를 통해 대학 집행부는 재정 확충과 인지도 상승을 모색할 수 있다.

SDGs 연구는 전통적인 분야별(정부, 기업, 시민사회) 접근과 새로운 분야 간 협력, 특히 과학, 정보, 기술 섹터와의 제휴가 빈번해지고 있는 연구 영역이다. SDGs 이행과 실천을 위한 과제는 광범위하여 학제 간 연구가 활성화되고 기존 지식과 변화하는 상황의 격차를 해소하기 위한 실증연구, 현장연구도 강화되고 있다.

대학에서 SDGs 연구는 지역과 도시의 사례연구(case study)를 촉진하며 대학 구성원과 외부 그룹을 위한 SDGs 커리큘럼, 학술정보, 관련 전문가 네트워크 구축에 기여한다. 또한, SDGs 정보 축적과 공유할 아카이브 구축도 가능하게 한다.

SDGs 연구가 보다 활성화되기 위해서는 학제적 연구를 통한 연구방법론의 공동 설계와 공동실행, 공동평가를 위한 통합적 시스템 설계, 연구의 인센티브 구조 구축, 예비연구자를 위한 연구비, 장학금 제공을 위한 기반 조성 계획이 마련되어야 한다(이창언, 2020b: 137).

3) SDGs와 거버넌스

대학은 SDGs를 통해 대학 내 거버넌스 문화와 윤리, 대학조직 혁신을 촉진하며, 부문적 참여를 통한 지속가능한 대학과 지역사회를 선도할 수 있다. 대학조직 혁신은 지역과 국가의 지속가능한 정책제안 능력과 대학 경쟁력을 강화하고 사회적 공공성을 실현하는 데 기여한다. SDGs는 대학 내 고용, 재정운용, 캠퍼스 서비스, 학생 지원 서비스, 공간과 시설, 조달, 교원의 인사, 학생과 교직원 등 내부 거버넌스 체제 구축을 통해 대학 운영과 결정, 집행과정의 변화와 함께한다. SDGs를 매개로 한 대학의 교육·연구 활동은 국가와 지역의 빈곤 완화와 환경의 지속가능성을 조화시키기 위한 툴(Tool)을 정부, 학생, 기업에 제공하는 대학 이니셔티브를 확보할 수 있다. SDGs 의제의 강점 중 하나는 서로 다른 섹터 및 조직의 관심사를 연계·협력할 수 있는 공통 시스템을 제공한다는 것이다. 대학 SDG 이행체계가 구축되면 이를 매개로 유엔과 국제기구, 국내외 정부와 기관, 기업의 SDGs 달성을 위하여 조성된 기금에 접근할 수 있다. 이에 추가로 대학의 SDGs는 포괄적이고 글로벌한 인식을 가진 책임 있는 대학의 위상과 긍정적인 대학평가를 끌어낼 수 있다(이창언, 2020b: 138).

2. 대학 SDGs의 현지화 사례: 일본

1) SDGs 추진체계 구축

SDGs 비전 수립과 제도적 체계 구축을 시도와 관련해서 주목할 만한 사례는 일본 도쿄대학의 '미래 사회 이니셔티브(Future Society Initiative, FSI)'가 있다. 도쿄대학의 '국립대학 발 민·관·산·학 동시 개혁을 추동하는 시스템 구축'을 실행하는 FSI는 일본 대학 리더들의 SDGs 인식, 수용 배경, SDGs를 활용한 대학 혁신 전략을 읽을 수 있는 중요한 사례다. 도쿄대 홈페이지에는

"지구와 인류사회의 미래에 공헌하는 협창 활동을 활성화하기 위해 그 방향성이 합치하는 SDGs를 최대한 활용한다"고 소개하고 있다(이창언, 2020b: 138).

〈그림 12-1〉 도쿄대학교 SDGs 활용

地球と人類社会の未来に貢献する大学
指定国立大学法人に指定 (2017年6月)
・地球と人類社会の未来に貢献する「知の協創の世界拠点」の形成を目指す
・この構想と方向性が合致するSDGsを最大限に活用
司令塔として総長直下に「未来社会協創推進本部 (FSI*)」を設置 (2017年7月)
※ FSI: Future Society Initiative
より良い未来社会創りに向けた変革を駆動する大学
UTokyo FSI
GOALS

이 그림은 도쿄대 구상(지구와 인류사회의 미래에 공헌하는 대학, 세계 거점 형성)의 수립과정을 보여준다. 도쿄대는 지정국립대학 법인지정(2017년 6월)과 함께 SDGs를 최대한 활용하기 위한 '미래사회협창추진본부'를 설치(2017년 7월)했다.

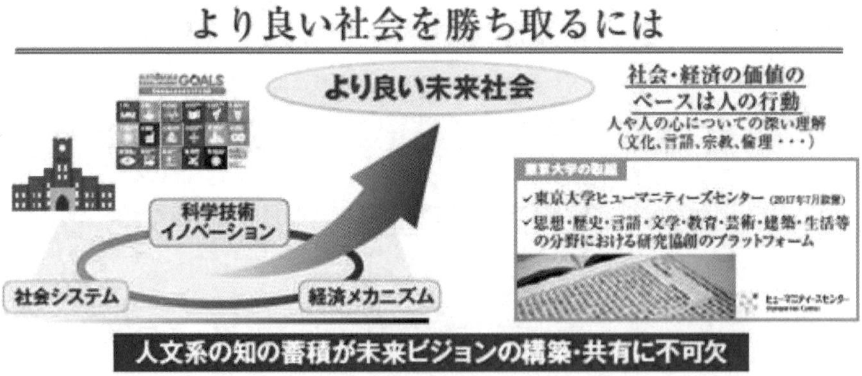

より良い社会を勝ち取るには

社会・経済の価値のベースは人の行動
人や人の心についての深い理解
(文化、言語、宗教、倫理・・・)
✓東京大学ヒューマニティーズセンター (2017年7月設置)
✓思想・歴史・言語・文学・教育・芸術・建築・生活等の分野における研究協創のプラットフォーム
科学技術イノベーション
社会システム
経済メカニズム
人文系の知の蓄積が未来ビジョンの構築・共有に不可欠

이 그림은 '더 나은 사회 건설(미래비전 구축)'에서 인문학이 차지하는 역할을 강조하고 있다. 사회, 경제가치의 기본 토대는 사람의 실천이며 사람 상호 간의 이해가 전제되어야 한다는 것이다. 사회시스템, 과학기술의 이노베이션, 경제메커니즘이 인문학과 조우하면 좋은 사회가 이루어질 수 있다는 것이다. 도쿄대학 휴머니티즈센터(2017년 7월 설립)는 사상·역사·언어·문학·교육·예술·건축·생활 등의 분야 연구 협창의 플랫폼 역할을 수행하고 있다.

도쿄대학은 2017년 7월, 총장(五神 真) 직속으로 도쿄대 FSI(Future Society Initiative)를 설치했다(The Japan Association of National Universities, 2019). 이러한 이니셔티브의 목적은 "글로벌 대중에게 봉사하는 대학의 사명을 바탕으로 효과적인 협력을 촉진하고 인류와 지구의 미래에 기여하는 것"이다. '도쿄대 미래사회협창추진본부'는 도쿄대 전략 비전 수립, 글로벌 네트워크 형성, 미래사회협창프로젝트 조성, 국제기관 및 기업 등과 연계를 수행한다. 여기서 핵심어는 "디지털 혁명(デジタル革命), 새로운 국제전략(新しい国際戦略), 기대치 비즈니스 구동력 창출(期待値ビジネスの駆動力創出)"이다(이창언, 2020b: 138-139).

FSI의 첫 번째 키워드는 디지털 혁명이다. 도쿄대는 학술정보 네트워크(SINET)를 활용하여 국립대 지식집약형 산업 허브기능 강화를 목표로 설정하였다. 도쿄대를 거점으로 데이터활용형 신 비즈니스 산학협력을 추진한다는 것이다. 데이터활용 사회과제 해결형 연구추진을 위한 수리데이터 사이언스 교육과 AI, IoT, 빅데이터를 활용한 사회 모델 개발 연구를 선도하고 인문사회과학과 공학을 연계한 융합형 연구를 추진한다.

FSI의 두 번째 키워드는 '새로운 국제 전략'이다. 도쿄대의 학술적 국제 구심력을 보여주는 대형연구 프로젝트 추진, 대형 국제연구시설 정비, SDGs 주력 프로젝트(Flagship Project)를 야심차게 추진한다는 것이다. 해외 저명연구자 초빙, 전략적 국제협동(아시아 연구, 아시아지역 전략연구)의 강화, '종합 일본학' 거점 구축을 통한 우수 유학생 확보와 해외 산학협창을 진행한다. 이를 추진할 재원은 외국 법인과 연계한 기부 및 공동연구, FSI의 활동을 지원하기 위한 'FSI 기금(가칭)' 조성을 통해 충당하며 일부는 총장 재량경비 등에서 마련한다는 계획이다. FSI의 세 번째 키워드는 '기대치 비즈니스 구동력 창출'이다. 산업계 자금의 대학 순환 사이클을 조성하겠다는 계획이다. 벤처 생태계 확대, 인큐베이션 시설의 정비·확충, 대기업과 공동연구 성과의 사업화, Society 5.0 실현을 위한 지역사회와의 협창, 지역 미래사회 연계 연구기구 설치, 대학을 기점으로 한 지역 스마트화 보급, 지역 특징에 걸맞은 데이터활용형 산업창출, 해외 산학 협창 등이 주요 과제가 되었다. 도쿄대 사례는 수직적 수준에서의 전략적 제휴를 통해서 SDGs를 실행하는 비즈니스 모델이라고 할 수 있다. 따라서 한국적 수용을 위해서는 도쿄대 사례에 대한 다각적이고 면밀한 검토가 필요하다(이창언, 2020b: 139-140).

2) 대학원 중심의 SDGs 이행과 실천

일본에서 SDGs 전문가를 양성하는 교과과정과 프로그램 구축 사례는 유엔대학(United Nations University: 이하 UNU)의 프로그램이 있다. UNU는 미래 세대를 포함한 전 인류가 직면한 지구적 문제 해결을 목표로 1975년에 설립되었다. 유엔대학은 유엔가맹국이나 관계기관에 신뢰성과 객관성이 높은 조언을 제공하는 것을 목적으로 한다. SDGs 채택 이후 유엔대학은 'UNU 전략플랜 2015-2019(UNU Strategic Plan 2015-2019)'을 대학 조직 운영에 활용하였다. 이 전략은 세 개의 테마 영역인 평화와 거버넌스, 세계의 개발과 일체성, 환경·기후·에너지로 제시되어 있다. UNU는 전 세계에서 모인 400명 이상의 연구자가 180개가 넘는 SDGs에 관련 연구를 수행한다. UNU는 2017년부터는 캠페인(国連大学と知るSDGs-Sustainable Development Explorer)을 통해 SDG 개별 목표와 UNU 소속 연구자들을 연결하여 소개하고 있다(이창언, 2020b: 140).

동경을 거점으로 하는 UNU-IAS(United Nations University Institute for the Advanced Study of Sustainability)는 지속가능성의 사회적·환경적 의미에 주목하면서 정책 대응형 연구와 연구역량 육성에 주력한다. 이 연구기관은 기후변동이나 생물다양성과 같은 국제적인 정책 결정 과정에 참여하여 조언하고 있다. UNU-IAS의 연구·교육 활동은 '지속가능한 사회', '자연자본과 생물다양성', '지구 환경의 변화와 회복력'이라는 세 개의 테마 영역이 설정되어 있다. 여기서 '지속가능한 사회'는 SDGs의 모든 목표에 연결되고 '자연자본과 생물다양성'은 주로 목표 14 '해양자원·해역 생태계', 목표 15 '육상 생태계'에 대응한다. '지구환경의 변화와 회복력'은 주로 목표 9 '기후변화'와 목표 13 '기후변화'의 연구과제로 설정된다. UNU는 석사, 박사과정 프로그램과 비학위과정, 제휴프로그램을 운영한다(Katsuma Shrine. et al. 2017; 이창언, 2020b: 140).

3) SDGs 테마 소개, 온라인 자료실 구축

일본 정책연구대학원대학(政策研究大学院大学) 소속 학생의 70%는 50여 개 나라에서 온 해외 유학생이다. 이 대학은 학장이 직접 '세계와 SDGs'라는 필수 과목의 강사로 나선다. 학장은 전 6회의 수업에서 SDGs의 사상적·실천적·정치적 배경을 분석하고, 17개의 목표와 169개의 세부목표에 관한 세계의 현상이나 과제를 망라해서 해설한다. 동시에 학생들에게는 자국의 대통령이나 수상의 보좌관이 되었을 때를 가정하여 '각 나라의 SDGs의 중점 목표'를 과제로 제출하게 하는 등 정책에 대한 실천적인 접근방법을 습득하게 한다. 이 대학에서는 일본과 해외 현역 장관 등이 참여하는 GRIPS 포럼과 학생이 참가하는 세미나·워크숍 등 여름 프로그램을 개최한다. 이 대학은 SDGs 특설 사이트를 설치하고, '세계와 일본'이라는 데이터베이스 안에 'SDGs 관련 자료집'을 만들어 웹상에서 공개하고 있다. 이 사이트는 이 대학 교원들이 SDGs 17개 목표 중 어떤 목표와 관련이 있는지를 알려준다(이창언, 2020b: 142-143).

소카대학(創価大学)은 홈페이지를 통해 각 교원의 연구가 17개 목표 가운데 어느 것에 해당하는지를 알기 쉽게 소개한다. 예를 들어 목표 6 '안전한 물과 위생'과 관련한 과목 '수자원의 지속가능한 이용과 보전에 관한 법리론의 연구'의 교원과 연결해 준다. 그 밖에도 SDGs 17개의 목표에 해당하는 수업소개, 대학과 SDGs의 관계를 알기 쉽게 소개하고 있다.

도쿄공과대학(東京工科大学) 홈페이지도 각 학부 SDGs 활동을 소개해 주고 있다. 일례로 공학부의 경우 3개 학과 합동으로 추진한 EV 프로젝트, 앙골라에서의 지뢰 철거 활동, 호주에서의 재생에너지 개발에 관한 협력, 몽골에서의 태양광 자극레이저 개발을 위한 공동연구 개시, 환경성 Cool Choice 참가 등을 자세히 소개한다.

메이지대학(明治大学)도 'Meiji.net'에서 교원이 수행하는 교육·연구 테마와 SDGs 달성을 아이콘으로 표시해 소개한다. 메이지대학은 유엔난민기구(UNHCR)가 운영하는 'UNHCR 난민 고등교육 프로그램'에 파트너로 참가하면서 일본 국적을 취득하지 않은 난민의 대학 입학을 지원하고 있다(이창언, 2020b: 143).

4) 학생 참여형 SDGs 홍보 프로젝트

게이오기주쿠대학(慶應義塾大学) 학생들이 자발적으로 지속가능성을 인식하는 캠퍼스 SDGs 프로젝트를 실행했다. 학생들은 캠퍼스에서 모든 사람이 SDGs를 통해 사회문제를 이해하고 문제 해결을 위한 행동을 촉구한다. 학생들은 화장실에 스티커(목표 6. 깨끗한 물과 위생)부착 활동을 통해 생활과 연계된 SDGs를 가시화했다. 스티커 작성은 다양한 이해관계자의 협력과 지원을 얻어 제작되었다(이창언, 2020b: 143). 학생들은 인스타그램이나 페이스북 등 SNS를 활용한 홍보, 식당에서 SDGs 동영상을 상영하는 프로젝트도 수행했다. 캠퍼스 구성원들의 SDGs에 대한 인지도는 활동 이전 20%에서 활동 후 80%까지 상승하였다.

산업능률대학(産業能率大学)의 정보매니지먼트학부 강의를 수강하는 학생(2학년부터 4학년 합계 인원 60명)들이 개최한 워크숍도 주목할 만하다. 이 대학 학생들은 학교 축제에 방문한 사람들에게 SDGs를 소개한 후 '나와 SDGs의 관계'를 이해시키는 활동을 실행했다. 학생들은 17개 목표 패널 전시와 함께 유아와 초등학생을 대상으로 한 '몸을 움직이며 생각하고 표현하는 SDGs 워크숍'과 '해결책을 생각하는 워크숍'을 개최했다. '워크숍 절차'는 다음과 같다.

1. SDGs의 목표 하나 고르기, 2. 목표를 단적으로 제시하는 두 가지 요소 살피기, 3. PPAP 소리와 함께 춤추기(동영상 PPAP에 맞추어 춤을 추면서 SDGs를 생각하세요), 4. 왜 그렇게 생각했는지 말하고 의논하기, 5. 촬영한 동영상 함께 보기 순이다.

조치대학(上智大学)도 SDGs 관련 수업을 많이 개설하고 있다(2019학년도는 약 60여 과목). 이 대학 인간과학부 교육학과에서는 SDGs 이해를 촉진하기 위한 SDGs 자료집을 발간하였다. 그리고 2016년에는 유엔 홍보센터와 공동으로 'SDGs 학생 포토 경연대회'를 개최했다. 포토 경연대회는 사진 한 장으로 17개 목표를 표현하는 것으로 '내 가까운 곳으로부터 SDGs 생각하기'를 주제로 설정했다. 출품한 사진은 대학에 전시되었다. 2016년 1회 대회 수상 작품은 2017년 7월부터 약 1개월 동안 유엔본부 방문객 로비에서 전시되었다. 2018년 3회 대회부터는 고등학생까지 참여 대상을 확대하여 청소년들에게 SDGs에 대한 이해를 높이고 있다.

호세이대학(法政大学)은 정책연구대학원대학(政策研究大学院大学)처럼 대학 총장이 SDGs에 대해 적극적인 의지와 입장표명을 밝히고 있다. 이 대학에서는 SDGs 관련 워크숍과 이벤트가 자주 개최된다(이창언, 2020b: 144).

5) 전공 연계 SDGs 활동– 교육용 게임 개발

가나자와공업대학(金沢工業大学, KIT)은 전체 학생이 수강하는 SDGs 특화 수업인 환경기술 이노베이션, 사회시스템 이노베이션을 설치 운영한다. KIT는 1~3년은 '인간과 자연 세미나'와 SDGs 프로젝트의 기초가 되는 '기술자 윤리'를 필수 과목으로 운영한다. '사회 구현형 연구능력' 배양을 위한 커리큘럼인 '프로젝트 디자인 교육(PD교육)'은 지역재생·지방 창생에 관한 이해를 목적으로 개설되었다. KIT SDGs 추진센터의 학생 프로젝트 'SDGs Global Youth Innovators'가 중심이 되어 SDGs 교재 활용을 위한 목적으로 게임 'THE SDGs Action card game X(크로스)'를 개발했다. 이 게임은 KIT 웹사이트를 통해 무상으로 다운로드가 가능하다. 이 게임은 2018년 9월 말 공개되었고 2019년 5월까지 50여 개 국가 6,500명 이상이 체험하였다. KIT에서는 학생들의 SDGs 연구와 실행 능력을 높이기 위해 3학년부터 학과 교원에 의한 전문 세미나 PD3가 시작된다(이창언, 2020b: 144-145).

6) 현장과 연계된 연수, 지속가능발전을 위한 과학기술연구 파트너십

교토대학(京都大學)은 필드워크를 기반으로 SDGs에 기여하고 있는 연구 활동을 전개하고 있다. 교토대학은 세계 각국의 도시 사회 문제를 현장에서 직접 경험할 수 있는 것이 지역 연구의 핵심적 자세임을 강조한다. 교토대학은 매년 총 1,500명 내외의 학생을 아시아, 아프리카 현장연구에 파견한다. 학생들은 현장연구를 통해 어떤 특정한 문제의 배경이 되는 사상과 경제, 사회, 문화 등 다양한 측면을 파악하며 SDGs 각 목표의 복합적 요인과 목표 간의 연관성을 이해할 수 있다.

사이타마대학(埼玉大学)도 지속가능발전을 주도하는 글로벌 인재 육성 프로그램인 'Global Youth 프로그램(GY 프로그램)'을 2009년에 채택해서 실시하고 있다. GY 프로그램은 해외 유학과 개발도상국 인턴십 참가가 필수다. 인턴십이 2주간에서 1개월간 JICA(일본 국제협력기구)와 함께 아시아·아프리카를 포함한 여러 나라와 도시에서 진행되었다. GY 프로그램은 SDGs 실현을 위해 과학기술을 이용한 소셜 비즈니스라는 관점에서 그 파급력을 확대해 나가고 있다. 참고로 교토대학과 사이타마대학은 '지속가능발전을 위한 과학기술연구 파트너십'과 문부과학성이 추진하는 'SDGs 이행을 위한 과학기술혁신(STI for SDGs)'에도 적극적으로 참여하고 있다(이창언, 2020b: 145).

7) 대학-고교 연계 SDGs 종합교육지원, SDGs 배달교육

도호쿠대학(東北大学) 대학원 국제문화연구과는 2019년 4월부터 대학원 SDGs 교육 프로그램인 'G2SD(Global Governance and Sustainable Development Program)'를 운영한다. 이러한 교육 프로그램은 프로젝트형 학습(교과횡단형 학습), 지역과제해결 및 지역재생·지방 창생과의 관계를 중점적으로 다룬다. 국제문화연구과는 대학과 고등학교가 연계한 SDGs 종합교육 지원 활동도 전개한다. 시라이시(白石) 고등학교는 13학년(570명)을 대상으로 4개 세미나 군(지역조성 군·SDGs, 사회과학 군·SDGs, 인문과학 군·SDGs, 자연과학 군·SDGs)으로 나누어 과제 연구를 수행하고 있다. G2SD 담당 교원들이 이 세미나 군에 참여하여 과제 연구의 방향성을 제시하고 연구 성과를 평가하는 등 지역 창생과 SDGs 관련 교육 활동을 지원하고 있다. 국제문화연구과는 센다이시(仙台市) 오카다 초등학교(岡田小学校)에 폐플라스틱 적정처리와 재자원화를 주제로 SDGs에 관한 배달교육(부흥 교육 지원 사업)을 수행하였다. 그리고 지역신문·NGO와 협력하여 SDGs 달성을 위한 홍보와 계몽 활동을 수행하고 있다(이창언, 2020b: 145).

8) SDGs 산학연계: 실천적 기술자 교육과 개발도상국 지원

나가오카기술과학대학(長岡技術科学大学)은 산업과 제휴한 실천적 기술자 교육 그리고 개발도상국 지원을 실질적으로 이루어낸 사례이다. 이 대학은 '강력한 산업 인프라 구축, 포용적이고 지속가능한 산업화의 촉진과 이노베이션의 추진'을 위해 노력해 왔다. 이 대학은 다수의 유학생을 받아들여 개발도상국의 산업 발전에 기여할 수 있는 인재를 육성한다. 그리고 지역기업의 성장 전략 거점이 되는 8개국에 사무실 등을 설치하여 기업의 해외진출 지원과 대학 간 국제 공동연구 조성 지원에 적극적으로 지원하고 있다. 이 대학이 수행한 SDGs 비즈니스는 해당 나라 SDGs 과제해결에도 역시 기여한다. 그 예가 모터 제어 기술 개발로 에어컨의 소형 경량화와 에너지 절약을 실현하였다. 이 대학은 이 기술을 개발도상국에 보급하여 건강, 환경문제, 고용 창출 등 다면적인 사회문제 해결에 공헌하고 있다. 2018년에는 SDGs 달성을 공학 교육의 근간으로 설계한 엔지니어 교육 프로그램 '기술과학 SDG institute'는 유네스코 체어(UNESCO Chair)로 선정되었다(이창언, 2020b: 146).

3. 대학 SDGs의 현지화 사례: 중국 대학과 BUP

중국 청화대 글로벌 SDGs 연구원(Institute for Sustainable Development Goals, Tsinghua University, 영문 약칭은 TUSDG, 중국어 약칭은 청화대 글로벌 SDGs 연구원)은 SDGs를 이행하고 실천하기 위해 학제 간 연구를 수행하고 글로벌 파트너와 협업하는 선도적 플랫폼 구축을 목표로 한다. TUSDG는 SDGs의 틀, 정책 집행과 각각의 구체적인 목표에 관한 다 부문, 분과학문의 교차 연구, 유엔 관련기관, 국제적인 기구가 SDGs 분야에서 수행해 온 경험을 공유하고 상호 교류를 강화하고 있다. 청화대학교 글로벌 SDGs 연구원은 지속가능발전과 관련한 커리큘럼과 전문적인 대학원(공공관리학원) 학위 프로그램(복수 석사학위 프로그램), 다양한 단기 교육 프로그램을 제공한다.

TUSDG의 연구방향은 여섯 가지로 정리할 수 있다. 그것은 첫째, SDGs의 현지화 연구다. TUSDG는 중국의 5개년 계획과 SDGs 이행 조정, 글로벌 거버넌스와 SDGs가 직면한 과제를 다룬다. 둘째, SDGs 이행 실천과 목표 달성에 관한 국내외 경험을 공유하고 평가한다. 셋째, 중국 내 SDSN의 허브로서 중국 학술기관과 글로벌 파트너 간 협력을 촉진한다. 넷째, 제네바 대학과 함께 공공정책 및 SDGs에 대한 이중 석사학위를 추진하며 SDGs 이행과 관련한 단기 연수 프로그램을 제공한다. 다섯째, 중국 내 관련 정부기관, 유엔개발프로그램(UNDP)을 비롯한 국제기구와 긴밀한 파트너십을 통해 SDGs의 현지화를 촉진하는 컨설팅과 훈련 프로젝트를 공동으로 수행한다. 여섯째, TUS-DG 공공소통 플랫폼을 구축하고 SDGs 관련 아이디어 및 성과를 확산하기 위한 학계 및 사회단체와의 협력을 강화하는 것이다(이창언, 2020b: 141).

화중사범대학 지속가능발전연구센터(华中师范大学可持续发展研究中心, 이하 센터)는 1996년 8월 10일 설립된 중국대학 최초의 지속가능발전 연구센터로서 현재 화중사범대학 인문사회과 중점 연구기관이다. 센터에는 박사과정 지도 교수 3명, 석사과정 지도교수 13명이 있다. 센터는 인재 육성·과학 연구·학과 발전·사회서비스라는 4위 일체를 갖춘 대학원 육성 모델이다. 센터는 국가와 지역의 지속가능발전에 중요한 싱크탱크로서 역할을 수행한다. 센터는 사회의 지속가능성, 경제의 지속가능성, 생태의 지속가능성이라는 3대 연구 방향을 설정하고 지역의 지속가능발전 전략을 둘러싼 학술연구와 의사결정 컨설팅, 학술연구 역량·사회서비스 능력·실행력 향상을 주요 과제로 설정한다. 센터는 향후 5~10년간 지역의 지속가능성, 우한시·후베이성·장강 중류의 지속가능성 연구, 건강과 삶의 질, 건강지리, 생태관광 촉진에 중점을 둔 연구를 수행하고 있다. 참고로 중국은 청화대, 화중사범대 외에도 많은 대학에서 지속가능발전을 핵심가치로 시대적 소명(글로컬)과 자립·자활력(양질의 연구, 재정, 인재 확보와 양성)을 확보하려고 한다(이창언, 2020b: 142).

2021년 3월 24일 중국 절강대학교가 주최한 '2030년 대학의 역할'에 관한 대학총장들의 첫 글로벌 온라인 포럼에서 6개 대륙 56개 대학 총장들은 지속가능발전목표(SDGs) 달성을 위해 협력하기로 약속했다. 세계 여러 나라 대학 총장들의 공동성명은 2015년 유엔회원국들이 채택한 SDGs는 '사람과 지구의 평화와 번영의 공동 청사진을 제시한다'고 강조했다. 하지만 지구의 지속가능성은 '자연재해, 기후변화, 전염병, 실업 등 수많은 위협에 의해 심각한 도전을 받고 있다'는 점도 언급한다. 성명은 "2030년 어젠다의 핵심인 지속가능발전목표(SDGs) 달성이 10년도 채 남지 않은 상황에서 지구촌이 집단적 해결과 신속한 행동을 위해 참여하는 것이 그 어느 때보다 중요하다"고 밝혔다. 그리고 "지식 창출, 이해관계자 단결, 전환이 가능하도록 세계 유수의 대학들이 대화, 연대, 협업을 통해 지속가능한 미래를 구축하는 데 적극적이고 필수적인 역할을 해야 한다"고 피력했다.

절강대(ZJU) 총장은 이 포럼의 목적은 "SDGs에 대한 대학의 비전과 모범사례를 공유하고, 지속가능한 미래를 보호하기 위한 잠재적 협력의 기회를 모색하기 위한 것"이라고 말한다. 30개국 대학 총장들이 '2030년 지속가능발전 의제에 관한 글로벌 대학지도자 공동선언문'에 서명했다. 이 이니셔티브에는 모든 서명자가 동의한 다섯 가지 주요 측면이 포함된다. 그것은 첫째, 활동 및 운영 전반에 걸쳐 지속가능발전 개념, 둘째, 학생·교수진 및 직원의 지속가능발전 역량 향상, 셋째, 세계적 도전에 대응하여 블루 스카이(blue-sky, 아직 실용적이지 않거나 당장의 성과가 없는 기초 연구)발견 및 학제 간 연구 등 다양한 범위의 학술연구 지원, 넷째, 글로벌 파트너와 협력하여 혁신적인 해법 제공 및 기술 활용, 다섯째, 특정 문제를 해결하기 위한 건설적인 국경 간 협력을 촉진하기 위한 열린 과학지원이다.

중국 절강대학은 SDGs 실천에 적극 나서고 있다. '공공선을 위한 글로벌 절강대(ZJU)계획'은 대학 공동체 내에서 그리고 중국 및 그 밖의 다른 이해당사자들 사이에서 지속가능성과 관련된 교육, 연구 및 관행을 개선하기 위한 다섯 가지 목표와 관련 조치를 수립한다. 이 계획에 따르면 ZJU는 다음을 수행한다. 그것은 첫째, 지속가능성의 개념이 캠퍼스 문화에 깊이 뿌리내리고 있는지 확인한다. 지역 간, 국제 간 교류는 ZJU의 커뮤니티가 공동의 목표를 위해 문화 전반에 걸쳐 협력하는 것의 중요성을 이해하고 ZJU가 글로벌 네트워크를 통해 지속가능성에 대한 지식과 모범 사례를 전파하는 데 사용된다는 것이다. 둘째, 테마 코스 및 국제 프로그램을 통해 "지속가능발전의 미래 요구를 충족할 수 있는 비전 있고 책임 있는 시민"을 양성하기 위해 노력한다. 셋째, "학제 간 및 분야 간 상호작용으로 특징지어지는 대학 중심의 생태계"를 조성하여 물, 기후, 식품, 환경, 에너지, 건강, 빈곤 감소 등의 분야에서 기술적 진보를 추진하고 정책 수립을 알린다. 넷째, 열린 과학에 대한 유네스코 권고안을 수용하고, 과학 지식의 공유를 촉진하며, 파트너십을 확장하고 심화시켜 "지역과 글로벌 개발 도전에 대해 협력적 접근을 할 수 있도록 하는 학계, 정부, 민간으로 구성된 강력한 네트워크를 육성"한다. 다섯째, ZJU를 "저탄소행동의 선도자로 전환하고 캠퍼스를 자원 절약 및 환경친화적인 생활 실험실로 전환한다"는 내용을 담고 있다.

"대학 간 연계 운영의 예로써 발트해 지역 대학과 고등교육 기관들을 아우르는 국제네트워크인 발트대학교 프로그램(Baltic University Progamme: BUP)[2] 사례는 개방적이고 포용적인 조직으로서 대학 교육 과정, 컨퍼런스,

2) 1991년 발트 대학교 프로그램(BUP)은 개방성, 국제화, 이동성을 촉진함으로써 대학들 간의 새로운 상호작용과 협력 방법을 찾기 위해 노력해왔다. BUP의 주된 목표는 강력한 지역 교육 및 연구 공동체의 건설을 지원하는 것이다. 이 프로그램은

다학제 및 학제간 협력적 연구 개발과 제공, 정부, 자치단체 등과 협력하여 학제간 프로젝트에 참여한다. BUP는 지역의 지속가능발전과 환경, 그리고 정치적 변화에 관한 연구를 산출하고, 이를 위한 강의와 교육 과정을 제공하는데 주안점을 두고 있다. 교수자료를 만들어 내는 것도 BUP의 핵심 목적의 하나이며, BUP가 제공하는 강의와 교육 과정은 지역 연구(regional studies)와 함께 학제적, 문제 지향적 요소가 중심이 되고 있다. 한편, 응용프로젝트들을 통한 사회의 다른 행위자들과의 협력 또한 지속가능성 전략의 연구·개발에 있어 중요한 부분을 구성하고 있다(Centre for Sustainable Development in Uppsala, 2009: 4). BUP는 학위과정(학사, 석사)을 운영하고 있고 웁살라대학교 사무국(secretariat)이 조정 역할을 하고 있다. 이들 코스 외에 BUP는 국제 코스과정과 교사·학생 컨퍼런스 및 인터넷 코스를 운영하고 있다. 그리고 주목할 만한 것은 웹 기반 코스(Web Page & Distance Mode Course)를 운영한다. 홈페이지의 한 부분은 ESD에 할애되어 있다. 웁살라대학교에는 BUP 프로그램 외에 스웨덴 국립 교육·지속가능발전대학원(Swedish National Graduate School in Education and Sustainable Development: GRESD)이 있다(이홍연, 2020: 274)."

4. 한국 대학 SDGs 이행 실천을 위한 준비 과제

1) 대학 SDGs 참여의 의미와 효과

최근 많은 대학이 SDGs 교육 확대, SDGs 글로벌 학술 네트워크 구축, 대학 SDGs 교과과정(학위, 비학위, 단기과정) 개설, 대학 발 SDGs 민·관·산·학

지속가능발전, 환경보호, 자연자원, 민주주의 및 ESD 분야의 지식을 보급하기 위해 노력하고 있다. BUP 회원단체로는 86개의 회원 대학이 있으며, 대부분이 발트해에 위치하고 있다. 자세한 내용은 BUP 홈페이지를 참조(https://www.balticuniv.uu.se/about-us/).

협력 강화를 통한 고등교육 재정 확충, SDGs를 매개로 지역에 밀착한 인적자원 육성과 민간참여 확대 등을 논의하고 있다(이창언, 2020b: 124). 2021년 11월 17일 충남대는 'SDGs(지속가능개발목표) 기반 ESG 추진 협의체'를 구성해 대전·세종·충남권역 ESG기반 네트워크를 활성화하고, 사회적 가치를 실현해 지역혁신체계의 기반을 마련하겠다."고 밝혔다. 지역 가치사슬 구축에 '교육' 역할을 강조한 것이다. 한동대도 포항시와 UNAI KOREA 한국협의회 등 3개 기관이 지속가능발전을 위한 국제적 노력을 위해 지역 내 세계 최초 세계시민교육을 실행한다. 전주시는 전주지역 6개 대학과 ESG 가치를 실현하기 위한 '전주시–대학 ESG 협약'을 맺었다. 전주시에 위치한 6대 대학이 친환경 캠퍼스 조성, 재능 나눔을 통한 지역사회 공헌, 학생 인권을 존중하는 대학 조성, 청렴하고 평등한 대학문화 조성 등을 ESG 공동실천사업 목표로 설정했다(이지희, 한국대학신문, 2022. 1. 22.).

유엔 지속가능발전해법네트워크(SDSN)는 대학이 SDGs를 통해서 얻을 수 있는 이익을 새로운 대학 연구와 교육에 대한 수요 확보, 대학 내부의 거버넌스 운영 및 혁신, 그리고 외부 협력체계 구축, 글로벌 대학 이미지·인지도·영향력 제고, 새로운 자금 조달 접근성 확보를 통한 대학 자립력 강화로 규정한다(SDSN, 2017). SDGs는 대학의 ▶ 교육, ▶ 연구, ▶대학 내부의 거버넌스 문화와 윤리 확산과 운영의 혁신, ▶ 사회적 공헌이라는 네 가지 측면에서 효과적이라는 것이다.

이를 나열하면 '대학 SDGs'는 첫째, 학제 간 및 학제 전반에 걸친 연구를 통해 대학과 사회의 혁신을 위한 솔루션을 제공할 수 있고, 둘째, 국제–국가–지역 차원의 정책 제언과 실행력을 확보함으로써 연구기관으로서 고유한 지위를 유지할 수 있고, 셋째, 기업, 지자체, 대학, 연구기관, 시민사회단체 등 다 부문적 협력을 통해 연구역량을 구축할 수 있고, 넷째, 지속가능발전을 위한 교육을 통해 대학 교양, 전공 교육의 다양화, 대학 교양교육의 목적 실현, 책임감과 능력을 갖춘 인재 양성, 역동적인 학생들이 주축이 된 SDGs 실천과 대학 역량 강화에 도움이 되고, 다섯째, 고질적인 낡고 관료적인 대학 운영을 혁신하고 SDGs와 연계된 거버넌스 및 운영을 모색할 수 있고, 여섯째,

〈그림 12-2〉 대학의 SDGs 영역과 참여 효과

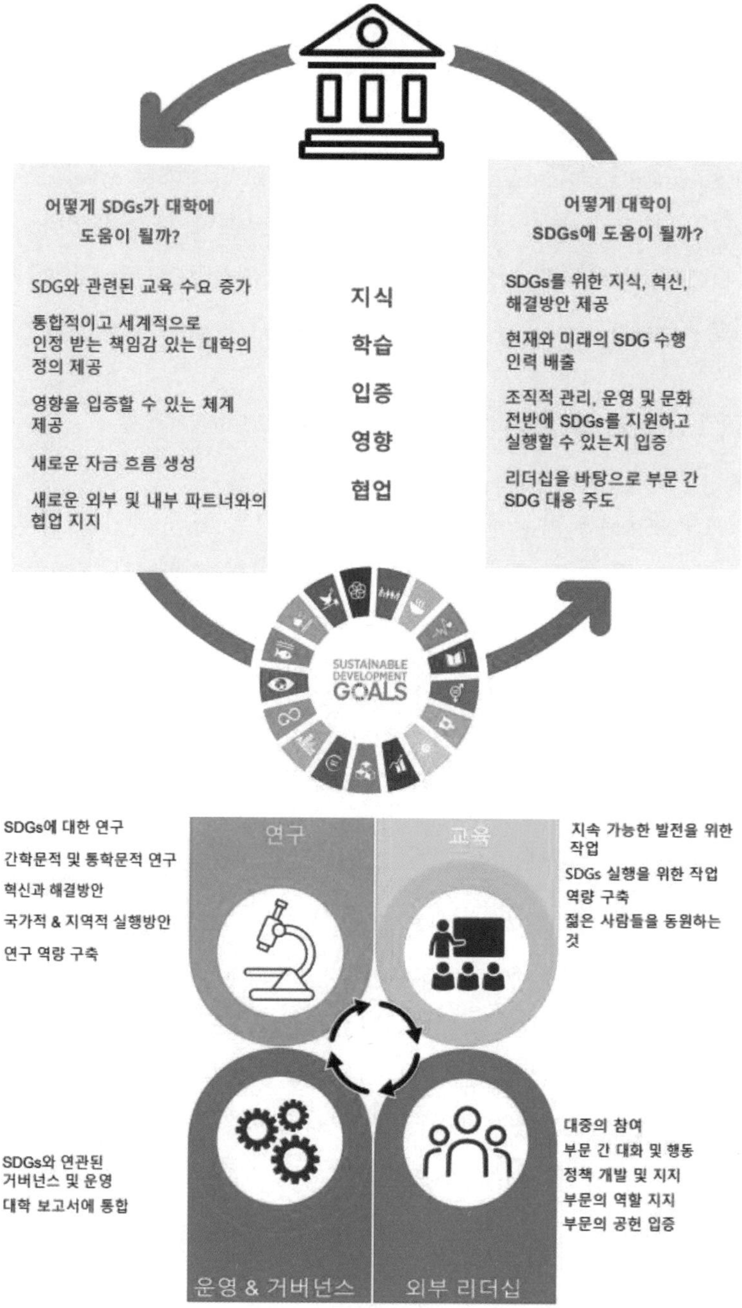

어떻게 SDGs가 대학에 도움이 될까?
SDG와 관련된 교육 수요 증가
통합적이고 세계적으로 인정 받는 책임감 있는 대학의 정의 제공
영향을 입증할 수 있는 체계 제공
새로운 자금 흐름 생성
새로운 외부 및 내부 파트너와의 협업 지지
지식
학습
입증
영향
협업
어떻게 대학이 SDGs에 도움이 될까?
SDGs를 위한 지식, 혁신, 해결방안 제공
현재와 미래의 SDG 수행 인력 배출
조직적 관리, 운영 및 문화 전반에 SDGs를 지원하고 실행할 수 있는지 입증
리더십을 바탕으로 부문 간 SDG 대응 주도
SUSTAINABLE DEVELOPMENT GOALS
SDGs에 대한 연구
간학문적 및 통학문적 연구
혁신과 해결방안
국가적 & 지역적 실행방안
연구 역량 구축
연구
교육
지속 가능한 발전을 위한 작업
SDGs 실행을 위한 작업
역량 구축
젊은 사람들을 동원하는 것
SDGs와 연관된 거버넌스 및 운영
대학 보고서에 통합
대중의 참여
부문 간 대화 및 행동
정책 개발 및 지지
부문의 역할 지지
부문의 공헌 입증
운영 & 거버넌스
외부 리더십

출처: SDSN(2017: 9–10)

모든 대학의 혁신활동은 대학 보고서에 통합하여 평가를 받을 수 있고, 마지막으로 사회적인 공헌을 위한 다 부문적 참여와 대화, 그리고 행동을 통한 사회문제 해결의 중요한 기관으로서의 위상을 제고할 수 있다는 것이다.

SDGs는 대학을 포함해 공식 교육 기관에서의 지속가능발전을 위한 교육(ESD, Education for Sustainable Development)을 방해하는 장애물(자금 부족, 동기부여의 결여)을 극복할 기회이다. 특히 자금문제와 관련이 있다. 정부 기관, 국제 은행, 자선사업 기업가 같은 자금 조달자들은 SDGs의 성취와 관련된 사업을 지원한다.

2) 대학 ESDGs의 점검 영역

우리나라 교양교육 차원에서 ESD와 SDGs 교육 확산의 가장 기본적인 실천은 지속가능발전교육 관련 과목을 개설하고 점점 확대하는 것이다. 그리고 장기적으로 BUP처럼 교양학부나 교육대학, 교육대학원 석사과정에 '지속가능발전교육'을 하나의 모듈로서 구성하는 것으로 '지속가능발전교육' 전공을 개설, 운영하는 방식도 고민할 수 있다. 기초과정에서는 '지속가능발전교육의 토대', '지속가능발전의 문제와 지구적 학습' 모듈을 포함해야 하며, 심화 과정과 전문화 과정에서는 '지속가능발전교육 직업실습', '지속가능발전교육 견학', '지속가능발전교육의 이론적 윤리적 토대'를 모듈로서 포함할 수 있다[3]

한국의 특수한 상황과 여건, 문화 역량 정도를 고려해야 하지만 전제는 대학 내 책임 있는 수행 주체의 확보와 함께 ESD와 SDGs 추진계획과 전략을 수립해야 한다. 일본은 SDGs 대학센터가 이러한 역할 수행을 하고 있다. 대학센터는 해당 대학의 건학 정신, 가치와 지향을 지속가능발전과 연계시켜 확산하고 대학 성원(학생, 교수-교직원)과 타 섹터의 성장을 돕는 역할 수행을 한다. 센터는 지역의 지속가능발전 전략을 둘러싼 연구와 다양한 그룹의 의사결

3) 독일 아이히슈테트-인골슈타트 가톨릭 대학교(Katholische Universität Eichstätt-Ingolstadt)의 김나지움 교원양성과정을 참고하라. 자세한 내용은 정기섭의 글 16-22쪽 참고.

정 컨설팅, 정부(지방)와 주요 기관의 사회서비스 능력·실행을 지원한다. 센터는 분과학문 간 연계, 국내외 네크워크 간 연계(국내외 지속가능발전네트워크, UN대학, ESD 기관, ICLEI, 해외 대학, 대학 센터, 지속가능발전 학과, 연구소 등)를 통해 지속가능발전 커리큘럼의 혁신과 개발, 장기적으로는 전문적인 학위 프로그램(체계적인 커리큘럼, 교육 과정, 복수 석사학위 프로그램)을 수립하고 제공해야 한다.

ESD와 ESDGs에 대한 총체적 시스템 접근을 모색해야 한다. 따라서 대학 교육 리더 세미나(Education Leader Seminar)의 실행이 필요하다. 이 세미나는 교육 리더들에게 ESD와 ESDGs 정보를 전달하고, 동기를 부여하고 지속가능한 지역사회와 학교 시스템을 변화시키는 데 필요한 지식과 전략을 제공할 것을 목표로 한다. 학교 시스템의 일차적 기능이 교수와 학습에 있는 만큼 ESDGs를 위한 교수와 학습을 지원하기 위한 역량 구축이 세미나의 주된 초점이다. 이 세미나는 ▶ 대학의 수준에서 SDGs 이행과 실천에 대한 센터(대학)의 필요성을 이해하고 ▶ 대학 시스템의 모든 측면에 ESD를 통합하기 위한 변화관리 전략을 개발하며 ▶ SDGs를 실행하는 데 있어 리더로서 역할을 명확하게 하고, ▶ 동료 교수, 직원, 학생, 지역사회에 SDGs에 대해 이해 및 소통하며, SDGs와 관련된 자문과 지원, 그리고 아이디어를 위한 자원을 인지하게끔 해야 한다. 요크대학 지속가능아카데미(York University: The Sustainability and Education Academy: TSEA)의 '총체적 학교 접근(whole-school approach)'에서 제시된 '총체적 시스템 접근(whole-system approach)'은 대학 교육시스템 재정립에 기여할 수 있다.[4] 이 영역 프레임워크는 ESD, ESDGs와 관련한 기관 내부의 기획과 실행 상황을 측정하고 실행하기 위한 틀을 제공한다. 진척 상황에 대한 점검을 통해 기관의 시스템 차원에서 추가적인 지원이 필요한 부문을 파악하고 성공적인 실천을 공유하는 쪽으로 활용될 수 있다.

4) 자세한 내용은 아래 링크 참조.
http://lsf-lst.ca/en/projects/education-sustainable/schools/seda

〈표 12-1〉 ESD, SDGs 교육, 연구 확산을 위한 점검 영역

영역	요소	점검할 내용
거버넌스	정책	- ESDGs 교육 과정, 커리큘럼, 대학내 우선순위를 실행하기 위한 시스템 접근의 준비정도 파악 - 대학 시스템의 전략적 계획, 자산관리, 정책 및 학교 발전계획에 반영하기 위한 특별 계획 수립
	의사결정	- ESD-ESDGs 교육 과정 수립과 프로그램 운영, 협력 지원단 구성, 교육역량 강화와 관련한 의사결정의 투명하고 포괄적이며 참여적인 접근
	재정과 예산	- ESD-ESDGs 재정모델과 예산에 대한 점진적이지만 구체적인 접근
	모니터링과 평가	- 각 영역과 요소의 실행과정에 대한 모니터링과 평가
교육과정/교수/학습	교육과정	- 기관의 교과과정에서의 ESD와 ESDGs의 반영 - 교수를 위한 다양한 미디어, 수업 샘플단위, 코스내용(course profile), 교수지침, 온라인 및 교과서 중심의 자원 등 제공
	학수	- 교수 접근방식에서 ESDGs교육 원칙 반영, 다양한 교육방식 활용
	학습	- 양질의 학습 환경 제공과 투명한 평가 메커니즘을 통해 행동학습 접근을 포함한 학생 성취도를 모니터링
인적역량형성	리더십	- 학교 리더와 구성원들의 SDGs 실행의 헌신성, 리더십 제고
	전문성 신장	- 교수들에게 지식, 기술, 관점, 교수 접근법과 학습 맥락화의 주제로써 ESDGs 활용을 포함한 역량 제공 - 학교직원에게 학교와 시스템의 SDGs 목표를 실행하고 달성하기 위한 지식과 기술 제공 - 교직원은 SDGs를 지지하는 행동, 학습모델, 자원 공유
	인적자원	- ESDGs 역량을 성과평가와 임용정책에도 반영 - 모든 시스템 구성원을 위한 인적 자원 정책이 지속가능발전 역량 구축, 멘토링, 협력적인 평생학습을 지원 - 교수, 교직원들은 SD 리더십을 통해 인정받고, 보상받음

영역	요소	점검할 내용
시설과 운영	시설	– 혁신적인 재정모델을 포함해 학교건물의 설계, 건축 및 증축에 지속가능성 원칙을 적용 – 지속가능성 실천 사례들을 가르치는 시설로써 학교 구조와 외부 공간 활용
	운영	– 학교 관리, 조달, 자원 사용의 모든 측면에 지속가능성 원칙을 적용 – 영향을 평가하고, 효율성을 개선하기 위해 감사 수단(audit tool)을 활용
파트너십	지역 사회 협력	– 학부모와 지역사회가 지역사회 프로젝트 혹은 파트너십을 통해 지역 지속가능성 문제를 해결하는 데 적극적으로 참여
	학습	– 지역사회와의 SDGs 파트너십

출처: Connelly(2013: 88–90); 이흥연(2020) 재구성.

대학 ESD, ESDGs 교육 과정 설계와 이해당사자 그룹의 SDGs 이행 실천을 위한 거버넌스의 구축과 세밀한 교육 과정(교수/학습(학교 서비스)), 인적 역량 형성(인적 자원/직원 서비스), 시설(운영 서비스)과 파트너십(지역사회 지원 서비스)을 통합적으로 점검해야 한다. ESD, SDGs에 효과적으로 부합하는 교육 시스템의 미션과 목표 선언, 고위직 교육 리더들을 대상으로 한 ESD, SDGs 교육 프로그램 이수, 각자의 관할 영역에 있는 부서가 지속가능성에 적절히 대응할 수 있도록 하기 위한 각 부서들의 교육 재정립 계획 수립, 다양한 교육 연수 및 교육 프로그램에 ESD 정착지원, ESD, SDGs 교육 예산의 우선순위화 등도 적극적으로 모색해야 할 것이다.

| 13장 |

정부와 지자체 SDGs 이행·실천

우리는 또한 법률 제정과 예산 의결, 그리고 우리의 약속의 효과적인 이행 책임을 보장함에 있어서 국회가 필수적인 역할을 수행함을 인정한다. 정부와 공공기관은 지역 및 지방당국, 하위지역 기구, 국제기구, 학계, 자선단체, 봉사단체 등과 함께 약속의 이행을 위해 긴밀히 협력할 것이다(2030 지속가능발전 의제 45항). 각 정부는 원대한 포부를 담은 글로벌 세부목표를 어떻게 자국의 계획 과정과 정책, 그리고 전략에 반영할 것인지를 결정한다. 지속가능발전과 경제, 사회, 환경 분야에서 진행 중인 관련 과정과의 연관성을 인식하는 것이 중요하다(2030 지속가능발전 의제 55항).

잘 수립된 국가별 지속가능발전 전략과 이를 국가 재정 운용 계획에 반영하는 것은 이 모든 노력의 핵심이다. 자국의 경제, 사회 발전에 대한 일차적 책임은 각 국가에 있고, 국가정책과 발전전략의 역할은 아무리 강조해도 지나치지 않다. 우리는 빈곤 퇴치 및 지속가능발전 정책 이행에 있어 각국의 정책 자율성과 리더십을 존중하는 한편, 관련 국제규칙 및 공약과의 일관성을 유지할 것이다. 또한 국가의 발전 노력은 일관성 있고 상호 협력적인 국제 교역, 통화금융 시스템,

글로벌 경제 거버넌스와 같은 국제 경제 환경이 뒷받침되어야 한다. 또한 역량을 강화하고, 전 세계적으로 적절한 지식과 기술을 발전시키고, 그 가용성을 확대하는 것이 중요하다. 우리는 정책적 일관성을 추구하고, 모두의, 모든 차원의, 지속가능발전의 달성을 위한 환경을 조성하고, 지속가능발전을 위한 글로벌 파트너십의 재활성화를 위해 노력할 것을 약속한다(2030 지속가능발전 의제 63항).

1. 한국 정부의 SDGs 성취도

지속가능발전 고위급정치포럼과 함께 열린 'SDGs의 지역화 로드맵' 이벤트(2016년 7월 15일)에서 지방정부 대표와 유엔 기구는 SDGs 달성을 위한 지방정부 이해당사자의 역할을 논의하였다. 여기에서는 SDGs 17개 목표와 세부목표 설정부터 이행수단 결정, 측정과 모니터링지표 사용에 이르기까지 2030 의제 달성에 지역적 맥락을 고려하는 과정인 'SDGs 현지화(localizing SDGs)'가 핵심적인 주제였다(이창언·오유석, 2017: 178).

현재 국내·지방차원의 SDGs 실행을 위한 설계가 여러 곳에서 진행되고 있다. 이 중 전국지속가능발전협의회(이하 지속협) 차원에서 진행하는 SDGs 실행이 가장 활발하고 성과도 크다. 한국은 지속협의 활동에 힘입어 2020년도 SDGs 랭킹 순위(The 2020 SDG Index scores) 20위, 2021년에는 다소 떨어졌지만 28위에 선정되었다. 매년 지속가능발전해법네트워크(SDSN, Sustainable Development Solutions Network)와 베텔스만 재단(Bertelsmann Stiftung)이 작성하고 공표하는 'Sustainable Development Report'는 SDGs의 국가별 순위와 지역별 달성 정도를 소개하고 있다(이창언, 2020e: 265).

〈표 13-1〉 2020, 2021년도 SDGs 순위

2020년 순위/국가/랭킹 스코어	
1위: 스웨덴(84.7)	11위: 벨기에(80.0)
2위: 덴마크(84.6)	12위: 슬로베니아(79.8)
3위: 핀란드(83.8)	13위: 영국(79.8)
4위: 프랑스(81.1)	14위: 아일랜드(79.4)
5위: 독일(80.8)	15위: 스위스(79.4)
6위: 노르웨이(80.8)	16위: 뉴질랜드(79.2)
7위: 오스트리아(80.7)	**17위: 일본(79.2)**
8위: 체코(80.6)	18위: 벨라루스(78.8)
9위: 네덜란드(80.4)	19위: 크로아티아(78.8)
10위: 에스토니아(80.1)	**20위: 한국(78.3)**

2021년 순위/국가/랭킹 스코어		
1위: 핀란드(85.9)	11위: 네덜란드(81.6)	**28위: 한국(78.6)**
2위: 스웨덴(85.6)	12위: 체코(81.4)	157위: 수단(49.5)
3위: 덴마크(84.9)	13위: 아일랜드(81.0)	158위: 콩고 민주공화국(49.3)
4위: 독일(82.5)	14위: 크로아티아(80.4)	159위: 마다가스카르(49.0)
5위: 벨기에(82.2)	15위: 폴란드(80.2)	160위: 나이지리아(48.9)
6위: 오스트리아(82.1)	16위: 스위스(80.1)	161위: 라이베리아(48.7)
7위: 노르웨이(82.0)	17위: 영국(80.0)	162위: 소말리아(45.2)
8위: 프랑스(81.7)	**18위: 일본(79.9)**	163위: 차드(40.9)
9위: 슬로베니아(81.6)	19위: 슬로바키아(79.6)	164위: 남수단(38.9)
10위: 에스토니아(81.6)	20위: 스페인(79.5)	165위: 중앙아프리카 공화국(38.3)

출처: SDSN(2020; 2021); 저자 재구성

17개 목표는 231개 유엔 SDGs 지표를 근거로 매년 그 이행상황이 점검된다. 글로벌 차원에서는 유엔 사무총장 주도의 〈The Sustainable Development Goals Report〉를 발간하여 유엔 고위급정치포럼(HLPF, High Level Political Forum, 매년 7월 개최)에서 이행수준을 점검한다. 물론 지역 차원에서도 자발적으로 이행점검을 실시한다. 한국이 속한 아시아태평양지역에서도 매년 3월 〈Asia and the Pacific SDG Progress Report〉를 발간하고 아태지속가능발전포럼(Asia-Pacific Forum on Sustainable Development, APFSD)을 개최한다. 개별 국가들도 정기적으로 SDGs 이행 여부를 점검하고 있으며 그 결과를 유엔 HLPF에서 자발적 국별 보고서 형태로 발표한다. 한국은 2016년에 참여하였다. 국가는 전체 점수에 의해 순위가 매겨진다. 전체 점수는 SDGs 17개 목표를 모두 달성하기 위한 국가의 총 진전을 측정한다. 점수는 SDGs 성취도의 백분율로 해석된다. 점수 100은 모든 SDGs가 달성되었음을 나타낸다.

〈지속가능발전 보고서〉에서는 목표별 달성도를 색으로 표시해 둔다. 초록색은 '목표를 달성(SDG achievement)'했음을, 노란색은 '과제가 남았음(Challenges remain)'을, 오렌지색은 '중요한 과제가 남아 있음(Significant challenges remain)'을, 빨간색은 '주요 과제가 남았음(Major challenges remain)'을 의미한다. 목표별 진행(변화·동향)이 4종류의 화살표로 표시되어 있다. 화살표는 각각 다음을 의미한다. 먼저 녹색 화살표(On track or maintaining SDG achievement)는 2030년까지 목표 달성이 순조로운 비율로 점수가 증가하고 있으며 목표 값을 초과했음을 의미한다. 노란색 화살표(Moderately improving)는 적당하게 개선하고 있음을 보여준다. 2030년까지 목표를 달성하는 데 필요한 속도는 밑돌고 있지만, 필요 속도의 50%를 초과했음을 보여준다. 오렌지 화살표(Stagnating)는 정체하고 있음을 의미한다. 2030년까지 목표를 달성하는 데 필요한 속도의 50%를 밑돌고 있다는 것이다. 빨간색 화살표(Decreasing)는 점수가 감소하고 있음을 의미한다. 막대(-)는 데이터가 없음을 의미한다(이창언, 2020e: 268).

SDGs체제에서, 정부가 선진국의 정책과 지표를 적극적으로 수행하거나 혹

〈그림 13-1〉 2021 SDG 대시보드 및 동향

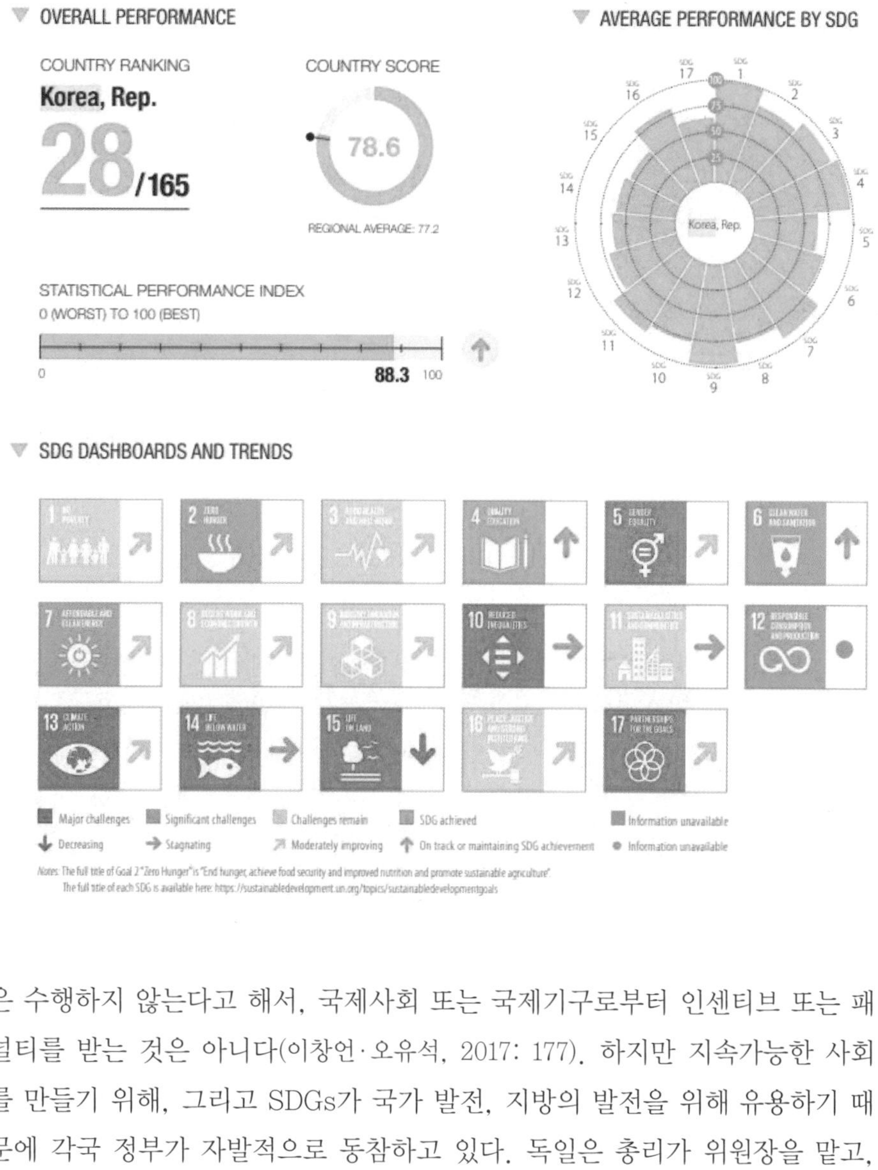

은 수행하지 않는다고 해서, 국제사회 또는 국제기구로부터 인센티브 또는 패널티를 받는 것은 아니다(이창언·오유석, 2017: 177). 하지만 지속가능한 사회를 만들기 위해, 그리고 SDGs가 국가 발전, 지방의 발전을 위해 유용하기 때문에 각국 정부가 자발적으로 동참하고 있다. 독일은 총리가 위원장을 맡고, 내각구성원 전원이 참여하는 지속가능발전 정부위원회(State Secretaries Committee for Sustainable Development)를 구성했다. 일본도 총리 주재의 SDGs 추진본부(SDGs Promotion Headquarter)를 설치하고, 첫 회의를 2016년

5월 20일 총리실에서 개최했다. 이처럼 세계 주요국들이 SDGs체제로 돌입한 이유는 규범적인 측면에서 SDGs의 목표와 지표들이 향후 각국 정책에 하나의 나침반으로 작용한다는 이유도 있다(손동필, 2017. 1. 25).

2. K-SDGs와 제4차 지속가능발전 기본계획 수립

한국은 국가주도 발전전략을 채택하여 일정한 시기까지 높은 경제성장을 구사했다. 그러나 결과적으로 소득의 양극화, 미세먼지 등 환경 악화, 양질의 일자리 부족 등 국민 삶의 질은 실질적으로 나아지지 않는 모순이 누적되었다. 현재의 국가정책체계로는 국민의 삶의 질을 개선하고 국가 지속가능성을 견인하기에는 한계에 도달하였다.

지속가능발전 실천을 위한 국가의 노력으로 2006년부터 5년 단위로 지속가능발전 기본계획을 수립한다. 2006년 '제1차 국가지속가능발전 전략 및 이행계획(2006-2010)'을 발표하였고 2011년에는 1차 기본계획이 만료됨에 따라 사회적 형평성, 기후변화 대응, 환경자원 지속성 측면을 강화한 '제2차 지속가능발전 기본계획(2011-2015)'을 수립하였다. '제2차 지속가능발전 기본계획(2011-2015)'은 4개 전략, 25개 이행과제, 48개 세부 이행과제로 구성되었다. 2차 기본계획 만료 이후 2016년에는 UN 2030 의제의 이행과 환경·사회·경제 간의 통합성 강화를 목적으로 하여 '제3차 지속가능발전 기본계획(2016-2035)'을 수립하였다. '제3차 지속가능발전 기본계획'은 4개 전략, 14개 이행과제, 50개 세부 이행과제로 구성되었는데, 2018년 12월 국가지속가능발전목표(K-SDGs) 체계로 변경되었다(환경부 지속가능발전위원회 2020: 9-10).

지속가능성의 위기를 극복하기 위해 우리 정부는 유엔 SDGs 수립과정에 준해 민·관·학 공개작업반을 운영하였다.

K-SDGs 작성과정에는 90여 개 시민사회단체, 192명의 민간전문가, 23개 행정부처가 함께 참여하였다. 이러한 배경 하에서 정부(환경부)는 지속가능발전 강화를 국정과제로 설정하고, 제3차 지속가능발전 기본계획을 보완하는

〈그림 13-2〉 국가 지속가능발전 기본계획의 추진경과

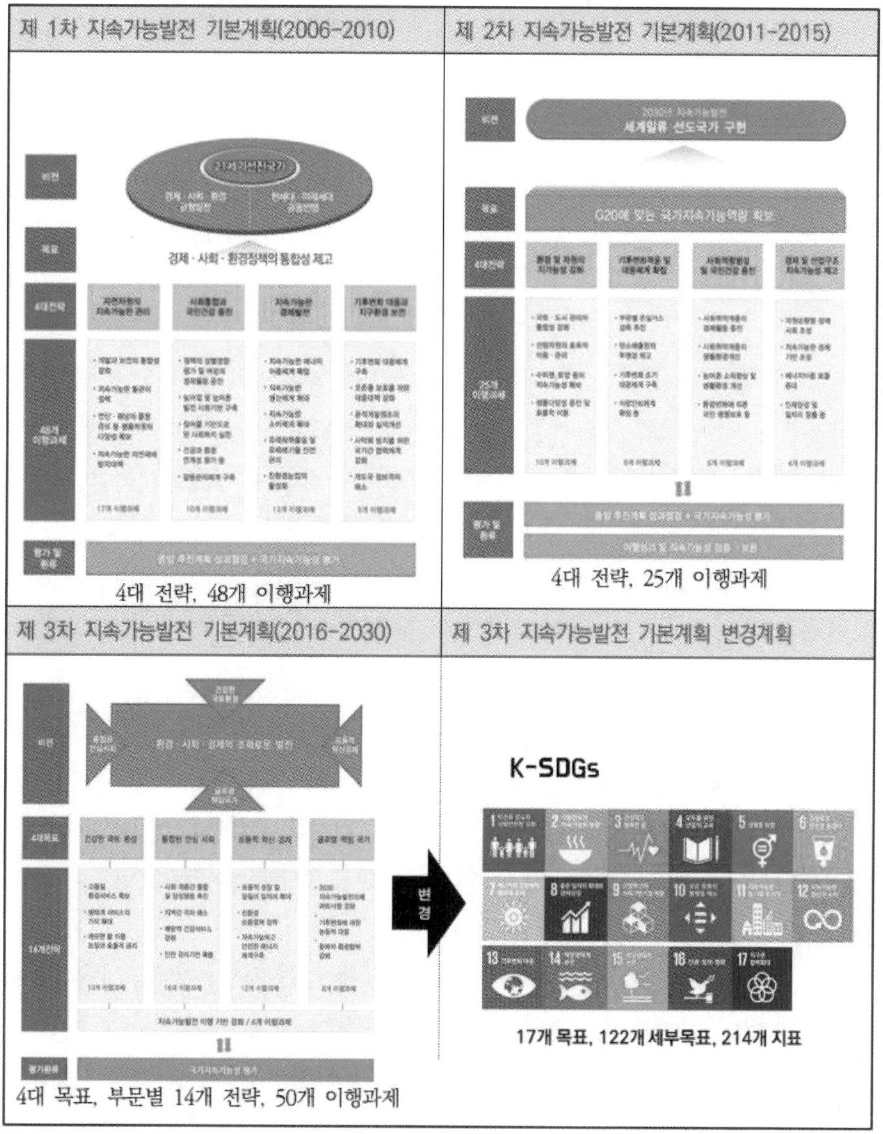

출처: 환경부 지속가능발전위원회(2020: 9)

국가지속가능발전목표(K-SDGs: Korean Sustainable Development Goals)를 수립하여 2018년 12월 확정하였다.

〈표 13-2〉 UN SDGs와 K-SDGs 비교

구분	목표년도	목표	세부목표	지표
UN-SDGs	'30	17개	169개 *사회(25%), 경제(30%), 환경(24%), 기타(21%)	231개
K-SDGs	'30	17개	122개 *사회(29%), 경제(29%), 환경(25%), 기타(17%)	214개

출처: 관계부처 합동(2020)

우리 정부는 제3차 기본계획 수립 무렵 국제연합(UN)은 지속가능발전을 위한 국제적인 약속으로 지속가능발전목표(UN-SDGs, 2016~2030)를 채택하자 이에 조응하기 위해 K-SDGs를 마련하고 제3차 기본계획 변경계획으로 내용을 채우고자 했다. 2020년 12월 정부는 관계부처 합동으로 '제4차 지속가능발전 기본계획(2021~2040, 2020)'을 심의하였다. 제3차 지속가능발전 기본계획 변경계획(2016~2035, 2018)의 '국가 지속가능발전목표'를 수정·보완하고 목표 달성에 필요한 정책과제를 제시하기 위함이었다. 또한 2018년에 개발한 '국가 지속가능발전목표(K-SDGs)' 99개 지표에 대한 평가 결과도 반영하였다.

지속가능발전 기본계획은 '저탄소 녹색성장 기본법' 제50조 제1항에 근거하여 지속가능발전과 관련한 국제적 합의 이행과 국가 지속가능발전을 촉진하기 위하여 20년 주기의 계획으로 5년마다 수립된다. 계획 수립의 범위는 첫째, 지속가능발전의 현황 및 여건 변화와 전망에 관한 사항, 둘째, 지속가능발전을 위한 비전·목표·추진전략과 원칙·기본정책 방향·주요지표에 관한 사항, 셋째, 지속가능발전에 관련된 국제적 합의 이행에 관한 사항 등이다(황계영, 2017: 490).

제4차 지속가능발전 기본계획 수립 과정에서는 2018년도 개발한 '국가 지속가능발전목표(K-SDGs)' 중 공식통계로 활용 가능한 99개 지표에 대하여 정량적 평가를 시행했다. 평가는 최근 5년간 연평균 성장률을 분석하여, 2030년 목표치 달성 가능성(목표순항도)을 4단계('맑음'-'맑거나 흐림'-'흐림'-'뇌우')

로 구분하여 평가하였다. 평가 결과, 현 추세에서 2030년까지 목표 달성 가능성이 높은 지표는 농어촌 상하수도 보급률 등 44개, 미달성 예상 지표는 1인당 유해폐기물 발생량 등 9개로 보고하였다.

〈표 13-3〉 주요 지표 평가 결과

평가 결과	의미	지표 수	
	현 추세로 2030 목표 달성 가능	44	• (사회) 농가·어가 소득, 평생학습·직업교육훈련 참여율, 의회 여성 비율, 신생아 사망률 • (경제) 여성 고용률, 녹색교통 활성화 비율, 사고대비 화학물질 수, 사업장 폐기물 재활용률, 연구개발비 • (환경) 농어촌 상하수도 보급률, 재생에너지 발전 비중, 해수 수질, 산림복원 면적
맑거나 흐림 	현 추세로 2030 목표 달성은 곤란하나, 목표 방향으로 진행 중	21	• (사회) OECD 더 나은 삶의 질 지수, 상대빈곤율, 자살률 • (경제) 생활폐기물 재활용률, 남녀 임금격차, 교통약자 이용편의 보장률 • (환경) 수질등급 달성률, 친환경차 확대 수, 1차 에너지 대비 재생에너지 비중
흐림 	정체 상태	25	• (사회) 최저주거기준 미달가구 비율, 장애인 건강검진 수검률, 55세 이상 고용률, 공공병상 수 • (경제) 실질 GDP 성장률, 대중교통수단 분담률 • (환경) 하수 처리수 활용률, 밀렵·밀거래 단속 실적
뇌우	현 추세로는 목표 반대 방향으로 진행	9	• (사회) 장애인 만성질환 유병률, 다문화학생 학업 중단율 • (경제) 1인당 유해폐기물 발생량, 관광분야 GDP 기여율, 국민 환경의식 수준 • (환경) 온실가스 배출량, 산림면적 비율, 상수도 사용량 • (기타-협력) 개도국에 대한 투자 규모

출처: 관계부처 합동(2020: 15)

K-SDGs 주요 변경사항은 비전이 확대되었다는 점이다. 2018년 "모두를 포용하는 지속가능국가"에서 2020년 4차 기본계획에는 "포용과 혁신을 통한 지속가능국가 실현"으로 비전이 확장되었다. 그리고 기존에 수립한 5대 전략의 핵심 가치인 '사람', '번영', '환경', '평화', '협력'은 계승하되, 평화와 협력을 통합하여 4대 전략을 마련했다.

기본계획 수립에 있어 네 가지 핵심적인 방향도 설정하였다. 그것은 ▲ 기

〈그림 13-3〉 K-SDGs 비전과 전략

비전	포용과 혁신을 통한 지속가능 국가 실현			
전략	**사람** 사람이 사람답게 살 수 있는 포용사회	**번영** 혁신적 성장을 통한 국민의 삶의 질 향상	**환경** 미래 세대가 함께 누리는 깨끗한 환경	**평화·협력** 지구촌 평화와 협력 강화
K-SDGs 17개 목표	[목표1] 빈곤층 감소와 사회안전망 강화 [목표2] 식량안보 및 지속가능한 농업 강화 [목표3] 건강하고 행복한 삶 보장 [목표4] 모두를 위한 양질의 교육 [목표5] 성평등 보장 [목표11] 지속가능한 도시와 주거지	[목표8] 좋은 일자리 확대와 경제성장 [목표9] 산업의 성장과 혁신 활성화 및 사회기반시설 구축 [목표10] 모든 종류의 불평등 해소 [목표12] 지속가능한 생산과 소비	[목표6] 건강하고 안전한 물관리 [목표7] 에너지의 친환경적 생산과 소비 [목표13] 기후변화와 대응 [목표14] 해양생태계 보전 [목표15] 육상생태계 보전	[목표16] 평화·정의·포용 [목표17] 지구촌 협력 강화

출처: 지속가능발전포털

존 국가 지속가능발전목표(이하 K-SDGs) 17개 목표체계 유지, ▲ 여건 변화 등을 반영하여 세부목표 및 지표 보완, ▲ K-SDGs 달성에 필요한 정책과제를 17개 목표별 제시, ▲ 향후 5년 중점 추진 및 관리 필요한 정책목표 및 지표 선정 등이다.

이를 구체적으로 살펴보면 첫째, 지속가능발전목표의 장기적·지속적 관리를 위하여 기존의 17개 목표체계를 그대로 유지하되 40년으로 목표연도를 확장한 것이다. SDGs는 2030년까지 국제사회가 공동으로 달성해야 할 목표로, 장기적·지속적 관리가 필요하기 때문이다. 둘째, 사회적 공론화 과정에서 제기된 수정·보완 요구를 반영하고, 전문가 검토를 거쳐 목표 부합성이 높아지도록 세부목표 및 지표를 발굴·조정하였다. 셋째, 17개 목표별로 여건을 분석하고 추진전략을 마련한 후 세부목표별로 정책과제를 제시하고 지표와 연결하고 있다. 넷째, 지속가능발전을 위협하는 외부여건에 효과적으로 대응하고 평가결과 지속가능성이 취약한 부분을 개선할 수 있도록 대국민조사, 전문가 조사 등을 통하여 중점 정책목표와 지표를 선정했다.

〈표 13-4〉 목표 및 지표 총괄 현황

구분	목표년도	목표	세부목표	지표
K-SDGs(2018)	'30	17개	122개	214개
K-SDGs(2020)	'30/'40	17개	119개	236개

출처: 관계부처 합동(2020: 23)

K-SDGs 지표 특징은 투입지표가 아닌 결과 지표 중심으로 수립되어 있다. 따라서 부처별 정책과제와 직접 연계되지 않거나 관리 및 측정이 곤란한 지표가 다수이므로 세부목표 및 지표는 추후 평가 및 검증을 통한 지속적인 수정·보완이 필요하다.

주요 변경사항을 살펴보면 17개 목표를 유지하되 의미 명확화를 위하여 일부 표현을 조정하고(예: 9. 산업혁신과 사회기반 시설 확충 → 9. 산업의 성장과 혁신 활성화 및 사회기반 시설 구축), 의미 명확화 등을 위하여 세부목표 29개를 보완하고, 기존에 다루지 못했던 이슈 관리를 위해 세부목표 2개를 신설했다.[1] 또한 측정 가능성 및 대표성 강화 등을 위해 75개 지표를 보완하고, 정책 부합성 및 시의적절성이 높은 지표 등 72개 지표를 신설했다. 여기서 신설된 지표는 고용보험 가입률, 기후변화 대응 개발품종수, 유역별 물 순환율, 정규직 대비 비정규직 비율, 창업기업수, 실종아동 미발견 건수 등이다.

K-SDGs는 UN-SDGs와 연계하되 국내 여건을 반영·보완하고, 민간전문가 중심의 작업반과 각 계층을 대표하는 이해관계자 그룹(K-MGoS, Major Groups and other Stakeholders)이 참여하여 상향식으로 수립하며, 제3차 기본계획 변경계획에서 균형 잡힌 K-SDGs 수립을 목표로 한다. 여기서 말하는 이해관계자 그룹(K-MGoS)은 장애인, 여성/가족, 청년, 청소년, 노동자, 농민, 이주민, 동물보호, 산업계, 과학기술계, 교육학계, NGO, 지역공동체, 지방정부 등이다. 그리고 균형 잡힌 목표는 사회, 환경, 경제 분야를 포괄하는 목표를 의미한다.

하지만 '제4차 지속가능발전 기본계획' 수립과 K-SDGs 이행 실천 과정에서 비판도 제기되고 있다. 이해관계자 그룹(K-MGoS) 참여 체계구축 문제, 의견 수렴 과정의 절차와 과정의 문제, 제3차 기본계획의 평가 결과에 대한 정보 제공의 부족, 몇몇 연구진의 자의적 판단과 결정에 의한 기본계획의 성격이 짙다는 비판도 존재했다.

사실 환경부가 지난 2018년 국가 지속가능발전목표(K-SDGs)를 수립할 때 유엔의 포용적인 지속가능발전 거버넌스 방식을 벤치마킹하여 시민 의견수렴 방식으로 '이해관계자 그룹(K-MGoS) 참여 체계'를 혁신적으로 도입한 바 있다. K-MGoS는 여성, 청년, 장애인, 시민단체, 기업 등 사회주체 집단들이 집단별로 공동의 목소리를 내는 것으로, 참여의 개방성, 다양성, 포용성, 대표성, 투명성, 책임성을 강화한 것이다. 이는 기존의 소수 전문가 개인이나 대

1) 8. 좋은 일자리 확대와 경제성장 중 세부목표 8.3(중소기업 및 소상공인의 성장을 촉진한다) 신설, 14. 해양생태계 보전 중 세부목표 14.9(해양과 해양자원의 보전과 지속가능한 이용에 대한 국제법을 국내법적으로 수용함으로써 해양과 해양자원의 보전 및 지속가능한 이용을 강화한다) 신설.

형 이해집단 중심으로 이루어졌던 의견수렴 방식의 한계를 극복하고자 한 것이며 지속가능발전의 핵심 가치 중 하나인 '누구도 소외하지 않는다'를 구조적으로 구현하고자 한 것이다. 이 부분에 대한 제대로 된 평가와 점검이 요청된다.

K-SDGs 이행 실천을 위해서는 국가 정책이 K-SDGs에 미치는 영향을 검토하여 방향을 보완하고, 행정계획과 연계해야 한다. 또한 국가정책 수행의 결과로 K-SDGs가 개선 또는 악화되고 있는지를 내실 있게 점검·평가해야 한다. 특히 지표의 신뢰성 확보를 위해 지표 특성에 따른 관리대책을 마련하고 지표의 타당성·대표성 등을 체계적으로 검토해야 한다. 지표에 대한 목표치 달성도 단순 평가를 벗어나 중점 평가대상(중점 정책 목표 포함)을 선정하여 심층 분석 및 개선방안을 제시해야 한다. 지표관리·평가 과정을 비롯하여 국내외 여건 변화 및 정책변경 등으로 보완 수요 발생시, 지속위 심의를 통해 수정·보완하는 것이 필요하다. 물론 2년마다 지속가능성 평가 수행과 전문성 있는 인재의 발굴과 육성을 통해 내실 있게 관리하는 것도 중요한 과제이다. 이를 위해서는 지표 평가·관리 및 행정계획 검토 등 K-SDGs 관리에 필요한 전문성 확보를 위해 전담 기관을 지정할 필요가 있다. 통합적 지표 평가·관리 및 행정계획 검토, 지표 평가 결과 및 현황 관리 DB 구축, 일상적인 지속가능발전교육과 홍보를 위해서는 환경부 산하가 아닌 더 상위의 책임 있는 단위가 책임을 지는 K-SDGs로 거듭나야 할 것이다.

3. 지속가능발전기본법 제정과 과제

새로운 시대의 정부 역할은 전환(transformation)을 주도하는 것인데, 전환의 핵심은 SDGs를 정책에 포함해 주류화(mainstreaming)하는 것이다. 기존의 정책도 공공의 복지를 증진하는 의도로 행해지므로 외형적으로는 SDGs에 이바지하는 정책의 묶음으로 볼 수 있다. 그러나 전환은 기존 정책의 종합을 뛰어넘어 SDGs가 제시하는 지속가능발전을 통합적으로 인식하고 통합적 대책을 각 부처의 수직적 틀에서 입안하고 실시하는 것이다. 이는 기존에는 없었던 2030년까지의 중장기 도전과제의 목표 달성을 위한 정부 구조혁신과 정책기획, 집행구조를 크게 변화시키는 것을 전제로 한다(이창언, 2020d: 2902).

전환의 과정은 장기 비전과 로드맵을 제시하고, 기업과 사회활동의 새로운 틀의 변화를 위한 명확한 정책 시그널(signal)을 제시하는 것이 중요하다. 정부는 변화(transformation)의 선도 과정에서 규칙 메이커, 체인지 메이커(change maker)가 되어야 하는데, 이는 지방정부도 예외는 아니다. 한국 지방 SDGs는 지속협과 지방자치단체의 활동을 통해 상당부분 진척이 되고 있다. 2020년 세계 순위 20위에 선정된 것이 이를 방증한다. 하지만 한국의 지속가능발전 관련 현행법과 제도는 개선되어야 할 부분이 많다.

〈표 13-5〉 법 제정 전 지속가능발전 관련법과 제도의 한계와 개선안

지속가능발전법제도	지속가능발전 기본법안
녹색성장과 위계상에 문제가 있다.	SD와 GG 위계 바꿔야
지속가능발전법에 SDGs가 없다.	K-SDGs까지 포함해야
17개 목표를 환경부에서 관리하게 되어 있다.	범 부처위원회 승격
지방의 이행에 관한 규정이 없다.	지방지원과 이행
협의회에 대한 역할규정이 빠져있다.	위임위탁규정 삭제, 역할규정 표기 * 역할규정안: 지방자치단체의 SD를 시민참여로 추진하기 위해 협의회를 둘 수 있다.

출처: 전국지속가능발전협의회(2020)

한국의 현실은 정부 차원에서의 대응이 만족스럽지 못한 것이 사실이다. "한국의 지속가능발전은 1987년으로부터 33년이 지난 지금도 잘 이행되지 않은 것이 사실이다. 우리나라에서도 지속가능발전기본법, 범부처적인 지속가능발전위원회로의 회복은 현 정부의 국정과제로 추진되었으나 여전히 회복되지 못하고 있다. 그린뉴딜을 추진하면서, 지속가능발전을 위한 비전, 이행전

략, 이행체제의 바탕이 될 법제와 조직, 거버넌스 시스템을 정비하고 있지 못하다(한국지속가능발전학회, 2020: 18)." "지금 범정부적 차원에서 K-SDGs의 이행을 지휘하고, 부처 간 정책조정을 하는 기구가 법적으로 존재하지 않은 것이 현실이다(한국지속가능발전학회, 2020: 29)."[2] 현재 지속가능발전을 둘러싼 이해관계자들의 상황은 기회와 위기를 모두 포함한다. "정치권은 지속가능발전의 가치를 좌우의 잣대로 해석하던 경향에서 인류공영의 발전 전략으로 해석을 확대하고 있다. 이에 반해 중앙정부 국정의 지속가능발전 가치 반영과 확대는 성공적이나 핵심적 전략 부재로 정책의 일관성, 추진체계, 지역화는 답보 상태였다. 다만, 2015년 이후 여러 지방정부의 독자적 활동과 성과는 주목할 만하다. 하지만 국가전략 부재, 행·재정적 권한 제한으로 지방정부의 한계 또한 명확하다. 기업은 전 세계적인 ESG 경영의 붐에 부응해서 새로운 지속가능경영에 대한 인식이 확산하고 있다. 하지만 대기업별 홍보 중심 활동으로 경영 철학 도입은 소극적이고 ESG 경영과 SDGs의 연계도 아직은 미미한 수준이다. 학계와 전문가들은 어려운 연구 환경 속에서도 SD, SDGs에 대한 총론적이고 포괄적인 연구 활동을 전개해 오면서 SDGs 확산에 정당성 확보에 기여했다. 하지만 세부분야 전문적 연구는 부족한 것이 사실이다. 이는 연구자 개인의 문제라기보다는 정책과 예산 지원의 부재에 기인한다. 한편, 지난 20여 년 넘게 SD, SDGs의 현지화 운동을 전개해 온 전국지속협의 활동으로 인해 지역 거버넌스 성과를 축적하고 있다. 하지만 탄소중립시대에 맞는 새로운 활동 전략도 요구된다."

그동안 많은 전문가들이 SDGs 국내 이행을 위해서는 "지속가능발전 국내의 다양한 정책프레임워크 간(지속가능발전, 녹색성장, 창조경제, 사회적 경제, 그린뉴딜 등)의 조화와 정책 일관성 강화, 지속가능발전 관련 법(지속가능발전법, 저탄소녹색성장기본법, 국제개발협력기본법 등)과 제도 및 정책개혁, SDG 국내이행 거버넌스 구축, SDG 지역차원에서의 교육이 강화되어야 한다(이성훈, 2015; 이창언·오유석, 2017: 178)"고 주장해 왔다. "지속가능발전과 녹색성장

2) 이 인용 글은 2020년 11월 25일 발족한 한국지속가능발전학회 창립기념 학술대회 때 양수길 SDSN Korea 회장의 기조 발제 중 일부이다.

관련 제도가 이원화되고 역할 구분도 모호하게 되어 있어 어느 제도도 실질적인 역할을 제대로 하지 못하고 형식화되어 있다"고 평가했던 것이다. 따라서 "상위개념으로서의 지속가능발전과 하위개념으로서의 녹색성장의 관계를 정상적으로 설정하는 방향으로 지속가능발전 계획과 위원회의 위상을 복원하여 더욱 강력하고 실질적인 기능을 수행할 수 있도록 관련법 개정과 제도의 강화(김병완, 2017)"를 요구했다.

한국의 SD(지속가능발전) 주체들은 SDGs 관련 제도의 한계를 혁신하기 위해 다차원적인 교섭을 시도하고 논의 테이블을 만들었다. 2021년 12월 9일 국회는 지속가능발전기본법을 의결(찬성 190, 반대 1, 기권 10)하였다. 이는 기후 위기로 촉발된 경제, 환경, 사회의 지속불가능성을 극복해야 한다는 국민적 염원을 정치권과 정부가 수용하고 합의하여 결실을 맺은 것이다.

제391회 국회(정기회) 제8차 정무위원회(2021. 11. 29.)가 국회법 제51조에 따라 위원회 대안으로 지속가능발전기본법안(대안)을 제안하였다. 정무위원회는 "경제·사회·환경을 포괄하는 "지속가능발전"이 경제·환경만을 포함하는 "녹색성장"에 비해 포괄적인 상위개념인 바, 지속가능발전에 관한 기본법을 제정하여 관련 정부 정책을 체계적으로 추진할 수 있는 기틀을 마련하려는 것"이라고 제안 이유를 밝혔다. 대안의 주요 내용은 다음과 같다.

가. 경제 사회 환경의 균형과 조화를 통하여 지속가능한 경제성장, 포용적 사회 및 기후환경 위기극복 등 지속가능발전을 실현하는 것을 이 법의 목적

으로 함(안 제1조).

나. 지속가능성, 지속가능발전, 지속가능한 경제성장, 포용적 사회 등 6개 용어를 정의함(안 제2조).

다. 각종 정책과 계획 수립 시 경제 사회 환경의 조화로운 발전에 미치는 영향을 종합적으로 고려하도록 하는 등 지속가능발전 추진의 기본 원칙을 규정함(안 제3조).

라. 지속가능발전과 관련하여 안 제3조의 기본 원칙을 따르도록 하는 등 국가 지방자치단체 및 국민 사업자의 책무에 대하여 규정함(안 제4조 제5조).

마. 정부는 지속가능발전 국가전략을, 지방자치단체의 장은 국가 기본전략과 조화를 이루는 지속가능발전 지방 기본전략을 수립 이행하도록 함(안 제7조 제8조).

바. 지속가능발전을 효율적으로 추진하기 위하여 필요한 대통령의 자문에 응하거나 주요 정책을 심의하기 위하여 대통령 소속으로 지속가능발전 국가위원회를 두고, 지방의 지속가능발전을 효율적으로 추진하기 위하여 지방자치단체의 장의 소속으로 지속가능발전 지방위원회를 두도록 함(안 제17조 제20조).

사. K-SDGs의 4개 전략인 번영, 사람, 환경 및 평화 협력에 해당하는 각 국가지속가능발전목표의 내용을 지속가능한 경제성장, 포용적 사회 구현, 생태환경 및 기후 위기 대응, 이해관계자 협력 등의 규정으로 구체화하여 제5장의 시책으로 규정함(안 제23조부터 제26조까지).

아. 지속가능발전 정보의 보급, 교육 홍보, 국민 의견의 수렴, 자료 제출 요구, 국제규범 대응 및 국회 등 보고에 관하여 규정함(안 제27조부터 제32조까지).

지속가능발전기본법 제정은 한국사회 SD(지속가능발전) 실천 주체 간 공동대응과 정부의지, 여야 합의로 이룬 성과이다. 지속가능발전법은 일반법으로 격하된 후 3차례 정권을 거쳐서 비로소 기본법 지위를 회복하고 과거보다 강화된 내용을 포함하게 되었다. 따라서 정부 정책, 시민운동, 기업 경영, 청년

시대정신에 이르기까지 국가 지속가능발전 실행력을 높이고 국제 사회의 신뢰도를 높이는 계기가 될 것으로 기대된다.

지속가능발전기본법은 국정의 비전과 철학으로 지속가능발전을 규정하고 있다. 환경부 산하에 있었던 지속가능발전위원회를 대통령 직속으로 상향 조정하고 지방 지속가능발전위원회의 설치와 활동을 구체적으로 명시하고 있다. 중앙정부(국무조정실)에 추진단의 구성과 지속가능성 평가 보고서 발간(국가, 지방정부), 국가와 지방의 SDGs의 설정과 피드백 체계를 설정하여 정부의 역할과 지방정부 지원 근거를 정리하고 있다. 지속가능발전 교육홍보 확대(인증제도 시행), 지속가능발전 연구센터 지정과 운영 등의 규정을 보완한 점도 높이 평가할 수 있다. 이런 점에서 볼 때 지속가능발전기본법은 국가 지속가능발전목표 수립과 이행과정에 거버넌스를 통한 국민의 참여를 명문화하고 숙의 공론을 법안에 포함한 것은 성숙한 민주주의로 가는 진전이라 할 수 있다.

지속가능발전기본법 제정의 의미를 요약하면 첫째, 대한민국 정부의 철학과 지향점을 기본법으로 규정했다는 점, 둘째, 지속가능발전의 주류화와 현지화의 계기와 기회를 마련했다는 점, 셋째, 지속가능발전을 위해 노력해 온 선도 도시들의 시정철학의 우수성이 입증되었다는 점 등을 들 수 있다. 하지만 법 제정 이후 형식적 정책화, SDGs 워싱 등의 우려도 있다. 따라서 정부 이행력 강화, 실질적 거버넌스 구축, 대국민 교육 홍보 등을 통해 지속가능발전의 확산을 모색해야 한다.

〈표 13-6〉 지속가능발전기본법 제정 이후 과제

과제	필요성과 사례	근거 법안
1. 대통령 직속 지속가능발전 국가위원회를 설치한다. 1) 새 정부 출범 즉시, 범정부 차원의 '대한민국 SDGs 추진단'을 구성한다.	- SDGs 추진단은 2030년까지 SDGs 목표 달성을 위해 소요될 예산을 산정하고 제도를 정비한다. 또한 지속가능발전 국가위원회의 활동을 지원한다. - SDGs의 주류화(mainstream-ing)는 정부의 계획이나 전략, 방침, 개별 시책의 책정과 개정,	**공무원 파견** 범정부 차원의 SDGs 추진단 구성과 관련 인력 지원은 제21조(공무원 또는 임직원의 파견요청 등)에 명시

과제	필요성과 사례	근거 법안
2) 정당과 정파를 초월해 다양한 이해관계자와 전문가가 참여하는 대통령 직속 지속가능발전 국가위원회를 발족한다. 3) 대통령 직속 지속가능발전 국가위원회는 정부 각 부서와 협력하여 지속가능발전 관련 추진 상황과 정보, 실행지침과 계획을 공유하는 온라인 'Korea SDGs Action Platform'을 구축한다.	실시에 있어서 SDGs 달성을 향한 공헌이라는 과정의 도입과 반영이 중요하다. 또한 공정한 추진기구의 구성, 인재를 선발하는 것이다(이창언, 2020d: 2902). SDGs는 국정과 시정 운영, 기업 운영의 자립력을 높이는 공통 언어이자 수단으로써 주목받고 있다. 국가위원회는 SDGs의 주류화를 목적으로 활동을 전개한다. 이를 위해 정부의 각 부처는 다양한 이해관계자들을 참여시키고, 국정계획이나 전략, 개별 시책의 책정과 실행에 있어서 SDGs의 요소를 최대한 반영하며, 정부의 제도개혁, 적절한 재원확보, 홍보·지표 개발 활동을 수행한다(이창언, 2020e).	되어 있다. **국가위원회 설치** 지속가능발전기본법 제 17조(지속가능발전 국가위원회의 설치), 제18조(국가위원회의 구성 등), 제19조(국가위원회의 기능) 등에 대해 명시하고 있다.
2. 지속가능발전 국가기본전략을 수립하고 이행한다. 1) 정부와 대통령 직속 지속가능발전 국가위원회는 국가지속가능발전목표와 추진 전략을 수립한다. 2) 정부와 대통령 직속 지속가능발전 국가위원회는 대한민국 'SDGs 실행지침'과 'SDGs 행동계획'을 수립하고 평가와 피드백을 수행한다.	- 정부와 대통령 직속 지속가능발전 국가위원회는 매년 대한민국 국가지속가능발전 지표 개발, 대한민국의 정부시책과 SDGs 연계, 범정부 차원의 SDGs 이행과 실천 상황점검과 확인, 실시지침과 행동계획을 책정, 데이터의 수집과 분석, 국제적 논의 공유, 국내 실행체계 정비, 지속가능성 평가·보고 등을 수행한다. 또한, 2년마다 유엔차원의 자발적 국가 보고(VNR) 적극 참여한다. - '대한민국 SDGs 실시지침'은 SDGs를 달성하기 위한 국가전략이다. 이는 일본의 사례를 참고하였다. 일본은 SDGs 추진본부(2016년 5월) 발족 후 SDGs 실시지침(2016년 12월)을 발표	**국가기본전략** 지속가능발전 기본법안 제7조(지속가능발전 국가기본전략) ①, ②, ③항은 우리 정부가 20년을 단위로 하는 지속가능발전 국가기본전략(이하 "국가기본전략"이라 한다)을 수립 이행 의무와 국가기본전략의 구체적인 사항이 명시되어 있다.

과제	필요성과 사례	근거 법안
3) 국가지속가능발전연구센터-연구소를 지정 운영한다. 4) 국제기준에 부합한 지표 관리를 통해 SDGs 국가지속가능성 순위를 관리하고 향상시킨다.	하고 2017년 12월부터 액션플랜을 정기적으로 책정해왔다. SDGs 액션 플랜은 6개월마다 재검토되고 확대판으로 발표되었다. 따라서 2017년 12월 초판 'SDGs 액션플랜 2018'이 공표된 후 네 차례 개정되었다(외무성, 2020). SDGs 실시지침은 2019년 12월 'SDGs 실시지침 개정판(이하 개정판)'으로 바뀌었다(이창언, 2020d: 2909). 국제 공헌과 국내 정책과제를 담은 일본 정부의 중장기 전략인 'SDGs 액션 플랜 2020'은 SDGs 17개 목표와 169개 세부 목표를 반영하고 있다. SDGs 실시지침 개정판에는 SDGs의 달성을 위해 8대 우선 과제가 제시되어 있다. 일본 SDGs 모델을 추진하는 'SDGs 액션플랜 2020'은 세 개의 기둥으로 이루어졌다. 그것은 ① SDGs와 함께하는 Society 5.0의 추진, ② SDGs를 원동력으로 하는 지역 창생, 강인하고 친환경적이고 매력적인 마을 만들기, ③ SDGs를 통한 차세대·여성의 역량 강화이다(田中治彦, 2019: 19; 이창언, 2020d: 2911). - 지속가능발전에 관한 지식·정보의 원활한 보급 등을 위하여 지속가능발전정보망을 구축, 운영한다(지속가능발전기본법 제27조 ④, ⑤항). 국가지속가능발전연구센터는 위에서 언급한 대통령 직속 지속가능발전 국가	**국가지속가능발전연구센터 설치** 지속가능발전기본법 제6장 보칙 중 제27조(지속가능발전 정보의 보급 등) ④항, ⑤ 등에 명시되어 있다. **숙의 공론장(의견 수렴) 제29조 참조**

과제	필요성과 사례	근거 법안
	위원회의 활동을 지원하고 다양한 이해관계자들을 위한 교육과 홍보활동을 지원한다. 그리고 숙의공론화장(제29조)을 마련할 수 있다. - SDGs 성취도는 지속가능발전해법네트워크(SDSN, Sustainable Development Solutions Network)와 베텔스만 재단(Bertelsmann Stiftung)이 매년 작성하고 있다. 〈지속가능발전보고서(Sustainable Development Report)〉는 매년 SDGs의 국가별 순위를 발표한다. 대한민국은 2020년 20위, 2021년 28위에 머물렀다(이창언, 2020b).	
3. 지속가능발전 지방기본전략수립과 협치를 강화한다. 1) 지속가능발전 지방위원회의를 구성한다. 2) 중앙정부, 국가위원회, 지방위원회는 전국지속가능발전협의회와 함께 지속가능발전대회를 공동으로 개최한다. 3) 지방소멸에 대응하기 위한 '대한민국 SDGs 선도도시' 선정과 '지자체 SDGs 모델사업'을 지원한다.	- 지방의 지속가능발전을 효율적으로 추진하기 위하여 지방자치단체의 장의 소속으로 지속가능발전 지방위원회를 두어야 한다. 지방위원회는 지방기본전략, 추진계획의 수립·변경, 추진계획의 협의·조정, 지방추진계획의 추진상황 점검 등을 다루며, 지속가능발전 관련 정책의견, 조례 또는 행정계획을 검토한다. 그리고 지방 지속가능발전 지표의 개발 보급 및 지방 지속가능성 평가, 지속가능 지방보고서의 작성 및 공표, 이해관계자 협력과 교육·홍보, 지역의 사회갈등 조정 및 협치 등에 관한 사항을 심의한다. 그리고 국가 위원회와 협력을 수행해야 한다.	**국가기본전략** 제8조(지속가능발전 지방기본전략 ①항 지방자치단체의 장은 국가기본전략과 조화를 이루며 그 지방의 지속가능발전을 위하여 20년을 단위로 하는 지속가능발전 지방기본전략(이하 "지방기본전략"이라 한다)을 수립하고 이행하여야 한다. ④ 지방자치단체의 장은 지방기본전략을 수립하

과제	필요성과 사례	근거 법안
4) 지방 상생 SDGs-ESG 금융을 지원한다. 5) 지방지속가능발전연구센터-연구소를 설치 운영한다. 6) STI for SDGs(SDGs 달성을 위한 과학 기술 혁신)를 통해 지방대학과 지방도시, 기업의 연계를 지원한다. 7) 지방대학 ESD(지속가능발전교육), ESDGs(지속가능발전목표 교육)를 지원한다. 8) 지방 중소기업 ESG 경영을 지원한다.	- SDGs 달성을 위해 노력하는 기업·단체·개인 등을 표창하는 SDGs 경진대회를 제도화한다. 한국 SDGs 어워드라 할 수 있는 지속가능발전경진대회는 한국의 기업, NPO·NGO, 지방 자치단체, 교육기관, 각종 단체 등이 대상이 된다. 이 대회는 국가위원회와 전국 지속협, 지방 지속협이 주도하여 매년 개최한다. - 지방소멸이 현실화되고 있다. 따라서 SDGs를 원동력으로 하는 지방도시의 상생, 강인하고 친환경적이고 매력적인 마을 만들기는 대단히 중요한 과제이다. 모범사례 발굴과 적절한 인센티브 제도의 도입을 통해 지방에 활력을 불어넣어야 한다. - 새로운 시책인 '지방 상생 SDGs 금융'은 SDGs에 임하는 지역 기업과 지역 금융 기관을 지자체가 연결, 지역 자금의 환류와 재투자 창출을 목표로 한다. 일본의 '지역창생 SDGs 금융'은 2020년도에 일부 지자체에서 시범적으로 운영하다가 전국으로 확산하는 계획을 수립했다. '지역 창생 SDGs 금융'은 지역 기업에 대한 등록·인증제도, 지역 금융 기관 등에 대한 표창 제도, 다양한 이해관계자의 사업 활동에 대한 평가 방법을 제공하고 있다(이창언, 2020e). - 지방지속가능발전연구센터 운영은 국가지속가능발전연구센터를 참고하라.	거나 변경하려는 때에는 제20조에 따른 지속가능발전 지방위원회(이하 "지방위원회"라 한다)의 심의를 거쳐야 한다. 그 외 제9조 ④항, 제10조 ①~③항, 제11조 ③~④항, 제12조 ②~⑧항 등 참조. **지방 지속위 구성** 지속가능발전지방위원회 구성은 제20조(지속가능발전 지방위원회의 구성 등)에 명시되어 있다. 이를 꼭 참조하라. **ESG 경영** SDGs 금융과 관련해서는 지속가능발전 기본법 제5장 지속가능발전 시책 제23조(지속가능한 경제성장)를 참고하라. 특히 제23조 ⑤항에는 금융제도의 개편과 운영에 대해 명시하고 있다.

과제	필요성과 사례	근거 법안
	– 과학기술 분야의 'SDGs 달성을 위한 과학기술혁신(STI for SDGs)'은 SDGs 달성에 공헌하는 과학기술 혁신의 국내외 지원 관련 로드맵을 보여준다. 'STI for SDGs'는 중소기업이 ESG 투자나 SDGs 이행에 쉽게 대처할 수 있도록 관련 단체·지역 금융기관과의 제휴 강화를 목표로 한다. 일례로 SDGs 추진본부가 마련한 SDGs 경영 가이드, TCFD(기후 관련 재무 정보 공개 태스크 포스)에 관한 지침 등 각 기업에 SDGs 대처 촉진, ESG(사회적 책임 투자)를 통해 제4차 산업혁명 시대에 조응하는 초 스마트 사회 실현을 모색한다. 그리고 SDGs의 침투가 어려운 중소기업의 SDGs 노력을 강화하기 위해 금융 기관과 지역사회의 연계 강화, 국제적인 규칙을 만들기 위한 민관협력 강화를 지원한다. 이러한 SDGs 추진과 ESG 투자 유치는 사회 문제의 해결과 경제성장이 양립하는 미래 사회를 지향한다(이창언, 2020a).	

출처: 저자 재구성(2022)

지속가능발전기본법 제정은 한국 SDGs 활성화에 전환점이 될 수 있다. 이를 위해서는 지속가능발전(SD) 관련 제 단체들의 전략적인 활동이 전제되어야 한다. 그것은 17개 SDGs 목표별 연계 공약 제시, 국가지속가능발전목표 국가전략화, 국제협력기구 민간 개방과 지원방안 마련, 국가지속가능발전연구센터·연구소 설치, 국민 삶의 질이 높은 지속가능한 도시조성, 지방 ESG 경영의 확산 지원 등이 실현될 수 있도록 하는 것이다. 이를 더 구체적으로 제시하면 다음과 같다.

- 유엔과 국가 '지속가능발전목표(이하 SDGs)' 17개 항목별 핵심 정책, 성과 목표치의 제시
- '대통령 직속 국가지속가능발전위원회'의 설치와 위원회 내 청년세대와 지방정부의 참여 보장
- 유엔 국가지속가능성 순위 관리
- 국가, 지방 '지속가능발전연구센터' 설립과 운영
- 민·관 협력에 기반한 국가, 지속가능발전 기본전략 수립
- 체계적인 지속가능성 평가와 평가 과정의 투명한 공개
- 'SDGs 시범도시' 선정과 지방 SDGs 달성을 위한 국비 지원
- 지속가능발전, 거버넌스 관련 유엔 국제협력 확대를 위한 관련 정부산하기구의 민간 개방, 참여, 지원방안 마련

SDGs의 주류화, 현지화를 위한 전략의 실행은 민간영역의 유기적인 협력체계를 구축하고 중앙-지방정부와의 일상적 협력 창구를 구축할 때 성과를 낼 수 있을 것이다. 지속가능발전기본법 제정 이후 SDGs 이행과 실천을 한 단계 도약하기 위해서는 대통령선거(2022년 3월), 지방선거(2022년 6월), 기본법 시행령 제정(2022년 7월)이라는 정치일정, 국회 일정을 잘 활용하는 것 외에 지역운동의 고도화도 필요하다. 지역운동의 고도화를 위해서는 지속가능발전협의회에 대한 지방정부의 지원 강화, 지속협과 지속위원회의 운영 혁신과 협동의 강화, 지역 차원의 숙의 공론제도 정착과 활성화, 광역과 기초 지자체 SDGs 추진체계 구축과 유엔에 VLR(자발적 지역보고)의 정착과 SDGs 도시 국제 교류가 활성화되어야 한다. 덧붙여 지역차원에서 노동조합, 농민, 도시빈민, 청년과 여성의 SDGs 이행·실천 과정 참여 확대를 지원해야 한다.

4. 지방자치단체 SDGs 이행·실천의 추진력과 시사점

1) 도시 SDGs의 현지화

SDGs는 다부문적 접근법과 다부문적 협력이 핵심 요소로서 글로벌, 국가, 도시 수준에서 동일한 역학관계가 작용한다. 하지만 17개 목표에 대한 보편적 정의를 가진 SDGs의 틀은 구체적인 상황과 요구에 부합하게 조정되어 시민 삶의 변화와 함께 실질적인 지역사회의 이익을 창출한다. 지속가능발전을 위한 도구(tool)는 정치, 제도, 경제, 문화 등 한 사회의 특성이 국가 간, 국가 내 지방자치단체 간, 지방자치단체 내부의 이질적이고 복잡한 환경을 고려하여 적용되고 활용될 때 의미를 가진다. SDGs를 지역에 적용하기 위한 가장 적절한 도구와 전략은 '2030 의제'의 설계, 실행, 피드백·평가 및 성공 스토리(story) 구성과 밀접한 관계가 있다(이창언, 2020c: 1733).

'SDGs 이행·실천'은 'SDGs 달성을 위한 2030 의제의 이행'의 의미로 해석하고 사용된다. 'SDGs 이행 전략'은 지속가능성을 진척하는 혁신적인 활동을 집합적으로 개발하고 이행하는 방책으로 정의된다. 우리 삶과 분리되지 않는 도시 SDGs의 실천, 그리고 긍정적 결과를 살펴보는 것은 총체적 도시전략의 특징과 가능성을 검토하는 작업이다(이창언, 2020c: 1734).

왜 지자체, 도시에 SDGs를 도입해야 하는가? 그것은 저출생, 고령화, 인구 감소 등 많은 과제를 지자체가 안고 있기 때문이다. 이를 극복하기 위해 새로운 전략이 요구되고 있으며, 이를 위한 수단으로써 SDGs는 효과적이다. SDGs는 과제 해결뿐 아니라 과제 발굴 수단으로써도 활용할 수 있기 때문이다(村上 周三, 2019: 7).

지자체 SDGs를 실현하기 위해서는 공무원과 지역사회 구성원들이 SDGs에 대한 인식 수준을 높이고 단계별 과제를 잘 이해할 때 그 효과는 배가될 수 있다. 〈표 13-7〉은 지자체 SDGs 실행을 위한 5개 주요 단계와 핵심적 대응 내용을 설정하였고, 각 단계별로 그 대응 내용이 기술되어 있다. 그 단계별 과제에 대한 달성 여부를 판단하고, 대응 분야별 달성도를 점수화할 수 있는 평가기준표(rubric)로 활용할 수 있다.

〈표 13-7〉 지자체 SDGs 추진모델(rubric)

단계 구분		단계별 과제
1단계	SDGs 이해	① 지자체 담당 공직자·지자체 내 공직자 이해의 확대 ② 지역 사업자·기관과 단체 이해의 확산 ③ 전 지자체 차원의 이해 확대 ④ 주민 이해의 확산 ⑤ 지자체 업무에 활용
2단계	대응 체계	① 소관 업무의 일부로 추진 ② 횡단조직 등을 설치 ③ 지역의 사업자·단체에 의한 추진 ④ 전담부서 설치 ⑤ 지역 이해관계자와 추진체제 정비
3단계	목표와 지표의 설정	① 선언 및 비전 설정 ② 17개 목표의 대응 관계 정리 ③ 169개 세부목표·230여 개 지표와의 대응 관계 정리 ④ 정부의 현지 지표 리스트 활용 ⑤ 독자 지역 지표 설정
4단계	행동계획	① 종합전략·종합계획 등에 언급하는 ② 종합계획 중 17개 목표와의 관계를 정리 ③ 독자적인 액션 프로그램 수립 및 예정 ④ 시범사업 추진 ⑤ SDGs의 관점에서 누락 체크 등의 분석을 실시
5단계	후속 작업	① 평가·후속 조치 구조·체제를 검토 ② 지표를 이용한 달성 상황 내부 평가 ③ 외부 의견 반영, 외부 평가 ④ 지속적 관리를 위한 구조·시스템 구축 ⑤ 후속 조치

출처: 公益財団法人 東京市町村自治調査会(2021: 109)

지자체 SDGs는 대체로 두 가지 차원에서 이루어진다. 첫째, 의무적·포괄적 도입이다. 이는 국가의 방침에 따라 지자체 행정의 임무로서 추진하는

SDGs를 의미한다. 둘째, 자주적·선택적 도입이다. 지자체의 자주적인 요구와 도시전략으로 추진하는 SDGs로서 성공 확률이 높다.

〈그림 13-4〉 지자체(행정) SDGs 대처 관리

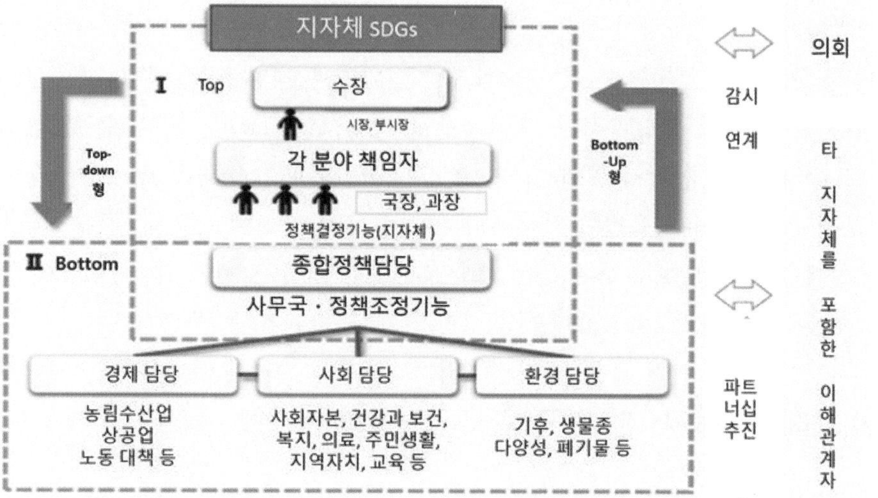

출처: 村上 周三(2019: 10); 저자 재구성

지자체 SDGs 추진 과정에서 지자체가 가장 역점에 두어야 할 지점은 SDGs를 추동할 수 있는 조직을 발족시키고 대내외에 가시화하는 것이다. 다양한 이해관계자와의 연계를 촉진하기 위해서는 외부로부터도 알기 쉬운 추진조직의 정비가 중요하다. 조직을 운영할 때는 지자체 내의 시책 실행부서에서 SDGs에 대한 참가 의식을 높이고 시민을 비롯한 다양한 이해관계자의 교류를 긴밀하게 하는 것, 외부 인재영입, 이해관계자들의 의견 수렴 등이 중요한 요소로 거론된다.

도시 혁신을 위한 SDGs 17개 목표는 모두 중요하지만 실질적인 이행계획을 고도화하기 위해서는 'SDGs의 현지화 전략'에 따라 재구성된다. SDGs의 현지화는 목표의 설정부터 구현, 모니터링 및 보고에 이르는 모든 글로벌 어젠다에서 각 국가와 도시의 독특한 맥락, 자원, 도전, 기회를 고려한 기획과 실행으로 정의된다(SDSN, 2016). 지속가능발전의 현지화란 SDGs 설정에서 이행 수단을 결정하고, SDGs 진행 상황을 측정하고 검토하기 위한 지표를 사용하지만 국가의 영토와 그 구성원의 필요와 자원을 지속가능발전 이행에 중심을 둔다(이창언, 2020c: 1734). 현지화는 글로벌 의제를 그래도 적용하는 것이 아니라 지역의 특성, 맥락, 기회, 우선순위 및 아이디어를 활용하는 것에 기반을 둔 정치적 과정이다. 도시 SDGs 이행·실천은 시민 참여의 강도·범위·역량으로 표현되는 지역 지속가능발전 역량과 지방분권을 강화하는 과정이다. 여기서 협력적 거버넌스(collaborative governance)는 SDGs는 성공 요소로 작용한다. 협력적 거버넌스는 조직간 협력(collaboration between organizations)으로써 자율적인 행위자와 조직들 사이의 상호작용을 통해 기존의 조직적 경계와 정책을 초월하여 새로운 공공가치를 창조한다(은재호·오수길, 2009; 신기동 외, 2018: 8 재인용).

2) 사례를 통해서 본 한국 도시 SDGs의 현지화

한국에서도 SDGs 프레임워크와 Urban SDG를 활용해 도시 수준에서 효과적인 접근법을 모색하고 모범을 창출하는 도시가 있다. 인구 17만의 작은 도시인 충청남도 당진시는 지역 발전을 위한 성찰과 혁신을 모색하면서 2017년 '함께 만들어 가는 미래, 지속가능한 당진'을 목표로 '2035 당진시 지속가능발전 기본계획'을 마련했다. 당진시는 SDGs와 직접 연동해 17개의 도시 SDGs 체계를 구성했으며 지방자치단체가 추진하는 모든 사업에 최상위 계획인 이 기본계획을 실행하기 위해 전담부서(지속가능발전담당관실)를 신설해 행정력을 집중하고 있다. 17개 목표 체계로 구성된 당진형 지속가능발전 전략은 중점과제(108개), 단위사업(112개), 성과평가 지표(124개)로 구조화된 이행계획도 포함하고 있다. 기본계획의 체계적인 실행력 확보와 이행 모니터링이 가능하도록 업무 프로세스도 구축하였다(이창언, 2020c: 1732).

당진시는 협치를 제도화하여 시민과 행정의 다양한 의견을 조정·반영하고 있다. 당진시는 지역의 중장기 지속가능발전 추진 성과와 시민의 삶의 질을 포괄적으로 진단하고 그 결과를 정책에 피드백 할 수 있도록 사회복지 비율과 아동 환경성 질환 유병률, 하천 오염도, 신재생에너지 생산량, 소득 역외 유출도, 미세먼지 기준 초과 일수, 참여예산 비율 등 지속가능발전 지표를 설정하고 시민사회와 함께 주기적인 평가를 통해 지역의 지속가능성 수준을 진단할 수 있도록 했다(편집부, 2019: 49). 당진시의 SDGs 이행체계 구축 현황, 지역사회의 다양한 행위자의 참여와 자원 발굴, SDGs 의제설정 과정에 주민참여 방식과 민주적 회의 및 의사결정구조 구축, SDGs 추진과정의 평가지표 운용은 Urban SDG의 보편성과 'SDGs의 현지화(Localizing the SDGs)' 전략을 잘 보여준다(이창언, 2020c: 1732).

당진시는 면적 704㎢(충청남도 8,630㎢의 8.1%, 대한민국 99,720㎢의 0.7%), 인구 167,042명(남 88,299/여 78,743 명)의 작은 도시다. 2000년 이후 서해안 고속도로 개통, 당진항 개발과 산업단지 조성 등으로 철강, 화력 등 1,000여 개 기업이 입주하는 급격한 도시화를 경험했다(당진시 2020b: 10). "고도의 압축성장의 과정에서 환경 오염, 도농 간 불균형, 정주 여건 악화 등 시민 삶의 질 저하와 사회적 불평등, 공동체 파괴 등 지속가능성의 위험요소가 증가했다. 그 결과 지역의 복잡 다양한 현안 문제를 해결하기 위해 사회, 경제, 환경

〈그림 13-5〉 당진시 SDGs 추진 배경

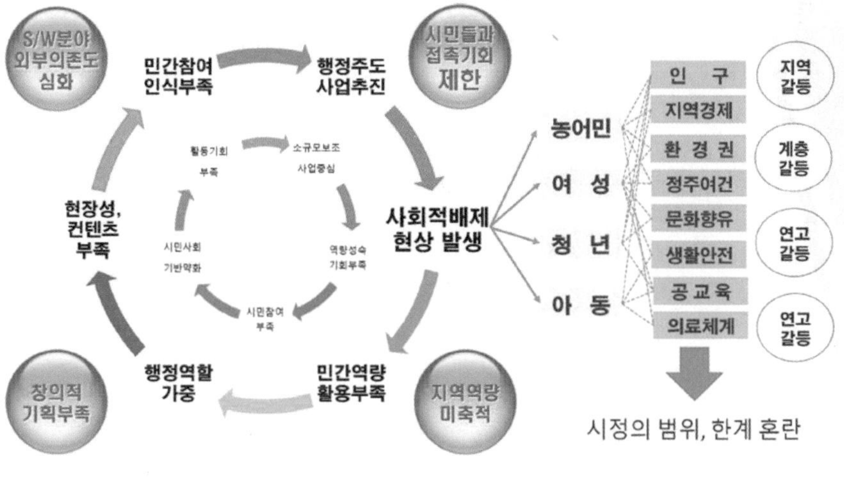

출처: 이창언(2020b: 1736)

의 조화와 균형을 추구하는 '지속가능발전'으로 정책 패러다임을 전환함과 동시에 시민의 소통과 참여에 기반한 '성숙한 거버넌스'의 필요성이 대두되었다."[3](이창언, 2020c: 1735).

당진시의 SDGs 이행·실천체계 구축은 민선 6기 당진형 거버넌스 주민자치의 도입과 함께 시작되었다. 2014년 민선 6기 집행부는 '당진형 주민자치'의 실행을 통해 실질적인 자치분권 실현, 시민 거버넌스 운영 체계 마련을 통해 도농복합도시의 자치분권 모델 구축을 표방하였다. 2015년에는 '당진시 지속가능발전협의회 설치·운영조례'를 제정하고 2016년에는 지속가능발전 지역 여건 분석을 수행하였다. 2017년에는 17개 목표, 57개 전략, 88개 지표를 담은 당진시 지속가능발전 기본계획을 수립하였다. 2018년에는 민선 7기 집행부가 '지속가능발전'을 시정 최상위 가치로 선언하며 지속가능발전 이행체계를 본격적으로 가동하였다. 2019년에는 '2019년 지속가능발전 이행계획 고도화 연구 보고회'를 개최하였다. 2020년 현재, 당진시는 "전국 단위 지속가능발전 전문 교육 프로그램 제공과 활동가들의 소통 및 정보 교류의 장으로 활용하기 위한 지속가능발전 연수원 설립과 지속가능발전에 대한 체계적인 연구가 가능하도록 학계와 전문가 그룹에게 '지속가능발전 학회' 설립을 제안한 상태다."[4](이창언, 2020c: 1736-1737).

〈표 13-8〉 당진시 SDGs 연도별 추진 과정과 내용

년도	구분	추진내용
2015	지속가능발전 거버넌스 발족/활성화 지원	• 당진시 지속가능발전협의회(이하 당진 지속협) 설치·운영조례 제정 • 당진시 지속가능발전협의회 발족 및 1기 위원 구성(5개 분과 110명) • 분과별 지속가능발전 의제 발굴 등 운영 활성화

3) 당진시 지속가능발전 담당관실 공무원, 지속가능발전협의회 사무국 인터뷰(2020. 3. 10.)

4) 당진시 지속가능발전 전문가 워크숍과 시장 면담(2020. 5. 1.)

년도	구분	추진내용
2016	지속가능발전 지역 여건 분석	• 지속가능발전 로드맵 – 추진 기반 및 체계 마련, 추진 체계 운영 • 지속가능발전 제도 구축 – 전담조직 구성, 거버넌스 활성화 방안, 기본조례 제정 여건 마련 등 • 당진시 지속가능발전협의회 역할 수립(주민자치위와 연계 노력, 시의회 공조 유지 등) • 지속가능발전 추진 역량 강화 교육(공무원, 시민, 기업체 대상)
2017	당진시 지속가능발전 기본계획수립	• 유엔지속가능발전목표(SDGs)와 직접 연계한 17개 지속가능발전목표 수립 • 당진시 지속가능발전 비전 선포식(당진시, 시의회, 당진지속협) • 지속가능발전 이행계획 수립
2018	지속가능발전 이행체계 본격 가동	• 전담조직 구성(기획예산담당관 지속가능발전팀), 협력사업 추진 • 지속가능발전 지표 중장기 목표 설정(가이드라인 완료, 부서 목표 완료, 거버넌스 목표 10월 완료) • 지속가능발전 역량 강화 교육(지역전문가 양성교육 완료, 공무원교육 시행 중) • 시정 업무계획과 연계 추진(2019년도 시책구상 및 주요업무계획 대상)
2019	지속가능발전 이행체계 고도화 추진	• 지속가능발전 이행 전담조직 구성(2019년도 지속가능발전담당관 신설) • 지속가능발전 간부공무원 평가시행 • 지속가능발전 이행계획 고도화 추진 – 54개 부서별 108개 중점과제, 112개 단위 사업, 124개 성과평가 지표 작성

출처: 당진시(2019a: 94), 이창언(2020b: 1737) 재구성

당진시는 '지속가능발전'을 '협력적 거버넌스에 기반을 둔 지방분권, 주민자치운동인 동시에 도시의 의미를 복원하는 운동'으로 정의한다. 그리고 지속가능한 도시를 위해 고려해야 할 사항을 '상호 협력적 관계를 유지하는 주체별 역할 정립'으로 설정한다(당진시, 2019a: 10). 이런 정의에 입각하여 당진시 SDGs는 핵심적인 정책과제를 '인간 중심적 발전(People-Centered Development)'[5]에 기반을 둔 '사람중심, 시민행복, 소통과 참여, 책임과 신뢰'라는 4대 시정원칙과 '2020 지속가능발전핵심의제(15개)'를 선포한다. 당진시 '지속가능발전핵심의제'는 정책 제시형, 사회적 합의형, 시민 실천형, 협치형으로 분류된다.

〈표 13-9〉 2020 지속가능발전핵심 의제 유형 분류

<table>
<tr><th colspan="2">정책 제시형</th><th colspan="2">사회적 합의형</th></tr>
<tr><td>시민이 365일 문화 활동이 가능한 도시를 만들겠습니다. 〈시민들이 30분 이내 도착해서 60분 이상의 문화 활동이 가능한 5개소 이상의 프로그램 거점 구축〉</td><td>G4</td><td>시민이 주도하는 민주시민교육 체계를 구축하겠습니다. 〈시민들이 공동체의 자산이 되는 사람 키우기 전략추진〉</td><td>G4</td></tr>
<tr><td>여성의 삶을 고려한 괜찮은 시간 선택적 일거리 기반을 만들겠습니다.</td><td>G5</td><td>지역공동체와 학교가 함께 혁신적인 교육생태계를 조성하겠습니다. 〈민·관·학이 참여하는 당진형 교육 거버넌스 구축〉</td><td>G4</td></tr>
<tr><td rowspan="2">시민과 함께 신성장 동력을 창출해가겠습니다.</td><td rowspan="2">G9</td><td>소아 전문 의료기관 설치 및 응급의료체계를 개선 하겠습니다</td><td>G3</td></tr>
<tr><td>축산악취 청정화로 쾌적한 정주여건을 조성하겠습니다. 〈주민과 함께 축산악취 개선방안 마련〉</td><td>G11</td></tr>
</table>

5) 인간 중심적 접근은 정의롭고, 살기좋고, 포용적인 공동체의 건설과 빈곤 해결을 위한 더 가치 있는 솔루션을 만들기 위한 전략이자 일련의 과정과 방법들이다. 이것은 삶을 위한 자연지원시스템(the natural support systems)을 보호하는 '모두를 위한 포용적인 발전' 과정과 양식의 추구를 지향한다는 점에서 생태주의와 대립하지 않는다. SDGs는 효율과 만족의 극대화가 아닌 생태계와 사회 전체의 균형과 지속가능성에 더 큰 비중을 둔다. 인간 중심적 접근은 사회구조 속에 다양성이 촘촘히 짜여있고 유형과 무형의 문화적 유산과 활동들이 중요한 자산으로 여겨지는, 사람중심의 안전하고 문화적으로 융성한 공동체를 만들고 유지하는 것이다(ICLEI, 2018: 29).

정책 제시형		사회적 합의형	
소비자 중심의 안전먹거리 공급체계를 구축하겠습니다. 〈농산물 유통구조 개선으로 안전먹거리 확대〉	G2	당진시를 살고 싶은 도시, 오고 싶은 도시로 만들겠습니다. 〈인구 5대 의제 추진, 저출산 대응〉	G11
시민 실천형		**협치형**	
건전한 소비문화 정착으로 물가를 안정시키겠습니다. 〈시민 참여형 소비자운동 활성화, 공정한 경제기반 구축〉	G12	시민, 행정, 기업이 함께 신 · 재생에너지 전환을 이루어내겠습니다. 〈시민교육을 통한 이해 확대, 새로운 경제규모 산출〉	G7
기후 위기 대응을 위해 온실가스, 미세먼지를 저감시키겠습니다. 〈기후 위기 대응계획 수립, 주체별 실천방안 마련〉	G13	시민 참여 형으로 시민이 공감하는 도로망을 구축하겠습니다. 〈교통혼잡 해소, 교통사고 저감, 국가계획 반영〉	G11
시민의 안전이 최우선인 교통안전도시를 만들겠습니다. 〈교통안전 취약 지점 개선, 시민참여와 역할 확대〉	G11	지역사회 이해증진과 협력체계 구축으로 자살률 제로화 노력하겠습니다. 〈생명존중협의체 운영, 모든 지역사회 구성원의 참여〉	G10

출처: 이창언(2020b: 1738) 재구성

당진시는 SDGs 이행과 실천의 글로벌적 보편성은 '2020 지속가능발전핵심의제'뿐 아니라 중점과제에도 잘 드러나 있다. 당진시 중점과제는 유엔 SDGs의 글로벌 지표(Indicators)와 방법론을 탐구하고 국가, 도시 단위의 다양한 지표와 데이터를 수집하고 데이터베이스를 구축하여 작성되었다. 당진시의 지표 작성은 적합성, 측정 가능성, 측정비용, 적용 가능성, 이해관계자와 최종사용자 지향성이라는 유엔 지표 작성의 원칙을 지역적으로 재구성하여 설정되었다. 또한 행정 부서의 체계적인 SDGs 이행과 실천, 모니터링과 평가를 위해 부서별 지속가능발전 중점과제 사업 개요서와 중점과제 지표 정의서 작성을 표준화하였다. 당진시 주요과제 지표 정리는 SDGs의 보편적 적용과 창조적 현지화라는 차원에서 의미가 있다. 당진시의 지표 작성은 중점과제와 연계된 기존 성과지표 재점검(산출 결과지표 위주로 작성), SDGs 목표 연계표시, 가시적 성과(3년 정책효과), 기존지표 고도화(투입지표보다는 결과 지표로 변환), 시민체감형 지표, 행정 수용성 등을 고려하여 지역의 실정에 걸맞게 재구성하였다. 그리고 농업, 건강한 삶 보장, 도시 공간, 협치를 위한 행정혁신, 주민참여와 마을자치, 시민성 강화 등의 목표에 해당되는 분야별, 주체별 연계성이 중요한 중점과제가 작성되었다(이창언, 2020c: 1738-1739).

〈표 13-10〉 당진시 중점과제와 지표 선정 기준

구분	선정기준
중점과제 공통원칙	• 지속가능성 체크리스트에 부합하는 것을 중점과제로 선정 • 지속가능발전에 부합하지 않는 것은 정리(삭제/변경)
중점과제 과제정리	• 국정과제, 도정계획, 공약사항 연계측면 검토 • 혁신 의제(트렌드 반영) • 지역현안 사항 • 40개 과소, 읍면동 14개(지역공동체 활성화, 주민자치, 마을의제, 자치공동체 주제) • 각 부서(과)의 특성에 따라 선정할 수 있는 사업 • 여러 과제를 융합하여 새로운 중점과제로 작성 • 신규사업: 민·관·산·학이 함께 할 수 있는 사업 • 지속가능발전 선도정책으로 가시적 성과도출 가능한 과제 추가
지표 작성 원칙	• 적합성, 측정 가능성, 측정비용, 적용 가능성 등 • 이해관계자와 최종사용자 지향성
지표정리	• 중점과제와 연계된 기존 성과지표 재점검(산출 결과지표 위주로 작성) • SDGs 목표 연계 표시 • 가시적 성과(3년 정책효과) • 기존지표 고도화(투입지표보다는 결과지표로 변환) • 시민체감형 지표 • 행정 수용성 등 고려

출처: 당진시(2019a: 94; 이창언 2020b: 1739)

당진시의 108개 중점과제는 주민참여와 거버넌스에 해당되는 17번 목표에 연계된 중점과제가 33개로 가장 많다. 목표별 중점과제의 분포를 보면 SDGs

3번(건강과 웰빙) 목표 11개, 2번 목표(식량과 농업), 11번 목표(도시와 공동체), 16번 목표(정의와 제도)가 각 8개, 9번 목표(산업과 혁신)가 6개로 타 목표보다 많다. 그 이유는 주민자치, 마을자치, 시민의 삶의 질을 바꾸는 마을의제 발굴 등 14개 읍면동 중점 과제수가 많이 반영된 결과라 할 수 있다(당진시 2019a: 108).

당진시는 지속가능발전 이행계획 고도화를 추진하면서 글로벌-국가-광역 지방자치단체의 정책과의 연계성과 통합성을 고려한 SDGs 이행체계를 구축하였다. 당진시 중점과제 도출에서 국정목표, 도정 목표, 민선 7기 시정운영 방향, 공약, 공모사업 등을 지속가능발전 측면에서 검토 후 연계하여 중점과제로 제시하였다. 한편, 지방자치단체 내부 행정의 추진성과를 체계적으로 관리하기 위하여 '조직&목표', '이슈 대응', '성과 및 관리부문'에 연계된 중장기적 목표를 수립하고 연도별 진행상황을 관리 감독하였다. 이를 살펴보면 민선 7기 당진시 시정목표 추진전략과 SDGs 2번(식량, 농업), SDGs 9번(산업, 혁신), SDGs 11번(도시, 공동체), SDGs 16번(정의와 제도), SDGs 17번(파트너십) 목표와 연계성이 높은 것으로 나타났다. 국정과제와 연계성 있는 중점과제는 100개, 도정과제와 연계성 있는 중점과제는 110개, 공약사업과 연계성 있는 중점과제는 44개, 공모사업과 연계성 있는 중점과제는 7개로 나타났다(당진시, 2019a: 94). 당진시 중점과제의 국제적 보편성과 지역적 특수성은 ▶ 예산운용의 지속가능성 제고, ▶ 과정중심·시민참여의 성과관리체계 강화, ▶ 당진시 지속가능발전 중심과제 실행과 성과 점검, ▶ 삶의 질 향상과 청년정책을 통한 인구 유입, ▶ 사전심사 내실화와 예방중심 감사의 정착, ▶ 신뢰받는 행정을 위한 상위권(2등급 이상) 유지(당진시, 2019a: 22)라는 국정과 도정과제 연계성 원칙에서도 확인된다.

3) 당진시 SDGs의 4대 추진력과 시사점

SDGs의 현지화의 추진은 변화에 대한 민감한 반응성, 도시 정체성과 정책적 대안성, 이해당사자들에게 권한을 부여하고 자발적 참여의 질을 높이는 과정이다. 당진시 SDGs의 추진력은 첫째, 지방자치단체 리더와 집행부의 지속가능도시를 위한 혁신적인 전략 수립이다. 지방자치단체장의 지속가능발전에 대한 철학과 의지는 당진시 지속가능발전 전담조직 발족과 지속가능발전 이행체계 고도화 추진으로 이어졌다. 당진시는 지속가능발전 이행계획 고도화를 추진하면서 정책의 지속가능성을 제고할 수 있는 중점과제로 통합할 수 있도록 재조정한 것이다. 고도화 이전인 2017년 당진시가 수립한 224개 단위사업은 단순 프로그램 운영사업과 하드웨어 시설사업, 예산지원 사업에 머물러 있었다. 그러나 2019년 고도화를 통해 시민이 체감하는 '삶의 질'과 밀접히 관련된 사항을 지속가능성 지표(기본계획)로 설정하고, 이를 달성하기 위한 전 부서의 구체적 사업(이행계획)이 실행된다(당진시, 2019: 79). 고도화 사업은 지속가능성 제고를 목표로 당진시 54개 부서별 108개 중점과제, 112개 단위 사업, 124개 성과평가 지표 작성을 이루어 냈다. 당진시는 다 부문적 논의의 과정에서 도출된 과제와 성과지표 중심 이행체계 개편안과 종합성과 평가시스템을 반영하였다. 당진시 SDGs 기본 계획수립은 국가계획 보다 1년 앞서 수립된 것으로서 당진형 모델은 환경부 SDGs 수립에 활용되었다.

당진시의 지속가능발전에 관한 의지와 혁신적인 전략을 보여준 또 다른 사례는 행정 각 분야에 거버넌스와 SDGs 실행체계를 도입한 점이다. 지방자치단체장에 의해 선도적으로 제시된 '2020 지속가능발전 핵심의제'는 민관협력을 통하여 논의해야 할 주제, 시민의 요구도가 높고 시급하게 해결해야 할 과제로 행정 구조 혁신에 반영되었다. 당진시는 시정 주요정책에 지속가능성 가치 대입을 확대하고, 행정 부서 간, 행정 부서와 민간 간 논의구조를 확대하고 기획 단계부터 시민소통 구조를 도입했다. 동시에 시민 체감도를 높일 수 있는 부서 성과를 만들어 당진시 지속가능발전 우수사례를 발굴하였다. 대외적으로는 핵심의제를 추진하면서 민관협의 구조를 실질화하고 신규 구축을 시도했다. 당진시는 회의 중심적 민관협의 구조를 공동 기획, 역량 강화를 바탕으로 실천중심으로 개편하는 등 변화를 시도했다. 민관협의의 주요 안건도 갈등 해소와 사회적 합의 장치 마련, 삶의 질과 밀접하게 연관된 의제를 주로 다루는 등 2020 지속가능발전 핵심의제 추진과 연동해서 진행하였다.

당진시 SDGs의 두 번째 추진력은 네트워크 간의 높은 연계성이다. 당진시 지속가능발전 모델이 만들어지기까지는 3년(2015~2017년)이라는 시간이 필요하였다. 당진 SDGs는 2015년 기업인, 활동가 등 110명이 참여하는 '당진시 지속가능발전협의회'를 구성하여 지역 거버넌스 기반을 마련하였다. '당진시 지속가능발전협의회'는 분과별 지속가능발전 의제 발굴(2015), 주민 자치위원회와 시민단체 간 연계와 플랫폼 구축(2016), 시민, 공무원, 기업 대상 지속가능발전 추진역량 강화교육(2016~2018), 당진시 SDGs 수립(2016) 참여, 103개 단위과제, 224개 단위사업, 444개 성과지표로 구성된 당진시 지속가능발전 이행계획 수립(2017) 참여, 지속가능발전 시민학교(2017~2019) 등을 운영하였다. 특히 2017년 9월 29일에는 당진시, 당진시의회, 시민단체가 함께 지속가능발전 비전 선포식을 이끌어냈다. 2018년에는 한 단계 높은 지속가능발전 교육, 실천사업을 추진하였다. 2020년 현재 당진시 지속가능발전협의회는 지속가능발전 평가과정에 참여하며 성과 모니터링 수행 및 지속가능발전 보고서 발간에 한 축을 담당하였다.

당진시 SDGs 세 번째 추진력은 시민사회의 주도성(initiative)이다. 지속가능성에 입각한 시민참여와 실천은 재정 절감과 직결되고 지속가능성이 높은 정책을 통한 지역사회 통합력을 제고한다(당진시, 2020a). 당진시 시민사회의 자발적 참여의 한 축은 당진시 지속가능발전소였다. 당진시 지속가능발전소는 시민이 만들고 행정이 지원하는 시민주도형 지속가능발전 실천 활동으로써 '공동체와 주민역량 증진'을 목적으로 설립되었다. 당진시 지속가능발전소는 현재 투 트랙으로 운영되고 있다. 당진시 지속가능발전을 위한 거버넌스 활성화가 목적인 시민지속가능발전소와 미래세대인 청소년을 대상으로 한 지속가능발전 교육과 동아리 운영을 담당하는 청소년 프로젝트 '알지, 하지'의 활동이다(당진시, 2020b: 7). 시민 지속가능발전소는 지속가능발전에 대한 시민 공동체를 구성하여 학습, 기획, 실천, 평가 및 확산 등을 운영하고 있다. 당진시 집행부는 시민 지속가능발전소에 '마중물' 사업비(각 300만원)를 지원하여 시민실천역량 배양과 SDGs 이행을 위한 지속(확산)사업으로 성장을 유도하고 있다. 2019년 10월 시민 18개 팀이 참여했고, 두 달 여 오리엔테이션 및 컨설팅을 거쳐 2020년 3월 현재 총 13개 팀이 활동하고 있다. 청소년 프로젝트 '알지, 하지'는 2019년 현재, 관내 초·중·고 청소년 97명이 6개 동아리에 참여해 활동하고 있다. '알지, 하지'는 '알고 보니 지속가능, 하다 보니 지속가능'이라는 뜻으로 일상생활 속 지속가능성을 알아보며 공감하고 실천하자는 의미를 청소년의 눈높이로 표현한 것이다. '알지, 하지 프로젝트'는 자율성(청소년 스스로), 실천성(학습과 실천), 확장성(시 전체로 확산)이라는 3대 추진원칙과 대한민국의 '그레타 툰베리(Greta Thunberg)'를 찾아 지속가능발전을 실천하는 활동가, 촉진자 육성을 목표로 설정했다.

"두 개의 시민 실천단 활동의 특징은 첫째, 학술적인 논의나 쟁점 위주가 아니라 흥미와 동기부여로부터 시작해서 지속가능발전 이슈를 발굴한다는 점이다. 참여자의 성취감과 지속가능발전 가치에 대한 공감에 바탕을 둔 실천 활동을 전개하고 있는 것이다. 둘째, 제안보다는 주민의 창의성을 바탕으로 한 정보 교환, 시민사회단체와 기관의 네트워킹 지원을 통해 협력적 거버넌스 강화에 기여했다는 점이다."

당진시 SDGs의 네 번째 추진력은 '제도화 효과'이다. 경험적으로 볼 때 시민사회의 이니셔티브와 네트워크 간의 연계는 도시의 지속가능성을 촉진하고 시민의식을 제고하기 위한 활동을 일으킨다. 하지만 이것이 곧 자치공동체를 만들어 주는 것은 아니다. 지속가능한 도시계획은 비용·효과성 계산을 통한 위기관리 접근방법과 가치와 철학 중심적 접근방법을 통합하는 제도화가 필요하다(이창언·김광남, 2015). SDGs 이행과 실천은 정치체제, 행정체제, 경제체제, 사회체제, 생산체제, 기술체제, 국제체제의 변화를 위한 제도화(institutionalization) 과정이기 때문이다.

당진시는 지방행정에 '거버넌스' 개념 도입과 지속가능발전협의회, 지역사회보장협의체, 노사민정협의회 등 다양한 분야에 시민·기업·단체 등이 주도적으로 참여할 수 있는 거버넌스 조직의 구성과 운영, 도시재생지원센터, 마을만들기지원센터, 행복교육센터, 공익활동지원센터 등 중간지원조직을 통한 행정 서비스의 효율화, 안정적인 지원체계를 마련해왔다. 당진시는 지속가능발전협의회 설치 운영 조례 제정, 지역예산 사업, 시책 결정에 시민참여를 제도적으로 보장해왔다. 한편, 당진시 집행부는 SDGs의 실행력을 높이기 위한 재정 지원을 실행하고 있다. 당진시는 향후 3년간 지속가능발전 중점과제 실행 예산 투자 계획을 수립하여 실행 예산을 확보하였다.

SDGs 제도화는 당진시 부서별 지속가능발전 이행계획 중점과제 현황에서도 잘 드러나 있다. 당진시 54개 부서는 중점과제 작성 시 당진 SDGs 목표, 당진 SDGs 전략, 중점과제, 단위사업, 성과평가지표 순으로 기입하고 있다. 일례로 기획예산 담당관의 〈당진 SDGs 목표〉는 '지속가능발전을 위한 네트워크 구축 사업', 〈중점사업〉은 '예산 운용의 지속가능성 제고', 〈단위사업〉은 '지속가능성 제고를 위한 예산운용 매뉴얼 정비', 〈성과지표〉는 '정책사업 예산 중 지속가능성 사전 검토율' 등과 같이 체계적으로 기입할 수 있게 구성되어 있다(당진시, 2019b: 4-9). 이는 당진시의 SDGs의 높은 제도화 수준을 반증한다.

당진시는 SDGs 목표체계와 연계해 지속가능발전 기본계획을 수립한 대한민국 최초의 기초지방자치단체로 평가받고 있다. 당진시 SDGs 이행·실천은 당진시장을 중심으로 전 공무원 참여와 학습 과정으로 SDGs 목표를 내재화한 사례, 지속가능발전목표 달성을 위한 부서 간 협업체계와 민관협력으로 지식연결을 통한 탄탄한 지속가능발전 이행체계를 구축한 사례라 할 수 있다.

당진형 SDGs는 객관적인 자료(지표)에 기초하여 실질적인 성과를 도출하며, 문제 해결 과정에서 합리적인 비판을 수용하였다. 동시에 현실 변화에 따라 목표나 수단을 재조정하며, 중점과제와 지표의 지속적인 수정·보완을 허용하는 점진주의를 견지했다. 당진형 SDGs 이행 실천은 지역사회 다부문적 참여를 통해 정보를 모으고, 공유함으로써 사회혁신을 촉발하고 정책의 투명성과 신뢰성을 높였다. 그리고 SDGs를 제도화함으로써 지역사회와 행정조직 안으로 새로운 관습이나 루틴(routine)을 형성하고 사회시스템 작동의 기본적 규칙, 믿음을 변화시켰다. 당진시의 제도화 사례는 지방자치단체가 SDGs를 시민이 잘 이해할 수 있도록 정보·서비스, 기반시설 제공과 재정확충과 지원의 중요성을 재확인시켜준다.

당진시 사례는 SDGs를 채택한 도시가 어떤 긍정적인 변화를 만들어 낼 수 있는지를 잘 보여 준다. 지방자치단체가 SDGs를 수용했을 때 발생하는 효과는 크게 네 가지로 제시할 수 있다. 그것은 첫째, 수평적(도시 기관)–수직적(지방자치단체 관할구역과 지방자치단체 부서) 차원에서 정책을 조정·실행하고 칸막이를 없애는 기회와 방법을 창출한다(당진시, 2017: 156). 둘째, 지역 시민에게는 도시의 생활방식과 기반시설을 바꾸는 등의 중대한 프로젝트를 실행하는데 필요한 정책적, 기술적, 재정적 수단에 접근할 수 있도록 안내한다. 셋째, 지방정부의 SDGs 이행 실천은 도시의 분권과 자치, 거버넌스와 협동, 새로운 사회혁신의 성과물을 만들어내는 데 귀중한 시간과 자원을 절약할 수 있게 한다. 넷째, SDGs를 채택한 도시는 주민, 정부기관, 전 세계 도시 네트워크 간 논의와 도시 지속가능성을 위한 플랫폼을 구축할 수 있다. 이를 통해 지방자치단체는 선진적인 도시의 SDGs 프레임워크와 다른 도시의 경험을 활용하여 도시 거주자의 자원을 모으고, 지속가능성 계획을 보완·강화할 수 있다. 나아가 국제기구, 기업, 언론, 시민사회, 학계, 사회적 기업, 국내외 도시와 국제협상 무대에서 더 많은 호의적인 관심과 인정을 받을 수 있다(SDSN, 2019).

당진시 SDGs 이행·실천은 환경, 기술, 사회, 인구의 급격한 변화에 의한 충격과 위험, 스트레스를 흡수, 방지, 회복, 예측하고, 행정 구조와 기능을 개선하고 도시를 젊고 활력 있게 만드는 데 기여했다. 합계 출산율 1위(시 단위), 자동차 보유율 1위, 미래인구 증가 예측율 3위, 청년 고용율 4위, 고용율 2위(시 단위), 재정자립도 3위, 기초생활수급자 1위(적은 순위), 1인당 지역 내 총생산(GRDP) 2위로 선정된 것이 이를 방증한다. 당진시는 2018년 10월, 12월 중국과 포르투갈에서 열린 한·중·일 지방정부협의회와 국제교육도시연합(IAEC) 세계총회, 2019년 2월 창원시에서 개최된 2019 이클레이 정기회의에서 소개되었다. 그리고 2019년 10월 17일에는 '지속가능한 도시와 교육'을 주제로 IAEC(국제교육도시연합) 국제회의를 개최하기도 하였다. 지속가능발전 정책 실행 우수성도 인정받아 지속가능발전 지방정부협의회 정책대상(2018년), 지속가능발전 전국대회 장려상(2018년), 충남도 민관 협치 우수상(2018년, 당진시 지속가능발전협의회)·최우수상(2020년 당진시와 지속가능발전협의회 공동 수상), 지속가능발전 전국대회 최우수상(2019년), 유네스코 지속가능발전교육

(ESD) 공식 프로젝트 인증(2019년) 등 대외기관 평가에서도 수상하였다. 당진시는 자타가 인정하는 지속가능발전 모범도시로 국내외에서 인지도와 영향력이 높아진 것이다.

당진형 SDGs 모델은 '지방분권', '지속가능발전', '거버넌스'라는 키워드를 지역과 시민의 생활과 연계된 지속가능발전 로드맵으로 발전시켰다. 현재 당진시 SDGs는 '시청의 정책', '시민 실천', '네트워크' 라는 세 가지 차원에서 실행되고 있다. 이는 제도적 수준에서 다부문적 참여의 기회를 확장하고 제도 내부와 제도 상호간의 협력적 조정 능력과 위기관리 능력을 높이는 데 기여하였다(당진시, 2017: 156-159).

당진시 사례의 의의는 '사회적 학습(social learning)'의 활성화에서도 찾을 수 있다. 당진시는 SDGs 교육에 많은 에너지를 쏟았다. 당진시는 지속가능발전협의회의 지속가능발전 작은 워크숍, 지속가능발전 시민학교, 논배미시민학교를 비롯해 당진시의 공무원 교육체계를 구축했다. SDGs 교육의 활성화는 지역사회 구성원들의 인식 제고를 바탕으로 다부문적 주창(advocacy) 활동의 확산, SDGs 이행(implementation)의 제도화 모색, 일상적 모니터링(monitoring)체계 구축과 일련의 후속 조치 등을 통해 SDGs 주류화(mainstreaming)를 촉진할 것이다(이창언, 2020: 403).

당진시 SDGs 이행은 통합수준과 협력의 필요성에 따라 3단계 수준으로 진행될 것으로 예상한다. 2017~2019년이 지속가능성 도입의 시기(1단계: 기반구축)로 SDGs 이행체계 수립과 고도화를 추진했다면 2020년~2021년은 지속가능성 내재화 시기(2단계: 시범실천)로서 SDGs 이행체계 시행과 평가가 이루어졌다. 2021년~2022년은 지속가능성 보편화 시기(3단계: 확산발전)로 협치와 사회적 합의장치가 일상적으로 가동될 전망이다. 당진시 사례는 지방자치단체의 SDGs 채택과 실행 의지가 도시의 통합적 발전의 성공요소로 작용한다는 점을 시사한다.

| 14장 |

전국지속가능발전협의회와 지방 SDGs 이행·실천방안

SDGs는 회원국들이 국가가 이끌고 주도하여 국가 및 지방 차원의 포괄적인 이행 성과 검토를 정기적으로 실시할 것을 장려한다. 이는 각국의 상황과 정책, 우선과제를 고려하고, 선주민, 시민사회, 민간 부문 및 관련 이해관계자의 참여를 통해 이뤄진다. 국회와 기타 기관 또한 이러한 과정을 지원할 수 있다(2030 지속가능발전 의제 79항).

1. 대한민국 도시 SDGs 추진력, 전국지속협

1) 지속가능발전의 등장과 지속가능발전협의회

우리나라에서 지속가능발전 논의는 1992년 리우회의에 참가했던 국내 참가자들에 의해 간간이 소개되었다. 1994년 서울시정개발연구원이 여타의 기관과 공동으로 주최한 'Local Agenda 21과 지방자치단체(이하 지자체)의 대응에 관한 워크숍'에서 본격적으로 소개하였고, 각 지역에서 추진기구 결성을 통한 준비에 이어 1995년 '녹색도시 부산 21'이 발표되면서 그 모습을 드러내기 시작하였다. 우리 사회에서 지속가능발전에 대한 관심은 갈등으로 인한 사회적 비용을 절감한다는 효율성 차원에서뿐만 아니라 민주주의의 기본이념을 강화하는 한편 지속가능한 사회를 추구하는 데 크게 기여할 것이라는 기대가 반영된 것이었다. 특히, 시민사회가 지방의제 21에 깊은 관심을 가지게 된 이유는 로컬 거버넌스(Local Governance)가 지역사회에서 의사결정 권한의 공유, 지역 시민의 자치권과 독립성 함양, 시민참여를 통한 공공재를 개발하고자 하는 그들의 전략과 일치했기 때문이다. 지방의제 21은 로컬 거버넌스 이론을 국지적으로 적용하는 의미를 넘어 '지구적 민주주의'와 '직접민주주의 체제'로 전환하기 위한 실천적 연습이라는 차원에서 민주화 이후 확산된 새로운 사회운동의 이념, 가치, 행위양식에 부합하였던 것이다(이창언, 2015. 9. 2.).[1)]

이 과정에서 시민사회는 국민의 정부 시절 열린 공간에서 지방의제 21의 전국화를 시도한다. 1999년 9월 제주도에서 제1회 지방의제 21 전국대회가 열린 이래 2000년 6월 '지방의제 21 전국협의회(현재 명칭은 전국지속가능발전협의회)'가 발족한다. 이어 2000년 '대통령 직속 지속가능발전위원회(Presidential Commission on Sustainable Development)'를 발족시켰다. 지속협은 ICLEI(International Council for Local Environmental Initiatives 국제환경지방자치단체회의)와 같은 국제적인 환경관련 지방정부 협의기구와 긴밀한 만남

1) 이창언, "(시론)지속가능발전의 재구성," 뉴스토마토(2015. 9. 2.) 참조.

을 통해 국제적으로도 그 위상을 확립해왔다(이창언·김광남, 2015: 74).

지속가능발전협의회(이하 지속협)은 환경적으로 건전하고 지속가능한 발전(ESSD: Environmentally Sound and Sustainable Development)을 이념으로 한다. 지속가능발전협의회(이하 지속협) 추진 주체는 지자체가 중심이지만 지역 시민사회와 기업 등 지역사회의 다양한 행위자와 파트너십에 의한 협력관계 구성이 원칙이다. 지속협은 행정과 지역주민 등 9대 주요 그룹이 지역의 특성을 반영하여 지속가능한 지역 발전을 위한 의제를 수립, 실천하는 것을 목표로 한다. '지속가능발전', '동반자 관계', '과정'이라는 세 가지 단어가 그 핵심 주제어라 할 정도로 지속협은 지역사회의 모든 구성원의 긍정적인 에너지와 협동을 소중히 여긴다. 지속협이 추구하는 협동은 단순한 협조나 협력 또는 참여가 아니라 서로가 대등한 입장에서 힘을 모아 함께 나아가는 동반자 관계라야 한다는 것이다. 유엔은 여기에 참여하는 주요그룹을 Major 9 Groups(G9)라 하여 여성, 청소년, NGO, 노동자, 지방정부, 과학자, 전문가, 기업, 농민 등을 예시하고 있다. 그리고 지속협은 다양한 그룹이 참여한 가운데 지속가능발전을 위한 장기적인 행동 계획을 준비하고 집행하여 목표를 달성해나가는 '과정'을 강조한다. 그 이유는 지속가능발전의 추진 목적이 시민의 참여 과정을 통하여 실천 가능한 환경개선 행동계획을 내놓는 것에 있기 때문이다(맑고푸른시흥 21실천협의회, 2003: 165; 이창언, 2016: 262).

지속협(전 지방의제 21)을 쉽게 정의하면 첫째, 균형발전을 추구하는 상향적 개발과 둘째, 자원 조직화를 통한 지역의 지속가능발전을 모색하는 협력적 지역주민운동이라 할 수 있다. 이런 입장에서 보면 지역의 지속가능한 발전은 지역 내의 각종 인적, 물적, 제도적 자원의 범위 내에서 이를 가장 효율적으로 조직하여 주민의 공통적 욕구를 충족시켜 나가는 지역자원과 욕구의 조정 메커니즘이라 할 수 있다. 셋째, 지방의제 21은 교육과 실천을 중시하는 사회적 동원이다. 이것은 외부의 힘에 의해서가 아닌 거주민의 노력과 재원을 통해 지역사회를 변화시켜 나가는 하나의 주민동원방식을 의미한다. 따라서 이것은 전 과정에 걸쳐 끊임없는 교육을 통한 봉사정신과 공동체의식 배양에 주목한다(맑고푸른시흥 21실천협의회, 2003: 165; 이창언, 2016: 262).

지속협은 조례와 예산을 지방정부가 지원하는 공적 기구이자 법적 기구이다. 2015년에 개정된 지속가능발전법 21조, 22조에 의해 다음과 같이 법적 기구로서 지위가 규정되어 있다.

> 제21조(이해관계자 협력 등) 국가와 지자체는 지속가능발전을 실현하기 위하여 필요한 조사·연구 및 교육 프로그램을 개발하고 지속가능발전 관련 홍보 등의 업무를 수행하거나 지속협 등 민관협력단체에 위임 또는 위탁할 수 있다.

> 제22조(국내외 협력 등) ③ 국가와 지자체는 제21조에 따라 위임 또는 위탁받은 지속협 등 민관협력단체가 국가와 지방의 지속가능발전을 위하여 수행하는 국내외 활동에 대하여 예산의 범위에서 운영비를 포함한 행정적, 재정적 지원을 할 수 있다.

2022년 1월 제정된 지속가능발전기본법(제18708호) 제26조(이해관계자 협력 등) 3항, 제28조(지속가능발전에 관한 교육·홍보) 4항에도 법적 기구로서 지속협의 지위가 분명히 명시되어 있다.

> 제26조(이해관계자 협력 등) ③ 국가와 지자체는 기업·시민사회단체 등이 지속가능발전을 위하여 추진하는 다양한 국내외 활동을 지원하여야 하며, 지속협 등 민관협력단체의 국내외 활동에 대하여 예산의 범위에서 운영비를 포함한 행정적·재정적 지원을 할 수 있다.

> 제28조(지속가능발전에 관한 교육·홍보) ④ 국가와 지자체는 지속가능발전을 실현하기 위하여 필요한 조사·연구 수행, 교육 프로그램 개발 및 지속가능발전 관련 홍보 등의 업무를 수행하거나 지속협 등 민관협력단체와 협력할 수 있다.

지방 법령(조례)은 2020년 10월 현재 234개 지자체 중 229개 지자체 조례에 근거조항(약 94%)이 있다. 지속가능발전기본조례, 지속가능발전조례, 지속협 설치 운영 조례 등이 그것이다.

지속협은 지자체의 지속가능발전 이행을 위한 시민참여 촉진체로서의 지속협, 행정·시민·기업의 협력적 거버넌스(단체, 법인과 구분)로서 지속협의 정체성을 구축하기 위해 활동하고 있다. 지속협은 다양한 부분의 참여와 네트워크의 구축, 정책적 역량 강화, 지역사회에서 지속가능발전과 거버넌스(governance) 이념과 가치의 확산을 위해 다양한 실천 활동을 전개하고 있다. 지속협은 출범 이래 지속가능한 지역공동체 만들기를 통한 국가와 인류의 지속가능발전을 목표로 설정하였다. 국제적 지속가능발전 합의의 지역화가 지속협의 주요 전략이다. 지속협을 비롯한 전국의 지속협은 SDGs의 주류화를 위한 지역 활동을 통해 자기 목표를 명확히 하고 자기 정체성을 수립하기 위해 노력하고 있다.

〈표 14-1〉 지속협의 비전과 전략과 정체성

비전	지속가능한 지역공동체 만들기를 통한 국가와 인류의 지속가능발전
전략	국제적 지속가능발전 합의(의제 21, SDGs)의 지역화
정체성	- 조례와 예산을 지방정부가 지원하는 공적기구 - 지방정부의 SD이행을 위한 시민참여 촉진체 - 행정 시민 기업의 협력 거버넌스(단체, 법인과 구분)
구성	- 공동회장(행정대표, 시민대표, 기업대표)체계, 상임회장은 시민대표 - 위원구성은 9그룹 대표자 및 기관의 전문성, 대의성을 갖는 인사(MGoS) (여성, 청소년, NGO, 노동자, 지방정부, 과학자, 전문가, 기업, 농민)+의회, 언론 - 분과위원회(사회, 환경, 경제분과 등)+정책위원회, 교육위원회 등

출처: 전국지속가능발전협의회 사무총국

지속협은 지역 SDGs 비전을 제시할 주요한 추진력으로서 자신의 역할을 수행하기 위해서는 로컬거버넌스 내실화를 위한 지도집행력 구축, 국제-한국-지방의 지속가능발전체계의 구축과 이행전략 수립, 한국-지방 SDGs 이행을 위한 역량 강화 지원, 지속가능발전 제도화를 추진하고 있다. 지속협은 유엔-한국정부-지자체, 기업, 시민사회 등 다양한 그룹의 참여를 촉진하고 네트워크를 확장하기 위해 노력하고 있다.

〈상자 14-1〉 전국지속가능발전협의회 로컬거버넌스 네트워크

기후환경네트워크 - 기후변화 대응 시민실천
에너지 전환 - 에너지기본계획 수립, 에너지 절약, 효율화
시민햇빛 발전소(기업 연계) - 재생가능에너지 생산 및 판매
재활용 나눔 장터 실무협의회(자원관리과) - 재활용 나눔 장터
안전한 먹을거리 협의회(교육청) - 안전한 먹거리 교육, 유기농 급식
생태하천협의회(생태복원과) - 하천지킴이 양성, 생태 모니터링, 생태하천 복원사업
푸른 도시 운동(기업협력) - 백만 그루 나무심기, 노거수 보호, 생태길 탐방
대중교통협의회 - 대중교통 모니터링, 무료버스 데이, 노선 개편, 자전거 대행진
정책위원회 - 생태도시종합계획 수립
원도심 교육공동체(교육청) - 생태와 문화를 접목한 공동체 교육으로 지역 활성화
환경교육 네트워크 - 환경교육기관단체 간 교류협력, 공통 교육, 교류 행사
생물다양성 대탐사 - 바이오블리츠(시민, 전문가 공동 특정기간 집중 생물종 조사)
생태관광 서비스 지원 - 자원 발굴, 코스 개발, 콘텐츠 구축, 센터 운영

출처: 전국지속가능발전협의회 사무총국

SDGs 이행 실천을 위한 협동 과정에서 거대한 다국적 기업이나 시민 사회 단체, 이들과 함께 일하는 국제적인 기부자·노동자·농어민·원주민 등 다양한 그룹 간의 차이가 존재한다. 일부 파트너는 중요한 역할을 할 수 있고, 다른 파트너는 주변적인 역할에 머물기도 한다. 지속협은 이러한 차이 때문에 동반자 관계를 언급할 때 '평등'이라는 단어로 묘사하는 것을 피하고 형평성의

개념을 사용한다. 그 이유는 모든 파트너는 중요한(보통 비금융적인) 자원을 가지고 있고 그들의 자원을 존중하기 때문이다.

모든 파트너는 의사결정의 일부가 돼야 하며 자원을 어떻게 활용하느냐에 영향을 미칠 수밖에 없다. 파트너가 특별한 전문성이나 중요한 통찰력을 가질 때(예를 들어 지역사회와 친밀하고 이해도가 높은 시민사회조직 등), 그들의 의견은 의사결정에서 주도적인 역할을 차지한다. 따라서 실용적인 관점에서 보면 모든 파트너가 모든 문제에 있어서 평등한 의사 결정을 내릴 수는 없는 경우도 있다. 따라서 모든 파트너가 공평한 역할을 수행할 수 있도록 일부 권한이 약한 파트너의 안정적인 참여를 촉진하기 위해 재정적인 지원을 하기도 한다. 그리고 다양한 이해관계자가 참여에 필요한 시간을 충당하기 위해 실무적인 지원(예: 지방그룹의 수도에서 개최되는 회의 참가, 회의 통역 등)이나 코칭(자신감, 신뢰 구축) 등을 시도한다. 아래 〈표 14-2〉는 전국지속가능발전협의회(이하 전국지속협) 역사와 주요 활동을 적시한 것이다.

〈표 14-2〉 지속가능발전을 둘러싼 전 세계, 대한민국 지속협의 주요 활동

	지구	전국
~ 1990	- 1972, 유엔 인간개발회의 개최, 유엔 환경계획(UNEP) 창설 - 1983, 유엔 환경개발위원회(일명 브룬트란트 위원회) 창설 - 1987, 유엔 세계환경개발위원회(WCED) 〈우리 공동의 미래(일명 브룬트란트 보고서)〉 발간	
1990	- ICLEI(지속가능성을 위한 세계 지방정부, local governments for sustainability) 설립	
1991		- 지방의회 출범
1992	- 유엔 환경개발회의(리우회의), 의제 21 채택, 지방의제 21 작성 및 실천 촉구	
1993		

	지구	전국
1994	– 제3차 지구환경회의, 지방의제 21 채택	– 서울시정개발연구원 등 지구환경회의 결과 소개 – 안산시 지방의제 21 시범 수립 추진
1995		– 지방선거 실시되면서 지방의제 21 부상 – 부산, 인천 등 지방의제 21 수립
1996		– 의제 21 국가실천계획 발표, 유엔 제출
1997		– 환경부, 지방의제 21 작성 지침을 지자체에 보급
1998		
1999		– 시민단체 활동가의 지방의제 21 사무국 참여 확산 – 지속가능발전대상·전국대회 개최(2022년 24회)
2000	– 새천년정상회의 개최, 새천년개발목표(MDGs) 채택	– 지방의제 21 전국협의회 창립 – 국가지속가능발전위원회 설립(대통령 직속 자문기구)
2001	– 유엔 지속가능발전회의, 핵심지속가능지표 57개 선정	
2002	– 세계지속가능발전정상회의(Rio+10회의), 국가지속가능발전 전략(NSDS) 제시, 지속가능발전관리 체계 구축 권장	– 지방의제 21 전국협의회, 비영리민간단체 등록
2003		– 지속가능발전위원회 기능 강화 및 기구 개편(대통령령 개정)
2004		– 환경부, 지방의제 21 추진기구 설치 운영 및 지원조례 표준 준칙 제정
2005		– 국가지속가능발전 비전 선언

	지구	전국
2006		- 지방의제 21 전국협의회, 전국 지속가능발전협의회로 명칭 변경 - 제1차 국가지속가능발전 전략 및 이행계획 수립
2007		- 지속가능발전기본법 제정
2008		- 저탄소녹색성장 선언
2009		- 녹색성장위원회 출범(대통령 직속 위원회)
2010		- 저탄소 녹색성장기본법 제정, 녹색성장 5개년 계획 도입 - 지속가능발전기본법에서 지속가능발전법으로 개정, 지속가능발전위원회 위상 격하(환경부 산하) - 충청남도, 저탄소 녹색성장 및 지속가능발전 기본 조례 제정(지속가능발전담당관 설치)
2011		- 제2차 지속가능발전 기본계획 수립(11-15)
2012	- Rio+20회의 개최. 2015년 이후 MDGs 후속 개발 체제로 SDGs 논의 시작(2014년 종합보고서 발간)	- 국제개발협력민간협의회 등 지속가능발전목표 논의 시작 - 전국지속가능발전협의회, SDGs의 국내 이행 논의 확산 - 인천 부평구, 지속가능발전위원회 설치 및 운영조례 제정 - 서울 도봉구, 지속가능발전 팀 신설 → 2015년 지속가능발전 추진반으로 전환, 지속가능발전 조례 제정 → 2016년 지속가능발전위원회 구성 및 지속가능발전추진단으로 조직 개편

	지구	전국
2013	- SDGs 공개작업반(Open Working Group) 구성	- 저탄소녹색성장기본법 개정, 녹색성장위원회 위상 격하(국무총리 산하) - 서울시, 지속가능발전위원회 구성(지속가능발전위원회 설치 및 운영 조례 근거) → 2015년 지속가능발전 기본계획 수립 → 2017년 지속가능발전 기본조례 제정, 지속가능발전 이행계획 수립
2015	- 유엔 지속가능발전목표(SGDs) 채택. 17개 목표, 169개 세무목표, 230개 평가지표로 SDGs 구성	- 지역 추진기구 명칭 통일([지역]지속가능발전협의회) - 전국 지속협 지원 법률 제정(지속가능발전법 21, 22조)
2016		- 환경부, 제3차 지속가능발전 기본계획 수립(16-35) - 경기 시흥시, 조직 개편으로 기획평가담당관이 지속가능발전 업무 전담
2017		- 국정과제 '지속가능발전 거버넌스 재정립' 채택
2018		- 국가지속가능발전목표(K-SDGs) 수립 - 충남 당진시, 기획예산담당관실에 지속가능발전 팀 신설
2019		- 지방지속가능발전목표(L-SDGs) 수립 사업 추진 - 충남 당진시, 지속가능발전담당관실 신설
2020		- 한국 지속가능발전학회, 한국지속가능캠퍼스협회 창립 협력
2021		- 지속가능발전기본법 제정 협력 사업

출처: 전국지속가능발전협의회 사무총국

2) 전국지속협 조직현황

지속협 조직체계는 전국협의회, 광역, 기초 협의회로 연계되어 있다. 광역단위 지속협은 기초단위 지속협을 총괄하고 있고, 광역단위와 기초단위 지속협은 모두 전국지속협을 중심으로 네트워킹되어 있다. 광역단위로서는 17개 광역단위에 모두 사무국이 있으며, 기초단위로서는 84개 기초단위에 사무국이 있다. 전국지속협은 교육과 연구 사업을 위해 산하에 한국지속가능발전센터를 두고 있다(이창언, 2016: 265).

지속협은 1995년 3개 지자체에서 수립된 이후 해마다 꾸준히 확산되어 지금은 228개가 넘는 지자체에 수립되었다. 지속협의 수립연도를 보면 1998년~2002년 사이의 비율이 가장 높게 나타난다. 한국에서 지속협이 빠른 속도로 확산된 배경에는 지구환경문제에 대한 국제사회의 대응이 활발해진 외적인 환경변화와 관련이 있다. 여기에 군부권위주의의 퇴조, 민주주의 이행과 공고화, 지방자치제 확산이라는 시대적 상황변화가 매우 밀접하게 관련되어 있다. 즉, 지구화, 민주화, 지방화라는 시대적 상황이 지방의제 21의 추진과 확산의 정치적 기회구조로 작용했다고 할 수 있다(이창언, 2016: 266).

3) 지속협의 역할과 실천사업

지속협의 역할은 첫째, 거버넌스를 안정화하고 확대, 민관의 자원을 통합하여 공통의 목적 달성, 둘째, 지방정부의 정책에 지속가능발전 주류화(정책 수립, 실천 추진), 셋째, 시민을 지속가능발전 정책 추진의 주체화(시민참여 플랫폼), 넷째, 그 모든 것을 가능하게 하는 교육, 홍보, 인식 증진 활동 추진 등이다. 지속협의 사업방식은 의제 제안-선정-실행-평가의 방식, 시민참여를 통한 문제 해결 사업 추진 방식이라는 특징을 가진다. 지속협은 자연환경분야, 사회환경분야, 녹색경제분야, 기후에너지 분야, 정책 분야 영역에서 활동을 전개해 왔다. 아래는 지난 20년 동안 수행해온 지속협의 주요 실천사업이다.

지속협은 매년 지속가능발전 전국대회를 개최하고, 우수사례 공모전을 시

〈그림 14-1〉 전국지속협 주요 실천사업

01 자연환경 분야

- 생태환경
- 서식지보전
- 하천
- 해양
- 갯벌
- 깃대종 살리기
- 생태마을
- 녹지(1평공원)
- 물순환
- 생태모니터링
- 생물다양성조사
- 바이오블리츠
- 환경지도자 대학
- 환경축제, 환경교육네트워크

사회환경 분야 02

- 성매매 집결지 재생
- 교육공동체
- 인권
- 청소년 아동복지
- 9그룹 지속가능발전포럼
- 행복지수
- 성인지
- 녹색교통
  (차없는거리, 자전거, 대중교통, 보행자)

03 녹색경제

- 공간재생
- 마을만들기
- 원도심 활성화
- 마을대학
- 사회적경제
- 협동조합 육성
- 도시농촌상생
- 로컬푸드
- 안전한 먹거리
- 주말농장
- 자원순환 도시
- 생태산업단지
- 시민장터

기후에너지 분야 04

- 지역에너지계획수립
- 기후변화 적용
  (무더위 쉼터, 한파적응, 열섬지도)
- 에너지진단 컨설팅
- 에너지 자립마을
- 햇빛발전소 설립
- 중간기술 활용
- 주택에너지효율화
- 쿨루프
- 벽면녹화
- 도시기후행동

05 정책 분야

- 생태도시 종합계획 수립
- 민관협력을 위한 조례 만들기
- 지속가능발전 지표평가와 행정반영
- 지속가능발전사례 기획연재
- 정보통합(매핑)
- 도시대학
- 지속가능발전대학
- ESD
- 지속가능발전목표 수립
- 이행시스템 구축

출처: 전국지속가능발전협의회 사무총국

행했으며, 정책포럼을 지속적으로 개최하였다. 협의회는 환경교육, 하천 살리기, 습지, 폐기물, 녹색구매, 마을만들기, 기후변화, 녹색교통, 로컬푸드, 참여자치, 매니페스토, 거버넌스 등 다양한 분야와 영역에서 정책적 정리와 행동을 조직했고 '지속가능발전기본법'의 제정에도 기여했다(전국지속가능발전협의회 홈페이지 참조)(이창언, 2016: 269).

전국 지속협의 자료에 근거해서 지속협의 사업을 구분하면 다음과 같다.

첫째, 정책연구사업이다. 지속가능도시를 위한 정책 제안 및 정책 연구활동(자료조사, 회의, 간담회, 원탁회의), 학습과 인식 증진, 숙의(세미나, 워크숍, 토론회) 활동, 평가와 연구(모니터링, 인식조사, 지표 점검) 활동, 제도 개선 및 시스템 구축 지원활동(조례 구현, 지속가능발전위원회(이하 지속위) 가동, 중간조직 육성)을 전개한다. 생태도시 종합계획 수립, 민관협력을 위한 조례, 지속가능발전 기본조례 만들기 지원, 지속가능발전 지표 수립과 평가를 반영한 행정계획 지원, 지속가능도시 정보 통합사업 지원, 지속가능발전대학 지원, ES-DGs(지속가능발전목표 교육) 지침과 설명서(안내서) 제작, SDGs 수립과 이행시스템 구축 등 지역의 역량과 조건을 고려한 활동을 수행하고 있다.

둘째, 시민참여사업이다. 지속가능발전 리딩 프로젝트(조직과 공동체 지속가능성 진단), 지속가능한 지역공동체 모델 구축(마을, 아파트 만들기), 시민참여 프로그램(대행진, 축제, 대회), 분야별 네트워크 구성(기후, 교육, 마을, 에너지, 교통, 생물다양성), 지도자 양성(지속가능발전대학, 찾아가는 유아·어린이·청소년 지속가능발전학교, 청년·여성과 함께하는 지속가능교실), 법정계획에 시민참여 협력 활동 등을 진행한다.

셋째, 시범사업이다. 지속가능발전도시를 위한 지자체 시책사업 추진 전 단계 사업을 직접 수행하는 것이다. 이 부분은 지자체를 포함 다양한 그룹과 긴밀히 협의하여 수행하고 있다.

〈표 14-3〉 전국지속협 지속가능한 지역 사업 분류

사업	실행형식
정책연구	• 정책제안 및 정책연구 활동(자료조사, 회의, 간담회, 원탁회의) • 학습과 인식 증진, 숙의(세미나, 워크숍, 토론회) • 평가와 연구(모니터링, 인식조사, 지표 점검) • 제도 개선 및 시스템 구축 지원(조례 제정, 지속위 가동, 중간조직 육성)
시민참여 사업	• 지속가능발전 리딩 프로젝트(조직과 공동체 지속가능성 진단) • 지속가능한 지역공동체 모델 구축(마을, 아파트 만들기) • 시민참여 프로그램(대행진, 축제, 대회) • 분야별 네트워크 구성(기후, 교육, 마을, 에너지, 교통, 생물다양성) • 지도자 양성(지속가능발전대학, 00 활동가 양성과정) • 법정계획에 시민참여 협력
시범사업	• 지자체 시책사업 추진 전 단계 사업 • 직접수행

출처: 전국지속가능발전협의회 사무총국

2. 전국지속협과 지방 SDGs 이행체계 구축

1) 지방 SDGs 이행체계 구축의 원칙과 방향

전국 지속협은 지속가능발전목표 이행 실천을 대체로 4개 단계로 상정하고 있다. 1단계는 이해당사자 그룹 이외에 이웃, 지역을 포함한 모든 그룹의 관심을 고려하여 맞춤형 메시지를 전달하는 '포용적이고 참여적인 과정', 2단계는 글로벌 목표 및 세부 목표를 지역의 목표 및 세부 목표로 전환하는 '지역 SDGs 의제 설정 과정', 3단계는 목표기반(goal-based) 계획을 수립하고 혁신적인 파이낸싱과 실행 메커니즘을 설치하는 'SDGs 실행 계획 수립 과정', 4단계는 SDGs 이행의 성과와 한계를 분석하고 대안을 모색하는 '모니터링 및 평가 과정'이다.

기초단위 지속가능발전목표 실현을 위한 추진 모델은 1. 현황 진단 → 2. 지속가능발전추진 로드맵 작성 → 3. 지속가능발전전담부서 설치 → 4. 지속가능발전조례 제정(2020. 11. 06. 제정) → 5. 지속가능발전위원회 설치 → 6. 지속가능발전 비전과 전략 및 이행계획 수립 → 7. 지속가능발전 지표 개발 → 8. 지속가능발전 지표 평가 → 9. 지속가능발전보고서 발간 → 10. 지속가능발전 이행계획 수정·보완 순으로 이루어질 수 있다.

환경부의 지방 지속가능발전목표(SDGs) 이행 가이드라인의 지방정부 지속가능발전 추진 절차는 각 지역의 실정과 조건에 맞게 유연하게 실행될 수 있다.[2)] 지속가능발전목표의 이행 실천을 추진하는 핵심은 추진기반 마련(제도와 조직), 실천역량 강화, 이행계획 체계구축과 지표 개발과 평가라는 추진 로드맵을 갖추었을 때 탄력을 받을 수 있다는 점이다.

환경부의 지방 지속가능발전목표(SDGs) 이행 가이드라인은 SDGs 이행전략 수립 목적을 지방정부가 지역민의 삶의 질 개선을 위한 지속가능발전 이념을 핵심가치로 정립하고자 함에 있다고 밝힌다. 지방 SDGs 이행전략 수립은 지역 구성원에게 명확한 목표를 공유하는 기회가 될 수 있고 지속가능발전 가치 아래 지자체 부서 간 장벽을 해소할 수 있으며, 행정의 효과성과 효율성도 동시에 제고할 수 있다는 것이다. 또 모든 이해관계자의 참여를 통해 투명성과 신뢰성을 제고할 수 있으며 행정 혁신의 한계를 극복할 수 있는 계기를 부여한다고 말한다. 따라서 지방 지속가능발전목표(SDGs) 이행전략 수립을 통하여 분야별 실천과제를 도출하고, 지역별 현황에 부합하는 지표를 설정함으로써 지방의 지속가능성을 평가하고 사회·경제·환경 모든 분야에 지속가능발전의 가치를 내재화하여 이행함으로써 지역민의 삶의 질을 제고할 필요가 있다.

---

2) 일례로 전담부서는 자치단체 역량과 조건에 따라 구청장 직속이나 기획부서에 설치할 수 있으며, 자치구 조례 제정도 지속가능발전 기본조례 제정이나 자치구 지속가능발전위원회 설치 및 운영 조례를 제정할 수 있다. 위원회 구성도 기초자치단체 지속가능발전위원회를 신설하거나 기존 메타거버넌스 기능의 위원회를 지속가능발전 위원회로 개편할 수도 있다.

〈그림 14-2〉 지방정부 지속가능발전 추진절차

단계	절차	내용
SDGs 작성	1. 지속가능발전 현황 진단	• 분야별 지속가능성 진단 • 공무원과 주민의 지속가능발전 인식 진단 • 지속가능발전협의회를 포함한 지역의 시민사회 역량 진단
	↓	
	2. 지속가능발전 비전과 목표 및 이행계획 수립	• UN의 지속가능발전목표 체계에 준해 지역의 상황에 맞는 목표와 세부목표(전략) 및 이행계획을 수립 • 4년마다 재검토, 매년 수정 및 보완과 모니터링
	↓	
	3. 지속가능발전 지표 개발	• UN과 국가, 광역(기초의 경우)의 지속가능발전 지표를 참조 • 지역의 경제, 사회, 환경 분야 지표와 행정 및 거버넌스 등 추진 기반의 진단 지표
	↓	
SDGs 이행	4. 이행계획의 이행	• 수립된 이행계획의 부서별 이행 • 민관협력사업의 발굴과 공동 실천
	↓	
모니터링 및 보고서 작성	5. 지속가능발전 지표 진단	• 지역 주민의 삶의 질이 개선되고 있는가에 대한 진단 • 정책의 전환 필요성을 공감하고 전환 방향을 도출하는 근거
	↓	
	6. 지속가능성 보고서 작성	• 지속가능발전 지표와 이행계획 모니터링을 포함하여 지속가능성보고서를 작성(2년마다 발간)
	↓	
	7. 지속가능발전 이행계획 수정·보완	• 지표와 지속가능발전 진단 결과의 피드백을 통해 이행계획을 수정, 보완하고 정책을 전환
	↓	
	8. 조례와 계획의 지속가능성 검토	• 주요 조례의 제·개정이나 계획을 수립·변경할 때 지속가능발전 기본계획과의 정합성 여부를 검토

출처: 충북지속가능발전협의회(2020: 14)

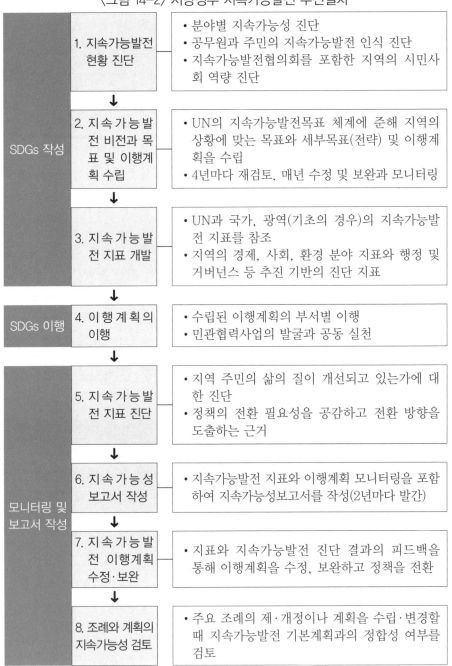

〈그림 14-3〉 광역시의 지방 SDGs 추진단계

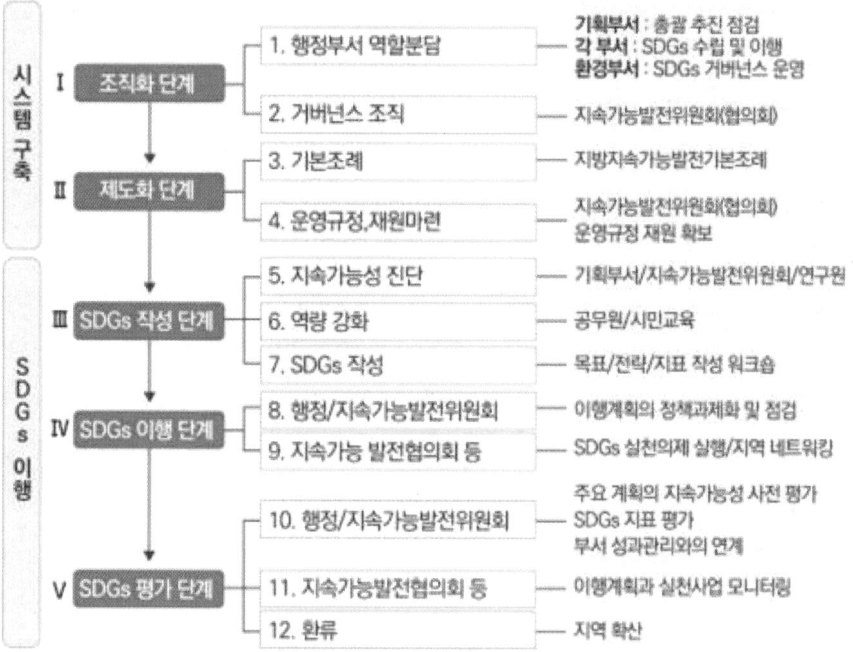

출처: 충북지속가능발전협의회(2020: 56).

물론, 환경부 가이드라인에서는 표준목차(안)를 제시하고 있지만 실제 지역의 특성과 역량을 고려하고 SDGs를 지역의 조건에 부합할 수 있도록 유연하게 변경하여 구성할 수 있음을 설명한다. 이행전략은 국가 상위계획에 대한 지자체 실행계획, 환경·경제·사회분야 자체 추진계획, 역점사업 등의 추진현황을 점검하고 지역의 현안, 취약분야를 SDGs 목표와 연계하여 달성 목표를 설정할 필요가 있으며, 주민이 이해하기 쉽게 간결하고 명료하며, 자료출처가 분명하고 지속적인 통계 도출이 뒷받침될 수 있는 지표가 설정되어야 한다. 또한 SDGs 이행전략의 세부 정책과제는 지방정부의 행정계획과 반드시 연동될 수 있어야 하고 매년 지속가능발전 수준을 진단할 수 있도록 복잡하지 않아야 하며, 지역 주민을 포함한 각계 이해관계자 의견을 적극적으로 수렴하여 수립하도록 제안하고 있다. 한편 지방의 지속가능발전 업무수행에 관한 10단계 추진절차에 대하여 제시하고 있으나 지역별 역량과 여건을 고려하여 추진하도록 제안하고 있다. 환경부 가이드라인에서는 지방정부의 규모와 특성에 따라 6개의 유형(광역시 형, 도 단위 형, 일반 시형, 도농복합 형, 군 단위 형, 자치구 형)으로 분류·제시(환경부, 2018a: 9-12)하고 있으나, 광역시 형의 경우, 이행조직은 기획부서와 환경부서와의 역할 분담, 지속가능발전위원회와 지속협 등 민관협력기구 실천조직 구성방안을 제시하고 있다(부산연구원, 2021: 8-12).

지방 차원의 SDGs 설정 원칙을 구체적으로 제시하면 다음과 같다. 첫째, 지자체가 SDGs 이행과 실천을 체계적이고 총체적이며 통합적으로 추진하기 위해서는 도시의 계획과 전략 속에 제도화해야 한다(오수길, 2015: 40). 즉, SDGs를 지방 차원에서 효과적으로 이행하기 위해서는 우선, 지자체가 지속협과 협력하여 국가-국제적 도시 간 파트너십을 구축하여 지자체의 경험과 지식을 체계적으로 교환하고 공유해야 한다. 지속협이 SDGs의 추진력으로 작동할 수 있도록 자원과 정보, 권한과 책임과 성찰을 함께 공유할 수 있도록 노력해야 한다. SDGs 실행 과정에서 지속협은 SDGs 이행을 위한 주요한 기구로서 그 위상과 역할을 부여받을 충분한 자격이 있다. 지방정부 차원의 경우, 지난 20년 가까이 한국에서는 국제적인 합의와 지역적인 요구를 결합시켜 이행하는 차원에서 지속가능발전이 추진되어 왔다. 따라서 지속협이 중심으로 지방지속가능발전의 내용적 틀을 조정하는 과정에서 큰 역할을 수행할 수 있을 것이다.

둘째, 지방 차원에서 SDGs가 성과를 내기 위해서는 지자체와 지속협을 새로운 SDGs 추진 체계에 맞추어 조정해야 한다는 점이다. 지자체의 지속가능발전추진 체계는 추진기반 마련, 추진체계 구축, 추진체계 운영과 평가의 단계로 분류할 수 있다. 추진기반 마련 단계에서는 제도와 조직을 마련하는 것이 중요하다. 지자체는 지속가능발전협의체 등 지역 사회와 협력하여 전담 부서를 설치하고 조례를 제정하며 지속가능발전위원회를 구성하기 위해 노력해야 한다. 실천역량 강화는 모든 단계에서 진행되어야 할 과제로써 공무원 대상 SDGs 교육 프로그램의 개발과 실행, 시민 사회와 기업에 대한 교육이 진행되어야 한다. 이행계획 체계 구축을 위해서는 지속가능발전 비전과 이행계획 수립과 이에 대한 수정·보완이 시행되어야 한다. 지표 개발은 지역 사회 내 다양한 그룹의 참여를 바탕으로, 각 영역의 의견을 수렴 한 후 이를 반영하여야 한다. 지자체 최종 지표 안은 20개 내외의 대표 지표의 설정, 대표 지표에 대한 목표 설정 등이 포함된다(김병완, 2017. 04. 25.; 이창언·오유석, 2017: 182).

또한, 지속협은 국제-국가-지역 간 이행 내용을 연계하는 실천 사업 체계를 구축해야 한다. 이를 위해서는 SDGs와 세계인간정주 의제, 기후변화 협약, 생물다양성 협약 등 지속가능발전을 위한 주요 국제협약 내용과 지역의 의제 목표 및 실천 사업을 연계하는 것이 중요하다. 동시에 지속가능발전 추진기구 조직 운영체계를 SDGs 이행 행동 체계로 재정비하는 한편, 위 의제를 국가-광역-기초 간 사업에서 통합적인 연계를 모색해야 한다. 이를 위해 지속협은 지속가능발전목표 기본 계획안 제출 및 조직 개편과 연구반을 가동하고 분야별 논의 체계를 구축하는 것이 필요하다.

예를 들어, 2017년 4월 현재 수원지속협은 새로운 SDGs 작성을 위한 비전 특위를 구성하였고 10대 행동의제 평가와 분야별 의제 평가 워크숍을 개최한 바 있다. SDGs 작성을 위한 협의회 조직의 개편도 있었다. 수원형 SDGs 기초연구작업반을 만들었고 수원형 지표 책임제 추진을 위한 공동책임지표위원회를 선정했으며 분야별 평가와 모니터링 작업을 위해 환경, 경제, 사회분과 위원회를 구성하였다. 〈표 14-4〉는 수원형 SDGs 작성을 위한 과정과 구체적인 방법을 정리한 것이다. 수원형은 기본전략 수립 → 기존 지표 및 문헌 검토 → 수원형 목표 및 지표 기초안 도출, 의견수렴 → 비전, 목표, 지표 선정 → 모니터링, 평가, 정책반영 순으로 이루어졌다(각 단계와 과정과 방법은 아래 〈표 14-4〉를 참고하라).

〈표 14-4〉 수원형 SDGs 작성을 위한 단계별 과정과 방법

단계	과정	방법
1	기본전략 수립	1) 수원형 지속가능발전목표 선정을 위한 기본전략 수립 2) 수원형 SDGs 작성 방향, 내용, 방법 등 검토 3) 수원형 비전, 목표, 지표 설정 및 측정을 위한 주체 및 과정방식 검토
2	기존 지표 및 문헌 검토	1) 국내외 광역 및 기초 지속가능발전목표 및 지표 사례 조사
3	수원형 목표 및 지표 기초안 도출	1) 수원형 비전 및 전략과제 기초안 개발 제출 2) 기준년도 및 기준 지표치, 측정기간, 가중치, 구성비, 단위 등을 적용 3) 측정기간, 기준, 단위, 시점, 장소 등을 반영할 수 있는 계산식 마련
4	의견 수렴	1) 시민사회 및 전문가그룹 조사 2) 수원 지속협 위원 및 분야별 위원회 검토 3) 분야별 심층면접 및 적용성 검토 4) 수원시 및 행정 주무부서 검토 협의
5	비전, 목표, 지표 선정	1) 비전, 목표, 지표 최종안 선정 2) 민간공동협약, 공동선
6	모니터링 평가 정책반영	1) 분야별, 영역별 모니터링, 측정지표의 원인분석 2) 측정결과 진단을 통한 지속가능발전 정책 행정협의 3) 시민사회, 행정, 기업의 공동실천 계획 합의도출 4) 수원시 지속가능성보고서 작성

출처: 수원지속가능발전협의회(2017: 12; 이창언·오유석, 2017: 182 재인용)

셋째, 지속협은 지자체와 협력하여 지역의 특성에 맞게 우선순위와 지표를 설정해야 한다. SDGs 17개 목표나 하위 목표들을 검토하여 17개 목표 모두를 지방 지속가능발전 추진 목표로 설정하고 SDGs 개별 지표들을 함께 적용하면서 추진할 것인지 또는 17개 목표 중 지역의 역량과 조건을 고려하여 핵심적이고 적용 가능한 몇 개의 목표에 집중할 것인지를 검토해야 한다. 지방지속가능발전 추진 체계를 확립하면서 지표까지도 함께 연동하여 전일적인 체

계를 만들면 더욱 의미가 있을 것이다. 현재 유엔 SDGs 이행을 위한 지역 거버넌스를 활성화하려면, 다음과 같은 지자체의 역할이 필요하다. 지자체와 시민사회의 역량을 고려하고, 그간 지속협이 추진해왔던 사업들과 역량을 고려하여 SDGs 목표와 이행체계에 지방 지속가능발전 이행체계를 연동시키는 것이 중요하다. 전국 지속협 차원에서 또는 광역단위에서 17개 목표와 하위목표들을 모두 고려하여 전국 또는 기초단위의 추진 현황들을 점검하고 홍보하면서 모니터링 하는 체계를 구축해볼 수도 있다. 물론 여기에서도 17개 목표 중 중점도시를 설정하여 해당 목표와 관련하여 전국 또는 광역의 네트워크를 구축해나갈 수도 있다.

지역 SDGs 작성의 원칙은 셋째, SDGs 목표들 간의 연계를 이루는 것이다. 환경·사회·경제 분과로 나누는 '칸막이'형 작성을 배제하고, 통합적, 융합적으로 접근하여 유엔의 목표 간 연계성(Nexus) 전략에 따라 작성해야 한다. 유엔 경제사회이사회(ECOSOC)에서 제작한 자료인 'SDGs 연계성 전략(A Nexus Approach for the SDGs)'을 보면, 17개의 목표들 각각은 별도로 분리되어 있는 것이 아니라 서로 밀접하게 연계되어 있다는 점을 강조하고 있다. 이처럼 각 목표 및 세부목표들 간의 연계성을 고려한다면 관련 부서들 간의 정책문제에 대한 공동의 문제의식과 유기적인 협업이 반드시 이루어져야 한다(한국지속가능발전학회, 2021: 18). 〈그림 14-4〉는 목표 2, 6, 7과 다른 SDG 간의 상호연결의 다차원성을 보여준다.

지역 SDGs 작성의 원칙은 넷째, 협력적 거버넌스의 참여형 방식에 의한 작성이다. 지역의 다양한 주체(행정·시민·기업), 이해관계자 그룹(MGoS) 등이 함께 참여하여 SDGs를 작성하고 이행하는 협력적 거버넌스 방식으로 추진해야 한다. 지속협 정책자문단, 운영위, 세 개의 위원회가 지혜를 모으고 지자체와 지자체의 지속가능발전위원회가 협력해야 한다.

〈그림 14-4〉 SDGs 목표들 간의 연계성(Nexus)

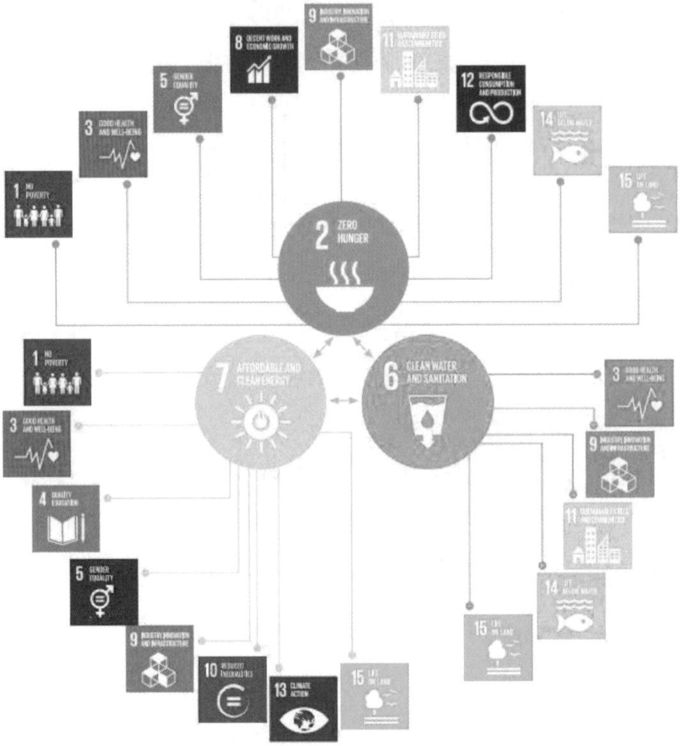

출처: WWF-SA(2017: 21)

〈그림 14-5〉 협력적 거버넌스 체계 구축(수원시 사례)

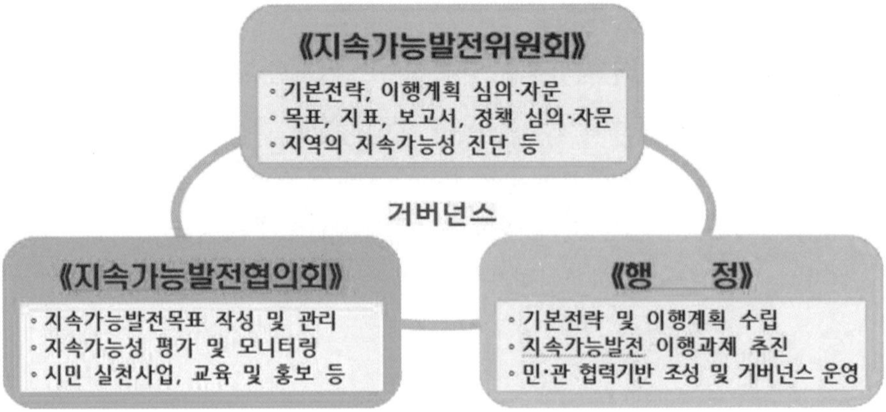

출처: 수원지속가능발전협의회(2017)

2) 지역 SDGs 지표 작성의 원칙과 방법

지역 지표 개발은 조직적 역량과 외부 환경을 고려해서 수행해야 한다. 의욕만 앞선다고 좋은 지표가 만들어질 수 없다. 지속가능발전 지표는 지속가능발전 견인을 위한 나침반 또는 등대로서 행정의 혁신과 관리의 수단이자, 수평적 소통을 통한 융·복합 행정을 촉진할 수단, 행정 내부와 지역 주민과의 소통수단, 행정수요를 판단할 수 있는 근거이기 때문이다. 따라서 마음만 앞서서 지역의 상황이나 노력과 관계없는 지표, 단순히 기반시설만을 나타내는 지표, 좋고 나쁨에 대한 가치판단이 어려운 지표, 특정 지역에만 해당되는 지표, 지속가능성과 관계가 없는 단순한 발전지표, 과정이 복잡한 지표 등을 사용해서는 안 된다. 지표 개발은 국제 및 국가 지속가능발전 지표, 통계자료나 데이터의 확보가 가능한 지표, 지속가능성과 긴밀한 연관이 있는 지표, 단순 명료하며 평가와 해석이 용이한 지표, 지역 수준에서 측정과 평가가 가능한 지표에 대한 꼼꼼하고 깐깐한 분석이 수행되는 만큼 준비과정이 필요하다.

〈표 14-5〉 지표 작성 시 고려하거나 배제해야 할 요인

고려 요인	배제 요인
• 국제 및 국가 지속가능발전 지표 • 통계자료나 데이터의 확보가 가능한 지표 • 지속가능성과 긴밀한 연관이 있는 지표 • 단순 명료하며 평가와 해석이 용이한 지표 • 지역 수준에서 측정과 평가가 가능한 지표	• 지역의 상황이나 노력과 관계없는 지표 • 단순히 기반시설만을 나타내는 지표 • 좋고 나쁨에 대한 가치판단이 어려운 지표 • 특정 지역에만 해당되는 지표 • 지속가능성과 관계가 없는 단순한 발전지표 • 평가과정이 복잡한 지표

출처: 충북지속가능발전협의회(2020: 59)

지역 SDGs 지표는 각 영역의 지속가능성 수준을 진단함으로써 지역이 지속가능한 방향으로 나가고 있는지를 판단할 수 있는 근거가 된다. 따라서 지

역주민의 삶의 질을 포괄적으로 진단하는 것으로, 정책 전환의 필요성을 공감하고 전환의 방향을 도출하는 데 활용할 수 있다. 통계자료 취합 이후 지속가능발전위원회(협의회) 차원의 풍부한 해석이 필요하며, 지표의 목표치가 있다면 목표 달성을 위한 방안을 제시할 수 있다. 새롭게 필요성이 드러난 지표를 발굴, 추가하거나 목표 달성이나 여건 변화로 지표의 의의가 사라진 지표를 삭제, 수정할 수 있다.

지역 SDGs 이행계획 수립은 아래의 현황에 대한 객관적인 평가와 분석이 전제되어야 지역의 실정에 맞는 계획을 수립할 수 있다. 일명 SWOT분석도 현실 분석과 대안 모색에 유용한 방법으로 활용될 수 있다.

지역 지속가능발전계획을 수립하기 위해서는 지역 차원에서 SDGs 이행과정을 모니터링할 수 있는 데이터와 통계를 보완하고 이에 대한 접근성을 높이는 것도 중요하다. SDGs 최종 지표 선정 과정에서 합의된 고려 요소는 ① 목표(goals) 및 세부목표(targets)와의 연관성, ② 방법론적 정당성, ③ 측정 가능성, ④ 접근 가능성, ⑤ 지표 전체 개수의 제한(전체 230개 개수 유지), ⑥ 각 지표들의 글로벌 차원에서의 성과(outcome) 등 총 여섯 가지 요소에 의거하여 총 230여 개 지표를 확정하였다.[3)]

문제는 각 지표의 방법론 및 국제적 합의 기준 보유 유무 및 데이터 이용가능성 수준에 따라 230개 지표가 Tier 1, Tier 2, Tier 3으로 분류된다는 점이다. 여기서 Tier 1은 방법론 및 국제적 기준이 이미 존재하고 유엔 회원국 193개국에 대해 지속적으로 데이터를 확보할 수 있는 지표를 의미한다(김수진, 2016: 80).

그러나 SDGs는 Tier 2(데이터 측정 방법론 및 국제적 기준은 존재하나 지속적인 데이터 생산이 어렵다고 판단되는 지표), Tier 3(데이터 측정 방법론 및 국제적 기준 자체가 아직 확립되어 있지 않은 가장 완성도가 낮은 지표)의 비중이 여전이 높다.

---

3) 지난 2015년 2월 개최된 46차 UNSC 전문가그룹 회의(UNSC Expert Gorup Meeting)에서는 최종 지표 선정시, 상기의 여섯 가지 고려요소에 기반할 것에 합의하였다(출처: http://sd.iisd.org/news/sdg-group-discusses-indicator-selection-way-forward/).

현재 데이터 이용가능성이 가장 높다고 분류되어 있는 Tier 1, 그리고 더 확장하여 Tier 1, 2 지표를 보았을 때, 사실상 제안된 보고서상의 분류체계와 현실간의 간극이 존재함을 알 수 있다. 즉 최종지표 선정과정에서 실질적인 데이터 이용가능성을 고려하고자 하는 노력이 부족했다고 할 수 있다(김수진, 2016: 104-105).

SDGs 각 목표를 지역에서 효과적으로 이행하고 이행 정도를 제대로 측정하기 위해서는 지표 전체에 대해 지자체의 각 부서와 협의하여 다년간의 충분한 데이터 확보가 보장되어 언제든지 데이터를 추적할 수 있는(trackable) 체제를 마련해야 한다. 또한 각 지표들이 요구하는 수준대로 세분화된 데이터를 확보할 수도 있어야 한다(Dunning and Kalow, 2016). SDGs를 지역 실정에 맞게 목표와 지표를 재조정하고 시민이 쉽게 이해하기 위해서는 유사 목표를 통합하고 줄이는 방법도 고민해 볼 수 있다. 광주시는 광주 5차 의제를 통해 총 17개 의제와 62개 실천과제를 구체화했다. 인천 남구는 34개의 남구형 지속가능발전 지표를 선정하였고, 9개의 대표지표를 도출하였다. 수원시는 수원시 지속가능발전 전환체계의 통일성과 통합성을 고려한 수원형 SDGs 이행목표 작성을 2016년 9월부터~2017년 12월까지 기간을 설정하여 준비하고 이를 발표한 바 있다. 따라서 타 지역의 사례를 참고하는 것은 대단히 중요하다.

SDGs의 지역적 재구성과 이행을 위해서는 지속가능발전목표 개발 및 지표 개발 연구를 수행해야 한다. 이를 위해서는 지역형 지속가능발전목표 작성의 원칙이 수립되어야 한다. 지역형 SDGs 작성의 원칙은 첫째, 지역 특화형 SDGs가 되어야 한다. UN SDGs 2030, K-SDGs 2030과 연계하여 17개로 구성된 목표체계를 따르되, 세부목표에 있어서 지역특성을 반영한 지역형 SDGs를 수립해야 한다. 참고로 충남 당진시 지속가능발전목표는 에너지 공급체계와 관련한 송전탑 갈등을 겪은 데다 화력발전소가 10개나 있는 지역의 현실을 반영하여 7번 목표를 '에너지 정의 실현'으로 설정하고 있다.

3. 지방 SDGs 업무체계와 협력

SDGs 이행체계를 구축하기 위해서는 지자체와 지속위, 지속협 등이 지속가능발전 업무영역과 업무분장을 시도해야 한다. 업무영역은 지속가능발전 업무를 맡은 담당자가 해야 할 일이 무엇인지에 대한 예시를 나타내는 것이다. 지속가능발전 업무를 중심으로 업무 영역을 크게 구분하면 지속가능발전 이행체계 구축과 지속가능발전목표(SDGs) 작성, 이행평가의 두 부문으로 나눌 수 있다. 지속가능발전 이행체계 구축에서는 지속가능발전 추진 로드맵 작성(SDGs 작성, 이행, 모니터링 과정 전반에 대한 구상), 지속가능발전 전담부서 설치(지속가능발전 추진 업무에 대한 주무부서의 지정), 지속가능발전 기본조례 제정과 구현(제도기반 구축), 지속가능발전위원회·협의회 설치(조직 기반 구축)에 대한 것이다.

지속가능발전목표(SDGs) 작성, 이행평가 부분에서도 기본전략 작성과 진단과 피드백 부분으로 나눌 수 있다. 기본전략 작성 업무부분은 지속가능발전 현황 진단, 지속가능발전 비전·목표·이행계획 수립, 지속가능발전 지표 개발을 들 수 있고, 진단과 피드백 부분은 지속가능발전 지표 진단과 모니터링, 지속가능성보고서 작성, 지속가능발전이행계획 수정·보완, 주요 조례와 계획의 지속가능성 검토 등이다.

〈표 14-6〉 SDGs 기본 계획 작성 업무

단계	내용
지속가능발전 현황 진단	• 지역의 조건과 상황에 대한 진단과 주민의 참여 • 지역사회의 제한적인 자원 여건에 맞는 행동의 우선순위를 정하기 위한 기초 자료를 확보하는 것임
지속가능발전 비전, 목표, 이행 계획 수립	• 비전과 목적: 지역사회의 중점 방향과 자원 배분의 우선순위를 설정하는 것이며, 이를 위한 정책과 프로그램의 개발을 유도 • 목표: 정해진 기간 내에 성취할 목표를 설정하는 것이며, 채택된 행동의 적절성과 행동계획의 실행에 따른 성과를 평가할 기준이 될 수 있음

단계	내용
지속가능발전 비전, 목표, 이행 계획 수립	• 전략과 과제: 목표를 달성하기 위한 각 부서별 사업과 추진 일정, 재정·기한·인적 자원을 배분하기 위한 과업을 포함함
지속가능발전 지표 개발	• 지역사회의 지속가능성을 진단하고 모니터링할 수 있는 지표로서, 부서별 성과지표의 지침이자 중장기적인 결과물이라 할 수 있음 • 지역주민과 소통할 수 있고 지역사회의 특성을 반영하는 대표적인 지표들의 개발이 필요함

출처: 환경부(2018a)

SDGs 기본전략 작성에서 중요한 것은 지역의 조건과 상황에 대한 진단과 주민의 참여이다. 현황 진단은 지역사회의 제한적인 자원 여건에 맞는 행동의 우선순위를 정하기 위한 기초 자료를 확보하는 것이라 할 수 있다. 비전과 목적을 세우는 것은 지역사회의 중점 방향과 자원 배분의 우선순위를 설정하는 것이다. 이를 위한 정책과 프로그램의 개발을 유도하는 것도 이행계획 수립에서 중요한 과제라 할 수 있다.

〈표 14-7〉 SDGs 진단과 피드백 업무

단계	내용
지속가능발전 지표 진단과 모니터링	• 지속가능발전 지표의 진단과 모니터링을 통해 지역사회의 지속가능성 수준을 파악할 수 있으며, 지역사회의 역량을 모아야 할 영역을 발견할 수 있음 • 특히 대표지표들의 경우 지역주민이 함께 모니터링할 수 있는 방안을 모색할 필요가 있음
지속가능성보고서 작성	• 지속가능발전 지표의 진단과 모니터링 결과, 그리고 전략과 과제의 이행상황을 담는 보고서임 • 지역사회의 변화를 진단하고, 전략과 과제의 방향을 제시할 수 있음
지속가능발전 이행계획 수정·보완	• 지역사회의 변화를 어떻게 반영할 것인지를 모색하는 작업임

단계	내용
지속가능발전 이행계획 수정·보완	• 목표와 전략에 비춰 전략과 과제를 수정·보완하는 것으로, 개별 사업을 전환하거나 방식을 바꾸는 일을 포함함 • 목표 달성을 위한 민관 공동의 협력 사업을 발굴하는 것도 의미 있는 작업임
주요 조례와 계획의 지속가능성 검토	• 지역의 주요 조례나 중장기 계획을 제정 또는 개정할 때 지속가능발전목표에 비춰 상충되는 점은 없는지 통합적으로 고려할 수 있는 검토 과정을 정례화할 필요가 있음

출처: 충북지속가능발전협의회 사무처

SDGs 진단과 피드백 업무는 지역사회의 지속가능성 수준을 파악할 수 있으며, 지역사회의 역량을 모아야 할 영역을 발견하는 것이며, 지속가능발전 지표의 진단과 모니터링 결과와 전략과 과제의 이행과정을 담아내는 것이다. 이를 통해 지속가능발전 이행계획을 수정하고 보완하며, 특정한 사업은 전환하고 새롭게 발굴하는 업무라 할 수 있다.

〈표 14-8〉 SDGs의 작성-이행-모니터링 단계별 각 행정기관의 역할

단계	지방 SDGs 이행업무	행정기관의 역할	관련 기관·단체의 협력
I. 인식 전환	1. 지속가능발전에 관한 공무원 교육	• 직무연수 프로그램 운영	환경부 지속가능전략담당관실, 전국 지속협 컨설팅단
	2. 지속가능발전에 관한 시민 교육	• 지속가능발전 시민 대학 운영	
II. 조직 구성	1. 지속가능발전 전담/담당부서 지정	• 기획부서(총괄) • 환경부서(사업)	SDGs 세부목표별 담당부서
	2. 지속가능발전위원회 구성·운영	• 위원 위촉 • 회의 운영	계획 심의, 평가보고서 작성에 대한 관련부서 협력

단계	지방 SDGs 이행업무	행정기관의 역할	관련 기관·단체의 협력
Ⅱ. 조직 구성	3. 지속가능발전협의회 구성·운영	• 사업예산확보 • 민관협력사업	지역주민조직, 시민사회단체, 기업 등
Ⅲ. 제도 형성	1. 지속가능발전 기본(일반)조례 제정	조례안 작성 및 제정 추진	의회의 정치적 지지
	2. 지속가능발전위원회 구성·운영 조례 제정		
	3. 지속가능발전협의회 구성·운영 조례 제정		
Ⅳ. SDGs 작성	1. 지역 지속가능성 위협요소 진단	• 기본전략 작성 예산 확보 • 원탁토론, 회의, 워크숍 등을 통한 시민 의견 수렴 • 관련부서 의견 수렴	지속가능발전위원회와 지속가능발전협의회에 참여하는 지역주민조직, 시민사회단체, 전문가 등
	2. 목표/세부목표/정책과제 도출		
	3. 지표/목표치(2025, 2030) 도출		
Ⅴ. SDGs 이행	1. 이행계획 수립	• 1~2년 단위 부서별 이행계획 작성	지속가능발전위원회, 지속가능발전협의회
	2. 부서별 지표관련사업 집행	• 부서별 사업추진 상황 점검	지속가능발전협의회의 민관협력
Ⅵ. SDGs 평가	1. 지속가능성 보고서 작성 (2년 주기)	• 기획부서 책임하에 총괄추진 • 지표관련 담당부서별 통계자료 제출	지속가능발전위원회, 지속가능발전협의회(작성·자문에 전문가 참여)
	2. 지표/목표치/관련 정책의 수정 보완		

출처: 충북지속가능발전협의회(2020: 16)

지속협은 중앙정부(지자체 포함), 지속가능발전위원회와 함께 21세기형 지역발전전략으로써 지방 SDGs를 보다 정밀하게 기획해야 한다. SDGs는 지자체가 직면하고 있는 환경 위기, 경제 위기, 양극화 위기를 극복하고 미래 세대까지 지속가능한 삶을 누리도록 하는 이념과 철학을 담고 있으며, 현세대가 지향해야 할 숙명적 과제이기 때문이다. SDGs가 정치적·상징적 언어로서 총론적 수준의 선언에 머무르지 않기 위해서는 각 국가별로, 지자체별로 2030년을 목표로 하는 SDGs 설정은 물론 구체적이고 실천적인 이행계획과 세부적인 정책과제의 도출이 뒤따라야 하며, SDGs의 목표와 지표들이 모든 정책 속에 자리 잡도록 해야 한다. 여기서 중요한 것은 SDGs는 환경, 경제, 사회 등 행정 각 부문들 간 융합적·협업적 정책과제의 도출과 더불어 시민, 기업, 행정 등 주요 주체들 간의 협력적 실천이 이루어지는 "협력적 거버넌스"를 통해 실현 가능하다는 사실이다. 따라서 지속협은 지도의 관점이 아니라 겸손한 자세로 협력과 협동의 매개자로 역할을 수행해야 한다.

지금까지의 논의를 종합하면 SDGs 이행과 실천을 체계적이고 총체적이며 통합적으로 추진하기 위해서는 도시의 계획과 전략 속에 제도화해야 한다(오수길, 2015: 40). 즉, 사회학적 관점의 담론 차원을 넘어서 공간정책 차원에서도 지자체와 지속협의 책임과 권한이 강화되어야 한다는 것이다. SDGs 실행과정에서 지속협은 로컬거버넌스의 위상과 역할을 부여받을 충분한 자격이 있다. 지자체 차원의 경우, 특히 한국에서는 지난 20년 가까이 국제적인 합의와 지역적인 요구를 결합시켜 이행하는 차원에서 지방의제 21이 추진되어 왔기에 지방의제를 중심으로 로컬거버넌스의 내용적 틀을 새롭게 조정해 나갈 수 있다.

로컬거버넌스가 오인의 메커니즘이 되지 않도록 지자체는 지속협과 협력하여 국가적 국제적 도시 간 파트너십을 구축하고 지자체조직들의 경험과 지식을 체계적으로 교환하며 공유해야 한다. 지속가능발전협의회가 SDGs의 추진력으로 작동할 수 있도록 자원과 정보, 권한과 책임과 성찰을 함께 공유할 수 있도록 노력해야 한다.

지자체는 지속협 등 지역사회와 협력하여 전담부서를 설치하고 제정된 조례를 구현하기 위해 연구하며 지속가능발전위원회를 구성, 실질적으로 활동하는 위원회로 만들기 위해 노력해야 한다. 실천역량 강화는 모든 단계에서 진행되어야 할 과제로서 공무원 대상 SDGs 교육프로그램의 개발과 실행, 시민사회와 기업에 대한 교육이 진행되어야 한다. 이행계획 체계 구축을 위해서는 지속가능발전비전과 이행계획 수립과 이에 대한 수정보완이 시행되어야 한다(이창언·오유석, 2017: 181). 지표 개발은 지역사회 각 영역의 의견 수렴 후 이를 반영하여야 한다. 지자체의 지속가능발전 전략 및 이행계획은 공무원과 시민의 참여과정을 바탕으로 지속가능발전 지표를 선정함으로써 지역의 경제적, 사회적, 환경적 지속가능성을 진단하고, 지속가능성 제고를 위해 어떤 분야에 더욱 힘을 써야 하는지를 파악하는 과정이 될 수 있다. 따라서 지속가능발전협의체는 국제-국가-지역 간 이행 내용을 연계하는 실천사업체계를 구축해야 한다. SDGs와 세계 인간정주 의제, 기후변화협약, 생물다양성협약 등 지속가능발전을 위한 주요 국제협약 내용과 지역의 의제 목표 및 실천사업을 연계하는 것도 의미 있는 작업이다(이창언·오유석, 2017: 182).

4. 지방 SDGs 이행·실천의 전제 ESD-ESDGs

지역의 SDGs 이행체계 구축은 지자체의 전략, 도시 파트너십, 협의회의 이니셔티브, 네트워크 간 협력, 제도화의 요소들과 결합할 때 성공 가능성이 높아진다. 그러나 여전히 지역 SDGs의 목표 달성을 제약하는 법적, 제도적, 문화적 제약요인이 존재한다. 이를 극복하는 가장 유력한 열쇠는 교육이다. 경험적으로 볼 때 SDGs 교육 과정의 직접적 또는 간접적 결과로서 지역 수준에서 나타난 새로운 정책, 규제, 또는 관행, 사회, 경제, 환경적 조건의 개선과 이슈, 우선순위 변화는 도전과 응전의 요소를 포함한다.

따라서 지속협은 SDGs 이행을 위한 인재 양성을 위한 교육 프로그램의 설계와 실행에 많은 역량을 투여해야 한다. SDGs 수립을 위한 관점과 가치, SDGs 수립과 이행을 위한 논의의 틀, SDGs의 학습 목적 등을 바탕으로 한 혁신적인 교육커리큘럼 작성과 교육 과정을 새롭게 기획해야 한다. 다시 말해 SDGs 이행을 위한 교육 프로그램 표준(안)에 맞추어 학습 일정 및 강의 교재,

학습목표, 강의개요, 학습방법, 강의 준비사항, 교육 프로그램 내용, 교육 결과물, 기대효과 등이 사전에 기획되고 검토되어야 한다. 특히 재정과 예산은 SDGs 교육시스템의 장·단기적 지속가능성을 좌우한다. SDGs 의제들을 이행하기 위해서는 재원이 필요하다. 재원을 확보하고 해당 재원을 적절하게 사용하는 것은 지속가능발전을 진전시키는 필수적인 요소다.

지역 ESD(지속가능발전교육)의 성숙도를 높이기 위해서는 ESD에 대한 총체적 시스템(whole-system approach) 접근을 시도해야 한다. 이 총체적 시스템 접근을 위한 영역 프레임워크는 거버넌스(정책/의사결정/재정과 예산/모니터링과 평가), 교육 과정(과정/교수/학습), 인적역량 형성(리더십/전문성 신장/인적 자원), 시설과 운영, 파트너십 등 다섯 가지 영역 요소에 대한 촘촘한 계획 수립, 모니터링 평가와 피드백을 통한 개선 시스템을 구축하는 것이다(Connelly, 2013: 88-90). 지자체는 예산뿐만 아니라 SDGs 교육과 실천의 성공적 이행을 위해 매우 중요한 데이터 수집과 모니터링, 제공에 있어서 중요한 역할을 담당해야 한다. 2030 의제에 대한 책임과 투명성을 담보하기 위해서는 적절한 도움과 자원, 그리고 기술적인 노하우와 역량 개발이 필요하다(이창언, 2020a: 415).

지속가능발전교육과 SDGs 교육은 지자체, 기업, 대학, 중간지원조직, 시민사회단체와 공동교육프로그램을 개발하고, 맞춤형 교육 지원 사업을 통해 지역사회 SDGs 접근 방법과 도구를 제공해야한다. 특히 지자체의 리더와 주요 의사결정자, 공무원, 도시회복력 및 적응분야 전문가들, 시민사회단체 활동가들은 SDGs 지표를 개발 및 평가하고, 파트너십을 강화할 수 있는 지역사회 SDGs 플랫폼(SDG platform) 구축의 촉진자가 되어야 한다.

SDGs 플랫폼이 장기적으로 '종합 도시계획 메커니즘(collaborative municipal planning mechanisms)'이 되기 위해서는 일본의 COC(사회공헌 지원사업) 사례처럼 지역 대학의 역할이 중요하다. 일례로 지역사회가 협력하여 지역 대학에 통합적 관리 틀인 지속가능도시센터(가칭)를 설립하는 것은 중간지원조직의 난립, 중복사업, 예산 낭비를 방지하는 효과가 있을 것이다. 센터는 ESD 커리큘럼 개발은 물론 학위·비학위 교육 프로그램 제공 외에 지역의 지속가능발전 전략을 둘러싼 정책개발, 의사결정 컨설팅, 학술 연구의 수준 향상과 지자체와 대학의 사회서비스 능력 제고와 실행에도 기여할 것이다.

〈표 14-9〉 지속가능발전교육의 대상과 내용

대상		내용	비고
공무원		지속가능발전 이해 추진역량 강화	교육부서와 협의를 통해 공무원 교육커리어 관리
시민	협의회/위원회 위원 시민단체	위원의 참여와 모니터링 역할	시민사회의 역량 강화 프로그램 지원
	일반 시민	지속가능한 사회에 대한 인식과 실천	시민단체를 통한 확산 교육 지원
기업		지속가능한 사회를 위한 기업의 역할과 거버넌스 참여	기업과의 협력 프로그램 기획 및 실천
공동		거버넌스의 이해와 참여	공동의 문제 및 협력사업 발굴과 모니터링

출처: 충북지속가능발전협의회(2020: 38)

지속가능발전을 내실 있게 추진하기 위해 가장 중요하고 선결되어야 할 부분이 지속가능발전 교육이다. 지속가능발전 담당 공무원에 대한 교육은 중앙정부는 물론 광역 지자체에서 계획을 수립하여 집중적으로 실시하는 것이 필요할 것이며, 일반부서 공무원에 대한 교육계획은 기초 지자체에서 개별적으로 실시하는 방안도 검토해야 한다. 지속가능발전은 모든 부서의 정책에 지속가능성을 담보하는 과정이므로 교육의 실시도 기존에 실시하고 있는 공무원 교육이나 각 분야의 정책 교육 과정에 지속가능발전 강의를 추가하여, 각 분야의 정책 수립에 지속가능성이 확보될 수 있도록 하는 것도 필요하다. 지속가능발전 교육은 지속협(또는 위원회) 위원을 포함한 시민, 나아가 기업을 대상으로 한 교육도 중요하지만 지역 차원의 SDGs 이행체계 구축을 위해서는 공무원에 대한 ESD 교육이 전략적으로 수행될 필요가 있다. 2030년까지 나, 벗들, 존재하는 모든 생명, 지구가 온전하게, 건강하게 살아낼 수 있는 관건은 회복탄력성(回復彈力性)이다. 우리 모두의 앎(배움)과 실천(행동)이 지구, 나라, 도시, 마을 공동체의 회복탄력성을 강화할 수 있기 때문이다. ESD(지속가능발전교육), SDGs(지속가능발전목표) 교육은 "실패나 부정적인 상황을 극복하고 원래의 안정된 심리적 상태를 되찾는 성질이나 능력(resilience)"을 높이는 데 기여한다. ESD는 우선, 나와 타자(타인, 이웃, 생명종)에 대한 긍정적 태도에서 오는 행복(감)에 초점을 둔다. 그것은 자기 자신과 관계의 회복탄력성(resilience), 자기 자신과 긍정적인 내면적 소통능력의 강화다. SDGs 교육은(실용주의적 관점에서) 이 행복감을 외부적 조건이 아닌 스스로의 결단에 근거한 소통과 협동, 문제 해결의 장으로 이끌어낸다.

| 15장 |

일상에서 실천하는 SDGs

우리는 지구를 구할 기회를 가진 마지막 세대이자, 빈곤 퇴치에 성공하는 첫 번째 세대가 될 수 있다(2030 지속가능발전 의제 50항). 우리가 성공적으로 목적을 달성한다면 2030년 세계는 보다 나은 곳이 될 것이다. 인류와 지구의 미래는 우리의 손에 달렸다. 또한, 미래는 다음 세대에게 그들의 일을 넘겨주게 될 오늘의 젊은 세대의 손에 달려 있다. 우리는 지속가능발전으로 가는 길을 제시했으며, 이 여정의 성공을 보장하고 다시 퇴보시킬 수 없는 성과를 끌어내는 것은 여러분 모두의 몫이다(2030 지속가능발전 의제 53항).

1. 집에서, 밖에서, 직장에서 실천하는 SDGs

우리나라 환경부 공식 블로그에서는 '일상에서 실천하기 쉬운 환경보호 꿀팁'을 소개한다. 이 외에 일회용품 사용 자제하기, 친환경 제품 사용하기, 전자 문서 사용하기 등도 거론하고 있다. 이 외에도 생활 속의 작은 실천은 무수히 많다. TV와 컴퓨터 화면도 밝기 때문에 실내 등을 끈다거나 화장지 사용을 줄인다거나 에어컨 온도를 조절하는 것도 하나의 방법이다. 유엔은 지속가능한 사회를 위한 행동 가이드를 만들었다. 유엔은 크게 4개의 수준에서 구체적인 방법들을 제시한다.[1] 이를 간단히 재구성하면 다음과 같다.

〈표 15-1〉 일상에서 할 수 있는 SDGs 실천

소파에서 할 수 있는 일  	• 전기를 절약한다. 멀티탭(multi-tap)을 사용하되 전기를 사용하지 않을 때는 완전히 전원을 끈다. • 전자문서를 사용한다. 청구서는 온라인 또는 모바일 청구서로 신청하고 지불하자. 종이를 사용하지 않으면 숲을 훼손하지 않아도 된다. • 페이스북에 공감만 표시하지 말고 SDGs를 공유한다. 여성의 권익 신장이나 기후행동에 관한 SNS 게시물을 지인들과 공유한다. • 목소리를 높인다. 내가 사는 마을이나 나라에 지속가능한 사회를 만들기 위한 실천에 참여하도록 호소하자. • 인쇄는 가능한 한 하지 않는다. 기억해야 할 것은 노트에 메모하거나 더 좋은 것은 디지털 포스트잇을 사용해 종이를 절약한다. • 조명을 끈다. 텔레비전이나 컴퓨터의 화면은 의외로 밝기 때문에 그 이외의 조명을 끈다. • 온라인 검색을 통해 SDGs와 ESG를 실천하는 기업을 찾을 수 있다. 이런 기업의 제품을 구매한다. • 해시태그(예: #SDGs)를 통해서 지속가능발전을 위해 우리가 무엇을 하고 있는지, 사람들에게 알려준다.

1) 유엔 홈페이지(https://www.un.org/en/actnow/).

<table>
<tr>
<td>집에서
할 수 있는 일

</td>
<td>• 헤어드라이어를 사용하지 않고, 머리카락이나 옷을 자연 건조한다.
• 샤워는 빠르게 마친다. 욕조 목욕은 샤워보다 물이 수십 ℓ 더 필요하다.
• 육식을 줄이자. 육식은 채식보다 더 많은 자원이 투여된다.
• 신선한 식품이건 남은 음식이건 다 먹지 않는다면 바로 냉장고에 넣는다.
• 퇴비를 만들자. 음식물 쓰레기를 퇴비화하면 기후 위기에 대응할 수 있다.
• 되도록 간소하게 포장된 물건을 산다.
• 창문과 문틈을 막아 에너지 효율을 높인다.
• 에어컨 온도를 겨울에는 낮추고, 여름에는 높게 설정한다.
• 오래된 전자기기를 사용한다면, 에너지 절약형 기종이나 전구로 교체한다.
• 가능하면 태양열 패널을 집에 설치하자.</td>
</tr>
<tr>
<td>집 밖에서
할 수 있는 일

</td>
<td>• 우리 고장에서 생산된 농산물, 친환경 제품을 구입한다. 지역기업을 지원하면 지역의 고용도 안정되고, 장거리 트럭도 몰 필요가 없어진다.
• 자가용보다는 대중교통이나 자전거를 이용한다.
• 많이 걷는다.
• 사용하지 않는 제품을 기부한다.
• 윤리적 소비, 녹색구매를 한다. 쇼핑 목록을 사용하고 충동적인 구매를 피한다.
• 못생긴 과일을 구입한다. 과일과 채소는 크기, 모양, 색상이 표준에 맞지 않는다고 버려지기도 한다. 하지만 이런 과일이 맛과 영양이 없는 것은 아니다.
• 자기 물병과 컵을 가지고 다닌다.
• 에코백을 사용한다.
• 식당에서 냅킨을 적게 사용한다.
• 중고 물품을 구매한다. 새로운 제품이 반드시 좋은 것은 아니다.
• 자동차를 정기적으로 관리한다. 잘 관리된 자동차는 적은 이산화탄소를 배출한다.
• 나와 가족이 쓰지 않는 물건은 기부한다.
• 가족과 나, 이웃을 위해 예방 접종을 한다. 질병을 예방하는 것도 사회의 지속가능발전에 도움이 된다.</td>
</tr>
</table>

	• 국가와 지역사회에서 SDGs를 실천할 지도자를 선출하는 투표에 참여한다. 꼼꼼하고 깐깐하게 정책과 공약을 검토한 후 후보를 선택한다. • 원하지 않는 과일이나 간식이 있다면 버리지 않는다. 도움이 필요하고 도움을 요청하는 사람에게 양보한다. • 나와 이웃의 권리가 무엇인지 알아보고 불평등에 맞선다.
직장에서 할 수 있는 일  	• 직장의 모든 사람이 의료 서비스를 이용할 수 있는지 알아본다. 노동자의 권리가 무엇인지 알아보고 불평등에 맞선다. • 멘토(mentor)가 되자. 이는 누군가를 더 나은 미래로 인도할 수 있는 강력한 방법이다. • 여성은 동일한 노동을 하지만 남성보다 10~30% 적은 임금을 받는다. 임금 격차는 아직도 지속된다. 동일 노동, 동일 임금을 요구한다. • 40억 명이 기본적인 위생 서비스에 접근할 수 없다. 전 세계 많은 지역사회의 화장실 부족, 나아가 빈곤의 원인과 해법에 관해 이야기 나눈다. • 회사가 에너지 효율성이 높은 에어컨과 난방시스템을 갖추도록 요청한다. 겨울에는 낮게, 여름에는 더 높게 온도를 조정한다. • ESG 경영을 공부한다. 동시에 다른 국가의 노동자 인권과 지배구조에 대해 살펴보고 동료와 이야기 나눈다. • 회사는 안전하고 포용적인 산업 기반을 구축하고 있는지 살펴보고 동료들과 이야기를 나눈다. • 직장 내 차별을 없애기 위해 노력한다. 성별, 인종, 성적 지향, 사회적 배경 또는 신체적 능력의 차이를 불문하고 모든 사람은 평등하다는 점을 널리 알린다. • SDGs 배지를 착용한다.

출처: 유엔 홈페이지(The Lazy Person's Guide to Saving the World)

1) 우리 가족 SDGs 점검

전국지속협은 SDGs의 일상적 실천을 위해 '우리 가족 SDGs' 인식과 실천 상황을 점검하는 질문을 만들었다. 이 점검표는 내 가족의 현재 상태에 대한 성찰과 반성은 물론 미래 예측까지 해 볼 수 있다. 이 점검표는 "우리 집이 상태가 좋음이면 초록(●)/ 보통이면 노랑(●)/ 위험이면 빨강(●)으로 체크"하게

우리집SDGs
전국공동조사
참여해주세요!!
인류는 지속가능한가요?
당신의 나라는 지속가능한가요?
당신의 도시는 지속가능한가요?
당신의 가족은 지속가능한가요?

된다. 빨간불이 켜져 있는 목표를 노란불, 초록불로 바꾸기 위해 계획을 세우고 실천하면 된다.

〈표 15-2〉 우리 가족 SDGs 점검표

우리가족 SDG's	● 좋음	○ 보통	● 나쁨	세부 지표
1. 가난한가?				앞으로 빈곤 상태에 처할 위험이 높은가? 집 유지를 위한 비용은 우리 가족 경제수준에 적절한가?(임대, 관리비)
2. 먹을거리는 안전한가?				우리 가족의 먹을거리는 환경적으로 건전한 방식으로 재배되었는가? 우리 가족은 우리 지역에서 생산된 농수산물을 이용하고 있는가? 먹을거리를 안정적으로 확보할 수 있는가?(구매, 생산)
3. 건강한가?				만성질환 등 건강 위협요인이 없고 건강(위생)관리를 잘하고 있는가? 아플 때 어렵지 않게 치료받을 수 있는가?(의료 접근성, 건강보험 등)
4. 배우고 있는가?				성장 단계에 따라 기본교육을 받고 있는가? 직업교육이나 평생교육과 같은 자기계발을 위한 교육을 받을 수 있는가?

우리가족 SDG's	● 좋음	○ 보통	● 나쁨	세부 지표
5. 성평등한가?				부부간 자녀 간 남녀 차별이 없고 집안일을 공평하게 나눠서 하는가? 가족 구성원(여성)의 사회 활동을 지지하고 있는가?
6. 깨끗한 물을 필요한 만큼 사용하고 있는가?				물을 낭비하여 생활하수를 많이 버리지 않는가? 마실 수 있는 물을 안정적으로 공급받고 있는가? 우리 집 주위의 개울과 하천은 깨끗한가?
7. 에너지를 절약하고 재생에너지를 쓰는가?				에너지를 절약하고 있는가?(1가구 전기요금 2만 4천 원) 온실가스를 배출하지 않는 재생에너지를 사용하고 있는가?(재생에너지 설치, 펀드나 조합에 투자 등)
8. 일자리는 안정적인가?				우리 가족은 고용불안 없이 안전한 근무환경을 갖고 있는가? 과도한 채무나 지출로 가계 재정이 나빠지고 있지 않은가?
9. 사회를 발전시킬 기술·능력을 갖췄는가?				미래사회에 적응할 수 있는 적절한 기술을 가졌는가? IT 등 새로운 정보에 접근할 수 있고 이해할 수 있는가?
10. 불평등한가?				사회에서 우리 가족이, 가족 내에서 가족 구성원이 차별받지 않는가? 경제력, 나이, 성별, 출신, 장애를 이유로 사회, 경제, 정치적으로 차별받지 않는가?
11. 사는 집은 쾌적하고 안전하며 편리한가?				집은 튼튼하고 실내와 실외의 공기는 깨끗한가? 대중교통, 자전거, 전기차를 이용하거나 걷기 좋은 조건인가? 가까운 곳에 휴식을 즐길 만한 공원이나 녹지가 있는가?

우리가족 SDG's	● 좋음	○ 보통	● 나쁨	세부 지표
12. 불필요한 소비로 쓰레기를 많이 만드는가?				일회용보다는 재사용하고 재활용하는가? 친환경적인 재료와 생산방법으로 만들어진 제품을 사용하는가?
13. 지구온난화를 심화시키는가?				집이 춥거나 너무 덥지 않고 태풍, 홍수 등 재난에 안전한가? 닥쳐오는 기후 위기에 우리 가족은 안전한가? 온실가스를 줄이기 위해 실천하는가?(채식·로컬푸드 이용, 물·에너지 절약, 재생에너지 설치, 일회용품·플라스틱 줄이기, 대중교통·자전거)
14. 바다, 하천, 호수를 살리고 있는가?				바다, 하천, 호수를 보호하기 위한 활동을 지지하고 참여하고 있는가?(바다 미세플라스틱 줄이기, 일회용품 강물에 버리지 않기) 바다 환경 보전 활동을 하고 있는가?(바다매립 등 난개발 반대, 해양생물 보호 캠페인)

출처: 전국지속가능발전협의회(2020)

2) 환경, SDGs 관련 기념일 기억하기

'플라스틱 없는 하루'라는 구호 아래 시민이 환경지킴이가 되겠다고 약속을 한 환경의 날(6월 5일), 가뭄, 산림벌채, 환경 오염 등으로 인해 토지가 사막화되는 현상을 방지하기 위해 UN에서 지정한 사막화 방지의 날(6월 17일)을 알리고 기억하는 것도 일상에서 SDGs를 실천하는 것이다.

〈표 15-3〉 새로운 SDGs 달력

월	일	기념일	비고
1월			

월	일	기념일	비고
2월	2	세계 습지의 날 (World Wetlands Day)	국제습지조약
	2월 셋째 주 일요일	세계 고래의 날 (World Whale Day)	태평양 고래 재단
3월	3	세계 야생동물의 날 (World Wildlife Day)	유엔
	8	세계 여성의 날 (International Women's Day)	유엔
	11	후쿠시마 핵발전소 사고 (Fukushima Daiichi nuclear disaster)	
	21	국제 인종차별 철폐의 날 (International Day for the Elimination of Racial Dis-crimination)	유엔
	22	물의 날	유엔
	마지막 주 토요일	'지구를 위한 시간' (Earth Hour)	세계 자연기금 (WWF)
4월	5	식목일 (Arbor Day)	
	7	세계 보건의 날 (World Health Day)	유엔
	22	지구의 날 (Earth Day)	유엔
	24	세계 실험동물의 날 (World Day for animals in Laboratories)	
	26	체르노빌 핵발전소 사고 (Chernobyl Nuclear Power Plant Accident)	
	29	세계 골프 없는 날 (No Golf Day)	

월	일	기념일	비고
4월	마지막 주 토요일	세계 개구리 보호의 날 (save the frogs day)	
5월	1	세계 노동자의 날 (May Day)	
	1	세계 퇴비 주간	
	2	세계 참치의 날	유엔
	5월, 10월 둘째 주 토요일	세계 철새의 날	유엔 환경계획 UNEP
	둘째 주 토요일	세계 공정 무역의 날	세계 공정무역기구 (WFTO)
	21	세계 문화 다양성의 날	
	22	세계 생물다양성의 날	유엔
	31	바다의 날	
	31	세계 금연의 날	WHO
6월	첫째 주 일요일	세계 공유의 날	
	5	환경의 날	
	8	세계 해양의 날	
	12	세계 아동노동 반대의 날	유엔
	17	사막화 방지의 날	유엔
	20	세계 난민의 날	유엔
7월	첫째 주 토요일	국제협동조합의 날	
	11	세계 인구의 날	유엔
	29	세계 호랑이의 날	
8월	9	세계 원주민의 날	
	22	에너지의 날	

월	일	기념일	비고
9월	6	자원 순환의 날	
	8	국제 문맹 퇴치의 날	유엔
	16	세계 오존층 보호의 날	
	21	세계 평화의 날 (World Peace Day)	유엔
	22	세계 차 없는 날	
	25	SDGs 채택일	유엔
	9월 말	SDGs 주간(글로벌 목표 주간)	유엔
	27	세계 관광의 날	UNWTO 유엔 세계관광기구
	29	국제 식품 손실 및 폐기 인식의 날	유엔
10월	1~31	3R 추진의 달	유엔
	1	세계 채식인의 날	
	11	세계 소녀의 날	유엔
	13	자연 재해 감소의 날	
	16	세계 식량의 날	유엔
	16	화학조미료 먹지 않는 날	
	17	세계 빈곤 퇴치의 날	유엔
	24	유엔의 날	유엔
	26	산양의 날	
	31	세계 도시의 날	유엔
11월	3	학생의 날	
	5	세계 전쟁과 무역 분쟁 중의 환경 파괴 방지의 날	유엔
	5	세계 쓰나미의 날	유엔
	10	평화와 발전을 위한 세계 과학의 날	유네스코

월	일	기념일	비고
11월	11	농업인의 날	
	16	국제 관용의 날	
	20	세계 어린이 날	유엔
	마지막 주	아무것도 사지 않는 날	
12월	5	세계 흙의 날	
	7	삼성허베이스프리트호 기름유출 사고일	
	10	세계 인권의 날	유엔
	11	세계 산의 날	
	18	세계 이주민의 날	유엔
	20	국제 인간 연대의 날 (International Human Solidarity Day)	유엔

2. 환경인증 제품 사용하기

1) 일회용품 사용 자제하기

우리가 습관처럼 행하는 환경 오염 요인 중 가장 대표적인 것이 일회용품 사용이다. 우리가 자주 가는 마트, 커피숍 등 일회용품을 사용하지 않는 곳이 없을 정도로 일회용품은 우리 삶에 깊숙이 들어와 있다.

일회용품은 한 번 사용하고 버리도록 만들어지는 제품이기 때문에 대량으로 생산하고 소비하는 과정을 거친다. 중요한 건 이 원료가 나무나 플라스틱이라는 것이다. 일회용품은 나무와 숲을 빠르게 사라지게 만드는 등 지구 환경에 아주 큰 악영향을 미치고 있다. 일회용품은 잘 썩지 않고 태우는 데도 비용이 발생한다. 따라서 이산화탄소 발생은 물론 쓰레기 처리 공간 확보의 어

〈그림 15-1〉 물티슈 없이 일주일 살기

려움도 있고 막대한 비용도 발생한다. 또한 많은 일회용품은 비닐이나 플라스틱이고 토양 또는 해양 생태를 파괴한다.

최근에는 플라스틱 빨대와 컵을 제공하지 않는 음식점, 커피숍이 늘고 있다. 이는 기업이 SDGs 및 환경 이니셔티브를 발전시켰기 때문에 발생한 변화지만 그만큼 해양 오염의 심각함을 방증하는 것이다. 이제 많은 사람이 커피숍에서 일회용 컵 대신 머그잔을 사용하거나 개인용 물병, 장바구니, 에코백을 사용하고 있다. 물티슈 덜 사용하기, 대중교통 또는 자전거 이용하기 등도 개인이 할 수 있는 SDGs 실천 방법이다.

〈그림 15-2〉 친환경 종이 포장재 제품

한솔제지와 롯데제과가 개발한 '카카오 판지' /출처: 한솔제지 제공.

슈퍼마켓과 편의점에서 물건을 구매할 때 약간의 시간과 노력을 들여 상품을 고르는 것도 SDGs 목표 달성에 기여할 수 있다. 편의점과 슈퍼마켓 등도 예전과 달라지고 있다. 청소년이 자주 찾는 김밥, 샌드위치, 과자를 포장한 원료가 점차 플라스틱에서 친환경적인 원료로 바뀌고 있다. 최근 국내 최대 제지업체인 한솔제지가 롯데제과와 함께 카카오 열매 성분이 함유된 친환경 종이 포장재인 '카카오 판지'를 개발해서 포장지를 만든 것도 반가운 소식이다.

2018년 기준 우리나라에서 한 해 발급된 종이 영수증은 총 128억 건에 이른다. 당해 기준 국민 1인당 종이 사용량은 189.2kg(한국제지연합회 제공)이며, 신용카드(체크카드 포함) 결제를 통해 발행된 종이 영수증 발급량은 128억 9,000건(금융감독원 제공)이라고 한다. 환경부에 따르면 영수증 발급 비용만 1천 31억 원, 쓰레기 배출량은 9천 t에 달한다. 또한 신용카드(체크카드 포함) 영수증 발급으로 9,358t의 쓰레기가 발생했으며, 22,893t의 온실가스가 배출됐다. 이는 20년산 소나무 128,900그루를 벌목한 것에 맞먹는 양이다.

"우리 일상생활 속에서 종이를 줄일 수 있는 가장 손쉬운 방법은 종이 영수증과 각종 고지서를 전자화하는 것이다. 만약 세금 고지서를 전자고지서로 수령하면 국세는 건당 1,000원 지방세는 장당 300원의 세액공제도 받을 수 있으니 탄소중립을 실천하며 세금공제도 받는 일거양득의 효과를 누리는 셈이다."[2] 요즘은 핸드폰과 컴퓨터로 영수증, 청구서 같은 문서들을 다룰 수 있는 프로그램들이 많아졌다. 이런 전자 문서를 사용하면, 환경 보호뿐만 아니라 효율성 증가와 비용 절감의 효과도 볼 수 있다.

〈그림 15-3〉 종이 사용 줄이기

나무 심기, 대중교통 이용하기, 장바구니 이용하기, 전기플러그 뽑기, 종이

2) http://www.ddmnews.co.kr/news_gisa/gisa_view.htm?gisa_idx=72345

타월 대신 손수건 사용하기, 종이컵 대신 텀블러 사용하기 등과 같은 일상에서 쉽게 실천할 수 있는 일들로도 사막화를 예방할 수 있다. 그러니 사소한 일부터 하나하나 함께 실천하는 것이 중요하다. 일회용 기저귀 대신 천 기저귀를 쓰는 것도 SDGs 실천이라고 할 수 있다. 한겨레신문(2020. 12. 01.)이 환경운동연합 등의 자료를 인용하여 작성한 기사 "천 기저귀 쓰면 아기·환경·일자리 '일석삼조' 효과 생기죠"는 천 기저귀가 가진 환경, 경제, 사회적 지속가능성을 다음과 같이 설명한다.

"한 아이가 유아기(25개월) 동안 쓰는 일회용 기저귀는 하루 평균 5.8개씩 모두 4,402개로 추산된다. 이를 처리하기 위해서는 10ℓ짜리 종량제 봉투 160개가 필요하다. 전주지역 아이 350명이 천 기저귀를 쓰면 일회용 소각 쓰레기 감소량이 775t, 이산화탄소 배출량은 858t이 줄어든다. 천 기저귀 사용 가정에 전주시가 매월 2만 원씩을 지원하도록 예산 8,400만 원을 확보하면 일회용으로 쓰게 될 금액을 1가구당 연 82만 8천 원 정도를 절약해 가계 부담이 줄어든다. 또 피부 발진 등의 감소로 병원비도 아낄 수 있다. 특히 일자리 창출 효과도 발생한다. 세탁·수거·배송에 필요한 자활사업단 인원이 최소 120명이 늘어나게 된다."

이웃 나라 일본도 일회용 기저귀가 심각한 환경문제임을 인식하고 이에 대한 위험성을 시민에게 알리고 있다. 일본 환경성은 2015년에 일반폐기물로 일회용 종이 기저귀를 처리할 때에 배출된 이산화탄소가 약 21만 t이 넘는다고 발표했다. 이는 50년생 삼나무 한 그루가 연간 흡수할 수 있는 이산화탄소량을 평균 14kg으로 환산할 때 종이 기저귀를 소각하면서 배출된 21만 t의 이산화탄소를 처리하려면 약 1,500만 개의 삼나무가 필요하다는 것이다.

2) 환경 인증 마크 물품 구매하기

친환경 구매는 환경에 긍정적인 영향을 주는 제품의 개발을 늘리고 친환경적인 소비와 친환경 경제활동을 장려하는 것을 목표로 한다. 친환경 구매는 다음의 네 가지를 염두에 두고 상품과 서비스를 구매하는 것이다. 그것은 첫째, 환경을 고려한다. 둘째, 제품을 꼭 구매할 이유와 필요성에 대해 생각한다. 셋째, 환경에 미치는 부담이 적은 제품과 서비스를 선택한다. 넷째, 제조 공정에서 환경에 미치는 영향을 줄이기 위해 노력하는 기업이 생산한 제품과 서비스를 적극적으로 구매한다. 이런 점을 고려할 때 공정무역 제품이나 친환경 인증 마크가 있는 제품을 구매하여 SDGs 목표 달성에 기여할 수 있다. 친환경 인증마크는 "정부 기관 따위가 친환경으로 인정한 농산물, 축산물, 수산물에 부여하는 마크"를 의미한다(다음 국어사전). 한국환경산업기술원에서 시행하고 있는 환경표지 제도를 통해서 같은 용도의 다른 제품에 비해 제품의 환경성을 개선한 경우 그 제품에 표시해주는 것을 환경마크라고 한다(경북 구미 스마트 그린 블로그).

친환경 인증마크로는 "같은 용도의 다른 제품보다 '제품의 환경성'을 개선한 경우 '환경표지 인증' 마크가 있다. 이 마크는 소비자에게 환경성 개선 정보를 제공한다. 그리고 제품 및 서비스의 환경성 제고를 위해 제품 및 서비스의 원료 채취, 생산, 수송·유통, 사용, 폐기 등 전 과정에 대한 환경 영향을 계량적으로 표시하는데 이를 '환경성적표지 인증'이라고 한다. 환경성적표지 인증을 받은 제품 중 '저탄소 제품 기준' 고시에 적합한 제품에 표시하는 '저탄소 제품 인증'이 있다. 그리고 대기 전력 저감 기준을 만족해 한국에너지공단에 대기 전력 저감 우수제품으로 신고된 제품을 인증하는 것으로, 일반 제품에 비해 30~50%의 에너지 절약 효과를 낸 제품을 인증하는 에너지 절약 마크 등이 있다(신이경, 2021).[3]

대량생산, 대량소비 및 대량 폐기를 특징으로 하는 현대 경제, 사회체제에서 생산된 제품과 서비스는 우리에게 편리한 생활을 가져왔다. 그러나 동시에 지구 온난화, 사막화, 생태계 파괴, 자원 고갈, 대기오염, 물, 토양 및 폐기물 증가와 같은 심각한 환경 문제를 초래했다. 우리는 사회와 일회용 제품의 이상적인 방식을 근본적으로 검토하고 지속가능한 재활용 중심의 사회를 구축해야 한다는 압박을 받고 있다. 따라서 지속가능한 생산과 소비를 위한 친환

3) https://www.cowebzine.com/vol540/index.php?pageType=sub&wzSec=1&wzId=4

〈그림 15-4〉 환경 마크 종류

출처: 경북구미스마트그린산단사업단 블로그(검색 2022. 1. 8.)

경 제품의 구매, 일상에서 SDGs 실천이 갖는 의미를 깊이 인식해야 한다. 여기서는 친환경 상품 구매에 한정해서 논의를 정리하고자 한다.

친환경 상품 구매에서도 꼼꼼하고 깐깐하게 고려할 원칙이 있어야 한다. 그것은 첫째, 필요성이다. 상품과 서비스를 구입하기 전에 반드시 필요에 대해 충분히 고려해야 한다. 둘째, 제품과 서비스의 수명 주기이다. 자원 수집에서 폐기에 이르기까지 제품 수명 주기에 다양한 환경 및 사회적 영향을 고려해야 한다. 이를 세분화하면 환경과 인간의 건강에 영향을 미치는 유해화학물질 감축, 적정한 자원의 활용과 에너지의 절약, 천연자원의 지속가능한 사용, 장기 사용과 재사용 가능성, 재활용 재료와 재사용 부품사용, 사후처리와 폐기의 용이성 여부 등이다. 셋째, 사업자의 이니셔티브이다. 환경 영향을 줄이고 사회적 책임을 다하기 위해 노력하는 기업의 제품 및 서비스에 구매 우선순위를 지정하는 것이다. 지구환경 개선에 체계적으로 협력할 제도(환경관리시스템) 도입, 자원과 에너지 절약, 화학물질 관리 및 감소, 녹색구매 및 폐기물 감소(기업의 환경 이니셔티브), 정보공개 여부 등이다. 넷째, 제품 및 서비스 및 비즈니스에 대한 환경 및 사회정보를 적극적으로 수집과 활용하는 것이다.

친환경 상품을 구매하는 것은 지속가능한 생산과 소비를 촉진하는 이니셔티브를 강화한다. 녹색구매를 촉진하고 구현하는 것은 우리의 삶, 환경, 경제, 사회적 측면을 둘러싼 세 가지 영역에 큰 영향을 미친다. 우리 사회는 제품 및 서비스 생산과 유통 소비과정에서 온실가스, 오염물질 및 폐기물과 같은 환경 오염 물질의 배출, 산림 벌채, 토양 오염으로 인한 환경파괴와 같은 다양한 환경문제에 직면하고 있다. 친환경 구매는 환경 오염물질의 배출량을 줄이는 것 외에도 환경 오염과 환경파괴로부터 자연을 보호할 수 있다. 환경 친화적인 제품과 서비스 개발은 결코 간단한 일이 아니다. 그러나 높은 제품 개발 역량과 기술력을 확보하면 기업의 시장가치와 국제경쟁력이 높아질 수 있다. 그리고 친환경 구매가 널리 보급되면 친환경 시장이 확대되고 시장을 통해 기업은 친환경 제품 및 서비스를 개발하도록 장려될 것이며, 경영은 환경을 염두에 두고 추진될 수 있다. 친환경 구매에 힘쓰고 에너지 및 자원 소비를 줄이고, 폐기물 발생을 줄이고, 환경 인식을 제고하며, 다른 환경 이니셔티브로의 확산을 촉진한다. 기업은 환경 오염 물질의 배출을 감소시킴으로써 시민과 어린이들이 안전하게 생활할 수 있는 환경을 유지할 수 있다. 동시에 노동자의 근로조건의 질을 개선하는 효과도 있다. 친환경 제품, 인증제품 구매, 윤리적 소비는 소비자뿐만 아니라 기업을 변화시키고 사회를 변화시킬 힘이 있다. 기업, 정부, 소비자를 포함한 사회 전체의 녹색구매는 환경적 영향을 줄이고 지속가능한 사회를 구축하는 효과적인 수단이다.

3. 윤리적 소비와 공정무역

윤리적 소비(Ethical consumerism)라는 말이 있다. "소비자가 상품이나 서비스 따위를 구매할 때 윤리적인 가치 판단에 따라 의식적으로 올바른 선택을 하는 것"을 말한다(에듀윌 시사상식). 경제가 성장하면서 반복적으로 대량생산과 소비가 일상화되면서 기후변화, 산림자원 고갈, 생물다양성이 훼손되면서 인간의 생존도 위협받고 있다. 윤리적 소비는 이러한 현실을 반영하여 지구와 우리 사회의 지속가능성을 고려하는 사고방식과 소비 행동인 지속가능한 소비의 패러다임 전환에 영향을 미치고 있다. 윤리적 소비는 SDGs와 밀접한 관련이 있다. SDGs 17개 목표 중 '지속가능한 생산과 소비'를 내건 12번째 목표는 윤리적 소비를 포함한다.

일상에서 윤리적 소비의 실천은 첫째, 에너지 절약형 가전제품을 사용하는 것이다. 높은 전력을 소비하는 냉장고, TV, 에어컨을 에너지 절약 가전제품으로 전환함으로써 CO_2 배출량을 줄일 수 있다. 또한 노동 착취나 인권 유린, 자원을 낭비하지 않는 공정무역 또는 그런 제조업체와 브랜드를 알아보고 의류나 제품을 구매하는 것도 윤리적 소비라고 할 수 있다. 잠깐 쓰고 버리는 제품이 아니라 장시간 착용할 수 있는 의류, 제품을 선택하는 지혜가 필요하다. 수익금 일부가 사회적 약자를 위해 기부되는 기업의 제품 또는 서비스를 선택하는 것, 직장 및 전자상거래 사이트에서 장애인이 만든 제품을 구입하는 것, 미혼모, 노인, 성소수자 등 사회적 약자를 적극적으로 채용하는 기업이 생산한 제품과 서비스를 의식적으로 구매하는 것도 '사람과 환경'을 염두에 두는 윤리적 소비하고 할 수 있다.

공정무역도 윤리적 소비라고 할 수 있다. 공정무역은 생산자 조합과의 직거래를 통해 적절하고 공정한 구매대금을 지불함으로써 생산자의 지속가능한 일자리를 보장하고 경제적 자립을 할 수 있도록 지원한다. 또한 판매 수익금 일부를 생산지의 환경 보호를 위해 지원함으로써 유기농 혹은 친환경 제품을 생산할 수 있는 기반을 마련하여 주고 소비자가 믿고 구매할 수 있는 질 좋은 상품을 공급한다. 공정무역은 생산자와 소비자에게 모두 유익한 무역을 통해 부의 평등한 재분배를 이루어 나간다. 공정무역은 국제무역에서 더 평등하고 정의로운 관계를 추구하는 거래 기반의 파트너십이다. 특히 개발도상국에서 경제발전의 혜택에서 소외된 생산자들과 노동자들에게 더 나은 거래조건을 제공함으로써, 그들의 권리를 보호하고 지속가능한 경제발전에 기여한다(아시아공정무역네트워크 홈페이지). 사람들이 많이 알고 있는 커피, 초콜릿 외에도 축구공, 의류, 바나나 등 다양한 공정무역 제품이 판매되고 있다. 공정무역으로 인증된 제품뿐 아니라 친환경 인증제품을 구매함으로써 생산자 및 생산 분야의 경제적, 사회적, 환경 발전에 기여할 수 있다.

4. 로컬푸드 이용과 식품 손실 줄이기

1) 로컬푸드

내 고장에서 생산된 농산물, 제품을 구매해 지역 중소기업을 보호하고 육성하는 것도 윤리적 소비이다. 로컬푸드 농산물을 구입하고 섭취함으로써 지역경제의 활성화는 물론 한국의 식량자급률 향상에 기여할 수 있다. 또한 로컬푸드는 장거리 운송(비행기나 선박을 이용한 운송)이 아니므로 CO_2 배출량도 감소시키는 효과도 있다. 로컬푸드 운동(local food movement)은 도시농업에도 영향을 줄 뿐 아니라 지역농산물의 생산과 소비행위, 생산자와 소비자를 연계하는 활동과 지역 농산물을 매개로 한 다양한 활동으로 그 의미가 확대되고 있다. 로컬푸드 운동은 제도적으로는 지역의 식량계획과 이에 근거한 지역농업 계획, 이를 아우르는 지역식량정책협의회(Local Food Policy Council)를 구축하는 것으로 모아질 수 있다.

로컬푸드는 글로벌푸드(Global Food)[4]와 달리 '농장에서 입까지(from land

4) 곡물 메이저 기업, 다국적 식품 산업 등이 지역시장이 아니라 세계시장을 대상으로 먹을거리를 생산하면서 식품안전, 곡물투기, 식량안보, 환경과 지역경제파괴, 유전

to mouth)'의 과정을 줄이는 것을 포함해 생산자(농민)와 소비자 간에 먹을거리를 매개로 하는 관계를 다시 맺어주고 있다. 로컬푸드 운동은 생산자에게 정당한 몫을, 그리고 소비자에게는 믿을만한 먹을거리를 제공하고, 더 나아가 생산자와 소비자들의 먹을거리 공동체를 만드는 것을 목표로 한다. 로컬푸드 시스템은 가능하면 지역에서 생산한 것을 지역에서 소비하기 때문에 '얼굴을 볼 수 있는 관계'를 만들어내고, 이를 전제로 한 생산과 유통이 성립하게 된다. '얼굴을 볼 수 있는 관계', 즉 먹을거리를 통한 신뢰관계의 형성은 먹을거리의 안전성을 확보할 수 있는 가장 확실한 방법이 될 수 있다.

로컬푸드는 생산자와 소비자의 거리 축소와 관계의 확대를 지향한다. 이를 통해 도농 간 지속가능한 농식품 체계(sustainable agro-food system)와 우리 농업(소농)의 자립, 자활력도 제고할 수 있다. 로컬푸드 운동은 물리적 거리와 더불어 지속가능성을 추구하는 생산자와 소비자의 유대 관계를 강조하며, 안전성, 경제성, 환경 보전을 목표로 하는 SDGs의 지향과 일치한다.

로컬푸드는 윤리적인 소비를 추구하는 '사회적 경제(Social Economy)'라 할 수 있다. 일반 경제와 사회적 경제는 기본 입장, 최종 가치, 운영 수단, 공간

자조작 논란 등 다양한 문제를 발생시켰다. 특히 제초제·항생제를 남용해서라도 '비용 절감'과 '싼 가격'을 우선시하고, 먼 거리를 이동하기 위해 방부제·방사선 살균 처리로 '저장성'을 높이는 것은 글로벌푸드의 광범위한 특성이다. 세계 식량 체계(global food system)는 이윤 추구와 효율성의 원리에 따라 작동하는 농업으로서 대량생산·유통·소비 시스템을 필요로 한다. 이것은 농업 생산의 단작화·전문화·규모화를 통한 농산물 유통의 대량화·광역화로, 농산물 소비의 계절성을 무시하고 편리성 요구에만 부합할 수 있도록 체질화된 농업이라 할 수 있다. 이는 필연적으로 식품 안전성뿐 아니라 자연의 다양성·순환성을 상실케 하는 한편, 농민의 주체성을 박탈하여 농업과 생명을 위협할 수 있다. 전 세계적으로 운송되는 수입 농산물의 신뢰도에 의심이 커짐에 따라, 출처를 알 수 없는 글로벌 먹을거리보다는 확실한 자기 지역의 농산물에 대한 소비자들의 믿음이 더 커지게 되었다. 이에 소비자는 생산자와 교류하며 출처가 분명한 먹을거리를 요구하기에 이르렀고 이 같은 요구에 부응하는 대안으로 선진국에서 이미 시행되고 있는 '로컬푸드'가 사회적인 이슈로 떠올랐다. 패스트푸드가 시간을 잃어버린 먹을거리라면 글로벌푸드는 공간을 잃어버린 먹을거리다. 이에 반해 로컬푸드는 지역에서 생산되는 농산물을 활용해 안전하고 신선한 먹을거리를 제공해 시간과 공간이 살아있는 먹을거리로, 아이들의 건강을 지키기에는 최선의 먹을거리로 손꼽힌다.

적용 단위, 운영방식, 구성원과의 관계에서 분명한 차이가 있다. 일반경제가 생산, 효율, 경쟁을 통한 이익(자본)의 창출에 가치를 둔다면 로컬푸드는 마을을 중심으로 한 '나눔·호혜·순환'이 운영 수단의 핵심 콘텐츠다. 로컬푸드 운동은 커뮤니티(특히 생태적 재지역화)에 대한 이해를 새롭게 해석하고 그 가능성을 확장할 수 있다는 점에서 중요한 의미를 지닌다.

로컬푸드는 기업이나 중개상들에 의해 식품 공급망이 복잡해지고 길어지면서 발생하는 식품위험, 수급불안정, 반생태성을 극복하는 운동이 되고 있다. 즉 먹을거리의 안전성, 식량의 안정적 공급, 그리고 먹을거리 생산과 소비의 생태성을 회복함으로써 지속가능한 먹을거리 체계를 만드는 것을 지향한다. 생태적 부담을 덜 주는 재지역화에도 중요한 역할을 수행한다. 로컬푸드는 로컬거버넌스를 통한 참여와 소통과정의 구조화를 통해 지역사회의 신뢰와 공감대 형성에 기여하는 한편, 푸드 마일리지를 줄이고 자원 순환·지역 내 자급을 촉진하며, 안전한 고품질의 농산물을 싸게 공급하는 것을 가능하게 한다. 이 외에도 고용 창출과 지역자원의 활용을 촉진하며 음식과 농업교육·인간교육을 촉진한다. 나아가 지역이라는 삶의 장에 대한 의미를 복원하는 실마리를 제공한다(이창언 2015).[5)]

2) 식품손실 줄이기

식품 손실(Food loss)은 먹을 수 있지만 버려지는 음식을 일컫는 것이다. 유엔식량농업기구(FAO)와 국제환경단체는 버려지는 식품문제를 중요한 화두로 삼고 있다. 2021년 8월 세계자연기금(WWF)은 보고서를 통해 전 세계에서 매년 먹지 않고 버려지는 식량이 대략 40%(25억 t)에 달하는 것으로 추정했다. WWF는 전 세계 인위적 온실가스 배출량의 8% 가량이 식품 폐기와 불가분의 관계가 있음을 지적한다. 한국환경연구원이 2021년 국회 입법조사처에 제출한 '식품 손실·폐기량 저감과 관리정책 동향·입법과제' 연구용역 보고서에 따

5) http://www.pttimes.com/news/articleView.html?idxno=35395

르면 우리나라 하루 평균 분리배출되는 음식물 폐기물은 2009년 1만 3천 701t에서 2019년 1만 4천 314t으로 4.5% 증가했다. 국민 1인당 식품폐기물(식품 제조 단계 포함)은 10년 사이에 하루 338g에서 407g으로 20.4% 늘어난 것이다. 식품 제조업체에서 나오는 물량과 종량제 봉투에 혼합 배출되는 물량까지 포함하면 같은 기간 식품폐기물은 하루 1만 6천 669t에서 2만 1천 65t으로 26.4% 급증했다. 식품의약품안전처와 식품안전정보원에 따르면 우리나라의 식품 폐기량은 연간 548만 t, 처리비용은 1조 960억 원에 달한다.

SDGs가 지향하는 '지속가능한 세상'을 위해서는 식품 손실을 막는 것이 시급하다. 유엔도 이점을 고려하여 SDGs에 지속가능한 생산과 소비(12번 목표)를 포함시켰다. 세부목표 12.3은 "2030년까지 소매 및 소비자 수준에서 전 세계적으로 1인당 식량 낭비를 1/2로 줄이고, 수확 후 손실을 포함하여 식량 생산 및 공급과정에서 발생하는 식량 손실을 감소한다"고 명시하고 있다. 1차 음식 손실은 농장 또는 공장에서, 음식물 쓰레기는 소매, 식품 서비스 및 가정에서 많이 발생한다. 그리고 식품의 부적절한 취급, 운송 또는 저장, 저온 유통체계(cold chain)에서 설비 부족, 극단적인 기상조건과 심각한 외부 기준(유통기한), 소비자 계획과 요리기술의 부족까지 원인은 다양하다.

식량 손실을 줄이면 효율적인 식량을 보장할 뿐만 아니라 폐기로 인한 온실가스를 감축하여 환경부담을 줄이고 경제 생산성을 높이는 데 긍정적인 영향을 미친다. SDGs 2번 목표인 '기아 종식과 지속가능한 농업', SDGs 8번 목표인 '양질의 일자리와 경제성장', SDGs 13번 목표인 '기후 위기 대응'과도 연계되어 있다. 유엔은 기후 위기 해결에 도움이 되는 열 가지 행동을 제시한다. 그 이유는 우리의 생활방식이 지구의 지속가능성에 큰 영향을 주기 때문이다. 사실 전 세계 온실가스 배출량의 약 2/3가 가정과 관련이 있다. 에너지, 식품, 교통 부문은 각각 우리 일상에서 온실가스 배출량의 20%를 차지한다. 따라서 우리가 사용하는 전기의 절약부터 음식과 여행방식에 이르기까지 우리는 변화를 만들어야 한다. 나와 가족이 할 수 있는 일상의 기후행동은 에너지 절약하기, 걷거나 자전거를 타거나 대중교통 이용하기, 저탄소 여행 고려하기, 재활용하기, 청정에너지나 전기자동차로 전환하기, 친환경제품 선택, 기

후 위기에 대해 목소리를 높이기 외에도 육식은 줄이고 채식은 늘리기, 음식 손실 줄이기 등이 있다

〈그림 15-5〉 기후 위기 해결에 도움이 되는 열 가지 행동

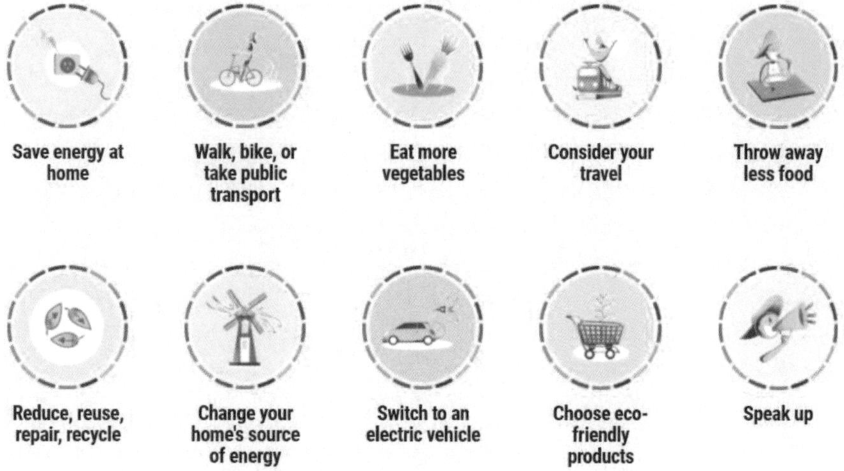

출처: 유엔 홈페이지(https://www.un.org/en/actnow/)

식품 손실로 인한 음식물 쓰레기와 이로 인한 온실 가스는 전 세계 온실가스의 8%를 차지하며 환경문제에 간접적으로 영향을 미치고 있다. 또한 식품의 원재료를 생산, 활용, 폐기하는 과정 생산 중에 사용되는 물, 사료, 에너지도 낭비된다. 일반 가정에서 우리가 할 수 있는 식량 손실을 막기 위한 작은 실천은 먹을 수 없는 음식을 너무 많이 사지 않는 것에서 시작할 수 있다. 그리고 먹을 수 있는 만큼 요리하는 것도 중요하다. 사전에 음식 조리법을 충분히 숙지한 후 요리하면 식품 손실을 막을 수 있다. 그리고 먹을 수 없는 재료는 냉동 및 저장하고, 외식할 때 먹을 수 있는 양만 주문하는 것 등을 실천할 수 있다.

지구상에는 500만~3,000만 종의 생명이 살고 있다. 생물다양성은 우리의 삶에 필수적인 공기, 물, 음식 및 주거에 유익한 조건을 제공한다. 그러나 유엔환경계획(UNDP)은 2019년 인류의 식량과 에너지 요구가 증가함에 따라 약

100만 종의 동식물이 멸종 위기에 처해 있다고 경고했다. 식품 손실을 막으면 지구환경은 물론 생명 종 다양성도 보전할 수 있다.

참고문헌

관계부처합동(2020). 『제4차 지속가능발전 기본계획 2021~2040』.

관계부처합동(2021). 『K-ESG 가이드라인 v1.0』.

김병완(2005). "한국 농촌지역의 지속가능성 위기 분석 및 발전전략 연구: 경제·사회·환경정책의 통합적 접근을 통한 대안 모색." 『한국정책학회보』, 14(4): 193-222.

김병완(2016). "지속가능발전목표(SDGs) 국내 이행방안:국가비전과 이행 체계 개선 방안을 중심으로." SDGs 이행방안 국회토론회(2016). 01월 20일.

김병완(2017). 『지속가능발전협의회 연계방안』, 지속협-환경부 간담회 발표문(2017). 04월 25일.

김수진(2016). "SDGs 지표 데이터 이용가능성(Data Availability) 분석." 국제개발협력, 11(2): 79-113.

김영아·김현수·장철훈(2020). "원헬스: 인간·동물·환경의 번역 출간." 『Annals of Clinical Microbiology』, 23(3): 1-5.

김윤나영(2020). "코카콜라·펩시·네슬레, 3년 연속 플라스틱 오염기업 최상위." 경향신문(2020). 12월 08일.

김정수(2020). "산불 때문에…작년 세계 온실가스 증가율 2배 빨랐다." 한겨레신문(2020). 12월 10일.

김정수(2021). "유엔 "당사국들 강화한 온실가스 감축목표로도 2.7도 상승." 한겨레신문(2021). 10월 27일.

김주경(2021). "'세계 10위 경제대국' 반열 올라서나?'…韓, 1인당 국민소득 'G7 이탈리아' 역전할 듯." 뉴스워치(2021). 01월 12일.

김지현(2016). "SDGs 지표 확정과 의의." 『개발과 이슈』, 25: 1-40.

김항원(2002). "학교에서의 세계시민교육을 위한 방안." 『교육과학연구』, 4(1).

김태계(2012). "항만 해상교통사고의 문제점과 대책." 『법학연구』, 20(2): 35-67.

김태환(2019). “통합사회 교과서에 나타난 경제윤리 내용 분석 – 소비자의 선택과 역할을 중심으로 –” 『시민교육연구』, 51(1): 27–60.

남수중·방만기(2019). “리쇼어링(Reshoring)의 주요 국가 사례와 결정요인 분석– 4차 산업혁명이후 기술혁신의 영향을 중심으로.” 『비교경제연구』, 26(1): 133–169.

당진시(2019). 『2035 당진시 지속가능발전 기본계획』. 당진: 당진시.

당진시(2019a). 『2019 당진시 지속가능발전 이행계획 고도화 연구Ⅰ』. 당진: 당진시.

당진시(2019b). 『2019 당진시 지속가능발전 이행계획 고도화 연구Ⅱ』. 당진: 당진시.

당진시(2020a). “2020 당진시는 왜 지속가능발전 교육에 주목하는가.” 『지속가능발전연수원 진모형 개발용역 전문가 자문회의』. 당진: 당진시.

당진시(2020b). “지속가능발전교육 현황·문제점·대응방안.” 『지속가능발전연수원 추진을 위한 전문가 워크숍』. 당진: 당진시.

맑고푸른시흥 21실천협의회(2005). 『맑고푸른시흥21 5주년 사업평가보고서』.

박수연·양혜경·장은정(2015). 『Goal 4, 모두를 위한 포용적이고 공평한 양질의 교육보장 및 평생학습 기회 증진』. 한국국제협력단.

박영민(2018). “중국의 해양정책과 북극 전략연구.” 『대한정치학회보』, 26(3): 69–87.

박영실·이영미·김석호·차은지(2017). “유엔 지속가능발전목표(SDGs) 지표 프레임워크 구축과 통계의 역할.” 『조사연구』, 18(3): 77–96.

박환보(2018). “한국교육과 SDG4–교육 2030: 양질의 고등교육 제공.” 『한국의 교육과 SDG4–교육 2030』. 유네스코한국위원회: 68쪽.

부산연구원(2021). 『부산광역시 지속가능발전 이행계획(1st Implementation plan for sustainable development in Busan Metropolitan City)』, 2021–2025.

삼정KPNG 경제연구원(2021). “ESG의 부상, 기업은 무엇을 준비해야 하는가?.” 『Samjong INSIGHT』, 74.

생물다양성협약사무국(2020). 『제5차 지구생물다양성전망』.
설계경(2016). “환경분쟁조정제도에 관한 소고.” 『법학연구』, 14(1): 151-182.
세계자연기금(WWF)(2020). 『지구생명보고서 2020』.
수원지속가능발전협의(2017). 『수원시 지속가능성 보고서』, 2017(12).
손동필(2017). “국제사회 ‘SDGs체제’ 돌입, 대규모 자본이동 예견.” 한국건설신문(2017). 01월 25일.
송재일(2016). “유엔 지속가능발전목표(SDGs)와 한국협동조합의 역할 -우리나라 협동조합법제의 개정을 덧붙이며.” 『한국협동조합연구』, 34(3): 143-16.
송채원(2014). “도시디자인의 공공 거버넌스 적용에 관한 연구.” 『정보디자인학연구』, 17(1): 63-72.
신기동·김성균·심영미·이민식·이창언·장윤배·최준규·조영진(2018). 『안양시 지역 발전 전략 연구』, 경기연구원.
신이경(2021). “환경도 생각하고 혜택도 챙기는 친환경 포인트 제도.” 『월간교정, 지구초대석』, 546.
오수길(2003). “지방행동 21을 위한 민-관 파트너십의 토대: 사례 연구.” 『지방행정연구』, 7(1): 215-240.
오수길(2006). “지방정부 환경 거버넌스의 진단 -경기도내 지방의제 21 추진기구들을 중심으로.” 『지방정부연구』, 9(4): 151-170.
오수길(2015). 『유엔지속가능발전목표와 로컬거버넌스 기구의 역할』. 전국지속가능발전협의회 경북지속협·환경부 제24차 지속가능발전정책포럼자료집.
오수길·이창언 공편(2013). “한국 지방의제 21의 새로운 추진 전략에 관한 연구.” 『지방정부연구』, 17(2): 441-464.
오수길·한순금(2018). “지속가능발전목표(SDGs)와 지방정부의 목표체계 전환: 경상남도를 중심으로.” 『지방정부연구』, 22(3): 381-508.
온라인 중앙일보(2015). “오늘은 지구의 날, ‘지구 한계’란?.” 중앙일보(2015). 4월 22일.

월드워치연구소 편(2018). 『지속가능한 교육을 꿈꾸다: 푸른 별 지구를 위한 교육의 미래』. 서울: 환경재단.

유진채·여순식·공기서(2012). "생물다양성관리계약제도의 정책효과 분석." 『농업경영정책연구』, 39(2): 297-319.

유홍식(2012). "패션산업에서 윤리적 패션연구-환경 친화적인 패션제품 중심으로-" 『한복문화』, 15(1): 19-38.

윤병선(2008). "세계적 식량위기와 한국농업의 대응과제." 『한국사회경제학회』, 제31호: 109-138.

윤순진(2009). "'저탄소 녹색성장'의 이념적 기초와 실재." 『ECO』, 13(1): 219-266.

윤영선(2021). "책임윤리 기반의 황새 스토리 구성 및 환경교육 프로그램 개발." 『환경교육』, 34(1): 26-42.

윤여중(2006). "Triple Bottom Line." LG 주간경제 2006.

윤평중(2008). "공공성(公共性)과 리더십의 위기." 『철학과 현실』, 78: 56-57.

은재호·오수길(2009). 『한국의 협력적 거버넌스』. 서울: 대영문화사.

이성훈(2015). "유엔지속가능발전목표와 도시의 역할." 『전국지속가능발전협의회·경북지속협의회·환경부 제24차 지속가능발전 정책포럼 자료집』.

이수연·김승인(2016). "인간중심 디자인을 통한 적정기술의 지속가능성 평가-캄보디아 물 적정기술 중심으로." 『커뮤니케이션디자인연구』, 57: 521-532.

이유경·이승호·조영태 공편(2018). "유엔의 '지속가능발전목표(SDGs)'와 '새로운 도시의제(NUA)' 간 비교연구." 『한국도시설계학회지』, 19(3): 91-110.

이유선(2008). 『실용주의』. 서울: 살림.

이준섭(2021). "소비라이프뉴스 코로나 1년의 그늘, 커지는 K자형 양극화." 소비라이프(2021). 01월 21일.

이지희(2022). "대학의 'ESG 경영' 지자체로 확대… 곳곳에서 협력 사례." 한국대학신문(2022). 1월 22일.

이창언(2013). “한국 로컬 거버넌스(지방의제 21)의 현황과 민주적 재구축.”『진보평론』, 55호.이창언(2015). “지구 - 국가 - 지방적 차원의 생물다양성 이슈와 지방행동.”『민주사회와 정책연구』, 28: 340-373.
이창언(2015). “(시론)지속가능발전의 재구성.” 뉴스토마토(2015). 9월 2일.
이창언(2016). “(시론)SDGs와 모든 형태의 빈곤 종식.” 뉴스토마토(2016). 02월 13일.
이창언(2016). “유엔지속가능발전목표(SDGs) 등장배경.” 평택시민의 신문(2016). 5월 04일.
이창언(2016). “지방의제 21의 재활성화와 지속가능한 지역공동체비전, 추진전략.”『신학과 사회』, 30(3): 249-294.
이창언(2020a). “한국 지방 SDGs 교육의 현황과 과제: 평택지속가능발전대학을 중심으로.”『인문사회21』, 11(2): 401-416.
이창언(2020b). “SDGs를 통한 대학교육 혁신과 대학의 사회적 역할 제고를 위한 연구.”『한국비교정부학회보』, 24(2): 123-148.
이창언(2020c). “한국 도시 SDGs 이행의 보편성과 지역성: 당진시 지속가능발전이행계획 고도화와 다부문적 실천을 중심으로.”『인문사회21』, 11(3): 1731-1746.
이창언(2020d). “SDGs 실시지침을 통해서 본 일본 정부의 SDGs 이행 실천과 시사점.”『인문사회21』, 11(6): 2901-2916.
이창언(2020e). “일본정부의 SDGs 이행 실천 현황과 도전과제.”『NGO연구』, 15(3): 245-278.
이창언(2020f).『한국인의 에너지 실용주의』. 서울: 피어나.
이창언(2021). “실용적 사회혁신 전략인 지속가능발전목표의 유용성과 확산요인 연이창언 구: SDGs의 이행 실천 이니셔티브, 프로세스, 전략을 중심으로.”『인문사회21』, 12(2): 3065-3080.
이창언·김광남(2015).『열린사회와 21세기』. 서울: KNOUPRESS.
이창언·오수길·유문종·신윤관 공편(2014).『갈등을 넘어 협력사회로』. 서울: 살림터.

이창언·오유석(2017). “Post-2015 체제와 지속가능발전: 유엔 지속가능발전 목표(SDGs)와 지방 차원의역할과 과제.”『동향과 전망』, 101: 167-196.
이클레이(2013).『지방생물다양성전략 및 이행계획 지침서(Local Biodiversity Strategy and Action Plan Guidelines)』. 2013(12).
이클레이(2018).『도시의 시대 속 이클레이』.
이클레이(2021).『2020 이클레이 한국회원 지방정부 정기회의』.
이클레이(2021).『UNFCCC COP26 지방정부 세션 스케치』.
이태희·박소은·김태현(2016). “일본의 대학-지역사회 협력을 통한 도시재생에 관한 연구: 요코하마시와 요코하마시립대학교 간의 협력 사례를 중심으로.”『대한지리학회지』, 1(1): 57-75.
이형하(2021). “노인의 공적이전소득과 사적이전소득이 삶의 만족에 미치는 영향: 우울과 사회적 지지의 다중매개효과.”『한국컴퓨터정보학회논문지』, 26(6): 155~166.
이흥연(2020). “대학의 지속가능발전교육(ESD)과 SDGs 교육의 필요성과 과제.”『교양학연구』, 12: 257-284.
이희상(2012). “글로벌푸드/로컬푸드 담론을 통한 장소의 관계적 이해.”『한국지리환경교육학회지』, 20(1): 45-61.
전국지속가능발전협의회(2018).『SDGs 이행을 위한 교육 프로그램 개발』. 대전: 전국지속가능발전협의회.
전국지속가능발전협의회(2020).『SDGs 이행을 위한 교육 프로그램 개발』.
한국지속가능발전학회(2021).『지방 지속가능발전목표(SDGs) 해외사례와 당진시 적용방안』. 2021(01).
정민걸(2004). “독립교과로서 환경교육의 정체성 모색.”『환경교육』, 17(2): 1-9.
정연경·김태영(2020). “도시 지속가능발전목표(SDGs) 수립 참여과정에서의 사회적 학습: 수원 SDGs를 중심으로.”『도시행정학보』, 33(1): 1-28.
정지영(2005). “아시아 태평양지역 생태부채 회의-강탈은 이제 그만! 그들은 우리에게 생태를 빚지고 있다.” 한국기독교사회문제연구원(2005). 01월

20일.
정회성·변병설·나혜영·이윤미·황혜선·김유진·김수연 공편(2011). “녹색성장 성과연계 등 Rio+20 대응방안 마련 연구.”『녹색성장위원회』, 237.
조천호(2018). “경제성장’이란 뜨거운 욕망에 달궈진 지구, 숨소리 거칠어진다.” 경향신문(2018). 9월 13일.
주용식(2019). “지속가능발전목표와 기업의 사회적 책임의 연계성을 중심으로 한 기업파트너십 구축에 대한 개념적 분석.”『국제개발협력연구』, 11(4): 77-96.
중소밴처기업연구원(2021). “ESG 확산이 중소기업에 미치는 영향 및 지원 방향.”『중소기업 포커스』, 21(14): 1-26.
진재현(2017). “유엔 지속가능발전목표(SDGs) 이행을 위한 데이터 세분화 방향.”『보건복지포럼』, 244: 99-109.
차은지·구경아·김다빈(2021). “CBD Post-2020 글로벌 생물다양성 프레임워크에 따른 국가생물다양성전략 및 관리지표의 개선방향 - 실천목표 및 관리지표 분석을 중심으로.”『환경법과 정책』, 27: 93-118. 대한민국 정책브리핑(2020) 09월 16일.
천권필(2018). “‘대안 노벨상’ 받은 그레타 툰베리, 유엔 연설 풀버전 보니.” 중앙일보(2019). 09월 26일.
충북지속가능발전협의회(2020).『이행체계 구축 매뉴얼(2020.12)』.
최중무(2021). “3년간 빈곤층 늘어 양극화 심해졌다?.” 파이넨셜뉴스(2021). 01월 13일.
통계청(2021).『한국의 SDGs 이행보고서 2021』. 2020(03).
평택시민신문(2022). “ESG 경영, 평택 기업의 패러다임을 바꾼다-3.” 창간특집좌담(2022). 01월 12일.
평택시민신문(2021). “그린워싱·SDGs·ESG워시란 무엇인가?.”『이창언 교수의 SDGs·ESG 경영 특별강의 ②』. 평택시민신문(2021). 11월 03일.
한국국제협력단(2015). “Post-2015 개발의제 동향연구 1.”ü 이슈』, 19: 1-15.

한국지속가능발전센터(2014). “지방의제 21 생물다양성 보전활동 전략 수립 연구.”『KICSD 2014년 정책보고서』.

한국지속가능발전학회(2021). “지방 지속가능발전목표(SDGs) 해외사례와 당진시 적용방안.”『당진시 복지재단 연구활동지원보고서』. 2019(01).

한은진(2021). “캘리포니아 54도… 죽음의 날씨, 지구습격이 시작됐다.” 국민일보(2021). 12월 24일.

허민영(2020). “일본 소비자정책에서의 SDGs 주요 내용과 시사점.”『소비자정책동향』, 102: 1-21.

환경부(2014).『지속가능발전목표(SDGs) 세부 대응전략 수립을 위한 연구』.

환경부(2016).『지속가능발전목표(SDGs) 이행을 위한 지역거버넌스의 역할 연구』.

환경부(2018a).『지방정부의 SDGs 이행을 위한 가이드라인 마련 연구(2018.2)』.

환경부(2018b).『SDGs 연계 도시재생 가이드라인 마련 연구(2018.11)』.

환경부 지속가능발전위원회(2019).『국가 지속가능발전목표 수립 보고서(2019)』.

환경부 지속가능발전위원회(2019).『SDGs 이행을 위한 교육 프로그램 개발』.

환경부 지속가능발전위원회(2020).『2020 국가지속가능성 보고서- 국가지속가능발전목표(K-SDGs) 점검 및 지표평가 결과-』.

황계영(2017). “지속가능발전의 개념과 법적 효력에 관한 검토.”『한국환경법학회』, 39(3): 475-500.

황원희(2020). “UNEP ‘배출격차보고서’ 발행.” 미디어(2020). 12월 13일.

황현택(2014). “사회적 표출로서의 브랜드 이미지와 이타적 소비의 상관관계 연구-국내 자연주의 화장품 브랜드를 중심으로-.”『상품문화디자인학연구』, 38: 119-133.

国立環境研究所(2011).『外部研究評価報告(平成23年12月実施)·社会経済システム分野·事前配布資料持続可能社会転換方策研究プログラム』.

公益財団法人 東京市町村自治調査会(2021).『多摩·島しょ地域自治体におけるＳＤＧｓ に関する調査研究報告書』.

松下和夫(2014).“日本の持続可能な発展戦略の検討:—日本型エコロジー的近代化は可能か—.”『環境経済·政策研究』, 7(2): 63-76.

村山史世·滝口直樹(2018).“自治体·地域づくりから見た2030アジェンダ·SDGsの可能性についての予備的考察.”『武蔵野大学環境研究所紀要』, 第7号: 73-88.

森田恒幸·川島康子·イサム=イノハラ(1992).“地球環境経済政策の目標体系-「持続可能な発展」とその指標.”『季刊環境研究』, 88: 124-145.

村上周三(2019).“自治体にとってのSDGs—導入の意義､目的､方法.”『国際文化研修』, 2019春103: 6-13.

村上渡辺(2019).『SDGs入門』. 東京都:日本経済新聞出版.

三井久明(2020).『SDGs経営の羅針盤』, 東京都: エネルギーフォーラム.

三井久明(2020).“「SDGs」と「ESG」の違いとは？企業の取り組みを例に解説.” https://gentosha-go.com/ (2020). 6월 19일.

佐藤真久 교수 인터뷰 https://gomuhouchi.com/other/27246/(Accessed 2020.11.21.)

佐藤真久·関正雄·川北秀人(2020).『SDGs時代のパートナーシップ一 成熟したシェア社会における力を持ち寄る協働へ』, 東京都: 学文社.

佐藤真久·広石拓司(2020).『SDGs人材からソーシャル·プロジェクトの担い手へ』, 東京都: みくに出版.

白井信雄(2018).“持続可能性の規範からみた SDGｓの構造分析.”『山陽論叢』, 第25巻.

白井信雄·田崎智弘·田中充(2013).“地域の持続可能な発展に関する指標の設計, 及び地域の持続可能性と幸福度の関係の分析.”『土木学会論文集 G (環境)』, 69(6): II59-II70.

自治体·地域活性化編(2020).『SDGsの実践』, 東京都: 事業構想大学院大学出版.

蟹江憲史(2018).“SDGs (持続可能な開発目標) の特徴と意義.”『学術の動向』,

23(1): 8-11.
田中治彦(2019).『SDGsとまちづくり一持続可能な地域と学びづくり』, 東京都: 学文社.
SDGs 推進本部(2019). "SDGs 実施指針改定版(2019. 12. 22)."
SDGs midia(2020). "中小企業のSDGsへの取り組み方とは | メリット/事例/支援も紹介." 09월 25일.

中国国际商会·联合国开发计划(2020). "中国企业可持续发展目标实践调研报告." 07월 17일.

CBD(2020). "Sustaining life on Earth: How the Convention on Biological Diversity promotes nature and human well-being." Secretariat of the Convention on Biological Diversity(CDB), Montreal. Canada.
Centre for Sustainable Development in Uppsala(2009). "The Baltic University Programme."『Annual Report』: Uppsala University.
Connelly, Gerry(2013). "Sustainability and Education Academy(SEdA)." In Rosalyn McKeown & Victor Nolet(eds.).『Schooling for Sustainable Development in Canada and the United States』, 81-94. New York and London: Springer.
Coomer James(1979). "The nature of the Quest for a Suslainable Sociely." J. Coomer(ed). Quesl for a Sustaillable Socieη. Oxford Pergamon Press.
Dale, Ann & Lenore Newman(2005). "Sustainable development, education and literacy."『International Journal of Sustainability in Higher Education』, 6(4): 351-362.
Dunning and Kalow(2016). "SDG indicators: Serious gaps about in data availability." Posted on CGD website on 17 May, 2016.

Available at http://www.cgdev.org/blog/sdg-indicators-serious-gaps-abound-data-availity.
GRI·UN·wbcsd(2018). "SDG Compass 지속가능발전목표(SDGs)에 관한 기업 행동 지침."
GRI·UNGC·wbcsd(2015). 『sdg compass: SDGs에 관한 기업행동지침』.
ICLEI(1996). 『The Local Agenda 21 Planning Guide』.
ICLEI·한국지속가능발전센터 역(2013). 『세계 지방의제 21 20년사』. 파주: 리북.
ICLEI(2018). 『ICLEI IN THE URBAN ERA』.
ICLEI(2018). "The ICLEI Montréal Commitment and Strategic Vision 2018-2024."
ICLEI(2021). 『이클레이 말뫼 약속 & 전략 비전 2021-2027』.
Jürgen Howaldt & Michael Schwarz(2010). "Social Innovation: Concepts, Research Fields and International Trends." IMA/ZLW(2010). 21.
Katsuma Shrine. et al.(2017). Toward a Sustainable Global Society: My Commitment to SDGs. Tokyo: KOKUSAI SHOI.
KEDI(2019). A Study on Educational Development Cooperation to Achieve Sustainable Development Goals (Ⅲ): Strategies for Practicing Higher Education.
KoFID·KCOC·GCAP KOREA·INDI LAB·KOICA (2016). 『알기 쉬운 지속가능발전목표 SDGs』.
KOICA(2014). 『개발과 이슈(2014.12)』.
KOICA(2015). "2015~2030 개발협력의 새로운 15년을 준비하며." 『지속가능개발목표(SDGs) 수립현황과 대응방안』, 7: 353-356.
Michael Jacobs, Victor Anderson(1991). "The Green Economy: Environment, Sustainable Development, and the Politics of the Future." Pluto Press. 312.

SDSN(2017). 『Getting started with the SDGs in Universities』. Sustainable Development Solutions Network(SDSN).
SDSN(2019). "A Pathway to Sustainable American Cities: A Guide to Implementing the SDGs." 『HIGH LEVEL POLITICAL FORUM 2018』. New York: SDSN.
SDSN · Bertelsmann Stiftung(2020). 『Sustainable Development Report 2020』. London: Cambridge University Press.
Steve Connelly(2007). "Mapping Sustainable Development as a Contested Concept." Local Environment Vol. 12, No.3, 259-278, June 2007.
Sustainable Development Goals (III): 『Strategies for Practicing Higher』.
Sustainable Development Solutions Network(2014). "Framing Sustainable Development Goals, Targets, and Indicators. Issue Brief." (2014). 11월 20일.
Sustainable Development Solutions Network(2016). "Localizing the SDGs: From a Global Agenda to City Action."
Takashi Matsuki(2019). SDGs management "solution of social issues." will help companies grow, Tokyo: NIKKAN KOGYO SHIMBUN.
Takayanagi A.(2018). 『learn SDGs, Kyoto: Horitsu Bnuka sha』.
Tanaka H., Edahiro J. & Kubota T.(2020). 『SDGs and Town Development』. Tokyo: gakubunsha.
TEEB(2010). "생태계와 생물다양성의 경제학: TEEB." 『정책담당자를 위한 보고서』.
The Graduate School of Project Design,(2019), SDGs Practice, Japan: The Graduate School of Project Design.
UN Statistical Commission(2015). "Report of the Friends of the Chair Group on broader measures of progress(E/CN.3/2015/2)."

UN Statistical Commission(2017). “Report of work for the review of progress towards the Sustainable Development Goals(E/CN.3/2017/4).”

UN(2015). “Transforming Our World: the 2030 Agenda for Sustainable Development.” UN ResolutionA/RES/70/1.

UN(2018). “Tracking Progress Towards Inclusive, Safe, Resilient and Sustainable. UN(2021) Citiesand Human Settlements.” 『SDG 11 SYNTHESIS REPORT』, New York: UN.

UN(2021). “TVISION STATEMENT by ANTÓNIO GUTERRES RESTORING.” New York: UN(2021). 03월 23일.

UN(2021). “Report of theSecretary-General on the Work of the Organization2021.” New York: UN(2021). 09월 30일.

UNESCO(2017). Education for Sustainable Development Goals: Learning Objectives.

United Nations Sustainable Development Knowledge Platform(2014). “Focus Areas of the Sustainable Development Goals.” March. 2014.

World Commission on Environment and Development(1987). “Our Common Future.” Oxᄄford, Oxford University Press.

Will Steffen et al. (2017). 『Planetary boundaries : Guiding human development on a changing planet』. Sciecne. 347(6223): 736-746.

Wu, Jianguo(2013). “Landscape Sustainability science: ecosystem services and human well-being in changing landscape.” 『Landscape Ecology』, 28: 999-1023.

RNE(2021). “PolitikpapierReformoptionen für eine effektive UN-Nachhaltigkeits governance.” 『2021 Politikpapier』. 02월 25일.

〈참고한 사이트〉

2030 의제 전문 https://sdgs.un.org/2030agenda
ESD活動支援センタ https://esdcenter.jp
SDG compass https://sdgcompass.org
SDG 미디어 블로그(일본) https://sdgs.media/blog/6289/
SDSN https://www.unsdsn.org/
UN(국제연합) https://www.un.org
미래지구(Future Earth) https://futureearth.org/
유엔 글로벌 콤팩트 https://www.unglobalcompact.org/
이클레이(ICLEI) https://iclei.org/
전국지속가능발전협의회 www.sdkorea.org/
지속가능발전포털 홈페이지 ncsd.go.kr/
한국학술지인용색인 www.kci.go.kr/
기후 위기비상행동 http://climate-strike.kr/
(WWF) https://www.wwfkorea.or.kr
UN SDG Indicators https://unstats.un.org/sdgs/indicators/indicators-list/
유엔해비타트 한국위원회 https://www.unhabitat.or.kr/UNinfo
金沢工業大学 SDGs추진센터 홈페이지 https://www.kanazawa-it.ac.jp/sdgs/about/
BFFP https://www.breakfreefromplastic.org/brandaudit2021/)
ICLEI 한국사무소 http://www.icleikorea.org
대한민국 외교부 https://mofa.go.kr/www/index.do
D+C https://www.dandc.eu/
SDG compass https://sdgcompass.org
UN 홈페이지 https://www.un.org/
유네스코 한국위원회 https://unesco.or.kr/unesco/introduction

유엔 데이터베이스 unstats.un.org/sdgs/indicators/database
佐藤真久 교수 인터뷰 〈https://gomuhouchi.com/other/27246/
環境省 生物種多様性 https://www.biodic.go.jp/biodiversity/about/about.html
Sustainable Development Knowledge Platform Website
http://sustainabledevelopment.un.org.
환경부 블로그 https://blog.naver.com/mesns/
환경부 http://me.go.kr/home/web/main.do
통계청 https://kostat.go.kr/portal/korea/index.action
스톡홀롬리질리언스센터 https://www.stockholmresilience.org
農林水産省 홈페이지 https://www.maff.go.jp/
https://epo-kyushu.jp/
타임즈 교등교육 https://www.timeshighereducation.com/
ESD活動支援センタ https://esdcenter.jp/
일본 환경성 http://www.kankyokan.jp/blog-2021-3-2/
일본 경제산업성 https://www.meti.go.jp/
WWF 한국홈페이지 https://www.wwfkorea.or.kr
WWF Korea 페이스북
WWF/ZSL
Uppsala University www.balticuniv.uu.se/ESD
Baltic University Programme https://www.balticuniv.uu.se/about-us
팬퍼시픽인터내셔널홀딩스 https://ppih.co.jp/en/csr/sustainability/
뉴스핌 https://www.newspim.com/news/view/20210301000223
평택시민신문 http://www.pttimes.com/news/articleView.html?idxno=63752
생물다양성협약사무국 http://www.cbd.int/GBO5
자치행정신문 http://www.ddmnews.co.kr/news_gisa/gisa_view.

htm?gisa_idx=72345
교정 https://www.cowebzine.com/vol540/index.php?pageType=sub&wzSec=1&wzId=4
IISD http://sd.iisd.org/news/sdg-group-discusses-indicator-selection-way-forward
로마클럽 https://www.clubofrome.org/about-us/timeline
중앙일보 https://www.joongang.co.kr/article/17644142#home
광명지속가능발전협의 http://www.gm21.or.kr/gm21/g13/211
GRI https://sdgcompass.org 2015
SDG Compass korea
https://sdgcompass.org/wp-content/uploads/2016/04/SDG_Compass_Korean.pdf
WWF-SA(2017). "The food-energy-water nexus as a lens for delivering the UN's Sustainable Development Goals in southern Africa(wwf.org.za)."
타임즈 고등교육 https://www.timeshighereducation.com/
https://www.kantei.go.jp/jp/singi/sdgs/pdf/jisshi_shishin_r011220.pdf
아시아 공정무역 네트워크 http://www.asiafairtrade.net/
지속가능발전 기본법 [시행 2022. 7. 5.] [법률 제18708호, 2022. 1. 4., 제정]
https://www.law.go.kr/LSW/lsRvsDocListP.do?lsId=014217&chrClsCd=010202&lsRvsGubun=al

색인

2030 지속가능발전 의제 47, 90, 97, 137, 145, 149, 152, 154, 155, 158, 159, 166, 296, 304, 326, 355, 357, 415, 416, 457, 491

C

COVID-19 56, 69, 74, 76, 79, 84, 85, 114, 119, 120, 122, 124, 184, 188, 189, 197, 198, 249, 318, 370, 372

CSR(기업의 사회적 책임) 44, 313, 317, 353, 355, 374, 381, 385

E

ESD(지속가능발전교육) 7, 8, 9, 11, 12, 16, 17, 220, 292, 320, 323, 324, 325, 326, 327, 328, 329, 330, 332, 333, 334, 335, 337, 339, 340, 341, 343, 344, 345, 346, 391, 393, 407, 410, 411, 412, 413, 436, 455, 469, 487, 488, 489, 490, 520, 528, 529

ESDGs(지속가능발전목표교육) 7, 8, 9, 11, 12, 16, 17, 220, 333, 335, 337, 346, 391, 393, 410, 411, 412, 413, 436, 469, 487

ESG(환경, 사회, 기업지배구조) 9, 11, 15, 16, 164, 288, 289, 300, 312, 313, 347, 348, 349, 350, 351, 352, 353, 354, 355, 356, 357, 358, 359, 360, 363, 364, 365, 366, 367, 372, 373, 374, 375, 376, 377, 378, 379, 380, 381, 382, 383, 384, 385, 386, 387, 388, 389, 408, 429, 436, 437, 492, 494, 515, 516, 518, 521, 523

ESG 세부 요소 352

K

K-ESG 가이드라인 373, 375, 376, 377, 515

K-SDGs(대한민국 지속가능발전목표) 17, 167, 168, 229, 265, 266, 285, 286, 420, 421, 422, 424, 425, 426, 427, 428, 429, 431, 466, 481, 522

M

MDGs(새천년개발목표) 100, 187, 331, 357

R

RE100(재생에너지 100%, Renewable Energy 100) 289, 314, 315, 360, 383

S

SBTi(과학기반목표 이니셔티브) 288, 289

SDG Compass 314, 316, 317, 383, 385, 525

SDGs 3대 정책 키워드 253

SDGs 5P 154, 259

SDGs 나침반 316

SDGs 데이터 171, 172
SDGs 로고 162, 163
SDGs 목표들 간의 연계성 478
SDGs 미래도시 284, 285
SDGs 보고서(The Sustainable Development Goals Report) 87
SDGs 세계관 8, 15
SDGs 세부목표 165, 270, 271
SDGs 액션플랜 366, 367, 434
SDGs 웨딩 케이크 모델 14, 174, 176
SDGs 이행을 위한 과학기술혁신(STI for SDGs) 394, 402
SDGs 이행체계 구축 6, 17, 262, 443, 470, 487, 489
SDGs 주간(Global Goals Week) 118, 119
SDGs 주류화 121, 297, 455
SDGs 지표 167, 168, 169, 170, 171, 172, 256, 262, 340, 344, 418, 425, 479, 515
SDGs 지표 작성 479
SDGs 지표의 3계층 170
SDGs 컬러 휠 163
SDGs 포스터 162, 163, 174
SDGs 현지화 270, 297, 304, 416
SDGs(지속가능발전목표) 5, 44, 114, 287, 348, 490
SDGs·ESG 경영 16, 358, 359, 372, 380, 381, 382, 383, 385, 386, 387, 388, 389, 521
SDGs·ESG 워시 349, 388, 389, 521
Society 5.0 366, 367, 368, 369, 397, 434
SDGs 미래도시 80

T
THE 세계대학 영향력 순위 293
Triple Bottom Line(TBL) 43, 44, 518

U
Urban SDG(도시 SDG) 269, 442, 443

ㄱ
거버넌스(협치) 72, 90, 115, 116, 119, 120, 123, 124, 125, 126, 127, 133, 134, 146, 154, 158, 185, 239, 240, 252, 254, 255, 267, 268, 276, 281, 284, 285, 286, 289, 294, 298, 299, 306, 320, 340, 343, 345, 354, 370, 373, 391, 395, 398, 404, 408, 413, 416, 426, 429, 432, 438, 442, 444, 445, 446, 448, 450, 451, 452, 454, 455, 458, 461, 466, 467, 469, 472, 477, 478, 486, 488, 489, 517, 518, 519
공개작업반(OWG) 132, 133, 134, 141, 143, 144, 160, 420, 466
공정무역(Fair trade) 17, 309, 381, 382, 499, 505, 508, 509, 530
교토의정서 131
국제노동기구(ILO) 35, 85, 103, 215, 347, 357, 362
국제자연보호연맹(IUCN) 131
국제통화기금(IMF) 84, 103
글로벌 파트너십 89, 104, 108, 120, 133, 154, 155, 159, 160, 162, 165, 240, 243, 245, 250, 251, 261, 296, 393, 416
기본계획 17, 80, 83, 285, 287, 310, 420, 421, 422, 424, 426, 442, 444, 445,

450, 453, 465, 466, 472, 475, 476, 482, 483, 485, 515, 516
기업의 사회적 책임(CSR) 44, 100, 288, 289, 313, 352, 353, 355, 360, 385, 389, 521
기후 위기(climate crisis) 6, 13, 43, 49, 53, 56, 64, 68, 72, 74, 75, 78, 80, 81, 82, 83, 101, 114, 122, 126, 154, 176, 191, 227, 229, 230, 231, 274, 493, 497, 513
기후 위기 비상선언(기후 비상사태 선언) 82
기후변화에 관한 정부 간 협의체(IPCC) 73, 83
기후변화협약(UNFCCC) 60, 131, 230, 487

ㄴ

나이로비 선언(Nairobi Declaration) 132
누구도 소외하지 않는다 115, 150, 210, 254, 255, 331, 427

ㄷ

다 학제적 261, 271
다자주의(multilateralism) 35, 36, 115, 117, 122, 125
당진시 SDGs 443, 445, 449, 450, 451, 453, 455
대학 영향력 순위(University Impact Rankings) 293
동심원 모델(Concentric ring model) 23, 38
디지털 혁명 320, 397

ㄹ

로마클럽(Club of Rome) 20, 130, 131, 530
로컬푸드(Local Food) 17, 279, 309, 469, 497, 509, 510, 511, 520
리우선언(Rio Declaration) 19, 20, 21, 23, 24, 28, 29, 32, 42, 132

ㅁ

미래세대 22, 25, 29, 40, 41, 42, 43, 48, 57, 86, 104, 117, 124, 145, 154, 157, 190, 194, 249, 272, 315, 384, 451

ㅂ

배출 격차 보고서(Emissions Gap Report) 76
보텀 라인(Bottom Line) 43
뷰카(VUCA)사회 275
비전 68
비정부기구(NGO) 101, 308, 318, 372

ㅅ

사람 중심 28, 152, 303
사회자본 308
사회적 경제(Social Economy) 429, 511
사회혁신 9, 10, 15, 173, 254, 255, 256, 257, 262, 263, 264, 265, 266, 268, 269, 270, 272, 279, 291, 453, 454, 519
생물다양성 2050비전 68
생물다양성목표(Aichi Target) 60, 61, 63, 64, 143
생물다양성 행동 71
생물다양성 33, 34, 60, 63, 64, 65, 66, 68, 69, 70, 132, 158, 161, 164, 176, 234, 517, 519, 530

생물다양성협약(CBD) 60, 63, 64, 65, 66, 68, 69, 70, 517, 530
생태 발자국 51
생태부채(ecological debt) 39, 140, 520
세계경제포럼(WEF) 75, 85, 204, 314, 359, 378
세계보건기구(WHO) 104, 198, 200
세계은행(World Bank) 104, 183, 185, 186, 366
세계자연기금(WWF) 56, 511, 517
세계자원자원보존전략(WCS) 131
세부목표 6, 8, 9, 14, 62, 63, 64, 83, 89, 90, 133, 134, 139, 142, 143, 144, 146, 147, 148, 149, 151, 152, 153, 155, 159, 160, 161, 164, 165, 166, 167, 168, 170, 172, 173, 178, 179, 181, 184, 185, 186, 187, 191, 192, 199, 202, 204, 205, 206, 207, 209, 210, 213, 215, 217, 218, 220, 224, 226, 227, 230, 234, 237, 240, 244, 245, 247, 250, 251, 252, 255, 263, 266, 270, 271, 272, 277, 279, 286, 295, 296, 297, 298, 302, 305, 320, 326, 329, 330, 332, 333, 348, 353, 388, 392, 393, 394, 399, 415, 416, 422, 425, 426, 440, 472, 477, 480, 481, 484, 485, 512
스톡홀름 선언 28, 29
시민사회 7, 8, 9, 10, 15, 39, 72, 81, 89, 90, 99, 102, 113, 116, 118, 124, 125, 127, 138, 141, 147, 148, 157, 159, 164, 225, 243, 245, 249, 261, 265, 266, 277, 282, 285, 287, 289, 296, 301, 304, 306, 307, 308, 313, 319, 326, 338, 339, 344, 357, 374, 387, 389, 391, 394, 408, 420, 443, 451, 452, 454, 457, 458, 459, 460, 462, 463, 472, 476, 477, 485, 487, 488, 489
식품 손실 17, 309, 492, 500, 509, 512, 513
실용주의 9, 15, 255, 256, 257, 258, 259, 260, 261, 262, 269, 270, 490, 518, 519
실용주의적 사회혁신 전략 269
실용주의적 세계관 15, 255

ㅇ

요하네스버그 선언(Johannesburg Declaration) 30, 31, 42
우리 가족 SDGs 494, 495
우리 공동의 미래(Our Common Future) 21, 22, 131, 463
우리의 공동의제 5, 122, 123, 124
원 헬스(one health) 68
웰빙 66, 161, 177, 196, 199, 280, 283, 449
유기농 309, 381, 382, 462, 509
유네스코(유엔교육과학문화기구, UNESCO) 8, 104, 326, 339, 341, 403, 406, 455, 500, 516, 529
유엔(국제연합, United Nations) 5, 8, 13, 19, 21, 23, 24, 25, 28, 30, 32, 36, 38, 39, 60, 61, 64, 75, 76, 77, 79, 85, 89, 90, 91, 92, 93, 94, 95, 96, 97, 98, 99, 100, 101, 102, 103, 104, 105, 106, 107, 108, 109, 110, 111, 112, 113, 114, 115, 116, 117, 118, 119, 120, 121, 122, 123, 124, 125, 126, 127, 130, 131, 132, 133, 134, 135, 136, 138, 140, 141, 142, 143, 144, 146, 147, 148, 150, 156, 157, 159, 167, 168, 169, 170, 171, 172, 173,

185, 187, 196, 227, 229, 230, 233, 239, 242, 244, 247, 249, 251, 252, 254, 262, 266, 268, 274, 282, 285, 288, 296, 297, 299, 301, 303, 304, 312, 325, 329, 330, 346, 348, 349, 350, 351, 353, 357, 358, 360, 362, 363, 365, 374, 382, 395, 398, 400, 401, 404, 405, 408, 416, 418, 420, 426, 433, 438, 445, 447, 459, 462, 463, 464, 466, 477, 480, 492, 494, 498, 499, 500, 501, 511, 512, 513, 514, 515, 516, 517, 518, 519, 520, 521, 528, 529
유엔 경제사회이사회(ECOSOC) 147, 477
유엔 글로벌 컴팩트(UNGC) 358
유엔 글로벌 콤팩트 10대 원칙 350
유엔 난민고등판무관사무소(UNHCR) 103
유엔 안전보장이사회 126
유엔 여성개발기금(UNIFEM) 107
유엔 인간정주프로그램(UNHABITAT) 000
유엔 창립 75주년 5, 113, 114, 117, 122
유엔 헌장(UN Charter) 13, 19, 25, 28, 36, 89, 90, 91, 93, 94, 95, 99, 115, 116, 117, 119, 120, 127
유엔 개발계획(UNDP) 101, 118, 142, 185
유엔 경제사회이사회(ECOSOC) 124
유엔 기후변화협약(UNFCCC) 64, 114, 143
유엔 식량농업기구(FAO) 187, 511
유엔 아동기금(유니세프, UNICEF) 102
유엔의 공용어(공영어) 112
유엔의 날(United Nations Day) 92, 120
유엔 인간환경회의(UNCHE) 30, 38, 130, 131
유엔 총회 133, 134, 141, 143, 168, 254, 303, 363
유엔 홍보센터(国際連合広報センター) 401
유엔 환경개발회의(UNCED) 24, 39, 60, 131, 140, 144
유엔 환경계획(UNEP) 76, 79, 131, 142
윤리적 소비(Ethical consumerism) 17, 309, 310, 493, 507, 508, 509
이클레이 말뫼 약속과 전략비전 282
이클레이 몬트리올 약속과 전략 비전 280, 281
인간 중심적 발전 258, 446

ㅈ

자발적 국가 보고(VNR) 300, 305, 433
자연자본 70, 178, 398
전국지속가능발전협의회(전국지속협) 9, 10, 11, 17, 342, 343, 344, 416, 428, 435, 457, 458, 461, 462, 463, 465, 467, 468, 469, 470, 497, 517, 518, 520, 528
중간지원조직 7, 339, 344, 452, 488
지구생물다양성 전망(GBO) 61, 65, 70
지구생명지수(Living Planet Index) 51, 52, 53, 56
지구온난화 60, 72, 73, 74, 75, 76, 77, 79, 131, 132, 229, 310, 351, 353, 358, 359, 497, 505
지구위험한계선(planetary boundaries) 49
지방 SDGs 이행체계 구축 17, 470
지방 SDGs 추진단계 473
지방의제 21 30, 31, 38, 132, 140, 458, 459, 463, 464, 465, 467, 486, 22, 525, 517, 519
지방정부 지속가능발전 추진 절차 471, 472
지속가능발전(sustainable development,

SD) 1, 2, 5, 6, 7, 8, 9, 10, 11, 12, 13, 14, 16, 17, 19, 20, 21, 22, 23, 24, 25, 26, 27, 28, 30, 31, 32, 33, 34, 35, 36, 37, 38, 39, 40, 41, 42, 43, 44, 47, 51, 59, 64, 65, 82, 83, 90, 91, 97, 100, 102, 104, 108, 114, 116, 117, 119, 123, 125, 126, 127, 130, 131, 132, 133, 134, 137, 139, 140, 141, 142, 143, 144, 145, 146, 147, 149, 150, 151, 152, 153, 154, 155, 156, 157, 158, 159, 160, 161, 162, 166, 168, 169, 170, 176, 177, 178, 179, 182, 202, 203, 204, 205, 210, 211, 213, 220, 224, 226, 227, 231, 234, 236, 238, 240, 242, 243, 244, 245, 247, 248, 249, 250, 251, 253, 255, 256, 257, 261, 262, 263, 265, 266, 267, 268, 269, 271, 272, 273, 274, 277, 278, 281, 282, 283, 284, 285, 286, 287, 288, 292, 295, 296, 297, 300, 301, 302, 303, 304, 305, 307, 310, 311, 312, 313, 317, 318, 320, 321, 323, 324, 325, 326, 328, 329, 330, 333, 335, 337, 338, 339, 340, 341, 342, 343, 344, 345, 346, 347, 348, 355, 356, 357, 371, 372, 387, 388, 389, 392, 393, 394, 402, 404, 405, 406, 407, 408, 410, 411, 412, 415, 416, 418, 419, 420, 421, 422, 424, 425, 426, 427, 428, 429, 430, 431, 432, 433, 434, 435, 436, 437, 438, 439, 442, 443, 444, 445, 446, 447, 448, 449, 450, 451, 452, 453, 454, 455, 457, 458, 459, 460, 461, 463, 464, 465, 466, 467, 469, 470, 471, 472, 473, 474, 475, 476, 477, 479, 480, 481, 482, 483, 484, 485, 486, 487, 488, 489, 490, 491, 492, 493, 515, 516, 517, 518, 519, 520, 521, 522, 525, 528, 530

지속가능발전 기본계획 17, 285, 287, 420, 421, 422, 426, 442, 444, 445, 453, 465, 466, 472, 515, 516

지속가능발전기본법 305, 427, 428, 430, 431, 432, 434, 437, 438, 460, 465, 466, 469

지속가능발전 세계정상회의(WSSD) 19, 36

지속가능발전교육(ESD) 7, 16, 292, 320, 323, 324, 326, 328, 329, 337, 410, 427, 436, 455, 488, 489, 490, 516, 520

지속가능발전 규범 40, 41, 44

지속가능발전기본법 10, 17, 305, 427, 428, 430, 431, 432, 433, 434, 437, 438, 460, 465, 466, 469

지속가능발전대학 337, 338, 339, 340, 341, 343, 344, 345, 346, 407, 469, 470

지속가능발전보고서(Sustainable Development Report) 287, 435, 471

지속가능발전에 관한 고위급 정치 포럼(HLPF) 126

지속가능발전해법네트워크(SDSN) 142, 170, 408, 416, 435

지속가능발전협의회(지속협) 10, 438, 444, 445, 451, 452, 453, 454, 455, 458, 459, 466, 472, 485, 515

지속가능성(Sustainability) 16, 20, 22, 23, 37, 39, 41, 42, 43, 44, 51, 66, 69, 70, 71, 72, 80, 92, 107, 126, 133, 138, 139, 140, 152, 153, 154, 164, 174, 176, 181, 187, 194, 226, 249, 259, 260, 263, 269, 270, 271, 272, 274, 280, 283, 284, 287, 292, 298, 299, 314, 317, 318, 319, 320, 324, 325, 328, 333, 338, 339, 340, 341,

342, 345, 349, 352, 355, 358, 363, 366, 374, 378, 385, 387, 393, 395, 398, 400, 405, 406, 407, 413, 420, 425, 427, 431, 432, 433, 438, 439, 443, 448, 449, 450, 451, 452, 453, 454, 455, 463, 469, 470, 471, 472, 476, 479, 482, 483, 484, 485, 487, 488, 489, 504, 508, 510, 512, 515, 517, 518

지속가능한 생산과 소비 57, 67, 134, 154, 177, 224, 506, 507, 508, 512

지속가능한 최대허용 어획량(MSY) 23

지자체 SDGs 추진모델 440

ㅊ

채식 493, 497, 500, 513

책임투자원칙(PRI) 288, 312, 357, 360, 365, 382

친환경 인증마크 505

ㅌ

타임스 고등교육(Times Higher Education, THE) 293

탄소 정보공개 프로젝트(CDP) 289

탄소중립 79, 81, 82, 373, 429, 503

ㅍ

파리협정(Paris Agreement) 64, 77, 78, 80, 81, 114, 283, 359

파트너십 5, 7, 30, 32, 33, 34, 35, 89, 104, 108, 112, 115, 116, 120, 133, 136, 149, 151, 152, 154, 155, 159, 160, 162, 163, 165, 175, 240, 243, 244, 245, 250, 251, 254, 255, 261, 264, 265, 270, 271, 276, 285, 289, 292, 296, 299, 301, 303, 304, 313, 331, 337, 338, 339, 344, 345, 357, 380, 393, 394, 402, 404, 406, 413, 416, 449, 459, 474, 486, 487, 488, 509, 517

플라스틱 오염 78, 79, 515

플라스틱으로부터 해방(BFFP) 78

ㅎ

행동의 10년(Decade of Action) 113

형평성 23, 40, 134, 154, 187, 255, 270, 271, 308, 332, 392, 420, 462

환경 용량 22, 41

환경과 개발에 관한 세계위원회(WCED) 23, 131

환경부 10, 28, 29, 30, 38, 80, 143, 168, 173, 285, 286, 287, 325, 373, 420, 421, 426, 427, 428, 432, 450, 464, 465, 466, 471, 473, 474, 483, 484, 492, 503, 512, 515, 517, 518, 522, 529

회복력 43, 49, 67, 69, 83, 122, 149, 151, 158, 168, 181, 182, 186, 194, 217, 224, 227, 230, 232, 269, 280, 281, 282, 283, 339, 393, 398